KB101750

이 동 진
영 화
평 론 집

영화는
두 번 시작된다

영화는
두 번 시작된다

2019~1999
진화집
동론
이영평

위즈덤하우스

## 작가의 말

영화는 두 번 시작된다. 처음 한 번은 극장 안에서, 그다음 한 번은 극장 밖에서. 처음 시작할 때 관객은 아무것도 알지 못한 채 그 영화가 펼쳐내는 미지의 정경을 그저 겪는다. 만든 이가 보여주지 않는 것을 볼 수는 없다. 장면장면이 일으키는 감정에 잠기고 생각에 몰두하다가도 그 순간조차 영화가 어느새 저만큼 훌쩍 흘러가고 있는 것을 깨닫고 허겁지겁 뒤쫓아 간다.

두 번째 시작되면 사뭇 다르다. 이제 그는 그 영화를 불러낸다. 개별 장면을 충분히 떠올리고 특정 대사를 거듭 새기며 순서를 뒤섞어 감평의 또 다른 플롯을 만든다. 사로잡혔던 숏에 머무르고 괄호 치고 싶었던 숏을 세며 존재했어야 할 숏을 짚으면서 영화에선 볼 수 없었던 카메라를 끈질기게 상상한다. 동시기에 함께 선보이던 작품들을 비교하다가 어느새 영화 역사의 맥락도 고려하며 거대한 좌표평면을 펼친다. 하루 전에 만났던 사람의 행동을 상기하고, 한 주 전에 읽었던 책의 문장을 반추하며, 한 달 전에 들었던 음악의 구조를 연상하고, 한 세대 전에 발생했던 사건의 의미를 사색한다. 생각하고 또 생각한다. 쓰고 또 쓰며, 말하고 또 말한다. 우리는 그를 영화평론가라고 부른다.

그러니까 영화평론가는 경험을 사유하며 다시 시작하는 자다. 영화의 감흥을 동력 삼아 다시 시작하며 설레는 자이면서 동시에, 영화의 신비를 손에 쥐어보려고 다시 시작하다가 아득해지는 자다. 영상을 문자로 바꾸어 짚어내려고 무망한 투망질을 되풀이하는 자이고, 또렷한 발화점과 아득한 소실점 사이에서 헤매다 종종 길을 잃고 망연해지는 자이다. 여기 실린 글들은 그런 불가능의 기록일지도 모른다.

1999년의 「벨벳 골드마인」부터 2019년의 「기생충」까지, 이 책에는 지난 20년간 내가 써온 평문들이 담겼다. 이전에 발표한 글들이 많지만, 이 책을 위해 새로 쓴 글도 적지 않다. 글을 실었던 매체가 다양해서 분량이나 형식 역시 다양한 편이다. 새로 실은 글들은 지면 제한 없이 마음껏 쓰다 보니 상당히 길다. 기존 글의 경우 아주 조금씩 다듬긴 했지만, 기본적으로는 특별한 수정 없이 발표 당시의 느낌을 그대로 살렸다. 교정을 위해 원고를 처음부터 끝까지 다시 읽고 있자니 각 글을 썼을 때의 특수한 내가 분절되어 떠오르기도 하고, 이런 글들을 쓰면서 흘러온 지난 20년간의 총체적인 내가 뭉뚱그려져 떠오르기도 한다. 무엇보다 그 모든 영화를 만들어준 영화인들과 그 영화들을 함께 보아준 동시대의 관객들과 그 영화들에 대한 내 글을 읽어준 독자들에게 진심으로 감사드린다. 이런 무지막지한 분량의 원고를 하나하나 세심하게 매만져 한 권의 책으로 만들어준 위즈덤하우스 분들께도 마음의 인사를 전한다.

영화를 내 삶으로 삼아야겠다고 결심했던 극적인 순간 같은 것은 내 어린 날들에 없었다. 그렇지만 영화는 내게 정확히 찾아왔고 나는 그런 영화와 오랜 세월 곡진하게 동행했다. 나는 삶을 살고, 영화로 삶을 다시 한번 산다. 나는 영화를 만져보고 싶다.

# 차 례

작가의 말                                               004

| 순서 | 영화명 원제<br>감독 | |
| --- | --- | --- |
| 1 | **기생충**<br>봉준호 | 023 |
| 2 | **아사코** 寝ても覚めても<br>하마구치 류스케(濱口龍介) | 046 |
| 3 | **언브레이커블** Unbreakable<br>M. 나이트 샤말란(M. Night Shyamalan) | 068 |
| | **23 아이덴티티** Split<br>M. 나이트 샤말란(M. Night Shyamalan) | |
| | **글래스** Glass<br>M. 나이트 샤말란(M. Night Shyamalan) | |
| 4 | **버닝**<br>이창동 | 085 |
| 5 | **쓰리 빌보드** Three Billboards Outside Ebbing, Missouri<br>마틴 맥도나(Martin McDonagh) | 106 |
| 6 | **팬텀 스레드** Phantom Thread<br>폴 토머스 앤더슨(Paul Thomas Anderson) | 113 |
| 7 | **더 포스트** The Post<br>스티븐 스필버그(Steven Spielberg) | 122 |
| 8 | **셰이프 오브 워터: 사랑의 모양** The Shape of Water<br>기예르모 델 토로(Guillermo del Toro) | 128 |
| 9 | **코코** Coco<br>리 언크리치(Lee Unkrich) | 136 |

| | | |
|---|---|---|
| 10 | **1987** | |
| | 장준환 | **141** |
| 11 | **신과함께 – 죄와 벌** | |
| | 김용화 | **144** |
| 12 | **강철비** | |
| | 양우석 | **146** |
| 13 | **세 번째 살인 三度目の殺人** | |
| | 고레에다 히로카즈(是枝裕和) | **151** |
| 14 | **우리는 같은 꿈을 꾼다 Teströl és lélekröl** | |
| | 일디코 에네디(Ildikó Enyedi) | **158** |
| 15 | **빌리 진 킹: 세기의 대결 Battle of the Sexes** | |
| | 밸러리 패리스(Valerie Faris), 조너선 데이턴(Jonathan Dayton) | **162** |
| 16 | **당신과 함께한 순간들 Marjorie Prime** | |
| | 마이클 알메레이다(Michael Almereyda) | **166** |
| 17 | **마더! Mother!** | |
| | 대런 애러노프스키(Darren Aronofsky) | **172** |
| 18 | **어 퍼펙트 데이 A Perfect Day** | |
| | 페르난도 레온 데 아라노아(Fernando León de Aranoa) | **179** |
| 19 | **몬스터 콜 A Monster Calls** | |
| | 후안 안토니오 바요나(Juan Antonio Bayona) | **184** |
| 20 | **밤섬해적단 서울불바다** | |
| | 정윤석 | **188** |
| 21 | **혹성탈출: 종의 전쟁 War for the Planet of the Apes** | |
| | 맷 리브스(Matt Reeves) | **200** |
| 22 | **레이디 맥베스 Lady Macbeth** | |
| | 윌리엄 올드로이드(William Oldroyd) | **204** |
| 23 | **덩케르크 Dunkirk** | |
| | 크리스토퍼 놀런(Christopher Nolan) | **209** |
| 24 | **옥자** | |
| | 봉준호 | **217** |

25      **엘르 Elle**
폴 버호벤(Paul Verhoeven)      **224**

26      **네루다 Neruda**
파블로 라라인(Pablo Larraín)      **229**

27      **목소리의 형태 聲の形**
야마다 나오코(山田尚子)      **235**

28      **가디언즈 오브 갤럭시 VOL. 2 Guardians of the Galaxy Vol. 2**
제임스 건(James Gunn)      **240**

29      **파운더 The Founder**
존 리 행콕(John Lee Hancock)      **243**

30      **밤의 해변에서 혼자**
홍상수      **248**

31      **토니 에드만 Toni Erdmann**
마렌 아데(Maren Ade)      **251**

32      **문라이트 Moonlight**
배리 젠킨스(Barry Jenkins)      **257**

33      **맨체스터 바이 더 씨 Manchester by the Sea**
케네스 로너건(Kenneth Lonergan)      **264**

34      **컨택트 Arrival**
드니 빌뇌브(Denis Villeneuve)      **267**

35      **녹터널 애니멀스 Nocturnal Animals**
톰 포드(Tom Ford)      **273**

36      **너의 이름은. 君の名は。**
신카이 마코토(新海誠)      **277**

37      **라라랜드 La La Land**
데이미언 셔젤(Damien Chazelle)      **280**

38      **당신자신과 당신의 것**
홍상수      **288**

39      **로스트 인 더스트 Hell or High Water**
데이비드 매켄지(David Mackenzie)      **292**

40  **닥터 스트레인지 Doctor Strange**
스콧 데릭슨(Scott Derrickson)                                      297

41  **죽여주는 여자**
이재용                                                           301

42  **다가오는 것들 L'avenir**
미아 한센 뢰베(Mia Hansen-Løve)                                  304

43  **밀정**
김지운                                                           307

44  **최악의 하루**
김종관                                                           312

45  **히치콕 트뤼포 Hitchcock/Truffaut**
켄트 존스(Kent Jones)                                             315

46  **태풍이 지나가고 海よりもまだ深く**
고레에다 히로카즈(是枝裕和)                                        318

47  **부산행**
연상호                                                           322

48  **우리들**
윤가은                                                           327

49  **본 투 비 블루 Born to Be Blue**
로버트 뷔드로(Robert Budreau)                                     330

50  **아가씨**
박찬욱                                                           333

51  **곡성**
나홍진                                                           338

52  **캡틴 아메리카: 시빌 워 Captain America: Civil War**
조 루소(Joe Russo), 앤서니 루소(Anthony Russo)                    342

53  **아노말리사 Anomalisa**
찰리 코프먼(Charlie Kaufman), 듀크 존슨(Duke Johnson)             346

54  **한여름의 판타지아**
장건재                                                           350

55     **킹스맨: 시크릿 에이전트** Kingsman : The Secret Service

매슈 본(Matthew Vaughn)     **359**

56     **나를 찾아줘** Gone Girl

데이비드 핀처(David Fincher)     **362**

57     **자유의 언덕**

홍상수     **366**

58     **그레이트 뷰티** La grande bellezza

파올로 소렌티노(Paolo Sorrentino)     **376**

59     **그녀** Her

스파이크 존즈(Spike Jonze)     **379**

60     **더 울프 오브 월스트리트** The Wolf of Wall Street

마틴 스콜세지(Martin Scorsese)     **381**

61     **사이비**

연상호     **384**

62     **스토커** Stoker

박찬욱     **386**

63     **안티크라이스트** Antichrist

라스 폰 트리에(Lars von Trier)     **395**

64     **아이 엠 러브** Io sono l'amore

루카 과다니노(Luca Guadagnino)     **406**

65     **불청객**

이응일     **416**

66     **옥희의 영화**

홍상수     **419**

67     **김복남 살인사건의 전말**

장철수     **428**

68     **악마를 보았다**

김지운     **431**

69     **인셉션** Inception

크리스토퍼 놀런(Christopher Nolan)     **436**

70 하얀 리본 Das weiße Band - Eine deutsche Kindergeschichte
미하엘 하네케(Michael Haneke) 441

71 포화속으로
이재한 444

72 시
이창동 448

73 클래스 Entre les murs
로랑 캉테(Laurent Cantet) 453

74 시리어스 맨 A Serious Man
이선 코언(Ethan Coen), 조엘 코언(Joel Coen) 456

75 경계도시 2
홍형숙 460

76 예언자 Un prophète
자크 오디아르(Jacques Audiard) 464

77 인 디 에어 Up in the Air
제이슨 라이트먼(Jason Reitman) 467

78 우리가 꿈꾸는 기적: 인빅터스 Invictus
클린트 이스트우드(Clint Eastwood) 471

79 꼬마 니콜라 Le petit Nicolas
로랑 티라르(Laurent Tirard) 475

80 500일의 썸머 (500) Days of Summer
마크 웨브(Marc Webb) 478

81 더 로드 The Road
존 힐코트(John Hillcoat) 483

82 아바타 Avatar
제임스 캐머런(James Cameron) 486

83 더 문 Moon
덩컨 존스(Duncan Jones) 491

84 바람
이성한 494

85      브로큰 임브레이스 Los abrazos rotos

페드로 알모도바르(Pedro Almodóvar)      497

86      2012 2012

롤란트 에머리히(Roland Emmerich)      500

87      여행자

우니 르콩트(Ounie Lecomte)      504

88      바스터즈: 거친 녀석들 Inglourious Basterds

쿠엔틴 타란티노(Quentin Tarantino)      507

89      파주

박찬옥      510

90      호우시절

허진호      513

91      나무없는 산

김소영      516

92      디스 이즈 잉글랜드 This Is England

셰인 메도스(Shane Meadows)      520

93      불신지옥

이용주      523

94      업 Up

피트 닥터(Pete Docter), 밥 피터슨(Bob Peterson)      526

95      트랜스포머: 패자의 역습 Transformers: Revenge of the Fallen

마이클 베이(Michael Bay)      530

96      걸어도 걸어도 歩いても 歩いても

고레에다 히로카즈(是枝裕和)      534

97      드래그 미 투 헬 Drag Me to Hell

샘 레이미(Sam Raimi)      539

98      로나의 침묵 Le silence de Lorna

장 피에르 다르덴(Jean-Pierre Dardenne), 뤽 다르덴(Luc Dardenne)      542

99      마더

봉준호      545

| 100 | **잘 알지도 못하면서** | |
| | 홍상수 | 549 |

| 101 | **박쥐** | |
| | 박찬욱 | 552 |

| 102 | **똥파리** | |
| | 양익준 | 562 |

| 103 | **더 리더: 책 읽어주는 남자** The Reader | |
| | 스티븐 달드리(Stephen Daldry) | 565 |

| 104 | **번 애프터 리딩** Burn After Reading | |
| | 이선 코언(Ethan Coen), 조엘 코언(Joel Coen) | 568 |

| 105 | **그랜 토리노** Gran Torino | |
| | 클린트 이스트우드(Clint Eastwood) | 572 |

| 106 | **도쿄 소나타** トウキョウソナタ | |
| | 구로사와 기요시(黒沢清) | 576 |

| 107 | **레볼루셔너리 로드** Revolutionary Road | |
| | 샘 멘데스(Sam Mendes) | 580 |

| 108 | **다우트** Doubt | |
| | 존 패트릭 셰인리(John Patrick Shanley) | 583 |

| 109 | **벤자민 버튼의 시간은 거꾸로 간다** The Curious Case of Benjamin Button | |
| | 데이비드 핀처(David Fincher) | 586 |

| 110 | **낮술** | |
| | 노영석 | 590 |

| 111 | **24 시티** 二十四城記 | |
| | 지아장커(賈樟柯) | 593 |

| 112 | **비 카인드 리와인드** Be Kind Rewind | |
| | 미셸 공드리(Michel Gondry) | 596 |

| 113 | **이스턴 프라미스** Eastern Promises | |
| | 데이비드 크로넌버그(David Cronenberg) | 600 |

| 114 | **더 폴: 오디어스와 환상의 문** The Fall | |
| | 타셈 싱(Tarsem Singh) | 605 |

115     **로큰롤 인생 Young @ Heart**
스티븐 워커(Stephen Walker)     **608**

116     **바시르와 왈츠를 Vals Im Bashir**
아리 폴만(Ari Folman)     **611**

117     **렛 미 인 Låt den rätte komma in**
토마스 알프레드손(Tomas Alfredson)     **615**

118     **미쓰 홍당무**
이경미     **617**

119     **사과**
강이관     **620**

120     **고고 70**
최호     **623**

121     **멋진 하루**
이윤기     **627**

122     **다크 나이트 The Dark Knight**
크리스토퍼 놀런(Christopher Nolan)     **630**

123     **님은 먼 곳에**
이준익     **634**

124     **아임 낫 데어 I'm Not There**
토드 헤인스(Todd Haynes)     **638**

125     **밴드 비지트 - 어느 악단의 조용한 방문 Bikur Ha-Tizmoret**
에란 콜리린(Eran Kolirin)     **642**

126     **데어 윌 비 블러드 There Will Be Blood**
폴 토머스 앤더슨(Paul Thomas Anderson)     **645**

127     **노인을 위한 나라는 없다 No Country for Old Men**
이선 코언(Ethan Coen), 조엘 코언(Joel Coen)     **648**

128     **미스트 The Mist**
프랭크 대러본트(Frank Darabont)     **651**

129     **우리 생애 최고의 순간**
임순례     **654**

| 130 | **아메리칸 갱스터 American Gangster** | |
| | 리들리 스콧(Ridley Scott) | 657 |
| 131 | **마이클 클레이튼 Michael Clayton** | |
| | 토니 길로이(Tony Gilroy) | 661 |
| 132 | **파라노이드 파크 Paranoid Park** | |
| | 거스 밴 샌트(Gus Van Sant) | 664 |
| 133 | **베오울프 Beowulf** | |
| | 로버트 저메키스(Robert Zemeckis) | 666 |
| 134 | **데드 걸 The Dead Girl** | |
| | 카렌 몬크리프(Karen Moncrieff) | 669 |
| 135 | **색, 계 色, 戒** | |
| | 리안(李安) | 672 |
| 136 | **M** | |
| | 이명세 | 675 |
| 137 | **행복** | |
| | 허진호 | 678 |
| 138 | **원스 Once** | |
| | 존 카니(John Carney) | 681 |
| 139 | **본 얼티메이텀 The Bourne Ultimatum** | |
| | 폴 그린그래스(Paul Greengrass) | 684 |
| 140 | **데쓰 프루프 Death Proof** | |
| | 쿠엔틴 타란티노(Quentin Tarantino) | 687 |
| 141 | **마이 파더** | |
| | 황동혁 | 691 |
| 142 | **미스터 브룩스 Mr. Brooks** | |
| | 브루스 A. 에번스(Bruce A. Evans) | 695 |
| 143 | **조디악 Zodiac** | |
| | 데이비드 핀처(David Fincher) | 698 |
| 144 | **기담** | |
| | 정범식, 정식 | 701 |

| 145 | **디워** | |
| | 심형래 | 704 |
| 146 | **라따뚜이** Ratatouille | |
| | 브래드 버드(Brad Bird) | 708 |
| 147 | **화려한 휴가** | |
| | 김지훈 | 712 |
| 148 | **레이디 채털리** Lady Chatterley | |
| | 파스칼 페랑(Pascale Ferran) | 716 |
| 149 | **디센트** The Descent | |
| | 닐 마셜(Neil Marshall) | 719 |
| 150 | **익사일** 放·逐 | |
| | 두기봉(杜琪峰) | 722 |
| 151 | **트랜스포머** Transformers | |
| | 마이클 베이(Michael Bay) | 725 |
| 152 | **뜨거운 녀석들** Hot Fuzz | |
| | 에드거 라이트(Edgar Wright) | 727 |
| 153 | **스틸 라이프** 三峽好人 | |
| | 지아장커(賈樟柯) | 730 |
| 154 | **시간을 달리는 소녀** 時をかける少女 | |
| | 호소다 마모루(細田守) | 733 |
| 155 | **팩토리 걸** Factory Girl | |
| | 조지 하이켄루퍼(George Hickenlooper) | 736 |
| 156 | **밀양** | |
| | 이창동 | 740 |
| 157 | **내일의 기억** 明日の記憶 | |
| | 쓰쓰미 유키히코(堤幸彦) | 744 |
| 158 | **날아라 허동구** | |
| | 박규태 | 747 |
| 159 | **아내의 애인을 만나다** | |
| | 김태식 | 749 |

| 160 | **굿 셰퍼드** The Good Shepherd | |
| | 로버트 드니로(Robert De Niro) | 752 |
| 161 | **천년학** | |
| | 임권택 | 757 |
| 162 | **타인의 삶** Das Leben der Anderen | |
| | 플로리안 헨켈 폰 도너스마르크(Florian Henckel von Donnersmarck) | 759 |
| 163 | **라디오 스타** | |
| | 이준익 | 762 |
| 164 | **타짜** | |
| | 최동훈 | 765 |
| 165 | **해변의 여인** | |
| | 홍상수 | 768 |
| 166 | **괴물** | |
| | 봉준호 | 771 |
| 167 | **짝패** | |
| | 류승완 | 774 |
| 168 | **가족의 탄생** | |
| | 김태용 | 776 |
| 169 | **미션 임파서블 3** Mission : Impossible III | |
| | J.J. 에이브럼스(J.J. Abrams) | 779 |
| 170 | **사생결단** | |
| | 최호 | 782 |
| 171 | **피터팬의 공식** | |
| | 조창호 | 785 |
| 172 | **뮌헨** Munich | |
| | 스티븐 스필버그(Steven Spielberg) | 787 |
| 173 | **메종 드 히미코** メゾン・ド・ヒミコ | |
| | 이누도 잇신(犬童一心) | 790 |
| 174 | **킹콩** King Kong | |
| | 피터 잭슨(Peter Jackson) | 793 |

| 175 | **이터널 선샤인** Eternal Sunshine of the Spotless Mind | |
| | 미셸 공드리(Michel Gondry) | 796 |

| 176 | **사랑해, 말순씨** | |
| | 박홍식 | 799 |

| 177 | **사랑니** | |
| | 정지우 | 802 |

| 178 | **형사 Duelist** | |
| | 이명세 | 805 |

| 179 | **극장전** | |
| | 홍상수 | 808 |

| 180 | **아는 여자** | |
| | 장진 | 811 |

| 181 | **트로이 Troy** | |
| | 볼프강 페터젠(Wolfgang Petersen) | 814 |

| 182 | **송환** | |
| | 김동원 | 817 |

| 183 | **빅 피쉬 Big Fish** | |
| | 팀 버튼(Tim Burton) | 821 |

| 184 | **친구** | |
| | 곽경택 | 823 |

| | **품행제로** | |
| | 조근식 | |

| | **말죽거리 잔혹사** | |
| | 유하 | |

| 185 | **반지의 제왕: 반지원정대** The Lord of the Rings: The Fellowship of the Ring | |
| | 피터 잭슨(Peter Jackson) | 837 |

| | **반지의 제왕: 두 개의 탑** The Lord of the Rings: The Two Towers | |
| | 피터 잭슨(Peter Jackson) | |

| | **반지의 제왕: 왕의 귀환** The Lord of the Rings: The Return of the King | |
| | 피터 잭슨(Peter Jackson) | |

186 **올드보이**
박찬욱 844

187 **목격자 People I Know**
대니얼 앨그란트(Daniel Algrant) 848

188 **황산벌**
이준익 851

189 **바람난 가족**
임상수 854

190 **브루스 올마이티 Bruce Almighty**
톰 셰디악(Tom Shadyac) 857

191 **밀레니엄 맘보 千禧曼波**
허우샤오셴(侯孝賢) 860

192 **살인의 추억**
봉준호 863

193 **질투는 나의 힘**
박찬옥 866

194 **지구를 지켜라**
장준환 869

195 **태양의 눈물 Tears of the Sun**
앙투안 퓨쿠아(Antoine Fuqua) 872

196 **엠퍼러스 클럽 The Emperor's Club**
마이클 호프먼(Michael Hoffman) 875

197 **갱스 오브 뉴욕 Gangs of New York**
마틴 스콜세지(Martin Scorsese) 878

198 **검은 물 밑에서 仄暗い水の底から**
나카타 히데오(中田秀夫) 881

199 **죽어도 좋아**
박진표 883

200 **복수는 나의 것**
박찬욱 885

| 201 | **와이키키 브라더스** | |
| | 임순례 | 888 |
| 202 | **소름** | |
| | 윤종찬 | 890 |
| 203 | **순애보** | |
| | 이재용 | 893 |
| 204 | **죽거나 혹은 나쁘거나** | |
| | 류승완 | 896 |
| 205 | **여고괴담 두 번째 이야기** | |
| | 김태용, 민규동 | 899 |
| 206 | **라이브 플래쉬** Carne trémula | |
| | 페드로 알모도바르(Pedro Almodóvar) | 901 |
| 207 | **검은 고양이 흰 고양이** Crna macka, beli macor | |
| | 에밀 쿠스투리차(Emir Kusturica) | 904 |
| 208 | **벨벳 골드마인** Velvet Goldmine | |
| | 토드 헤인스(Todd Haynes) | 907 |

| 찾아보기 | 910 |

**• 일러두기**

1. 영화 제목과 국내 개봉일은 영화진흥위원회 영화관입장권통합전산망을 기준으로 표기하였다. 다만 몇몇 제목의 경우 맞춤법과 띄어쓰기를 고려하여 일부 수정하였다.
2. 본문에 거론되는 영화 제목의 원어는 최초 한 차례 병기하였으며, 부제가 있는 경우에도 최초 한 차례만 병기하였다.
3. 영화인명은 '찾아보기'에 원어를 병기하였다. 인명 표기는 외래어 표기법을 따르되, 통용되는 표현을 감안하여 일부 수정하였다.
4. '찾아보기'의 외국인명은 검색의 편의성을 고려하여 본문과 동일하게 '이름-성' 순서로 표기하였다.

영화는 두 번 시작된다.

처음 한 번은 극장 안에서,

그다음 한 번은 극장 밖에서.

# 기생충

감독 **봉준호** 국내 개봉일 **2019.05.30**

봉준호의 영화들에는 변곡점이 있다. 이야기의 방향이나 캐릭터의 성격을 막판에 도치시켜 관객의 뒤통수를 침으로써 그때까지의 단서들을 반대로 읽도록 유도하는 반전이라기보다는, 이야기의 핵심 성격이나 감독의 시선이 가닿는 진짜 지점을 불쑥 드러내 영화 전체 노선을 아예 바꾸는 변곡점이라고 해야 맞을 것이다.

아들의 누명을 벗기려는 어머니의 숭고한 사랑에 대한 이야기처럼 다가왔던 「마더」는 그 변곡점에서 아들의 정체를 감추려는 어머니의 뒤틀린 집착에 대한 이야기로 바뀐다. 일직선상의 맨 뒤 세계에 자리한 사람들의 계급 혁명을 다가서서 뜨겁게 다루는 것처럼 보였던 「설국열차」는 종의 보존이나 세계의 균형을 물러서서 차갑게 다루는 사회생물학적인 영화로 전환된다. 통찰력을 신봉하는 시골 형사와 과학 수사를 내세우는 서울 형사가 서로 힘을 합쳐 미제 사건을 해결하는 집념의 버디무비 수사극처럼 보였던 「살인의 추억」이 결국 드러내는 것은 미끄러지는 시공간 속에서 빈손을 응시하는 혼돈의 정념이었다.

봉준호의 영화는 장르를 차용해서 시작하고, 그 장르를 배신하면서 끝난다. 그가 바라보는 곳은 늘 장르의 뒤편에 있다. 규칙과 관습에 따라 진행되는 장르의 작동 원리는 이야기의 갈래마다 누적되어 온 '계획'이지만, 봉준호는 그 주먹만 한 계획이 바닥을 알 수 없는 '무계획'의 무저갱 속으로 소리도 없이 추락하는 광경을 기어이 보아낸다.

「기생충」의 변곡점은 문광(이정은)이 폭우 속에서 저택의 초인종을 누르는 순간이다. 그때까지 문광은 집사로서 동익(이선균)의 저택을 지켜오다가 해고되었던 한 개인이었지만, 자신이 찾아온 목적을 밝히는 순간 가족이 된다. 「기생충」에서 가장 중요한 설정은 이게 두 가족이 아니라 세 가족에 대한 이야기라는 점이다. 개봉 당시 영화사 측이 막으려 했던 스포일러는 바로 세 번째 가족의 존재였던 셈이다.

문광이 근세(박명훈)와 함께 가족으로서 존재를 드러낸 후 기택(송강호) 가족과 싸우던 그 저택으로 폭우를 맞아 야영지에서 갑자기 돌아오게 된 동익 가족까지 들어오게 되었을 때, 서스펜스를 꾹꾹 눌러 담은 듯한 극 중 음식이 한우 채끝살을 넣은 짜파구리라는 사실은 흥미로워 보인다. 이것은 값싼 두 종류의 면이 마구 뒤섞이는 곳에 값비싼 한우가 추가로 들어가게 된 음식에 대한 이야기인 것이다.

변곡점에 이르기 전까지 「기생충」은 하층 계급인 기택 가족과 상층 계급인 동익 가족을 지속적으로 대비하면서 뻗어나갔다. 기택 가족은 동익 가족의 대저택 거실에서 그들이 야영장에 가고 없는 기회에 술판을 벌이며 계급적 환상에 젖는다. 아들 기우(최우식)가 다

24

혜(정지소)와의 연인 관계를 잘 이끌어나가면 혼맥을 통해 두 가족이 거의 대등한 지위를 누릴 수 있을지도 모른다고 내심 기대한다. 동익을 태우고 시운전을 하면서 두 가정을 대표하는 두 가장의 동행론으로 그 동승을 수평적으로 규정지으려 할 때, 그 환상은 기택 마음속에 이미 자리 잡고 있었다. ("한 집안의 가장이자 한 회사의 총수 또는 고독한 한 남자와 매일 아침 길을 떠나는 것은 일종의 동행이 아닐까, 그런 마음으로 일해왔습니다.") 심지어 부부와 아들딸로 이루어진 4인 가족이라는 구성마저 같지 않은가.

하지만 기택은 동익의 집엔 네 명의 구성원 외에 애견 세 마리가 있지만, 자신의 집에는 수많은 꼽등이가 있다는 사실을 잊었다. 동익의 집에서 기우와 기정(박소담)은 기세가 좋고 통찰력도 있어 보이지만 결국 그들은 케빈과 제시카가 아니다. 같은 자동차에 타고 있다고 해서 그 차를 공유하고 있는 것은 아니다. 동익은 윤 기사(박근록)가 그걸 착각했다고 생각했기에 그를 해고했다. 「기생충」의 원래 제목이었던 '데칼코마니'가 가리키는 두 대비항은 무엇일까. 대저택에서 술 파티를 벌이면서 착각하던 기택 가족은 이제 자신들이 상대해야 하는 게 동익 가족이 아니라 문광 가족이라는 사실을 확인한다. 기택은 길을 바꾸기 위해 코너를 돌 때는 능숙하지만, 가던 길을 멈춰야 할 때는 뒤늦게 급브레이크를 밟으며 폭발한다.

기택과 근세는 자본주의 시스템 속의 패자라는 점에서 본질적으로 동일하다. 두 사람은 모두 카스텔라 가게를 하다가 망한 적이 있고, 경찰에 쫓기게 된다. 그리고 그 대저택의 숨겨진 지하 공간에서 배턴터치하면서 살아간다. 그러니 기택이 누군가와 동행해야 한다면 그건 동익이 아니라 근세여야 할 것이다.

하지만 기택 가족은 한사코 이를 부정하려 한다. 근세가 기거하고 있는 곳을 확인한 후 "이런 데서도 살면 또 살아지나?"라면서 고개를 절레절레 흔드는 기택의 혼잣말은 자신들이 속한 계급이 근세가 속한 계급과 다르다고 믿고 싶어 하는 필사적인 주문이다. 하지만 반지하는 지하와 다르다고 여기는 기택의 생각과 달리, 두 공간은 근본적으로 차이가 없다. 지상과 지하의 사이에 낀 이 공간의 명칭은 반지상이 아니라 반지하다. 기택의 혼잣말을 들은 근세는 "땅밑에 사는 사람들이 한둘인가? 반지하까지 치면 더 많지"라고 응수하며 자신이 속한 계급의 외연을 확대한다.

애초에 기택 가족이 문광 가족과 섞이면서 싸우게 된 것은 기택과 기정과 기우가 계단에서 함께 굴러떨어졌기 때문이다. 방금 전까지 지상에서 파티를 벌였던 사람들은 반지하에 곧바로 맞닿아 있는 지하로 추락한 뒤 그곳에 먼저 살고 있던 사람들과 모든 걸 걸고 싸우기 시작한다. 기택의 가족이 원래 꿈꾸며 다가갔던 것은 동익 가족이 거하고 있는 지상의 천국이었지만, 이제 그들은 더 깊은 지하의 지옥에서 벗어나기 위해서 싸운다. 필사적으로 올라오려는 문광을 충숙(장혜진)이 뒷발로 차서 다시 아래로 떨어뜨리는 것을 포함해, 그 싸움은 지하에서 지상으로 올라가는 계단과 복도에서 주로 펼쳐진다. 그 싸움이 그토록 가혹한 것은 지하에 대한 공포가 반지하의 세계를 지배하고 있기 때문이다.

사실 하층 계급끼리의 싸움은 기택 가족과 문광 가족이 맞닥뜨리기 전부터 이미 시작되었다. 「기생충」은 상승과 하강의 동선, 그리고 대체의 모티브로 정교하게 직조된 영화다. 기택이 동익의 운전기사가 될 수 있었던 것은 그 자리에 있었던 윤 기사를 몰아냈기 때문이다. 충숙이 가사도우미가 될 수 있었던 것은 문광을 제거했기 때문이다. 애초에 극의 도입부에서 백수인 기택의 가족이 피자 박스 접는 일을 할 수 있었던 것도 피자 가게에서 원래 그 일을 하던 아르바이트가 그만두었기 때문이고, 기우가 과외 자리를 얻게 된 것 역시 민혁(박서준)이 그 자리를 두고서 외국으로 떠났기 때문이다.

처음엔 자연스레 비워진 자리를 기택 가족이 차지하지만 나중에는 그 자리를 점유하고 있는 자를 쫓아내고서 차지한다. 이때 자신의 계획에 따라 자리를 두고 스스로 떠난 민혁은 그들과 다른 계급이지만, 모함에 따라 쫓겨나서 자리를 비워주게 된 윤 기사와 문광은 그들과 같은 계급이다. 결국 기택 가족에게 일자리는 상층 계급의 제의 또는 다른 하층 계급과의 투쟁 결과로 생긴다. 기택 가족의 생존 투쟁은 언제나 같은 계급에 속한 사람들을 대상으로 한다. 하층 계급이 가질 수 있는 파이 크기는 정해져 있기에, 그걸 차지하기 위해서는 제로섬 게임(Zero-sum game)으로서의 같은 계급 내 싸움이 불가피하다고 믿기 때문이다.

하층 계급이 그렇게 믿게 된 것은 상층 계급이 그렇게 대해왔기 때문이다. 동익은 문광의 음식 솜씨를 칭찬하면서도 “아줌마는 쌔고 쌨으니 또 구하면 된다”라고 말한다. 회사에서 회의를 하면서 동익은 신제품이 휴대폰과 호환이 되느냐에 대해서 집중적으로 관심을 보이는데, 그 회사 이름이 ‘어나더 브릭(Another Brick)’인 데서 알 수 있듯이, 결국 그는 피고용인을 대체하기 쉬운 벽돌처럼 여기는 사람이다. 동익에게 중요한 것은 일하게 될 사람의 고유성이 아니라 표준화된 노동력이 구사되는 자리 자체이며, 그 자신은 그 일자리를 만들어낸 주인이다. 그러므로 기택 가족에게 그들이 얻길 원하는 자리에 이미 앉아 있는 자는 고유성을 가진 인격체가 아니라 나를 위해 물러나야 할 선점자이면서 오로지 적일 뿐이다. 거실에서의 술파티 도중에 기택이 불쑥 윤 기사를 걱정하는 말을 하자, 잔뜩 취한 상태로 기정은 "우리가 제일 문제잖아. 윤 기사 말고 우리 걱정만 하면 되잖아"라고 외친다. 그 순간 천둥 번개가 치고 문광이 찾아와 인터폰을 누른 후 지옥의 문이 열리기 시작한다.

그 안에 붙박인 자를 찾아가기 위해 지옥의 문을 열려면, 벽과 찬장 사이의 좁은 공간에 몸을 욱여넣고 평행 방향으로 힘을 써야 한다. 혼자서는 하기 힘들기에 누군가 찬장을 평행 방향으로 동시에 당겨주면 좀 더 수월하다. 문광과 충숙은 그렇게 합세해서 문을 열어젖히는 데 성공하지만, 그 문 아래의 세상으로 하강한 뒤에는 곧바로 갈라진다. 문광은 그곳에서 살고 있는 근세를 처음 보고 놀란 충숙에게 "같은 일하는 사람끼리" 또는 "같은 불우이웃끼리"라면서 계급적 연대감을 요청하지만, 충숙은 "난 불우이웃이 아니야"라는 말로 스스로를 다른 위치에 자리매김하려고 한다. 상류층과의 '믿음의 벨트'로 일자리를 얻은 후 계급적 환상을 가지게 된 충숙은 문광이 사용하는 언니라는 호칭까지 냉정히 불허함으로써 자매애의 사슬을 끊는다. 그리고 먼저 반감을 드러낸 것은 경찰에 신고하겠다면서 위협한 충숙의 가족이었다.

이 영화에는 악인이 따로 없다. 계급을 가릴 것 없이 「기생충」의 등장인물들은 악의를 적극적으로 드러내며 악행을 저지르지는 않는다. 우발적인 살인을 저지른 기택의 심정도 이해 가능하고, 그 살인을 유발한 동익의 오만한 제스처도 일부러 무시하려는 의도에서 나온 것은 아님을 짐작할 수 있다. 기택의 가슴에 차곡차곡 쌓였던 모욕감의 상당 부분은 우연히도 거실 테이블 밑에서 엿듣게 된 동익과 연교(조여정)의 뒷말 때문이었으니, 어쨌든 고의로 촉발한 것은 아니기도 했다. 기택 가족과 문광 가족이 죽기 살기로 싸우게 된 것도 그 바탕에 절박함이 깔려 있다는 사실을 감안하면 쉽게 그들을 단죄하기 어려워진다. 살인 사건이 벌어지기 직전까지, 두 가족은 동익 가족에 대해서 감사와 존경의 마음을 지속적으로 드러내기도 했다. 다리미 같은 돈이 많게 되면 인성 역시 좋아지게 된다는 말을 나누기까지 했다.

「기생충」에서는 모두 네 사람이나 죽는다. 하지만 여기에 죽어 마땅한 사람은 없다. 누구도 노골적인 악의를 가진 사람들이 아니었기에 이 참극은 근원적인 비극이 된다. 만일 동익이 극 중에서 충분히 악한 사람으로 묘사되었다면 그가 죽은 것은 나쁜 인성 때문인 것으로 판단할 수도 있다. 그러나 동익은 개인의 특성 때문이 아니라 결국 그가 속한 계급 때문에 죽었다. 나머지 세 사람 역시 그렇다. (문광은 치명상을 입고 난 후에도 "충숙 언니가 좋은 분인데 나를 발로 찼다"라고 말한다.)

봉준호 영화의 핵심 키워드 중 하나는 계급일 것이다. 적나라하게 다루는 「기생충」과 「설국열차」뿐만 아니라 「플란다스의 개」에서 「옥자」까지 대부분의 영화가 계급 갈등을 바탕에 깔고 있다. 그런데 이때 특히 주목되는 것은 누가 누구와 싸우는가의 문제다. 봉준호의 데뷔작 「플란다스의 개」에서 아파트 관리사무소 직원인 현남(배두나)은 주민들이 키우는 반려견을 죽이는 범인을 추적한다. 이 영화에서 죽거나 죽을 위기에 처하는 개는 모두 세 마리인데, 그중에서 실제로 죽는 두 마리의 개는 어떻게 해서든 교수 자리를 얻어서 안정된 계급적 지위를 확보하려는 대학교 시간강사 윤주(이성재)와 관련되어 있다. 윤주는 치와와의 경우 실제로 아파트 옥상에서 떨어뜨려 죽이고, 시추는 지하실에 감금해 결과적으로 죽음에 이르게 한다.

그러니 현남이 싸워야 할 상대는 중산층인 윤주다. 도중에 현남은 실제로 윤주와 잠시 추격전을 벌이기도 하지만 끝내 그를 잡지 못할 뿐만 아니라 정체조차 파악하지 못한다. 대신 현남은 세 번째로 실종된 윤주의 개 푸들을 잡아먹어서 한 끼를 해결하려 하지만 죽이는 데엔 실패하는 부랑자 최 씨(김뢰하)에 맞서 맹렬하게 싸운 후 경찰에 넘겨 처벌받게 한다. 왜 현남은 윤주가 아니라 최 씨와 싸우는가. 왜 기택은 동익이 아니라 근세와 싸우는가. 왜 하층 계급인 현남(「기생충」에서 하층 계급은 특유의 "무말랭이 냄새"로 요약되는데, 「플란다스의 개」의 현남은 그 무말랭이를 유산으로 상속한다)은 중산층인 윤주가 아니라 (최)하층 계급인 최 씨와 싸우는가. 왜 하층 계급인 기택은 상류층인 동익이 아니라 (최)하층 계급인 근세와 싸우는가.

봉준호의 하층 계급에 속하는 주인공들은 상층 계급에 속하는 인물들과 싸우지 않는다. 그들은 같은 계급 내에서 싸운다. 기택 가족처럼 일자리를 얻기 위해 싸우거나, 현남처럼 일자리를 보전하기 위해 싸운다. (하지만 기택 가족과 현남은 결국 끝에 가서 그 일자리를 잃는다.) 계급적 곤궁의 핵심은 자본주의 체제 자체에 놓여 있지만, 그들은 본질을 간과하거나 그로부터 애써 시선을 돌린다.

미묘한 것은 봉준호의 영화들에서 하층과 최하층이 구분되어 보일 때가 많다는 점이다. 극 중 하층 계급에 속하는 사람들은 최하층으로 굴러떨어지지 않기 위해 싸움을 벌이는 경우가 많은데, 이때 최하층에 맞서는 그들이 기대는 마지막 제도는 가족이다. (봉준호의 영화 속 주인공이 가족 단위로 서술되는 경우가 많은 것은 이와 무관하지 않을 것이다.) 대물림을 통해 그 체계를 공고하게 만드는 계급의 최소 단위인 가족은 하층에 속하는 인물들에게 생래적으로 좌절을 안겨주지만, 최하층과 맞설 때는 역으로 마지막 보루가 되는 것이다.

「마더」에서 도준(원빈)과 종팔(김홍집)은 바로 그 지점에서 명암이 갈린다. 종팔이 도준의 죄를 뒤집어쓰는 것은 결국 도준에게 있는 엄마(김혜자)가 그에겐 없기 때문이다. (감옥에 갇힌 종팔을 면회하면서 도준의 엄마는 연민과 죄책감으로 "넌 엄마도 없니?"라며 눈물을 흘린다.) 「옥자」에서 사지를 벗어나는 데 성공하는 옥자와 달리 그 외의 수많은 슈퍼돼지들이 죽음의 구렁텅이로 굴러떨어지는 것은 옥자에겐 있는 언니(안서현)가 그들에겐 없기 때문이다.

그렇기에 근세에겐 아내 문광이 꼭 필요하다. 계급 상승의 욕망 자체를 포기한 채 지하에서 사는 생활에 만족하게 된 근세이지만, 그 삶조차 가능하려면 주기적으로 돌봐줄 문광이 있어야 하기 때문이다. 그런 유일한 가족이 충숙의 공격으로 결국 사라지는 순간, 최소한의 버팀목마저 잃어버리게 된 근세는 마침내 칼을 들고 충숙 가족에게 덤벼든다. 근세는 근본적으로 기택이 아니라 동익이 적일 수도 있음을 상상도 하지 못한다.

이와 반대로, 하층이 최하층을 가족제 안으로 끌어들이게 될 때 봉준호 영화에는 희망이 작은 불씨로 남는다. 「괴물」에서 형을 잃어버리고 혼자만 남게 된 세주(이동호), 「옥자」의 종반부에서 옥자의 품속에 들어오게 된 새끼 돼지가 그렇다. 그런데, 이 두 사례 속에서 도움의 손길이 뻗쳐진 상대가 모두 매우 어리다는 것은 우연이 아닐 것이다. 그들은 연민을 일으킬지언정, 위협이 되진 않는다.

그런데 상층과의 관계에 있어서, 하층은 최하층(다시 말해 하층의 하층)과 근본적으로 다르지 않다. 그것은 그저 자신들이 최하층은 아니라고 애써 스스로를 위로하려는 하층 계급 사람들의 가정일 뿐이다. 폭우 속에서 지독한 싸움이 벌어진 뒤, 기택 가족과 문광 가족은 모두 아래로 다시 내려간다. 고지대 저택에서 저지대 반지하 주택으로 내려간 기택 가족이 침수 피해로 고통스러워하는 장면이 묘사된 직후에 이어지는 것은 지하실에서 감금된 채 고통스러워하는 문광 가족의 모습이다. 혹은, 근세가 머리를 찧으면서 보내는 모스 부호 구조 요청에 따라 저택 계단의 전등이 점멸하는 장면 직후에 이어지는 것은 침수된 기택 집의 형광등이 점멸하는 장면이다. (그러고 보니 비극의 시작은 폭우가 쏟아지기 전에 번개가 만들어낸 빛의 점멸이었고, 한밤중에 문광이 누른 초인종이 만들어낸 소리의 점멸이었다.) 고통받고 있을 때, 하층과 최하층은 다르지 않다.

같은 계급끼리 싸우는 대신 시스템과 싸우는 자가 봉준호의 영화 속에 전혀 등장하지 않는 것은 아니다. 그러나 그들은 이야기의 끝에서 완전히 빗나가거나 이야기의 한중간에서 철저히 격리된다. 「플란다스의 개」에서는 직접 모습을 드러내지 않음에도 관객들에게 깊은 인상을 남기는 인물이 하나 있다. 경비원 변 씨(변희봉)가 길게 언급하는 보일러 김 씨다. 보일러 김 씨는 시공사가 아파트를 날림으로 지은 것을 간파하지만, 그 결과 죽임을 당한 뒤 "공구리 쳐져서" 벽에 봉인된다. 극 중에서 그가 죽게 된 해는 바로 1988년, 서울 올림픽이라는 국가적 대사가 치러지고 건설 붐이 일면서 거국적 계급 상승 욕망에 온 국민이 들떠 있던 때였다. 「설국열차」에서 가열차게 계급 혁명을 이끌었던 꼬리칸의 리더 커티스(크리스 에번스)도 그 싸움의 끝에서 자신이 저항의 주체가 아니라 시스템이 주기적으로 인원을 정리하기 위한 알고리즘의 일부에 불과했음을 깨달은 뒤 폭발 사고로 죽는다. 그리고 「기생충」에서 엉겁결에 계급에 칼을 꽂게 된 기택은 지하 감옥에 사실상 영원히 유폐된다.

「기생충」의 이야기가 절정에 달하게 되면 인물들이 연이어 죽는다. 동익이 죽는 것은 그가 극 중에서 계급제와 가부장제의 정점에 놓여 있는 인물이기 때문일 것이다. 문광과 근세가 죽는 것은 이 부부가 이 작품에서 주로 대상화되어 그려지고 있다는 것과 무관하지 않을 것이다. 그렇다면 기정은 왜 죽었을까. 주인공이라고 할 수 있는 기택 가족들 중에서 왜 죽는 자가 하필 기정이어야 하는 것일까. 피자 박스 접는 일에서 네 개 중 하나 꼴로 불량품이 나올 때 그렇게 엉망으로 일처리를 한 것은 기택이지 않은가. 고통을 줄여주려는 이유로 보이긴 하지만 문광 부부를 수석으로 살해하기 위해 지하로 내려간 것은 기우이지 않은가. 그리고 근세가 칼을 들고 마당으로 나섰을 때 원래 죽이려던 인물은 자신의 아내를 죽게 만든 충숙이지 않은가. 그런데 대체 왜 기정일까.

가족 안에서 기정의 위치는 매우 독특하다. 기택, 기우, 충숙은 모두 누군가의 자리를 대체함으로써 일자리를 얻었다. 하지만 기정은 미술치료라는 영역의 필요성을 연교에게 새로 주입시킴으로써 누구의 자리도 빼앗지 않은 채 그만의 일자리를 창출했다. 그러니까 기정은 같은 하층 계급과 싸움을 벌이지 않고도 계급 상승의 가능성을 이끌어낸 극 중 유일한 인물인 셈이다. 게다가 기정은 자신의 위치를 관철해내는 의지와 능력을 지녔다. 기우와 기택은 각각 연교와 동익의 시험 교습과 시험 운전 요구를 받아들인 후 그 결과에 따라 채용되지만, 기정은 그와 같은 채용의 조건 자체를 냉정히 배제하면서도 자신의 뜻을 관철시키는 위엄을 보였다.

그런 기정은 기택 가족 중에서 가장 상류 계급에 어울렸던 사람이었다. 동익 가족이 집을 비웠을 때 기우는 욕조에서 우아하게 행동하는 모습을 잠깐 목격한 후, "위에 올라가서" 목욕하는 기정이 "부잣집 분위기와 잘 맞아"서 "우리랑은 달라" 보인다고 말한다. 이어 기우가 이 저택 어디에서 살고 싶냐고 질문하자 기정은 "일단 살게 해줘"라고 답하는데, 그 말에 기우는 다시 "지금 살고 있잖아. 이렇게 거실 한복판에서 술도 마시면서"라고 내쏜다. 그러니까 기우는 그 정도의 계급 판타지로도 만족할 수 있는 사람이지만, 기정은 다르다. 기정이 만족하기 위해서는 실제로 그 집에 살아야 하고, 실제로 상류층이 되어야 한다. 말하자면 계급 상승에 대한 욕망이 가장 적극적이었고 또 그럴 만한 능력도 컸던 기정이 작품의 말미에서 살해당할 때, 사라지는 것은 계급 상승의 사다리 자체일 것이다. (더구나 그런 기정을 죽이는 것은 계급 상승의 욕망을 아예 상실한 근세다.)

아울러, 기정의 일자리가 우연히도 연교 가족의 하층 계급에 대한 혐오와 공포를 자극했기 때문에 창출되었다는 사실도 간과하기 어렵다. 다송(정현준)이 미술치료를 받아야 하는 이유는 초등학교 1학년 때 케이크를 먹다가 근세를 목격하고 충격을 받아 트라우마가 생겼기 때문이다. 다송은 계단에서 올라오던 근세를 보고 귀신이라고 생각하는데, 그건 그런 사람을 한 번도 본 적이 없기 때문이다. 유치원이든 학교든 가정이든 부유한 환경에서만 자라온 다송이 그때 처음 본 것은 결국 (하층) 계급이었다. (다송이 그린 그림을 보며 기우는 침팬지라고 생각하고 연교는 자화상이라고 생각하지만, 사실 그 그림 속에 표현된 것은 근세일 것이다.) 동익 가족 중에서 다송이 가장 먼저 기택 가족의 냄새를 알아채게 되는 것은 우연이 아니다. 다송은 하층 계급에 가장 익숙하지 않기에 오히려 그 계급의 모습이나 냄새를 가장 먼저 알아챈다.

인간에 대한 기본적인 예의의 상실, 이 경우에 국한 지어서 다시 말해보면 계급적 혐오는 동익이 피살된 결정적 이유였다. 그리고 그 반대편에서의 상층이 경험하는 계급적 트라우마 역시 치유되지 않고 더한층 악화된 채 반복된다. 케이크를 먹다가 무시무시한 계급의 얼굴과 처음 마주치며 트라우마가 생긴 다송은 그걸 치유하기 위해 짜인 무대 위에서 다시금 케이크와 관련된 살인을 저지르는 계급의 얼굴을 재확인하며 졸도한다. 이것은 모든 계급에 좌절감을 안기는 드라마인 것이다.

그러니까 상층과 하층, 두 계급 사이에 연결되어 있는 듯 보였던 믿음의 벨트 같은 것은 존재하지 않았다. 「기생충」에서 정말로 불공

평한 것은 바로 소통이다. 무전기까지 동원해가며 자유자재로 소통하는 동익 가족과 달리, 기택 가족은 무임승차로 쓰던 와이파이가 끊기면서 소통에 어려움을 겪는다. 와이파이 신호를 보다 더 잘 잡으려면, 휴대폰을 높게 들어야 한다는 기택의 말처럼 높이 올라가야 소통할 수 있다. 기택 가족은 동익의 저택에 한 명씩 차례로 진입한 후 멋진 계단 위로 높이 올라가는 계급 상승의 환상에 사로잡힌다. 하지만 그들이 실제로 올라가서 와이파이 신호를 잡음으로써 소통에 성공한 곳은 보잘것없는 계단에 이어져 있는 반지하 화장실 변기가 고작이었다. 폭우가 쏟아지자 그 변기마저 역류한다. 실내로 역류하는 오수를 피하면서 기정이 자신의 집에서 가장 지상에 가까운 높은 곳인 변기 뚜껑에 올라앉아 천장에 숨겨둔 담배를 꺼내 피우는 대목은 이 영화에서 가장 처연한 장면일 것이다.

그래도 예의와 배려, 활력과 기지가 상당 부분 있는 것처럼 보였던 세상은 로버트 알트먼적 천재지변이라고 할 수 있는 폭우 이후에 정체를 적나라하게 드러낸다. 폭우가 내린 다음 날, 연교는 아들의 생일 파티에 초대할 손님에게 "비가 엄청 와서 미세먼지 제로예요. 비 안 왔으면 어쩔 뻔했냐고요"라고 말한다. 하지만 고지대의 대저택에 사는 사람들에게 파티를 최적의 환경에서 열도록 만들어주었던 비는 아래로 아래로 끊임없이 흘러서 저지대 사람들에겐 치명적 타격을 입힌다. 잠시 기분을 내기 위해서 마당에 설치한 다송이의 미제 텐트는 비 한 방울 새지 않는데, 많은 사람들이 좁은 공간에서 고단한 몸을 누여야 할 서민 주택가에서는 비만 오면 난리가 난다. 폭우 속에서 동익과 연교는 모처럼 기분을 내며 짜릿한 밤을 즐기지만, 기택 가족은 체육관에 수용되어 고단한 밤을 지새운다. 위에서는 물이 씻어 내려 깨끗한 환경을 만들지만, 아래에서는 물이 한데 고여 온갖 오물과 뒤섞인다.

재앙처럼 쏟아지는 극 중 폭우 설정은 이전에 코믹하게 희화화되어 펼쳐졌던 방뇨 에피소드와 무관하지 않다. 성취감에 도취된 기택네 식구들이 술과 고기로 자신의 집과 동익의 집에서 잔치를 각각 벌일 때, 바깥의 취객이 방뇨를 하거나 하늘이 비를 뿌린다는 점에서 두 설정의 기본 구도는 같다. 취객이 방뇨를 하는 것을 본 기우는 수석을 들고 나가서 맞서려고 하는데, 비와 함께 찾아온 문광에 대해 대응하던 끝에서의 기우 역시 그렇게 한다.

하지만 그 두 번의 대응은 모두 실패하고, 더 낮은 곳을 찾지 못한 빗물과 오줌은 끝내 뒤섞인 채 변기에서 역류한다. 유능했던 기정은 변기에 걸터앉은 채 아무 대응도 하지 못하고서 담배만 피우는데, 차례로 일자리를 얻으면서 상황이 잘 풀릴 때 잠시 힘을 내는 듯 보였던 기택 가족은 사실 처음부터 무기력했다. 이 영화에서 취객이 방뇨하려는 에피소드가 이전에 한 차례 더 나왔을 때 기택은 그저 밖을 바라다보면서 혀를 찰 뿐 대응하려는 시도 자체를 막는다.

두 집이 들어선 위치에서부터 등장인물들의 동선까지, 높낮이 설정과 상승 하강의 이동 방향으로 명징하게 짜여 있는 「기생충」에서 물이 흐르는 방향은 곧 소통의 방향과도 일치한다. 이 영화에서 이야기는 상층에서 하층으로 일방적으로 전달된다. 다송의 생일 파티를 준비하는 일에서 짜파구리를 급하게 끓여내는 일까지, 고용인이 피고용인에게 내리는 업무 관련 지시뿐만이 아니다.

문광에 대해 고자질하던 기택은 "제가 병원에서 들으려고 해서 들은 게 아니라 통화 내용이 들려오니까 어쩔 수 없이 들었어요"라고 변명하는데, 같은 계급 사이에서는 거짓말인 그 말이 이후 상층과의 관계에서는 그대로 진실이 된다. 기택은 마트에서 따라다니며 함께 장을 보아야 하기 때문에, 내린 비에 신이 난 연교의 마음을 옆에서 고스란히 알게 된다. 기택은 거실 테이블에 숨어 있느라 뒤에 놓인 소파에서 동익이 냄새에 대해 노골적으로 조롱하는 뒷말을 꼼짝없이 듣게 된다. 그때 그 거실 상황은 동익이 뒤에 앉고 기택이 앞에 앉는 자동차 안의 구도와 동일한데("여기 꼭 내 차 뒷자리 같지 않아?"), 부부간의 사랑에 대해 참견하려 했다가 앞이나 제대로 보라는 동익의 핀잔을 받았던 이전 차 안에서의 일화를 상기시키듯, 기택은 애정을 나누며 험담을 하는 그들 쪽으로 고개를 돌리지 못한 채 그저 일방적으로 다 듣고 있어야만 한다. 반면에 연교는 지난밤 기택이 폭우로 얼마나 큰 피해를 입었는지 알지 못한다. 동익 역시 인간에 대한 기본 예의를 상실한 자신의 뒷말이 기택을 얼마나 고통스럽게 만드는지 파악하지 못한다.

운전기사는 뒷자리에 탄 고용주 대신 앞만 바라보아야 한다. 상대를 바라볼 수 있는 시선은 오직 고용주에게만 주어진다. 근세 역시 처음엔 감사의 마음을 나중엔 구조 요청을 담아 모스 신호를 끊임없이 위쪽으로 올려 보내지만, 끝내 동익 가족에게 전달되지 않는다. (그나마 다송이 그 신호를 해독하려 하지만 곧 포기한다.) 똑같이 촬영해도 다혜의 경우처럼 상층이 찍은 영상은 곧바로 전송되지만, 문광의 경우처럼 하층이 찍은 영상은 전송되지 않는다. 상층은 하층의 마음을 보거나 들을 필요가 없고, 하층은 상층의 마음을 싫어도 보고 들어야 한다. 도입부에서 아이피타임 암호를 걸어서 통신 연결을 끊은 것 역시 위층에 사는 집주인이었다.

그런 하층이 전달할 수 있는 것은 자신의 마음이 아니라 냄새다. 자동차 안에서 그 냄새는 차의 진행 방향과 반대인 역류로 표현되는데, 이것은 자신의 진의와 감정을 전달할 방법이 봉쇄된 채 전달하고 싶지 않은 존재 자체의 곤궁함만이 전해지는 하층 계급 소통의 딜레마를 단적으로 요약한다.

극의 갈등이 정점에 이르게 되면 소변과 빗물 대신 피가 흐른다. 기정과 근세의 피가 아래로 흘러 동익의 마당을 적신다. 하지만 그 고귀한 피는 더러운 오수 취급을 받는다. 근세는 찔려서 흘리게 된 피와 오래된 지하 생활로 누적된 체취가 뒤섞인 자신의 냄새를 동익에게 전달한다. 그게 얼마나 오만한 행동인지 자각하지도 못한 채 동익은 노골적인 경멸의 기색과 함께 코를 쥐고서 죽어가는 자의 아래에 깔린 차 열쇠만 빼내려 한다. 그 직전 기택은 중상을 입은 기정을 응급처치하다가 "아빠, 그만 좀 눌러. 눌러서 더 아픈 것 같아"라는 말을 들었다. 결국 기택이 택한 것은 더 이상 분노와 슬픔을 누르지 않는 방법이었고, 냄새가 아니라 그 감정을 고스란히 상층에 전달하는 방식이었다. 그것은 폭력적이고 비극적이지만, 그로서는 가장 확실한 소통 방식이었는지도 모른다.

그런데 여기서 의미심장한 것은 기택의 냄새가 아니라 근세의 냄새를 동익이 경멸할 때, 근세가 아닌 기택이 동익을 근세의 칼로 찔러 살해했다는 점이다. 만일 기택이 자신의 냄새를 경멸하는 동익을 살해했다면, 그것은 모멸감을 견디지 못한 기택이라는 개인이 인간에 대한 최소한의 예의를 갖추지 못한 동익이라는 개인을 살해한 사건이 될 것이다. 하지만 자신의 가족도 아니고 심지어 직전까지 극단적으로 싸웠던 상대라고 할 수 있는 근세가 당하는 능멸을 기택이 대신해서 근세의 칼로 응징할 때, 그건 온전히 계급의 이름을 내건 살인이 된다. 기택이 근세에게 이입할 수 있는 것은 오직 냄새인데, 그에게 그 냄새는 곧 계급이기 때문이다.

사실 기택과 근세의 냄새는 동일하지도 않다. 하지만 하층 계급이 살아 있을 때의 냄새와 죽어갈 때의 냄새로 대변되는 듯한 기택과 근세의 냄새는 여기서 계급적으로 분명하게 연대한다. 하층 계급인 기택 가족과 하층 계급인 근세 가족의 싸움만을 집중적으로 그려가던 이 영화는 이 지점에서 마침내 상층 계급과의 싸움을 벌이면서 곧바로 폭발한다.

그러나 그런 계급적 연대는 극 중에서 아주 잠깐 동안만 즉각적이고도 폭발적인 화학 반응을 일으켰을 뿐이다. 이전에 폭우 속에서 동익의 저택을 빠져나와 반지하 집을 향해 끝없이 하강하던 기정이 "아까 그 지하의 사람들 어떻게 됐어?"라고 걱정하고, 충숙이 다송의 생일 파티 도중에 문광 가족을 챙기려고도 하지만, 그게 연민인지 죄책감인지 계급 의식인지는 명확하지 않다. 계급의 이름으로 극단적인 행동을 한 기택은 스스로의 충동적인 행동에 곧바로 당황하고 후회하면서 도망치기 시작한다. 기택은 자신이 어디로 가야 하는지 이미 알고 있다. 근세가 스스로의 존재를 은폐한 채 그럭저럭 만족하면서 혹은 어쩔 수 없이 체념하면서 살아갔던 그 지하의 공간에서 이제 기택도 시간이 좀 흐르면 그럭저럭 자족하면서 혹은 어쩔수 없이 체념하면서 살아가게 될 것이다. 어쩌면 숨을 거둔 문광을 마당에 묻어줄 때, 기택은 자기 자신을 묻은 건지도 모른다.

이야기가 끝날 때쯤, 기우 역시 자신이 어디로 가야 하는지 알았다. 2층 다혜의 방에서 키스한 후 생일 파티가 열리는 정원을 내려다볼 때 기우가 물었던 "나 여기에 잘 어울려?"라는 말은 스스로가 어울리는 곳은 따로 있음에 대한 자각의 말이었다. 그 직후 기우는 수석을 챙겨 들고 자신이 가야 할 곳으로 (아마도 그곳에서 근세와 문광에게 일종의 안락사를 선사하기 위해서) 내려간다.

당초 무기력했던 기우가 능력을 드러내기 시작했던 것은 민혁을 자신의 모델로 삼고 따라 했기 때문이었다. (민혁을 대체한 게 아니라 민혁의 호의로) 승계받은 과외교사 일자리를 두고 연교 앞에서 능력을 보여야 할 때, 기우는 민혁을 떠올리고 "실전은 기세"라며 모방했다. (이전에 기우는 방뇨하는 취객을 꾸짖는 민혁을 보고서 "대학생이라서 그런지 기세가 남다르다"라고 충숙이 칭찬하는 것을 들은 적이 있다.) 민혁이 다니는 명문대 재학생 신분을 위조하고, 민혁이 하던 과외교사 일자리를 승계하고, 민혁이 좋아하던 다혜와 연애하고, 민혁처럼 기세 좋게 행동하면, 다 잘 풀릴 줄 알았다. 하지만 기우는 결코 민혁이 될 수 없었다. 민혁의 기세는 결국 계급에서 나오는 것이었기 때문이다. 아마도 민혁은 미래에 동익이 될 것이고, 기우는 「괴물」의 남일(박해일)이 될 것이다.

「기생충」 전반부의 질서 정연한 계획의 플롯은 결국 후반부의 혼란스런 무계획의 플롯에 잡아먹힌다. 잘 통하는 듯 보였던 기우의 계획은 폭우가 쏟아지고 "계획에 없던" 문광이 출현한 후 삽시간에 허물어진다. 다음 계획을 묻는 기정의 다급한 질문에 망연해진 기우는 폭우가 쏟아지는 야외 계단에 서서 민혁이라면 어떻게 했을지만 그저 곱씹는다. 그러나 기우는 민혁일 수 없기에, 민혁이라면 어떻게 했을지 끝내 떠올리지 못한다. (다른 대학생 동기들을 극도로 경계하면서도 민혁이 기우에겐 선뜻 다혜를 가르치는 자리를 넘겨줬던 것은 아예 경계할 필요가 없는 인물이라고 여겼기 때문일 것이다.)

최후에 시도하는 기우의 결정적 계획 역시 좌초되는데, 비장한 마음으로 지하 계단을 내려서던 그가 수석을 아래로 떨어뜨리기 때문이다. 그건 결정적인 순간에 화염병을 떨어뜨리는 「괴물」의 남일이나, 아파트 복도에서 맹렬히 범인을 추격하다가 때마침 열린 문에 부딪쳐 넘어지는 바람에 놓치게 되는 「플란다스의 개」의 현남 역시 마찬가지였다. 이쯤 되면 봉준호의 영화 속 하층 계급의 '삑사리'는 실수가 아니라 흡사 필연처럼 보인다. 계획은 상층에나 가능한 삶의 방식인지도 모른다.

민혁이 가져다준 그 과외교사 자리는 그가 함께 선물로 준 산수경석과 같은 것이었다. 재물운과 합격운을 몰고 온다는 수석에 담긴 계급 상승의 꿈은 악몽이 되고, 행운처럼 보였던 액운은 끝내 그 정체를 드러내며 그의 머리를 강타한다. 기우가 재앙을 겪은 후 자신이 가야 할 곳을 안다면서 아래로 내려간 것과 반대로, 수석은 침수를 겪은 후 어울리지 않았던 반지하를 떠나 저 높은 산의 맑은 계곡으로 옮겨진다.

「기생충」의 에필로그를 장식하는 것은 두 통의 편지다. 이때 기택은 기우가 자신의 모스 부호 편지를 받았는지 여부 자체를 알 수 없고, 기우는 자신의 편지를 기택에게 전할 방법 자체를 알지 못한다. 외부와의 소통이 끊기며 시작됐던 영화는 이제 가족 안에서의 소통마저 차단된 채 막을 내리게 되는 것이다.

「기생충」은 혹독한 비극을 다루고 있음에도 외양상 그 시작과 끝은 비슷하다. 동익네 4인 가족이 살던 대저택에는 독일에서 온 4인 가족이 거주하게 된다. 그들이 모르는 그 집 밑바닥의 지하 거주자 존재도 근세에서 기택으로 바뀌었을 뿐 여전하다. 그리고 이 영화의 첫 숏과 마지막 숏은 동일한 카메라워크에 담긴 동일한 피사체의 유사 상황을 스케치한다. 지상으로 간신히 반쪽의 창을 걸치고 있는 반지하의 실내. 지면 높이에서 천천히 카메라가 하강하면 단절된 통신이나 소통 상황 때문에 난감해진 기우가 그 아래 벽에 기대어 앉아 있다.

이때 수미상관은 모든 가능성의 문을 완전히 닫아건 종착점을 선언하고, 결국 달라진 게 없음을, 달라질 수 없음을 드러낸다. "오늘 근본적인 계획을 세웠습니다. 돈을 아주 많이 벌어 이 집을 사겠습니다. 아버지는 그냥 계단만 올라오시면 됩니다. 그날이 올 때까지 건강하세요." 목표만 있고 방법이 없는 기우의 그 계획은, 계급제의 공고한 시스템 속에서 근본적인 계획은, 결국 무계획이다.

「기생충」의 전반부에서 약자로 보이는 기택 가족에게 이입하게 되는 관객들은 케이퍼무비를 볼 때처럼 그들의 계획이 성공하는 과정을 장르적으로 경쾌하게 즐긴다. 그러다 변곡점을 지나 후반부에 접어들면서 기택 가족이 반지하의 위치에서 지하의 문광 가족에게 폭력을 가하기 시작하면 은밀한 공모의 쾌감에서 벗어나 당혹감을 느끼기 시작한다. 관객들이 후반부에서 더 취약한 문광 가족으로 이입의 대상을 바꾸어 지켜보는 일도 있을 수 있겠지만, 이 영화에서 문광 그리고 (특히) 근세는 타자화되어 있어서 그렇게 하기는 매우 어렵다. 응원하고 싶어지는 약자들끼리의 싸움이 점점 더 끔찍해질수록 관객은 이 영화를 더 이상 장르적으로 즐길 수 없게 되고, 그 결과 이 곤혹스런 대결 구도의 사회적 의미를 숙고하게 된다.

이 영화에서 가장 스펙터클한 장면이 역설적이게도, 마치 지옥으로 하강하듯 기택 가족이 끝없이 내려간 후에 펼쳐지는, 저지대의 서민 주택가 골목이 심각한 침수 피해를 입은 광경을 찍은 부감숏이라는 사실은 「기생충」이 선 자리가 어디쯤인지를 짐작하게 만든다. (21세기 한국 영화가 담아낸 가장 선명한 정치적 참극의 이미지가 시신이 즐비한 궁정동 안가를 부감으로 잡아낸 「그때 그 사람들」(임상수)에 담겨 있다면, 제일 또렷한 사회적 참극의 이미지는 「기생충」의 이 부감 장면에 담겨 있다고 할 수 있을 것이다.) 이 작품은 끝내 우리를 불편하게 만들거나 화나게 만들고, 그 끝에서 필연적으로 현실의 문제와 그 현실을 담아내는 문제를 어쩔 수 없이 다시 들여다보게 만든다.

봉준호의 영화들에는 카타르시스가 없다. 거기에 희망은 없거나, 있다고 해도 횃불이 아니라 불씨로서 간신히 존재한다. (그 불씨를 그나마 유지하려면 영화 밖에서 영화 안을 향해 인간의 숨을 계속 불어넣어야 할 것이다.) 탁월하게 연출된 그의 작품들을 보고 나서 번져오는 무력감의 진짜 이유는 싸움의 결과가 아니라 그 싸움의 구도이다. 봉준호는 그 무력감이 지배하는 그라운드 제로(Ground zero)의 폐허에서 다시

금 이 세계의 모순에 대해 치열하게 생각해볼 것을 제안하는 회의론
자다.

# 아사코

寝ても覚めても
감독 **하마구치 류스케(濱口龍介)** 국내 개봉일 **2019.03.14**

하마구치 류스케가 감독한 「아사코」의 영어 제목은 'Asako I & II'
이다. 이건 사실상 2부로 나뉜 영화의 구조를 반영한 제목인 것일까.
극 중 아사코(가라타 에리카)가 사랑하게 되는 상대가 두 명인 것을 염
두에 둔 작명일까. 아니면 아사코라는 인물 자체의 두 가지 측면이
나 정체성을 강조하는 걸까. '아사코 I'과 '아사코 II'는 서로 다른 아
사코일까. 이때 두 아사코는 병행일까. 시간의 흐름에 따른 나열일
까. 둘 사이에 인과나 서열 혹은 위계가 작용된 걸까.

극 중 시간적 배경으로 이 영화를 나누고 보면 2부가 아니라 3부
라고 할 수 있다. 2009년과 2011년 그리고 2016년의 이야기가 플래
시백 없이 시간 순서대로 진행된다.

공간적으로는 세 지역이 주요 배경이 된다. 오사카와 도쿄 그리
고 미야기현이다. 미야기현은 방조제가 등장하는 센다이 인근과 유
리아게 시장이 나오는 나토리를 포함하는데, 모두 도쿄를 다루는 부
분에 포함되어 있다. 그러니까 이 이야기를 공간적 흐름으로 본다면

오사카에서 시작해 도쿄로 이어진 이야기가 다시 오사카로 돌아가면서 끝난다고 볼 수 있다. 기본적으로 오사카와 도쿄 양쪽에서 펼쳐지는 이야기지만 흐름에 따라 이야기 공간을 구분한다면 오사카, 도쿄 그리고 다시 오사카, 이렇게 3부로 나뉜다고 할 수 있다.

시간적으로나 공간적으로 모두 그렇다면, 왜 제목이 'Asako I, II & III'가 아니라 'Asako I & II'인 것일까. 결국 「아사코」는 선택에 대한 이야기다. 그렇다면 혹시 이것은 아사코라는 인물이 내리는 두 번의 선택을 품은 제목이 아닐까. 그 각각의 선택을 그때의 아사코라는 인물 자신이라고 보면 어떨까. 이건 시간이나 공간에 따른 구분이 아니라, 선택하지 않았던 아사코와 선택하게 된 아사코로 양분되는 이야기가 아닐까.

모든 것은 두 번 반복된다. 두 차례 반복될 때 생겨나는 것은 관계다. 첫 번째로 일어난 것과 유사한 게 두 번째로 일어날 때 그건 언제나 이전에 나타났던 것을 끌어온다. 두 번째 것은 첫 번째 것과의 유사성 때문에 관계를 형성한 뒤 그 차별성으로 인해 정체성을 드러낸다. 하지만 다르기 위해서는 먼저 비슷해야 한다. 개성의 선결 조건은 관계성이다.

「아사코」에서 중요한 모티브들은 모두 두 차례 반복된다. 두 번째로 반복될 때 관객은 그 유사성 때문에 영화 속에서 이전에 이미 보았던 것을 떠올린다. 그렇게 호출된 것은 지금 보고 있는 것과 대비되면서 하나의 쌍이 되고 관계를 이룬다. 우리가 예술 작품을 대할 때 반복되는 것에 저절로 관심을 두게 되는 것은 이미 그것을 보거나 들은 적이 있기 때문이다. 지금 반복되는 것은 이전의 유사한 것을 불러오게 되고, 결국 내 앞의 모든 현재는 과거와의 관계 속에서만 말할 수 있게 된다. 현재의 아사코는 과거의 아사코와의 관계를 통해서만 언급될 수 있다.

그러니까 'Asako I & II'의 두 숫자는 기수가 아니라 서수인 셈이다. 반복되는 두 개의 대비항들은 서로 대등하지 않다. 첫 번째 것이 선행되지 않았다면 두 번째 것은 존재할 수 없다. 하지만 그렇다고 해서 첫 번째 것이 결정적이고 두 번째 것은 부가적이라고 할 수 없다. 오히려 「아사코」에서 더 중요한 것은 언제나 두 번째다.

이 영화는 사실상 쌍둥이를 찍은 사진 작품 앞에서 시작한다. 고초 시게오의 사진전을 찾은 아사코가 가장 관심을 기울여 보고 있는 것은 서로 손을 잡은 채 나란히 서 있는 쌍둥이 자매를 찍은 작품이다. 그때 아사코는 향후 그녀가 사로잡힐 얼굴이 같은 두 남자를 미리 보고 있는 것일까. 그 전시회의 제목은 '셀프 앤드 아더스(Self & Others)'였다. 그녀가 진짜로 들여다보고 있는 것이 그녀 자신의 유사해 보이지만 엄연히 다른 두 이미지나 정체성이라면 어떻게 되는 것일까. 그 쌍둥이 자매를 각각 '아사코 I'과 '아사코 II'로 보면 어떨까.

왜 아사코는 나중에 바쿠(히가시데 마사히로)가 사라진 후 2년이 흐르는 동안 유명한 모델이 된 사실을 주변 사람들보다도 늦게 알아채는 것일까. 그 2년 동안 아사코는 사라진 바쿠 자체가 아니라, 바쿠와 맺은 관계 속에서의 자기 자신을 계속 들여다보고 있었던 것은 아닐까. 그녀가 쌍둥이를 들여다볼 때 쌍둥이 역시 그녀를 바라본다.

아사코는 고초 시게오의 사진전을 오사카와 도쿄에서 각각 한 번씩 두 차례 반복 관람한다. 그녀가 그 쌍둥이 사진을 들여다볼 때 각각 바쿠와 료헤이(히가시데 마사히로)가 뒤에서 함께 그 작품을 보았다. 도입부에서 아사코는 작품을 바라보다가 눈을 돌려 어느새 밖으로 나가고 있는 남자를 따라간다. 앞서가다가 돌아선 남자가 그녀에게 대뜸 이름을 묻는다. 아사코라고 답하자 그게 아침을 뜻하는 이름인지 확인한다. 그렇다고 긍정한 뒤 그녀 역시 이름을 묻자 바쿠라는 답이 돌아온다. 이어서 남자는 갑작스레 키스를 해오고 그녀는 그 키스를 받아들인다. 그러니까 바쿠와 아사코는 규정부터 하고 난 이후에 사랑을 시작했다.

그 사랑은 운명이었다. (바쿠 자신이 "이건 운명이야"라고 친구들 앞에서 선언한다.) 본론부터 시작한 그 사랑은 탐색의 기간이 없었다. 하루요가 말했듯 둘이 단번에 사랑에 빠진 것은 이상하기 그지없는 일이지만, 그 사랑은 그저 발생했다. 18분가량의 프롤로그에 해당한다고 말할 수 있는 2009년 오사카 시절 바쿠와 아사코의 사랑은 묘사되는 것이 아니라 제시된다. 거기엔 사랑에 빠지게 된 이유 같은 것이 없다. 삶에 곧바로 전제되고 틈입된 조건으로서의 관계가 있을 뿐이다. 이야기가 2011년의 도쿄로 넘어가면서 새로 등장하게 되는 료헤이에 대한 묘사와 달리, 바쿠가 시종 평면적이고도 비현실적인 톤으로 그려지는 것은 그 때문이다.

2009년의 바쿠와 아사코는 함께 오토바이를 타고 가다가 교통사고를 당한다. 하지만 그 교통사고가 어떻게 일어났는지는 극 중에서 전혀 다뤄지지 않는다. 다쳤는지 멀쩡한지, 그리고 이후에 그 사고가 어떻게 처리되었는지도 생략되어 있다. 다만 제시되는 것은 사고 후 바닥에 쓰러진 두 사람이 열렬하게 키스를 나누는 모습뿐이다. 교통사고에 비유될 때, 사랑은 불가항력적인 것이 된다. 일단 운명이라고 받아들이게 되면 더 이상 생각하거나 판단할 필요가 없다. 자신에게 일어나는 일들에 대한 운명론적인 태도는 그 일들에 대한 불가지론적이거나 수용론적인 태도를 뜻한다.

발생할 수밖에 없었던 일이라면, 그 이유를 묻거나 그 앞에서 어떤 결정을 내려야 할 필요가 없어진다. 갑자기 시작했던 것처럼 그 사랑은 갑자기 끝났다. 바쿠는 어느 날 아무런 전조도 없이 사라졌다. 운명이라면 그런 기이한 이별도 그저 받아들이면 된다. 하지만 아사코는 그럴 수가 없다. 바쿠가 떠나간 뒤 그녀는 묻고 또 묻는다. 그러다 2년 뒤 도쿄에서, 옆 건물 회사에 빌려준 보온병을 받으러 갔다가 바쿠와 얼굴이 똑같은 료헤이를 만난다. 오래전 만남이 그랬듯 그녀는 바쿠라는 이름을 부르며 규정부터 하려 한다. 하지만 료헤이는 바쿠가 아니다. 그리고 료헤이와의 사랑은 바쿠와의 사랑과 근본적으로 다르다.

바쿠는 두 번 떠났다. 영화에서 묘사되는 것은 첫 번째로 사라졌던 일이다. 빵을 사러 갔던 바쿠를 초조하게 기다리던 아사코는 한참 후에 그가 돌아오자 환한 웃음을 지으며 끌어안는다. 그러나 그 때 흐르는 보이스오버 내레이션은 이후 바쿠가 신발을 사러 갔다가 두 번째로 사라진 일을 서술한다. 시각적으로는 재회를 보여주면서 청각적으로는 훨씬 더 긴 이별을 들려주는 셈이다. 바쿠가 두 번째로 사라지기를 선택했을 때, 그건 이전에 돌아오기로 했던 선택을 되돌리는 결심이다. 아사코는 극의 후반부에서 이를 정반대의 형태로 반복한다.

그런데 아사코 역시 료헤이를 두 번 떠났다. 첫 번째는 2011년 3월 11일, 바로 동일본대지진 당일이었고 아사코의 친구 마야(야마시타 리오)의 새로운 연극 공연이 펼쳐지는 날이었다. 사라진 바쿠에 대해 오래전 아사코가 그랬듯, 료헤이로서는 아사코가 떠나간 이유를 짐작조차 할 수 없다. 그러다 동일본대지진이 도쿄에까지 피해를 입혀 수많은 시민들과 마찬가지로 료헤이가 서둘러 귀가하던 밤거리에서 아사코는 불현듯 되돌아온다. 하지만 료헤이는 아사코가 떠났던 이유뿐만 아니라 돌아온 이유 역시 짐작할 수 없다.

그 지진 이후, 그리고 그 재회 이후 5년이 흐른 뒤, 아사코는 이제 완전히 새로운 사랑에 정착한 것으로 보인다. 2016년의 도쿄에서 두 사람은 함께 살면서 식사를 하고 있다. 아사코가 요리한 음식을 먹으며 료헤이가 "카레가 참 맛있다"라고 하자 그녀는 "그건 카레가 아니라 라따뚜이"라고 고쳐준다. 비슷하게 생겼지만 라따뚜이는 카레와 다르다. 이제 료헤이는 바쿠가 아니다.

두 사람은 고양이도 한 마리 키우고 있다. 진탄이라는 이름의 그 고양이를 보는 순간 관객은 이 영화에서 이전에 보았던 또 다른 고양이를 떠올린다. 2011년 시점에서의 그 고양이는 카페에서 일하던 아사코가 종종 밥을 챙겨주러 나가던 거리의 고양이였다. 하지만 곧 사라진 그 고양이를 이리저리 찾던 아사코는 고개를 들어 위를 쳐다보다가 옆 건물 옥상에서 자신을 내려다보던 료헤이와 시선이 마주친다. 이후 연인이 된 둘은 고양이를 새로 키운다. 온순하고 평화롭게 집에 머무는 진탄의 성향은 길에서 떠돌다가 어느 날 갑자기 사라지는 고양이와 선명하게 대조된다. 그러니까 료헤이는 바쿠와 다르다.

게다가 2016년의 아사코는 이전과 달리 긴 머리를 질끈 뒤로 동여매고 있다. 그런데 이런 헤어스타일은 한 장면에 이르러 다시 예전처럼 풀린다. 아사코가 하루요(이토 사이리)와 함께 배드민턴을 치다가 주변에 바쿠가 있다는 말을 우연히 엿듣게 될 때이다.

하루요는 아사코가 바쿠를 사귀는 것에 대해 늘 우려해온 사람이지만, 역설적으로 바쿠와의 사랑에 운명적인 기운을 불어넣는 인물이기도 하다. 극 중에서 아사코가 프롤로그에 등장했던 사람들로부터 벗어나 완전히 다른 사람들과 관계를 맺으며 살아가고 있을 때, 2009년의 과거로부터 2016년의 현재로 유일하게 끼어드는 인물이 바로 하루요다. 이 영화에서 하루요의 존재는 언제나 바쿠를 상기시키는데, 현재 시점에서 쇼핑센터의 유리 칸막이를 두드리며 7년 만에 아사코에게 다가온 하루요는 이후 아사코 집의 문을 두드리며 7년 만에 다가온 바쿠의 방문을 예비한다. 그사이 하루요는 싱가포르 남자와 결혼해서 이름이 바뀌었고, 성형수술을 해서 얼굴이 바뀌었다. 그러나 그렇게 달라졌어도 현재의 하루요가 과거의 하루요와 다른 사람이라고 말할 수는 없다. 료헤이는 다시 바쿠와 동일시된 후 대체될 위기에 처한다.

재회한 하루요와 대화로 회포를 풀 때 이야깃거리가 되는 것은 역시 바쿠다. 때마침 창밖으로 내다보이는 빌딩 광고판에 모델이 된 바쿠가 비춰졌기 때문이다. 마야까지 셋이 만났을 때도 역시 화제는 바쿠다. 텔레비전에 그가 출연한 신용카드 광고가 나왔기 때문이다. 이제 바쿠는 어디에나 있다. 마야는 그런 바쿠를 그저 유명인으로서만 알고서 대화를 하지만, 화제를 돌리려는 하루요의 시도에도 불구하고 아사코가 먼저 바쿠와의 연애담을 꺼낸다. 아사코는 내친김에 설거지를 함께하면서 료헤이에게 바쿠와의 일을 고백한다. 그건 모두 아사코가 료헤이와의 사랑에 대해 자신감이 생겼기 때문이다. 하지만 그건 만용이었다.

배드민턴을 치다가 바쿠가 탄 차를 만나게 되었을 때, 아사코는 떠나는 차의 뒤창을 향해 두 팔을 크게 흔들면서 "바이 바이"라고 외친다. 후반부를 보면 그 순간 차에 탄 바쿠가 그런 아사코를 보았다는 것이 확실해지지만, 그 순간에는 관객이나 아사코가 그 사실을 알 수 없다. 차의 방향에서 서서히 멀어지는 아사코를 담아낸 카메라가 차 안에서 창 너머 시점숏으로 그녀를 찍은 게 아니기 때문이다. 하지만 아사코는 명확히 후련한 표정을 짓는다.

그때 아사코가 "헤이"나 "헬로우"라고 하지 않고 "바이 바이"라고 한 것은 그게 이별의 의식이었기 때문이다. 어쩌면 아사코가 그렇게 오랜 세월 동안 바쿠를 떨쳐내지 못한 것은 그의 이별에 손을 흔들어 자신만의 구두점을 찍지 못했기 때문인지도 모른다. 오래전 빵을 사러 간다면서 떠날 때 바쿠는 먼저 아사코에게 손을 흔들었다. 그러자 아사코 역시 손을 흔들었다. 그러나 바쿠는 손을 흔든 뒤 곧바로 몸을 돌렸기에 아사코가 손 흔드는 걸 보지 못하고 떠나갔다. 그러니까 아사코 자신은 전혀 작용하지 못한 채 그 이별을 그저 당했다. 그게 이별인지도 몰랐다.

하지만 이제 다시 명확히 손을 흔들어 그 관계에 자신만의 구두점을 찍었다. 이번에도 그가 보았다는 확신은 없지만 적어도 이제 그녀는 그것이 이별임을 정확히 알고 있고 그 행동으로 인해 그 이별을 자신의 것으로 만들어냈다. 하지만 다시, 그것은 만용이었다. 그리고 아사코는 과거에 바쿠를 사귀었다는 사실에 대해서는 료헤이에게 고백했지만 손을 흔들어 고한 그날 그 이별에 대해선 입을 열지 않았다.

이 영화에서 전반부와 후반부를 나누는 분기점은 도쿄의 레스토랑 장면일 것이다. 오사카로 삶의 근거지를 옮기게 될 료헤이와 아사코 커플을 도쿄의 친구들이 환송해주는 자리다. 이제 모든 것은 다 일단락되고 새 출발만 하면 되는 것 같은 상황이다. 료헤이는 오사카로 전근을 가게 됐고, 그의 청혼을 받아들인 아사코는 함께 오사카의 새집으로 옮겨 행복한 신혼을 맞을 예정이다. 게다가 아사코는 그곳에서 새로운 일자리를 얻어 새로운 삶을 맞이할 태도가 되어 있다. 오래도록 미련을 두었던 바쿠와의 일도 완전히 씻어낸 듯했다. 두 팔을 힘차게 흔들어 이별의 명확한 의식까지 치러냈으니까. 그러나 그 레스토랑에 바쿠가 나타나 아사코에게 손을 내밀면서 모든 것은 혼돈 속으로 빠져든다. 아사코는 그 손을 잡을 것인가, 말 것인가. 설혹 아사코가 그 손을 거절한다고 해도 그것 역시 중요한 선택이 되었을 것이다. 「아사코」는 이 지점에서 비로소 시작하는 영화다.

2016년의 시점에서 아사코가 바쿠를 그 레스토랑에서 처음 실물로 만난 건 아니다. 떠나는 자신의 차 뒤에서 손을 흔드는 아사코를 본 바쿠가 며칠 뒤 불쑥 그녀의 집으로 찾아왔기 때문이다. 시바사키 도모카가 쓴 원작 소설에서는 이때 찾아온 바쿠를 따라 아사코가 곧바로 함께 떠난다. 하지만 영화로 옮기면서 하마구치 류스케는 이 부분을 바꾸어 각색했다. 소설과 영화는 이 지점에서 아사코라는 인물을 달리 해석하는 셈이다.

원작 소설에서 아사코가 집에 찾아온 바쿠를 곧바로 선택했을 때, 사실 그건 즉각적인 충동에 더 가까워진다. 아사코는 이미 손을 흔들어 스스로 마음을 정리했다고 믿고 있었고, 그 모습을 보았는지조차 알 수 없는 바쿠가 자신의 집으로 올 것이라곤 예상할 수 없었기 때문이다. 하지만 바쿠는 찾아와 문을 두드렸고, 문을 열고 그의 모습을 본 아사코는 순간적인 격정에 순응해 곧바로 함께 떠났다.

하지만 하마구치 류스케의 영화에선 집에 온 바쿠를 보자마자 문을 닫아건다. 아직 선택을 할 만큼 그 문제에 대해 생각할 시간이 없었기 때문이다. 그리고 며칠이 지나 바쿠가 레스토랑에 다시 찾아올 때까지 아사코는 이미 한 차례 자신에게 다가온 바쿠를 수없이 떠올렸을 것이다. 그러니까 아사코가 레스토랑에서 바쿠의 손을 잡고 뛰쳐나갔던 것은 그것이 충동적으로 보였을지라도 사실 긴 숙고 끝의 진정한 선택이 되는 것이다. 더구나 그것은 료헤이가 지켜보고 있는 자리에서 이뤄진 선택이었다. 아사코의 첫 번째 선택은 바쿠를 따라가는 선택이면서 동시에 료헤이를 떠나가는 선택이었다.

그 선택은 최악의 선택일 수 있다. 하지만 동시에 그건 속내를 짐작하기 어려울 정도로 수동적인 삶을 살아온 아사코가 자신의 인생 전체를 걸고 모두에게 자신의 분명한 마음을 드러내 보이면서 주체적으로 해낸 첫 선택일 수도 있을 것이다. 바쿠의 손을 잡고 료헤이를 떠날 때 아사코는 자기 자신이 되는 경험 속으로 처음 발을 디디게 되는 것이다.

내미는 손을 바라보며 아사코가 "왜 지금이야?"라고 묻자 바쿠는 "아사코랑 다시 돌아온다고 약속했으니까"라고 답한다. 질문하는 자는 손을 내미는 시기의 의미를 묻는데, 답하는 자는 손을 내미는 행위의 의미를 전한다. 그러니까 이 동문서답 같은 바쿠의 말은 질문과 완전히 다른 범주에 속하는 답변이면서 "왜 지금이면 안 되는가"라고 되묻는 반문과도 같다. 말하자면 그건 굳이 묻고 답할 필요가 없는 운명적인 행위라는 것이다, 오래전 그들의 관계가 그랬듯이. 그런 바쿠의 손을 잡고 뛰쳐나갈 때 아사코는 다시금 운명 속으로 뛰어드는 것이다. 하지만 7년 전의 그녀가 운명에 그저 순응했다면 현재의 그녀는 그 운명을 자신의 의지로 선택한다.

만일 바쿠가 찾아와 먼저 손을 내밀며 제안하지 않았다면 아사코의 첫 번째 선택은 이뤄지지 못했을 것이다. 그러니까 그 선택은 주체적이긴 했지만 제안에 대한 호응의 리액션으로 행해진 선택이었다. 하지만 아사코의 두 번째 선택은 다르다. 주체적이면서 리액션이 아니라 액션으로 행해진 선택이기 때문이다. 그녀는 리액션의 형태로 그 관계를 다시 시작했다가 액션의 형태로 그 관계를 명확히 끝맺는다.

오사카로 남하하려는 료헤이를 버린 아사코는 이제 바쿠를 따라 그 밤을 차로 달려 홋카이도 방향으로 북상한다. 차 안에서 아사코는 바쿠에게 출연 광고에서 언급했던 오로라를 직접 보았냐고 묻는다. 바쿠는 답한다. 그렇다고, 정말 오로라 하늘이 바다 같았다고, 그걸 보면서 꿈꾸는 것 같았다고. 그러자 아사코는 바쿠와 함께 있는 자신도 지금 꿈꾸는 듯한 기분이라고 말하다가 그 표현을 곧바로 수정한다. 지금이 아니라 (바쿠를 선택해서 료헤이를 떠나기 직전인) 지금에 이르기 전까지의 모든 일들이 오히려 긴 꿈이었다는 기분이 든다고, 행복했고 뭔가 스스로 성장한 것 같았지만 눈을 떠보니 자신은 전혀 변한 게 없었다고.

바쿠는 오로라를 보았던 일을 꿈에 견준다. 이에 아사코는 마치 오로라를 보는 것처럼 황홀한 바쿠와의 지금 이 순간을 꿈의 경험으로 명명하며 호응하려다가 판단을 뒤집어 그 경험을 현실로 삼고 싶어 한다. 꿈을 뒤집어 현실로 실현하기 위해서는 그 반대편 현실의 세계를 꿈의 세계로 만들어야 한다. 그렇기에 아사코는 료헤이와의 그 오랜 시간의 의미를 긍정하면서도 그 세월이 자신을 성장시킨 것은 아니라고 확언한다. 꿈속에서 성장할 수는 없으니까. 그리고 선택하지 않는다면 성장 또한 없으니까.

그러나 그 모든 이야기를 듣고 난 바쿠는 이렇게만 덧붙인다. "아사코, 잠 좀 자둬." 이어 차에서 잠든 그녀가 한참 후에 깨어나자 "잘 잤어? 꿈에서 깼어?"라고 묻는다. 료헤이와의 현실을 애써 꿈으로 돌리고, 꿈처럼 비현실적인 현재의 순간들을 현실로 만끽하려는 아사코를 바쿠는 다시 꿈으로 밀어 넣음으로써 두 세계의 관계를 재차 뒤집는다.

극 초반에 바쿠가 확인했듯, 아사코(朝子)라는 이름은 '아침의 여자'를 뜻한다. 아사코가 자다 깨어나는 장면이 이 영화엔 자주 등장하는데, 그런 그녀가 이제 잠 혹은 꿈의 세계에서 깨어나 마지막이자 가장 중요한 선택을 해야 한다.

잠에서 깬 아사코는 "고속도로에서 내려왔어?"라고 묻는다. 관객

은 이때 같은 말을 이전에 들었다는 사실을 떠올리게 된다. 유리아
게에 갔다가 돌아오던 차에서 잠들었다 깨게 된 아사코가 같은 질문
을 료헤이에게 한 적이 있기 때문이다. 이 대사는 료헤이와 바쿠의
관계를 순식간에 뒤집는다. 두 차례 반복될 때 두 번째로 등장하는
것은 언제나 그에 앞서서 첫 번째로 나타난 것에 대비되는 부가적인
위치에 놓이게 되기 때문이다.

그때까지 아사코에게 료헤이는 항상 바쿠의 뒤에 나타난 사람이
었다. 바쿠가 료헤이를 닮은 게 아니라 료헤이가 바쿠를 닮았다. 료
헤이에게서 강렬하게 느꼈던 것들의 상당수는 바쿠가 먼저 차지한
것들이었다. 하지만 이 영화에서 "고속도로에서 내려왔어?"라는 질
문이 가닿는 위치를 선점한 것은 바쿠가 아니라 료헤이였다. 그 질
문을 받았을 때 아직 바다를 보지 못한 바쿠는 바다가 보고 싶어서
고속도로에서 내려왔다. 하지만 료헤이는 그 질문을 받았을 때 이미
바다를 아사코와 함께 본 후 바다로부터 벗어난 채 고속도로에서 내
려왔다.

바쿠는 바다를 보고 싶다고 했지만 결국 보지 못한다. 센다이 인
근 바다를 알지 못하는 그가 시야를 가로막은 거대한 방조제를 바라
보며 "저쪽 너머가 바다야?"라고 묻자, "몰랐어?"라는 물음으로 답한
뒤에 아사코가 곧바로 이별을 선언하는 두 번째 선택을 공표하기 때
문이다. 센다이는 2011년 동일본대지진 때 격심한 피해를 입은 도
시였고, 실제로 미야기현 나토리에 있는 그 방조제는 참사 이후에
쓰나미를 막기 위해 만들어진 시설이었다.

그러니까 그 순간, 아사코는 먼 이국의 황홀한 오로라가 아니라 지

금 이곳의 절망적인 바다를 택한 것이다. 바다처럼 보이는 하늘이 아니라 진짜 바다를 선택한 것이다. 위를 쳐다보며 북상하는 바쿠가 아니라 아래를 응시하며 남하하는 료헤이를 선택한 것이다. 상상 속의 멋진 바다를 낭만적으로 바라보고 싶어 하는 바쿠가 아니라 현실의 상처 가득한 바다를 보듬고 돌아오던 료헤이를 선택한 것이다. 먼 나라에서 혼자 환상적인 경험을 했던 바쿠가 아니라 이제까지 살아왔고 앞으로도 살아갈 자신의 나라에서 절실한 경험을 함께했던 료헤이를 선택한 것이다. 함께 보낸 5년 동안 아사코가 가장 진진하게 료헤이에게 사랑을 표현했던 순간은 그 바다에서 돌아온 직후였다.

그리고 아사코는 꿈이 아니라 현실을 선택한 것이다. 더 정확히 말하면, 현실이라고 생각하고 싶었던 꿈의 세계에서 몸을 돌려, 꿈이라고 여기고 싶었던 현실의 세계로 돌아오기를 선택한 것이다. 더 이상은 못 가겠다고 바쿠에게 선언했을 때, '더 이상'을 가늠하는 경계선은 현실과 꿈의 구분선이고, 바쿠와 함께하는 삶으로 가는 여정의 결정적 분기점인 동시에, 눈앞에 보이는 기나긴 방조제이기도 하다. 그러니까 아사코는 이제 홀로 그 분기점에서 돌아서야 하고 혼자 그 방조제를 넘어가야 한다. 방조제는 재난 이후에 만들어진 인위적 경계선이다. 심리적인 재난과 물리적인 재난 너머의 바다를 이제 아사코는 혼자서 똑똑히 보아내야 한다. 그 바다가 여전히 아름다운지 확인해야 한다.

도쿄의 레스토랑에서 바쿠를 따라나섰을 때, 아사코는 경계선을 홀쩍 넘었다. 모든 것이 다 매듭지어져서 이제 안정된 미래를 향해 난 길로 평화롭게 걸어가기만 하면 될 것 같은 상황이었기에 경계선은 명확해 보였고 넘어야 할 이유가 없어 보였다. 예상할 수 없는 행동이었기에 월선은 충격적이었다. 바다와 육지를 나누는 경계선은 기나긴 세월 동안 안정되어 있었기에 사람들은 바다 근처 육지의 마을과 도시에서 오래도록 마음을 놓고 살아왔다. 하지만 동일본대지진의 쓰나미는 그 경계선을 삽시간에 무너뜨렸고 바다는 육지를 집어삼켰다. 경계선을 넘어 아사코가 료헤이에게 남긴 심리적 재난과 동일본대지진이 일본에 남긴 물리적 재난은 이 영화에서 자주 겹쳐진다.

아사코는 다시 경계선을 넘는다. 레스토랑에서 뛰쳐나올 때는 바쿠와 함께였지만, 이번엔 온전히 혼자다. 방조제 너머에는 바다가 있다. 재난 이후에도 바다는 거기에 있다. 아사코가 우뚝 선 채 방조제 너머의 바다를 지켜보는 장면은 무척이나 인상적으로 연출되었다. 관객은 영화에서 직접 바다를 확인하기 전에 그 바다를 바라보는 아사코의 얼굴을 먼저 보게 되는데, 클로즈업숏에 잡힌 그 얼굴은 화면 밖의 바다를 정면으로 바라보고 있다.

관객은 이례적인 그 정면 클로즈업숏을 이미 이 영화에서 본 적이 있다. 바로 도입부의 고초 시게오 사진전에서 벽에 걸린 쌍둥이 자매를 찍은 작품을 아사코가 유심히 바라볼 때이다. 그건 이 영화에서 아사코의 얼굴이 제대로 등장한 첫 숏이었다. 다시 말해 관객은 예술 작품을 들여다보는 모습으로 아사코를 처음 바라보았다.

그 아사코가 이제 같은 앵글로 바다를 유심히 바라다보고, 관객은 바다를 바라보는 아사코의 얼굴을 골똘히 들여다본다. 정교하게 연출된 예술을 바라보던 아사코가 상처투성이 시간을 간직한 자연을 바라보는 셈이다. 여기에 이르러 그 시선은 같은 듯 다른 쌍둥이의 이미지를 모호하게 모사하던 아사코 자신의 혼란스런 내면 풍경에서 눈을 돌려 밖에 놓인 단일한 세계를 엄중하게 대면하고 있다. 다시 애써 잠들어 꿈의 세계를 노크하지 않는 한, 지금의 아사코에겐 스스로 선택한 이 세계밖에 없다.

도입부 사진전 장면에서는 아사코가 바라보던 쌍둥이 자매 작품 숏이 먼저 등장한 뒤 그걸 바라보는 아사코의 정면 클로즈업숏이 그 뒤로 이어진다. 하지만 바다 장면에서는 바다를 바라보는 아사코의 정면 클로즈업숏이 먼저 등장한 후에야 비로소 그녀가 바라보는 바다를 담은 숏이 이어진다. 시작은 예술의 인위적인 이미지였고 그걸 이후에 흡수한 아사코의 내면이었다. 그리고 이제는 아사코가 의지로 선택한 시선이 먼저 제시된 후 그 시선이 가닿는 자연이 펼쳐진다.

사진전 장면에서 아사코가 몸을 틀어 걸음을 옮길 때는 지켜보기만 하던 카메라가, 방조제 장면에서 아사코가 몸을 돌려 천천히 걷기 시작할 때는 고스란히 따라간다. 그렇게 한동안 그녀를 따르던 카메라는 아사코가 프레임 밖으로 벗어나자 멈춰 선 채 빈 바다를 묵묵히 지켜본다. 그 바다는 아름답다.

아사코의 두 번째 선택은 자신의 첫 번째 선택을 부정하고 되돌리는 것이다. 그러니까 두 번째 선택이 제대로 실행되려면 첫 번째 선택의 내용과 이어지는 그 선택의 결과 총합을 넘어설 정도의 의지와 힘을 수반해야 한다. 내지르는 것보다 되돌리는 것이 언제나 더 힘들고 더 어렵다. 두 번째 선택을 하는 아사코는 첫 번째로 선택했던 아사코의 잘못을 인정하고 책임을 지면서 그걸 넘어서야 하기 때문이다. 두 번째 선택은 첫 번째 선택보다 언제나 더 무섭고 준엄하다.

두 차례의 선택을 하고 난 후 아사코가 서게 되는 위치는 제자리다. 잘못된 첫 번째 선택을 하지 않았다면 그걸 바로잡는 두 번째 선택을 할 필요가 없었을 것이고, 용기를 내어 두 번째 선택을 해봤자 결국 첫 번째 선택 이전의 자리로 고개를 숙인 채 회귀하는 결과에 이를 수밖에 없다. 공간을 중심으로 이 이야기를 살펴봐도 마찬가지다. 오사카에서 시작한 이야기는 그 모든 혼돈과 격랑을 거쳐서 결국 다시 오사카에서 끝이 나니까.

하지만 이 이야기 마지막의 오사카는 이야기 처음의 오사카가 아니다. 그사이에 그 공간에는 관계의 역사가 배었기 때문이다. 그리고 두 번의 선택을 하고 나서 제자리로 돌아온 아사코는 그 선택들을 하기 이전의 아사코와 다른 사람이다. (두 차례의 선택 후 료헤이에게 돌아간 아사코는 영화가 끝날 무렵 말한다. "료헤이는 다정해. 하지만 더 이상 기대지 않을게.") 「아사코」는 그가 하는 선택이야말로 그 사람이라고 말하는 영화다.

료헤이를 버리고 바쿠를 따라나섰던 아사코의 첫 번째 선택은 그저 부정되기만 해야 할 결정이 아니다. 그 선택으로 인해 아사코는 비로소 주체적인 인간인 '아사코 I'이 될 수 있었고, 그 결정 내용에 대한 성찰과 반성을 거친 후 두 번째 선택을 통해 '아사코 II'로 귀결할 수 있었기 때문이다. 멜로영화로 보면 첫 번째 선택은 최악의 결정일 수 있지만, 성장영화로 보면 그 선택의 순간은 실존적으로 형형하다. 혼란을 가져다준 한바탕의 꿈 역시 무가치하지 않다. 아사코를 성장시키고 자각시킨 것은 결국 꿈이었다. 영화 속 가장 결정적인 성장은 꿈에서 깨어나 꿈을 꿈으로 판단하고서 현실로 나서는 순간 불쑥 이뤄졌다. 그러니 바쿠와의 '나쁜' 사랑이 료헤이와의 '참된' 사랑의 발목을 잡는 무가치한 경험인 것은 아니다.

또 하나 흥미로운 것은 두 번의 선택을 통해 아사코가 온전히 자기 자신이 되는 경험은 자신이 서 있는 위치에 대해 오랜 세월 곱씹으며 고민하게 만들었던 바쿠가 되는 경험을 포함하기도 한다는 점이다. 료헤이를 떠났던 후반부 아사코의 상황은 아사코를 떠났던 전반부 바쿠의 상황과 그 형태가 고스란히 닮아 있다. 전반부 바쿠의 이별은 빵집과 관련되어 있고 후반부 아사코의 이별은 식당에서 이루어졌다. 낡은 목욕탕에서 요네다라는 사람과 만나 친해지는 바람에 아사코를 잠시 잊게 되었다는 바쿠의 변명에서 낡은 목욕탕을 센다이의 상처 입은 바다로, 요네다를 바쿠로, 아사코를 료헤이로 바꾸어 보면 맥락이 흡사하다. 그러다 잠이 든 후 일어나서 아사코가 기다리고 있다는 게 생각나 돌아왔다는 바쿠의 설명 역시 아사코가 료헤이에게로 돌아가게 되는 정황과 같다. 그러니까 아사코는 상대방이 되어보고서야 진정으로 그 상대방을 떠날 수 있고, 그 상대방을 떠나고서야 비로소 자기 자신이 될 수 있는 것이다.

아사코가 료헤이를 처음 사랑하게 된 건 바쿠를 닮아서였을까. 아마도 그럴 것이다. 바쿠가 없었다면 애초에 료헤이를 사랑하지도 않았을 것이다. 그리고 역설적으로 일상의 나날들이 얼마나 중요한지도 몰랐을 것이다. 하지만 그렇다고 해서 료헤이의 존재가 덜 중요하거나 부차적인 것은 아니다. 료헤이 앞에서 보란 듯 아사코의 손을 잡고 떠난 바쿠는 자신에게 전화가 걸려 오자 받지 않고 아예 휴대폰을 버리면서 "날 대신할 사람은 얼마든지 있으니 괜찮아"라고 한다. 바쿠에게 료헤이는 그를 대신해서 아사코를 잠시 맡아준 사람일 뿐이었을 것이다. 하지만 홋카이도로 가는 도중에 다시 마음을 되돌린 아사코는 이렇게 외친다. "바쿠는 료헤이가 아니야." 그렇게 아사코는 두 사람이 완전히 다른 존재임을 선언한다.

그런데 "바쿠는 료헤이가 아니야"라는 말의 순서가 의미심장하다. 료헤이를 자신의 대리인 정도로 여기는 바쿠의 생각을 단지 부정하고 싶었다면 "료헤이는 바쿠가 아니야"라고 말을 해야 했겠지만 아사코는 그 반대로 말했다. "바쿠는 료헤이가 아니야"라는 말은 두 남자 사이에서 중심과 주변의 위치를 바꾼다. 그 문장의 존재 방식에서 료헤이는 기본항이 되고 바쿠는 그에 견주어져서 특성이 결정되는 비교항이 된다. 이전까지 료헤이는 바쿠와 계속 비교되면서 그 공통점과 변별점이 거론되었지만, 이제부터는 그 반대가 될 것이다.

관계의 재난을 자연의 재난에 중첩시키는 「아사코」는 결국 동일본대지진을 전후한 시기에 일본인들이 했던 선택이 어떤 것이었는지를 생각해보게 만든다. 그와 관련한 일본인들의 첫 번째 선택은 자연재해를 인재로 증폭시켜 엄청난 피해를 입도록 했던 저마다의 안일함이나 이기심 같은 것이었을지도 모른다. 그런 무신경이 결과적으로 재해의 손을 잡고 폭주했을 때 돌이킬 수 없는 거대한 상처가 남았다. 그렇다면 두 번째 선택은 무엇이었을까. 이미 벌어진 참극 앞에서 잘못을 고치고 교훈을 얻어 미래를 함께 준비하는 것이 아니었을까. 그들의 산과 들과 바다는 오염되어 더럽혀졌지만, 그 상흔을 부정하지 않으면서도 함께 살아가기 위해 노력할 수 있다면, 그들의 터전은 여전히 불안하더라도 끝내 아름다울 수 있다. 그러니까 두 번째 선택은 결국 '함께'를 선택한 것이다.

두 차례의 선택 이후, 아사코는 '함께'를 행한다. 극 초반 아사코는 강변에서 아이들이 폭죽에 불을 붙여 쏘는 놀이를 할 때 몸을 피하며 그 옆을 지나간다. 하지만 종반에 이르러 오사카에 돌아온 후 우두커니 료헤이를 기다릴 때 강변에서 아이들이 가지고 놀던 공이 굴러오자 그것을 집어 다시 던져줌으로써 함께 어울린다. 그리고 후반부에 아사코는 오카자키의 어머니인 에이코(다나카 미사코)와 마루에서 대화를 하다가 갑자기 비가 쏟아지자 그 사실을 먼저 알려준다. 그 말에 에이코가 급하게 뛰어나가 마당에 널어둔 빨래를 걷자 아사코도 따라 나가 함께 거둔다. 그리고 극의 마지막에 이르러 료헤이와 함께 발코니에 선다. 그 마지막 장면은 아사코가 사진을 바라보았을 때나 바다를 바라보았을 때처럼 정면 숏이지만, 카메라는 더 이상 그녀를 단독으로 담지 않는다.

료헤이가 있는 오사카로 아사코가 돌아오는 장면은 화술의 경제성으로만 보면 그렇게까지 길게 묘사할 필요가 없었을 것이다. 하지만 아사코의 귀로는 그 행위가 가진 수행의 의미 때문에 자세히 묘사된다. 집에 도착해서도 고양이를 찾기 위해 헤매기도 하고 도중에 루게릭병에 걸린 친구 오카자키(와타나베 다이치)를 방문하기도 한다. 마야가 조산이지만 무사히 출산했다는 이야기를 전해 듣기도 하고, 수건으로 비에 젖은 머리카락을 닦기도 한다. 이어 아사코는 료헤이와 함께 발코니에 나란히 서서 강물을 내려다본다.

사케를 만드는 회사에서 일하는 료헤이는 항상 수질을 중요하게 여기는 사람이었다. 그는 아사코가 주는 차를 마신 후에 칭찬하며 "쓰는 물이 다른 거죠?"라고 말하면서 사케 역시 물맛이 가장 중요하다고 덧붙였다. 그런 료헤이를 처음 만났을 때 아사코가 돌려받으러 갔던 보온병은 물의 온도를 일정하게 유지하는 도구이기도 했다. 그런데 내린 폭우로 지금 발코니 앞의 요도가와강 물은 항상성을 잃고 불어났으며 차가워졌고 혼탁해졌다. 료헤이는 아사코를 너무나 사랑함에도 불구하고 행적을 용서하고 싶지 않다. 그 강물을 아사코와 함께 내려다보던 료헤이는 뒤틀린 심사로 "더러운 강이군"이라고 내뱉는다.

그러자 아사코는 "그래도 아름다워"라고 말을 받는다. 그 혼탁한 강이 아름다울 수 있는 것은 결국 흐르기 때문이 아닐까. 그렇게 그 모든 빗물과 강물이 함께 모여 바다까지 흘러들어가기 때문이 아닐까. 폭우로 상처받은 강이 지진과 쓰나미로 상처 입은 바다에 스스로를 합쳐 나눠지지 않는 장엄한 흐름이 되기 때문이 아닐까.

두 사람이 강에 대해 그와 같은 마지막 대화를 나누기 직전, 이 영화는 빗물에 불어난 요도가와강의 급한 물결을 두 개의 숏에 담아 두 번 반복해서 보여주었다. 그러나 그 장면은 료헤이나 아사코의 시점숏이 아니었다. 발코니에서 내려다보는 방향의 앵글이 아니라, 강물 바로 위 가까이에서 들여다보듯 담은 앵글의 숏이었다. 그러니까, 요도가와강이 더럽다고 말했을 때 그는 그 강물을 (제대로) 본 게 아니었다. 그러니 료헤이는 다시 보아야만 한다.

자, 이제는 료헤이가 두 번 반복할 차례다. 예기치 못했던 그녀의 말에 놀란 료헤이는 아사코를 잠시 바라보다가 고개를 되돌려 다시 강물을 지그시 내려다본다. 그가 조금 전에 무심코 보았던 물결과 같은 곳에서 흐르고 있긴 하지만 그 강물은 이전의 강물이 아니다. 돌아온 아사코가 이전과 똑같은 위치의 발코니에 서 있지만 예전의 아사코가 아닌 것과 마찬가지다. 료헤이는 그 강물이 아름다울 수 있다는 생각을 이전에 전혀 하지 못했지만 그렇게 말하는 아사코의 목소리를 듣는 경험을 통해 다시 보아낼 수 있는 기회를 얻었다.

이번에는 료헤이가 아사코의 말대로 그 강물의 아름다움을 발견하게 될까. 그렇게 료헤이가 두 번째로 바라보는 시선은 강물을 더럽다고 여긴 첫 번째 시선을 부정하고서 새롭게 응시하는 시선이 될까. 그건 알 수 없는 일이다. 고양이 진탄은 여전히 그들 곁에 남아 있지만 아사코는 아직 머리를 뒤로 묶지 않았다. 혹은, 상실한 믿음은 온전히 회복할 수 없겠지만 아사코는 료헤이와 함께 아마 앞으로도 살아갈 수 있을 것이다. 영화는 료헤이의 두 번째 시선에서 멈춘다. 말하자면 '료헤이 I'이 '료헤이 II'가 될 수 있을지에 대해서 영화는 입을 닫고 막을 내린다. 「아사코」는 거기까지만 언급할 수 있다고 판단하는 영화다. 영화가 멈춘 그 발코니의 자리에 서서 이제부터 관객은 곰곰이 생각에 잠길 것이다.

# 언브레이커블
# 23 아이덴티티
# 글래스

**Unbreakable** | **Split** | **Glass**
감독 **M. 나이트 샤말란**(M. Night Shyamalan)
국내 개봉일 **2000.12.08** | **2017.02.22** | **2019.01.17**

모든 것은 「23 아이덴티티」가 막을 내리기 직전에 미스터 글래스(새 뮤얼 L. 잭슨)를 떠올리는 데이비드 던(브루스 윌리스)을 보여주면서 시작되었다. 서로 무관한 이야기로 보였던 두 작품은 「23 아이덴티티」가 구두점을 찍을 때 또렷한 연결점을 불현듯 드러냈고, 차후에 발표된 「글래스」와 합쳐져 희대의 3부작이 되었다.

이전에 한 번도 속편을 연출한 적이 없었던 M. 나이트 샤말란은 왜 「23 아이덴티티」를 만들면서 16년 전에 자신이 내놓았던 「언브레이커블」을 끌어들였을까. 그건 샤말란의 작품 전체를 통틀어 일라이자 프라이스(미스터 글래스)와 케빈 웬델 크럼(제임스 맥어보이)이 가장 고통받는 캐릭터들이기 때문이다.

3부작의 첫 작품인 「언브레이커블」은 제목이 뜻하는 인물인 데이비드 던이 아니라 그 정반대의 위치에 놓인 일라이자 프라이스가 태어나는 장면으로 시작한다. 백화점 내의 작은 공간에서 탄생한 아기는 태어나자마자 유독 심하게 운다. 출산 과정에서 팔과 다리가 부러졌기 때문이다. 그러니까 샤말란의 3부작은 축복받아 마땅할 탄생의 순간에 고통스럽게 내지르는 비명으로 출발한 셈이다.

일라이자는 골형성부전증으로 어려서부터 집에 틀어박혀 외롭게 자란다. 타고난 지적 능력에 홀로 생각에 몰두할 수밖에 없는 환경이 더해져 아이는 생각하고 또 생각한다. 그 생각의 귀결점은 자신의 고통에 대한 것이다. 아무런 잘못도 저지르지 않았는데 왜 나는 이렇게 선천적으로 지독한 고통을 짊어진 채 살아갈 수밖에 없는가.

「언브레이커블」에서 상대를 찾아 나선 것은 데이비드가 아니라 일라이자다. 데이비드는 거대한 기차 사고를 겪은 후 혼자만 아무런 상처도 입지 않고 살아났음에도, 그저 놀랄 뿐 거기에 무슨 의미가 담겨 있을지에 대해 숙고하지 않는다. 묻는 자는 언제나 일라이자다. 질문하게 만드는 것은 쾌락이 아니라 고통이기 때문이다. 행복한 자는 질문하지 않는다. 묻는 것은 언제나 불행한 자이다. 「23 아이덴티티」에서 비스트가 케이시(애니아 테일러 조이)에게 상처 입은 자들이 더 진화된 존재라고 말하는 것도 같은 맥락일 것이다. 더 많이 고통받으면 더 많이 묻는다. 좀 더 절실하게 질문하는 자가 해답에 좀 더 가까이 다가가기 마련이다.

3부작을 지탱하는 핵심 관계는 일라이자와 케빈의 관계다. 둘은 고통으로 깊게 서로에게 공감한다. 케빈의 다른 인격인 비스트는

'부서진 자(The Broken)'라는 표현으로 상처 입은 자들을 지칭하며 연대감을 드러낸다. 「글래스」에서 노숙자가 "넌 누구냐"라고 묻자 비스트는 "난 너다"라고 답한다. (부서진 자들을 위해 복수할 때 비스트는 상대를 뒤에서 강하게 끌어안아 부서뜨리는 방식을 사용하기도 한다.) 그런 그에게 부서진 자 그 자체인 일라이자만큼 이입이 쉬운 대상도 없다.

일라이자에게 케빈 역시 그렇다. 어린 시절 일라이자가 아이들로부터 경멸적인 의미에서 미스터 글래스로 불린 것은 유리처럼 잘 깨지는 사람이었기 때문이다. 「23 아이덴티티」의 원제 'Split(분열)'이 의미하듯, 수십 개의 인격으로 쪼개진 케빈의 상황은 곧 유리의 특성이기도 하다.

「글래스」에 등장하는 일라이자의 테마파크 일화는 사뭇 눈길을 끈다. 다크 사이클론이라는 놀이기구를 타고 싶었던 소년 일라이자(자니 하이럼 재미슨)는 고심 끝에 두 개의 커다란 인형을 완충재 삼아 양옆에 끼고서 오른다. 하지만 놀이기구의 요동에 결국 인형들이 떨어진 후 스스로를 보호할 수 없게 된 일라이자는 계속 부딪치며 큰 상처를 입는다. 그 인형들은 사자와 곰, 그러니까 일라이자는 비스트가 꼭 필요한 사람이었다. (이 장면은 당초 「언브레이커블」에 넣으려고 촬영한 분량이었지만 편집 과정에서 삭제된 후 19년 뒤에 나온 「글래스」에 삽입되었다. 「23 아이덴티티」가 나오기 16년 전에 이미 샤말란은 「언브레이커블」을 만들면서 훗날 나올 3부작을 어렴풋하게라도 염두에 두었던 것으로 보인다.)

고통으로 연대하는 것은 슈퍼휴먼들뿐만이 아니다. 케빈을 치유할 수 있는 유일한 사람은 케이시이다. 그녀만이 비스트를 잠재운 후 케빈을 '불빛' 앞으로 불러내 머물게 할 수 있다. 케이시가 그렇게 할 수 있는 것은 케빈처럼 어린 시절에 고통받았기 때문이다. 「글래스」의 막바지에서 케이시는 케빈이 어린 시절에 엄마로부터 학대받을 때 불렸던 대로 그의 풀네임을 거듭 외쳐 마침내 케빈을 끄집어낸다. 해원은 고통스런 상처의 재확인에서 비로소 출발할 수 있는 것이다. 이 3부작에서 캐릭터들이 지닌 특별한 힘은 상처에서 발원하고, 그들 사이의 연대는 동병상련으로 가능해진다.

인간은 고통받을 수밖에 없는 존재라는 실존적 비극을 곱씹던 샤말란은 판타지와 SF 장르의 세계로 들어가 역으로 그런 약점에서 인간을 뛰어넘는 능력을 보아내려 한다. 슈퍼히어로 장르에 속하는 작품으로서 이 3부작이 독특한 것은 사실상 슈퍼빌런을 주인공으로 다루고 있다는 점이고, 무엇보다도 약점을 초능력과 연결시켰다는 점이다. 스테이플 박사(세라 폴슨)는 케빈의 다중인격 중 헤드윅의 정신이 아홉 살인 상태로 계속 남아 있다는 사실을 알고서 정말 힘들겠다며 동정한다. 하지만 일라이자는 헤드윅에게 이렇게 말한다. "넌 영원히 아홉 살인 거지? 그렇다면 언제나 세상을 있는 그대로 볼 수 있는 것이니까 대단한 거네."

그가 그 말을 하기 직전에 헤드윅은 일라이자의 능력이 어떤 것인지를 물었다. 그런데 일라이자는 그 질문에 즉답하지 않고 헤드윅이 아홉 살에 머무는 게 왜 대단한 것인지에 대해 설명한다. 그러니까 결국 일라이자가 거론하는 헤드윅의 능력은 곧 일라이자 자신의 능력에 대한 대답이 된다. 일라이자는 은폐되어 있는 세상의 비밀을 있는 그대로 볼 수 있는 능력자인 것이다. 일라이자의 그런 능력은 극도로 연약한 육체의 약점 때문에 안에만 틀어박혀 정신적으로 몰두하느라 더욱 배가되었다. (샤말란의 영화들에서 아홉 살이라는 나이는 의미심장하다. 「23 아이덴티티」의 헤드윅뿐만 아니라 「언브레이커블」의 조셉 역시 아홉 살이었고 세상을 있는 그대로 볼 수 있었다. 그의 아버지 데이비드가 슈퍼히어로임을 확고히 믿고 있었으니까. 「식스 센스(The Sixth Sense)」(M. 나이트 샤말란)의 콜(할리 조엘 오스먼트) 역시 아홉 살이었고 남들이 보지 못하는 죽은 자들의 모습을 있는 그대로 보는 능력자였다. 샤말란은 아홉 살 때 어떤 일을 겪었던 걸까.)

그렇다면 '부서지지 않는' 데이비드 던은 어떨까. 「언브레이커블」에서 물에 빠지기만 하면 사경을 헤매는 약점 때문에라도 스스로가 슈퍼히어로라고 믿지 못하는 데이비드에게 일라이자는 이렇게 말한다. "슈퍼맨에게 크립토나이트였던 게 당신에겐 물이었던 거요." 크립토나이트에 치명적으로 약하다고 해서 슈퍼맨이 슈퍼히어로가 아닌 게 아니듯, 물에 치명적으로 약하다고 해서 데이비드 던이 슈퍼히어로가 아닌 게 아니다. 오히려 영웅은 그 약점 때문에 더욱 영웅스러워진다. (그리스신화의 대표적 영웅으로 손꼽을 만한 아킬레스의 발뒤꿈치 약점을 떠올려보라.) 데이비드는 치명적인 약점에도 불구하고 슈퍼히어로인 것이 아니라, 치명적인 약점을 갖고 있기에 더욱 슈퍼히어로인 것이다.

하지만 데이비드의 고통은 케빈이나 일라이자의 고통과는 질적으로 확연히 다르다. 물론 그 역시 고통스러운 트라우마가 있다. 어린 시절 수영장에서 친구들이 그를 물속에 처넣는 장난을 심하게 해서 익사 직전까지 간 일이 있었기 때문이다. 하지만 그 일은 결과로서는 심각했지만 사실 우발적이고 일회적인 사건이었다. 친구들로부터 계속 따돌림을 당하거나 공격을 받아온 것도 아니었다.

그러니 3부작의 마지막 작품인「글래스」에 이르러 데이비드의 위치가 애매해진 것도 우연은 아닐 것이다.「글래스」에서 일라이자는 초인적인 능력을 가진 자들이 스스로의 잠재력에 대해 눈을 뜨고 확신을 가질 것을 원한다. 그에겐 그게 가장 중요한 혁명이다. 그런 일라이자의 목표는 상처받은 자들을 위해 일어서는 혁명을 원하는 비스트의 목표와 잘 어우러진다.

하지만 데이비드는 일라이자에게 온전히 동의할 수는 없다. 일라이자와 달리 도덕적인 판단 기준을 갖고 있기 때문이다. 일라이자는 세 차례나 대형 사고를 일으킨 최악의 테러리스트다. (「언브레이커블」에서 데이비드는 그 사실을 알아채자마자 경찰에 신고한다.) 그뿐만 아니라 일라이자는 인간을 목적이 아니라 도구로 활용하는 자이다.「언브레이커블」에서는 자신의 대척점에 있어야 할 누군가를 찾아내기 위해서 수백 명을 수단 삼아 죽였고,「글래스」에서는 자신의 초인적 힘을 자각하게 된 선각자들이란 점에서 누구보다 중요한 동료라고 할 수 있는 케빈과 데이비드를 도구로 쓴다. 심지어 둘뿐만 아니라 자기 자신의 생명까지 결정적 무기로 쓴다. 스스로가 내세우는 대의를 위해서. (그 점 역시 테러리스트의 전형적 사고방식처럼 보인다.)

「언브레이커블」에서 데이비드의 존재는 일라이자가 살아갈 수 있는 가장 큰 이유였다. 하지만「글래스」에 이르게 되면 데이비드는 일라이자에게 삶의 근거가 아니라 이념의 도구가 된다. 그렇기에「언브레이커블」에서의 일라이자가 데이비드가 자신을 거부함에도 거듭 찾아가 직접 설득하려 했던 것과 달리,「글래스」에선 데이비드와 말조차 섞지 않는다.「글래스」엔 일라이자와 데이비드의 대화 장면이 없다. 오로지 병원의 실내 스피커를 통해 일라이자가 데이비드에게 일방적으로 통고하는 장면이 있을 뿐이다. 그 장면에서조차 일라이자는 데이비드에게 철문을 부수고 병원을 탈출한 뒤 오사카타워 개관식에 나와 자신의 능력을 전부 사용할 수 있는 유일한 적수인 비스트를 상대로 싸워 사람들을 지켜내보라고 거짓말을 해 속인다.

데이비드는 자신이 비스트에 맞서 싸우는 게 일라이자의 큰 그림 속에서 어떤 의미를 지니는지 알지 못한 채 대결을 벌이다가 허망하게 죽는다. 커다란 물탱크에서 간신히 탈출한 데이비드는 어이없게도 도로에 파인 작은 물웅덩이에 경찰에 의해 얼굴을 박은 채 버둥대다가 숨을 거둔다. 데이비드는 같은 슈퍼휴먼이기에 일라이자의 외침을 완전히 외면할 수 없지만, 도덕관을 저버릴 수 없기에 일라이자의 뜻에 온전히 함께할 수도 없다. 그런 그는 죽는 순간까지도 일라이자가 정확히 어떤 큰 그림을 그리고 있는지조차 알지 못한다.

사실 데이비드는 자신의 의도와 달리, 슈퍼휴먼에 대한 태도에서 스테이플 박사가 속해 있는 비밀조직과 그 궤를 같이한다. 「글래스」에선 표면에 드러난 물리적인 싸움이 있고 뒤에 감춰진 세계관의 싸움이 있다. 전자는 비스트와 데이비드 사이에서 벌어지고, 후자는 스테이플과 일라이자 사이에서 펼쳐진다. 왜 비스트는 온몸을 드러내다시피 하고 데이비드는 온몸을 뒤덮는 우비로 머리까지 뒤집어쓴 채 싸우는가. 슈퍼휴먼의 존재를 노출하려는 일라이자와 은폐하려는 스테이플의 목표는 비스트와 데이비드의 옷차림에도 그대로 투영되어 있다.

데이비드는 슈퍼히어로로서 스스로에게 부여한 임무를 다하기 위해 밤거리를 헤매면서 범죄자들을 소탕한다. 하지만 그는 스스로가 슈퍼히어로라는 사실을 철저히 감춘다. 자신의 초인적 힘을 이용해 악당들을 응징하지만 그게 슈퍼히어로의 행동이었다는 사실은 은폐한다. 그런 행동 원칙은 스테이플이 속한 비밀조직이 원하는 바이기도 하다. 그래서 그 조직은 데이비드가 홀로 밤거리에서 활약할 때는 개입하지 않다가 맨몸과 함께 존재를 드러낸 비스트가 활동하기 시작하자 적극적으로 조정에 나선다.

3부작에서 데이비드의 아들 조셉(스펜서 트리트 클라크)은 매우 독특한 위치에 놓여 있다. 「언브레이커블」에서 일라이자를 제외하면 조셉은 데이비드가 슈퍼히어로라는 사실을, 다시 말해 세상에 슈퍼히어로라는 존재가 있다는 사실을 확신하는 유일한 인물이다. 그는 슈퍼히어로인 데이비드 자신도 의심하고 있는 정체성을 처음부터 확고히 믿어 의심치 않는다.

「언브레이커블」에서 스스로를 의심하는 아버지 앞에서 답답해진 조셉은 데이비드에게 총을 겨눈다. 아버지는 부서지지 않는 특별한 존재이기에 총에 맞아도 상처를 입지 않을 것이라고 확신한 나머지 직접 입증해 보이고 싶어 하기 때문이다. 슈퍼히어로라는 존재가 있다는 사실을 증명하려는 조셉의 행동은 일라이자의 행동과 사실상 같은 패턴을 지닌다.

일라이자는 조금만 세게 부딪쳐도 부서지는 자신의 존재 의미를 찾기 위해 그 정반대편에 누군가 있을 거라고 가정해서 세 차례에 걸쳐 대형 사고를 일으킨다. 그의 예상은 들어맞아서, 기차 사고로 모두가 죽은 상황에서도 전혀 다치지 않은 데이비드를 기어이 찾아낸다. 여기서 일라이자가 하는 행동의 흐름은 정확히 과학적인 태도에 기반한다. 그는 먼저 자신의 존재 정반대편에 놓인 또 다른 존재가 있을 것이라는 가설을 세우고, 그 가설이 옳은지를 입증할 수 있도록 설계한 대형 사고를 일으키는 것으로 실험을 한 뒤, 그 실험의 결과를 관찰해 가설과 부합함을 확인해서 슈퍼히어로가 이항대립적으로 존재한다는 이론을 확립하게 되는 것이다.

아버지에게 총을 겨눈 조셉의 행동 역시 마찬가지다. 조셉은 아버지가 슈퍼히어로라는 가설을 세우고, 그 가설이 옳은지를 입증할 수 있도록 나름대로 설계한 총기 발사 사고를 일으켜서 실험을 한 뒤, 그 실험의 결과로 아버지가 다치지 않았음을 관찰해 결국 데이비드가 슈퍼히어로라는 혹은 슈퍼히어로가 존재한다는 이론을 확립하려 하는 것이다.

3부작에서 조셉은 결과적으로 일라이자의 생각을 가장 충실하게 따르는 사람이다. 「언브레이커블」에서 아버지가 슈퍼히어로라는 것을 짐작하게 되는 두 차례의 장면에서 조셉은 그 광경을 거꾸로 본다. 뉴욕으로 출장 간 데이비드가 돌아오길 기다리며 소파에 누워 고개를 거꾸로 한 채 텔레비전을 보던 조셉은 채널을 돌리다가 대형 기차 사고가 발생했음을 급박하게 알리는 뉴스 화면을 본다. 곧이어 그 사고에서 조셉은 아버지만 유일하게 전혀 다치지 않았다는 사실을 알게 된다. 나중에 아버지가 초인적인 힘으로 역기를 들어 올리는 것을 경이적인 눈길로 바라볼 때도 조셉은 데이비드가 벤치에 누워 있기에 거꾸로 그 모습을 본다. 아무도 데이비드를 슈퍼히어로로 보지 않는다. 그러나 조셉은 그의 정체를 슈퍼히어로로 뒤집어서 본다.

일라이자 역시 데이비드가 슈퍼히어로라는 결정적 증거를 확인할 때 거꾸로 본다. 데이비드가 자신을 스쳐 지나가는 한 남자가 은색 총을 감추고 있다고 직감을 통해 알아내 말하자 그게 사실인지를 확인하기 위해 따라간다. 그 남자가 지하철을 타기 위해 계단을 달려 내려가자 급하게 뒤따라가던 일라이자는 유리 지팡이를 놓친 후 굴러떨어진다. 곧이어 개찰구를 뛰어넘어 가던 그 남자의 허리춤에 은색 총이 있다는 사실을 목도하게 될 때 일라이자는 그 광경을 넘어진 채 거꾸로 본다.

「글래스」에서 조셉은 일라이자만 알고 있는 결정적 비밀 하나를 코믹북 숍에서 발견한다. 비스트에 관련된 단서를 '히어로' 섹션에서 찾다가 허탕을 친 그는 숍에서 나오려다 그 옆의 '빌런' 섹션으로 눈을 돌린다. 그리고 케빈 아버지의 죽음과 관련된 비밀에 대한 힌트를 '위스퍼맨' 코믹북에서 발견해낸다. 그러니까 조셉은 데이비드라는 슈퍼히어로의 아들이면서 유일한 조력자였지만, 결국 돌파구는 슈퍼빌런에게서 찾아내는 것이다.

3부작의 막을 내리는 「글래스」맨 마지막 장면에서 조셉은 일라이자가 죽기 전에 보내온 동영상을 곳곳에 업로드한 뒤 케이시 그리고 일라이자의 어머니(샬레인 우다드)와 함께 공항 의자에서 그 결과를 초조하게 기다린다. 성공한다면 그 동영상은 이제 슈퍼휴먼이 존재한다는 사실을 세상에 명확히 입증할 것이다. 그때 조셉은 「언브레이커블」후반부에도 나왔던 어린 시절의 어떤 순간을 플래시백으로 떠올린다.

그것은 아버지 데이비드가 자신이 슈퍼히어로라는 사실을 바로 옆에 있는 어머니 오드리(로빈 라이트)에게 비밀로 해달라면서 장난스럽게 손가락을 입에 대는 걸 조셉이 보았던 순간이다. 데이비드는 자신이 슈퍼히어로라는 사실을, 결과적으로 슈퍼히어로가 존재한다는 사실을 세상에 감추길 원했다. 하지만 조셉은 아버지가 죽은 후 결국 데이비드의 뜻을 따르지 않고 일라이자의 계획에 동참한다. 조셉은 아마도 M. 나이트 샤말란의 작품 세계를 통틀어 그를 가장 잘 대변하고 있는 캐릭터일 것이다. 다시 말해 조셉은 샤말란의 필모그래피에서 그의 페르소나에 가장 가까운 인물이라고 할 수 있을 것이다. 샤말란은 결국 고통의 의미에 대한 나름의 답을 슈퍼히어로가 아니라 슈퍼빌런에게서 찾아낸다.

「언브레이커블」에서 일라이자는 갈망하던 대로 자신의 존재 이유를 찾아냄으로써 목적을 달성했다. 이후 정신병원에 감금된 채 오랜 세월을 침묵 속에 묻혀 지낸 것은 그가 더 이상 삶에서 해야 할 일이 없었기 때문이다. 그러다 「글래스」에서 그 병원으로 이송되어 온 데이비드 던을 16년 만에 보자 사유가 궁금해진 일라이자는 몰래 자료들을 찾아보고 그간의 경위를 알아챈다. 곧이어 데이비드와 함께 병원으로 온 이상한 남자에 대한 자료까지 찾아보고는 깜짝 놀란다. 데이비드를 찾아내기 위해 16년 전 자신이 일으켰던 기차 사고로 그 남자 케빈의 아버지가 죽었고, 그로 인해 케빈에 대한 어머니의 학대가 심해져 결국 비스트라는 가공할 만한 힘을 지닌 또 다른 인격이 발현되었다는 사실을 알아냈기 때문이다. (케빈은 아마도 원래부터 초능력자였을 것이다. 다만 그 사실을 알지 못한 채로 있다가 가중된 학대의 결과로 비스트가 출현되는 방식으로 발현했을 것이다.) 다시 말하면, 슈퍼휴먼의 존재가 양극에서 하나의 쌍으로 묶일 수 있는 자신과 데이비드 외에도 더 있다는 사실을 확인하게 된 것이다.

일라이자의 추론은 이제 슈퍼히어로나 슈퍼빌런으로 지칭할 수 있는 존재들이 훨씬 더 많을 수 있다는 사실(이를테면 종의 발견)로 자연스럽게 이어진다. "어디에도 낄 수 없는 존재의 비애"를 절감하며 외롭게 살아온 일라이자는 드디어 '동료들'을 발견한다. 게다가 데이비드와 비스트라는 두 슈퍼휴먼의 존재가 모두 일라이자 자신이 사실상 만들어낸 것이나 다름없는 상황에서 그는 스스로의 역할에 사명감을 부여한다.

일라이자는 그의 인생에서 두 번째로 해야 할 일을 찾아낸다. 이전에 해야 했던 일이 자신의 존재 이유를 밝혀내는 이기적 목적에 기반한 것이었다면, 두 번째로 해야겠다고 결심한 일은 훨씬 더 큰 목적을 지닌다. 그것은 슈퍼휴먼들을 각성시키는 일이다. 스스로가 초인적인 능력을 지닌 존재라는 사실 자체를 모르고 있거나, 이런저런 이유로 스스로의 정체성을 드러내지 못한 채 은둔하고 있는 슈퍼휴먼들을 일깨워 서로 연대하게 하는 일이다. 그의 그런 계획은 이 3부작에서 가장 중요한 목표가 된다. (그러므로 우리는 「언브레이커블」에서 시작해서 「23 아이덴티티」를 거쳐 「글래스」로 마감하게 된 샤말란의 이 3부작을 「글래스」 3부작이라고 명명해야 할 것이다.)

M. 나이트 샤말란의 작품들은 결국 구도(求道)영화라고 말할 수 있다. 여기서 도는 바로 자기 자신이 누구이고 세상을 움직이는 원리는 무엇인지에 대한 지식이다. (「글래스」의 주 무대인 정신병원은 사실상 학교다. 이 점에서 「글래스」는 밀로시 포르만의 「뻐꾸기 둥지 위로 날아간 새(One

Flew Over the Cuckoo's Nest)」를 고스란히 떠올리게 한다. 데이비드가 극 중 처음 마주치게 되는 케빈의 다른 인격이 헤드윅인 것은 우연이 아닐 것이다. 세상을 있는 그대로 볼 수 있는 아홉 살 소년을 만난 후 병원으로 들어가게 되는 데이비드는 이제 이전과 다르게 보는 법을 배울 것이다.)

그러니 그의 영화 속에서 가장 중요한 순간은 주인공이 각성하게 되는 순간이다. (「해프닝(The Happening)」은 그런 도를 끝내 알아챌 수 없을 때의 절망을 지옥도로 그려낸 영화다.) 샤말란의 영화들이 느릿느릿 진행되는 것처럼 여겨지는 것은 작품의 플롯이 그 자체로 깨달음을 향해 나아가는 일종의 수행 과정이기 때문이다. 반전의 순간이야말로 깨달음의 순간이다. 샤말란의 영화들에서 그토록 반전이 중요하게 다뤄지는 이유는 그가 깜짝쇼를 좋아하기 때문이 아니라 인물이나 세계의 비밀을 깨닫는 게 플롯의 귀결점이기 때문이다. 그렇기에 그가 하는 이야기의 플롯은 발화점과 귀결점이 여타 영화들에서의 위치와 사뭇 다르다.

하지만 문제는 그런 깨달음이 종종 너무 늦게 온다는 사실이다. 샤말란 영화들에 짙게 드리운 그늘은 알아야 할 지식으로부터 주인공의 눈을 가린다. 그리고 그런 무지와 인식 사이의 시차, 지식 취득의 지연이 슬픔을 낳는다. 「식스 센스」에서 맬컴(브루스 윌리스)은 슬픔에 젖어 있는 인물인데, 그가 슬픈 것은 결국 자기 자신이 누구인지에 대한 비밀을 깨닫지 못하고 있기 때문이다. 맬컴은 과거에 자신이 빈센트라는 어린이 환자에 대한 치료를 제대로 하지 못했고 또 그로 인한 돌발 사건 때문에 아내와 돌이킬 수 없을 정도로 멀어졌기에 지금 자신이 슬프다고 생각하지만 그건 잘못된 지식이었다. 맬

컴이 슬픈 것은 자신이 이미 죽었기 때문인데 그는 아직 그것을 알지 못한다. 그러니까 「식스 센스」의 플롯은 주인공이 자신의 슬픈 감정의 연원을 알아가는 과정이다. 그리고 그가 그 지식을 취득하는 순간 영화는 곧바로 끝난다.

「언브레이커블」에서와 달리, 「글래스」의 일라이자는 슬프지 않다. 다른 슈퍼휴먼들보다 일찍 알게 되었기 때문이다. 구약성서의 가장 유명한 선지자 엘리야와 이름이 같은 일라이자는 말 그대로 '먼저 아는(先知)' 사람이다. 그리고 먼저 알게 된 사람은 '대가(Price)'를 치러야 한다. 일라이자 프라이스는 그의 위치와 임무를 고스란히 아로새긴 이름인 것이다.

그렇다면 그 계획을 실행에 옮길 때 세 명의 슈퍼휴먼은 왜 꼭 스스로 죽는 대가까지 치러야 하는 걸까. 비스트와 데이비드가 초인적인 힘으로 대결하는 것을 동영상으로 녹화한 후 온라인을 통해 전파시켜 슈퍼휴먼이 존재한다는 것을 증명해 잠재적인 슈퍼휴먼들을 자각시키는 것만으로는 부족한 걸까. 다시 한번, 그건 초인적인 능력은 고통에 뿌리를 두고 있고, 상처 입은 자가 더 진화된 존재가 되기 때문이다. 비스트와 데이비드가 인간들의 경찰 시스템에 의해 살해되는 것과 일라이자마저 초라하게 죽어가는 것이 기록되어 전파될 때 그것을 보게 될 슈퍼휴먼 '동료'들은 자신들을 일깨운 선지자들이 비참하게 최후를 맞는 모습에 고통과 분노를 느끼게 될 것이기 때문이다. 그런 고통과 분노는 일라이자와 비스트가 그랬듯 그들을 일어서게 할 것이고 연대하게 만들 것이다. 적어도 일라이자는 그렇게 생각했을 것이다.

「글래스」는 어둠 속에서 케빈의 다른 인격들이 의아해하며 나누는 대화로 시작한다. "왜 계속 제물을 바꿔도 반응이 없지? 비스트는 두 번이나 상처받은 자들에게 모습을 드러냈는데. 다들 안 믿어. 혁명은 글렀어." 그러니까 혁명이 제대로 이뤄지지 않은 것은 제물을 잘못 바쳤기 때문이다. 이제 일라이자는 혁명의 제단에 다른 사람들이 아니라 비스트와 데이비드와 자기 자신을 직접 제물로 바친다.

일라이자는 분명 테러리스트다. 자신의 존재 이유를 찾기 위해서 연거푸 대형 사고를 일으켜 죄 없는 사람들 수백 명을 죽였다. 그러나 일라이자는 신경 쓰지 않는다. 슈퍼히어로영화에서 히어로와 빌런을 나누는 기준은 인간들에 대한 태도다. 인간을 돕는지 해치는지에 의해 영웅과 악당이 구분된다. 그렇게 보면 이 시리즈에는 두 명의 슈퍼빌런과 한 명의 슈퍼히어로가 등장한다고 말할 수 있을 것이다. 하지만 이런 구분은 여기서 무의미해진다. 이 3부작은 다른 슈퍼히어로영화처럼 인본주의적 태도에서 선악으로 나누는 잣대를 가지고 있는 게 아니라, 슈퍼휴먼이 존재한다는 지식에 대해 어떤 태도를 취하느냐로 나누는 기준을 가지고 있기 때문이다.

「글래스」는 슈퍼히어로인 척 뻐기면서 행인에게 폭력을 행사("슈퍼맨의 핵펀치를 받아라.")한 뒤 그 광경을 촬영해 업로드함으로써 관심을 끄는 사이비 슈퍼히어로들로 시작한다. 그리고 슈퍼히어로의 대척점에 서 있는 자신의 정체성을 받아들인 뒤 사실상 스스로에게 폭력을 가하고 그 광경을 촬영해 업로드함으로써 시선을 끄는 슈퍼빌런으로 끝난다. 아울러, 케빈의 또 다른 인격들인 패거리에 의해 납치된 네 소녀는 그들을 구하러 데이비드가 들어설 때 자신들을 해치러 온 비스트로 오해한다. 그러니 이 이야기에서 중요한 것은 슈퍼히어로와 슈퍼빌런의 구분이 아니다.

슈퍼휴먼들에게 중요한 것은 선악이나 인간에 대한 태도가 아니라 스스로의 초인적인 능력에 대한 자각의 여부다. 핵심은 수면 아래 가라앉아 있는 슈퍼휴먼들이 정체성을 깨닫는 것이기 때문에 일라이자는 그것을 위해 어떤 수단도 동원할 수 있다고 믿는다. 말하자면 「글래스」는 슈퍼휴먼 종의 각성을 위한 개체의 희생을 그리는 영화다.

이런 기준에서는 각성을 막으려는 자들이 악당이다. 스테이플 박사가 속해 있는 비밀조직 역시 선악의 잣대로 사안을 판별하지 않는다. 그들 역시 각성이 기준이지만 작용 방향은 정반대다. 세상에 슈퍼히어로가 나오고 또 슈퍼빌런이 등장해서 슈퍼휴먼의 존재가 노출될 상황에 처하게 되면 그들이 움직여 수면 아래로 잠재운다. 그들은 오로지 균형을 추구한다.

데이비드가 작은 물웅덩이에 얼굴을 묻고 죽어갈 때 스테이플 박사가 그의 손을 잡아서 일부러 그들 조직에 대한 지식을 전달하는 장면은 이 영화의 기본 전제를 다시 한번 일깨워준다. 데이비드가 접촉한 자에 대해 초능력으로 알아낼 수 있는 것은 오로지 그 상대의 죄악뿐이다. 그러니 데이비드의 손을 잡아 스테이플 박사가 자신이 속한 조직의 비밀을 알려줄 수 있으려면 그 조직의 작전이 죄악이어야만 가능하다. 즉, 여기서는 은폐야말로 죄악이다.

균형을 추구한 것은 사실 일라이자도 마찬가지였다. 「언브레이커블」에서 일라이자가 이항대립적 사고로 데이비드의 정반대편에 놓인 자신의 존재 가치를 정당화할 때 그건 균형의 원리에 놓여 있었다. 하지만 「글래스」에 이르러 동료들을 발견한 일라이자는 개체의 자각에서 종의 각성으로 나아간다. 그리고 감추는 쪽이 아니라 드러내는 쪽에 선다면, 슈퍼휴먼이 아닌 평범한 인간들도 그들과 같은 부류가 될 수 있다. 「글래스」 3부작의 마지막 장면은 공항에서 그들과 같은 편이 된 채 설레며 결과를 기다리고 있는 세 명의 일반인 조력자들을 보여준다. (그 조력자들이 업로드 후 초조하게 두 시간을 기다린 끝에 반응을 목격하게 되는 것은 의미심장하다. 샤말란은 일반적으로 두 시간인 영화의 러닝타임이 지난 후에 진실이 전파되는 것으로 그려냄으로써 각성에 이르는 길에 영화의 응원을 보탠다.)

「언브레이커블」에서 아이들이 일라이자를 미스터 글래스라고 처음 칭했을 때, 그건 조롱의 의미였다. 일라이자는 90차례가 넘도록 부서지고 깨어지는 유리 같은 자였다. 하지만 이렇게 가장 약한 물체로서 유리의 의미는 「글래스」에 이르러 가장 강한 무기로 탈바꿈한다. 「글래스」의 유리는 다름 아닌 CCTV 렌즈 그리고 컴퓨터나 휴대폰의 각종 액정화면이다. 슈퍼휴먼의 존재는 결국 유리로 증명된다. 교정과 증언의 도구인 유리는 모든 것을 기록했고 모두에게 퍼뜨렸다. 미스터 글래스는 스스로 깨어짐으로써 이제 유리 속에서 영원히 깨어지지 않은 채 남아 있을 것이다.

# 버닝

감독 **이창동** 국내 개봉일 **2018.05.17**

구멍은 테두리 선을 뜻하는 게 아니다. 그 선 안의 빈 공간이야말로 구멍이다. 그러니까 구멍을 그린다고 여길 때 실제로 그리고 있는 것은 구멍의 경계에 불과하다. 우리는 빈 공간을 그릴 수 없다. 구멍을 그리려는 행동은 단지 그 텅 빈 채로 편재하는 공간의 연장을 차단하여 작은 폐곡선 속에 가두려는 무망한 행위일 뿐이다.

그 우물은 말라 있었다. 생명의 물을 공급하는 기능을 수행하지 못할 때, 우물은 그저 빠져나올 수 없는 깊고도 텅 빈 공간이다. 어른이 된 해미(전종서)는 일곱 살 때 그 우물에 빠진 채 자신을 구조해줄 사람을 하염없이 기다린 적이 있다고 말했다. 어린 해미는 아무것도 없는 내부의 빈 곳으로부터 좁고 둥근 테두리 선을 넘어 수많은 것들이 가득 들어차 있는 외부의 공간으로 풀려나길 바랐다. 그때 어린 종수가 나타났고, 어린 해미가 밖으로 나오도록 도와주었다.

우물은 거기 있었을까. 「버닝」에서 종수(유아인)는 궁금하다. 두 사람은 없었다고 말한다. 해미의 언니(이봉련)는 예전의 집 옆에 우물이 없었을 뿐 아니라 해미가 이야기를 거짓으로 잘 지어내는 성향이 있다고까지 확언한다. 이장(정창옥) 역시 오랜 세월 마을에서 살아왔지만 그 우물의 존재를 기억하지 못한다. 하지만 다른 두 사람은 우물이 있었다고 말한다. 해미는 막막했던 오래전 기억을 생생히 기술하는데, 종수의 어머니(반혜라) 역시 해미 집 옆에 실제로 우물이 있었다고 덧붙인다. 심리적인 요인을 감안해봐도 답은 쉽지 않아 보인다. 우물의 존재에 대해 종수 앞에서 해미나 해미의 언니는 거짓말을 할 이유가 있을 수도 있지만, 이장이나 종수 어머니는 전혀 그렇지 않다.

그 우물은 정말 그곳에 있었을까. 사실 여부에 대한 증언이 엇갈릴 때, 관객은 증언의 순서에 주목하기도 한다. 영화 속에서 우물의 존재는 해미에 의해 제기된 후 언니와 이장이 연이어 부정했지만, 이 문제에 대해 최후로 언급한 종수 어머니는 긍정했다. 서사를 다루는 예술에서 맨 마지막에 소개되는 견해가 그때까지의 혼란과 의문을 정리하며 진실을 최종적으로 제시하는 경우가 많다는 걸 감안하면, 그 우물은 거기에 있었다고 보아도 되지 않을까.

하지만 「버닝」에서 중요한 것은 우물의 존재 여부가 아니다. 정말로 중요한 것은 우물이 존재하는지에 대해 사람들의 의견이 엇갈리고 있는 상황 자체다. 그리고 과거에 우물이 있었다고 일치된 견해를 보이는 두 사람은 영화 내내 서로 만나는 장면이 한 차례도 없음에도 시종 내적으로 겹치는 데다가, 현재도 둘 모두 우물에 빠져 있다는 사실이다.

고양이 역시 그렇다. 해미는 아프리카로 여행을 떠나며 종수에게 자신의 집에 와서 고양이 보일에게 정기적으로 밥을 주라고 부탁한다. 해미가 없는 동안 종수는 꼬박꼬박 그 집에 찾아가 보일에게 밥을 준다. 하지만 그는 그 집에서 끝까지 고양이를 보지 못한다. 해미의 말과 달리, 그 집을 세준 아래층 할머니(박승태)는 애초부터 거기엔 고양이가 없었다고 단언한다.

고양이는 거기 있었을까. 그렇게 여길 수 있는 증거는 고양이의 배설물이다. 하지만 엄밀히 따지면 그사이에 사료가 사라지고 대신 배설물이 남겨졌다고 해서 고양이가 해미의 집에 있었다고 확신할 순 없다. 종수는 고양이를 마지막으로 들어가게 된 벤(스티븐 연)의 집에서 본다. 그 고양이는 정말 보일인 걸까.

그날 벤의 집 화장실에 가게 된 종수는 그곳 서랍을 열었다가 자신이 해미에게 주었던 것과 똑같아 보이는 분홍색 시계를 발견한다. 그 시계는 정말 해미의 시계일까. 흔한 디자인의 그 조악한 시계는, 사실 종수가 해미의 행방을 수소문하러 여주에서 열린 지역 축제에 찾아갔을 때 이벤트 회사 실장(서인정)도 차고 있지 않았던가. 해미는 사라졌고 이제 벤의 집에 그녀의 것으로 볼 수도 있는 시계와 고양이가 남았다. 이건 종수가 의심하고 있듯, 벤이 해미를 살해했다는 증거인 것일까.

벤은 정말로 해미를 죽였을까. 아니면, 비닐하우스를 태웠을까. 벤이 비닐하우스를 태운다는 것도 사실이 아닌 걸까. 해미는 그냥 빚에 쫓겨 사라진 걸까. 버튼이 잘못 눌린 전화가 걸려왔을 때 해미는 달아나고 있었던 걸까. 종수는 해미가 말해줬던 어린 시절의 이야기들을 정말 기억하지 못하는 것일까. 밤마다 걸려왔던 정체불명의 전화들은 전부 엄마가 건 것일까. 십수 년 만에 만난 엄마는 빚

이야기를 하면서도 왜 계속 웃었을까. 관객은 그 모든 미스터리에 대해 명확한 답을 얻지 못한다. 「버닝」은 해답이 없는 질문으로서의 미스터리 구멍으로 숭숭하다.

「버닝」에서 이창동은 삶과 세계와 예술의 빈 공간을 응시하며 테두리 선을 희미하게 그려 넣는다. 그는 그 가장자리 선이 구멍 자체가 아니라는 것을 명확히 인식하고 있다. 그는 안과 밖을 나누는 선을 그리면서도 내부의 빈 공간을 채울 생각이 없거나, 그 빈 공간 안을 분유하고 있을지도 모를 것들을 생각하고 있다고 해도 그걸 말할 마음이 없다. 여기서 그는 "예술의 소명은 미스터리"라고 했던 르네 마그리트와 함께 서는 셈이다.

이창동이 그려 넣은 흐릿한 경계선들은 제각각 미스터리가 되어 이 영화에 동력을 제공한다. 「버닝」의 크고 작은 미스터리는 끝내 풀리지 않는다. 이건 풀어내야 하는 미스터리가 아니라, 안고 가야 하는 미스터리이기 때문이다. 아울러 「버닝」이 거대한 미스터리 자체이기 때문이고 삶 또한 그러하기 때문이다. 이때 미스터리는 삶의 근본적이고 실존적인 의미처럼 거대한 것일 수도 있겠지만, 공항에서 서울로 오는 차 뒷좌석에서 어머니와 통화할 때의 이상하게 기분 나쁜 벤의 웃음소리처럼 사소한 것일 수도 있다.

「버닝」이 여러 측면에서 미켈란젤로 안토니오니가 만든 질문하는 영화로서의 모더니즘 작품들을 연상케 하는 것은 흥미로운 일이다. 「버닝」의 핵심 모티브는 보았다고 생각한 것이 과연 사실인지를 파고드는 과정에서 점점 모호해지는 「욕망(Blowup)」을 떠올리게 하는데, 팬터마임 장면이 중요하게 활용되었다는 점 역시 그렇다. 집중적으로 묘사되던 여성 캐릭터가 영화 한중간에서 갑자기 사라진 후에 남은 두 사람의 관계를 그려나간다는 점에서는 「정사(L'avventura)」를 닮았다. 안토니오니의 주인공들은 뭔가를 찾으려 하지만 찾지 못하는 사람들인데, 종수 역시 그렇게 보인다.

「버닝」은 국내 개봉 당시 주로 극 중 청춘들 모습이 과연 현재 한국 청년층이 처한 경제적이고 실제적인 위기를 제대로 반영하고 있는지에 대해 과열에 가깝게 거론됐다. 하지만 명확한 현실 재현보다는 모호하고 주관적인 심리 표현에 집중하고 있는 「버닝」에서 더 중요한 것은 세계와 예술(혹은 예술가)의 관계에 대한 것이다. 이상하게도 이런 측면은 충분히 논의되지 않았다.

해미가 종수를 만났을 때 했던 어린 시절 기억은 우물 이야기 외에도 하나 더 있었다. 그건 중학교 때 종수가 해미에게 못생겼다고 말했다는 일화다. 그런데 어른이 되어서 성형수술을 했다고 스스로 밝히며 예뻐진 자신의 외모를 언급한 끝에 해미가 십수 년 만에 종수에게 되묻는다. "이제 진실을 얘기해봐. 왜 말을 못 해?"

이제 진실을 얘기해보라는 요구는 성형수술을 하고 난 지금의 해미 얼굴에 대한 종수의 견해를 재촉하는 말로 여겨진다. (이 말은 진실이 가변적임을 전제하고 있기도 하다.) 즉, '나(해미)에 대한' 진실을 요청하는 것이다. 하지만 이 말은 나의 진실을 얘기했으니 이제 대화의 상호성에 의거해서 '너(종수)에 대한' 진실을 털어놓으라고 압박하는 내용일 수도 있다. 그러나 종수는 답하지 못한다. 소설가인 종수의 현재 진실은 소설 쓰기에 대한 것일 수 있는데, 그는 이 점에서 미궁에 빠져 있기 때문이다.

성형수술 후의 얼굴은 수술 전의 얼굴과 본질적으로는 같지만 세부적으론 다르다. 말하자면 해미의 현재 얼굴은 과거의 얼굴을 자신의 의도에 맞게 변형한 얼굴이다. 종수가 쓰려는 소설 속 세계는 현실을 모사하되 창작자의 의도에 맞춰 세부적으로 변형한 세계다. 그러나 해미와 달리 종수는 아직 변형하지 못하고 있다. 현실 세계와 소설 속 세계의 관계를 어떻게 정립해야 할지 모르기 때문이다. 종수가 경험하는 세계의 미스터리는 해미가 그 질문을 하고, 이어서 둘이 처음 섹스를 함으로써 본격적으로 증폭된다. (종반부를 제외하면 극 중에서 종수가 소설을 쓰는 모습은 한 번도 등장하지 않는다. 그가 글을 쓰는 장면은 딱 한 번 나오는데, 그때 종수가 쓴 것은 소설이 아니라 아버지를 위한 탄원서였다.)

마지막으로 벤의 집에 들어갔을 때, 종수는 벤의 집에서 이전에 없었던 고양이를 발견했다. 그 고양이가 혹시 해미가 키우던 보일일지도 모른다는 생각에 이런저런 질문을 던지는데, 벤의 답변이 혼란을 더욱 키운다. 이어 벤이 화제를 전환하며 소설 쓰기에 대해 묻자, 종수는 "아직 무슨 소설을 써야 할지 모르겠어요. 제게는 세상이 수수께끼 같아요"라고 토로한다. 그는 먼저 세상을 알아야 그 세상에 대해서 쓸 수 있다고 믿는다. 세상이 미스터리로 여겨지면 소설을 쓰지 못하는 종류의, 말하자면 투명한 리얼리즘에 토대하고 있는 작가인 것이다. 하지만 지금 그에게 현실은 불투명한 모더니즘의 세계처럼 다가온다. 그는 쓰기 위해서라도 자신을 사로잡아온 그 모든 미스터리를 풀어야 한다. 이제 종수는 미스터리의 열쇠를 찾아 벤의 집 화장실로 간다.

화장실에 들어간 종수는 먼저 거울 속 자신의 모습을 한참 바라본다. 이어 서랍을 열어 거기에 이전에 없었던 분홍색 시계를 발견한 뒤 집어 들고 골똘히 들여다본다. 그 순간 벤의 집에서 열리는 파티에 참석하기 위해 연주(김수경)가 누른 초인종 소리가 죽비처럼 그를 때린다. 현관문이 열리는 과정에서 고양이가 사라져버리는데, 그 고양이를 다시 찾아낸 건 종수다. 그는 주차장 한쪽 구석에 멈춰 서 있는 고양이를 발견하고서 작은 소리로 부른다. "가만있어. 이리로 와. 야옹아, 고양아, 보일아." 그에게 세계는 소설의 대상이 되기 위해 움직이지 않고 멈춰 서 있어야 한다. 세계가 이름을 갖추고 의미를 지닌 채 내게로 다가와야 한다. 미스터리가 풀려야 한다. 그래서 종수는 처음엔 고양이를 찾으며 그 직전에 연주가 외쳤던 "야옹아"라는 호칭을 인용하고, 이어 "고양아"라는 일반적 호칭을 사용한 후, 마침내 해미의 고양이 이름으로 명확히 부른다. 그 고양이는 이제 그에게 보일이어야만 한다. 마침내 종수는 자신의 진실을 말할 토대를 갖췄다. 종수는 이제 소설을 쓸 수 있을 것이다.

어찌 보면 「버닝」은 한 소설가에게 세 사람이 다가와서 자신의 이야기를 들려주며 소설로 써줄 것을 요청하는 내용인지도 모른다. 종수가 소설가라는 사실을 알게 되자, 아버지 친구인 변호사(문성근)는 "어떤 소설을 쓰고 싶은데? 너희 아버지(최승호)에 대해서 쓰면 어때?"라고 제안하고, 벤은 "종수 씨가 소설을 쓴다니까 언젠가 나도 내 얘기를 해주고 싶어요"라고 넌지시 말을 건네며, 해미는 자신의 어린 시절에 대해 이야기한 뒤 "이제 진실을 말해봐"라고 요청한다. 그 세 사람과의 관계 때문에 각각의 소설은 곧 그 사람과 종수의 관계에 대한 이야기로 변형된다.

아버지의 소설은 자존심에 대한 이야기다. 이해할 수 없는 자존심 때문에 좌충우돌 파란만장하게 살다가 인생을 망치고 결국 감옥에까지 들어가게 된 사람 이야기. 그 자존심은 상처를 가하며 억압하는 권력에 대해 서슬 퍼런 분노로 표출된다. 종수 아버지가 속하는, 한국에서 한때 386이라고 불렸던 세대의 분노 대상은 국가 권력을 포함한 거대 권력이었다. 종수 아버지가 감옥에 가게 된 것 역시 국가 권력을 집행하는 공무원을 폭행했기 때문이다.

하지만 종수가 속한 현재의 한국 청춘들은 지리멸렬한 현실 속에서 세대의 분노를 발산할 대상을 명확히 찾지 못한다. 출구를 찾지 못한 분노는 무력감으로 퇴각하는데, 종수 역시 종반부를 제외하면 분노하는 대신 내내 무기력하게만 보인다. 그리고 소설에 쏟아부어야 할 자신의 재능과 노력을 아버지가 쓰길 거부한 반성문 대신 제출하려는 탄원서 작성에 사용한다. 아버지가 순박한 농부였고 정다운 이웃이었다고 서술하는 탄원서 내용은, 이장이 지적하듯, 거짓말 즉 픽션이다. 종수는 어느새 아버지의 소설을 쓰기 시작한다.

이창동의 영화들에서 가족은 항상 가족 행사로 모일 때 갈등을 일으키고 싸움을 벌인다. 산산이 흩어져 모일 기회가 없었을 뿐, 「버닝」의 종수 가족 역시 다르지 않을 것이다. 하지만 상류 계급에 속하는 벤의 가족은 완전히 다르다. 극 중 벤의 가족이 대화하는 장면은 두 차례 등장하는데, 모두 다 혈통에 대한 말을 주고받는다. 공항에서 식당으로 향하는 종수의 차 뒷자리에서 벤은 어머니와 즐겁게 통화하며 DNA가 중요하다고 말하고, 일요일 예배를 마친 후의 식사

자리에서 벤의 가족은 닮은 외모에 대해 농담을 섞어가며 대화한다. 전혀 다른 계급적 환경에 속한 종수에게 벤이 본격적으로 흥미를 보이게 된 것은 그가 문학을 한다는 말을 들었을 때부터다.

벤의 소설은 재미에 대한 이야기다. 그는 무엇보다 유희적인 인간이다. 남을 위해 파스타를 만들어주는 것도, 그 마음속에 있는 돌을 빼내주는 척 달래는 것("재미있잖아. 난 재미만 있으면 뭐든지 해.")도 모두 재미있어서 하는 일이다. 애초에 벤이 성장 배경이나 사는 환경이 사뭇 다른 해미를 만난 이유도 그렇다. (종수는 벤이 해미를 만나는 이유를 성적인 욕망 때문일 것이라고 넘겨짚지만, 해미는 그의 대답을 간단히 옮겨준다. "흥미 있대." 아닌 게 아니라 극 중 벤과 해미가 함께 등장하는 장면에서는 이상할 정도로 성적인 긴장감이 없다. 그게 느껴지는 것은 오히려 종반부에서 주차장에서 있는 종수에게 벤이 다가올 때다.) 벤은 종수의 파주 집에 들렀다가 북한의 대남방송 소리를 들을 때도 "아, 재미있네"라고 한다. 남북 분단의 현실까지도 그는 재미로 여기는 사람이다.

벤에겐 직업조차 그렇다. "간단히 말하면 노는 거예요. 요즘은 노는 것과 일하는 게 구분이 없어졌어요"라고 그는 자신의 직업에 대해 풀이한다. 범죄 역시 마찬가지다. 벤에게는 대마초를 피우는 일이나 남의 비닐하우스를 태우는 일 모두 재미를 위해서 하는 일이다. 일상에 짓눌려 재미라는 것을 생각하지 못했던 종수는 삶을 재미로만 대하는 벤을 보면서 화가 나지만 다른 한편 부럽기도 하다. 직업적인 일을 재미만으로 할 수 있는 걸까. 종수의 직업인 글을 쓰는 일도 그럴까.

잘 알려져 있듯, 「버닝」은 무라카미 하루키의 단편소설 「헛간을 태우다」를 원작으로 삼았다. 하지만 막상 원작 소설과 비교해보면 많은 부분에서 다르다. 일부 대사는 그대로 가져왔지만, 세 주인공 사이의 관계도 상당 부분 설정에 차이가 있고, 무엇보다 결말이 판이하다. 영화의 정조는 오히려 유사한 모티브를 다룬 또 다른 소설과 더 닮았다. 윌리엄 포크너의 「헛간 타오르다」이다. 이 단편소설은 소작농인 아버지의 분노를 무력감으로 지켜봐야만 하는 소년이 주인공인데, 아닌 게 아니라 종수는 벤에게 포크너를 좋아한다면서 "내 이야기 같아서"라고 그 이유를 밝힌다.

글을 쓰는 게 직업은 아니지만, 벤 역시 문학을 즐기는 것으로 보인다. 그럴 때 무라카미 하루키의 문학은 벤의 세계를, 윌리엄 포크너의 문학은 종수의 세계를 대변하는 것 같다. 무엇보다 파주에서 종수와 벤이 처음으로 내밀하게 대화할 때 그렇다.

종수는 그 직전에 벤이 권하는 대로 대마초를 '재미로' 처음 피워보았다. 그건 범죄였지만, 웃음이 저절로 나기도 하는 재미있는 경험이었다. 몽롱하고 들뜬 기분에 취해 일말의 동질감을 느끼며 종수는 벤에게 마침내 자신의 이야기를 털어놓는다. "나는 아버지를 미워해요"라는 말로 시작해서 "나는 지금도 (가출한 어머니가 두고 간 옷을 아버지의 강요로 태웠던) 그때 꿈을 꿔요"라는 말로 끝난 그 고백은 결국 아버지의 이야기를 거부하며 시작했지만 과거의 지독한 경험을 어떻게 소화해 자신의 이야기로 옮겨낼지 몰라 쩔쩔매면서 끝나는 셈이다.

하지만 그의 말이 끊겼을 때 답례처럼 벤이 들려준 이야기는 "나는 가끔 비닐하우스를 태워요"로 시작되었다. 비닐하우스에는 저마다의 힘겨운 노동의 의미가 배어 있겠지만 벤에겐 그저 너절하고 쓸모없기에 태워버려도 무방한 쓰레기일 뿐이다. 종수는 어머니의 옷을 아버지의 강요로 태웠지만, 벤은 남의 비닐하우스를 재미를 위해 태운다. 종수는 그 한 번의 처참한 경험을 오랜 세월 거듭 꿈으로 겪어내며 괴로워하지만, 벤은 그 재미있는 일을 몇 달 간격으로 아무런 망설임 없이 반복한다. 종수가 포크너적인 인물이라면, 벤은 하루키적인 인물이다.

그 대화 직전에 종수는 마당에서 옷을 벗은 채 춤을 추는 해미를 보면서 그 내면의 절절한 호소를 듣지 못한 채 그저 외면만 보고 경멸을 드러냈다. 그러다 쓰러져 잠든 해미를 벤과 함께 들어서 안으로 옮긴 후 그 순간의 그에겐 흉해 보일 뿐인 그녀의 나신을 옷으로 가렸다. 그러다 벤의 비닐하우스 방화담까지 듣게 된 종수는 둘을 떠나보낸 후 다시금 익숙한 꿈을 꾼다. 하지만 이번에는 꿈의 내용이 좀 바뀌었다. 꿈속에서 물에 젖어 있는 어린 종수(조영준)는 옷 대신 비닐하우스를 태우는데, 얼굴에는 묘한 미소를 담고 있다.

종수가 느꼈던 경멸은, 그 꿈속에서 어머니의 옷을 해미의 비닐하우스로 바꾸어 불을 질렀다. 비닐하우스를 태우고 있는 꿈속 어린 종수의 몸이 젖어 있는 것은 해미에게 전해 들었던 어린 시절의 우물 이야기 때문일 것이다. 말하자면 해미의 이야기 속에서 해미를 구해냈던 종수는 자신의 이야기를 벤의 이야기로 변형시킨 뒤 그 안에서 그녀를 불태웠다. 비닐하우스를 불사르는 꿈은 벤의 이야기에 영향받아 작성된 픽션이라는 측면에서 종수가 자신과의 관계 속에서 새롭게 써나가는 벤의 소설이 된다.

쓰여져야 할 이야기가 하나 더 남아 있다. 그건 여전히 훼손되지 않은 채 결국 부재를 통해 강력히 임재하는 해미의 이야기다. 중간에 사라져버림에도 해미는 「버닝」에서 가장 도드라진 인물이다. 관념적이고 평면적인 두 남자들 사이에서 딜레마를 겪으면서도 생의 의미를 적극적으로 추구하는 입체적인 캐릭터다. (칼라하리사막의 석양을 보면서 노을처럼 사라지길 바랐던 해미는 어찌 보면 그렇게 사라짐으로써 소망을 이뤘는지도 모른다.) 그런 해미의 소설은 의미에 대한 이야기다.

의미를 갈구하는 해미의 이야기는 사실상 오래전 우물 속에서 출발한다. 해미가 실종된 후 그녀의 언니와 어머니(차미경)가 운영하는 분식점에 들른 종수는 해미로부터 들은 이야기를 구체적으로 떠올려 술회한다. "해미가 일곱 살 때요, 우물에 빠진 적이 있었거든요. 몇 시간 동안 울면서 위만 쳐다보고 있었던 거야. 누군가 나타나주길 기다리면서 동그란 하늘, 그것만 쳐다보고 있었던 거야. 죄송해요. 그때 해미가 어떤 마음일지 한번 상상해봤어요." 종수가 그렇게 말할 때, 그는 이미 해미의 소설을 쓰기 시작했다.

그런 해미도 처음엔 일을 재미로 한다고 말했다. 내레이터 모델로 거리에서 춤을 추다 우연히 종수를 만나게 된 해미는 몸 쓰는 일이 재미가 있는 데다가 연락 올 때만 나가면 되니까 자유도 있다고 덧붙였다. 팬터마임 역시 재미로 배운다고 했다. 그러면서 귤이 없을 때도 먹고 싶을 때면 언제나 귤을 먹을 수 있다면서 직접 팬터마임을 시연해 보인다.

해미는 정말 귤을 언제든지 먹을 수 있었던 걸까. 재미로 일하며 즐겁게 사는 것 같던 해미가 홀쩍 아프리카로 여행을 떠난다. 그건 칼라하리사막에 사는 부시맨들의 그레이트헝거 춤을 보기 위해서다. 해미는 내레이터 모델로서 리틀헝거의 춤을 추며 살아가고 있지만, 사실 마음속에 간직하고 있는 것은 삶의 의미를 갈구하는 그레이트헝거의 춤이다. 어쩌면 해미는 우물의 텅 빈 공간에 빠져서 작고 동그란 하늘을 올려다보며 구원을 기다리던 일곱 살 때부터 위로 손을 뻗어 올려 그레이트헝거의 춤을 간절히 추고 있었을지도 모를 일이다.

일곱 살 때 우물 아래서 하염없이 그레이트헝거 춤을 추다가 종수를 만났던 해미는 칼라하리사막 선셋투어 도중 쓰레기로 가득 찬 주차장에서 느꼈던 대로, 세상의 끝에 다다른 것 같은 막막함에서 종수가 자신을 다시금 꺼내줄 수 있을지도 모른다고 기대한다. 그래서 종수의 파주 집에서 대마초를 피운 후 앞마당에 세워놓은 벤의 자동차에서 음악이 울려 퍼지자, 칼라하리사막에서와 같은 석양 아래서 새처럼 두 손을 들어 올려 날갯짓하며 춤을 추기 시작한다. 그것은 리틀헝거 춤의 단계도 생략한 채 곧바로 추는 절박한 그레이트헝거 춤이었다.

춤을 추던 해미는 도중에 고개를 돌려 프레임 밖의 종수 얼굴을 잠시 확인하는 것으로 보이는데, 그녀의 표정은 절망으로 일그러진다. 아마도 종수가 그레이트헝거 춤이 아니라 그 춤을 추는 그녀의 벗은 몸만을 차갑게 바라보고 있었기 때문이었을 것이다. 그 순간 음악은 끝나고 점점 짙어지는 어둠 속에서 비틀대듯 나머지 춤을 추던 해미가 눈물을 닦으며 포커스아웃된 채 프레임 밖으로, 세상 밖으로 사라지면, 카메라는 인물을 버리고 무심하게 우측으로 계속 패닝한 끝에 스산한 바람에 몸을 떠는 나무 한 그루를 비추며 세상을 마무리한다. 벤의 자동차에서 잠시 울려 퍼졌던 마일스 데이비스의 트럼펫 곡 「Generique」는 루이 말의 영화 「사형대의 엘리베이터(Ascenseur pour l'échafaud)」에서 약속이 어긋나 연인을 만나지 못한 플로랑스(잔 모로)가 파리의 거리를 하릴없이 헤맬 때 흐르던 음악이었다.

극 중 해미는 멋있다는 말을 두 번 사용한다. 한 번은 종수의 직업이 소설가라는 말을 들었을 때이고, 또 한 번은 그레이트헝거 춤에 대해서 스스로 설명하며 덧붙였을 때다. 해미는 생각했을 것이다. 자신의 예술로 그레이트헝거 춤을 추면 종수가 그의 예술로 해미의 이야기를 써줄 것이라고. 하지만 그들의 부박한 삶은 멋질 수 없었고, 경멸에 가득 찬 독설을 종수에게서 들은 해미는 이제 칼라하리 사막에서 잠시 원했던 대로 세상 밖으로, 영화 밖으로 사라진다.

보이지 않는 것에 대해 영적으로 갈구하는 여성이라는 점에서, 해미는 신애(「밀양」)와 미자(「시」)의 연장선상에 놓인 인물이다. 희구되지만 쉽사리 보이지 않는 가치나 의미를 이창동은 종종 햇빛을 통해 그려낸다. 후암동 집에서 종수와 해미가 관계를 갖는 장면부터 파주 집에서 종수와 벤이 결정적인 대화를 하는 장면과 참극이 일어나는 라스트신까지, 「버닝」에서 중요한 순간들은 거의 대부분 일몰을 배경으로 펼쳐진다. (석양은 이 영화에서 이창동이 그리는 또 다른 테두리 선일 것이다.) 그러니 빛은, 설혹 아름답게 존재하더라도, 잠시 머물 뿐 곧 어둠 속으로 사위어가고, 세상은 이전에 빛이 있었다는 사실조차 잊는다.

해미의 이야기에 대한 경멸과 염려, 그리고 벤의 이야기에 대한 분노와 매혹 사이에서 종수가 비닐하우스를 찾아다닐 때, 그의 행동은 양립 불가능한 모순으로 추동된다. 그 행동은 벤의 폭력적인 방화로부터 해미의 비닐하우스를 지켜내기 위한 것으로 보이기도 하고, 그와 정반대로 벤이 섰던 자리에 서서 해미의 비닐하우스를 폭력적으로 불살라버리기 위한 것으로 보이기도 한다. 실제로 종수는 어느 비닐하우스에 충동적으로 불을 당기기까지 하는데, 곧바로 정신을 되돌려 그 불을 끈다. 그러곤 자신이 해미의 비닐하우스를 벤처럼 재미로 불태울 수는 없다는 사실을 깨닫는다. 왜냐하면 그것은 곧 종수의 비닐하우스이기도 하기 때문이다. 모든 것을 재미로 대하는 벤은 핫할 수 없고, 자기 자신을 불사를 수 없는 종수는 쿨할 수 없다.

소설가인 종수는 이제껏 자신이 듣거나 관계해왔던 세 사람의 이야기를 자신의 이야기 속으로 흡수하면서 해미 이야기가 지닌 핵심적 지향을 중심에 심으려 한다. 그것은 의미를 향한 갈구이다. 종수는 삶의 의미를 다루는 이야기를 통해 예술의 의미를 구현하려고 한다. 그는 의미 있는 이야기란 텅 빈 이야기일 수 없다고 철석같이 믿는 사람이다. 그러므로 소설가로서 의미 있는 이야기를 향해 앞으로 진전하기 위해서는 먼저 미스터리를 해결해야 한다고 생각한다.

미스터리를 풀기 위해서는 열쇠, 다시 말해 증거가 필요하다. 벤의 이야기를 자신의 이야기 속으로 끌어들이기 위해서라도 증거는 필요하다. 벤은 "눈물이라는 증거가 없으면 슬픔이라는 감정도 알 수 없다"는 사람이기 때문이다. 어린 시절 종수 곁에 어머니가 있었다는 증거는 어머니가 떠날 때 두고 간 옷이었다. 하지만 아버지의 강요로 어머니의 증거인 옷을 태운 뒤 수없이 꿈으로 트라우마를 반복해 겪은 종수는 해미의 옷에 해당하는 메타포적 증거라 할 수 있는 비닐하우스가 태워지지 않도록 지키는 데 사력을 다한다. (종수는 어머니의 옷은 태웠지만 해미의 옷은 그녀의 몸 위로 다시 덮어준다.)

숨어서 보이지 않는 보일이 해미의 집에 있었다는 증거로 배설물을 남겼다면, 사라져서 보이지 않는 해미는 종수가 끼어들었던 세상에 머물렀다는 증거로 그 고양이를 남겼다. 보일이라는 이름은 그 고양이가 보일러실에 버려진 채 발견되었기에 지어진 거라는 극 중 유래가 있다. 하지만 다른 한편으로 '보인'이 아니라 '보일'인 그 이름은 보인다는 객관적 사실을, 보일 것이라는 의지를 담은 추측이나 보일 수도 있다는 확률적 판단으로 바꿈으로써, 주관적 견해로 대체한다. 이제 자신의 이야기를 찾으려는 종수에게 그 고양이는 보일로 보일 것이고 보일로 보여야 한다. 종수는 종반부에 벤의 집 지하 주차장에서 찾아낸 고양이를 기어이 보일이라는 이름으로 호명함으로써 해미의 증거를 수거한다.

사라져버린 해미는 뒤에 빚을 남긴 것으로 보인다. 해미의 종적을 캐는 종수에게 벤은 그녀가 경제적 문제로 심각한 곤궁을 겪고 있었다고 말해주고, 이벤트 회사 실장은 카드 빚 때문에 갑자기 도망치는 사람들이 많다면서 해미 역시 어느 순간부터 연락이 안 되기 시작했다고 알려준다. 해미의 언니는 아예 종수에게 카드 빚 갚기 전에는 절대 집에 들어오지 말라는 당부를 해미에게 전해달라고 부탁한다. 버튼이 잘못 눌려진 듯 해미에게서 문득 걸려왔던 전화는 빠르게 달아나는 것처럼 들리는 어지러운 발자국 소리를 들려줬다. 해미가 빚을 남겼다고 해서 그게 그녀가 지금 여기 존재하지 않는 이유라고 단언할 수는 없을 것이다. 하지만 해미가 남긴 빚이 그녀가 해결하지 못한 문제 혹은 풀지 못한 삶의 미스터리로 혼란스럽게 남았다는 사실을 부정할 순 없다.

십수 년 만에 다시 만나게 됐던 해미가 갑자기 사라진 대신, 사라졌던 어머니가 십수 년 만에 종수 앞에 다시 나타난다. 느닷없이 걸려왔던 해미의 전화는 대화를 나누는 게 불가능했고, 밤마다 걸려오던 정체불명의 전화는 침묵을 고집하며 대화를 거절했다. 해미일 수도 있었고 어머니일 수도 있었으며 다른 누군가일 수도 있었던 괴전화의 주인은 적어도 마지막 통화에선 어머니였던 것으로 드러난다.

그 어머니가 다시 남은 빚 이야기를 꺼낸다. 마지막으로 만났을 때 대마초를 피운 후 실없이 웃었던 해미처럼, 새로 만난 어머니 역시 대화 사이사이 휴대폰의 카톡 메시지를 보며 이유 없이 웃는다. 자신의 처지와도 같은 송아지의 배설물을 치우다가 해미의 분신과도 같은 고양이의 배설물을 치우게 된 종수는 십수 년 만에 나타난 어머니가 남긴 빚을 그 송아지 판 돈으로 갚음으로써, 해미가 남긴 빚을 마음속에서 대신 갚는다.

자신만의 방식으로 증거를 수거하고 미스터리를 해결한다는 점에서 종반부의 종수는 미켈란젤로 안토니오니의 인물들과 궤를 달리한다. 마침내 종수는 소설을 쓰기 위해 해미의 집으로 간다. 거기서 잠들었다가 해미가 자위를 해주는 꿈을 꾼다. 해미와 그곳에서 실제로 섹스를 했던 사실이 있음에도, 그에 대한 종수의 픽션은 그렇게 변형되었다. 이제 종수는 자신이 끌어들인 이야기들을 자기 마음대로 변형시켜 쓰기 시작한다. 소설가인 그가 쓰게 될 이야기는 물론 실제 세계에서 발생하는 사건이 아니라 그 세계를 가공해서 되비쳐낸 픽션이다. 자신이 아직 정식 작가가 아니라고 한동안 부정했던 종수는 소설을 쓰기 시작함으로써 스스로가 작가라는 사실에 대한 증거를 남긴다. "쓰면 작가"라고 단언했던 벤의 이야기를 흡수한 종수는 되비쳐낸 또 다른 세계를 만들어내는 권력자로서 이제 벤보다 훨씬 더 높은 자리에 서서 의미를 향한 이야기를 창조해내려 한다.

그런데 만일 의미를 향한 길이 보이지 않는다면 어떻게 해야 할까. 혹시 의미라는 것 자체가 존재하지 않는다면 어찌할까. 해미는 귤이 없어도 귤을 먹을 수 있는 비결을 알려준 적이 있다. "여기 귤이 있다고 생각하지 말고, 여기에 귤이 없다는 걸 잊어버리면 된다"는 것이다. 그러고 나서 진짜 먹고 싶다고 생각하면 입에 침이 나오면서 정말로 맛있다고 덧붙인다. (벤이라면 물론 그 방법을 쓸 필요가 없을 것이다. 벤은 주위에 늘 귤이 있어서 원할 때면 언제든 집어 먹으면 되는 자이기 때문이다. 그는 존재하지 않는 마음의 돌도 직접 실물로 보여주는 사람이다.)

그러니 만일 의미가 존재하지 않는다면 의미가 없다는 사실 자체를 잊어버리면 된다. 그러고 나서 진심으로 의미를 희구하게 되면 일상에 윤기가 돌면서 풍성한 의미로 가득한 삶을 살 수 있다. 그것이야말로 의미 없는 세상에서 의미를 애타게 추구하는 그레이트헝거의 방식이었다. 하지만 만일 그럴 수 있다면 해미는 왜 눈물을 흘린 후 사라졌을까. 왜 해미는 언제나 졸고 왜 (해미를 대체한) 연주는 언제나 늦는 걸까. 과연 의미는 존재를 확인하는 게 아니라 부재를 망각하는, 부정의 재부정 방식을 통해서 생성될 수 있는 것일까.

종수는 또 다른 방법을 알고 있다고 확신한다. 의미가 없는 세상에서 살아가는 자가 의미를 찾아내려면 의미가 있는 것으로 상상된 또 다른 세상을 발명하면 된다. 벤의 표현으로 말해보자면, 메타포를 쓰면 된다. 영화뿐만 아니라 무라카미 하루키의 원작 소설에도 등장했던 개념을 다시 끌어들여 보자면, 자연의 논리라는 동시존재는 예술의 논리가 될 수도 있다. 작가는 창작 행위를 통해서 의미가 없는 세상과 의미로 가득한 세상 모두에 동시로 존재할 수 있다. (그점에서 「버닝」은 「시」와 연결되기도 한다.) 「버닝」에서 의미로 가득한 세계는 해미의 집 책상에 앉아 맹렬하게 자판을 치기 시작하는 종수로부터 서서히 물러나던 카메라가 수많은 집들을 비춤으로써, 종수의 확장된 이야기를 포함해 아직 다 쓰이지 못한 수많은 미지의 이야기들을 상기시킨 뒤, 이제 본격적으로 펼쳐질 것만 같다.

그 세계를 그려내는 에필로그는 벤을 묘사하면서 시작한다. 「버닝」이 내내 종수의 시점을 따라가는 플롯을 가지고 있음에도, 이 에필로그만 유독 종수를 배제한 채 집 안에서 콘택트렌즈를 착용하고 연주에게 화장을 해주는 벤의 모습으로 시작한다는 것은 이 장면들이 이제까지와는 달리 종수가 써 내려가는 픽션임을 암시한다. (벤이 연주에게 화장을 해주는 숏은 해미의 집에서 종수가 꾸었던 꿈의 변형처럼 보이기도 한다. 즉 픽션의 픽션이다.)

잠시 한눈을 팔았던 쿨한 유희의 세계로부터 핫한 분노의 세계로 다시 돌아온 종수가 써 내려가는 이야기는 의미를 바라보고 있기에, 삶의 의미를 방화의 재미로 대체하는 니힐리스트 벤은 이제 죽어야 한다. 그리고 어머니의 옷을 태우고 대마초를 태우며 이야기 속에서 자각한 종수는 비닐하우스를 태우는 대신 이제 포르쉐를 태워야 한다.

종수는 그 구체적인 방법을 벤의 이야기에서 배웠다. 벤은 요리를 좋아하는 이유에 대해 해미에게 이렇게 설명했다. "내가 생각하고 원하는 걸 내 맘대로 만들어낼 수 있잖아. 더 좋은 건 내가 그걸 먹어버린다는 거지. 인간이 신에게 제물을 바치듯이, 나는 나 자신을 위해 제물을 만들고 그걸 먹는 거야. 제물은 말하자면 그냥 메타포야. 메타포에 대해선 종수 씨에게 물어봐."

남은 미스터리를 어떻게 풀어야 할까. 종수가 메타포를 통해 답한다. 종수는 아버지의 열쇠인 칼로 벤을 찌르고, 벤의 열쇠인 불로 벤의 차를 태운 뒤, 해미의 열쇠인 춤을 통해 비틀비틀 자신의 차에 옮겨 탄다. 어머니의 옷 대신에 자신의 옷을 태운 종수는 오래전 해미의 우물 앞에서처럼 알몸이 되어 이번에는 자기 자신을 구해내려 한다. 먼저 도착한 벤을 스케치하며 출발해서, 나중에 도착한 종수가 벤을 끌어안고 칼질할 때 둘을 한 몸처럼 담아내다가, 홀로 트럭을 몰고 그 장소를 떠나가는 종수를 비추며 문을 닫는 마지막 장면에서의 카메라 움직임은 그 자체로 종수가 벤으로부터 이야기를 온전히 넘겨받는 의식처럼 여겨진다.

마침내 자신의 이야기에 시동을 건 작가는 이제 어떻게 펼쳐나갈까. 이야기에 파고들 그 많은 구멍들은 어떻게 해야 할까. 가뜩이나 더러운 차창 위로 어느새 눈발까지 날려서 와이퍼로 거듭 닦아보지

만 시야는 여전히 흐리기만 하다. 알몸이 된 작가는 그 불투명한 차
창 안에서 덜덜 떨면서 필사적으로 핸들을 잡고 있다.

# 쓰리 빌보드

**Three Billboards Outside Ebbing, Missouri**
감독 **마틴 맥도나**(Martin McDonagh)  국내 개봉일 **2018.03.15**

「쓰리 빌보드」는 2018년 아카데미 여우주연상을 받은 프랜시스 맥도먼드와 남우조연상을 받은 샘 락웰뿐만 아니라, 출연진 전체의 연기 앙상블이 탁월하다. 동시에 감독 마틴 맥도나가 직접 쓴 각본이 놀라울 정도로 신선하고 정교하다.

밀드레드(프랜시스 맥도먼드)는 7개월 전 참혹하게 살해된 딸 안젤라(캐스린 뉴튼)의 범인이 잡히지 않자 마을 외곽의 대형 광고판 세 개에 도발적인 세 줄의 문장을 담아 경찰 수사를 재촉한다. 광고판에 이름이 명시된 경찰서장 윌러비(우디 해럴슨)가 밀드레드를 만나 무마해보려고 하지만 그녀는 조금도 물러서지 않는다. 윌러비를 존경하는 경찰관 딕슨(샘 락웰)은 밀드레드의 친구부터 다른 죄로 체포해 그녀를 압박하려 든다.

이 영화는 전혀 예상치 못한 방향으로 이야기가 흘러간다. 세 개의 광고판을 통해 초반부터 윌러비 대 밀드레드로 대립 구도가 명확히 설정되지만, 중반에 이르러 윌러비가 자살함으로써 이야기가 전혀 다른 국면에 접어든다. 결국 여기서 핵심은 밀드레드의 복수가 아니다. 밀드레드와 딕슨의 회심과 연대다. 그리고 이 이야기가 던지는 가장 중요한 질문은 "왜 딕슨이 응징의 대상이 아니라 응징의 주체가 되는가"일 것이다. 이것은 밀드레드와 딕슨을 대등한 양 축으로 놓고 살펴보아야 온전히 파악되는 영화다.

밀드레드는 누구 앞에서도 뜻을 굽히지 않고 당당하게 맞서는 강력한 여성 캐릭터다. (그 이름은 남편 없이 딸을 홀로 기르면서 모녀 관계에 어려움을 겪는 여자 주인공이 나온다는 점에서 유사한 할리우드 고전 「밀드레드 피어스(Mildred Pierce)」(마이클 커티즈)와 무관하지 않을 것이다.) 하지만 그녀는 타오르는 복수심 뒤로 사라지지 않는 죄책감에 시달리고 있다. 안젤라에게 그다지 좋은 엄마가 아니었기 때문이고, 심지어 딸이 죽기 직전에 예언과도 같은 극언을 퍼부었기 때문이다.

딕슨은 인종주의자이면서 폭력적인 경찰이다. 하지만 위압적인 행동 뒤에서 사실 그는 주눅 들어 있다. (극 초반 광고판 작업을 하던 제롬(대럴 브릿 깁슨)이 그를 대하는 태도에서 알 수 있듯, 딕슨은 주민들에게서 거의 무시를 받고 있다.) 동성애자인 광고 회사 직원 웰비(케일럽 랜드리 존스)에게 유독 더 폭력적인 태도를 드러내는 것은 사실 딕슨 자신이 동성애자라는 사실을 감추고 싶어 하기 때문인 것으로 보인다. (그의 두려움을 알고 있는 서장은 "아무도 널 게이라고 생각하지 않아. 하지만 누군가 그렇게 말하면 동성애혐오증으로 체포해"라고 조언한다. 외출하는 그에게 엄마는 놀리듯이 "여자 만나러 가나?"라고 말한다. 극 중 중요하게 다뤄지고 있는 오스카 와일드나 아바 역시 딕슨의 상황과 관련되어 있는 것으로 보인다.)

딕슨의 인종주의적 성향은 그의 엄마로부터 오랜 세월 자연스럽게 습득되었을 것이다. 신임 흑인 서장에 대해서 적대적 태도를 보이던 엄마(샌디 마틴)는 딕슨이 "이제 남부도 예전 같지 않아요"라고 말하자 굳은 얼굴로 "그러면 안 되지"라고 내쏜다. 딕슨의 엄마는 아들에게 밀드레드 대신 (흑인인) 가장 가까운 친구를 체포하라고 조언하기도 한다.

「쓰리 빌보드」에서 중요한 모티브는 두 차례씩 되풀이된다. 치과의사 얼굴에 밀드레드가 경멸로 물을 뿜는 장면은 그녀의 얼굴에 말기 암 환자인 윌러비가 자신도 모르게 피를 뿜는 장면으로 변주된다. 토한 피를 목격한 밀드레드가 사과하는 그에게 연민 가득한 목소리로 "알아요. 베이비"라고 말하는 장면은 광고판 근처에 나타난 사슴에게 "헤이, 베이비"라고 다정하게 말 붙이는 장면으로 변주된다. 베이비라는 말로 사슴과 서장이 연관될 때, 그 빌보드에 오래전 붙어 있었던 하기스 기저귀 광고 속 아기와 안타깝게 세상을 떠난 그녀의 딸 안젤라 역시 함께 연결된다.

세 개의 광고판은 세 통의 편지로 변주된다. 서장이 아내에게 남긴 첫 번째 편지는 "죽어가며 강간당했다"는 첫 번째 광고판 문장처럼 (자신의) 죽음에 대한 내용을 다루고 있다. 밀드레드에게 남긴 두 번째 편지는 "그런데 아직 체포하지 못했다고?"라는 두 번째 광고판 문장이 다루는 범주처럼 먼 훗날 범인이 체포될 수도 있다는 추측과 밀드레드가 단죄되지 않을 알리바이를 제공하고 있다. 그리고 딕슨에게 남긴 세 번째 편지는 "어찌된 일인가, 서장 윌러비?"라는 세 번째 광고판에 담긴 지목의 힐난을 결국 딕슨 마음속 실존적 각성의 질문으로 바꾸는 셈이다. 어찌된 일인가, 경찰관 딕슨. 경찰 배지와 함께 경찰로서의 목표와 정체성을 잃고 표류하던 그는 스스로의 내면에서 울려오는 물음에 꼼짝없이 맞닥뜨린다.

닥슨은 윌러비의 죽음에 대해 복수하려고 하고, 밀드레드는 딸의 죽음에 대해 복수하려 한다. 닥슨은 윌러비가 광고판 때문에 죽었다고 잘못 판단해 광고 회사 직원 웰비를 마구 구타한다. 밀드레드는 경찰이 광고판에 불을 질렀다고 지레 짐작해 경찰서에 화염병을 날린다.

밀드레드와 닥슨은 잘못 복수한 자들이라는 공통점을 가진다. 더 중요한 것은 그들이 자신의 잘못을 절실히 깨닫고서 생각을 고쳐먹고 다음 행동에 나선다는 점이다. 그들의 깨달음은 모두 외부로부터 온다. "복수는 더 큰 복수를 낳을 뿐"이라는 말은 흔하지만, 자신의 잘못을 알게 된 밀드레드에겐 예사롭지 않게 다가온다. "좋은 경찰이 되려면 필요한 것은 폭력이 아니라 사랑과 반성"이라는 말은 뻔하지만, 그게 윌러비가 죽음을 앞두고 자신에게 남긴 마지막 말이므로 닥슨에겐 결정적 회심의 계기가 된다.

그 전언은 여러 단계를 거쳐 그들에게 전해졌다. 눈먼 복수를 경계하는 책에 쓰인 글귀는 저자-페넬로페(사마라 위빙)-찰리(존 호키스)를 거쳐 밀드레드에게 전달된다. 닥슨에게 남기는 충고는 오스카 와일드의 표현에 대한 윌러비의 아내 앤(애비 코니시)의 코믹한 인용 때문에 생각에 잠기게 된 윌러비가 남긴 글귀가 동료 경찰의 전화를 거쳐 닥슨에게 전달된 것이다. 두 전언은 모두 글귀의 원저자가 누구인지 대화 도중 혼동되기도 한다. 그러니까 그 말을 한 사람이 누구냐는 것보다 더 중요한 것은 그 말의 내용 자체이고, 그 말의 내용 자체보다 더 중요한 것은 연이어 이뤄지는 소통 자체다. 그리고 그 말들은 사실상 죽은 딸로부터 전해진 것처럼 보인다. (페넬로페는 밀드레드의 죽은 딸과 같은 나이다. 그리고 앤은 윌러비와의 마지막 대화에서 남편을 '대디'라고 장난스럽게 호칭한다.)

처음에 밀드레드가 치르는 전쟁은 여성과 흑인과 외국인과 동성애자와 왜소장애인이 연대해서 백인 남성이 주도하는 주류 시스템에 대항하는 것으로 보였다. 하지만 후반에 이르게 되면 구도가 완전히 달라진다. 만일 극의 후반부에서 악당을 처단하기 위해 밀드레드가 앤과 손을 맞잡고 떠났다면 젠더 문제가 결정적으로 중요해졌을 것이다. 후임 흑인 서장 애버크롬비(클라크 피터스)와 힘을 합쳤다면 인종 문제가 훨씬 더 크게 대두되었을 것이다. 윌러비가 자살하지 않고 아이다호로 떠나는 차에 올랐다면 공권력에 의한 질서의 회복이 지니는 의미를 무시할 수 없었을 것이다. 전남편 찰리가 함께 했다면 가족의 회복을 곁들인 개인적 복수극으로 귀결됐을 것이다.

하지만 밀드레드와 손을 잡은 것은 결국 딕슨이었다. (그 결과 젠더나 인종 같은 이슈가 이 영화에서 대폭 약화된 것도 사실이다.) 딕슨은 많은 결점이 있는 사람이었다. 하지만 그는 자신의 잘못된 행동에 대해서 대가를 치르고 뉘우친 후 생각을 가다듬어 행동에 나선 사람이라는 사실이 중요하다. (시민을 폭행한 딕슨은 경찰서에서 해고당한다. 웰비를 구타한 후 창밖으로 내던진 그는 화재가 난 경찰서에서 몸에 불이 붙은 채 창밖으로 스스로의 몸을 던진다. 웰비에게 당구장에서 시비를 걸며 괴롭혔던 그는 술집에서 악당에게 시비를 걸다 구타당한다.) 그러니까 세상의 불의에 맞설 사람이 무결해야 하는 것은 아니다. (밀드레드 역시 간과할 수 없는 결점을 지녔다.)

이 영화의 결말이 보여주는 연대는 행동의 방향에서 뜻을 같이한 새로운 가족의 탄생이기도 하다. 아이다호로 떠나기 전에 각각 잠든 엄마와 아들(루카스 헤지스)에게 조용히 작별을 고하고서 같은 차에 오른 밀드레드와 딕슨은 이제 새로운 모자 관계로 보인다. 딕슨의 아빠가 일찍 세상을 떠났고 안젤라의 아빠가 밀드레드와 이혼해 따로 살았던 것처럼, 이 새로운 가족에게도 여전히 아빠의 자리는 비어 있다. 하지만 그 자리를 비운 사람은 전과 달리, 어쨌든 나름의 책임을 진 새로운 아버지 윌러비인 셈이다.

결말에 이르게 되면 미국 미주리주의 소도시 에빙에서 일어난 개별적인 사건은 보편화되고 추상화된다. (아내가 받을 충격을 염려한) 윌러비는 벗기지 말라는 글귀를 써넣은 봉투로 얼굴을 가린 채 머리에 총을 쏘아 자살함으로써 익명의 존재가 되었다. 그를 대체해서 책임을 떠맡게 된 사람은 화상의 결과로 온통 얼굴을 붕대로 감아 또 다른 익명의 존재가 된 딕슨이었다. 이 영화의 악당 역시 사실상 익명이다. (그는 이 영화에서 흉악한 범죄자로만 그려질 뿐 특별히 성격화되지 않았다.) 에빙의 안젤라가 아니라 아랍의 여성에게 끔찍한 범행을 저지른 그 악당은 엄밀히 말해 밀드레드의 복수 대상이 될 수 없다. 그가 밀드레드의 과녁에 놓이게 된 것은 그가 안젤라를 죽인 범인이어서가 아니라, 그가 지은 죄가 안젤라를 죽인 범인의 죄와 같은 범주의 범행이기 때문이다. 그러니까 밀드레드와 딕슨은 그놈이 아니라 그 죄를 응징하려는 것이고, 안젤라에 대한 범죄가 아니라 안젤라에게 행해진 범죄를 포함한 강간 살해 범죄 일반에 대해 응징하려는 셈이다.

이 영화의 전반부에서 밀드레드는 자신의 주장을 강경하게 밀고 나갔다. 8세 이상이라면 전 세계 모든 남자가 DNA 검사를 받게 해서 범인과 결과가 일치하면 죽여야 한다고. 그리고 같은 집단 소속이라면 설혹 범행과 직접적인 관련이 없고 범행 사실 자체에 대해 몰랐다고 해도 면책되지 않는다고.

비타협적으로 밀어붙인 그녀의 이전 주장들은 이제 종반부에 이르게 되면 이렇게 전환되어 메아리치는 셈이다. 같은 범행을 저질렀다면 그게 어느 국가 어느 사회에서 누구에 의해 벌어졌든 똑같이 처벌받아야 한다고. 이 세계를 살아가는 사람이라면 이 세계에서 벌어지는 부조리와 비극에 대해서, 설혹 몰랐다고 하더라도, 책임을 져야 한다고.

물론 문명은 사적인 복수를 허락하지 않는다. 그런 마음은 충분히 이해될지라도 그건 그 자체로 또 다른 범죄가 된다. 그래서 영화는 아이다호의 악당을 향해 떠나는 두 주인공을 보여주면서도 결말을 열어놓은 채 이 딜레마를 관객의 몫으로 돌린다. 이 영화의 마지막 장면에서 딕슨은 "이게 잘하는 건지 모르겠다"라고 토로한다. 그러자 밀드레드 역시 자신도 모르겠다면서도 이렇게 최후의 말을 덧붙인다. "가면서 결정하자."

"결정한 후에 가자"가 아니라 "가면서 결정하자"라는 것. 「쓰리 빌보드」는 결국 고민과 회의를 배제하지 않으면서도 행동을 멈추지 않는, 자신이 믿는 가치를 실현하기 위해 먼 길을 떠나는 행동주의자들의 정의가 묵직하게 여운을 남기는 영화다.

# 팬텀 스레드

**Phantom Thread**

감독 **폴 토머스 앤더슨**(Paul Thomas Anderson)  국내 개봉일 **2018.03.08**

폴 토머스 앤더슨의 「팬텀 스레드」에는 바늘땀이 보이지 않는다. 제목의 의미 그대로, 보이지 않는 실을 통해 지어 올린 관계의 역학이 시종 보는 이를 압도하며 깊고도 생생하게 펼쳐진다. 천의무봉이라는 말처럼 이 영화에 어울리는 표현이 또 있을까.

1950년대 런던의 패션계에서 펼쳐지는 사랑 이야기를 다룬 「팬텀 스레드」에는 알마(비키 크리프스)가 레널즈(대니얼 데이 루이스)와 자신의 관계에 대해 누군가에게 설명하는 장면들이 중간중간 들어 있다. 일종의 액자 형식을 만드는 이 장면들은 시간 순서로 보면 레널즈가 독버섯이 든 요리를 두 번째로 먹고서 쓰러진 후, 다시 말하면 이야기의 맨 끝에 놓여 있다고 할 수 있다. 그러니까 알마와 레널즈의 사랑 이야기는 이미 완료되었기에 수정될 수 없고, 이야기를 듣는 자(관객)는 이제 그 관계를 어떻게 이해하고 받아들여야 할지 숙고해야 한다.

극 중에서 알마의 설명을 듣는 자가 의사인 하디(브라이언 글리슨)

였다는 사실은 그 사랑이 말하자면 병리학적으로 다뤄지고 있음을 짐작하게 한다. 사랑하는 방식에서 완전히 다른 두 연인이 벌이는 이 지독한 열정의 게임에는, 아닌 게 아니라, 병적인 면모가 있다. 하지만 하디가 의사이면서도 종반에 이르도록 환자에게 다가가지조차 못하고 철저히 무기력했다는 사실에서 암시되듯, 그 병은 고쳐질 수 있는 성질의 것이 아니다. 뜻하지 않게 병에 걸린 게 아니라, 병을 불러들여 움켜쥠으로써 작동되는 사랑이기 때문이다. 그런데 왜 그 관계에 대해서 설명하는 사람이 레널즈가 아니라 알마인 것일까.

「팬텀 스레드」의 이야기는 두 가지 에피소드로 시작한다. 아침 식탁에서 조안나(카밀라 러더퍼드)에게 짜증을 낸 동생 레널즈를 향해 누나 시릴(레슬리 맨빌)은 이렇게 조언한다. "조안나는 사랑스러운 아이지만 이제 때가 됐어. 사랑을 구걸하며 버티고 있잖아. 10월 드레스를 줘서 보낼게." 구걸을 한다는 것은 자신에게 없는 것을 상대가 갖고 있다는 것이고, 오로지 상대의 자비심에 의존해 그걸 얻어내려 한다는 것이다. 그렇게 무게중심이 자신에게만 쏠려 있음을 문득 느낄 때마다, 레널즈는 옷 한 벌의 추억으로 상대를 간단히 정리한다.

하지만 알마는 그렇지 않다. 이건 뛰어난 창작자의 삶에 잠시 머물러 영감을 제공하고 사라지는 것으로 극 중 존재의 의무를 다하는, 예술가와 뮤즈에 대한 뻔한 이야기가 아니다. 「부기나이트(Boogie Nights)」와 「마스터(The Master)」 같은 작품에서 잘 드러나듯, 폴 토머스 앤더슨은 독특한 내부 규칙을 지닌 집단의 카리스마 넘치는 리더와 그 집단에 막 들어간 아웃사이더의 관계를 즐겨 다룬다. 이때 흥미로운 것은 권력의 현격한 격차에도 불구하고 그 둘 사이에서 작용하는 힘의 세기나 방향이 상호적이고 비등한 것으로 그려진다는 점이다.

알마는 레널즈의 빛나는 예술을 장식하는 액세서리가 아니다. 카페에 찾아온 레널즈가 음식을 주문하면서 웨이트리스 알마에게 받아 적은 메모를 달라고 하자, 그녀는 나중에 계산서를 가져다줄 때 자신의 이름과 친밀한 인사말을 적어 두 번째 메모를 직접 건넨다. 그 첫 만남은 그의 눈에 그녀가 들었다는 것만을 뜻하는 게 아니다. 그 역시 그녀의 눈에 든 것이다. 나중에 레널즈가 청혼을 하며 의사를 물을 때도 알마 역시 상대에게 똑같이 의사를 묻는 절차를 밟는다. 일급 디자이너인 레널즈가 "언젠가 당신도 옷에 대한 취향이 바뀔 거야"라고 단정할 때도 알마는 "그건 모르죠. 난 내 취향이 좋아요"라고 당당하게 응수한다.

레널즈는 인간을 고정적인 존재로 파악한다. 시릴의 판단에 찬사를 보내며 "단골들이 좋아해서 시릴이 옳은 게 아니라, 시릴이 옳아서 시릴이 옳은 것"이라 말할 때, 그는 사안에 따라 달라지는 판단의 내용이 아니라 판단을 하는 사람의 불변하는 특성을 신뢰하는 것이다.

아침에 일어나 정해진 방법과 순서에 따라 수염을 다듬고 옷을 입는 레널즈의 세심한 모습이 이 영화에 등장하는 그의 첫 모습이라는 사실은 예사롭지 않다. 강박적이고 자기통제력이 강한 이 예술가는 자신의 삶을 이끌어가는 최적의 방법을 이미 알고 있다고 생각하고 그대로 수행하는 방식으로 살아가는 사람이다. 그러니 사랑하는 사람과 일단 어긋나게 되면 스스로를 변화시켜 상대에게 다시 다가가는 게 아니라 변화할 리 없(다고 믿)는 관계에 종언을 고하고 돌아서는 것이다. (삶을 수행하는 그의 세세한 규칙들은 사실 상실감과 두려움에 시달리는 레널즈가 세상으로부터 자신을 보호할 울타리를 정교하게 두르는 일종의 의식이었다.)

그런 레널즈가 알마에게 자신이 만든 옷을 입히면서 "평소처럼 서볼래요?"라고 말한다. 당일 처음 만났음에도 상대가 서는 방법까지 이미 알고 있다고 전제하는 그런 확신에 굴하지 않은 알마는 기어이 레널즈의 요청 내용을 수정해 그 표현 대신 "똑바로 서볼래요?"라고 말하도록 한다. (몇 번 만나지도 않은 하디가 신년 무도회에 초청하면서 "당신 인생 최고의 시간이 될 거예요"라고 할 때 알마가 "내 인생이 어땠는지 어떻게 알아요?"라고 되받는 것 역시 마찬가지다.) 그런 알마가 나중에 식탁에서 레널즈가 식사를 끝냈을 때 "충분히 먹었어요? 목이 좀 마른 것처럼 보이는데"라고 상대의 구체적 상태까지 이미 알고 있는 것처럼 전제하며 말하자, 입장이 뒤바뀐 레널즈는 불편해한다. 함께 사는 여자에게서 처음 느끼게 된 그런 불편함은 역설적으로 레널즈가 관계를 상호적으로 응시하게 되는 계기가 된다.

알마가 왜 결혼을 하지 않냐고 묻자 레널즈는 "난 드레스를 만들어요"라고 답한다. 드레스를 만들면 결혼을 할 수 없다는 이 이상한 답변(웨딩드레스를 만지면 결혼을 못 한다는 미신에 대해 터무니없다는 듯이 언급하지만 그는 사실 그런 미신을 곱씹고 있다)은 결국 "난 엄마의 웨딩드레스를 만들어요"를 뜻하는 말일지도 모른다. 레널즈라는 디자이너는 그냥 드레스를 만드는 게 아니라 엄마의 오래전 사라져버린 그 드레스를 매번 다시 만든다.

레널즈가 열여섯 살이었을 때, 엄마는 재혼해 그를 떠났다. 떠나는 엄마를 위해 그가 할 수 있는 일은 엄마에게서 배운 솜씨로 며칠 밤을 새워 웨딩드레스를 짓는 것밖에 없었다. 그를 사로잡고 있는 것은 엄마에 대한 원초적인 상실감이다. 옷을 만드는 일밖에 할 줄 모르는 이 남자는 자신에게 생명을 주었고 또 그 생명을 이어가게 할 방법까지 알려준 후 사라진 엄마를 영원히 앓고 있다. 그가 결혼 하지 않는 이유는 엄마의 드레스를 만들기 때문이며 엄마와는 결혼 할 수 없기 때문이다.

레널즈가 자신의 옷에 꿰매어 항상 지니고 다니는 엄마의 사진 속 모습은 그가 만든 웨딩드레스를 입은 모습이다. 레널즈는 여자들 에게 자신이 만든 드레스를 입힘으로써 오래전 어머니가 재가한 그 저주받은 날의 상처에 무망하게 덧씌운다. 자신의 의상실을 경영하 는 누나 시릴과 옷 짓는 일을 함께하는 직원들과 옷을 입어줄 고객 들까지, 레널즈 주위에 있는 사람들이 온통 여자뿐인 것은 의미심장 하다. (남자인 하디에게 그가 유독 적대적 태도를 보이는 것 역시 무관하지 않다.) 결국 그는 엄마를 분유(分有)한 여자들로 자신의 삶을 두른 채 열여 섯을 영원히 되풀이해 살고 있는 것인지도 모른다. 그렇게 저주받은 채로.

알마 역시 처음엔 그랬다. 그녀를 보고 반한 첫날, 레널즈가 알마 와 처음 제대로 대화를 나눈 주제는 엄마였다. 그리고 바로 그날 레 널즈는 엄마가 그리워질 때마다 들르던 (아마도 오래전 엄마와 살았을) 시골집으로 알마를 데려갔다.

하지만 결국 엄마의 드레스는 알마에 의해 두 차례 추방된다. 극 초반부에 시릴이 바바라(해리엇 샌섬 해리스)라는 여자가 '또' 결혼한다는 소식을 전할 때 레널즈가 냉소적인 태도를 보이는 것은 엄마를 떠올리고 있기 때문이다. 그는 바바라가 아니라 재혼한 엄마에게 화를 내고 있는 것이다. (그때 시릴은 과거에 도와준 바바라 때문에 레널즈가 현재 먹고살 수 있게 되었음을 상기시켜주는데, 이는 엄마가 가르쳐준 기술로 레널즈가 먹고살게 되었다는 사실과 겹치기도 한다.) 레스토랑에서 레널즈를 알아보고 다가온 팬이 장차 당신의 옷을 입은 채 묻히고 싶다고 말하고 떠난 뒤, 알마는 "그러면 무덤을 파서 그 옷을 되팔 것"이란 농담을 레널즈가 친구들과 나누는 것을 듣는다. 그러곤 그 귀한 옷을 입을 가치가 없는 바바라를 밤에 찾아가서 알마가 드레스를 직접 벗겨낸다.

술에 취해 죽은 듯 쓰러져 자고 있는 바바라에게서 알마가 대신 드레스를 벗겨낼 때, 벗겨지는 것은 사실상 죽은 엄마의 웨딩드레스인 셈이다. (그토록 사랑하는 엄마지만, 레널즈의 마음속에서 그 엄마는 자신이 지은 웨딩드레스를 입을 자격이 없었다.) 그러니 그 직후 레널즈가 감사를 표하며 알마에게 키스를 하는 것도 당연한 일일지도 모른다.

하지만 레널즈는 벨기에 공주(루이자 리히터)가 결혼을 앞두고 웨딩드레스를 의뢰해오자 또다시 엄마의 드레스를 만들려고 한다. 드레스를 맞추기 위해서 치수를 재고 있던 공주에게 다가가 알마는 자신의 이름을 밝힌 뒤 "저는 여기 살아요"라고 말한다. 왜 알마는 "저는 저 남자와 살아요"라고 말하지 않고 "저는 여기 살아요"라고 말했을까. 그건 그곳이 레널즈의 의상실이면서 동시에 그의 집이라는 사실과 무관하지 않을 것이다. 그러니까 일터이면서 집인 그 저택은 레널즈의 삶 그 자체이다. 공주나 레널즈 엄마는 그곳에서 살지 못한다. 오로지 피팅 모델이고 연인이면서 살아 있는 알마만이 지금 그곳에서 레널즈와 함께 살 수 있다. 알마는 레널즈를 전유(專有)하려고 한다.

그러니 이번엔 레널즈가 직접 엄마의 드레스를 추방해야 한다. 알마가 독버섯을 갈아 넣어 만든 차를 마신 레널즈는 쓰러지면서 공주의 웨딩드레스를 찢고 훼손한다. 그 드레스는 결국 레널즈를 제외한 채 그 일터의 여자들에 의해 완성된다.

엄마를 떠나보내야 하는 레널즈는 그에 앞서 엄마를 만나야 한다. 엄마로부터 들어야 할 말이 있기 때문이다. (평소 레널즈는 시끄러운 소리에 유독 민감하게 굴면서 조용히 하라고 거듭 요구한다.) 그러나 레널즈의 혼곤한 의식 속에서 엄마의 유령은 끝내 침묵한다. 레널즈는 엄마에게서 어떤 말을 듣고 싶었을까. 그건 그가 공주의 웨딩드레스를 지으며 솔기에 몰래 넣어 박음질한 글귀, "너는 저주받지 않았다"라는 말이 아니었을까.

하지만 엄마의 침묵을 깨고 대신 알마가 등장한다. 엄마의 유령과 때마침 들어선 알마가 같은 숏 안에서 잠시 공존하도록 표현된 것은 우연이 아니다. 그 숏은 관계의 디졸브를 담고 있기 때문이다. 레널즈의 시점에서 엄마의 유령이 내내 고정 카메라에 붙박인 반면, 방에 들어선 알마가 그녀의 움직임을 따라가는 이동 카메라에 담겨 있는 것도 범상치 않다. 이제 레널즈는 오랜 세월 자신을 사로잡아왔던 저주로부터 벗어나 알마와 함께 뚜벅뚜벅 걸어나갈 것이다. 레널즈가 청혼을 하게 되는 지점이 엄마의 유령을 떠나보낸 직후라는 것 역시 눈길을 끈다. 엄마의 자리를 폐한 알마는 이제 새롭게 아내의 자리를 만들어 그곳에서 살게 될 것이다.

하지만 아직 끝이 아니다. 결혼은 게임의 끝이 아니기 때문이다. 첫 데이트의 눈싸움으로 시작한 둘의 게임은 주사위를 던지는 백개먼 게임 장면에서도 암시되듯 결혼 이후까지 지속된다. 알마와 레널즈의 게임은 결국 사랑의 존재 방식에 대한 것이다. 일에서 분리되어야 하는 사랑과 일마저 합일되어야 하는 사랑, 둘을 전제로 한 사랑과 온전히 하나여야 하는 사랑, 분유의 사랑과 전유의 사랑, 그리고 또 하나, 강자의 사랑과 약자의 사랑.

두 연인이 하는 게임은 결국 규칙을 정하는 자가 권력자다. 전반부에서 게임의 규칙을 내건 사람은 레널즈였다. 그러나 레널즈가 그렇듯 알마 역시 상대의 규칙으론 게임을 지속하기가 어려운 사람이다. 후반부에 접어들면서 알마는 자신이 규칙을 제시하려고 한다. 하지만 둘만의 저녁 식사 자리(알마는 시릴에게 양해를 구하며 "저는 제 방식으로 사랑을 표현하고 싶어요"라고 말한다)는 참혹하게 실패한다.

알마는 결국 성공한다. 레널즈는 두 차례에 걸쳐 독버섯을 먹게 되는데 그 첫 번째는 공정한 게임이라고 볼 수 없을 것이다. 레널즈가 규칙을 알지 못한 채 독버섯을 먹었기 때문이다. 하지만 두 번째는 명백히 게임의 형태를 띤다.

알마는 레널즈가 보는 앞에서 과시적으로 아스파라거스 요리를 한다. 그것은 규칙을 내걸면서 상대에게 동의를 구하는 의식 같은 것이다. 평소 레널즈는 아스파라거스를 먹을 때 기름과 소금만 친 조리 방식을 선호했음에도, 알마는 보란 듯이 버터에 졸여서 음식을 낸다. 레널즈는 싫은 티를 내면서도 그 아스파라거스를 먹는다. 게다가 이어진 요리에는 독버섯까지 들어 있다. 레널즈는 그 규칙도 안다. 하지만 그들이 처음으로 했던 게임인 눈싸움의 형태로 상대를 바라보면서 레널즈는 독버섯 요리를 꿀꺽 삼킨다. 마침내 레널즈는 변화를 수용한다. 그렇게 레널즈가 알마의 새로운 규칙을 받아들이고 그 규칙하에 진행되는 게임을 엄중히 수행함으로써 그 사랑은 완성된다.

그 게임을 하기 위해 목숨을 잃을 수도 있는 독버섯까지 먹여야 하는 이유는 무엇일까. 알마는 자신의 사랑을 제대로 받아들이지 않고 있는 연인에게 독버섯을 먹여 복수하려는 게 아니다. (그녀는 그런 일을 벌이면서도 결코 저택을 떠나지 않는다.) 알마는 레널즈에게 약함을 선물하고 싶어 할 뿐이다. 강한 척하는 연인("난 강해요")에게 약함을 선물하고, 죽음을 생각하지 않은 채 일에 강박적으로 매달리는 연인("난 영원히 살 수 있을 줄 알았어요")에게 죽음에의 가능성을 선물한 것이다. 오직 필멸의 존재만이 사랑할 수 있다.

# 더 포스트

**The Post**
감독 **스티븐 스필버그**(Steven Spielberg)  국내 개봉일 **2018.02.28**

1971년. 뉴욕 타임스는 미국의 역대 대통령들이 베트남전에 대해 국민을 기만해왔음을 밝히는 기밀문서 펜타곤 페이퍼를 입수해 특종 보도를 한다. 경쟁지 워싱턴 포스트는 뒤처지지 않기 위해 펜타곤 페이퍼 입수에 뒤늦게 사활을 건다. 뉴욕 타임스의 후속 보도가 법원 판결로 정지된 상황에서, 결국 4,000장에 이르는 기밀문서를 손에 쥐게 된 워싱턴 포스트의 편집국장 벤(톰 행크스)은 보도를 강행하려고 한다. 신문사와 자신의 모든 것이 달려 있는 상황에서, 워싱턴 포스트의 발행인 캐서린(메릴 스트리프)은 보도 여부를 놓고 깊은 고민에 빠진다.

스티븐 스필버그의 「더 포스트」는 이런 스토리라인이라면 흔히 구사될 법한 화법에서 멀찍이 떨어져 있다. 뉴욕 타임스와 워싱턴 포스트 간의 치열한 특종 경쟁 같은 것은 이 영화의 관심사가 아니다. 천신만고 끝에 입수된 기밀문서의 극적인 내용이 클라이맥스에서 밝혀지면서 관객에게 충격을 던져주는 방식도 여기엔 없다. 제보자가 누군지는 초반부터 드러내고, 내부자 고발을 낳은 5년 전의 상황 역시 플래시백을 활용해 극적으로 써먹는 대신 도입부부터 고스란히 묘사하고서 본격적인 이야기를 시작한다.

미스터리를 스스로 해체하고, 관객이 궁금해할 정보는 일찌감치 전달하며, 구조를 극적으로 비트는 대신 담담하게 흐름을 밟아나가는 「더 포스트」는 언론계를 무대로 한 스릴러가 아니다. 이건 스필버그가 다시금 프랭크 캐프라적인 이상주의로 숭고한 윤리적 결단을 다룬 언론영화일 것이다.

이 영화의 제목이 '타임스'가 아닌 '포스트'라는 것은 의미심장하다. 펜타곤 페이퍼 보도 자체에 대해서라면 워싱턴 포스트가 아니라 뉴욕 타임스를 주축으로 이야기를 이끌어가는 것이 더 타당할 것이다. 오랜 탐사 취재 끝에 나라 전체를 뒤흔들 대특종을 한 것은 타임스이다. 짐작도 못 하고 있던 포스트는 낙종을 한 뒤 허겁지겁 뒤따라갔을 뿐이다. 그런데 왜 이 영화는 타임스가 아니라 포스트의 상황을 집중적으로 다루고 있는 걸까. (이 작품에서 뉴욕 타임스의 상황은 워싱턴 포스트 사람들의 눈을 통해서만 한정적으로 묘사된다.)

그건 이 영화가 거대한 특종을 눈앞에 둔 라이벌 신문사간의 경쟁이 아니라, 헌법이 보장한 언론 자유의 가치에 대한 신념과 언론인으로서의 사명감으로 부도덕한 거대 권력에 맞서는 신문들의 연대를 다루려 하기 때문이다.

후반부에서 포스트가 뒤이은 특종을 할 수 있었던 것은 타임스의 후속 보도 행위가 법원의 판결에 의해 강제적으로 정지되어 있어서였다. 포스트가 접촉한 취재원이나 입수한 기밀자료는 기본적으로

타임스와 같다. 그런 상황에서 포스트의 후속 특종은 사실상 타임스 특종을 이어받아 그들의 손을 들어주며 그 뒤에 서기를 자처하는 보도다. (영화가 끝날 무렵 대법원 판결로 두 신문사가 함께 승리한 후, 재판정 밖에서 기자들이 다가가 소감을 들으려 하는 대상은 포스트가 아니라 타임스였다.) 그건 포스트를 이끄는 벤이 언론인으로서 경쟁보다 더 중요한 가치를 염두에 두고 있기 때문이다.

이 영화는 종반부에서 포스트뿐만 아니라 다른 많은 신문들 역시 함께 보도에 동참하는 상황을 보여줌으로써 연대의 의미를 확장한다. 또한 「더 포스트」의 라스트신은 민주당 전국위원회 사무실이 있는 워터게이트호텔에 괴한들이 침입한 것을 경비원이 발견하게 되는 상황을 담고 있는데, 이 종결 장면은 언론인이 등장하는 1970년대의 가장 유명한 영화이면서 워싱턴 포스트의 저널리스트들이 주인공인 또 다른 영화 「대통령의 음모(All the President's Men)」(앨런 J. 퍼쿨라)의 오프닝신과 그대로 맞물림으로써 언론영화들끼리 세월을 뛰어넘어 견고하게 연대한다.

흥미로운 것은 이 이야기에서 더욱 주목되는 인물이 편집국장 벤이 아니라 발행인 캐서린이라는 점이다. 캐서린은 결정적인 지점에서 발행인으로서 용기 있는 결단을 한다. (이 영화의 카메라는 후반부로 갈수록 점점 더 적극적으로 움직인다.) 경영난을 이겨내는 데 큰 도움을 줄 투자 유치가 무산될 위험 앞에서도 캐서린은 펜타곤 페이퍼에 대한 보도를 강행할 것을 단호하게 결정한다.

더욱 중요한 것은 그 결정에 이어지는 두 번째 결단일 것이다. (극중 캐서린이 자다가 깨어나는 장면은 두 차례 등장한다.) 동일한 취재원으로부터 나온 기사를 싣게 되면 결과적으로 타임스의 후속 보도를 잠정적으로 금한 법원의 판결을 무시하고 어기는 결과를 빚게 되어 캐서린과 벤이 실형을 선고받을 확률이 매우 높다는 사실이 뒤늦게 알려지지만, 캐서린은 이런 상황에서도 기사를 낼 것을 최종적으로 다시금 승인한다.

캐서린의 첫 번째 결단이 펜타곤 페이퍼에 대한 보도를 할 것인가에 대한 결정이었다면, 두 번째 결단은 훨씬 더 악화된 상황 속에서 이전의 결정을 수정할 것인가에 대한 결정이다. 결국 그것은 어떤 상황이 닥치더라도 자신의 신념을 철회하지 않겠다는 결정인 것이다. (벤 역시 포스트에 펜타곤 페이퍼 기사를 실음으로써 이전에 그렇게 했던 타임스의 신념을 승계하는 셈이다.) 신념은 그것을 공표하는 것보다 상황의 변화에도 불구하고 철회하거나 수정하지 않고 유지하는 것이 더 어렵고 또 중하다.

사실 캐서린은 가족 언론기업으로서 포스트를 소유하고는 있었지만 널리 인정받는 오너는 아니었다. 아버지는 핏줄을 이어받은 딸보다 사위의 능력을 더 높게 평가해 신문사를 물려주었지만, 그가 일찍 세상을 떠나는 바람에 예기치 못하게 발행인 자리에 앉게 된 게 캐서린이었다. 신문사 간부들마저 능력을 탐탁하게 여기지 않는 상황에서 캐서린은 사안을 주도하지 못하고 수동적으로 끌려다녔다.

경영 악화를 타개하기 위한 긴급 이사회에서 캐서린은 자신의 견해를 "기사의 수준이 수익을 결정한다"는 메모로 요약해놓고도 피력하지 못한 채 잠시 후 프리츠(트레이시 레츠)가 같은 의견으로 열변을 토하는 광경을 지켜보기만 한다. 회사의 상황에 대한 냉정한 진단에서부터 돌파해나갈 구체적인 방안까지, 누구보다 명민하고 누구보다 성실한 캐서린은 모두 다 알고 있는데도 중역들에게 묻고 또 묻는다.

극 중 벤의 유리로 둘러싸인 사무실이 탁 트여 있고 누구든 드나들 수 있는 개방적 공간인 데 비해, 캐서린의 벽으로 나뉘어 있는 집무실은 내부 깊숙이 고립된 곳에 놓여 있다. 잔뜩 위축되어 있는 캐서린은 중요한 논의를 위해 누군가가 자신의 공간에 들어오면 우선 조심스레 문부터 닫는다. 가정과 회사 모두에서 여성의 능력을 폄하하고 공손함을 여성의 가장 큰 미덕으로 강요하는 시대에 보수적인 교육을 받으며 자란 캐서린은 중반부까지 계속 망설이며 웅크리고 있는 듯 보인다.

그렇지만 캐서린은 지속적인 불안과 두려움에서 깨어나 마침내 단호하게 결단했고, 악화된 상황 속에서도 그 결단을 번복하지 않았다. 그렇게 함으로써 그는 직업윤리와 용기를 제대로 갖춘 언론인이 되었다. 종반부 마침내 재판에서 승리한 뒤 이 영화의 카메라는 기자들의 질문 세례를 화려하게 받고 있는 타임스의 남성 언론인이 아니라 천천히 법원 계단을 걸어 내려오는 포스트의 여성 언론인을 따라간다. 그때 스필버그의 이 페미니즘영화는 홀로 걷는 캐서린을 둘러싼 여성들이 경애의 눈빛으로 마음을 합치는 풍경을 뭉클하고도 힘차게 그려낸다.

그러니까, 윤리적인 사람이 윤리적인 결단을 하는 게 아닐 것이다. 윤리적인 결단을 하는 사람을 일컬어 우리가 윤리적인 사람이라고 말할 수 있는 것이다. 인간은 일련의 갈림길에서 윤리적인 결단

을 내리고 있는 동안에만 윤리적일 수 있다. 인간의 윤리성은 타고
난 동력으로써의 본성이 아니라 일련의 행동의 결과일지도 모른다.

「더 포스트」의 앞과 뒤에는 인상적인 묘사가 있다. 초반부에 내부
고발자인 댄(매슈 리스)이 기밀문서를 복사해서 훔쳐내는 장면과 후
반부에 기밀문서를 다룬 워싱턴 포스트의 기사가 작성되고 인쇄되
며 운송되고 배포되는 장면이 일련의 숏들에 길고도 상세하게 담겨
있다. 중요한 것은 행동이고, 그 행동들의 연쇄다. 경제적 화법을 위
해 생략하지 않은 그 장면들은 양심과 신념을 저버리지 않은 직업인
들에게 스티븐 스필버그가 바치는 최상급 경의의 표현일 것이다.

# 셰이프 오브 워터: 사랑의 모양

**The Shape of Water**
감독 **기예르모 델 토로**(Guillermo del Toro)  국내 개봉일 **2018.02.22**

괴생명체가 등장하는 영화의 상당수는 그 '괴물'로 인해 안락했던 공동체가 심각하게 위협받는 상황을 그린다. 이야기의 끝에서 영웅에 의해 괴물은 퇴치되고 공동체는 평화를 되찾는다. 하지만 어떤 작품들은 정반대의 구도에 토대한다. 폭력적인 것은 타락한 세상이고 박해받는 것은 순수한 괴생명체다.

유사한 설정도 감독이 다르면 출연진에서 결말까지 방향이 완전히 달라지기도 한다. 「이티(E.T. the Extra-Terrestrial)」의 스티븐 스필버그는 소년 배우 헨리 토머스를 캐스팅해 괴생명체를 고향으로 안전하게 떠나보내는 우정의 이야기를 따뜻하게 풀어내며 성장담에 방점을 찍는다. 「킹콩(King Kong)」의 피터 잭슨은 나오미 와츠를 캐스팅해 미녀와 야수 스타일의 이야기를 거대한 활극에 섞어 다룬 끝에 괴생명체를 제거함으로써 비극적이면서도 낭만적인 여운을 극대화

한다. 그리고「셰이프 오브 워터: 사랑의 모양」의 기예르모 델 토로는 샐리 호킨스를 캐스팅해 괴생명체와의 감정적 교감에 집중하는 연애담을 펼치다가 둘 중 누구도 죽거나 서로 헤어지지 않고 떠나온 곳으로 함께 돌아가는 복락원의 구두점을 찍는다.

1930년대 스페인내전을 바탕에 깔아둔「판의 미로 - 오필리아와 세 개의 열쇠(El laberinto del fauno)」와「악마의 등뼈(El espinazo del diablo)」에서 보듯, 기예르모 델 토로의 작품 세계는 판타지 요소가 강하면서도 그 배경의 시공간적 설정이 매우 구체적이다.「셰이프 오브 워터」에선 1962년의 미국 볼티모어가 배경이 되는데, 쿠바 미사일 위기로 미국과 소련 간의 핵전쟁 공포가 극에 달한 상태에서 항공우주 연구센터가 주 무대로 등장한다. 비현실적인 판타지 장르의 영화를 만들면서도 델 토로는 왜 전쟁과 관련된 역사 속의 구체적 시공간을 굳이 선택하는 걸까. 그건 폭력의 카오스가 팽배한 현실이 오히려 동화를 강력하게 요청하는 토양이 되기 때문이다.

항공우주 연구센터에서 청소부로 일하는 엘라이자(샐리 호킨스)는 어느 날 수조에 갇힌 채 실험실로 끌려들어 온 괴생명체(더그 존스)를 발견한다. 괴생명체와 소통하다가 사랑을 느끼게 된 엘라이자는 센터의 보안책임자 스트릭랜드(마이클 섀넌)로부터 고통받던 그를 탈출시키려 한다. 이웃집 화가 자일스(리처드 젠킨스)와 믿음직한 동료 젤다(옥타비아 스펜서)가 엘라이자의 탈출 계획에 힘을 합친다.

「셰이프 오브 워터」는 대중적인 화법을 지녔지만, 보는 방향에 따라 달리 다가오는 다채로운 면모를 지닌 작품이기도 하다. 일례로 이 영화는 색깔을 통해서도 흥미로운 독법이 가능하다. 녹색은 극 중 세계를 지배하는 색깔이다. 항공우주 연구센터 상당 부분이 녹색으로 채색되어 있을 뿐 아니라, 엘라이자의 집을 포함한 여타 공간들 역시 녹색이 주조를 이룬다. 그런 녹색은 (자일스의 예전 직장 상사의 말처럼) 대세인 색이면서 (캐딜락을 파는 세일즈맨의 말처럼) 미래의 색이지만, 핏기 없이 죽어 있는 거짓을 뜻하는 색이기도 하다.

반면에 이 작품에서 사랑과 진실을 품고 있는 듯한 적색은 녹색과 시종 대조된다. (빨강과 초록은 서로 극명한 색상 대비를 이루는 색들이다.) 중반부에 이르러 괴생명체와 처음 사랑을 나눈 후 출근할 때의 엘라이자 머리띠와 옷에서 두드러지기 시작하는 적색은 마지막 장면에서 빨간 구두까지 갖춰가며 엘라이자를 온통 감싸는 것으로 사랑의 승리를 웅변한다. 자일스가 마음에 두었던 사랑이 무너져 내리는 양상은 그가 그려야 하는 포스터 속 빨간 젤로를 초록색으로 고쳐 그려야 하는 상황 속에 또렷이 요약되어 있기도 하다. 이 영화 속 극장의 문과 좌석이 빨간색으로 등장하는 것 역시 무관하지 않을 것이다. 영화라는 매체야말로 엘라이자와 괴생명체의 사랑에 대한 가장 큰 응원군이니까.

일견 녹색과 별로 달라 보이지 않는 청록색의 활용도 눈길을 끈다. 스트릭랜드는 자동차 세일즈맨의 능변에 이끌려 '진짜 녹색'인 청록색 캐딜락을 산다. 애초에 그 자신이 구분하지 못했던 것처럼 그의 동료들 역시 녹색이라고 지칭할 때, 스트릭랜드는 새로 타게 된 그 차의 색깔이 청록색이라고 강변한다. 녹색 계열의 색상들 중에서도 '진짜 녹색'인 청록색을 고른 후 별로 다르지 않은 그 차이를 강조하며 자랑하는 스트릭랜드의 행동은 배타적인 인종주의자이면서 성차별주의자인 그의 시각을 극명하게 드러내는 셈이다.

「셰이프 오브 워터」는 고전적 향취가 잘 살아 있는 황홀한 영화다. 1950년대 유니버설의 몬스터 장르에 경도되어 있는 이 작품은 특히 한 여성을 마음에 두는 양서류 인간이 등장하는 1954년 작 「해양 괴물(Creature from the Black Lagoon)」(잭 아널드)의 연장선상에 놓여 있다. 아울러 「셰이프 오브 워터」에는 제임스 캐그니와 앨리스 페이가 출연한 오래된 할리우드 영화들이 나올 뿐만 아니라, 클라이맥스에 이르면 엘라이자와 괴생명체가 직접 춤추고 노래하는 흑백의 뮤지컬 장면까지 등장한다.

지나간 것과 사라져가는 것에 대한 이 영화의 향수가 단지 특정 장르에 대한 복고적 취향이나 극 중 사랑을 꾸미는 양념에 불과한 것은 아니다. 이 이야기에서 폭력에 의존하는 한쪽은 온통 미래만 바라본다. 우주에 대한 미래의 국가적 이익에만 골몰하는 세력을 대표하는 스트릭랜드는 장차 사람들이 과연 제트팩을 타고 날아오르게 될지를 묻는 어린 아들에게 미래를 믿으라고 말한다. 그리고 세일즈맨으로부터 미래에 어울리는 분이라는 찬사를 듣고서 흡족한 마음으로 캐딜락을 산다.

그 반대쪽에 놓인 캐릭터들은 하나같이 뒤늦은 존재다. 엘라이자는 늘상 직장에 지각한다. 괴생명체는 그 종의 마지막 개체인 데다가 "한 주가 지나서 쓸모가 없게 된 생선"에 비유되기도 한다. 자일스는 시대에 뒤처지는 방식으로 영화 포스터를 그린다. 그런 자일스가 괴생명체를 보며 "우린 골동품인지도 몰라"라고 한숨짓기도 하지만, 결국 「셰이프 오브 워터」는 그런 골동품들이 우주선을 쳐부수고 낙원으로 돌아가는 영화인 것이다. 일력 뒤에 적혀 있던 "시간은 과거로부터 흐르는 강물에 불과하다"는 문장은 세월에 대한 허무어린 탄식을 담고 있지만, 다르게 뒤집어 보면 시간의 수원지라고 할 수 있는 과거야말로 가치 있는 유일한 시제임을 전제하는 말처럼 들리기도 한다.

이렇게 말할 수도 있을 것이다. 철저히 계급으로 편제되어 있는 한쪽은 차별적 언행을 일삼는다. 스트릭랜드가 젤다에게 "신은 당신보다 내 모습에 더 가깝게 생기셨지"라고 단언할 때, 백인이면서 남성인 그는 인종과 성별에 서로 다른 급이 있다고 뻐기듯 말하는 셈이다. 스트릭랜드가 외부의 위험으로부터 소속 집단을 차단해 보호하려는 보안책임자 직책을 맡고 있다는 사실과, 여러 재료가 뒤섞인 신제품 사탕들을 멀리한 채 다른 재료를 첨가하지 않은 녹색 사탕만을 즐긴다는 설정은 의미심장해 보인다.

반면에 다른 한쪽은 주류 집단의 바깥에 있다. 그들에 의하면, 괴생명체는 '짐승'에 불과하다. 엘라이자는 말을 못 하는 장애인이고 젤다는 흑인인데 둘은 모두 여성이다. 자일스는 동성애자이고, 디미트리(마이클 스털버그)는 외국인이다. 하지만 뜨겁게 사랑하고 열심히 배우는, "이름도 계급도 없는" 이들은 물처럼 하나가 되어 벽을 넘어선다. (이 영화의 마지막 장면은 물속에서 포옹한 채 괴생명체와 하나가 된 엘라이자 목의 상처에서 발현하는 아가미를 보여줌으로써 그녀 역시 같은 종이었을 수 있음을 암시하기도 한다.)

아닌 게 아니라, 물은 이 영화에서 힘이면서 사랑이다. 엘라이자에겐 언제나 물의 에로스와 로맨스가 함께했다. 욕조에서 혼자 자위를 했던 그녀가 그를 만나 사랑을 만끽할 때, 욕실은 물로 넘실대고 바깥은 비로 흥건하다. 그리고 「셰이프 오브 워터」엔 물방울만으로 만들어낸 아름답기 이를 데 없는 섹스신이 담겨 있다. 처음 관계를 가진 후 출근하던 엘라이자가 버스 창을 바라볼 때 두 개의 빗방울은 매끄러운 유리 표면에서 2인무로 줄달음질치다가 마침내 하나의 물방울이 된다. 빗방울들이 움직였던 것은 먼저 버스가 움직였기 때문이다. 미래를 향해 버스가 앞으로 달려나갈 때, 정지해 있던 빗방울들은 관성의 법칙에 의해 뒤로 밀려난다. 물방울들이 뒤로 달음질치는 이유는 앞으로 나아가려는 세상의 흐름을 받아들이려 하지 않았기 때문이다. 그렇게 아름답게 하나가 될 수 있는 건 세상의 흐름에서 뒤처져 밀려나던 것들이다.

이 영화의 제목이기도 한 '물의 모양(The Shape of Water)'은 따로 형태가 없다. 영화의 마지막 장면에 흐르는 자일스의 내레이션에서는 오래된 시가 인용된다. "그대의 모양 무언지 알 수가 없네. 내 곁엔 온통 그대뿐." 한 사람을 사랑할 때, 세상의 모든 곳에 편재해 있는 것처럼 느끼려면 그 사랑은 무정형일 수밖에 없다. 사랑의 모양은 이렇다고, 진짜 사랑의 형태는 바로 이래야 된다고 특정해서 규정하는 순간, 사랑의 신비는 휘발되고 그 규정 밖의 사랑들에 대해서 폭력이 시작된다. '괴물'과의 사랑을 아름답게 그려내는 이 영화는 그를 통해 세상 모든 모양의 사랑을 축복하려 한다.

삶은 달걀에서 세면대 위에 둔 타이머의 모양까지, 계란이 이 영화에서 지속적으로 로맨티시즘과 에로티시즘의 상징이 되는 것 역시 우연은 아닐 것이다. 삶을 때 액체에서 고체로 변하는 계란은 곧 하나의 형태를 이룬 물인 셈이다. 삶은 계란이 타원형인 것은 담겨 있던 껍질이 타원형이기 때문이고, 그 타원형의 형태에 담긴 채 뜨거운 물속에서 가열되었기 때문이다. 그렇게 뜨겁게 익힌 계란을 그녀와 그가 나눠 먹을 때 그들은 그대로 사랑을 나누는 셈이다. 그리고 식탁 건너편의 그가 계란이라는 말을 되새기며 그 껍질을 까는 동안, 엘라이자는 뮤지컬 형식을 통해 마침내 사랑을 고백한다. (껍질이 단단하고 속이 부드러운 삶은 달걀은 곧 괴생명체의 외모와 유사하기도 하다.)

스트릭랜드는 오줌을 흘리고, 젤다의 남편(마틴 로치)은 방귀를 흘려 세상을 더럽힌다. 반면에 엘라이자는 물을 흘려 세상을 정화한다. 욕실을 물로 가득 채운 두 연인이 사랑으로 유영할 때, 엘라이자의 집에서 흘러내려 간 물은 아래층 극장의 객석으로 떨어진다. 그 물방울 하나는 퇴락한 그 극장에서 영화 관람도 외면한 채 자고 있던 한 관객의 입 속으로 떨어져 그를 깨운다.

말을 하지 못하는 괴생명체와 말을 하지 못하는 여자의 사랑은 그 자체로 영화의 초기 형태인 무성영화를 떠올리게 만든다. 자일스가 일하는 방식은 '고전 할리우드 영화'로 불리는 시기의 방식이기도 하다. (이 영화의 시간적 배경은 그 시기가 저물어가는 1962년이다.)

엘라이자는 자신이 좋아하는 영화 속 장면을 모방해 춤추며 일상 속에서 영화를 살았다. 힘을 합쳐 괴생명체를 탈출시키는 과정은 그 자체로 영화처럼 보이기도 한다. ("네가 카메라를 옮길 거고, 우린 시계를 영화처럼 똑같이 맞추는 거야.")

그러니, 넘쳐흐르는 사랑을 통해 엘라이자가 깨운 것(관객)과 살린 것(괴생명체)은 결국 영화라고 말할 수도 있을 것이다. 극 초반에는 아래층 극장의 영화가 상영될 때 소리와 빛이 위층 그녀의 집으로 새어 올라왔다. 그렇게 영화가 그녀의 현실을 뒤흔들었던 전반부와 달리, 후반부에 이르면 그녀의 현실이 영화를 적시는 것이다. 엘라이자는 (영예로운 과거의) 영화에서 배운 것들로 (위기에 처한 오늘의) 영화를 깨웠고 또 살렸다. 기예르모 델 토로의 낙원은 '그때 거기'에 있었다.

# 코코

**Coco**

감독 **리 언크리치**(Lee Unkrich)  국내 개봉일 **2018.01.11**

픽사의 새로운 애니메이션 「코코」의 소재는 매우 독특하다. 멕시코 인들이 주인공이고 무려 5대에 걸친 이야기를 다룬다. 저승 세계를 주요 배경으로 다루는 데다가 억울하게 살해된 사람의 사연까지 담겨 있지만 영화는 전반적으로 밝고 맑고 끝내 뭉클하다. 저승 세계를 그려내는 시각적 상상력이 뛰어나고 유머가 잘 살아 있으며 뮤지컬 장면들도 흥미롭다. 하지만 리 언크리치의 「코코」는 픽사 작품들이 그토록 많은 사람들을 사로잡아온 가장 중요한 비결을 다시금 드러낸다. 그것은 신선한 이야기를 능숙하고도 깊게 다룰 줄 아는 능력이다.

음악을 적대시하는 집안에서 태어났지만 어린 소년 미겔(앤서니 곤잘레스)은 기타를 치며 노래하는 데서 큰 기쁨을 느낀다. 멕시코의 전통 축제일인 '죽은 자의 날'에 열리는 음악 경연대회에 참가하기 위해 세상을 떠난 전설적인 가수 에르네스토(벤자민 브랫)의 기타에 손을 댄 미겔은 저승을 떠돌게 된다.

이 영화가 다루는 세계는 이승과 저승으로 나눌 수 있겠지만, 더 의미심장하게 대조되는 것은 부계와 모계이다. 대가족을 이루고 사는 리베라 가문은 대대로 신발 만드는 일을 하고 있는데, 모계로 이어진다. (미겔의 아버지도 처가에 들어와서 살고 있다.) 이때 모계가 신발로 대표된다면 부계는 기타로 대변된다.

미겔의 혼란은 마리아치(멕시코 음악을 연주하는 악사)의 구두를 닦을 때 생긴다. 영화가 시작되면서 흘러나오는 오래전 가족사에 대한 긴 내레이션은 구두를 닦는 동안 미겔이 마리아치에게 하는 이야기인데, 그 대화의 끝에서 마리아치는 미겔의 음악에 대한 꿈을 응원한다. 구두를 닦는 것은 신발을 만드는 가업과 연결된 일인데, 그때 미겔이 보는 것은 (집에선 금지된 물건인) 마리아치의 기타다. 하는 일과 몸은 모계에 속해 있지만 재능과 꿈은 부계에 뿌리를 두고 있는 미겔의 고민은 말하자면 기타와 신발 사이에 놓여 있다.

중반까지 꿈만을 바라보며 모계를 족쇄처럼 여기던 그는 저승의 무대에서 처음으로 노래할 때 기타를 치면서 (신발에 대해 강요하는 모계에 대해 말하듯) "구두를 어떻게 하냐고 물으니 머리에 쓰라고 하네. 그대 때문에 난 미쳐"(「Un Poco Loco」의 가사)라고 반감을 토로한다. 하지만 꿈만을 좇다가 위기에 처하게 되는 미겔을 저승의 가족들은 그의 발자취("발자국을 보니 리베라의 구두다. 굽이 틀어졌네. 미겔이야")로 찾아내서 결국 이승으로 돌려보낸다.

사실 리베라 가족들은 기타를 증오하는 게 아니었다. 기타는 떠나간 남편의 꿈일 뿐만 아니라 남겨진 이멜다(얼래나 우바치)의 추억이기도 했다. 코코가 태어나기 전, 헥토르(가엘 가르시아 베르날)가 연주하는 그 기타 소리에 맞춰 이멜다는 함께 즐겨 노래했다. 그러니 기타엔 잘못이 없다. 잘못은 기타가 아니라 가족을 두고 꿈만을 좇아 떠난 남편에게 있다.

극 중 기타들은 한결같이 수난을 당한다. 마리아치의 기타는 미겔의 할머니 엘레나에게 발견되는 순간 난리를 겪고, 미겔이 몰래 간직해온 기타는 부서지며, 헥토르의 기타는 도난당하고, 치치의 기타는 주인을 잃은 채 홀로 남는다. 아무도 기억해주지 않아서 영원히 사라진 치치(에드워드 제임스 올모스)의 뒤에 남은 기타를 들고 미겔이 경연대회에 참석해 뜨거운 반응을 얻을 때, 기타를 퉁기며 노래하다 사라져간 수많은 이름 없는 음악인들이 기억된다. 그리고 극의 끝에서 마침내 미겔은 자신만의 기타를 갖게 된다.

헥토르의 귀환은 단테라는 개를 통해 은유적으로 이뤄진다. 독살로 죽은 헥토르는 저승에서 소시지라는 별명으로 불리는데, 털 없이 길쭉한 개 단테 역시 저승의 미겔 가족들로부터 "소시지처럼 생겼다"는 말을 듣는다. 그러니 미겔과 함께 저승으로 간 개 단테가 이승으로 귀환할 때 사실상 헥토르도 함께 돌아오는 셈이다. 그리고 돌아온 단테는 외톨이였던 이전과 달리 가족을 이룬다.

이 영화의 제목이 주인공인 '미겔'이 아니라 초반과 종반에만 잠시 나오는 '코코'인 것은 의미심장하다. 헥토르는 집을 떠남으로써 아내 이멜다와 딸 코코(아나 오펠리아 무르기아) 모두에게 크나큰 상처를 안겼음에도, 그의 회한과 그리움은 온통 딸에게 집중되어 있는 것으로 묘사된다. 아마도 그건 딸의 존재가 선택 순간의 핵심이었기 때문일 것이다. 이멜다와 단둘이 살 때까지는 헥토르가 꿈만을 찾아 홀로 떠나는 선택을 하지 않았다. 그러다 (이멜다의 표현에 따르면) "코코가 태어나서 음악보다 소중한 뭔가가 생기자" 갈림길 앞에 서게 되었고, 헥토르는 코코 대신 음악을 택했다. 그렇기에 코코는 헥토르에게 되돌리고 싶은 잘못된 선택의 발원점인 것이고, 미겔은 헥토르의 마음을 코코에게 전해야 하는 것이다.

하지만 갈라지기 전의 순간으로 돌아가 화합하려면, 그 전에 양측이 해야 할 일이 있다. 이 이야기엔 이해에 이르게 되는 두 가지 위장이 등장한다. 먼저 이승에서 온 미겔은 저승에서 해골 분장을 하게 되는데, 그건 사실상 죽은 자가 되어보는 것이다. (그런 동화가 깨지는 순간이 에르네스토가 미겔을 물속에서 꺼낼 때인 것은 우연이 아니다. 에르네스토는 헥토르의 모든 것을 훔친 자이니까.)

반면에 헥토르는 프리다 칼로로 위장을 하는데, 이때 멕시코의 저명한 여성 화가인 그녀는 헥토르가 외면해버렸거나 잃어버렸던 것과도 같다. 헥토르는 두 여성(이멜다와 코코)을 떠나 음악인으로서 청각의 세계에 몰두함으로써 어린 딸 코코를 볼 수 있는 시각의 세계로부터 등을 돌리게 됐는데, 그 과정에서 에르네스토에 의해 자신의 명성을 도난당한다. 결국 헥토르의 프리다 칼로 분장에는 원점으로 돌아가 진심으로 사과하고 싶은 그의 간절한 염원이 집약되어 있다.

극의 감동적인 말미에서 마침내 미겔은 이승으로 되돌아가 치매에 걸린 코코와 함께 오랜 기억 속 노래 「Remember Me」를 함께 부른다. 그렇게 아버지와 딸이, 떠난 자와 남겨진 자가, 기타와 신발이, 예술과 삶이 비로소 이중창을 한다. 이때 헥토르 대신 코코와 함께 노래하게 되는 사람이 미겔인 것은 그가 리베라 가문 사람일 뿐만 아니라 헥토르처럼 남자이면서 뮤지션이기 때문이다. 고조부와 증조모 사이의 매듭을 까마득한 후손인 미겔이 이승과 저승을 넘나든 끝에 풀게 되는 이 복잡하고도 이상한 이야기 설정은 이렇게 말하는 것만 같다. 아무리 늦더라도, 아무리 어렵더라도, 당신은 사과해야만 한다.

그러니 중요한 것은 꿈 자체가 아닐지도 모른다. 픽사의 또 다른 작품 「업(Up)」(피트 닥터, 밥 피터슨)의 탐험가 찰스 먼츠(크리스토퍼 플러머)가 그랬듯, 꿈을 향해 뒤도 돌아보지 않고 전력 질주해서 마침내 성공한 에르네스토가 악당인 것은 꿈이라는 아름다운 목표 뒤로 끝내 감출 수 없는 질문들이 여전히 꼬리를 물기 때문이다. 꿈을 실현하기 위한 방법도 옳은가. 내 꿈이 타인의 꿈에 상처를 내진 않는가. 그 꿈은 누구와 함께 이루는 꿈인가. 꿈과 맞바꾼 것은 과연 무엇인가.

# 1987

감독 **장준환** 국내 개봉일 **2017.12.27**

모르고 보았다면 「지구를 지켜라」와 「화이: 괴물을 삼킨 아이」의 장준환 이름을 떠올리지 못했을 것이다. 세상 어디에서도 보기 힘든 상상력과 파국을 마주하고도 가속기에서 발을 떼지 않는 배짱 대신, 역사 앞에서 옷깃을 여민 채 거대한 벽화를 정교하고도 힘차게 그려 나가는 필치가 있다. 1987년 1월에서 6월까지의 5개월간을 숨 가쁘게 다루는 「1987」에는 뜨거운 소재 앞에서 두려워하지는 않되 삼가는 마음이 짙게 배어 있다.

「1987」은 사건 한가운데에서 작고 선명하게 시작해 결국 거스를 수 없는 저류를 만들어내며 도도히 흘러가는 역사 자체를 그려낸다. 수많은 인물들이 등장해 급박하게 뒤얽히며 펼쳐지는 거대한 이야기가 길을 잃지 않은 데에는 보기 드물 정도로 화려한 출연진이 도움을 주었다. 등장만으로도 캐릭터를 구별할 수 있도록 만드는 스타 캐스팅은 제한된 러닝타임 내에서 인물들을 일일이 성격화하는 데 시간을 쓰는 대신 격랑 자체의 힘을 드러낼 수 있도록 만들었다.

이 영화의 배우들은 충실한 연기로 내내 공감을 일으키지만, 하정우와 강동원 활용법에 대해선 어느 정도 아쉬움이 남는다. 흘린 양주를 입으로 핥으면서 등장하는 하정우와 마스크를 내려 얼굴을 들이밀면서 등장하는 강동원은 극 중 여타 배우들과 다른 질감으로 스타성이 활용되었다. 이 절박한 이야기에서 숨 쉴 틈을 만들려는 대중적 고려가 있었겠지만, 그 때문에 영화 자체의 동력이 약화된 것으로 보인다. 연희의 친구로 등장한 인물처럼 부주의한 관성으로 직조된 캐릭터도 없지 않다.

「1987」은 전반부에서 이해하게 하고, 후반부에서 참여하게 한다. 이 영화의 주요 배역들 중 유일하게 허구의 인물인 연희(김태리)가 등장하는 순간 그 전환이 시작된다. 주저하거나 회의하면서도 사건 깊숙이 개입하는 연희의 심정은 곧 시대의 마음이고, 눈물을 쏟으면서도 있어야 할 자리에 우뚝 서는 연희의 표정은 역사의 물줄기를 바꾼 수많은 익명의 얼굴이다. 그리고 영화는 온전하게 길을 가던 사람이 남긴 신발 한 짝을 또렷하게 기억한다.

거기엔 부당한 권력에 적극적으로 항거한 사람들만 있는 게 아니었다. 최 검사(하정우, "원하는 거? 난 그런 거 모르겠고, 나는 내 일만 합니다")와 한 교도관(유해진, "매우 당연히 해야 할 일을 하는 거야") 같은 인물들은 원칙과 상식으로 자기 일과 관련된 신념을 지키는 게 얼마나 중요한지 드러낸다. 만일 그때 그 검사가 화장 동의서에 날인을 했더라면, 만일 그때 그 의사가 사인에 대해 입을 열지 않았다면, 만일 그때 그 기자가 펜을 꺾었더라면, 만일 그때 그 교도관이 눈을 감았더라면, 만일 그때 그 학생이 용감히 나서지 않았더라면.

「1987」은 무고한 사람의 참혹한 죽음에 접했던 자들 중 용기 있는 선택을 한 사람들을 감동적으로 그려낸다. 이 영화의 악은 특히 박 처장(김윤석) 한 사람에 집약되어 묘사되지만, 선은 그렇지 않다. 희망은 작은 고리의 연쇄에서 나온다. 역사의 물줄기도 그럴 것이다. 그렇게 정확히 한 세대를 사이에 두고 1987년과 2017년의 광장은 뜨겁게 공명한다.

# 신과함께 - 죄와 벌

---

감독 **김용화** 국내 개봉일 **2017.12.20**

---

김용화의 「신과함께 - 죄와 벌」에는 볼거리와 눈물이라는 두 가지 무기가 있다. 극 중 등장하는 다양한 지옥의 풍경들은 매우 흥미롭다. 불, 물, 돌, 얼음, 거울 등의 재료를 구사해 진기하게 빚어냈다. 모래로 형상화된 얼굴에서 흐르는 눈물을 그려낸 방식이 시선을 사로잡고, 원귀가 된 인물을 표현한 특수분장도 좋다.

하지만 시각효과에서조차 결국 중요한 것은 기술력이 아니라 상상력일 것이다. 이 영화의 볼거리들은 관객을 끌어들이지 못한 채 마냥 구경하게만 한다. 일곱 개 지옥의 모습이 대부분 까마득히 먼 익스트림롱숏에 담겨 전체적 설정과 맥락만을 제시하는 데 그친다. 이미 「천국보다 아름다운(What Dreams May Come)」(빈센트 워드) 같은 작품이 나온 게 지금보다 컴퓨터그래픽 기술이 한참 부족했던 20여 년 전이 아닌가.

이 영화는 (가족 드라마가 어쨌든 힘을 발휘하는 후반에 이르기 전까지 특히) 방향이나 분위기를 제대로 잡지 못하고 허둥댄다. 현실 세계와 사후 세계는 반복되는 디졸브와 플래시백에도 불구하고 따로 노는 것처럼 느껴진다. 비중이 큰 법정 장면들은 법리나 논거로 치열하게 맞붙는 대목 하나 없이 조악하게 나열되어 시간을 낭비한다.

감독이 선택했을 배우들의 연기 톤 역시 이물감이 가득해서, 영화 혼자 계속 낄낄대는 것처럼 여겨진다. 특히 심각한 것은 대사인데, "니네 땜에 늙는다 늙어"라는 아역 배우의 말처럼 거의 통하지 않는 유머가 줄을 잇는가 하면, "이제 다시는 지나간 슬픔에 새로운 눈물을 낭비하지 않겠다고 약속해"처럼 거북한 문어체 대사가 잔뜩 분위기를 잡고 등장하기도 한다. 김동욱은 눈길을 끌며 활약했고, 하정우는 영화에 최소한의 안정감을 부여했으며, 이정재는 카메오로서 제 몫을 해냈다. 그러나 이렇게 디테일이 좋지 못하고 중심을 잡지 못하는 영화에서 배우들이 빛을 내기란 지극히 어려운 일일 것이다.

그리고 눈물이 있다. 아닌 게 아니라, 이 영화는 확실히 울린다. 하지만 그것은 만든 이들의 능숙한 드라마 작법이나 연출력 때문이 아니라, 타인의 고통을 보면 거의 본능적으로 이입하고 마는 우리 뇌의 공감 능력 때문이다. 가난하지만 행복했던 시절은 김치를 손으로 찢어주는 어머니 손길로 담아내고, 죄책감에 괴로워하는 사람은 거리에서 술병째 병나발을 불며 비틀거리는 모습으로 찍어낸다.

자신의 책임이 아닌 억울한 상황 때문에 고통받는 한국 사회의 젊은이들을 주인공으로 삼거나, 선한 자의 악행을 하나씩 다뤄나가도록 스토리라인을 신선하게 설정하고도, 이 영화의 공업적인 최루법은 결국 어머니의 그 크신 사랑만을 돌림노래로 부른다. 더구나 그 모성으로부터 목소리조차 빼앗아 내내 당하기만 하는 존재로 박제화까지 하고 있지 않은가.

# 강철비

감독 **양우석** 국내 개봉일 **2017.12.14**

한국의 파란만장한 역사나 위태로운 지정학적 상황과 관련된 강력한 소재를 선택하고도, 소극적인 태도로 뻔한 가족 드라마 주변만 맴돌다가 자진하는 영화가 얼마나 많았는가. 양우석의 「강철비」는 소재에 대한 두려움 없이 큰 이야기를 정면에서 크게 다룰 줄 아는 드문 한국 영화다. 게다가 보는 시각에 따라선 위험하게 느껴질 정도로 끝까지 달려가 강한 목소리를 낼 줄 아는 뚝심과 사건의 구체적인 진행 양상을 설득시키는 세공력을 함께 갖췄다.

여기에는 흥미로운 설정들이 있다. 대통령 선거 당일에 시작하는 이 영화는 권력 교체기를 배경으로 삼는다. 정치적 입장이나 철학이 상반된 전임 대통령과 후임 대통령의 대립은 북핵 문제에 임하는 한국 정치인들의 두 시각을 대변하며 토론의 장을 제공한다. 극 중에서 한국을 둘러싼 강대국들이 제각각 현실적인 계산으로 확전을 막으려 하는 데 비해, 가장 극단적인 반응이 한국의 내부에서 터져 나오는 것으로 그려지는 상황은 「강철비」가 손쉽게 호소할 수 있는 민족주의에 기대는 영화가 아님을 드러낸다. 두 번이나 인용되는 "분단 국가는 분단 자체가 아니라 분단을 정치적으로 이용하려는 자들 때문에 더 고통받는다"라는 대사는 이 영화가 겨누는 비판의 칼날이 어디로 향하는지 명확히 드러낸다.

'북한 1호'로 지칭되는 북의 최고 권력자가 의식불명 상태인 채 남쪽에서 치료받는 상황인 것도 눈길을 끄는 설정이다. 실제 북핵 위기에서는 김정은 북한 노동당 위원장이나 도널드 트럼프 미국 대통령의 예측하기 어려운 성격이 가장 위험한 요소로 거론되는 경우가 많았지만, 영화는 김정은을 유고 상황으로 괄호 친 후 북한에서 일어난 쿠데타와 관련해 이야기를 전개함으로써 이 문제를 좀 더 원론적으로 들여다볼 수 있도록 한다.

곽도원은 한국 영화에서 한 번도 주인공으로 등장한 적이 없는 청와대 외교안보수석 역을 맡아 지성과 의지를 함께 갖춘 캐릭터의 힘과 인간미를 제대로 드러냈다.

이 영화 속 정우성에게선 캐릭터로부터 유리된 스타의 면모가 발견되지 않는다. 「좋은 놈, 나쁜 놈, 이상한 놈」(김지운)이나 「무사」(김성수) 같은 출연작이 증명하듯 뛰어난 액션 배우이기도 한 정우성은 암 환자인 정예 요원으로서 육체의 강함과 약함을 함께 표현하는 어려운 격투 장면들도 멋지게 소화했다.

「강철비」는 지적이면서 힘이 넘치는 영화지만 대작 오락영화로서의 스킨십은 부족해 보인다. 남북의 현격한 경제적 격차에 기반해서 북한 사람을 음식과 관련해 그려내는 방식은 게으르게 느껴진다. 곽철우(곽도원)의 가족과 관련한 묘사는 불필요해 보이고, 엄철우(정우성)의 가족과 관련한 묘사는 다소 관습적으로 여겨지기도 한다. 손쉽게 이야기를 진행하기 위해 우연을 계속 끌어들이는 것도 아쉽다. (짧은 시간에 인천공항에서 중국, 미국, 일본의 핵심 인사들을 연이어 만나게 될 때 곽철우가 "와, 나 인기 짱이네"라고 농담하지만, 사실 이런 대사는 편의적인 우연 남발을 만드는 사람이 스스로 의식해 코믹한 대사로 가리려는 것이다.)

하지만 「강철비」가 거둔 성과는 만만치 않다. 감정에 호소하기에만 급급한 한국 영화가 수없이 많은 상황에서, 다루는 이야기의 맥락과 의미를 정확히 파악하고 구사하는 지성이 실로 귀하다. 장르의 토착화라는 측면에서도 단단한 성취를 보였다. 북핵 위기가 아찔하게 치달았던 2017년이니, 이 영화는 환기와 제언의 역할까지 담당하게 될 것이다.

그러니, 나의 영화는 이렇다.

# 세 번째 살인

三度目の殺人
감독 **고레에다 히로카즈(是枝裕和)** 국내 개봉일 **2017.12.14**

고레에다 히로카즈의 최근작 「태풍이 지나가고(海よりもまだ深く)」와 「바닷마을 다이어리(海街diary)」는 부드럽고 따뜻했지만, 일견 고개가 갸웃거려지는 작품들이었다. 미학적 긴장을 찾아보기가 쉽지 않았고, 문턱 하나 없이 느슨하게 메시지를 반복적으로 객석에 흘려 넣었기 때문이다. 다루는 내용에 따라 영화마다 다른 스타일을 적극 끌어들이며 회의하고 숙고했던, 「환상의 빛(幻の光)」부터 「공기인형(空気人形)」까지 시기의 형식에 대한 왕성한 탐구와 소재에 대한 방법적 회의는 이제 사라져가는 걸까. 가족영화의 훈풍에 그는 너무 쉽게 외투를 벗고 길섶에 자리를 잡는 게 아닐까.

고레에다 히로카즈의 「세 번째 살인」은 그런 의구심을 일소하는 의욕 가득한 역작이면서 탄성을 발하게 하는 수작이다. 여기에는 생각하는 카메라가 지니는 강력한 힘이 있다. 온통 흐릿한 진실 앞에서 카메라는 어디에 설 것인가.

재판에서의 승리만 생각하는 냉정한 변호사 시게모리(후쿠야마 마사하루)는 젊은 시절 살인 사건으로 30년 복역 출소한 후 또다시 살인을 저지른 미스미(야쿠쇼 고지)의 변호를 맡게 된다. 그의 예상 형량을 사형에서 무기징역으로 낮추기 위해 대응 논리를 만들어가던 시게모리는 피살자의 딸인 사키에(히로세 스즈)가 미스미와 친하게 지냈다는 사실을 알게 된다. 급기야 판결 선고를 앞두고 미스미가 범행을 시인했던 기존 진술을 번복하며 무죄를 주장하자 시게모리는 극심한 혼란 속에 빠진다.

이 이야기엔 서로 겹치는 세 명의 딸이 있다. 젊은 시절 살인죄로 감옥에 들어가는 바람에 딸 메구미를 돌보지 못해 죄책감을 느끼는 미스미는 출소 후 일하게 된 공장 사장의 딸 사키에의 비밀을 알고 나자 자신만의 방법으로 그녀를 도우려 한다. 의지할 사람이 없는 데다가 다리까지 불편한 사키에에게서 메구미를 고스란히 떠올렸기 때문이다.

한편, 이혼한 부모가 자신을 충분히 보살펴주지 못하는 상황에서 물건을 훔치다 가게 주인에게 들켰을 때 시게모리의 딸 유카(마키타 아주)는 열네 살인데, 그건 사키에가 아버지로부터 끔찍한 일을 당하기 시작한 나이이기도 하다. 가게 주인에게 사과를 한 뒤 곤경에서 꺼내준 시게모리 같은 아버지가 없었다면, 유카 역시 부모를 저주하며 고통스러운 삶을 살아가는 메구미 같은 처지가 되었을지도 모른다. 그렇게 딸 유카를 제대로 돌보지 못했던 것에 대해 죄책감을 느끼던 시게모리 역시 미스미와 같은 마음이 되고, 유카에게 미안하다는 말을 연발했던 그는 결국 모든 재판이 끝나고 사키에에게 그 말을 반복한다.

미스미와 시게모리와 사키에가 눈밭에서 나란히 누워 하늘을 바라볼 때, 의지할 곳을 찾기 힘들었던 세 명의 상처받은 딸들 역시 그곳에서 평화를 찾은 셈이다. 하지만 그건 그저 시게모리가 기차에서 꾸는 잠깐의 꿈이었을 뿐이다.

시게모리의 냉정한 인생관은 상당 부분 그의 아버지에게서 영향받은 것으로 보인다. 그는 판사였던 아버지가 했던 말을 종종 반복해서 자신의 말처럼 내뱉곤 하는데, 시게모리의 아버지가 했던 "태어나지 말았어야 할 인간들이 있다"는 말을 되풀이한다는 점에서 미스미 역시 그렇다. (미스미는 첫 번째 살인의 재판과 그 이후 과정에서 그 판사로부터 그런 서슬 퍼런 말들을 접하고 살인자인 스스로에 대한 비하를 내면화했을 수 있다.) 게다가 시게모리와 미스미는 둘 다 홋카이도 출신이다. 그러니 어쩌면 미스미는 자신을 뒷받침해줄 수 있는 든든한 아버지가 없었던 시게모리라고 말할 수 있을지도 모른다. 시게모리는 점점 미스미의 처지에 이입된다.

「세 번째 살인」에선 진실이 효과 앞에서 번번이 무력해진다. 최종 재판에서 미스미가 태도를 바꿔 무죄를 주장하자 재판 일정 지연이 귀찮아진 판사는 암묵적인 신호를 검사 측에 건네고, 그 직전까지 정의를 내세우며 변호인 측을 압박하던 검사는 침묵으로 동의한다. 시게모리의 변호사 동료는 "입장만 다를 뿐 우린 모두 법조계라는 같은 배를 탔다"고 정리한다. 그러니 시게모리를 접견했을 때 카나리아 한 마리를 살려주는 시늉을 하면서 미스미가 "제가 그랬듯 사람 목숨 가지고 장난치는 사람이 또 있을까요. 있다면 만나서 부당하다고 말하고 싶네요"라고 말을 꺼낸 끝에 "항상 판사님을 동경

해왔어요. 사람 목숨을 좌우하잖아요"라고 비아냥댔던 것도 무리는 아닐 것이다.

미스미에게 사형이 선고되는 것으로 그 재판이 끝나자 사키에는 "여기선 아무도 진실을 말하지 않죠"라고 내뱉는다. 진실을 말하지 않는 자들에는 사키에와 미스미 역시 포함된다. 증인으로 나선 사키에는 재판 직전 시게모리의 충고를 듣고 나서 미스미를 위해 아버지의 범죄에 대해 침묵한다. 미스미 역시 그 재판에서 갑자기 무죄를 주장함으로써 진실을 가린다. 그렇다면 미스미는 왜 태도를 바꾸었을까.

이 영화의 종반부는 극도로 모호하다. 시게모리와 미스미가 최후의 대화를 조용히 나눌 때, 그때까지 영화를 지탱해왔던 모든 것들은 안에서부터 송두리째 흔들린다. 홋카이도의 벚꽃에 대해 동향이기에 공감하며 서로 이야기를 시작할 수 있었던 둘의 대화는 이후 점점 엇나간다. 극 중 여러 차례 변주되었던 면회 장면의 촬영 방식은 이 대목의 끝에 이르러 시각적 웅변을 토한다. 유리창 너머의 미스미와 유리창에 비친 시게모리가 마치 같은 방향을 바라보면서 이야기를 나누는 듯 보이는 이 강력한 숏은, 그러나 두 인물이 서로에게 좀 더 가까이 다가가 말을 하려고 움직일 때마다 밀착과 이반 사이를 무망하게 오간다. 마침내 가닿지 못한 질문을 마지막으로 던진후 의욕을 잃은 시게모리가 의자에 등을 기대면, 클로즈업숏에 담긴둘 사이는 한없이 멀어 보인다. 그 숏은 감옥 밖에 있는 자의 시선으로 감옥 안에 있는 자를 넘겨다보는 앵글이었다.

인물들 마음을 뒤흔들어놓는 격랑의 정체를 낱낱이 밝히지 않는 고레에다 히로카즈의 종결법은 그 자체로 영화가 끝난 후 관객들 각자의 마음에서 영화가 다시 시작되게 하려는 제언처럼 여겨진다. 단 하나의 정답 같은 건 없을 것이다.

그러니, 나의 영화는 이렇다.

시게모리를 마지막으로 만나 미스미가 "그놈은 죽어 마땅해요. 세상에는 태어나지 말았어야 하는 인간도 있어요"라고 말했을 때, 그건 딸에게 끔찍한 일을 자행했던 사키에 아버지에 대한 일갈이면서, 동시에 자기 자신에 대한 단언이기도 하다. 자신은 어쨌든 두 번이나 살인을 저질렀다. 그리고 어쨌든 세상에 수많은 피해를 주었(다고 스스로 여긴)다. 변호인들과의 접견 내내 횡설수설했던 것은 최종 재판에서 또다시 자신의 말을 결정적으로 뒤집어 전혀 신뢰할 수 없는 주장 취급을 받기 위한 사전 작업이었을 것이다. 그대로 진행되면 무기징역이 될 확률이 높은 상황에서, 사형을 받아내 스스로를 처단하기 위한 의도였던 것으로 보인다. 그 재판에서 무죄를 주장하면서도 지갑을 훔쳤던 것은 인정함으로써, 결과적으로 무기징역 확률이 높은 '원한에 의한 살인'이 아니라 사형 확률이 높은 '절도 후 살인'의 형태를 끌어들였던 것 역시 그렇다. 오래전 한 사람을 죽였고, 다시금 또 한 사람을 죽이게 된 그는 이제 스스로를 죽이려고 한다. 그게 이 영화 제목이 '세 번째 살인'인 이유다.

그리고 동시에 그건 진실에 눈 감은 채 타성으로 쉽게 단죄하는 법의 대리인들이 저지른 폭력에 대한 명명이기도 할 것이다. '피'가

뭔 왼쪽 뺨을 오른쪽 손등으로 문지르는 행동은 극 중 세 사람에 의해 한 차례씩 세 번 반복된다. 직접 저지른 미스미의 첫 번째 살인, 마음속 깊이 저지르고 싶었던 사키에의 두 번째 살인에 이은, 진실에 눈 감음으로써 법의 이름으로 함께 저지른 시게모리의 세 번째 살인을 뜻하기도 하는 것이다. 다만 정의라는 빛나는 미명을 곁에 둘렀기에 시게모리는 피 대신 뺨에 비치는 빛을 훔쳐냈을 뿐이다. 세 사람은 모두 그렇게 무력하게 살의를 문질러 은폐하거나 속죄하려 한다.

그러므로 이 영화에서 진실을 읽어내려면 입이 아니라 손을 따라가야 할 것이다. 미스미의 입은 수시로 거짓말을 하지만 손은 그렇지 않다. 그건 카나리아들을 죽여서 묻은 손이지만, 동시에 카나리아 한 마리를 살려 보낸 손이기도 하다. (딸 유카가 죽은 물고기들을 미련 없이 '처리'했던 것을 나무랐을 때, 시게모리의 손 역시 미스미의 손처럼 움직이고 싶었을지도 모른다. 사키에가 홋카이도에 있는 대학의 수의학과 진학을 염두에 두고서 책장을 넘길 때도 그녀의 손은 같은 마음이었을 것이다.) 미스미는 쥐었던 손을 펼 때면 언제나 고개를 들어서 공중을 올려다보며 갈구한다.

유리창 너머로 손을 맞대어 상대를 이해하려 했던 미스미는 사형 선고를 받은 후 아무런 가림막 없이 시게모리와 진하게 악수한다. 영화는 그 장면에서 악수가 끝난 다음에도 한동안 공중에 편 채로 머물러 있는 시게모리의 손을 한동안 응시한다. 시게모리의 손은 이제 오래도록 미스미의 손을 기억할 것이다. 그건 오래전 딸 메구미가 네 살이었을 때 함께 눈을 뭉치다가 한쪽 장갑을 나눠주었던 바로 그 손이었다.

시게모리는 미스미가 무죄를 주장함으로써 사키에가 끔찍한 과거의 상처에 대해 증언할 필요가 없도록 배려했다고 믿고 싶어 한다. 마지막으로 면회할 때 그런 추측을 전하자 미스미는 "그건 좋은 얘기네요"라면서 감탄으로 두 번이나 되풀이한다. 하지만 "그건 좋은 얘기예요"라고 두 번째로 말한 뒤 곧바로 "저는 태어나지 말았으면 좋았다고 늘 생각했죠"라고 토로할 때, 미스미는 그런 좋은 얘기에 이를 수 없는 자신을 단죄한다. 미스미에게도 물론 선한 마음이 있었다. 그러나 처음에 미스미에 대해 냉담했다가 극의 말미에 이르러 그와 정반대로 깊게 이입한 시게모리는 그 선함을 과대평가했다. 냉담함에서 벗어나게 된 시게모리는 인간의 선한 진실을 믿고 싶어 했지만, 인간의 진실은 선하지만은 않았다.

혼돈의 끝에서 시게모리는 "그럼 당신은 단순한 그릇이라는 겁니까"라고 외치고, 영화는 이제 교차로에 서 있는 시게모리의 모습을 짧게 담아내며 막을 내린다. 이 영화에선 이전에 그릇이란 단어가 쓰인 적이 한 번 더 있다. 오래전 미스미의 첫 번째 살인을 수사했던 형사는 시게모리에게 그때의 미스미에 대해 "개인적인 원한 같은 것도 없이, 그저 텅 빈 그릇 같아서 더 무서웠다"라고 말한 바 있다. 만일 인간이 텅 빈 그릇 같은 존재라면, 그릇이 담는 것이 아니라 그릇에 담기는 것에 따라 그 쓰임새를 평가할 수밖에 없을 것이다. 그러니 그 그릇에 범죄가 담겼다면 그건 누구의 책임일 것인가. 양쪽에 스톱 사인이 쓰인 교차로 한가운데서 미스미를 생각하며 시게모리가 무력하게 올려다볼 때, 그의 눈에 들어온 것은 전깃줄이 어지럽게 가로지르고 있는 좁은 하늘이었다.

# 우리는 같은 꿈을 꾼다

**Teströl és lélekröl**

감독 **일디코 에네디**(Ildikó Enyedi)  국내 개봉일 **2017.11.30**

「우리는 같은 꿈을 꾼다」는 형형한 사랑영화다. 헝가리 감독 일디코 에네디는 피투성이 세상 속에서 꿈틀대는 신비롭고도 고요한 마음의 움직임을 시적이면서 기이한 정취 안에 선명하게 담아놓았다.

도축 회사 임원인 엔드레(게자 모르산이)는 새로 일하게 된 마리어(알렉상드라 보르벨리)에게 호감을 갖고 계속 말을 붙이려 한다. 하지만 타인과 교감하는 법을 모르는 마리어의 처지 때문에 번번이 대화가 끊긴다. 소의 교미를 돕는 약물이 도난당하게 된 사건 때문에 전 직원이 심리 상담을 받는 과정에서 두 사람은 사슴이 되어 거니는 꿈을 똑같이 꾸고 있다는 사실을 알고 놀란다.

한쪽엔 광활한 산의 흰 눈으로 감싸인 호젓한 시냇가가 있고, 다른 한쪽엔 빽빽한 도심의 붉은 피로 뒤덮인 갑갑한 도축장이 있다. 시냇가에선 사슴 두 마리가 서로를 쫓으며 즐거이 뛰어다니지만, 도축장에선 소들이 한 마리씩 붙들린 채 살살이 도살된다. 사슴의 공간이 꿈이라면 소의 공간은 현실이다.

아름다운 설산에서 평화롭게 거니는 사슴 꿈을 함께 꾸는 두 사람의 맑은 러브 스토리가 왜 하필 피비린내 나는 도축 회사를 배경으로 펼쳐져야 하는 걸까. 도입부에서 산속 두 마리 사슴을 짧게 스케치한 뒤 일디코 에네디는 곧바로 좁은 우리에 갇힌 소가 눈을 들어 푸른 하늘을 바라보는 모습을 소의 시점숏에 담아 인상적으로 보여준다. 이어 도축 회사에서 오래 일한 노인 청소부가 빗자루질을 하다 창밖 하늘을 바라보는 장면이 나온다. 소와 노인이 각각 보는 것은 빠르게 다가오는 빛이다. 이 빛은 어디서 오는 걸까.

이 영화 원제('Teströl és lélekröl')의 뜻이 '육체와 영혼'이라는 사실을 떠올릴 필요가 있다. 극 초반 갇힌 소의 절박한 시점숏은 관객들이 그 소에 깊이 이입하도록 만든다. 그러니까 그 소는 육체와 영혼이 통합된 생명으로 관객에게 체험된다. 하지만 얼마 지나지 않아 길게 이어지는 극사실적 도축 장면은 그 생명체를 소고기로 차근차근 바꾼다. 죽이는 사람은 거의 등장하지 않고 기계적이고 체계적인 절차 속에서 죽임을 당하는 소만 집중적으로 묘사되는 그 장면은 혼을 발라내 육체만 남긴다.

사슴은 꿈속의 존재라서 육체가 없고, 소는 해체된 후라서 영혼이 없다. 그러니 소에 대한 연민과 사슴에 대한 동경 사이, 도축장에서 일하면서 시냇가 꿈을 꾸는 두 사람은 어떻게 전력을 다해 사랑할 수 있을 것인가. 「우리는 같은 꿈을 꾼다」의 연인들이 서로의 마음을 확인하는 데만도 수없이 시행착오를 겪는 것은 어쩌면 당연한 일인지도 모른다.

1층에서 살아서 세상과 지나치게 가까운 한 사람은 수많은 관계를 섭렵해온 터라 권태에 빠져 있고, 고층에서 살아서 세상으로부터 멀리 떨어져 있는 또 한 사람은 관계를 제대로 경험해본 적이 없어서 무력감에 사로잡혀 있다. 너무 많이 아는 자는 아직 알지 못하는 자의 언어를 이해하지 못한다. (엔드레는 전화번호가 없다는 마리어의 말을 접근하지 말라는 경고로 들었고, 자신의 손길을 뿌리치는 그녀의 본능적 동작을 확고한 거부로 해석했다.) 아직 알지 못하는 자는 너무 많이 아는 자에게 다가가는 길을 찾지 못한다. (마리어가 주변 사람들에게서 들었던 조언들은 모두 허사였다.) 그러나 극 초반, 너무 오래 살아서 모든 일에 시큰둥한 노인과 아직 자신 앞에 죽음이 놓여 있다는 사실을 알지 못하는 소는 모두 빛을 바라보았다. 다시, 그 빛은 대체 어디서 오는 걸까.

일디코 에네디는 두 연인의 지난한 교감을 유리창을 통해 지속적으로 시각화한다. 초반부에서 한 사람이 다른 사람을 볼 때, 언뜻 보이진 않지만 명확히 존재하고 있는 유리창이 둘을 가르고 있다. 중반부에 이르러 둘이 데이트를 시작하면, 레스토랑이나 회사 식당 배식 장면에서 보듯, 둘과 세상 사이에 유리창이 놓이게 된다. 둘은 공유된 꿈이나 싹트는 사랑을 적대적인 세상에 숨기기 위해 거짓말을 한다. 자폐 증세가 있던 연인은 번번이 차단되는 사랑을 견디지 못하고 유리창을 깨서 자살을 시도한다. 가장 참혹한 순간, 그러나 그렇게라도 좁은 내면의 울타리를 벗어난 자에게 사랑의 벨이 울린다. 남자가 쓸 수 없는 것은 왼손이었고, 여자가 자해한 것도 왼손이었다. 마침내 상처와 불능 속에서 서로를 겹쳐낸 연인들은 유리창을 열어둔 방에서 함께 섹스하고, 유리창을 열어둔 식탁에서 함께 식사한다.

그러나 라스트신에서의 그 환한 식탁에선 묘한 기류가 감돈다. 남자가 먹을 빵을 뜯어내자 여자는 떨어진 빵가루를 곧바로 손으로 훔쳐낸다. 이 영화의 초반에서는 그런 버릇을 가졌던 사람이 한 명 더 있었다. 바로 남자가 자주 들러서 물건을 샀던 가게의 주인이었다. 단골인 남자에게 그 주인은 물론 아는 사람이지만, 그저 들러서 물건만 샀던 관계이기에 제대로 아는 사람은 아니었다. 두 연인은 사랑으로 하나가 된 줄 알았던 서로에게서 문득 거리감을 느낀다.

곧이어 둘은 대화를 나누다가 전날 밤 둘 모두 꿈을 꾸지 않았다는 사실을 확인한다. 그들의 사랑은 사슴을 앓고, 소를 앓고, 동경을 앓고, 연민을 앓은 끝에 마침내 길에 들어섰다. 대화가 끝나면 펼쳐지는 영화의 마지막 숏에서 두 마리의 사슴이 사라진 겨울 시냇가는 온통 흰 빛 속에서 화이트아웃되어 서서히 통째로 사라진다.

세계에 당도한 빛은 이제 사라졌고, 관계에 동력을 불어넣었던 꿈 역시 끝났다. 하지만 육체와 영혼이 온전하게 공유되었던 기억은 아직 선연하다. 그러니 이제 이 아름다운 연인들은 꿈 없이 빛 없이, 뚜벅뚜벅 그 길을 계속 걸어가야 한다.

# 빌리 진 킹: 세기의 대결

**Battle of the Sexes**

감독 **밸러리 패리스**(Valerie Faris), **조너선 데이턴**(Jonathan Dayton)

국내 개봉일 **2017.11.16**

물론 「빌리 진 킹: 세기의 대결」은 주제의식이 명확한 영화다. 하지만 그뿐만 아니라 대중영화로서의 재미까지 갖췄다. 진지하면서도 밝고, 지적이면서도 코믹하며, 선이 굵으면서도 섬세한 이 영화는 1973년의 실화를 생생히 살려낸 당대의 분위기에 담아 능숙하게 펼쳐낸다. 자신이 어떤 영화를 만들고 있는지 정확히 아는 사람들의 위트와 하모니가 여기에 있다.

　여자 테니스 세계 랭킹 1위인 빌리 진 킹(에마 스톤)은 남자 선수들과 다르지 않은 성과에도 불구하고 훨씬 적은 상금을 받게 되자 크게 실망한다. 기존 대회에 보이콧을 선언한 뒤 빌리가 직접 행동에 나서 세계여자테니스협회를 설립하고 대회를 개최해 화제를 모으는 가운데, 한때 남자 윔블던 챔피언까지 지냈던 55세의 보비 리그스(스티브 커렐)가 뜻밖의 이벤트를 제안한다. 자신과 최고의 여자 테니스 선수인 빌리가 테니스 시합을 통해 남성과 여성의 능력을 겨뤄보자는 것. 빌리가 거절하자 보비는 여자 테니스계를 대표하는 또 다른 선수 마거릿 코트(제시카 맥너미)를 설득해 먼저 경기를 벌인다.

확실히 에마 스톤은 「라라랜드(La La Land)」(데이미언 셔젤) 이후 배우로서의 체급 자체가 달라진 느낌이다. 「라라랜드」에서의 스톤이 하늘에서 사랑스럽게 빛을 발했다면, 「빌리 진 킹」에서의 스톤은 땅에서 믿음직스럽게 길을 낸다. 한순간의 세련된 표현 방식으로나 주제 전체를 지고 가는 존재감으로나 무결한 연기가 돋보인다. 스티브 커렐은 이 영화를 통해 그가 현재 할리우드에서 가장 뛰어난 연기력의 소유자 중 하나라는 사실을 증명해냈다. 기회와 위기를 함께 맞은 한 인물을 화려하면서도 의뭉스럽게 그려낸 그의 「빌리 진 킹」은 커렐의 필모그래피에서 「폭스캐처(Foxcatcher)」(베넷 밀러)와 「빅쇼트(The Big Short)」(애덤 맥케이)의 뒤에 당당히 놓일 만하다.

남성우월주의를 우스꽝스럽게 드러내면서 논쟁에 불을 지피는 보비 리그스는 그저 당대의 격전지가 어디인지 그리고 어떻게 행동해야 주목받을지를 짐작하고서 과장된 어릿광대 역을 자청했던 쇼맨이었다. 그러니 연령과 성별이 다른 두 테니스 선수의 대결은 애초 서커스 같은 구경거리에 지나지 않았을지도 모른다. 하지만 거스를 수 없는 시대의 물결과 자신이 서 있는 자리가 무엇을 의미하는지 깨달은 개인이 만날 때, 희한한 볼거리는 의미심장한 역사적 사건이 되었다. 빌리 진 킹이 상대한 것은 보비 리그스가 아니라 낡고 뒤틀린 시스템의 관성과 오만이었다.

밸러리 패리스와 조너선 데이턴이 함께 연출한 「빌리 진 킹」은 흥미진진한 스포츠영화이고, 뛰어난 페미니즘영화이면서, 삶을 뒤흔드는 감정이 어떤 건지를 인상적으로 보여주는 동성애영화이기도 하다. "어제 같은 일은 더 이상 없을 거야"라고 힘주어 사랑을 부정하고 난 직후에 다시금 연인에게 키스하는 사람의 통제할 수 없는 열정은 극의 또 다른 격랑을 이룬다. 이 영화의 카메라는 그 과정에서 감당하기 어려운 사실을 겪어낸 후 엘리베이터 앞이나 거실 한구석에 홀로 남겨진 채 황망해하는 사람들의 옆모습이나 뒷모습을 한동안 응시함으로써 인간미 가득한 페이소스를 부여하기도 한다.

「빌리 진 킹」은 약점이 없는 영화가 아니다. 빌리의 핵심적 정체성인 동성애 모티브는 극 중반까지 인상적으로 제시되고도 후반에 이르게 되면 세기의 대결이 지닌 강력한 자장 속에서 길을 잃고 희미해져 서브플롯의 역할을 제대로 해내지 못한다. 격정적 순간에 이르게 되면 미끄러지듯 떠다니는 카메라워크와 타이트한 클로즈업 그리고 달콤한 음악에 인물의 표정을 거의 자동적으로 담아내곤 하는 방식도 과용된 감이 없지 않다. 하지만 이 힘찬 영화의 또렷한 지성과 풍부한 감성이 남기는 여운은 분명 짙고 길다.

보비 리그스와 빌리 진 킹의 나이는 26세 차이였다. 스티브 커렐과 에마 스톤의 실제 나이 차 역시 그렇다. 빌리 진 킹은 당시에 여자 테니스계에서 최고의 상금을 받는 선수였다. 2017년의 에마 스톤 역시 여자 배우 출연료 1위다. 하지만 영화와 현실 사이의 이런 흥미로운 일치보다 더욱 눈길을 끄는 부분이 있다. 킹과 스톤이 받았던 보상은 최고의 남자 선수와 남자 배우에 비하면 여전히 불합리하다. 그리고 성차별적인 편견을 지적받을 때 극 중 빌 풀먼이 연기하는 잭과 스티브 커렐이 연기하는 보비 그리고 경기를 맡은 해설자가 불쑥불쑥 내뱉는 말들은 우리 주변에서 오늘도 수없이 들려오는 내용과 흡사하다. 「빌리 진 킹」이 다룬 44년이나 된 오래된 이야기의 시제는 그렇게 현재진행형이 된다.

# 당신과
# 함께한 순간들

**Marjorie Prime**

감독 **마이클 알메레이다**(Michael Almereyda)  국내 개봉일 **2017.10.19**

마이클 알메레이다의 「당신과 함께한 순간들」은 눈에 띄게 지적이면서 정서적 울림 또한 깊다. 겉만 보아서는 한없이 고요하게 진행되는 것 같지만, 안으로는 격렬한 감정의 급류가 있다.

치매로 점점 기억을 잃어가는 85세 마저리(로이스 스미스)는 세상을 떠나기 전의 젊은 시절 남편 모습으로 복원된 인공지능 월터(존 햄)와 추억을 나누며 하루하루를 보낸다. 마저리의 딸 테스(지나 데이비스)와 사위 존(팀 로빈스)은 그런 인공지능 월터에 대해 상반된 태도를 보인다. 마저리가 타계하자 이번엔 테스가 85세 어머니의 모습으로 복원된 인공지능 마저리와 대화를 나누기 시작한다.

기억에 대한 모든 영화는 결국 시간에 대한 영화일 것이다. 기억이란 흘러간 시간을 전제로 하기 때문이다. 그게 어떤 사건이든 경험은 순간에 짧게 파인 후 도도한 시간의 흐름 속으로 말려들어간다. 그러니 경험을 끌어올려 기억하려는 자는 곧 시간과 맞서 싸우는 자이다. 아직 기억이 되지 못한 막막한 현재와 망망한 미래에서 등 돌린 채, 그는 세월의 물살 속에서 추억의 파편을 무망하게 건져 올린다. 시종 바닷가의 한 저택을 중심으로 펼쳐지는 「당신과 함께 한 순간들」의 공간적 설정은 예사롭지 않다. 장대한 시간의 바닷속에서 조각난 기억들로 지어 올린 듯한 그 집은 실로 위태하다.

극 중 인물들이 죽거나 늙을 때마다 시간적인 단절이 있는 이 작품은 사실상 네 개의 챕터로 구성되어 있다고 할 수 있다. 신의 수가 적은 각 챕터 안에서는 마치 시간의 흐름이 정지된 듯 한없이 느리다. 영화가 시작되면 SF적인 설정에 대한 설명이나 인물에 대한 소개도 없이 곧바로 두 남녀가 나누는 긴 대화를 들려주어 관객을 어리둥절하게 만든다. (장 폴이란 남자에 대한) 마저리와 인공지능 월터의 대화 장면이 집에 들어온 딸 부부와 마저리의 대화 장면으로 넘어갈 때처럼, 동일한 앵글과 사이즈의 숏 연결을 통해 설정이나 상황이 다른 별개의 신들 사이의 문턱을 없앰으로써, 흡사 서로 다른 장면들이 시간의 웅덩이에 함께 고인 듯 느껴지게 한다.

챕터들 사이에는 1년에서 몇십 년까지의 간격이 있어 시간적 설정에 차이가 있다. 하지만 영화 자체의 시작이 그렇듯 각 챕터 도입부는 (캐릭터들의 외모에서 짐작되는 나이가 이전과 거의 같아 보이는 가운데) 인간과 인공지능 사이에서 이어지는 긴 대화 장면이기에, 역시나 관객으로선 시간의 흐름을 실감하기 어렵다. 그러니까 이 영화는 종반 직전까지 시간의 흐름 자체를 최대한 무화시키는 방식으로 자기만의 심리적 시간을 만들어낸다. 극 중 인물들이 그러했듯이 말이다.

그러다 마지막 챕터가 시작되면 삽시간에 긴 세월이 흘렀음에도 끝내 시간은 멈추어 설 것만 같다. 그럴 때 기억은 어디에 어떻게 깃드는 것일까.

이 영화의 인공지능은 홀로그램처럼 표현되기에 상대가 만질 수 없다. 사랑했던 누군가를 다시 복원할 때 극 중 인물들이 인공지능에게 바라는 것은 대화다. 흥미로운 것은 세 주인공이 떠나버린 가족을 인공지능으로 다시 복원하기 위해 특정 나이를 선택해야 할 때, 생전에 그 사람과 해결하지 못한 일이 있었던 시점을 고른다는 점이다.

삶에서 가장 행복했던 한 순간을 골랐던 고레에다 히로카즈의 「원더풀 라이프(ワンダフルライフ)」 주인공들과 달리, 마이클 알메레이다의 비극적인 인물들은 결국 가장 아픈 순간을 선택하는 셈이다. 극 중 인공지능은 대화를 통해 기억을 학습해나가는 존재이기에, 치유를 원한다면 그에 앞서 떠올리기 싫은 기억을 먼저 상대에게 말해주어야 한다. 그러니 그 기억을 되살리는 과정은 또 다른 고통을 낳을 수밖에 없고, 상처를 덜 건드리기 위해서 기억은 종종 수정된 채 전달되곤 한다.

게다가 예전에 먹은 아이스크림이 바닐라인지 피스타치오인지에 대해 테스와 존이 입씨름을 벌일 때처럼, 기억은 부정확하다. 또는 월터의 연적이었던 장 폴이 세계 랭킹 8위까지 오른 테니스선수로 거론될 때처럼, 심지어 거짓으로 조작되기도 한다. 테스와 달리 애초에 존은 인공지능이나 기억에 대해 좀 더 낙관적인 태도를 보였지만, 아내를 잃고 나서 결국 수긍한다. 인공지능은 그냥 거울과 같다고. 뭔가를 기억할 때 인간은 그저 기억한 마지막 순간을 기억하는 것일 뿐이라고. 그러니 인공지능과의 대화는 혼잣말을 끝없이 반복하는 것과 같고, 기억은 복사본의 복사본처럼 계속 희미해져갈 뿐이다.

예전에 기르던 토니라는 똑같은 이름의 개 두 마리에 대해 이입된 추억을 늘어놓으며, 인공지능 월터는 두 마리의 토니가 세월이 흘러 기억 속에서 같은 개가 되었다고 말한다. 하지만 이야기를 다 듣고 난 마저리는 해변을 좋아했던 토니는 두 번째로 기르던 토니였다고 기어이 구분해서 되새긴다. 아무리 세월이 흐르고 기억이 흐려도, 잃게 된 토니와 그 대신 기르게 된 토니를 같은 개라고 말할 수는 없다. 그것이 바로 아무리 노력해도 이 영화 속 인물들이 끝내 상처를 치유하지 못하는 이유다.

그렇게 마저리가 떠나고, 테스가 떠난 후, 존마저 늙고 병든 먼 훗날의 마지막 챕터에서 인공지능 캐릭터 셋은 바다가 내려다보이는 거실에 모여 아름다운 추억을 나눈다. 객실에서 「내 남자친구의 결혼식(My Best Friend's Wedding)」(P.J. 호건)을 보다가 이뤄진 청혼의 급작스런 순간은 이제 「카사블랑카(Casablanca)」(마이클 커티즈)를 고풍창연한 극장에서 보고 나온 후 거리에서 펼쳐진 낭만 가득한 경험으로, 그리고 어릴 적 아들을 충분히 돌보지 못해 자살로 세상을 떠나게 했던 일에 대한 회한은 아낌없이 자식에게 사랑을 준 스스로에 대한 자부심으로 각각 대체되어 매끄럽게 술회된다.

「당신과 함께한 순간들」에서 다룬 기억이란 결국 입을 통해 발화된 기억이었다. 마지막 챕터에 이르러 윤색과 왜곡을 거쳐 자리 잡은 기억은 이제 수정되지 않은 채 오래오래 되풀이될 것이다. 사건을 경험한 인간들, 그 경험을 시간이 흐른 후 회상해서 발화한 인간들이 다 사라지고 난 자리에, 기억을 학습해서 연기하는 인공지능 프로그램들만이 남아 끝없이 대화를 나누는 풍경, 기억의 주체는 사라지고 기억 자체만 남아서 영원히 메아리치는 풍경은 실로 선득하다.

그래도 인공지능 마저리가 말하는 "누군가를 사랑할 수 있었다니 얼마나 좋은가"란 이 영화의 마지막 대사만큼은 언뜻 아름답고 뭉클하게 들린다. 비극적인 죽음들로 점철되어 있지만 「당신과 함께한 순간들」은 결국 사랑에 대해 경배하고 삶을 예찬하는 영화인 것일까.

조던 해리슨의 극본을 각색한 이 작품에서 마이클 알메레이다가 가장 중시한 것은 원작에 없던 회상 장면들이다. 플래시백 속에서 마저리는 청혼을 받는 달콤한 순간에도 그때 텔레비전에서 흘러나왔던 「내 남자친구의 결혼식」의 연인간 갈등 장면을 떠올리고, 청혼 반지를 받은 직후 월터에게 어떻게 그 모든 것을 확신할 수 있는지 묻지만 대답을 듣지 못한다. 또한 마저리와 월터가 아들을 잃은 처참한 슬픔을 센트럴파크에서 함께 달렸다는 이전의 이야기는 테스의 회상 장면 속에서 그때 부모가 각각 따로 있었음이 드러나며 부정된다.

마저리와 월터, 존과 테스는 분명 서로를 사랑했다. 그러나 그런 사랑도 끝내 삶의 거대한 그림자에서 서로를 벗어나게 하지는 못했다. 마저리가 살아 있을 때 습관처럼 내뱉었던 "누군가를 사랑할 수 있었다니 얼마나 좋은가"라는 말의 진의를 테스는 의심했다. 이후 테스는 인공지능 마저리를 만들고서도 상대를 제대로 믿지 못해, 의심스러운 엄마의 그 말을 끝내 수정하지 못했다.

알메레이다는 마지막으로 세 가지 이미지를 이어 붙이며 이 영화를 마무리한다. 미술관에 걸려 있던 그림과 「내 남자친구의 결혼식」의 캐머런 디아즈 모습, 그리고 손을 뻗어 사프란 깃발을 만지는 어떤 이의 손길. 그건 각각 청혼의 키스 때 존이 미술관에서 본 것, 청혼받기 직전에 마저리가 텔레비전에서 본 것, 아버지를 위로할 때 테스가 텔레비전에서 본 것이다.

모두 다 결정적 경험 자체가 아닌 그 경험의 주변 풍경들이며, 직접적 관련이 없는데도 이상하게 뇌리에 남아 있는 기억의 조각들이다. 그러니까 끝까지 남게 된 것은 그들 자신이 아니라 그들이 본 이미지 파편의 잔상이고 원본을 알 수 없게 복제된 말의 이명이다. 이 영화에 결국 담기게 되는 것은 오직 기억의 조각만이 남아 영원히 메아리칠 때의 서늘한 슬픔일 것이다.

# 마더!

**Mother!**

감독 **대런 애러노프스키**(Darren Aronofsky)  국내 개봉일 **2017.10.19**

---

「마더!」는 '귀신 들린 집'을 모티브로 한 전형적 공포영화처럼 시작
한다. 숲속 외딴곳에 집이 한 채 있고, 아내(제니퍼 로런스)와 남편(하비
에르 바르뎀)만 거기에 산다. 그런데 글 쓰는 게 직업인 남편은 세상과
고립된 그 집에서 창작에 몰두하려 하지만 영감이 떠오르지 않아 어
려움을 겪는데 아내가 도와줄 방법은 없다. 아하, 이건 「샤이닝(The
Shining)」(스탠리 큐브릭) 같은 영화로군.

　　그러나 그 집에 어떤 커플(에드 해리스, 미셸 파이퍼)이 들어오게 되
면서 이해하기 어려운 행동을 하게 되면 「퍼니게임(Funny Games)」
(미하엘 하네케)처럼 느껴진다. 그러다 그 집에 점점 많은 사람들이
진입하고 왜 그 공간에서 그 모든 혼란스런 일들이 벌어지는지 도
무지 알 수 없는 상황에까지 이르게 되면 고개가 갸웃거려진다. 혹
시 이건 루이스 부뉴엘의 작품들, 말하자면 「절멸의 천사(El ángel
exterminador)」 같은 영화인 걸까. 그러다 아내가 만삭이 되면서 초자
연적 공포가 몰려오면 「악마의 씨(Rosemary's Baby)」(로만 폴란스키)가 되

고, 결정적 순간에 남편이 입을 열면 「곡성」(나홍진)의 클라이맥스가 저절로 떠오른다. 이런, 이건 대체 무슨 영화란 말인가.

물론 대런 애러노프스키의 「마더!」는 성경의 이야기를 잔뜩 차용하고 있다. 하비에르 바르뎀이 연기한 캐릭터를 신으로 본다면, 그 집에 처음 찾아온 커플은 아담과 이브 같다. 창조의 날들이 끝날 때마다 "보시기에 좋았더라"는 말이 덧붙여지는 창세기 구절처럼, 신은 이 영화의 아담이 좀 수상한데도 보자마자 호의를 표한다. 아담이 화장실에서 구역질을 할 때 엿보이는 그의 옆구리 상처는 이브를 만들 갈비뼈를 떼어낸 흔적이다. 그렇게 창조된 이브는 그다음 날 집으로 찾아온다. 그 둘은 결코 만지면 안 되는 귀중한 크리스털을 깨뜨린 후 서재에서 추방된다. 금기의 선악과를 따 먹어서 에덴 밖으로 내쫓긴 구약의 상황 그대로다. 몸이 아픈 아담은 실낙원의 결과로 필멸의 존재가 된 인간의 운명을 드러낸다. 서재에서 쫓겨난 둘은 방에서 섹스를 한다. 그러니 이제 그 결과로 자식들이 등장할 차례다. 들어서자마자 싸움판을 벌이는 형제는 카인과 아벨처럼 보이는데, 신이 멱살을 잡는 것은 역시 차남(브라이언 글리슨)이 아니라 장남(도널 글리슨)이다. (성경에서 신은 형 카인보다 동생 아벨을 더 흡족해한다.) 결국 카인은 아벨을 죽이고 그 집엔 지워지지 않는 핏자국이 남는다.

그렇게 보면 후반부에 제니퍼 로런스가 연기한 캐릭터(이후 '마더'로 지칭)가 낳는 아기는 신의 아들 예수 그리스도로 보인다. 마더가 후미진 공간을 간신히 찾아 아이를 낳은 뒤엔 성경의 동방박사들이 그랬듯 선물이 답지한다. 광기에 들뜬 군중은 마치 십자가에 달린 예수처럼 팔을 뻗은 아기를 옮긴 끝에 살해한다. 이후 사람들이 아기의 몸을 뜯어 먹는 끔찍한 모습은 "이것은 내 살이다"라며 예수가 상징적으로 떼어 준 떡을 제자들이 먹었던 성찬식을 글자 그대로 그려낸 난폭한 유머처럼 다가오기도 한다.

끌어들이는 것은 기독교적 맥락만이 아니어서, 산 채로 희생자의 심장을 꺼내 신에게 바치는 잉카제국의 제의가 재현되기도 하고, 파괴의 순간이 새로운 창조의 원동력으로 바뀌는 순환의 사이클이 힌두교신화와 그대로 겹치기도 한다. 경우에 따라선 마더가 먹는 노란 물약을 샬럿 퍼킨스 길먼의 단편소설 「노란 벽지」와 연계해서 설명할 수도 있고, 중요한 소품인 라이터의 의미를 겉에 명확히 새겨놓은 북유럽신화 속 여신 프레이야의 상징으로 풀이할 수도 있을 것이다.

하지만 레퍼런스로 보이는 밑그림을 그렇게 일일이 들춰내는 작업은 순간적으로 눈길을 끌지언정, 이 영화의 핵심을 들여다보는 일과는 거의 상관이 없다. 무신론자인 애러노프스키가 기독교신화를 상당 부분 차용하고 있는 이유는 단지 그게 세상에 가장 널리 알려져 있는 신화이기 때문인 것으로 보인다. 관객들이 잘 알고 있는 요소들을 충실히 재현하면서 거기에 진짜 하고 싶은 이야기를 얹곤 하는 장르의 어법처럼, 그는 익숙한 기독교신화를 (특히 전반부) 바탕에 깐 후 환경론자로서 자신만의 창조신화를 빚고 싶어 한다.

이건 공포스러운 일들을 겪는 어느 여성을 주인공으로 삼은 심리 스릴러가 아니다. 극 중에서 이름을 가진 등장인물이 하나도 없다는 것은 이 영화가 하나의 사건이 아니라 원형적인 이야기를 다루고 있음을 짐작하게 한다. 엔딩크레디트의 직업이나 지위로 표기된 수많은 소문자 배역 명칭들 가운데서, 단 하나 대문자로 새겨진 'Him'(신)만이 대체 불가능한 고유한 캐릭터라고 말할 수 있는 패턴화된 창조의 이야기인 것이다.

영화 「마더!」가 거둔 성취의 핵심은 제니퍼 로런스가 연기한 그 캐릭터를 일인칭의 주인공으로 삼았다는 사실과 관련되어 있다. 종반 직전까지 관객들은 마더에 이입해 영화를 보기에, 밑도 끝도 없는 수난과 이해할 수 없는 해프닝에 자연스럽게 넌더리를 내게 된다. 그건 애러노프스키가 그렇게 볼 수밖에 없도록 영화적 형식을 집중시켰기 때문이다.

마더는 러닝타임 내내 등장하는데, 카메라는 그녀를 내내 따라다니면서 클로즈업 위주의 화면에 가득 담아낸다. 클로즈업은 맥락을 제거하기에 무지의 앵글이고, 표정을 극대화하기에 감정의 앵글이다. 영화는 롱숏을 자제하고 공간에 대한 스케치를 거의 하지 않은 채 한 인물만 따라다니기에, 관객은 두 시간 내내 그 집만을 보면서도 그곳의 구조나 인물의 동선을 제대로 파악하지 못한다. 그러니 폐소공포증까지 느끼게 되는 관객은 대체 왜 이 모든 일이 일어나는 것인지 짐작도 못 한 채 마더의 감정에 깊숙이 동화되어 오로지 당한다.

종반 대사에도 잠깐 등장하듯, 마더(Mother Earth)는 곧 집이고 나아가 세계 자체다. 마더의 수난과 집의 훼손과 세계의 파괴는 함께 진행된다. (마더는 집 밖으로 한 번도 나가지 않고, 집을 넘어선 공간은 묘사되지 않는다. 집을 하나의 세계로 그려내는 데 감독이 성공하고 있다는 것은 외부에서 그 집을 바라보는 예외적인 숏이 별다른 장치 없이도 기이하고도 오싹한 느낌을 안긴다는 사실에서 제대로 드러난다. 그건 우리가 상상하기 어려운 세계 밖의 시선이기 때문이다.) 그곳에 온 불청객들은 내내 떨어뜨리거나 흘리고 부수는데, 그 과정에서 데거나 토하고 다치거나 죽기까지 한다. 금연을 비롯한 그 세계의 규칙은 번번이 위반되고, 갓 수리된 그 집의 상황은 지속적으로 무시되며, 비행을 막으려던 마더는 끝내 모욕받는다. 집의 생명력인 크리스털이 깨지고 마더가 보는 환상 속 집의 심장까지 점점 타들어가니, 남은 길은 하나밖에 없다. 세계는 철저히 파괴된 후 처음부터 다시 창조되어야만 한다.

애러노프스키의 신화가 정말로 흥미로운 것은 인간의 시선을 철저히 배제했기 때문이다. 극 중 가장 중요한 캐릭터인 마더와 두 번째로 중요한 캐릭터인 신은 인간이 아니다. 영화가 철두철미한 일인칭으로 진행되고, 뛰어난 배우가 그 캐릭터를 연기하고 있기 때문에 관객이 이입에 어려움을 겪지 않았을 뿐이다. 종반 직전까지 주인공이 무지막지한 사건을 끝도 없이 겪는 한 사람인 줄 알고 공감하며 가슴을 치던 관객들은 결국 완전히 다른 시점의 이야기였다는 것을 깨닫고 당황한다.

다시 말해 이 영화를 본 관객은 힘차게 질주하는 플롯과 효과를 제대로 발휘하는 스타일 덕분에, 온갖 인간들이 벌이는 난동을 인격화된 세계의 시선으로 보았다. 특히 후반부가 되면 인간들은 오로지 인류라는 집단 안에서만 의미를 지니는 완벽히 익명적인 존재로 밀려나게 되는데, 결과적으로 관객은 무리를 지은 사람들 속의 자기 자신을 대상화해서 본 셈이다.

애러노프스키의 일인칭 화법은 반휴머니즘에 토대하고 있다. 휴머니즘이라는 고귀한 가치는 인간이 누리는 특별한 지위를 인정하지 않게 되면 전혀 다르게 다가온다. 만일 이 이야기의 일인칭 주인공이 마더가 아니라 신이었다면, 마더는 인간에 대한 사랑과 창조에 대한 열정으로 움직이는 신의 위대한 뜻을 무시한 채 사사건건 방해하는 악마처럼 비춰졌을지도 모른다. 그리고 만일 이 이야기에서 처음부터 끝까지 등장하는 인간 캐릭터가 있다고 가정하고 그가 일인칭 주인공으로 등장했다면, 마더는 매몰차고 이기적이며 결국 참극을 초래하는 악당처럼 여겨졌을지도 모른다.

그러나 이 영화의 주인공은 세계이기에 악역은 인간들의 몫이 된다. 관객이 체험하게 되는 것은 난입한 인간들 때문에 영문도 모르고 끝없이 당하는 대자연의 처지인 것이다. 집에 온 인간들이 저지르는 악행도 문제지만, 인간들이 너무 많다는 사실 자체도 문제가 된다. 이제 관객은 그 모든 인간들을 쓸어버리고 싶어진다. (「마더!」와 전작 「노아(Noah)」는 인간 없는 세상을 꿈꾸는 애러노프스키의 염세적 세계관이 깊숙이 투영된 2부작처럼 보인다.) 순환하는 세상의 원리 속에서 극 중 인간들의 운명은 상대적으로 누가 선하고 누가 악한지와 전혀 상관없다. 개체는 중요하지 않다. 대자연은 선택적으로 보복하지 않는다. 인류의 종말이 세계의 희망이 되는 상황. 서늘하고도 특별한 영화적 경험이 아닐 수 없다.

파괴가 창조와 맞닿아 있음을 선명하게 드러내는 구조를 염두에 둘 때, 애러노프스키가 이 영화의 끝을 결코 새드엔딩으로 생각하지 않을 것이라는 사실은 명확하다. 제목에 포함된 느낌표는 도래한 멸망을 감지할 때의 탄식이 아니라, 완수된 임무를 목도할 때의 환호에 가까워 보인다. 이 영화를 만든 사람은 오로지 신과 모성의 이름을 빌려, 파괴와 재창조까지 포함하는 동력과 장(場) 자체에 경배하고 싶어 할 뿐이다. (창작자로서 애러노프스키는 「파이(Pi)」에서처럼 세계의 원리를 캐거나, 「천년을 흐르는 사랑(The Fountain)」에서처럼 그 세계가 순환하는 구조를 다루길 즐긴다.)

아마도 「마더!」를 걸작이라고까지 말하긴 어려울 것 같다. 상징들은 종종 너무 얕게 묻혔고, 감독의 불필요한 노파심이 드러나는 장면들도 있다. 한 호흡으로 질주하는 단일한 이야기임을 감안할 때, 유사한 상황이 계속 반복되는 러닝타임은 좀 더 줄이는 게 좋았을 것이다.

하지만 거대한 이야기를 한 손에 비틀어 쥔 채 강렬하게 폭주하는 모습은 가히 장관이다. 과대망상과 자아도취 사이를 오가기도 하는 애러노프스키의 뻔뻔하고 야단스러운 영화들은 종종 지독히도 매력적이다. 무엇보다 이런 일급 배우들과 일급 세팅으로 이렇게까지 막 나가는 개성 넘치는 영화를 만들 배짱과 야심, 그리고 실현 능력을 지닌 감독이 얼마나 되겠는가.

# 어 퍼펙트 데이

**A Perfect Day**
감독 **페르난도 레온 데 아라노아**(Fernando León de Aranoa)  국내 개봉일 **2017.09.21**

전쟁을 소재로 삼은 작품인데도 충격전은커녕 총소리조차 한 번도 나오지 않는다. 우물 위에 떠 있는 시체로 시작하는데도 전편은 유머로 가득하다. 황폐하기 이를 데 없는 산악 지형을 무대로 하는데도 펑크를 주조로 하는 삽입곡들엔 에너지가 넘친다. 재기로 똘똘 뭉친 대사들이 쉴 새 없이 이어지지만 극이 고비에 이르면 언어가 끊어진 자리에서도 끊기지 않고 구불구불 계속 이어지는 길을 묵묵히 담아낸다. 그리고 재치와 신비가 공존하는 기가 막힌 라스트신이 있다. 스페인 감독 페르난도 레온 데 아라노아가 연출한 「어 퍼펙트 데이」 같은 영화를 이전에 본 적이 있었던가.

보스니아내전의 종식을 앞두고 있는 1995년의 발칸반도. NGO 단체 '국경 없는 원조회'의 베테랑 요원 맘브루(베니시오 델 토로)는 마을의 유일한 식수 공급원인 우물을 오염시키는 시신을 끌어올리는 데 어려움을 겪는다. 맘브루의 동료 B(팀 로빈스)와 통역을 담당하는 다미르(페자 스투칸)는 시신을 묶어 올릴 밧줄을 구하기 위해 곳곳을 헤맨다. 임무 수행을 위해 위생 전문가 소피(멜라니 티에리)와 함께 차를 타고 가던 맘브루는 공을 빼앗긴 어린 소년 니콜라(엘다 레지도빅)와 마주치자 다른 공을 대신 구해주기 위해 차에 태운다. 맘브루의 옛 연인인 현장분석가 카티야(올가 쿠릴렌코)까지 팀에 투입되자 일은 점점 더 복잡해진다.

「어 퍼펙트 데이」의 도입부에서 우물에 빠져 있는 시신을 끌어올리려다 밧줄이 끊어지는 바람에 실패한 맘브루에게 현지인 다미르는 그 지역의 유명 코미디언이 자주 한다는 농담을 언급한다. 욕조로 들어간 알바니아 사람들을 조롱하는 그 농담에 대해 들은 맘브루는 이렇게 응수한다. "우물 속 시체가 그 코미디언인지도 모르겠군." 타민족을 놀림감으로 삼고 배척하는 '에스닉 조크'에 담긴 그 같은 편견이야말로 식수 공급원을 오염시켜 공동체를 위험에 빠뜨리고 있는 그 거대한 몸집의 시신과도 같을 것이다. (보스니아내전 종식 후 세르비아인들이 알바니아인들을 학살했던 코소보 사태를 떠올리면 이 농담은 더욱 예사롭지 않게 들린다.)

맘브루와 다미르, 그리고 B와 소피가 등장하는 이 영화의 처음 두 장면은 구조적으로 흡사하다. 유머가 곁들여진 이 두 장면에는 모두 시체(전자는 우물 속 사람 시신, 후자는 도로 한복판의 소 시체)가 나온다. 그 시체는 알 수 없는 누군가에 의해 외부에서 그곳으로 옮겨졌다. 그 시체는 사람들의 안전을 (전자는 우물의 오염으로, 후자는 그 안에 있을지도 모르는 지뢰로) 위협하고 있다. 말하자면 그 두 시체는 불특정 다수에게 위해를 가하도록 도구화된 죽음이다. 빨리 위험을 제거해야 하지만 해법은 보이지 않는다. 장면 앞부분에서 차량이 후진하는 것과 장면 뒷부분에서 주인공들이 그 자리를 서둘러 떠나는 것도 같다. 이 두 장면의 유사한 요소들은 그 자체로 극 중 상황의 딜레마를 함축하고 있다. 사람의 시체와 소의 시체는 이후 한 번씩 더 나온다. 그리고 초반 두 장면의 다소 여유로운 느낌과 달리, 이 장면들에 이르면 상황은 절박해진다.

중반부까지 극 중 주인공들은 두 팀으로 나뉘어서 움직인다. 한 팀은 밧줄을 구하러 다니고, 다른 한 팀은 (사실상) 공을 구하러 다닌다. 실패를 거듭하던 두 팀은 마침내 한데 모여 같은 곳에서 밧줄과 공을 구하는 데 성공한다. 그곳은 바로 니콜라의 집. 공과 밧줄은 원래 니콜라와 가족의 것이었다. 그리고 교수형에 써야 해서 팔 수 없다는 가게 주인의 밧줄은 그 내적 의미로 볼 때 니콜라 부모의 목을 매단 밧줄과 겹치게 되고, 공을 발견한 직후의 맘브루는 시신까지 발견하고 나서 이렇게 말한다. "저 정도 길이면 충분해." 살의의 밧줄과 절망의 밧줄이 생명의 밧줄로 바뀌는 아이러니는 지독히도 씁쓸하다.

그러나 결국 그 밧줄은 관료주의에 찌든 유엔군에 의해 끊어진다. 그리고 어렵게 니콜라에게 찾아준 공조차 다시 상실될 상황이 되자, 맘브루는 돌을 오른손에 쥔 채 아이들을 폭력적으로 위협한다. 어느새 그는 총을 오른손에 쥔 채 폭력적으로 위협해 공을 빼앗아 갔던 극 초반의 아이들과 다를 바 없게 된다. 밧줄이 끊어지는 바람에 모두가 동분서주하기 시작했던 기나긴 24시간은 밧줄이 끊기면서 하릴없이 끝나간다. 그리고 공은 다시금 니콜라의 손을 떠난다. 밧줄과 공을 구하려는 극의 가장 중요한 과제는 결국 헛수고가 되고, 그 하루 동안 모든 노력을 다했음에도 그들이 해낸 일은 거의 없다.

하지만 이 영화에는 이상한 낙관이 흐른다. 충격적인 상황 이후 낙심한 소피에게 맘브루는 이렇게 말한다. "다른 일은 신경 쓰지 말고 지금 일어나는 일에만 집중해. 지금 이 순간 외에 존재하는 것은 없어. 계속 가는 거야. 그러면 결국 집에 가게 될 거야."「어 퍼펙트 데이」는 주저앉아 감상에 젖거나 뒤로 물러나 자책할 시간이 없는 사람들의 휴먼 드라마다. 실패로 점철된 24시간을 보낸 후 이제 다시 난민 캠프의 망가진 화장실을 고치는 임무를 수행하기 위해 또 다른 막막한 24시간을 시작하는 이들의 뒷모습에는 묘하게도 행동주의자의 낭만주의가 있다. 언뜻 소재와 배치되는 것으로 보였던 영화의 밝은 기운은 사실 이 영화의 주제인 셈이다.

그리고 비가 온다. 화장실을 고쳐야 하는 주인공들에겐 거의 완벽하게 지긋지긋했던 하루를 그야말로 완벽하게 지긋지긋한 하루로 바꾸고야 말 이 설상가상의 폭우는, 그러나 기적 같은 해피엔드를 만든다.

비 때문에 우물이 넘치는 것을 마을 사람들에게 알려 시신을 간단히 끌어낼 수 있게 한 극 중 인물은 소를 따라 지뢰들 사이로 유유히 걸어 귀가했던 여인이었다. 그녀는 '데우스 엑스 마키나(Deux ex machina)'를 떠올리게 하는 존재로, 자연 자체라고도 말할 수 있을 것이다. 극 중에서 위기를 가져왔던 소의 시체와 인간의 시신 문제를 결과적으로 모두 해결하는 셈인데, 그녀의 해법은 자연이 이끄는 대로 그저 따라가는 것이었다. 그렇게 인간들에 의한 땅의 오염(지뢰)

은 자연에 의한 길로 개선되고, 인간들에 의한 물의 오염은 자연에 의한 물(비)로 정화된다.

화장실을 고치러 떠나는 바람에 내리는 비로 우물 문제가 자연스럽게 해결되었다는 것을 주인공들이 끝까지 알지 못한다는 사실은 해피엔드에 방해가 되는 것은 아닐까. 하지만 큰 그림에 대한 인간의 무지는 자연의 희망일 수도 있다. 정말 중요한 것은 주인공들이 살아가는 삶의 양식이 소를 모는 여인의 행동 원리와 궤를 같이한다는 점이다. 계속 가고 또 가라. 그러면 언젠가는 집에 도착할 것이다.

# 몬스터 콜

**A Monster Calls**
감독 **후안 안토니오 바요나**(Juan Antonio Bayona)  국내 개봉일 **2017.09.14**

「몬스터 콜」의 원작 소설 첫 장을 넘기면 이런 인용문이 있다. "젊음은 한순간이라고들 말하지만 그 시간이 꽤 오래 계속되지 않는가. 감당할 수 있는 것보다 더 긴 세월 동안."(힐러리 맨틀) 이 문장에서 '젊음'을 '어린 시절'로 바꾸어 보면 「몬스터 콜」의 밑바닥에 어떤 감정이 흐르고 있는지 짐작할 수 있다. 기억의 능숙한 화장술로 뽀얗게 채색되지만, 그때가 정말 황금시대였던가.

그건 풍선과 무지개의 나날이 아니었다. 까마득한 미래와 헐떡이는 과거 사이에서 기다리는 것들은 다가오지 않았고, 잊고 싶은 것들은 흘러가지 않았다. 때로 그 시절은 깊게 고인 웅덩이처럼 느껴졌다. 수업을 멈추고 소식을 전하러 온 누군가의 말에 잠깐 귀 기울이던 선생님이 이윽고 고개를 들어 굳은 얼굴로 자신의 이름을 호명할 때, 살짝 열린 병실 문 너머로 옷을 갈아입던 엄마의 형편없이 여윈 몸을 언뜻 목격할 때, 그리고 도저히 받아들이기 싫었던 가능성을 외길에서 현실로 맞닥뜨리게 될 때, 결국 아이는 몸을 돌려 달리고 또 달린다. 장면이 바뀌어도 그저 계속 뒷모습만 보인 채 지금 이곳으로부터 멀리, 더 멀리.

열세 살 소년 코너(루이스 맥더젤)는 엄마(펠리시티 존스)가 큰 병에 걸리자 깊은 슬픔에 빠진다. 엄마가 병원에 입원한 후 외할머니(시고니 위버) 집에서 지내게 되지만 수시로 외할머니와 대립하며 갈등을 빚는다. 오래전 엄마와 이혼한 아빠(토비 케벨)가 찾아오기도 하지만 코너의 마음은 치유되지 못한다. 어느 날 밤, 자정이 넘은 시각에 몬스터(리엄 니슨)가 그의 이름을 부르며 이렇게 외친다. "널 데리러 왔다." 몬스터는 소년을 어디로 데려가려는 걸까.

스페인 감독 후안 안토니오 바요나가 「오퍼나지 – 비밀의 계단(El orfanato)」과 「더 임파서블(Lo imposible)」을 통해 증명했던 것은 거대한 사건 속에서도 인물들 감정에 집중하는 능력과 시각적 상상력이었다. 바요나의 장기가 제대로 발휘된 수작 「몬스터 콜」에 시종 일렁이는 것은 상실감이다. 죄책감과 뒤엉킨 어린 시절의 상실감이라는 다루기 쉽잖은 양면적 감정을 바요나는 생생하게 그려내는 데 성공했다. 이 아름답고 슬픈 동화는 모든 게 잘될 거라는 식으로 대충 어깨 두드려 위로를 건네지 않는다. 감춰진 환부를 찾아내 그게 언제 어떻게 생긴 상처인지를 확인시킨 후 정확하게 위무한다. 힐링 시네마란 바로 이런 것이다.

「몬스터 콜」에서 삶은 결국 이야기다. 환상과 현실은 이야기라는 측면에서 다르지 않다. 슬픔과 자책으로 억눌렀던 것들은 뒤틀어지고 부풀어진 채 몬스터가 되어 거듭 귀환한다. 코너는 처음에 이야기가 현실이 아니라고 코웃음치지만, 곧 이야기만이 진짜 현실인 상황과 마주하게 된다. 코너는 늘 이야기를 잘못 듣는다. 살인자는 결국 마녀가 아니라 왕자였다. 비난받을 사람은 약제사가 아니라 목사였다. 그러니까 중요한 것은 이야기를 듣는 게 아니라 고쳐 듣는 것이고, 이야기를 하는 게 아니라 제대로 하는 것이다.

몬스터가 들려주는 첫 번째 이야기에서 다가올 엄마의 죽음을 전제로 같이 살 것을 요구하는 외할머니에 대한 미움과, 마음속에서 엄마를 죽인 것에 관한 죄책감은, 어울리지 않는 자리를 차지한 채 결혼을 요구하는 마녀와, 사랑하는 연인을 죽이고도 스스로를 속이는 왕자의 행동으로 변형되었다. 이 이야기는 물론 이분법적인 판단을 경계하라고 말해준다. 어쩌면 어른이 된다는 것은 "항상 좋은 사람도 항상 나쁜 사람도 없고 대부분은 그 사이 어딘가에 있다"는 몬스터의 말을 받아들이는 과정일 수도 있을 테다.

하지만 첫 번째 이야기에서 가장 중요한 대목은 왕자가 살인죄를 저질렀음에도 나중에 좋은 왕이 되었다는 사실일지도 모른다. 엄마를 잃어가는 고통에 지쳐 은밀하게 마음속으로 그 모든 일들이 빨리 끝나길 바랐다고 해서 코너가 훗날 나쁜 어른이 될 수밖에 없는 건 아니다. 더군다나 중요한 것은 생각이 아니라 행동이라고 몬스터가 확언해주지 않는가. '나쁜 생각'에 스스로 놀라 자신을 계속 벌하려 하고 있지만, 코너, 그래도 괜찮아.

딸의 병 앞에서 괴로워하던 목사와 고집불통 약제사에 대한 두 번째 이야기를 들은 후 코너는 처음엔 치료를 거절한 약제사를 비난한다. 그러다 몬스터로부터 그 이야기를 고쳐 듣고 나서 이번엔 목사에게 분노하며 목사관을 마구 부순다. 엄마가 나을 거라고 자신에게 말하지 않았던 아빠야말로 믿음 없이 가족의 치유를 바랐던 그 목사 같은 사람일 테니까. 하지만 목사는 사실 엄마가 세상을 떠날 거라는 걸 알면서도 나을 거라고 믿는 척했던 자기 자신이었다. 그리고 코너가 현실에서 부수고 만 것은 자신이 가지 못하는 아빠의 미국 집, 즉 자신의 꿈이 아니라, 엄마가 떠나면 새로 옮겨 가야 할 외할머니의 집, 즉 자신의 미래였다.

투명인간에 대한 세 번째 이야기가 곧바로 현실과 뒤섞여버린 후, 이제 코너가 마지막으로 입을 연다. 그리고 끝까지 회피하고 싶었던 그 이야기가 마쳐질 때쯤 코너는 깨닫는다. 그는 엄마라는 이야기의 끝을 비로소 바라본다. 이야기된 이야기는 소년을 치유한다.

그러니까, 들은 자는 말해야 한다. 말해야 비로소 드러나는 진실이 있다. 이야기가 생명을 갖는 것은 오직 이야기될 때뿐이다. 「몬스터 콜」이 끝나갈 무렵, 코너는 오래전 엄마가 그렸던 그림 속에서 몬스터의 어깨에 올라탄 얼굴 없는 소년을 바라본다. 그 얼굴을 함께 거울처럼 들여다보며 관객들은 저마다 오래 감춰온 이야기의 말머리를 뭉클하게 매만질 것이다.

# 밤섬해적단
# 서울불바다

감독 **정윤석** 국내 개봉일 **2017.08.24**

「밤섬해적단 서울불바다」에 등장하는 가장 극적인 사건은 2인조 밴드 밤섬해적단의 음반을 낸 인디레이블 '비싼 트로피' 대표이자 프로듀서인 박정근의 구속과 재판일 것이다. "북한의 대남기구 조국평화통일위원회가 운영하는 웹사이트 우리민족끼리에 실린 글 70건을 리트윗하고 200여 건의 이적표현물을 작성"해서 국가보안법을 위반했다는 혐의로 구속된 박정근은 1심 재판에서 징역 10개월에 집행유예 2년으로 2012년에 유죄판결을 받았다.

정윤석은 이 사건이 발생하기 이전부터 이미 밤섬해적단에 대한 다큐멘터리를 찍고 있었다. 베이시스트 장성건과 드러머 권용만으로 이루어진 그라인드코어 펑크밴드 밤섬해적단을 다룰 이 작품은 아마도 처음에 강렬한 개성과 독특한 매력을 지닌 멤버 두 사람 자체와 한국 사회에서 좌충우돌하는 그들의 음악이 드러내는 의미를 함께 다루게 될 음악 인물 다큐멘터리로 기획되었을 것이다.

그러다가 예감하지 못했던 사건이 터진다. 밤섬해적단의 활동을 중심으로 찍어가던 과정에서, 말하자면 일종의 조역 캐릭터로 담아오던 프로듀서 박정근에게게서 큰 사건이 발생한 것이다. 극영화와 달리 찍어갈 내용을 통제할 수 없는 다큐멘터리 감독에게 이런 순간은 복잡하고도 다층적인 고민을 안길 것으로 추측된다. 우선 애정을 가지고 찍어가던 인물들 중 하나였던 박정근에 대한 걱정과 국가 권력에 의해 강제된 그런 어처구니없는 상황에 대한 한탄과 분노가 있었을 것이다. 아울러 촬영 도중 생각지도 못한 자리에서 갑자기 터진 대형 사건에 대한 흥분이 있었을지도 모른다. 어떤 의미에서 이런 큰 사건은 다큐멘터리를 찍는 감독에게 갑자기 찾아온 '행운'처럼 여겨질 수도 있을 것이다.

시나리오에 의존하는 경향이 많은 극영화와 달리, 대부분의 경우 상황을 명확히 설정하기 어려운 다큐멘터리 작품의 구조와 플롯은 결국 편집에서 결정될 것이다. 촬영 분량이 기본적으로 시나리오에 따라야 하는 극영화보다 훨씬 더 많을 수밖에 없기에 더욱 그럴 것이다. 그렇다면 예기치 못했던 박정근의 구속 사건이 이 영화에 최종적으로 어떻게 담겼는지를 살펴보면 다큐멘터리 작가로서의 정윤석의 고민과 태도 및 지향점이 드러날 수 있을 것이다.

결론부터 말한다면 정윤석은 이런 대형 사건이 발생했음에도 애초의 의도와 방향을 바꾸지 않았다고 볼 수 있다. 다시 말해서 그는 사건보다 인물을 선택(했던 결정을 고수)했다. 권용만과 장성건이라는 두 뮤지션 인물에 대한 영화는 시대착오적인 국가보안법 관련 구속 사건과 마주치고도 그 방향이 근본적으로 수정되진 않았다.

물론 '국가보안법 사건'은 이 영화에서 상당한 비중을 차지하고 있다. 작품의 후반부에서 집중적으로 다뤄진다. 그러나 더 중요한 것은 구조와 플롯일 것이다. 러닝타임이 120분인 이 영화에서 국가보안법 사건은 78분이 흘러서야 처음 다뤄지기 시작한다. 이후 러닝타임 105분 지점에 이르러 "권용만의 증인 출석 이후 1심 재판부는 유죄를 판결하며 박정근에게 징역 10개월 집행유예 2년을 선고하였다"는 자막으로 재판 시퀀스가 정리된 후 더 이상 묘사되지 않는다. 국가보안법 사건 이전에 박정근이 비중 있게 나오는 신은 영화 시작 후 25분 쯤 경과된 상황에서 3분 남짓 지속되는 장면이 있을 뿐이다. 장성건이 「서울불바다」 음반을 위해 홍보 사진을 찍으려고 박정근이 운영하는 조광사진관을 찾았을 때의 장면이다. 이 대목은 박정근이 야외의 카메라 앞에서 포즈를 취하는 모습을 담은 몽타주 장면으로 이어지는데, 이때 권용만과 박정근이 라디오 방송에서 코믹하게 박정근의 이력을 소재로 농담하는 대화가 보이스오버로 흐른다.

이 영화는 박정근의 국가보안법 사건에 대한 어떠한 복선도 이전에 담지 않았다. 시작 후 25분쯤에 나왔던 박정근 장면들은 그의 일반적인 활동과 간략한 프로필을 관객들에게 대화의 형태로 제공해 후반에서 구속 사건을 다룰 때 어느 정도 이해를 도울 뿐이다. 국가보안법 사건은 영화 시작 후 절반도 훨씬 넘어선 러닝타임 78분 지점에서 갑자기 돌출하듯 삽입된다. 권용만에 대한 세 건의 인터뷰가 길게 이어지고 난 후 신상옥이 북한에 있던 시절에 만든 액션 사극이 펼쳐지는 가운데 「똥과 오줌」이란 밤섬해적단의 노래가 흘렀던

게 그 직전까지의 장면인데, 무지화면으로 이전까지의 전개에 명확한 단절을 드러낸 후 "북한 찬양 퍼뜨린 사회당원 20대 국가보안법 구속"이라는 MBN 뉴스 장면이 갑자기 펼쳐지기 시작하는 것이다.

촬영을 시작한 정윤석은 도중인 2011년 말에 국가보안법 사건을 만나고도 애초의 목표를 수정하지 않았다. 2017년에 최종적으로 개봉한 이 작품의 편집 과정에서 복선으로 여길 수 있는 장면을 전반부에 넣거나 박정근을 이전에 좀 더 의미심장한 뉘앙스로 다룸으로써 그 사건의 함의를 증폭시킬 수도 있었을 것이다. 시제를 변형해 뒤섞거나 아예 국가보안법 사건부터 일부분을 따로 떼 내어 먼저 다루는 방식도 충분히 가능했을 것이다. 그렇게 하면 사건이 중심인 영화가 되었을 것이다. 하지만 그는 그렇게 하지 않았다. 그건 애초에 인물 자체를 중심으로 다루려는 이 기획의 방향이 그에게 중요했기 때문일 수 있을 것이다.

아울러 지금 영화에 드러난 것과 같은 방식처럼 이 일을 다루게 되면 국가보안법 사건이 일종의 해프닝이 되어버린다는 점이 중요할 수도 있다. 아무리 심각한 외양을 띠고 있더라도, 그게 해프닝이라면 어이없고 예측할 수 없으며 비이성적인 돌출적 사건이 되고 만다. 그리고 만일 이전에 복선을 넣었다면 그런 국가적 폭력을 낳은 한국 사회 경직성의 필연성이 다뤄지게 될 것이다. 그런 사건은 그런 복선을 흘릴 수밖에 없는 한국 사회에서 '아니나 다를까' 발생할 수밖에 없는 사건이 된다. 비판의 파괴력을 위해서라면 그게 훨씬 더 효과적인 방식일 수도 있다. 시제와 구조를 비틀어 이 사건의 양적-질적 비중을 키운다면 더욱 그럴 것이다.

그러나 정윤석은 시대착오적인 그 사건 자체를 이 영화에서 전혀 예감하지 못한 돌출점으로 다룬다. 그럴 때 그 일은 심각하고 거대한 사건이지만 동시에 '어처구니없게도' 우발적으로 발생해버린 해프닝이 된다. 우연은 규칙에 따라 이성적으로 추론할 수 없는, 그럴 수도 있고 그렇지 않을 수도 있기에 미리 예측해 피할 수 없는 돌출점이기 때문이다. 필연적 악은 명확한 타도의 대상이지만 우연적 악은 그렇게 되기 어렵다. 그렇다면 유희적 방식은 어떨까. 박정근의 최후진술 장면처럼 정색하는 대목이 없지 않지만, 정윤석은 「밤섬해적단 서울불바다」에서 사건의 비극성을 심각하게 인지하면서도 대부분의 경우 유희적 방식을 견지한다.

그건 밤섬해적단이라는 소재를 다뤄내는 최선의 방법에 가까웠던 것으로 보인다. 왜냐하면 밤섬해적단은 무엇보다 판단을 유보할 자유에 토대한 예술가들이기 때문이다. 그들은 명확한 판단을 내리지 않아도 부조리한 사안에 대해 얼마든지 유의미하게 비판할 수 있다는 것을 내내 보여준다. 극 중 국가보안법 사건은 판단을 유보할 자유에 토대해서 부조리한 한국 사회의 사안들에 대해 이리저리 미끄러지며 유희적 비판을 해왔던 예술가들에게 범주를 넘어서서 기어이 판단을 하도록 강요한 해프닝이다. 느닷없이 규정하려 드는 시스템과 어떻게든 규정당하지 않으려는 예술가들 사이의 비극적이면서 우발적인 마찰이다.

이 영화에서 국가보안법 사건이 돌출되기 직전엔 10분이 넘는 긴 시간에 걸쳐 밤섬해적단 노래들의 작사를 전담하는 권용만의 시와 음악 그리고 삶에 대해 말하는 세 차례의 인터뷰 장면이 펼쳐진다.

규정하려 드는 것은 법뿐만이 아니다. 문학평론가와 음악평론가 그리고 언론인이 권용만의 예술과 예술가 자신에 대해서 이런저런 틀을 덧씌우려 든다. 시인으로서 권용만의 '대안 없는' 언어에 대한 회의적 시선과, 뮤지션으로서 권용만의 음악적 한계에 대한 야박한 지적과, 한 인간으로서 권용만이 유복한 가정에서 태어났음에도 그런 활동을 하는 것에 대한 냉소적 시선이 그를 몰아세우며 옭아맨다. 권용만에 대해서 말하는 세 인터뷰 장면 중 두 장면에서 이른바 포지션이 거론된다. 언론인의 질문은 아예 그 시작이 "본인의 포지션이 어디쯤 해당됩니까"란 것이다. 권용만은 그 인터뷰에서 전에 없이 자신 없어 보이고 또 난감해 보인다. 그 긴 인터뷰 시퀀스의 끝에서 권용만은 흔들리는 속내를 가감 없이 드러내며 이렇게 말한다. "지금 저에겐 듣기 좋은 제대로 된 음악을 하고 싶은 마음과 음악도 아닌 음악을 하고 싶은 마음이 다 있어요. 우리는 이런 음악을 하지만 사실 너드(Nerd)들이고 누구보다 학교 조용히 다니던 애들이고 저나 성건이나 집에서 곱게 자란 애들이죠. 우린 가사도 항상 이중적으로 쓰려고 해요. 취직하려고 공부하는 친구들을 욕하고 싶은 마음이 있는데 저 역시 취직을 해야 되지 않나 하는 마음. 그래서 욕하다 보면 자신도 욕하게 되고, 모든 게 그렇게 되어 있어요."

흔들리면 안 되는가. 욕망이나 꿈의 대상은 명확히 하나여야만 하는가. 내가 혼란에 빠져 있다고 해서 내가 속한 집단의 부조리에 대해 손가락을 겨누어서는 안 되는 것인가. 밤섬해적단은 그들이 흔들리고 있다는 사실을 감추지 않는다. 그러면서도 전방위적으로 강력하게 손가락질을 하는데, 그 대상으로 가장 자주 지적되는 것은 그들 자신이기도 하다. 자신들의 방송에서 "우리는 싸구려 음악을 해서 싸구려 데미지만 입어. 우리가 돈 들인다고 되는 것도 아니고"라고 자학하고, 고려대의 철거 직전 건물에서 공연을 하며 "우리가 오늘 고려대에 찾아온 건 망한 건물을 좋아하기 때문입니다"라는 농담으로 망한 건물과 자신들의 처지를 동일시하며 자조한다. 강정마을 해군기지 반대 시위에서 공연을 하고 나서도 "문제에 대해서는 여기 사람들이 더 잘 알 거고. 우리가 뭔가 확실히 입장을 갖고 있는 것도 아니고. 우리가 도움이 될까요. 누구한테 어떤 도움이 될까요"라고 자문한다.

이 영화에서 밤섬해적단의 두 멤버를 담아낼 때는 정윤석의 목소리가 들어가는 대목이 한 번도 없다. 그러나 그들에 대한 지식인들의 인터뷰 장면에서는 반문하는 그의 목소리("왜 권용만에 대한 평가를 유보하게 되시는지 그걸 좀 더 설명해주시면 안 될까요")가 연거푸 들어가 있다. 그리고 긴 인터뷰 시퀀스가 아무것도 제대로 택하지 못하고 있다는 권용만의 토로로 끝난 후에 이어지는 장면에는 사실상 권용만의 언어를 빌려 권용만 대신에 적극적으로 대답하는 정윤석의 모습이 담겨 있다.

그건 「똥과 오줌」이라는 밤섬해적단의 곡이 신상옥이 만든 북한 영화 위로 흐르는 장면이다. 금도끼와 은도끼 중 하나를 고르라고 하는 산신령 민담을 비틀어서 똥과 오줌 사이에서 하나를 선택하라고 강요하는 상황을 노래하는 이 곡은 선택에의 강요 자체가 지닌 폭력성을 통쾌하게 공박한다. 물론 정치의 언어는 똥과 오줌 사이에서도 기어이 어느 것이 그래도 더 나은지를 선택해야 한다. 하지만 예술의 언어는 차악과 최악 사이에서 굳이 선택할 필요가 없다. 경우에 따라선 어차피 배설물인 둘의 작은 차이보다는 둘 모두가 어쨌든 악이라는 사실 자체가 더 큰 의미를 지닐 수도 있다.

　박정근의 국가보안법 사건이 터져 나온 직후에도 밤섬해적단은 그들 특유의 유희적 태도를 포기하지 않는다. 추운 날씨에 반팔만 입고서 나선 거리 공연에서 권용만은 "여기서 김정일 만세를 외치는 빨갱이들이 집회를 가지고 있습니다"라고 외친 후 "우리도 여기서 국가보안법이나 어겨보자. 뭐, 어겨보면 어때"라며 연주를 시작한다.

　하지만 그런 그들도 이후에 서게 된 법정에선 어쩔 수 없이 유희적 태도를 유보해야만 한다. 권용만이 수원지방법원에서 열린 5차 공판에 증인으로 출석했을 때 검사는 밤섬해적단의 노래 「성경이 진리이듯이」의 의미가 뭐냐고 집요하게 질문한다. 그 노래의 가사에 담긴 의미를 설명하던 권용만은 결국 "기독교와 북한 둘 다 말이 안 된다고 비판하는 노래"라고 요약한다. 또 다른 노래 「김정일 만만세」에 대해서는 "(북한의 김정일과) 동명이인인 한국의 김정일들이 짜증난다고 말하는 경우가 많아서 일단 곡 제목으로 놀래킨 다음에 '아니구나' 다시 안심을 시키는 곡을 만들고 싶었다"라고 의도를 설명한다. 이 장면에서 진하게 느껴지는 것은 예술의 자유로운 언어 대신 법의 실용적 언어로 말하기를 강요받은 예술가의 초라하고 슬픈 입지다. 그게 농담이었음을 입증해야 무죄가 되는 희한한 사건, 예술이 웃자고 하는 말에 법이 죽자고 달려드는 상황은 한국 사회 아이러니의 한 극단을 현시한다.

그러나 정윤석은 엄숙함을 강요받은 법정의 증언을 다룬 이 장면에서조차 유희적 태도를 포기하지 않는다. 검사와 권용만의 법정 대화가 보이스오버로 흐를 때 관객들이 내내 보게 되는 것은 서울의 고층 빌딩이 내려다보이는 우주에서 선글라스를 쓴 채 말소리에 따라 날개를 파르르 떠는 '모에화된' 김정일이다. 이 장면에서 시각 이미지와 청각 정보 사이의 충돌은 기묘한 파장을 만들어내는데, 중요한 것은 법의 경직된 자장 속에 어쩔 수 없이 들어간 권용만조차 유희적 태도를 견지할 수 없게 된 상황에서, 영화가 그런 유희적 태도를 떠맡고 있다는 것이다. 구성원의 말과 행동을 딱딱한 테두리 속에 가두려 드는 시스템이 유희의 언어와 유희의 태도를 금지하려 할 때, 이 같은 영화적 태도는 그 자체로 윤리적 저항이 된다.

이것은 아마도 다큐멘터리를 만드는 사람으로서의 정윤석이 생각하는 정직성과도 무관하지 않을 것이다. 기본적으로 그는 자신이 다루는 인물들에 매혹되어 있고 그들이 만드는 음악에 매혹되어 있으며 그 음악을 다른 매체인 영화의 언어로 최대한 잘 옮겨내고 싶어 한다. (밤섬해적단 음악의 핵심적인 매력을 특히 정윤석은 요란하게 화면을 꽉 채우는 역동적 자막으로 번안한다.)

그러니까 정윤석의 영화는 밤섬해적단의 음악에 동조화함으로써 연대한다. 유희정신이라는 밴드의 핵심은 「밤섬해적단 서울불바다」라는 영화의 핵심이 된다. 유희는 필연일 수 없다. 그건 최소한의 규칙하에서 우연을 즐기는 방식이다. 제도와 시스템은 필연을 폭력적으로 이행하려 들지만, 예술은 필연의 외줄에서 번번이 이탈함으로써 그게 필연이 아님을 드러낸다.

결국 이 영화에서 박정근의 국가보안법 사건은 결정적인 단 하나의 사건이 아니라 상대적으로 비중이 큰 사건 정도의 의미를 갖는다. 이때 거기에 담긴 것은 개그를 다큐로 받는 권력에 대한 예술의 탄식이면서, 동시에 정윤석이라는 또 다른 예술가가 다시금 그런 권력을 유희의 대상으로 삼아내는 의지다. 예술은 선택하지 않고도 조롱할 수 있는 자유가 있다는 천명이다.

「밤섬해적단 서울불바다」는 박정근의 최후진술 장면과 징역 10개월에 집행유예 2년인 1심 판결 결과에 대한 자막으로 국가보안법 사건에 대한 서술을 모두 마친 후, 영화가 끝날 때까지의 마지막 15분 동안 이 사건에 대해 더 이상 재론하지 않는다. (심지어 같은 사건에 대해서 무죄 판결을 내린 2013년의 항소심과 2014년의 상고심 결과도 거론하지 않는다.) 국가보안법 관련 재판에 대해 그 이후 장면들에서 직접적으로 코멘트하지 않음으로써 판단유보의 권리를 영화 자체가 내세우고 있다는 느낌마저 든다. 법이 판단을 내렸어도 예술은 그 판단에 대한 판단조차 내리지 않음으로써 그 판단의 의미를 무화하고 판단유보의 권리를 완강하게 지킨다. 이것은 판단을 강요하는 시스템 속에서 판단을 내리지 않는 사람들에 대해 판단을 내리지 않음으로써 연대하는 영화인 것처럼 보인다.

판단을 내리는 대신에 영화는 갑자기 명상에 빠지는 것으로 보인다. (정윤석은 전작 「논픽션 다이어리」에서도 유사한 화법을 보였다.) 긴 재판 장면 후에 곧바로 펼쳐지는 것은 불 켜진 서울의 고층 건물들을 지나는 버스 안의 시점으로 담아낸 트래블링숏이다. 두 멤버가 방에서 쭈그려 쪽잠을 자는 모습, 지하철에서 한 남자가 깊이 잠든 모습, 박근혜 대통령 당선 텔레비전 방송, 열창하는 장성건과 안경 벗은 권용만이 공연에 몰두하는 모습, 그리고 해 질 녘 철새 떼가 멀리 날아가는 모습까지가 현실의 사운드를 거세한 채 대신 흐르는 관조적인 음악에 실려 차례로 펼쳐진다. 새들도 세상을 뜨는 걸까.

그리고 영화는 사실상 기나긴 후주를 들려주며 끝을 향해 간다. "언더 음악을 하면 배를 곯는다는 생각을 하잖아요? 정말 배고파요?" 같은 라디오 방송 진행자의 무례한 질문에 대해 그사이 머리를 빡빡 깎은 장성건이 "음악을 하기 때문에 가난하다는 건 사실과 다를 것 같네요"라고 또박또박 답변하는 장면이 나온다. 권용만과 장성건이 번갈아 괴성을 지르다 못해 장난감 나팔과 전기드릴까지 동원해서 스튜디오에서 녹음을 하는 장면이 나온다. 두 멤버가 그 음악이 제대로 녹음되었는지 확인하는 뒷모습이 나온다. 이어지는 자막은 밤섬해적단이 두 차례에 걸쳐 해체 사실을 밝혔음을 명확히 한 후 그들의 앨범을 토렌트에서 무료로 다운받을 수 있다는 안내를 한다. 엔딩크레디트와 함께 그들의 곡 「나는 씨발 존나 젊다」가 흐른다. 그 곡이 끝나면, 최후로 「막차가 끊기기 전에」라는 이례적으로 서정적인 그들의 곡이 하나 더 흐른다. "화려했던 공연이 막을 내리고 반짝이던 조명이 불이 꺼졌네. 로큰롤로 달구었던 이 밤의 젊음. 막차가 끊기기 전에 집에 가야지. 화려했던 무대와 어두웠던 관객석. 초라했던 나는 메탈티를 입었네." 보컬이 괴성으로 포효할 때 원형의 도상도 아주 커져서 요동치며 함께 포효한다. 그러다 노래가 잦아들면 도상의 파형도 잦아들고 검은 어둠 속에서 마침내 미세하게 흔들리는 작은 남색 원이 되어 정지한다.

끝날 듯 끝날 듯 머뭇대고 두리번거리면서 마침표 찍는 순간을 자꾸 미루는 듯한 「밤섬해적단 서울불바다」의 종반부는 이상하게 먹먹하다. 밤섬해적단은 명확히 구두점을 찍었지만, 정윤석은 영원히 막차를 맞이하기 싫어하는 것 같다.

# 혹성탈출: 종의 전쟁

**War for the Planet of the Apes**

감독 **맷 리브스**(Matt Reeves)   국내 개봉일 **2017.08.15**

강렬하고도 기품 넘치는 시리즈였다. 「혹성탈출: 종의 전쟁」은 작품 전체를 팽팽하게 지탱하는 깊고도 고요한 영화적 장력과, 대사에 최소한으로 의존하는 유려한 시각적 스토리텔링을 통해, 이 시리즈에 인상적인 마침표를 찍는 데 성공했다. 현장감을 극대화하고 배우들의 연기를 최대한 자연스럽게 이끌어낼 수 있는 라이브 퍼포먼스 캡처 기술도 온전하게 제 효과를 발휘했다. 2011년 「혹성탈출: 진화의 시작(Rise of the Planet of the Apes)」(루퍼트 와이엇)으로 출발한 「혹성탈출」 프리퀄 3부작은 「혹성탈출: 반격의 서막(Dawn of the Planet of the Apes)」(맷 리브스)을 거쳐 「혹성탈출: 종의 전쟁」에 이르러 이제 장엄하게 마무리되었다.

인간들과의 평화로운 공존을 위해 노력하던 유인원 리더 시저(앤디 서키스)는 맥컬러프 대령(우디 해럴슨)에 의해 가족들을 잃자 분노한다. 유인원 동료들이 안전한 거처를 찾아 대장정을 떠날 때, 태도를 바꾸게 된 시저는 맥컬러프 대령에게 복수하러 무리에서 이탈한다.

맷 리브스가 연출한 「혹성탈출: 종의 전쟁」은 대재앙 이후의 세계를 그리는 포스트 아포칼립스 장르에 속하는 SF지만, 신화적인 필치와 다양한 레퍼런스 인용을 통해 원형적이면서 동시에 풍부한 독법이 가능한 영화가 되었다. 서부극을 차용한 듯한 구도가 있는가 하면, 베트남전을 연상케 하는 단어가 등장하기도 하는데, 후반부 수용소는 홀로코스트의 맥락을 끌어들이기도 한다.

「십계(The Ten Commandments)」(세실 B. 데밀)에서 「콰이강의 다리(The Bridge on the River Kwai)」(데이비드 린)까지 떠오르는 영화들도 많다. 이 중 가장 또렷하게 드러나는 밑그림은 프랜시스 코폴라의 「지옥의 묵시록(Apocalypse Now)」이다. 맥컬러프 대령은 「지옥의 묵시록」에서 말런 브랜도가 연기한 커츠 대령을 참고한 캐릭터임이 분명해 보인다. 맥컬러프는 전쟁 상황에서 자신만의 병력을 규합해 일종의 작은 왕국을 건설한 전제군주처럼 행세하고 있는데, 이는 커츠 역시 마찬가지다. 대령이라는 계급과 빡빡 깎은 헤어스타일은 물론, 환상에 시달리는 주인공(시저 또는 「지옥의 묵시록」의 윌러드(마틴 신))이 그런 대령을 찾아가 살해 임무를 수행하려 하는 과정에서 대령이 사실상 자살과도 같은 최후를 맞게 되는 상황 역시 동일하다. 「지옥의 묵시록」의 원제 'Apocalypse Now'를 비튼 'Ape-ocalypse Now'라는 글귀가 극 중에 등장하기까지 한다.

1968년에 프랭클린 샤프너 작품으로 시작되어 여러 편의 속편이 나온 「혹성탈출(Planet of the Apes)」 오리지널 시리즈의 앞 이야기를 다루는 이번 「혹성탈출」 프리퀄 3부작은 곧 시저라는 영웅의 일대기를 다룬 시리즈이기도 하다. 「혹성탈출: 종의 전쟁」에 이르러 시저는 동족을 이끌고 장정을 떠나지만 끝내 정착지에 이르지 못하는 모세처럼 여겨지기도 하고, 두 개의 나무 기둥을 엇갈려 놓은 형틀에 매달린 채 헝겊에 적신 액체로 간신히 목을 축이며 고통받는 예수처럼 보이기도 하는데, 이처럼 신화적인 캐릭터 시저의 비극성은 그가 죄책감과 무력감에 시달리면서 극대화되기도 한다.

영웅은 세계와 싸우면서 자신과도 싸운다. 「혹성탈출: 종의 전쟁」은 시저가 인간들에 맞서 유인원 집단을 이끄는 리더로서의 역할을 수행하는 외면적 투쟁 못지않게, 스스로가 내세웠던 신념이나 도덕적 원칙을 저버리고 광기와 강박으로 가라앉는 과정에서 벌어지는 내면적 투쟁을 입체적으로 묘사한다.

이 과정에서 맥컬러프 대령과 시저의 선명한 대조는 이 이야기가 품고 있는 딜레마를 형상화한다. 한쪽은 아들을 죽인 자이고 다른 한쪽은 아들이 죽은 자이다. 한쪽은 생존 의지로 행동하고, 다른 한쪽은 감정으로 움직인다. 그리고 한쪽은 종을 먼저 생각하고 다른 한쪽은 개체(가족)를 먼저 생각한다. 종의 보존을 위해 자신의 아들까지 죽인 인간이 아들의 죽음 앞에서 복수심을 불태우고 있는 유인원에게 기묘하게 말을 건넨다. "왜 그렇게 감정적이야? 넌 너무 개인적으로만 생각을 하고 있어." 무력감에 시달리고 있고 스스로가 끝내 승리자가 될 수 없음을 예감하고 있다는 점에서 다르지 않은 둘의 대결은 영웅적이면서 비극적이다.

이 영화에서 인간성은 감정과 언어로 대표된다. 역설적이게도 시

미안 플루 바이러스가 창궐하는 바람에 인간은 인간다움을 드러내는 이 두 가지 특질을 잃어가면서 퇴화하는 반면, 유인원들은 진화의 결과로 감정 능력과 언어 능력을 키워가며 이전의 인간에 가까워진다. 인간의 퇴화와 유인원의 진화가 쌍곡선으로 엇갈리는 이야기 구조에서 특별히 눈길을 끄는 건 '배드 에이프'와 '노바'다.

유인원들로부터 분리된 채 인간들 사이에서 자라면서 스스로를 비하하는 이름을 갖게 된 유인원 배드 에이프(스티브 잔)는 구경거리 취급을 받았는데, 그 과정에서 언어를 학습하게 된다. 다른 인간들로부터 떨어져 지내다가 유인원들 사이에서 자라게 되면서 스스로를 귀하게 여기는 이름을 얻게 된 인간 노바(아미아 밀러)는 집단의 일원으로 보호받는데, 그 과정에서 감정을 배우게 된다. (바이러스 감염 결과 감정과 언어를 상실하는 바람에 아버지를 잃었을 때는 아무런 동요도 드러내지 않았던 노바는 유인원 집단 안에서 감정을 습득하게 되어 루카(마이클 애덤스 웨이트)의 죽음 앞에서 진한 눈물을 흘린다.) 서로 명확하게 대칭되는 이 두 캐릭터가 이전의 무리로부터 이탈해 시저 집단의 일부로 온전히 녹아드는 모습은 새롭게 도래할 문명이 어떻게 틀을 갖추는지를 흥미롭게 드러낸다.

종반에 이르러 시저는 목적지를 목전에 두고도 그곳에 도달하지 못한 채 거목처럼 옆으로 쓰러진다. 가장 가까운 친구인 모리스(카린 코노발)는 장차 시저의 어린 아들이 성장하면 아버지가 누구였는지 어떤 일들을 해냈는지 들려주겠노라고 다짐한다. 그러니 시저는 떠났지만 시저에 대한 이야기는 오래도록 남을 것이다. 그건 아마도 이제 막을 내린 이 장대한 시리즈도 마찬가지일 것이다.

# 레이디 맥베스

**Lady Macbeth**
감독 **윌리엄 올드로이드(William Oldroyd)** 국내 개봉일 **2017.08.03**

「레이디 맥베스」의 주제의식은 선명하고 형식은 엄격하다. 종종 정면으로 마주 서는 카메라와 피사체 사이의 긴장이 팽팽하고, 한정된 공간들을 반복해가며 변주할 때 담기는 변화가 또렷하다. 그리고 여기에는 그 모두를 체화한 배우가 있다. 데뷔 직후의 케이트 윈슬릿이나 제니퍼 로런스를 떠올리게 하는 이 영화의 플로렌스 퓨는 실로 대단하다.

어린 나이에 팔려가서 나이 많은 지주 알렉산더(폴 힐턴)와 결혼하게 된 캐서린(플로렌스 퓨)은 아무런 일도 일어나지 않는 저택에 갇힌 채 하녀 애나(나오미 아키에)의 시중을 받으며 지루한 나날을 보낸다. 남편이 오랫동안 집을 비운 사이에 저택 밖으로 나가게 된 캐서린은 새로 온 하인 서배스천(코스모 자비스)에게 끌리기 시작한다.

윌리엄 올드로이드가 연출하고 앨리스 버치가 각본을 쓴 「레이디 맥베스」는 19세기 러시아 소설가 니콜라이 레스코프의 원작 『러시아의 맥베스 부인』을 영화화한 작품이다. 캐서린이 서배스천과 함께 처벌받아 유형지로 떠나는 과정에서 벌어지는 일들을 다루는 소설의 후반부를 과감하게 생략해 선연하게 마침표를 찍는 이 영화의 각색은 시대적 한계에 머물렀던 원작 이야기와 달리 페미니즘적 지향을 명확히 하며 제 목소리를 낸다. 아울러 무대를 19세기 중반의 영국으로 옮기는 과정에서 서양 문학을 통틀어 가장 강력한 여성 캐릭터 중 하나라고 할 수 있는 맥베스 부인이 등장하는 셰익스피어의 희곡 「맥베스」와 황야를 배경으로 한 지독한 사랑 이야기인 에밀리 브론테의 소설 『폭풍의 언덕』을 끌어들인다. (캐서린은 레스코프 소설 속 주인공인 카테리나의 영어식 이름이면서, 『폭풍의 언덕』 주인공 이름이기도 하다.)

순종적이고 수동적인 여성상을 예찬하고 육체적인 욕망을 죄악시했던 영국의 빅토리아시대를 배경으로 삼은 이 영화 초반부에서 캐서린은 가부장제의 폭압 아래 사실상 죄수 같은 삶을 산다. 한편으로는 출산을 아내의 본분으로 강요당하고, 다른 한편으론 동침을 거부하는 남편으로부터 모독당한다. 코르셋을 위시한 복식과 로키 조명을 통해 어둡게 묘사된 저택은 그 자체로 감옥이다. 캐서린은 원래 적극적이고 당당한 여성이지만 그곳에선 늘 외롭고 늘 따분하며 늘 졸리다. 남편 알렉산더와 하녀 애나는 도입부에서 캐서린에게 춥지 않은지 재차 묻는다. 추위를 느끼면 옷을 입어야 하고 안에 머물러야 한다. 하지만 한기를 느끼지 않는 그녀는 전반부에서 벗어날 때쯤 종종 밖으로 나서고 안에선 자주 옷을 벗는다.

로빈 우드는 사회 집단이 꾸는 악몽으로서의 공포영화에서는 문명에 의해 억압된 것들이 괴물의 형태로 귀환한다고 지적했다. 폭압적이고 반여성적인 지배 체제가 만들어낸 이 '악녀'이자 '마녀'는 서배스찬과 일단 연인 사이가 되자 이전의 삶으로 돌아가는 대신 주도적으로 일련의 살인을 저지른다. (중세에 마녀로 몰린 여자들의 상당수는 남자의 도움 없이 혼자 사는 여인들이었다.) 억압적 현실에 맞서기 위해 여성 주인공들이 선택하는 것은 보통 '인형의 집'(헨리크 입센)을 떠나는 것이지만, 이 흥미진진한 이야기 속에서 캐서린은 남자들을 살인이나 거짓말로 하나씩 해치워 내보낸 후 결국 그 집에 홀로 남는다.

캐서린이 저지르는 세 번의 살인은 결과적으로 남성 위주의 혈통을 위에서부터 순서대로 끊는 것이다. 마지막으로 남편 알렉산더의 혼외자인 테디(앤턴 파머)를 죽일 때 캐서린은 서배스천의 아기를 임신한 상태이기에, 결과적으로 그 살인은 부계를 멸하고 그 자리를 모계로 대체하는 행위가 된다.

세 번에 이르는 살인은 모두 공범이 있다. 알렉산더의 아버지인 보리스(크리스토퍼 페어뱅크)를 살해할 때 애나는 문밖에서 그가 죽어가는 소리를 들으면서도, 오랫동안 모셔오던 보리스 대신 캐서린의 명령에 복종해 자리를 지킴으로써 사실상 공범이 된다. 알렉산더와 테디를 죽일 때는 서배스천이 합세한다. 눈길을 끄는 것은 캐서린뿐만 아니라, 애나와 서배스천 역시 공범 노릇을 할 때 상대를 죽일 만한 이유를 갖고 있었다는 점이다. 보리스가 죽기 전에 애나는 그로부터 짐승 취급을 받아 네발로 기어 나가는 모욕을 감수해야 했고, 알렉산더가 죽기 전에 서배스천은 그로부터 목을 물어뜯겨 생명의 위협을 경험했으며, 테디가 죽기 전에 서배스천은 이미 계곡에서 살해 충동을 느꼈다.

캐서린과 서배스천, 혹은 캐서린과 애나가 살인을 함께 저지른 것은 우연이 아니다. 이것은 지배 체제의 억압에 대한 피압제자들의 공조 의미를 띠고 있기 때문이다. 보리스와 알렉산더가 극 중 지배 체제의 수호자인 백인 남성 지주들인 데 비해, 캐서린과 서배스천과 애나는 여성이거나 백인이 아니거나 하층민이다. 어쩌면 그들은 그 두 번의 살인 이후에도 결정적 문제없이 살아갈 수 있었을지도 모른다. 하지만 그들 삶 속에 예상치 못한 방식으로 들어온 테디를 세 번째로 죽이게 되면서 이야기는 전혀 다른 맥락에 접속된다.

보리스나 알렉산더와 달리, 테디는 잘못을 저지르지 않았다. 남성이고 지주가 될 혈통에 속하지만 아직 어리면서 백인도 아닌 테디의 존재 조건은 살해자들 사이의 난맥을 노출시킨다. 캐서린은 자신이 죽였던 이전의 두 남자와 달리, 테디에 대해선 죄책감을 느낀다. 어린 그에게서 뜻하지 않게 모성애와 유사한 감정을 느꼈음에도 사랑을 위해 결국 살인을 저질렀기 때문이다.

서배스천이 극 중에서 질투를 느끼는 대상은 연적이라고 할 수 있는 알렉산더가 아니라 재산 분할의 대상인 테디였다. 서배스천은 결국 사랑이 아니라 돈이나 권력에 더 마음이 가 있는 사람이라고 할 수 있는데, 그런 이유로 이미 테디에 대해 적극적인 살의를 가진 적이 있기에 뒤늦은 죄책감은 더욱 격렬할 수밖에 없다. 애나는 이 영화에서 일어나는 모든 중요한 일들을 보거나 들어서 알고 있지만 아무런 행동도 하지 않는다. 목격자이되 증언자가 되진 못하는 애나의 무력감은 보리스의 죽음 이후 벙어리가 되는 상황에 고스란히 녹아 있다.

결국 피억압자들의 기묘한 연대는 깨어지고 만다. "우리가 죽었다"는 경찰 앞 서배스천의 자백은 "(우리가 아니라) 너희가 죽었다"라고 자신을 제외하는 캐서린의 주장 때문에 뒤집힌다. 캐서린은 결정적 순간에 젠더에서의 피억압자 위치에서 계급과 인종에서의 억압자 위치로 옮겨간다. 그리고 가장 억울한 누명은 계급과 인종과 젠더 모두에서 최약자인 애나가 뒤집어쓰게 된다. 거실에 있던 사람들이 일제히 한곳을 바라보는 차가운 롱숏에 이어, 그들의 시선이 가 닿은 곳에서 이리저리 시선을 황망하게 굴리다가 결국 체념하고 눈을 감는 애나의 미디엄숏으로 이 클라이맥스 장면이 마감되는 모습은 지극히 인상적이다. 이미 오래전 입을 닫게 된 애나는 이제 눈까지 감게 된 것이다.

그리고 저택에 혼자 남게 된 캐서린의 모습을 담은 고요하면서도 서늘한 라스트신. 베일을 쓴 채 주변을 두리번거리던 캐서린의 뒷모습이 핸드헬드에 담겼던 이 영화 첫 숏의 혼란은 사라지고, 불룩한 배에 손을 얹은 채 정면을 차갑게 바라보는 캐서린의 앞모습이 고정된 카메라에 담긴 마지막 숏의 정적만이 남아 있다. 이건 마침내 승리한 자가 치르는 의기양양한 최후의 의식과도 같은 장면인 걸까. 하지만 캐서린의 마지막 정면 응시를 (여러 숏으로 나눠서 하나의 피사체를 찍을 경우 처음 숏에 이어지는 다음 숏은 피사체를 원점으로 할 때 30도 이상 벗어난 곳에서 찍어야 한다는) 30도의 법칙을 일부러 어김으로써 날카롭게 단절을 드러내는 점프컷에 담아낸 것은 왜일까. 안은 범행의 장소였고 밖은 은폐의 장소였던 그 저택 한가운데 홀로 남은 그녀는 눈을 부릅뜬 채 무엇을 바라보고 있는 것일까.

# 덩케르크

**Dunkirk**
감독 **크리스토퍼 놀런**(Christopher Nolan)  국내 개봉일 **2017.07.20**

어려운 프로젝트였을 것이다. 「덩케르크」의 소재는 제2차 세계대전을 배경으로 하면서도, 전쟁영화에서 관객들이 흔히 기대하는 것들의 정반대 방향에 놓여 있으니까. 이 이야기는 적진으로 용감무쌍하게 달려드는 진격이 아니라 전선에서 허겁지겁 도망쳐오는 철수를 다룬다. 어떤 가치를 내걸고서 죽이는 과정을 볼거리로 전시하는 대개의 전쟁영화와 달리, 이건 오로지 살리는 데 주력하는 이상한 전쟁영화다. 게다가 역사적 사실을 담은 내용이라서 사건의 전말이 이미 널리 알려져 있다.

여기엔 (일부 공중전을 제외하면) 액션 혹은 폭력의 쾌감이 존재하지 않는다. 있다면 오직 리액션일 것이다. 극 중 병사들은 적기가 날아오고 폭탄이 떨어지고 총알이 쏟아질 때마다 그저 계속 피한다. 말하자면 이건 장르적으로 볼 때 전쟁영화보다는 재난영화에 가깝다. 재난영화는 리액션이 유일한 문법이고, 생존이 지고의 선인 장르니까. 「덩케르크」에선 적인 독일군이 사실상 비인격적이고 우연적이

209

며 무차별적인 공격을 퍼붓는 것처럼 묘사되는데, 그건 바로 자연재해가 인간을 덮치는 방식이기도 하다. 크리스토퍼 놀런이 「덩케르크」를 일종의 재난영화처럼 그려낸 이유는 명백하다. 그는 무엇보다 함께 살아남으려는 공동체의 숭고한 지향력을 담아내고 싶어 하기 때문이다. (재난영화는 저절로 휴머니즘을 끌어들인다.)

크리스토퍼 놀런은 야심 찬 뺄셈의 미학으로 특별한 전쟁영화를 조각했다. 탁월한 영화는 그 속에 들어 있는 것들뿐만 아니라 들어가 있지 않도록 제외한 것들 역시 훌륭하다. 대사를 대폭 줄이고서 스토리를 시각화하는 이 영화엔 아주 짧은 숏 하나를 제외하면 독일군이 묘사되지 않는다. 연합군 안에서도 악당은 없다. 다만 조금 더 흔들렸던 사람들이 있을 뿐이다. 게다가 극 중 인물들은 저마다의 사연이 전혀 묘사되지 않는다. 두고 온 병든 노모를 떠올리며 눈물을 흘리거나, 주머니에 넣어둔 애인의 사진을 꺼내 보며 한숨짓는 병사도 없다. (도슨(마크 라일런스)의 가족사가 예외적으로 아주 조금 서술되지만, 그는 이 전쟁영화에서 군인이 아니다.)

병사들은 돌아가서 어떤 것을 이루기 위해 살아남으려는 것이 아니다. 그저 생명을 가진 존재로서 계속 살아남으려는 것일 뿐이다. 생존 앞에서 평등한 그들 모두는 결국 서로를 발견한다. 인물들이 사선을 넘나들 때, 그 모습을 바라보는 또 다른 누군가의 시선을 이 영화가 시종 집요하게 그려내고 있는 것은 의미심장하다. 그들은 서로의 운명에 목격자이면서 증언자로 엮여 하나가 되는 것이다.

행동의 결과로만 보면 극 중 가장 큰 역할을 해냈다고 할 수 있는 사람은 전투기 파일럿인 파리어(톰 하디)일 것이다. 하지만 이 영화는 파리어가 아니라 초기에 사고를 당하는 바람에 구조 작업에 제대로 힘을 보태지도 못한 소년 조지(배리 키오건)를 영웅으로 기념한다. (본성이 아니라 인물이 놓인 종반부 위치의 측면에서, 파리어와 조지는 각각 「다크 나이트(The Dark Knight)」(크리스토퍼 놀런)의 배트맨(크리스천 베일)과 하비 덴트(에런 에크하트)를 떠올리게 하기도 한다.) 그건 곧 작전에 함께한 모든 사람, 즉 공동체 전체가 영웅이라는 선언인 셈이다.

그렇게 놀런은 역사적 맥락이나 적의 동향을 괄호 치고, 각 캐릭터의 사연과 배경을 생략하고서 개인적 편차를 최대한 줄임으로써, 한두 명의 인물들이 극적으로 돌출되는 전형적 영웅서사를 경계한 채, 부분의 합보다 전체가 훨씬 더 큰 벽화를 성공적으로 그려냈다.

균질하고도 단일한 현실의 시공간을 자신만의 복잡한 영화적 시공간으로 재편하는 데서 뛰어난 능력을 발휘해온 크리스토퍼 놀런은 「덩케르크」에서도 플롯의 마술을 부린다. 이 영화에서는 잔교에서의 일주일과 바다에서의 하루 그리고 하늘에서의 한 시간이 서로 다른 서술자에 의해서 서로 다른 시간의 농도로 중반부까지 현란하게 교차 서술된다. (이와 관련해 도슨이 모는 배 이름이 '문스톤'인 것이 눈길을 끈다. '문스톤'은 영문학사 최초의 추리소설로 다양한 서술자를 등장시켰던 윌리엄 윌키 콜린스의 작품명이기 때문이다.) 저마다의 작동 방식을 지닌 세 개의 시공간이 서로 다른 시점 제공자에 의해 펼쳐지는 이 영화의 복잡한 구조는 「인셉션(Inception)」(크리스토퍼 놀런)의 클라이맥스 부분에서 차용한 것으로 보인다. (「인셉션」의 다리와 호텔과 설원에서 펼쳐지는 서로 다른 세 사람이 꾸는 세 개의 꿈 장면들에서 서로 다른 속도로 흘렀던 시간을 떠올려 보라.)

이 심플한 영화에 놀런은 왜 굳이 그렇게 복잡한 구조를 만들어 넣었을까. 덩케르크 철수 작전을 서로 다른 작동 원리가 지배하는 세 개의 시공간으로 나눠버리면 각각의 세계에서 인물들의 고립감과 절박함은 극대화된다. 또한 그 세 가지 세계는 서로 다른 압축 정도를 보이는 영화적 시간에 종속되기 때문에 심리적 서스펜스를 다양하고도 생생하게 묘사할 수 있다. 예를 들어, 한 시간밖에 없는 하늘의 파일럿에겐 시간이 너무 급박하게 흘러서 문제이고, 일주일이나 기다려야 하는 잔교의 패잔병에겐 시간이 너무 늦게 흘러서 문제이다. 전자의 급박함은 점점 줄어드는 연료를 통해 표현되고, 후자의 절망감은 승하선의 무망한 반복을 통해 묘사된다.

아울러 물리적으로 균질한 현실의 시공간을 서로 다른 세 개의 시공간으로 구획 짓는 인위적 설정은 결국 셋이 하나의 세계로 통합되기 시작하는 지점을 강력한 영화적 무게중심으로 만들어낸다. 「덩케르크」에서 그 지점은 공중전을 벌이던 콜린스(잭 로던)의 전투기가 피격되어 바다로 추락하는 장면이다. 이 장면은 하늘의 파리어와 바다에 있는 도슨의 시점숏으로 연이어 두 차례 묘사되는데, 이 대목에 이르러 중층적 구조는 해소되어 단일한 시공간 속의 결말을 향해 달려가게 된다.

콜린스가 바다에 빠지는 장면이 영화적 무게중심이 되어야 하는 이유는 어느 정도 명백해 보인다. 그건 구조를 하는 사람이 구조의 대상자가 되는 순간이다. 이건 단지 능력과 용기와 선의를 겸비한 구조자들이 무능하고 비겁하며 살아야겠다는 본능만 남은 구조 대상자들을 돕는 이야기가 아니다. 전쟁이라는 거대한 비극의 한가운

데서 그 둘은 명확히 구분되지 않는다. 그러니 구조 작업을 하는 것은 구조자가 아니라, 구조 대상자와 구조자가 사실상 동전의 양면이면서 하나의 전체인 공동체 자체인 것이다.

이 영화의 전반부에서 삶과 죽음의 경계선은 항상 우연을 통해 그어졌다. 덩케르크의 골목에서 홀로 살아남은 토미(핀 화이트헤드)가 해변과 잔교와 어뢰 공격에서 연거푸 죽지 않게 되는 것은 그의 능력이나 품성과 무관하다. 그때마다 그는 그저 다른 병사들과 똑같이 그 자리에 납죽 엎드리거나 필사적으로 달아났을 뿐인데, 퍼부어진 폭탄과 총알이 우연히도 다른 병사들은 건드리면서도 그는 건드리지 않았기 때문이다. (이때 떨어지는 폭탄들이 하나의 숏 안에서 객석과 수직 방향으로 퍼부어지게 한 묘사는 절묘하다. 후경으로부터 일렬로 떨어지면서 점점 전경으로 떨어지던 폭탄들이 최전경에 엎드려 있는 토미 바로 직전에서 멈출 때 관객이 안도하게 되는 것은 주인공의 안위를 확인했기 때문만은 아니다. 만일 토미까지 폭사했다면 그다음 폭탄은 객석에 떨어지게 되기 때문이다. 이 영화가 관객들에게 마치 전장의 한가운데 서 있는 것처럼 지독할 정도로 체험적으로 다가오는 것은 이처럼 뛰어난 화법들과 밀접한 관련을 맺고 있다.)

하지만 「덩케르크」의 후반부에 이르면 폭압적인 우연이 날뛰는 재난영화의 플롯이 공멸의 재앙을 거스르는 위대한 의지를 보여주는 공동체 드라마 플롯으로 전환된다. 원칙 따위 없다고 공언하는 우연이라는 악마의 난동 앞에서 극심한 혼란을 겪다가도, 끝내 함께 어깨를 겯는 선의를 동력으로 삼아 공동체가 재건되는 모습을 극적으로 그려내는 주제는 사실상 「다크 나이트」와 동일하다.

자신이 살기 위해 상대를 죽여야 하는지에 대한 윤리적 딜레마를 선명하게 다룬 「다크 나이트」의 배 두 척에서 펼쳐지는 클라이맥스 사건은 「덩케르크」에서 토미와 깁슨(아뉴린 바너드) 그리고 알렉스(해리 스타일스)의 관계를 통해 흥미롭게 변주된다. 배 한 척에는 일반 시민들이 타고 있고 다른 한 척에는 죄수들이 타고 있는 것으로 설정했던 「다크 나이트」에서처럼, 「덩케르크」에서도 토미와 깁슨은 각각 영국군과 프랑스군이어서 놓여 있는 위치가 다르다. 영국군 위주로 펼쳐지는 이야기에서 영국으로 퇴각하는 영국 선박에 오르려는 프랑스 군인은 언뜻 무임승차자로 여겨지기도 한다.

하지만 이 영화에서 토미와 깁슨의 행동은 서로 대칭적이다. 토미 역시 도입부에서 엄호 사격을 해주었던 프랑스 병사들의 도움을 받았다. 첫 장면 주택가 골목에서 목이 말라 둘둘 말린 고무호스에 남은 물 몇 방울까지 애타게 핥았던 토미에게 깁슨은 처음 만난 자리에서 자신의 물통을 건네는데, 중반부가 되면 그와 정반대로 자신이 습득한 국물 흥건한 통조림통을 토미가 깁슨에게 준다. 깁슨은 익사 위기의 토미 일행을 구해주고, 토미 역시 나중에 수중 탈출의 순간에 깁슨을 챙긴다. 그 둘은 이미 정원이 차버린 배에 올라탈 수 있는 유일한 방법이 부상병을 들것에 싣고 승선하는 것임을 직감하고서, 2인 1조가 되어 일찌감치 본능적으로 협력했다.

하지만 알렉스는 절체절명의 순간이 찾아오자 "생존은 불평등한 거야"라면서 깁슨을 적대시한다. 한 명이 배에서 나가야 그 반대급부로 자신이 살 수 있다고 생각한다는 데서 알 수 있듯, 그는 인간관계나 윤리를 '제로섬'으로 보는 사람이다. 반면에 한 명이 나가봤자 차이가 없고 다 같이 살 수 있다고 믿는 토미는 '논제로섬(Nonzero-sum)'으로 본다. 덩케르크 철수 작전이 그렇게까지 성공할 수 있었던 것은 결국 논제로섬의 관계를 믿는 사람들에 의해서다. 배 한 척에는 적정 승선 인원이란 게 있지만, 민간인들이 모는 소형 선박들을 포함한 배들은 위험을 무릅쓰고 ("맙소사, 대체 몇 명이나 태운 거예요?") 최대한 많은 사람들을 실어 날랐다. 작전을 완수한 사람들은 "너 대신 내가 살아야 한다"라고 주장하던 사람들이 아니라 "우리 모두 함께 살아야 한다"라고 외치던 사람들이었다. (함께가 핵심이라서 따로 주인공이 없는) 「덩케르크」는 생존의 드라마가 아니라 공존의 드라마다. 크리스토퍼 놀런이 꿈꾸는 이상적 공동체는 그렇게 작동한다. (이 영화에서 스스로의 힘으로 위기에서 벗어나는 사람은 없다. 언제나 위기에서 벗어나도록 주위에서 도와주는 익명의 존재가 등장한다.)

그러니 종반부에 영국으로 돌아와서 부끄러움을 느끼는 사람은 알렉스일 수밖에 없다. 제로섬의 윤리관을 가진 그로서는 자기가 살아 돌아오는 대신에 전장에서 죽은 누군가를 상기할 수밖에 없으니까. 하지만 부끄러워하는 그에게 부둣가 맹인은 흔쾌히 이렇게 말한다. "살아서 돌아온 것으로 충분해." 우발적인 몸싸움으로 쓰러져 죽게 되었던 소년 조지가 그 직전에 앞이 보이지 않는다고 호소했음을 상기할 때, 그 맹인은 자연스럽게 조지를 떠올리게 만든다. 사실상 그 순간, 작전 도중 죽은 조지가 작전의 결과 살아 돌아와 죄책감을 느끼는 알렉스의 마음을 풀어줌으로써 그 모두가 하나를 이루는 셈이다.

그렇다면 왜 마지막 장면에서 처칠의 연설이 담긴 신문을 대독하며 대미를 장식하는 사람이 토미여야 하는 걸까. 일단 먼저 그의 이름이 토미라고 확언할 수 없다는 점을 생각할 필요가 있다. 이 영화의 엔딩크레디트에 분명 토미라는 이름이 (아마도 편의상) 명기되지만, 극 중에서 그 이름은 불린 적이 없기 때문이다. (알렉스도 마찬가지다. 그리고 깁슨은 남의 이름이다.) 이 영화에 등장하는 주요 인물들 중 구조하는 사람들은 극 중에서 이름이 불리는 반면, 구조되는 사람들은 하나같이 이름이 없다. 관객들이 얼굴을 확연히 알아보기 힘든 무명 배우에게 토미(라고 명기된 병사) 역할을 맡긴 것 역시 우연이 아닐 것이다.

자신의 생존을 위해 남의 생존을 방해하지 않는다는 원칙은 지켰지만, 토미(로 불리는 그)는 그저 자신의 목숨을 부지하기에 정신이 없었던 흔하디흔한 병사였다. 이것은 영웅서사가 아니다. 결국 대독할 수 있는 그의 자격은 평범성과 익명성에서 온다. 악에 맞서서 결연한 의지를 실어 나르는 그의 목소리는 평범한 익명의 목소리이자, 영국의 목소리이며, 곧 인류의 목소리이다.

# 옥자

감독 **봉준호** 국내 개봉일 **2017.06.29**

이렇게 말할 수 있을까. 「설국열차」가 울증에 빠진 서늘한 이성이 낳은 야심 차고도 건조한 결과물이라면, 「옥자」는 조증에 들어선 따스한 감성이 빚은 소박하고도 촉촉한 산물이다. (「옥자」의 막대한 제작비에도 불구하고 그렇다.)

또 이렇게 얘기해보면 어떨까. 「마더」가 인간 존재의 탁한 늪 속으로 한없이 자맥질하는 작품이라면, 「옥자」는 세상의 밑바닥을 투명하게 들여다보고도 다시 부상하는 영화다. (「옥자」의 뒤로 갈수록 어두워지는 흐름에도 불구하고 그렇다.) 「옥자」의 후반부는 참혹하도록 슬프다. 그럼에도 이 기이한 동화에는 가녀리지만 끝내 가려지지 않는 햇살이 있고 두드러지진 않아도 결코 억누를 수 없는 부력이 있다.

미국 기업 미란도의 CEO 루시(틸다 스윈턴)는 유전자 조작을 통해 만들어낸 슈퍼돼지들의 비밀을 감춘 채 세계 각지로 보내 키우게 함으로써 홍보에 이용하려 한다. 강원도 산골에서 할아버지 희봉(변희봉)과 함께 살던 미자(안서현)는 10년째 가족처럼 지낸 슈퍼돼지 옥자를 미란도가 데려가자 되찾아오기 위해 홀로 험난한 여정에 나선다.

「옥자」는 봉준호의 필모그래피에서 이전에 본 적 없는 스타일의 영화가 아니다. 무엇보다 「플란다스의 개」와 「괴물」의 잔영이 짙게 일렁거린다. 「플란다스의 개」는 누군가에겐 가족과도 같은 동물을 다른 누군가가 잡아먹으려 하면서 벌어지는 추적극이다. 「옥자」 역시 그렇다. (전자에는 순자라는 개가 나오고, 후자에는 옥자라는 돼지가 나온다.)

「괴물」에는 거대한 동물이 어이없게도 비탈에서 구르는 슬랩스틱 묘사가 있고, 그 동물의 입 안에서 소녀가 나오게 되는 장면이 있으며, 질주하는 소를 피해 사람들이 달아나는 스페인 산 페르민 축제를 연상시키는 군중신이 있고, 시차를 둔 진동을 인상적으로 그려내는 액션신이 있으며, 고층 건물 안에서 다대일로 벌어지는 추격전이 있고, 주인공이 이전까지 본 적 없던 어린 생명을 보살피며 함께 식사하는 라스트신이 있다. 「옥자」 역시 그렇다. (전자에서는 소녀가 그 동물의 입 안에서 죽은 채 꺼내지지만, 후자에서는 소녀가 그 동물의 이를 닦아준 뒤 입 안에서 유유히 몸을 빼낸다.)

말하자면 「옥자」는 봉준호의 작품 세계를 이뤄온 흥미진진한 요소들을 총정리해 보여주는 듯한 영화다. 강인하면서 저돌적인 여성 주인공으로 고아성이나 배두나 같은 배우를 활용했던 방식의 연장선상에서 안서현을 캐스팅해 시종 동적인 활력을 불어넣는다. (이 영화에서 미자는 종종 캐릭터라기보다는 동력 그 자체로 보인다.) 지하도의 낮은 천장에 닿을 듯 말 듯 내달리는 슈퍼돼지든, 다리 밑을 아슬아슬하게 통과하는 대형 트럭이든, 작은 길을 메운 채 쫓고 쫓기는 사람들이든, 좁은 공간에 비해 캐릭터나 물체를 크게 혹은 많이 설정해 빨리 움직이게 함으로써 마찰의 스릴을 만들어낸다. 인물은 남 앞에 혼자 나서면 장광설을 늘어놓고, 여럿과 함께 모이면 나사 풀린 행동을 하는데, 그러다가 군중을 이루게 되면 난장판이 펼쳐진다.

그리고 부패한 시스템이 오작동하거나 무신경한 상황에서 약한 자는 혈연으로 이어지지 않은 더 약한 자를 간절하게 보살핀다. 봉준호 특유의 재치 넘치는 유머와 리듬은 말할 것도 없다. 게다가 여기엔 배우들의 연기에서 개별 에피소드까지 우화적으로 경쾌하게 들떠 있는 초중반부와 충격적인 묘사를 통해 비판적 메시지를 서슬 퍼런 실감으로 전하는 후반부가 이질적으로 맞붙은 채 기묘하게 관객을 사로잡기까지 한다.

이와 관련해 「옥자」에서 특히 눈길을 끄는 것은 인물들의 동선이다. 봉준호의 세계에선 높이가 넓이보다 훨씬 더 의미심장해지는 경향이 있는데, 「옥자」는 이 점에서 더한층 흥미롭기도 하다. 캐릭터의 극 중 동선을 수평 방향으로 파악하면 오지에서 미국 뉴욕으로 가는 「킹콩」의 서사에 가깝지만, 수직 방향으로 떠올려보면 사랑하는 에우리디케를 구하러 명계로 내려갔다가 다시 올라오려는 오르페우스 신화와 흡사하다. (심지어 미자는 그 신화에서처럼 절대로 뒤를 돌아보지 말라는 충고까지 듣는다.)

극 초반에는 주로 옥자가 하강한다. 비탈에서 굴러 내려와 감나무에 부딪침으로써 감을 챙길 수 있게 하고, 계곡물로 뛰어내려 물고기를 거둘 수 있게 한다. 그리고 낭떠러지에서의 절체절명 위기에서 옥자는 스스로 몸을 던져 하강함으로써 미자를 살려낸다.

그러니 이제 미자가 하강해 옥자를 구해낼 차례다. 옥자가 사라졌다는 사실을 깨달은 다음부터 미자는 지속적으로 하강한다. 그 직후 산비탈을 미끄러지듯 내려가고, 서울에 도착한 첫 장면에서도 모든 사람들이 올라가는 계단에서 혼자 몸을 돌려 내려가며, 옥자를 실은 트럭을 쫓아 주택가 비탈길을 달려 내려간다. 그것도 모자라 땅 밑으로까지 내려간다. 지하도까지 하강한 끝에 미자는 옥자와 재회한 후 마침내 지하 주차장의 좁은 통로를 통해 뒤쫓아 오는 문도(윤제문)를 떨구며 상승한다.

하강은 미자와 옥자뿐만 아니라 그들을 돕는 동물해방전선(ALF)의 행동 방향이기도 하다. 서울에서 작전을 마친 대원들은 한강 다리를 건너면서 한 명씩 차례로 강물을 향해 다이빙을 한다. ALF의 리더인 제이(폴 다노)는 뉴욕 맨해튼의 미자 객실에 찾아와 향후 계획을 설명한 뒤 건물 밖의 철제 계단으로 내려간다.

그건 서사의 진행 방향에서도 마찬가지다. 「옥자」가 들려주는 이야기의 양쪽 뿌리에는 (아마도 옥자 위탁 계약을 맺었을) 미자의 할아버지와 (아마도 미란도를 창업했을) 루시의 할아버지가 있다. 하지만 혈통 역시 하강해서 미자와 루시까지 내려와야 본격적인 스토리가 펼쳐진다. 동선이든 혈통이든 계급이든, 「옥자」는 일단 밑바닥에 닿아야 결정적 단계로 이동할 수 있는 이야기인 것이다.

미자와 옥자는 그들을 둘러싼 세상으로부터 철저히 끊겨 있다. 빤히 코앞에 있음에도 미란도 코리아 직원이 유리벽 안에 들어앉은 채 자동응답 전화기를 이용하라면서 대화를 거부하는 장면이 단적으로 그런 상황을 요약한다. 미자와 옥자 편이라고 할 수 있는 사람들조차 예외가 아니다. 희봉은 마이크와 스피커까지 동원해 부르지만 둘은 잠들어 있어서 듣지 못한다. ALF 대원들 역시 미자의 본의를 잘못 파악한다. 대신 세상에서 딱 둘뿐인 미자와 옥자는 긴밀하게 소통한다. 이 영화는 옥자 귀에 미자가 뭔가를 은밀하게 속삭이는 장면에서 대사가 들리지 않게 처리함으로써 관객들까지 둘만의 소통에 참여하지 못하게 만든다. 「옥자」의 근저에 흐르고 있는 것은 세상이라는 재앙을 겪는 두 어린 생명의 필사적인 공감이다.

미자와 옥자에만 한정해서 보면 이 영화의 내용은 상당 부분 익숙하다. 「킹콩」「이티」「쉰들러 리스트(Schindler's List)」(스티븐 스필버그) 등 떠오르는 영화도 많다. 슈퍼돼지 모티브는 심지어 「간첩 리철진」(장진)에도 나온다. 하지만 루시(의 가족) 혹은 ALF까지 염두에 두면 이 이야기의 신선도는 달라진다. (ALF의 이야기를 집중적으로 다루는 「옥자」의 스핀오프 영화가 보고 싶다.) 무엇보다 이건 혹시 세 자매의 이야기인 것은 아닐까. 미자와 옥자, 낸시(틸다 스윈턴)와 루시, 그리고 어쩌면 루시와 미자.

맨해튼의 야외무대에 함께 오를 때는 입고 있는 옷까지 거의 같은 미자와 루시는 수시로 겹치면서도 선명하게 대조된다. 미자는 할아버지와 다정하게 모습을 드러내지만, 루시는 할아버지를 비난하며 등장한다. 미자는 혈통에 대한 기억 자체가 없는데 루시는 혈통에 대한 기억에 짓눌려 있다. 미자는 (케이(스티븐 연)의 입장에서는 선의로 했던) 거짓말의 피해자이지만, 루시는 (적어도 자신의 믿음 속에서는 선의로 했던) 거짓말의 가해자이다. 언니인 미자는 사이좋은 여동생 옥자를 결국 혼자 힘으로 구해내지만, 여동생인 루시는 사이 나쁜 언니 낸시의 도움을 받아 가까스로 문제로부터 도망친다.

이제 클라이맥스는 결국 강한 언니들끼리 만나서 각자의 약한 여동생과 관련한 문제를 해결하기 위해 담판 짓는 광경이 된다. 이 이야기에서 선의지 자체인 미자는 냉혹한 자본주의의 맨얼굴 자체인 낸시를 만나 금돼지를 줄 테니 옥자를 돌려달라면서 거래를 제안해 성공시킨다. (미자와 루시는 여기서 결정적으로 대조된다. 한쪽에는 자신의 할아버지가 실패했던 거래를 성공시킨 손녀의 결말이 있고, 다른 한쪽에는 자신의 할아버지의 도덕적 파산을 교정하려다가 또 다른 도덕적 실패에 이르게 되는 손녀의 귀결이 있다.)

사실 이것은 좀 이상한 거래다. 왜냐하면 그 금돼지는 원래 희봉이 옥자를 소유하는 대가로 치르려던 돈으로 대신 산 것이기 때문이다. 다시 말해 같은 액수의 돈으로 같은 것(옥자)을 사려던 희봉의 이미 실패했던 거래를 미자가 성사시킨다. 이건 거래할 상대방이 낸시로 바뀌었다는 사실과 밀접한 관련이 있다. 직접 깨물어서 순금임을 확인하는 절차만 밟는 데서 알 수 있듯, 루시와 달리 낸시는 오로지 액수만 맞으면 그 즉시 거래를 하는 배금주의의 가장 단순한 작동 원리 같은 인간이기 때문이다. 하지만 낸시의 세계 속에 들어가서 낸시의 방법으로 거래를 제안했다고 해서 미자가 내면의 중요한 무엇인가를 상실하는 것은 아니다. 미자는 가짜(돼지)를 바닥에 던져 건넴으로써 진짜(돼지)를 얻어냈다.

오히려 미자의 마음을 뒤흔든 진짜 위기는 그다음에 온다. 옥자를 데리고 나오는 길에서 보고 들었던 수많은 '옥자들'은 그게 최선일 수 없음을 깨닫게 만든다. 흡사 홀로코스트를 연상케 하는 살풍경 속에서 미란도 시스템이 여전한 가운데, 옥자와 우연히 합류하게 된 새끼 돼지 한 마리만 구해내는 것이 무슨 의미가 있을까.

물론 그걸로 충분할 리가 없다. 그래도 둘은 지옥의 밑바닥으로부터 구원되었다. 오로지 옥자를 구할 생각밖에 없었던 미자는 험난한 여정의 끝에서 생명 일반에 대한 연민을 배웠다. 더불어 거듭된 시행착오 끝에 ALF 대원들 역시 통역이 신성하다는 사실을, 다시 말해 다른 존재와의 공감과 소통이 필수적이라는 사실을 학습했다. 내내 보살핌의 대상이었던 옥자는 말미에 이르러 또 다른 새끼 돼지를 보살피는 주체가 됐다. 봉준호의 세계에서 희망은 언제나 횃불이 아니라 불씨였다.

# 엘르

**Elle**

감독 **폴 버호벤(Paul Verhoeven)** 국내 개봉일 **2017.06.15**

대담하고 난폭하며 불온하고 탁월하다. 보는 이의 마음을 이렇게까지 복잡하게 뒤흔들어놓는 영화가 2017년에 또 나올까. 폴 버호벤의 「엘르」에서 평범한 구석이라곤 눈을 씻고 찾아봐도 없다. 이 영화를 보면서 불편해지는 것은 당연한 일이다. 예술은 "우리 안의 얼어붙은 바다를 내려치는 도끼"(프란츠 카프카) 같은 것이니까. 과격하면서도 모호한 화법을 가진 「엘르」는 우리 안에 관성적으로 편안하게 들어앉아 있는 통념들을 마구 들쑤시며 질문을 던지는 영화다.

컴퓨터게임 회사 대표인 미셸(이자벨 위페르)은 어느 날 집에 침입한 괴한 때문에 큰 피해를 입는다. 회사에서는 미셸의 얼굴을 집어넣은 정체불명의 폭력적 영상이 떠돌아 문제를 일으킨다. 수십 년 전에 저지른 끔찍한 범행 때문에 수감 생활을 하던 아버지가 가석방 공판을 앞두고 다시금 언론에 떠들썩하게 오르내리는 가운데 미셸은 자신을 공격한 범인들을 직접 찾아 나선다.

「엘르」는 이자벨 위페르가 얼마나 훌륭한 배우인지를 다시금 실감하게 해주는 영화다. 40년이 넘는 세월 동안 숱한 배역을 거치며 프랑스 영화를 대표해온 이 위대한 배우는 특히 뜨겁게 들끓는 내면을 차갑게 가라앉은 표정에 담아내는 절제된 연기를 통해 남성중심 사회 속에서 억압된 여성상을 그려낼 때 가장 강력했다. 21세기에 나온 작품들에만 한정해 본다면, 캐릭터의 궁극적인 행동 방향은 상반되지만 다양한 측면에서 서로를 떠올리게 하는 미하엘 하네케의 「피아니스트(La pianiste)」와 폴 버호벤의 「엘르」는 폭력적인 외부 세계에 대해 자신만의 방식으로 맞서려는 여성의 이야기를 다룬 이자벨 위페르 2부작으로 보이기까지 한다.

어린 시절에 겪었던 처참한 경험 때문에 경찰을 믿지 않게 된 주인공 미셸은 극 초반 병원에 가고도 인터넷에서 직접 찾아본 정보와 다르다는 이유로 의사의 공식적인 처방을 거부하는 데서 잘 드러나듯, 주류 체제 전반에 대해 근본적인 불신을 갖고 있는 인물이다. (그녀의 처지를 연상시키는) 피범벅이 된 새를 구해주려고 동물병원에 전화하지만 야생조류는 치료하지 않는다는 이유로 거부되는 데서 짐작되듯, 사회의 시스템 역시 미셸을 배제한다. 미셸이 자신과 복잡하게 뒤얽히게 되는 파트리크 부부를 처음 만났을 때 그들이 쓰레기 분리수거제 위반에 대한 벌금이 과도하다는 의견을 피력한다는 사실은 앞으로 펼쳐질 내용이 규범이나 통념 혹은 체제 밖을 넘겨다보는 이야기가 될 것임을 암시한다.

이 이야기 속에서 미셸은 남성이 가하는 폭력의 피해자다. 이때 「엘르」의 핵심은 그녀가 피해자에 대한 통념에서 벗어난 행동을 한다는 사실에 있다. (극 중 미셸은 피해자인데도 일견 평온해 보이며, 돈과 권력과 지식 모두에서 우위를 점한 채 남성들을 대한다.)

그건 '모름지기 피해자란 ~해야 한다'는 암묵적 규범의 폭력성을 위반해 넘어서는 행위다. 피해자로서의 대응 방식은 사람마다 다를 수 있고, 피해자는 자신만의 방식대로 행할 자유와 권리가 있다. 남성 위주의 주류 체제가 강요하는 통념의 울타리 안에서 머물 때만 비로소 여성에게 피해자가 될 '자격'이 부여되는 것이 아니다. 피해자가 되려면 먼저 유순한 사람이나 좋은 사람이 되어야 하는 것도 아니다.

극 중 미셸이 겪는 세 가지 사건은 서로를 떠올리게 한다. 아버지 조르주의 가석방 공판이 다가오니 격분한 유족들을 조심하라고 어머니 이렌(주디스 마그르)이 말하는 장면 직후엔 미셸이 강간범 파트리크(로랑 라피트)를 잔혹하게 격퇴하는 상상 장면이 나온다. 그 상상 속에서 미셸은 파트리크를 죽이면서 아버지를 죽이는 셈인데, 후반부에 이르게 되면 미셸은 아버지의 죽음을 맞은 후 파트리크의 죽음을 목도한다.

문을 거칠게 열고 들어와 공격했던 파트리크의 범행 방식은 문을 두드려 열게 한 후 학살극을 벌였던 조르주의 범행 수법을 상기시킨다. 파트리크가 문을 열고 들어서면서 기억 속 봉인되었던 과거의 상처 역시 되살아나게 되는 셈이다. (극 중 파트리크가 자랑하는 난방 시스템은 흐름을 반대로 돌려 연소시키는 방식이다.)

돌풍이 불던 어느 밤, 파트리크는 미셸의 집에 찾아와 열린 창문들을 닫아주려고 애쓴다. 하지만 흔들리는 창문은 닫을 수 없고, 기이한 로맨스는 실패하며, 참혹한 기억은 돌풍처럼 휘몰아친다. 파트리크에 대한 미셸의 이중적 태도는 아버지에 대한 역설적 감정과 맞닿아 있다.

파트리크의 물리적 강간과 회사 직원인 케빈(아르튀르 마제)의 상징적 강간 역시 그렇다. 그 둘은 자신이 진짜 범인이라는 사실을 감춘 채 미셸에게 친절한 태도를 보이면서 범행을 저지른 자를 찾아내 주는 척 연기한다는 점에서 행동 방식이 같다. 결국 그 세 사건은 연이어 모두 매듭지어져야 한다. 그 과정에서 여성들간의 연대만 남겨지게 되는 것은 의미심장하다.

동시에 「엘르」는 인간 삶의 근원적인 문제를 신화적 방식으로 품은 이야기로도 보인다. 아들 뱅상(조나스 블로켓)의 애인인 조시(알리스 이사즈)가 부모 모두 백인임에도 흑인 아기를 낳게 되는 장면은 희화화된 블랙 코미디로 다가오지만, 이는 사실 성모 마리아의 처녀 잉태 모티브를 과격하게 비틀어 원용한 것으로 보인다. 자신의 소생이 아닌 아기를 아들로 받아들여야 하는 뱅상을 현대의 (마리아의 남편이자 예수의 아버지인) 요셉처럼 그려내고 있는 것이다.

미셸이 2층 창문에서 망원경을 통해 파트리크 집의 뜰을 몰래 훔쳐볼 때, 그런 그녀를 정면으로 마주 보는 유일한 시선의 소유자라고 할 수 있는 동방박사 인형이 흑인이라는 사실도 성경 속 이야기와 「엘르」의 이야기가 어떻게 맞닿아 있는지를 암시한다. 파국에 이르게 되는 후반부 크리스마스 파티 참석자는 모두 열두 명인데, 그 파티에서 중요하게 거론되는 조르주 또는 사건의 목격자인 고양이까지 추가하게 되면 '최후의 만찬'에 참여한 자들의 숫자인 13이 된다. (그렇다면 누가 '유다'일까.) 결국 통념에 대한 「엘르」의 파격적인 공박은 프랑스인들이 지니고 있는 가톨릭 신앙의 근저까지 겨누고 있는 셈이다.

그리고 이 모든 일들의 뿌리에 아버지 조르주가 있다는 것을 다시 떠올릴 필요가 있다. 극 중 텔레비전에서 교황이 산티아고 순례에 합류한다는 뉴스가 흘러나올 때 뱅상은 미셸에게 교황이 진짜 사람이라는 게 실감이 안 난다고 말한다. 그 뉴스 직후에는 조르주의 가석방과 관련한 소식이 이어진다.

그렇게 성과 속이 연결되는 영화 「엘르」는 조르주가 왜 학살극을 벌였는지 끝내 제대로 설명하지 않는다. 그리고 미셸은 아버지가 왜 그때 자신을 살려주었는지 궁금해하지만 해답을 얻지 못한다. 미셸은 말한다. "아버지가 왜인지는 몰라도 햄스터는 살려두셨죠." 햄스터는 모른다. 왜 조르주가 자신을 살려두었는지를. 인간은 모른다. 왜 신이 자신에게 삶을 부여했는지를. 어떻게 보면 「엘르」는 신의 침묵 속에서 생의 의미를 가늠하지 못해 고통스럽게 몸부림치는 인간들의 이야기인지도 모른다.

# 네루다

**Neruda**

감독 **파블로 라라인(Pablo Larraín)** 국내 개봉일 **2017.05.25**

파블로 라라인이 연출한 「네루다」의 간략한 줄거리만 읽고 나서는 독일 영화 「타인의 삶(Das Leben der Anderen)」(플로리안 헨켈 폰 도너스마르크) 같은 내용인 줄 알았다. 권력의 하수인이 발톱을 세우고 반체제 인사 주변을 맴돌다가 오히려 그 인품에 감화되는 이야기. 하지만 다 보고 나니 좀 더 야심 찬 영화였다. 그 자신 시(詩)가 된 남자와 그 자체로 시를 꿈꾸는 영화. 게다가 「네루다」는 인간과 역사를 어떻게 바라볼 것인지에 대해 무척이나 흥미로운 관점을 드러내는 작품이었다.

칠레의 대표적 시인이자 상원의원인 네루다(루이스 그네코)는 1948년 대통령 곤잘레스를 비판한 연설을 한 이후 전국에 수배령이 내려져 아내 델리아(메르세데스 모란)와 함께 도피 생활을 시작한다. 경찰 간부 오스카(가엘 가르시아 베르날)는 숨어 있는 네루다를 체포하기 위해 동분서주하며 포위망을 좁혀가다가 네루다의 작품을 읽으며 깊은 인상을 받는다.

일반적으로 전기영화들은 다루는 인물의 삶을 하나의 시각으로 명확하게 정리한다. 그런 관점에 따라 그의 삶 곳곳에 어지럽게 널려 있는 사건들을 하나의 축으로 꿰뚫어내고 정리해서 관객에게 전달한다. 하지만 이 영화는 네루다라는 인물의 거대한 삶 전체를 선명하게 요약하는 '정답'을 제시하지 않는다. 라라인의 또 다른 전기영화 「재키(Jackie)」에서 기억이란, 혹은 집단적 기억으로서의 역사란, 결국 의지의 산물이었다. 그렇기에 「재키」의 화두는 '어떻게 역사를 기억할 것인가'였다.

「네루다」 역시 마찬가지다. 이건 네루다의 실제 삶에 대한 '객관적 서술'의 총합이 아니다. 어쩌면 라라인은 네루다가 실제로 어떤 사람이었는지에 대해 불가지론적인 태도를 갖고 있는지도 모른다. 그는 그저 네루다라는 이야기를 기억하는 자신의 의지를 영화에 심어놓았는지도 모른다.

「네루다」의 첫 장면은 자신의 모습을 찍기 위해 사진기자들이 연이어 셔터를 누르는 가운데 국회로 들어서는 네루다의 뒷모습을 보여준다. 그 직후엔 그를 힐난하는 정적(政敵)의 보이스오버가 요란하게 들려온다. 네루다라는 널리 알려진 인물의 이른바 핵심을 세상의 시각과 청각으로 포박하려는 시도는 그 직후 뒷모습을 보인 채 소변을 보는 네루다의 도발적 행동에 의해 거부되고 조롱된다. 그러니까 그런 통념 속, 네루다는 거기 없었다.

「재키」에서처럼 라라인은 이 작품에서도 하나의 대화 장면이 길게 이어질 때 시간이나 대화 주제의 연속성은 유지하면서 공간의 연속성은 파괴하는 점프컷 편집 방식을 통해 사건과 인물에 대한 단일하고도 명확한 이해라는 것이 불가능하다고 말한다. 동시에 이런 방식은 특정 사건의 시공간 내 위치를 교란시킴으로써 신화적인 뉘앙스를 이야기에 부여한다.

이 영화는 네루다의 일생 전체를 다루지 않고 1948년의 상황에 집중한다. 그해는 네루다 인생의 정점이 아니었다. 그때는 시집『스무 편의 사랑의 시와 한 편의 절망의 노래』를 내놓은 후 단번에 거대한 명성을 얻었던 스무 살 무렵 같은 광휘도 없었고, 대통령 출마와 노벨문학상 수상과 피노체트 독재하에서의 고초와 암으로 인한 사망이 숨 가쁘게 이어졌던 말년의 파란만장한 굴곡도 없었다. 그런데 왜 그저 고단하기만 한 도피 시절에 착목했을까. 그건 그 시기에 칠레 역사가 특히 격랑을 겪었고 네루다 개인의 모순이 가장 극명하게 터져 나왔으며, 그의 창작력이 극에 달했고 민중에 대한 사랑을 그가 가장 절실하게 체험했기 때문이다. 그 시기에 네루다는 방대한 서사시를 담은 대표작『모두의 노래』를 썼다.

「네루다」에 등장하는 대부분의 캐릭터는 역사 속 실존 인물들이지만, 가장 중요한 캐릭터라고 할 수 있는 오스카만큼은 예외다. (추적의 플롯을 가지고 있지만 극 중에서 오스카는 단 한 번도 뛰지 않고 수사 과정에서 자신을 모독하는 사람들에게 싫은 내색 한 번 내지 않는다. 그리고 오스카는 네루다와 한 번도 만나지 못한다.) 우선 오스카는 네루다의 또 다른 자아라고 할 수 있다. 오스카가 극 중에서 첫 등장하는 장면은 네루다가 처음 나타나는 장면과 같은 형식으로 담겼다. 이 영화가 추적극의 형태를 띠고 있는 것도 우연이 아닐 것이다. 추적극에서 쫓는 자는 쫓기는 자가 갔던 길을 같은 방향으로 고스란히 되밟아간다.

네루다가 주로 빛 속에서 확실하게 모습을 드러내고 있는 데 비해, 명암이 명확히 대조되는 필름누아르적 조명 속에서 빛을 등지고 있는 오스카의 얼굴은 상당 부분 역광 속에서 어둡게 표현된다. 그런 오스카는 마지막에 이르러 태양 쪽을 바라보면서 선명하게 얼굴을 드러낸 채 죽는다. 오스카는 결국 네루다의 어두운 저편에 해당하는 인물이며, 이 이야기는 그런 오스카의 어둠에서 빛으로 향하는 여정을 다룬 정신적 로드무비이다. 극 중 오스카가 등장하는 첫 장면과 마지막 장면에서의 명암 대조는 그와 같은 여정의 시작과 끝이 어떻게 다른지를 또렷하게 요약한다. 등장 첫 장면에서 오스카는 밖이 환한 대낮이지만 실내의 어둠 속에서 닫힌 창을 등지고 있기에 얼굴이 보이지 않는다. 하지만 마지막 장면에서 그는 어두운 밤이지만 실내에서 창을 열고 밖을 내다보는데, 바로 옆 호텔 네온사인 불빛을 똑바로 응시하기에 얼굴이 또렷하게 드러난다.

한편으로는 오스카를 유사 부자 관계에서 볼 수도 있다. 오스카는 매춘부의 아들로서 자신의 아버지가 누군지 알지 못하는데, 영화는 그 매춘 장소를 드나드는 네루다를 보여줌으로써 오스카 아버지 후보의 자리에 상징적으로 네루다를 위치시킨다. 그리고 영화의 말미에서 오스카는 네루다를 넘겨보며 "예전에 당신 딸을 안아주었 듯 이젠 나를 안아줘"라고 읊조린다. 오스카는 딸을 제대로 돌보지 못했던 네루다의 죄책감이 낳은 인물로도 보인다.

아울러 네루다와 오스카의 관계는 창작자와 창작품의 관계를 암시하기도 한다. 이와 관련해 네루다가 오스카의 존재를 시종 목소리로만 인식하고 있는 것은 의미심장하다. 이 영화에서 오스카는 화자로서 내레이션을 통해 시종 자신을 드러낸다. 또한 네루다는 살아 있는 오스카의 얼굴을 직접 보진 못하지만, 자신의 첫 번째 부인이 증언을 거부한 후 대신 라디오에 나온 오스카나 눈 덮인 산에서 자신의 이름을 외쳐 부르는 오스카의 목소리는 듣는다. 시인에게 목소리는 곧 시(詩)다.

극의 말미에 이르러 오스카는 사실상 시가 된다. 오스카가 하얀 눈밭에 피를 흘리고 쓰러질 때 그건 하얀 종이 위에 붉게 쓰인 글씨(시)를 시각적으로 표상한다. 마침내 오스카의 시신 앞에 당도한 네루다는 무릎을 꿇고 시신을 거둬 말에 싣고 돌아가는 것으로 시작(詩作)을 완성한다.

그리고 무엇보다 오스카는 민중을 대변한다. 네루다는 도피 기간 중 자신과 가장 가까웠던 두 사람과 결별하게 되는데, 결별을 낳은 각각의 마지막 대화에서 모두 네루다는 민중을 이끄는 영웅적 자아상에 사로잡혀 있는 스스로의 견해를 고집해 상대에게 실망을 안긴다. 일평생 민중을 위한 시를 썼지만 다른 한편 영웅주의와 엘리트주의에 사로잡혀 있기도 했던 네루다는 눈 덮인 산에서 가던 방향으로부터 최초로 돌아선 채 멀리 오스카가 있는 쪽을 향해 크게 늑대 소리를 낸다. (네루다의 작품 세계에서 자연은 종종 민중과 고스란히 겹친다.) 그 소리를 들은 오스카 역시 네루다의 이름을 부르며 화답한다. 그러니까 앞장선 지식인의 뒤만 따라다니던 민중은 그 순간 처음으로 대등하게 호명하고, 앞장서서 민중을 이끌려고만 했던 지식인은 그 순간 처음으로 돌아서서 민중을 바라본다. 극 중에서 그때까지 '조연'으로 지칭됐던 오스카는 또는 민중은 처음으로 주연이 되고, 네루다는 "실은 네가 나를 만든 거야"라고 고백한다. (네루다의 시집 『모두의 노래』에는 "나는 민초, 셀 수도 없는 민초이다/……/우리는 죽음에서 다시 태어난다"라는 시구가 있다.)

영화 「네루다」의 짧은 에필로그에서 오스카는 마지막 대사로 네루다가 스무 살 시절에 썼던 그 유명한 시 구절을 읊는다. "오늘 밤 나는 가장 슬픈 시를 쓸 것이다." 이 문장에 담긴 것은 그런 행동을 하겠다는 의지다. 아울러 그 행동이 아직 완료되지 않았(기에 멈출 수 없)다는 사실에 대한 인식도 전제되어 있다. 네루다의 과거로 돌아간 오스카가 미래 시제로 이 문장을 말할 때 두 사람은 하나가 된 채 시간 앞에서 다짐한다. 그러니 다시 또 한번. 기억이란 그리고 역사란 의지다. 거기엔 파블로 라라인의 의지도 함께 담겨 있을 것이다.

# 목소리의 형태

聲の形

감독 **야마다 나오코**(山田尚子) 국내 개봉일 **2017.05.09**

장난이 심한 초등학생 쇼야는 청각장애가 있음에도 늘 밝은 표정으로 지내는 전학생 쇼코를 계속 괴롭힌다. 견디다 못한 쇼코가 전학을 가자 이번에는 가해행위의 주도자로 낙인찍힌 쇼야가 급우들로부터 다시 따돌림을 당한다. 세월이 흘러 고교생이 된 쇼야(이리노 미유)는 삶에 회의를 느끼고 스스로 목숨을 버리려 결심한 후 마지막으로 쇼코(하야미 사오리)를 찾아가 사과하려 한다. 다시 만나게 된 두 사람은 이전과 전혀 다른 방식으로 서로의 삶에 영향을 미치기 시작한다.

마음의 궤적을 섬세하게 스케치하는 야마다 나오코의 애니메이션 「목소리의 형태」는 청각을 시각으로 설명하려는 제목에서부터 눈길을 끈다. 주인공 쇼코가 소리를 듣지 못하는 청각장애인이라는 사실을 감안하면 이 역설적인 표현은 더한층 묘하게 다가온다.

「목소리의 형태」에는 사실상 세 종류의 언어가 등장한다. 종이에 적은 글씨로 소통하는 필담, 손짓이나 몸짓으로 의사전달을 하는 수

어(수화), 그리고 음성을 사용하는 구어가 그것이다. 쇼코에게 구어
는 친구들의 언어이고 수어는 자신의 언어다. 필담은 그 둘 사이에
놓여 있는 제3의 언어이고, 상대의 화법을 익히려는 노력 없이 가능
한 임시적 소통 방식이다. 손을 사용한다는 점에서 유사해 보이지
만, 필담이 손으로 쓴 결과물을 보면서 소통하는 것인 데 비해 수어
가 손 자체를 보면서 소통하는 것이라는 점에서 다르다. 필담에선
손이 도구에 불과하지만 수어에선 손 자체가 목적이 된다.

　막 전학 온 초등학생 쇼코는 처음에 노트를 펼쳐 필담을 사용한
다. 그러다가 어느 정도 시간이 흐르자 매우 부정확한 발성으로나마
합창을 할 때나 책을 읽을 때 혹은 친구들과 대화할 때도 구어로 소
통하기 위해 애쓴다. 자신이 다가가고 싶은 사람들의 언어가 구어이
기 때문이다. 스스로에게 가장 익숙한 수어는 세 언어 중 가장 마지
막에, 가장 결정적인 순간에야 쓴다. 하지만 쇼코의 노력은 결국 실
패로 돌아간다.

　고교생이 된 쇼야는 과거 자신의 행동을 후회하고 쇼코에게 사과
하려 한다. 몇 년 만에 쇼코를 찾아간 쇼야는 그녀가 초등학교 때 사
용했던 필담노트를 되돌려준 후 수어를 사용해 소통을 시도한다. 그
러니까 결과적으로 쇼야는 필담으로 시작해 곧 상대 언어로 소통하
길 원했던 오래전 쇼코의 방식을 간곡하게 되풀이하고 있는 셈이다.
다시 나타난 쇼야 앞에서 처음엔 달아나려 하던 쇼코가 마음을 열게
되는 것은 그가 그사이에 수어를 배웠다는 사실을 알게 되었기 때
문이다. 그러니까 진정한 속죄에는 배움의 단계가 선행되어야 한다.
고쳐 살려는 행동이 수반되어야 한다.

재회 후 쇼코는 쇼야에게 좋아한다고 고백하려 한다. 이제 쇼야
가 수어까지 배웠으니 손으로 자신의 마음을 정확히 표현하면 된다.
하지만 쇼코는 굳이 두 손을 쓰지 않고 감아쥔 채, 입을 열어 모호한
발음으로 여러 차례 "좋아해"라고 소리친다. 오래전에 그랬듯이, 쇼
코는 상대의 자리에서 상대의 언어로 자신의 마음을 열어 보이길 원
하는 사람이기 때문이다. 쇼야는 쇼코의 그런 고백을 오해한다. 제
대로 알아듣지 못한 채, 쇼코가 일본어로 비슷한 발음인 "달"이라고
외친 줄 안다. 쇼코에게 진실한 마음으로 다가가려고 한 이후에도
쇼야는 항상 그랬다. 쇼코가 준 선물의 용도도 오해하고 쇼코의 동
생 유즈루(유우키 아오이)의 성별 역시 오해한다.

그런 쇼야가 손을 통해 하나씩 깨달아간다. 유즈루는 자신이 여
자라는 사실을 쇼야에게 수어를 통해 알린다. 나가쓰카(오노 겐쇼)는
서로 손바닥을 친 후 함께 손을 쥐는 독특한 악수 동작을 선보이는
것만으로 친구가 어떤 의미인지를 설명한다. 쇼코가 주었던 선물을
가족이 손으로 화분에 꽂아둔 모습을 보고서 쇼야는 비로소 그 용도
를 눈치챈다. 그리고 투신한 쇼코의 손을 자신의 손으로 잡은 채 필
사적으로 끌어올리며 쇼야는 깨닫는다. 사과란 어떠해야 하는지, 고
백은 어찌해야 하는지, 삶은 어떻게 살아야 하는지.

위기가 다 지나간 후 둘은 다리 위에서 다시 만나 함께 무릎을 꿇
은 채 절절하게 사과하며 소통한다. 그때 두 사람 모두 수어와 구어
를 함께 쓴다. 상대의 언어와 자신의 언어를 동시에 사용해 온몸으
로 곡진하게 대화한다. 그 대화의 끝에서 두 사람은 서로 손을 맞잡
는다. 그리고 그건 쇼야와 쇼코 사이에서만 일어난 일이 아니다. 시

종 쇼코에게 적대적인 태도를 보였던 우에노(가네코 유우키) 역시 장난스레 "바보"라는 말을 수어와 구어로 동시에 던지면서 화해의 의사를 전한다. 그러자 쇼코는 우에노의 부정확한 손동작을 직접 고쳐주면서 그 자신도 동시에 구어와 수어로 "바보"라고 반복하며 웃음으로 화답한다. 이제 그들 모두는 마음과 마음이 만나는 소통이 어떠해야 하는지를 안다.

그런데 흥미로운 것은 쇼야와 쇼코가 전편에 걸쳐 서로 겹친다는 점이다. 초등학교 시절 쇼코는 자신을 그냥 '쇼'로 줄여서 불러달라고 하는데, 그게 쇼야의 애칭이기도 하다는 사실을 염두에 두면 둘은 그 이름으로 하나가 된다. 극 중 과거 장면의 쇼코와 현재 장면의 쇼야는 행동 양식이나 소통 방식을 포함해 여러 측면에서 흡사하다. 비 오는 거리에서 쇼야가 자신을 싸늘하게 보았던 유즈루에게 우산을 씌워줄 때 지나가던 자동차의 헤드라이트 불빛이 둘을 인상적으로 비추는 장면이 나오는데, 그건 후반부에서 쇼코가 자신을 공격적으로 대했던 우에노에게 우산을 씌워줄 때 동일한 형식으로 반복되기도 한다. 추락 직전의 쇼코 손을 간신히 거머쥐었을 때 쇼야는 그녀에 대한 행동이 아니라 자기 자신의 삶에 대한 태도를 다짐함으로써 기도한다. ("힘을 주시면 앞으로 쇼코에게 잘할게요"가 아니라 "힘을 주시면 이제까지와는 다른 방식으로 살게요"라고 맹세한다.) 그런 쇼야는 잔뜩 위축된 쇼코의 모습을 보면서 "쇼코가 자기 자신을 좋아했으면 좋겠어"라고 읊조린 적도 있다.

그러니 혹시 쇼코와 쇼야는 영화 속에서 시종 교차되는 물과 불의 관계처럼 서로에게 빛과 그림자 같은 존재인 건 아닐까. 서로가 서로를 구해주는 이 이야기는 결국 살아야 할 이유를 누군가 스스로 전력을 다해 깨달아가는 이야기가 아닐까. 그 모든 후회에도 불구하고, 끝내 살아라, 고쳐 살아야 한다.

# 가디언즈
# 오브 갤럭시 VOL. 2

**Guardians of the Galaxy Vol. 2**
감독 **제임스 건**(James Gunn) 국내 개봉일 **2017.05.03**

「가디언즈 오브 갤럭시 VOL. 2」의 처음 두 장면은 이 속편의 지향
점이 어디에 있는지 고스란히 드러낸다. 주인공의 어머니가 등장하
는 오래전 과거 장면을 고전적인 팝 넘버(이번엔 루킹 글래스의 「Brandy」)
에 실어 프롤로그로 문을 여는 방식은 이 시리즈 1편의 첫 장면과
동일하다. 위험한 전투 사이에 갑자기 코믹한 댄스(이번엔 베이비 그루
트)가 펼쳐지는 현재 시점의 두 번째 장면 역시 전작과 같은 원리로
작동된다.

　전편과 달리, 「가디언즈 오브 갤럭시 VOL. 2」를 신선하다고 말
하기는 어려울 것이다. 속편까지 맡게 된 감독 제임스 건은 분위기
를 바꾸며 새롭게 도전하기보다는 잘하는 것을 집중적으로 화려하
게 반복하는 길을 택했다. 하지만 음악이란 것을 처음 듣게 된 가모
라가 그 용처를 물었을 때 스타로드가 "뭘 하는 게 아냐. 그냥 듣는

거지"라고 답했던 전편의 인상적 장면에서 그대로 드러났듯, 순수한 유희정신을 전면에 내세웠던 이 시리즈 특유의 개성은 속편에서도 온전히 관철되며 관객을 유쾌하게 사로잡는다.

스타로드(크리스 프랫), 가모라(조이 샐다나), 드랙스(데이브 바티스타), 로켓(브래들리 쿠퍼), 베이비 그루트(빈 디젤)로 구성된 가디언즈 오브 갤럭시 멤버들은 소버린 행성의 최고 사제 아이샤(엘리자베스 데비키)가 맡긴 임무를 수행하다가 실수를 범해 쫓기기 시작한다. 가디언즈 오브 갤럭시의 리더인 스타로드는 어느 날 갑작스레 나타난 아버지 에고(커트 러셀)를 따라 멤버들과 함께 그의 행성으로 날아갔다가 생각지도 못했던 일들을 겪기 시작한다.

「가디언즈 오브 갤럭시 VOL. 2」에서 가장 돋보이는 캐릭터는 마블과 디즈니의 교차점에 놓인 듯한 베이비 그루트일 것이다. 아이 특유의 집중력과 산만함을 역설적으로 함께 갖춘 이 캐릭터는 유달리 많은 클로즈업 앵글 속에서 내내 귀엽게 등장한다. 늘상 어울리지 않는 상황에서 터무니없이 크게 웃는 드랙스나 독설가인 로켓 역시 엉뚱한 매력으로 관객의 기대에 부응한다. 촉각을 통해 상대의 마음을 읽는 새 캐릭터 맨티스(폼 클레멘티에프)와 전편보다 비중이 커진 욘두(마이클 루커)도 흥미롭다. 소통이 제대로 이뤄지지 않는 상황을 코미디 재료로 알뜰하게 써먹는 방식은 이번에도 효과적으로 활용됐다.

액션의 규모가 커진 데다가 공간 디자인이 창의적이고 색감이 다양해서 시종 요란한 볼거리를 선사한다. 욘두의 휘파람으로 화살이 날아다니며 수많은 상대를 해치우는 모습은 「엑스맨(X-Men)」 시리즈에서 퀵실버(에번 피터스)가 활약했던 장면들을 떠올리게 할 정도로 인상적이다. 거대한 괴물의 입 속으로 드랙스가 뛰어드는 초반 장면을 포함, 과시적이면서도 제 기능을 발휘하는 3D효과가 자주 눈길을 끈다. 「메리 포핀스(Mary Poppins)」(로버트 스티븐슨)와 「북북서로 진로를 돌려라(North by Northwest)」(알프레드 히치콕) 같은 고전들이 재치 있게 패러디되기도 한다.

전편은 사실상 한 가족이 탄생하면서 끝난다고 볼 수도 있는 이야기였다. 「가디언즈 오브 갤럭시 VOL. 2」의 이야기는 그 이상으로 가족과 관련된 모티브가 빼곡하다. 여기선 선천적이고 생물학적인 인연보다 심리적이고 도덕적인 유대가 선호된다. 수직적인 가족관계와 수평적인 가족관계 중 하나는 난파하지만 다른 하나는 좌초의 위기에서 벗어난다. 단일하고도 동질적인 것들은 파괴를 불러오지만 이질적으로 뒤섞인 것들은 치유를 도모한다. 그리고 이견으로 들끓는 복수(複數)의 차선(次善)은 자기 확신에서 한 번도 벗어나지 않는 단수의 독선을 저지한다. 이 이야기의 밑그림을 가만히 들여다보면, 지금 이 세계의 난맥이 비쳐질지도 모른다.

# 파운더

**The Founder**
감독 **존 리 행콕**(John Lee Hancock) 국내 개봉일 **2017.04.20**

52세의 세일즈맨 레이 크록(마이클 키튼)은 밀크셰이크 믹서기를 팔러 다니다가 캘리포니아 샌버나디노에서 맥도날드 형제(닉 오퍼맨, 존 캐럴 린치)가 경영하는 새로운 개념의 식당을 발견한다. 주문 후 30초 만에 햄버거가 나오는 그 식당의 혁신적인 패스트푸드 시스템을 직접 보고 감탄하게 된 레이는 맥도날드 형제를 다시 찾아가 프랜차이즈 사업을 제안한다. 사업권을 따낸 레이는 공격적으로 일을 벌이려 하지만 수시로 맥도날드 형제의 반대에 부딪칠 뿐만 아니라 자금난까지 겪게 된다. 위기에 몰린 레이는 중대 결심을 한다.

패스트푸드 체인 '맥도날드'의 창립 실화를 흥미진진하게 다룬 「파운더」의 초반은 혁신적인 기업가의 빛나는 성공담처럼 보인다. 탁월한 아이디어와 타고난 성실함 그리고 타협하지 않는 직업윤리를 함께 갖춘 맥도날드 형제의 극적인 창업기는 거의 동화적으로까지 느껴진다. 하지만 존 리 행콕이 감독한 「파운더」가 풀어내는 진짜 이야기는 훨씬 더 부피가 크고 방향 역시 다르다. 여기서 주인공은 맥도날드 형제가 아니라 레이 크록이기 때문이다.

맥도날드 형제의 공은 명백하다. 반면에 레이는 대체 무슨 기여를 했을까. 사업을 확장시키는 프랜차이즈 아이디어는 맥도날드 형제가 이미 시도해본 것이었고, 비용 절감에 결정적 역할을 한 밀크셰이크 파우더의 도입은 조안(린다 카렐리니)이라는 여성의 제안을 받아들인 것이었으며, 매입한 부지의 임대를 통해 점주들에 대한 강력한 통제권을 확립하는 사업 방향의 전환점은 컨설턴트 해리(B.J. 노박)의 조언에 따른 것이었으니까. 심지어 레이의 자기계발서적인 경영철학조차 레코드 강의에서 들은 내용을 그대로 옮긴 것에 불과하다. 그러니 분쟁 과정에서 맥도날드 형제가 "자네가 대체 무슨 아이디어를 냈는지 하나라도 말할 수 있나?"라며 그를 거머리 취급하는 것도 무리는 아니다.

하지만 "나는 승리의 콘셉트를 고안해냈어"라는 레이의 말은 궤변이 아니다. 그는 맥도날드 형제와는 비교도 되지 않을 정도로 (결코 만족할 줄 모르는) 거대하고도 뻔뻔한 야망을 지녔고, 그 야망을 담아내기 위한 그릇을 끝도 없이 키워나갔다. 그리고 맥도날드 형제가 이미 만들어놓고도 그 상징적 잠재력을 눈치채지 못했던 황금아치의 의미를 재발견했다. 십자가 대신 황금아치를 내세운 맥도날드 체인점들이 레이에 의해 미국의 새로운 교회가 되어 새로운 미국의 욕망과 가치를 함축하는 시대정신의 집약체가 된 것이다.

마치 불도저처럼 보이는 인물이지만, 레이는 극 중 두 차례 심각한 고민에 빠지기도 한다. 한 번은 자금난에서 벗어나기 위해 자신의 집까지 저당 잡혀야 할지를 판단해야 할 때이고, 또 한 번은 맥도날드 형제까지도 자신의 통제력 아래에 둘 것인지를 결정해야 할 때이다. 여기서 레이는 메피스토펠레스의 제안을 받은 파우스트 같다. 앞 장면에서 집을 저당 잡히는 행동은 사실상 아내(를 포함한 가족적 가치)를 포기하는 것과 같다. 뒤 장면에서 은인과도 같은 맥도날드 형제를 통제하는 행위는 최소한의 신의(를 포함한 인간적 가치)마저 저버리는 것과 같다.

인물의 도덕적 전략을 내려다보는 듯한 종교적 부감숏으로 시작하는 이 두 장면에서 레이는 움켜쥔 흙을 (육신이 흙으로 돌아가는 것을 상징하기 위해 매장 절차에서 그렇게 하듯) 허공에 뿌린다. 그리고 그렇게 뿌려진 흙은 다음 장면의 (급격히 증가하는 맥도날드 지점들을 표시해놓은) 미국 지도와 오버랩된다. 그로써 소시민 레이가 죽고, 그 대신 시대정신의 담지자 레이가 속도와 효율을 숭상하는 현대 미국의 자본주의와 일체가 된다. 또는 극 중 맥도날드 프랜차이즈 사업이 그랬듯 인간적 가치는 땅(부동산)의 가치로 대체된다.

그렇다면 이건 자신만의 제국을 냉정하게 건설하는 과정에서 사랑하는 사람들을 잃고 홀로 남게 된 인물의 황폐한 내면을 다루는 「소셜 네트워크(The Social Network)」(데이비드 핀처)나 「대부(The Godfather)」(프랜시스 코폴라)와 유사한 이야기인 걸까. 그러나 「파운더」의 무자비한 주인공 레이 크록은 영화가 끝날 때까지도 정신적으로 결핍을 전혀 느끼지 않고 행복해하고 있다는 점에서 그 두 작품 주인공들과 결정적으로 다르다. 예전 아내는 떠나보냈지만 더 잘 맞는 새 아내가 곁에 있고, 사업가로서도 크게 성공한 데다가, 자신의 인생관이 결국 옳았다고 확신하고 있다. 그러니 레이는 성공을 향해 달려가는 과정에서 뜻하지 않게 타락한 것이 아니라, 원래의 성향을 계속 밀어붙이다가 마침내 제 길을 찾아내는 데 성공한 사람인지도 모른다.

「파운더」는 시공간적 특성을 염두에 두지 않고서 인물들만 따라가면 온전히 이해되기 어렵다. 미국 역사에서 제2차 세계대전이 끝난 후의 번영기에 해당하는 1950년대는 경제 수준이 상향 평준화되면서 전면에 부상하게 된 중산층의 욕망이 강렬하고도 동일하게 표출된 시대다. 급속히 보급된 텔레비전에서 반복 묘사되는 이상화된 삶의 모습과, 도시마다 유사한 형태로 교외에 집중 건립된 주택단지에서의 보편적 생활 양식은 결국 더 많은 것과 더 빠른 것을 향해 달음박질치던 중산층의 꿈을 전국적으로 균질화시켰다.

딱 세 가지의 음식만을 집중적으로 30초 만에 만들어 판매하는 패스트푸드점 맥도날드를 전국 어디에나 있는 똑같은 모습의 프랜차이즈 체인으로 확산시킨 레이 크록은 1950년대 미국의 욕망을 그대로 대변하는 인간인 것이다. (극 중 레이는 프랜차이즈 지점을 모집할 때 처음엔 상류층을 대상으로 삼았지만, 곧 생활력 강한 중산층으로 타깃을 옮겨 마침내 엄청난 성공을 거둔다.)

극 초반 일리노이주에 사는 레이가 캘리포니아주에 있는 맥도날드 형제의 식당으로 차를 몰 때, 그 이동 경로는 66번 국도와 그대로 겹친다. 19세기의 서부 개척 역사가 결국 1920년대에 일리노이주와 캘리포니아주를 연결하는 미국 최초의 동서 횡단 도로로 개통된 66번 국도를 통해 정점을 찍었다는 것을 상기하면, 「파운더」의 이야기가 어떤 맥락에 토대하고 있는지를 짐작할 수 있다. (극 중 맥도날드 형제 역시 미국의 동쪽 끝인 뉴햄프셔주에서 서쪽 끝인 캘리포니아주로 옮겨감으로써 성공 가도를 달리기 시작했다.) 그러니 이건 단지 레이와 맥도날드 형제 사이의 분쟁을 다룬 기업 드라마가 아닌 것이다.

「파운더」는 레이 크록과 (미래에 대통령이 될) 레이건을 연결하며 끝을 맺는다. 그렇게 이 영화의 라스트신은 제2차 세계대전 후의 미국 현대사에서 가장 보수적인 두 시기라고 말할 수 있는 1950년대와 1980년대를 한데 엮어내고, 인정사정없이 힘으로 밀어붙였던 레이건의 정치와 레이 크록의 경제를 함께 묶어냄으로써, 허울 좋은 아메리칸드림의 저류를 응시하며 거대한 그림을 완성하려 한다.

# 밤의 해변에서 혼자

감독 **홍상수** 국내 개봉일 **2017.03.23**

「밤의 해변에서 혼자」에는 주인공 영희(김민희)가 밤의 해변에서 혼자 있는 장면이 나오지 않는다. 영희 혼자 해변에 있을 때는 낮이고, 어스름 저녁이 몰려오는 해변에 있을 때는 함께 간 사람들이 셋이나 더 있다. 그럼에도 이 영화의 제목이 그럴 수 있는 것은 밤의 해변에서 혼자라는 상황이 시공간적 조건이 아니라 존재의 상태이기 때문일 것이다.

영희는 몇 장면을 제외하면 내내 누군가와 함께 있다. 더구나 함께 있는 사람(들)은 대부분 그녀에게 호의적이다. 극 중에서 밤 장면보다는 낮 장면이 훨씬 더 많기도 하다. 하지만 영희는 그 모든 순간에 사실상 '밤의 해변에서 혼자' 있다. 만일 영희가 밤에 해변을 홀로 거니는 장면이 이 작품에 담겨 있었다면 관객은 그 대목만이 이 영화의 제목을 대변하고 있다고 생각할지도 모른다.

「밤의 해변에서 혼자」는 이제껏 홍상수의 필모그래피에서 아마도 가장 쓸쓸한 영화일 것이다. 섣부른 짐작과 달리 그 쓸쓸함은 세상과 영화 사이의 괴리에서 나오는 게 아니다. 이 심플하면서도 정서적으로 강렬하며 더없이 솔직한 영화는 어떤 식으로든 보는 이를 뒤흔든다. 극 중 이야기는 진원에 장막을 드리운 채 오로지 여진만 다룬다. 하지만 인물은 그 여진을 통째로 앓는다. 영희가 추운 겨울 카페 앞에서 누군가를 기다리며 "보이시나요, 저의 마음이. 왜 이런 마음으로 살게 됐는지"라고 조용히 홀로 노래하는 순간을 관객들 역시 오래도록 잊기 힘들 것이다.

유부남 감독(문성근)을 사귀다가 곤경에 처한 영희는 극 중 두 차례의 술자리에서 다양한 감정을 여과 없이 드러낸다. 분노하는가 하면 자조하기도 하고, 어리광 부리듯 사랑스럽게 굴다가 직설적으로 원망이나 질투를 드러내기도 한다. "그것밖에 없어. 솔직해야 해"라는 말을 하는 그녀답게 영희는 매 순간 예민하게 호흡한다. 이 두 장면은 각각 길고 긴 하나의 숏에 담겨 있기에 감정의 낙차는 더욱 격렬하고 서늘하다. 그리고 그 감정들은 모두 영희가 살아 있다는 증거가 된다.

이 영화의 창작자는 자신이 만들어낸 주인공 뒤에서 팔짱을 끼고 있지 않다. (「여자는 남자의 미래다」와 비교해보라.) 간절한 염원 같은 것이 인물의 고난을 감싸고 있다. (「강원도의 힘」과 확연한 차이를 보인다.) (「해변의 여인」에서 내비치기 시작했던) 극 중 여성들간의 연대는 전에 없이 굵어졌다. (「옥희의 영화」와 달리) 인물의 정체성도 또렷하다. (「누구의 딸도 아닌 해원」이 그랬듯) 주인공을 꿈속에 그냥 내버려두며 끝나는 일은 없다. 누군가가 일어나라고, 그러다 큰일 난다고, 잠든 그녀를 기필코 깨워준다. 그리고 (「북촌방향」처럼) 인물을 붙박여 세워놓은 채 마침표를 찍는 대신, 자리를 털고 일어나서 어쨌든 또박또박 걸어가는 모습을 지켜보며 막을 내린다. 이제껏 19편의 장편을 내놓은 감독의 작품 세계에서 이례적으로 절실하게 감정을 불어넣은 이 작품이 홍상수의 개인적 삶과의 좀 더 깊은 관련 속에서 빚어졌음을 부인하기는 어려울 것이다.

독일 함부르크를 배경으로 한 1부가 끝나면 「밤의 해변에서 혼자」의 2부는 귀국한 영희가 강릉의 극장에서 영화 보는 모습을 비추며 시작한다. 이건 어찌 보면 「지금은맞고그때는틀리다」의 결말에서 곧바로 이어지는 장면처럼 보인다. 혹은 「극장전」이 그랬던 것처럼, 1부의 내용을 영화 속 이야기처럼 받아들일 수 있도록 만들기도 한다.

「밤의 해변에서 혼자」의 짙은 고독은 「지금은맞고그때는틀리다」의 생생한 환희와 동전의 양면을 이룰 수밖에 없는 것일까. 죽음의 그림자를 넘겨다보았던 주인공이 걸어가는 모습을 보여주며 끝난다는 점에서 동일하지만, "생각을 더 해야 해"라고 필사적으로 다짐하는 「극장전」의 주인공(김상경)과 처지가 완전히 다른 「밤의 해변에서 혼자」의 주인공은 이제 더 무엇을 되뇌어야 하는 걸까. 함부르크나 강릉에서, 그 살기 좋다는 두 도시에서도, 영희는 여전히 그렇게 배가 고픈데.

# 토니 에드만

**Toni Erdmann**
감독 **마렌 아데(Maren Ade)**   국내 개봉일 **2017.03.16**

독일 여성 이네스(산드라 휠러)는 루마니아에서 컨설턴트로 바쁘게 살아간다. 그녀는 휴가차 루마니아로 온 아버지 빈프리트(페터 지모니셰크)가 자신이 일하는 곳에 수시로 나타나 짓궂게 장난을 걸자 곤혹스러워한다. 빈프리트의 장난은 가발을 쓰고 의치를 끼운 채 토니 에드만이라는 가상의 캐릭터인 것처럼 행세하는 것. 처음엔 모르는 척 외면하다가 어느덧 아버지의 장난에 함께하게 된 이네스는 자신의 생일 파티를 맞아 기상천외한 아이디어를 낸다.

독일 감독 마렌 아데가 연출한 「토니 에드만」은 언뜻 따뜻한 휴먼 드라마 같다. 소원했던 아버지와 딸이 종반부에서 감동적인 포옹까지 하니 더욱 그렇다. 냉정하고 이기적인 딸은 인간미 넘치는 아버지의 도움으로 결국 인생에서 무엇이 진짜 중요한지를 깨닫고 가족의 사랑으로 편안하게 복귀한다. 거기에 '언제나 유머를 잃지 말라'는 메시지는 덤일 것이다. 그런데 이게 정말 가족주의적인 결말로 안온하게 귀결하는 디즈니스러운 이야기일까. 그 끝은 과연 해피엔드일까.

「토니 에드만」은 도입부와 에필로그를 빼고 보면 딸의 (일찍 치러진) 생일 모임에서 시작해서 (제때 열리는) 생일잔치로 끝난다. 생일이라는 모티브는 극 중에서 두 번 더 등장하는데, 이네스를 찾아간 빈프리트가 치즈 강판을 선물로 미리 건넬 때와 (재탄생의 의미를 지니는) 부활절 관련 모임에 부녀가 합류했을 때다. 이 네 번의 탄생과 관련한 장면들 모두에서 빈프리트는 소외되거나 상처를 받는다. 전처의 집에서는 혼자만 미리 통보받지 못했기에 그게 딸의 생일 모임인지도 몰라 당황한다. 치즈 강판을 선물로 건네고 난 후에는 며칠 전 죽은 애견 빌리와 관련한 이야기를, 함께 나눌 화제를 찾지 못한 딸이 불쑥 꺼내는 바람에 상심한다. 부활절 모임에선 화가 난 딸이 인사도 없이 그를 두고 나가버리고, 생일 브런치 파티에선 쿠케리(양털과 가죽으로 만든 옷과 탈을 쓰고 행진하는 불가리아 전통 의식) 탈을 뒤집어쓴 채 말 한마디 섞지 못한다.

이 작품은 또한 늙은 개 빌리의 죽음에서 시작해서 빈프리트의 늙은 어머니 죽음으로 끝난다고 볼 수도 있다. 그 두 죽음은 러닝타임 대부분을 차지하고 있는 루마니아에서의 사건들 앞뒤를 감싸고 있기도 하다. 말하자면 「토니 에드만」은 삶이라는 이야기에 죽음이라는 액자를 두른 영화인 것이다. 심지어 이 영화의 제목은 '빈프리트와 이네스'가 아니라, 존재하지도 않는 자의 이름이다.

해골 분장에서 안락사까지, 극 초반 빈프리트의 농담과 장난에는 온통 죽음의 그림자가 일렁인다. 게다가 빈프리트는 죽은 개 빌리에게 스스로를 이입한다. (택배 상자를 받는 첫 장면에서 빈프리트는 자신의 또 다른 자아인 토니가 개밥을 먹는다고 말한다.) 레스토랑에서 개의 죽음을 거북이의 죽음으로 바꿔서 둘러대다가 듣던 사람이 웃자 "네, 우리에 겐 그냥 거북이인 거죠"라고 냉소적으로 덧붙인다. (거북이든 개든 빈프리트든, 여기서 남의 죽음은 비극이 아니다.) 그는 루마니아로 떠나기 직전 장면에서 죽은 빌리와 똑같은 자세로 어두운 정원에 누워 있고, 루마니아에서의 마지막 장면에서 쿠케리 탈을 쓴 채 공원 바닥에 누워 죽을 듯 숨을 헐떡인다.

빈프리트가 삶(생일)에 대해 딸로부터 통보받지 못한다면, 이네스 는 죽음에 대해 아버지로부터 통보받지 못한다. 왜 빌리가 세상을 떠났다는 걸 내게 말하지 않았냐고 이네스가 묻자 빈프리트는 말한 다. "나도 늘 시간이 있는 게 아니야." 시간은 넉넉하지 않고, 아버지 는 죽음을 끼고 있다. 그러고 보니 루마니아에서 이네스 곁을 내내 떠도는 빈프리트는 흡사 유령처럼 느껴지기까지 한다.

「토니 에드만」은 클라이맥스에 기상천외한 누드 파티 장면이 나 온다. 이제 '장난'은 이네스의 몫이다. 꽉 끼는 드레스를 입은 채 뻔 한 생일 모임을 직장 동료들과 하려던 그녀는 다친 발로 구두를 신 으려다 말고 불현듯 옷을 다 벗은 뒤 누드 파티를 제안한다. 그건 삶 의 교착 상태에 빠진 자신을 확인한 이네스의 엉뚱하고도 절실한 시 도처럼 보인다. 그런데 딸의 장난은 아버지의 장난과 결정적인 부분 에서 다르다. 빈프리트는 토니 에드만이라는 다른 인물에 의지하고 서야 장난을 칠 수 있지만, 이네스는 자기 자신으로서 혼자 그렇게 한다. 그리고 빈프리트는 가발과 의치에서 불가리아 인형 탈까지 뭔 가를 뒤집어쓰고서 장난을 치지만, 이네스는 다 벗어버리고서 그렇게 한다.

그러니까 이건 거부할 대상이 명확해 보였던 세상에서 어깨 걸고 연대하려 했던 68세대와 효율이나 경쟁을 내세우며 복잡하고도 숨 막히게 흘러가는 세상에서 살아남으려 제각각 사투를 벌이고 있는 신자유주의세대 사이의 심연을 들여다보는 영화다. (논의를 확장해 나치 독일을 겪었을 할머니의 세대에 대해서도 말할 수 있을 것이다.)

전자에 속하는 아버지는 다른 사람을 불러낸 채 정의와 평등 같은 명분을 뒤집어쓰고서 인간적 도리를 역설한 끝에 "그러고도 네가 사람이냐"라고 일갈한다. ("그러고도 네가 사람이냐"라는 말은 사람이기 위해서 견지해야 할 가치를 전제하는 비판이고, 그 말을 하는 자의 도덕적 우위를 드러내는 말이다.) 하지만 부유한 독일 시민인 그는 가난한 루마니아 촌로에게 모두가 지켜보는 가운데 지폐 한 장을 배려 없이 불쑥 건네고, 가족애를 내세우느라 밑도 끝도 없이 딸을 거듭 곤경에 빠뜨린다.

후자에 속하는 딸은 눈물까지 흘려가며 "아빠가 하는 (언뜻 선해 보이는) 행동이 루마니아 시골 사람들에게 결국 어떤 경제적 피해를 미치게 되는지"에 대해 힐난한다. 그러나 표면적으론 루마니아 사람들의 우수함을 칭송하던 그녀는 자신의 옷이 더럽혀지자 직급이 낮은 루마니아 직원 앙카(잉그리드 비수)의 블라우스를 거리낌 없이 바꿔 입고, 우월한 지위에 토대해 호텔 풀장에서 루마니아 웨이터를 사정없이 압박한다.

두 사람 모두에겐 관계의 얼룩이 있다. 누군가가 필요한 아버지는 시종 다른 사람과 접촉하지만 그 접촉은 늘상 불편한 흔적을 남긴다. 극 초반 이네스와 포옹할 때는 얼굴에 칠한 분장 자국을 딸의 옷에 남기고, 이네스의 직장 상사와 악수할 때는 핸드크림이 묻게 되며, 이네스의 애인 팀(트리스탄 푸터)과 악수할 때는 통증에 얼굴을 찡그린다. 반면에 자기 혼자 걷다 부딪쳐 갈라지게 된 발톱을 어루만지다가 입은 옷에 피가 튀는 장면에서 알 수 있듯, 다른 사람이 그다지 필요 없는 딸은 스스로에게 얼룩을 묻힌다. 아버지는 타인 때문에 상처받고, 딸은 자기 자신으로부터 상처를 입는다. 니체는 "세상에서 가장 고통받는 동물이 웃음을 발명했다"고 했던가. 빈프리트든 이네스든, 그 모든 장난과 농담은 결국 필사적인 몸부림이나 절박한 비명일 것이다.

아버지와 딸은 마침내 감동적으로 포옹한다. 그러나 그 한 번의 포옹이 해답인 것은 아니다. 포옹을 끝낸 딸은 식은 얼굴로 뒷걸음질 쳐 떠나고, 남은 아버지는 공원 바닥에 쓰러져 거칠게 숨을 몰아쉰다. 둘은 여전히 다른 세대이고 서로에게 결국 타인이다. 그들 사이에는 아직도 심연이 있다. 아버지가 이끄는 대로 딸이 불렀던 노래(「The Greatest Love Of All」)의 가사는 "가장 위대한 사랑은 자기 자신을 사랑하는 것"이었고, 그 노래를 다 부른 후 딸은 아버지를 두고 혼자 떠났다. (이게 정말 훈훈한 가족영화라면 "부모님의 사랑은 끝이 없어라" 같은 가사의 노래를 불렀을 것이다.) 어쩌면 그건 화해의 포옹이 아니라 (극 중 수차례 반복되었지만 제대로 이행되지 못했던) 이별을 완성하는 의식인지도 모른다.

할머니의 장례식에서 펼쳐지는 「토니 에드만」의 마지막 장면에는 불능의 기운이 가득하다. (직전 장면에서도 블라우스의 핏물은 완전히 빠지지 않았다.) "순간을 붙잡을 순 없다"는 말로 삶의 교훈을 다시 전하려던 빈프리트는 이네스의 모습을 사진으로 남기기 위해 카메라를 가지러 안으로 들어감으로써 순간을 붙잡으려 한다. 루마니아에서 성사시키기 위해 내내 노력했던 이네스의 업무는 결국 실패로 돌아갔고, 그 모든 일을 겪고도 그녀 삶은 변화 없이 이제 싱가포르로 옮겨져서 유사한 직장에서 펼쳐지게 된다.

아버지의 의치를 끼워보고 할머니의 모자를 써보던 딸은 잠시 후 슬며시 의치를 빼고 모자를 벗는다. 그녀의 삶은 바람직하지 않지만 그의 삶도 유효하지 않다. 아버지의 장난에서 시작해서 딸의 장난으로 끝나는 「토니 에드만」은 이제 딸의 장난마저 거두게 된 지점에서, 웃음기를 지우고 아버지를 배제한 채 딸만 남겨두고서 우두망찰 막을 내린다.

# 문라이트

**Moonlight**

감독 **배리 젠킨스**(Barry Jenkins)　국내 개봉일 **2017.02.22**

어머니와 함께 외롭게 살아가던 소년 샤이론(알렉스 히버트)은 괴롭히는 아이들을 피해 빈집에 숨었다가 마약상 후안(메이허샬라 알리)과 마주친다. 샤이론을 측은하게 여긴 후안은 자신과 여자친구 테레사(저넬 모네이)가 함께 사는 집으로 그를 데려가 하루 동안 돌본다. 학교에서뿐만 아니라 놀 때도 겉돌던 샤이론이 자신에게 다가와 다정하게 말을 거는 케빈(제이든 파이너)을 마음에 두기 시작한 후 둘 사이에 세월이 흘러간다.

배리 젠킨스가 연출한 「문라이트」는 소박하고 간명하면서도 강렬하고 아름답다. 보기에 따라서 「보이후드(Boyhood)」(리처드 링클레이터)가 생각나기도 하고, 「브로크백 마운틴(Brokeback Mountain)」(리안)이 떠오르기도 한다. 여기에는 강물처럼 흘러가는 누군가의 삶을 지켜보는 관조가 있는가 하면, 그 사람의 삶 전체를 여진으로 뒤흔들어놓는 경험이 점화되는 순간의 광휘를 목격하는 흥분이 있다.

이 영화 후반부에는 신비롭게까지 여겨지는 장면이 있다. 주인공 샤이론(트레반트 로즈)은 요리사가 된 케빈(앤드리 홀랜드)을 10여 년 만에 만나기 위해 애틀랜타에서 마이애미까지 차를 몰고 간다. 차에서 내려 빗질을 한 후 식당까지 걸어가는 샤이론의 뒷모습을 카메라는 그저 묵묵히 지켜본다. 그러다 들어서는 순간 출입문에 매단 작은 종이 맑은 소리를 내는 광경이 짧게 클로즈업 인서트되고, 이어 어리사 프랭클린의 노래가 낭만적으로 흐르는 식당 안을 가로질러 샤이론이 구석 자리에 앉는 모습이 담긴다. 다른 손님들을 응대하느라 제대로 그를 보지 못한 케빈이 "곧 갈 테니 잠시만 기다려주세요"라고 말하면서 둘의 대면은 두 차례나 유예된다.

들어서는 순간부터 1분가량 길게 음악과 공간과 인물들 사이를 떠다니던 롱숏은 케빈이 샤이론을 확인하고 놀라는 얼굴을 담은 샤이론 시점의 정면 클로즈업숏으로 급격히 변화하며 감정적 리듬을 단숨에 끌어올린다. 이때 케빈의 입에서 흘러나온 "샤이론!"이라는 외침은 화면으로 드러나는 그의 입 모양과 맞지 않는데, 이처럼 눈에 보이는 이미지와 엇갈리게 결합된 사운드는 뒤에 이어질 샤이론의 정면 클로즈업숏에 선행하며 그곳의 그 순간을 둘만의 특별한 시공간으로 구획 짓는다.

자리를 옮겨 앉아 오랜 회포를 풀며 둘이 나누는 이야기는 반가움과 안타까움, 설렘과 어색함 사이를 오가며 화제에 따라 끊기거나 이어진다. 대화가 고비에 이르렀을 때 샤이론은 케빈에게 왜 10년 만에 전화를 했는지 묻는다. 케빈이 "말했잖아, 손님이 주크박스에서……"라고 답하자 샤이론은 진짜 답을 이야기하라며 그 말을 곧바로 잘라버린다. 그러자 케빈은 "이 노래가 나왔어"라면서 주크박스로 걸어가 바버라 루이스의 노래 「Hello Stranger」를 틀고 샤이론을 바라본다.

"이봐요, 이방인. 다시 보니 정말 좋아요. 이게 얼마 만이에요. 정말 오랜 시간이 흐른 것 같아요." 오래된 노래는 가볍고, 직접적인 가사는 소박하다. 이어서 마주 바라보는 샤이론의 단독 숏 속으로 케빈이 걸어 들어오고, 카메라는 서서히 이동해 건너편에 앉게 된 케빈의 얼굴을 샤이론 시점으로 담는다. 이에 대응해 상념에 잠긴 샤이론의 얼굴을 뭉클하게 스케치하던 숏은 그 여운이 다 흐르기도 전에 다시금 맑게 딸랑이는 출입문 종의 인서트숏으로 불현듯 끊기며 식당 장면 전체가 끝난다. 거기서 구구절절 더 설명해야 할 무엇인가가 있었을까.

15분 가깝게 펼쳐지는 이 식당 장면에 담긴 것은 영화적 마법이다. (나는 그걸 그렇게 부를 수밖에 없다.) 언어가 설득을 포기하고 끊어진 바로 그 자리에서 영화가 어떻게 설득해낼 수 있는지를 마술처럼 보여준다. 인물의 감정에 의해 옮겨 다니며 유영하는 이 장면의 카메라는 영화가 마음을 어떻게 담아낼 수 있는지 훌륭히 예시한다. 극중에서 인물의 시선에 따라 카메라가 움직일 때, 그 방향은 늘상 샤이론으로부터 출발해서 케빈에게로 흘러간다. 하나의 숏 안에서 고개를 돌려 뒤를 돌아보는 것은 항상 샤이론이다. 그리고 동화적이기까지 한 종소리는 가장 간결한 방식으로 마치 의례처럼 그 공간을 신화화한다. 마이애미의 평범한 쿠바음식점은 이제 공간의 공기와 냄새와 온도까지 고스란히 담겨진 채, 고단한 세월을 겪어왔던 샤이론에게 영화가 베푸는 축복 같은 선물의 장이 된다.

「문라이트」는 아홉 살과 열여섯 살 그리고 20대 중반의 샤이론을 다루는 3부로 구성됐다. 각 부는 각각 '리틀', '샤이론', '블랙'을 제목으로 내세우고 있는데, 이는 모두 샤이론의 이름 또는 별칭이다. 이 호칭들은 조금씩 차이가 있다. 리틀은 남들이 그를 놀리며 낮추어 볼 때 쓰는 호칭이다. 흑인이고 동성애자이며 빈곤계층인 그에게 샤이론이라고 붙여진 공식적 이름은 인종, 계급, 성정체성 등 스스로 바꿀 수 없는 타고난 조건과도 같다. 블랙은 그의 인종을 떠올리게 하는 말일 수도 있지만 이 이야기에선 케빈이 샤이론을 부르는 호칭의 의미가 더 짙다. 극 중에서 오직 케빈만이 샤이론을 블랙으로 부른다. 그리고 블랙이란 호칭만이 (그렇게 불리고 싶어 하는) 샤이론의 의지나 지향과 관련이 있다. (3부에서 샤이론은 블랙의 이니셜인 'B'로 호명된다.) 그건 그가 사랑하는 단 한 사람인 케빈을 떠올릴 때만 특별한 호칭이 된다.

좀 더 흥미로운 것은 케빈이 각각의 부에서 처음 등장할 때 그 챕터의 제목으로 샤이론을 부르기 시작한다는 점이다. (케빈은 1부 운동장 장면에서 "이봐, 리틀"이라고 외치고, 2부의 학교 복도 장면에서 "샤이론, 뭐 해?"라면서 다가오며, 3부의 한밤 전화 장면에서 "안녕, 블랙"이라고 운을 뗀다.) 그러니까 결국 3부로 나뉘어 묘사되고 있는 이 모든 이야기의 저류에 강력하게 흐르고 있는 것은 케빈이다.

「문라이트」에 찬란하게 솟아오르는 희망 같은 것은 없다. 샤이론이 모처럼 행복한 일을 경험하게 되면 반드시 불행이 불쑥 튀어나와 균형을 잡는다. 샤이론이 케빈의 식당으로 들어설 때 인상적으로 들려오던 어리사 프랭클린의 노래 「One Step Ahead」는 이 영화에서 이미 그 전에 한 번 더 흘러나왔다. 그건 어린 샤이론이 후안 아저씨와 함께 바닷가에 놀러 갔다가 수영을 배우고 달빛 이야기를 들으며 이전에 누려보지 못하던 행복감을 느끼게 된 직후였다. 후안과 헤어져 집에 들어서자마자 샤이론이 처음 보게 된 낯선 아저씨와 함께 엄마 폴라(나오미 해리스)가 마약을 하고 있는 모습을 목격할 때 그 노래가 깔렸다. 식당으로 들어설 때 그 노래가 그때까지의 고통을 중화시켜주는 향초 같았다면, 집에 들어설 때 그 노래는 직전의 안정감을 상쇄해 무화시키는 채찍 같았다.

One step ahead. 한 발짝만 앞으로 내디뎌도 삶은 급격한 낙차를 겪는다. 그건 샤이론의 삶에서 가장 결정적인 사건이라고 할 수 있는 케빈과의 짜릿했던 순간을 해변에서 경험하고 난 후 설레며 집에 돌아왔을 때도 마찬가지였다. 그 해변은 달빛으로 영롱하게 물들어 있었지만, 돌아와 문을 열고 들어서는 샤이론의 눈에 가장 먼저 들어왔던 것은 천장의 더러운 전등빛이었다.

이야기가 막을 내리는 3부라고 해서 샤이론에게 특별한 서광이 비치는 것도 아니다. 샤이론은 외모에서부터 하는 일까지, 1부에서의 후안의 전철을 고스란히 밟아가는 삶을 살고 있다. 아마도 마약상으로서 비극적인 죽음을 맞은 것으로 추측되는 후안처럼, 어른이 된 샤이론 역시 거리에서 마약을 팔다가 당장 내일이라도 흔적 없이 사라져버릴 수도 있다. (후안과 샤이론은 일종의 부자 관계이지만, 동시에 서로에게 미래와 과거의 의미를 지니기도 한다.) 자력으로 마약을 끊지 못해 치료 시설에 가 있는 엄마와는 제대로 화해하지 못했고, 그때 그 해변에서의 경험 이후 누군가를 온전히 사랑해본 적도 없다.

하지만 뒤척이던 어느 밤 그는 10년 만에 걸려온 전화를 받고 케빈에게 찾아갔다. 불쑥 찾아온 샤이론의 모습에 놀라며 케빈은 이렇게 말한다. "어, 어떻게 왔어? 아니, 온 게 좋은 거지." 그 전화가 오지 않았다면 샤이론은 그냥 그렇게 계속 살아갔을 것이다. 하지만 어쨌든 전화가 왔고, 어쨌든 샤이론은 케빈에게 갔다. 그리고 어쨌든 그렇게 샤이론이 케빈을 만나게 되었다면, 그걸로 충분히 좋은 것이다.

두 사람이 서로를 감싼 채 어둠 속에 웅크려 앉은 모습을 보여준 후 「문라이트」는 오래전 과거로 돌아가서 마침표를 찍는다. 거기선 아홉 살의 어린 샤이론이 달빛에 젖은 채 등을 보이고서 바다를 바라보고 있다. 영화는 그 순간 카메라를 들어 샤이론 위에 떠 있는 달을 담지 않는다. 희망이라는 것을 그렇게 만만히 쥐어주는 건 거짓 위안이라고 설명하듯, 달빛만이 푸르스름하게 프레임 안에 퍼져 있을 뿐 정작 달은 영화 밖에 있다. 우리는 그 빛이 어디서 오는지 짐작만 할 뿐 눈으로 정확히 짚어낼 순 없다. 그러나 그 말을 뒤집으면, 명확히 짚어낼 순 없어도 어쨌든 그 빛이 소년을 푸르게 적시고 있다.

달빛 아래에선 흑인 아이들이 푸르게 보인다. 십수 년 전 바닷가에서 샤이론은 후안으로부터 그 말을 했던 어느 할머니의 이야기를 전해 들었다. 「문라이트」의 맨 마지막 숏에서 달빛을 받고 푸르게 돌아서 있던 샤이론은 어느 순간 몸을 돌려 뒤를 돌아보고 영화는 막을 내린다. 돌아본 샤이론의 눈에는 무엇이 담겼을까. 이 영화의 각 챕터에서 처음 등장하는 케빈이 그를 부를 때 샤이론은 그때마다 몸을 돌려서 바라보았다. 샤이론에게 케빈은 문득 돌아보면 늘 거기에 있는 사람이었다. 결국 샤이론은 극의 마지막에서 후안 그리고 케빈과 따스하게 결합한다. 그러니 만약 이 영화에 4부가 더 이어지게 된다면, 그 챕터의 제목은 '블루'가 될 것이다.

# 맨체스터 바이 더 씨

**Manchester by the Sea**
감독 **케네스 로너건(Kenneth Lonergan)** 국내 개봉일 **2017.02.15**

비명을 지르지 않는다고 고통스럽지 않은 게 아니다. 어떤 비극은 밖으로 연기 한 줄 내지 않은 채로 무겁게 내연한다. 「맨체스터 바이 더 씨」의 주인공 리는 무슨 일이 생겨도 그저 무덤덤해 보인다. 이 과묵한 사내는, 그러나 속에서부터 무너져 내리고 있다. 말하자면 그는 견딜 수 없는 것을 필사적으로 견뎌내려는 자이다.

아파트 관리인 리(케이시 애플렉)는 형인 조(카일 첸들러)가 위독하다는 소식을 듣고 고향으로 향하지만, 도착 직후 형이 이미 세상을 떠났다는 사실을 알게 된다. 장례를 치르기 위한 준비를 하던 리는 형이 아들 패트릭(루카스 헤지스)의 후견인으로 자신을 지목했다는 사실을 알게 되어 당황한다. 고향에서 있었던 아픈 과거에 대한 기억이 수시로 떠오르고, 패트릭과도 계속 갈등이 생겨 어려움을 겪던 리에게 어느 날 전처 랜디(미셸 윌리엄스)의 전화가 걸려온다. (이 영화의 제목인 '맨체스터 바이 더 씨(Manchester by the Sea)'는 그 자체로 실제 미국 매사추세츠주에 있는 마을 이름이다.)

눈에 보이지 않는 마음의 풍경을 영화는 어떻게 담아낼 수 있을까. 「맨체스터 바이 더 씨」의 감독이자 시나리오작가인 케네스 로너건은 심리적 진실의 흐름을 시종 섬세하게 짚는다. 고향에서 기억은 예기치 않은 순간에 리의 마음속으로 불쑥불쑥 틈입해 묵은 상처를 찔러대는데, 이 영화는 과거 회상의 플래시백을 꼭 있을 법한 자리에 딱 그럴 법한 방식으로 끌어들여 가며 한 인물의 어두운 내면 깊숙이 회중전등을 비춘다.

과거와 현재를 교직해나가는 「맨체스터 바이 더 씨」의 플롯은 능숙할 뿐만 아니라 진실하다. 자신이 후견인으로 지목되었다는 형의 유언을 변호사로부터 전해 듣자마자 리는 목소리를 높여가며 거부한다. 그 순간 이 영화에서 가장 비극적인 과거의 일이 길게 펼쳐진다. 이때의 플래시백에 담기는 내용은 워낙 중요한 사건이기 때문에 그 효과를 고려하면 (대부분의 작품들이 그렇듯) 후반부 클라이맥스 지점에 놓일 법하다.

하지만 이 회상 장면은 러닝타임이 40퍼센트가량 진행된 전반부에 담겨 있다. 그건 일단 고향에 돌아온 이상 리가 아무리 회피하려고 해도 오래지 않아 떠올릴 수밖에 없는 결정적 기억이기 때문이고, 어린 조카의 후견인이 되어달라는 요청을 받는 순간 자동적으로 돌출될 수밖에 없는 기억이기 때문이다. 아울러 그 플래시백 장면이 상당히 길게 삽입되어 있는 것은 리의 입장에선 일단 떠올리면 도저히 중도에 중단할 수 없는 기억이기 때문이다.

리라면 그 상황에서 그럴 수밖에 없다. 케네스 로너건은 화술의 경제성이나 화법의 효과보다 인물의 내적 핍진성을 예민하게 더듬어 따라감으로써 아프도록 생생한 마음의 로드무비 한 편을 만들어 냈다. 연령과 비중을 따로 가릴 것 없이 우수한 이 영화 출연진들의 절제와 품위를 함께 갖춘 연기들도 무척이나 인상적이다.

「맨체스터 바이 더 씨」는 오래전 즐거웠던 여름날의 추억을 그려 내며 시작했다. 하지만 영화 속 현재는 내내 매섭도록 추운 겨울이다. 극의 어딘가에서 딱 한 장면에만 등장하는 어떤 노인은 아무런 조짐도 흔적도 없이 사라져버린 자신의 아버지 이야기를 불쑥 꺼낸다.

그러니까, 그냥 그렇게 불쑥 들이닥치는 일들이 삶에 있다. 그럴때 사람들은 의미나 이유조차 모른 채 그 모든 걸 그저 견뎌내야 한다. 「맨체스터 바이 더 씨」의 이야기는 영영 회복될 수 없는 실낙원에 관한 이야기일까. 영화가 끝나갈 무렵 패트릭이 나뭇가지로 찔러보는 땅은 이제 조금 풀려 있다. 어쩌면 여름은 끝내 찾아오지 않을지도 모른다. 그래도 어느새 겨울이 가고 있다.

# 컨택트

**Arrival**

감독 **드니 빌뇌브**(Denis Villeneuve) 국내 개봉일 **2017.02.02**

어느 날 갑자기 외계로부터 날아온 비행물체들이 곳곳에 모습을 드러내자 세계는 거대한 혼란에 빠진다. 미국 정부의 요청으로 언어학자 루이스(에이미 애덤스)는 물리학자 이안(제러미 레너)과 팀을 이뤄 외계인들과의 대화에 나선다. 결국 그들에게 질문해서 알아내야 할 사항은 왜 지구에 왔냐는 것. 그러나 완전히 다른 언어 체계 때문에 첫단계부터 난항을 겪는다. 마침내 대화의 물꼬가 트이게 되지만 그때부터 루이스는 이해하기 어려운 환상을 연이어 보기 시작한다.

「시카리오: 암살자의 도시(Sicario)」와 「그을린 사랑(Incendies)」의 드니 빌뇌브가 감독한 SF 「컨택트」 첫 장면은 루이스 뱅크스 박사가 불치병에 걸린 어린 딸을 잃는 모습을 보여준다. 이어 그가 언어학자로서 외계인과의 접촉에 나서는 임무를 맡게 되는 상황까지 보게 되면 관객은 「그래비티(Gravity)」(알폰소 쿠아론)의 라이언 스톤 박사(샌드라 불럭)를 자연스럽게 떠올릴지도 모른다. 두 영화 모두 어린 딸을 잃은 상실감을 안고 처음으로 우주적 경험에 나서는 여성 전문가 이야기를 다루고 있는 것처럼 여겨지니까. 그러나 끝까지 다 보고 나면 전혀 그렇지 않다는 것을 알게 된다. 이건 당신이 이제껏 한 번도 들어본 적이 없는 이야기다.

독창적인 아이디어와 생생한 디테일이 함께 빛나는 「컨택트」는 시종 지적인 긴장감으로 팽팽하다. 다루는 내용에 대한 과학적 태도가 엄정하고, 외계인이 쓰는 문자의 형태부터 그들이 타고 온 비행물체의 외양까지 시각적 디자인이 참신하며, 무엇을 집중적으로 보여주거나 과감하게 생략해야 할지 아는 화법은 능란하다. 알 수 없는 범주에 놓인 대상과의 소통이 과연 무엇을 뜻하는지 경이롭게 파고든다. 지금 내 앞에 명백히 도달해 있는 현실과 사건 앞에서 기어이 이유를 찾아야 되는 극 중 상황은 지극히 실존적이기도 하다. 인류가 그런 일들에 맞닥뜨리면 정말 저런 문제들을 겪을 듯한 사실감도 상당하다.

물론 이 영화가 지닌 매력의 상당 부분은 원작인 테드 창의 걸작 단편소설 「네 인생의 이야기」에 빛을 지고 있다. 페르마의 최단시간의 원리까지 끌어들인 후 인과론적 시각과 목적론적 시각을 대비해 가며 훨씬 더 학구적으로 깊게 파고드는 원작 소설에 비해, 좀 더 멜로드라마적인 영화는 (특히 후반부에서) 편하고도 대중적인 방식을 택한다. 원작이 인류의 언어와 완전히 다른 외계 언어가 작동하는 방식을 상상하고 그려내는 데 집중적인 관심을 둔다면, 영화는 그런 언어를 쓰는 존재와 마주한 상황이 초래하는 인간들의 문제에 시선을 돌린다.

하지만 읽다 보면 영화화가 불가능할 것처럼 여겨지는 원작을 이 정도로 흥미롭게 영화적으로 적극 변주해낸 각색도 (테드 창의 골수팬들은 실망할지도 모르지만) 보통 솜씨는 아니다. 시간의 벽을 넘어가면서 '미래에 대한 기억'이라는 역설적 모티브를 생생하게 다뤄내는 플롯의 마술이 대단하다. 게다가 그런 마술이 본격적으로 펼쳐지는 후반부 내용 상당수는 소설에 없던 것들이다. 외계인을 처음 마주하게 될 때까지를 묘사하는 초반부의 긴장감 역시 영화에서 훨씬 더 잘 표현되어 있다. 거의 30여 분 동안 외계 비행체나 외계인의 모습을 드러내지 않은 채 영문을 짐작도 못 하는 인물의 리액션만 보여주며 관객을 영화 속 상황 한가운데로 끌어들인다. 그리고 활자로는 불가능한 에이미 애덤스의 섬세한 연기가 있다.

다소 느린 듯한 이 영화의 진행은 지적인 화술과 밀접한 관련을 맺고 있다. 여기선 사건 자체보다 사건의 함의에 대한 숙고가 더 비중이 높고, 다뤄지는 세계에 대한 외형적 묘사보다 그 세계가 존재하거나 소통하는 방식에 대한 이해가 더 중요하다. 그 한가운데에는 언어가 있다. 주인공 루이스는 성품이나 성별 혹은 나이 같은 타고난 특징보다는 언어학자라는 직업적 정체성이 훨씬 더 중요한 캐릭터다.

관객은 극 중 사건 대부분을 무엇보다 언어학자의 뇌와 눈을 통해 받아들이게 된다. 중의적인 의미가 초래하는 언어적 혼란으로 위기가 촉발되는 이야기를 풀어내고, 그걸 해결해내는 '영웅'으로 언어학자를 내세우는 이 영화는 외계인이 등장하는 대부분의 SF가 간과하거나 그냥 대충 가정하고 치워버렸던 언어 소통의 문제를 구체적이고도 치열하게 다룬다는 점에서 신선하고도 귀하다. (영화 속에서

'무기'라는 단어의 해석을 둘러싼 대립 양상은 극 중 총이 묘사되는 대조적 장면들에서 이미 암시되고 있다. 최일선에서 외계인과 접촉하는 요원들이 대부분 총도 안 가지고 있다는 걸 공격하는 여론에 자극된 일부 군인들은 총을 무기로 사용해 파국 직전 상황을 자초한다. 반면에 손가락으로 총 쏘는 시늉을 할 때 루이스에게 총은 딸과 함께 즐거운 시간을 보내는 도구다.)

　「컨택트」는 고립이나 분열이 전쟁에 이르는 길이고, 소통과 연결이 평화로 가는 길임을 힘주어 그려낸다. 극 중에서 인간과 외계인의 소통은 일대일이 아니라 팀을 이루는 2 대 2로 이뤄진다. 공격적이면서 비협조적인 태도를 보이는 특정 요원을 팀에서 제외하면 안 되냐는 루이스의 푸념은 "우린 모두 한 팀"이라는 말로 즉각 거부된다. 극 중 매파와 비둘기파는 팀 안에도 있고 국제 관계에서도 있다. 하지만 아무리 어려워도 그 모두가 함께 가야 한다고 이 영화는 말한다. 그리고 협력은 누군가가 포기하고 희생한 만큼 다른 누군가나 전체의 이익이 증가하는 '제로섬 게임'이 아니라 결국 모두에게 이로운 '논제로섬 게임'이라고 역설한다. (외계인의 지구 침공을 다루는 허다한 영화들은 '제로섬 게임'에 토대하고 있다.) 더욱 흥미로운 것은 그게 단지 극 중 이해당사자들에게만 해당되는 게 아니라 서로 다른 시제에까지 적용된다는 사실이다. (그리고 사랑이야말로 논제로섬 게임이다.) 이 이야기에서 현재가 미래를 안다고 해서 현재나 미래가 손해를 보는 것은 아니다.

　오히려 그 반대다. 사용하는 언어가 생각하는 방식을 결정하고 세계를 보는 시각도 바꾼다는 언어결정론에 토대한 이 이야기에서는, 일반적인 영화들과 달리 과거에 대한 기억이 아니라 미래에 대한 기억이 현재의 문제를 해결하는 기묘한 역설을 그려낸다. 미래가 원인으로 작용해서 현재가 결과를 맺는 양상을 보여주는 이 도치된 인과관계는 선형적이지 않은 외계인들의 언어가 가져다준 선물이다. 내내 과거로 여겨지던 루이스와 딸 한나의 이야기가 사실은 미래의 일이라는 종반부 반전은 단지 관객의 뒤통수를 치려는 깜짝쇼가 아니라 언어가 초래한 시간관의 전환을 깊숙이 드러낸다는 점에서 더욱 인상적이다.

아닌 게 아니라 「컨택트」의 이야기 구조는 곧 주제를 드러낸다. 관객은 종반 직전까지 루이스와 딸 한나의 이야기를 플래시백으로 여기면서 보다가 사실은 그게 플래시포워드라는 걸 결국 알게 되는데, 이는 루이스의 경험과 흡사하다. 플롯 자체가 외계 언어 학습으로 인한 시간관 교체 효과를 유사하게 그려내고 있는 것이다. 영화의 첫 장면이 사실상 끝 장면에 그대로 이어지면서 이야기를 비선형적인 고리처럼 만드는 방식도 마찬가지다. (도입부의 긴 내레이션은 영화를 다 보고 난 후 다시 새겨보면 완전히 다르게 다가온다.)

「컨택트」의 원제는 'Arrival(도착)'이다. 이때 '도착'은 지구에 당도하게 된 외계인들의 행동을 뜻하는 것으로 여겨진다. 하지만 이 영화엔 그들이 지구를 떠나는 날에 이뤄지는 또 다른 도착도 있다. 외계인의 끝이 딸의 시작을 의미하게 되는 이 이야기는 두 개의 도착이 맞물리며 열고 닫는 (또는 닫고 열리는) 이야기가 된다. 그 과정에서 루이스뿐만 아니라 셍 장군과 외계인 코스텔로까지가 가장 가까운 이를 잃는 상실을 통해 서로 긴밀하게 연결된다.

결국 루이스는 그 모든 여정을 미리 알고도 앞에 놓인 길을 고스란히 밟아가는 삶의 순례자가 된다. (이건 「이터널 선샤인(Eternal Sunshine of the Spotless Mind)」(미셸 공드리)의 결말과 매우 비슷해 보이기도 한다. 하지만 「이터널 선샤인」에서 방점이 찍힌 게 감정적 의지라면, 여기서의 운명론은 언어 습득으로 인한 세계관의 변화를 체현한 경우라서 좀 더 근원적이다.) 그 여정에는 딸의 비극적인 죽음도 놓여 있다.

하지만 루이스는 애초에 낳지 않기로 결정했더라면 열두 살 나이에 고통스럽게 떠나보낼 필요도 없었을 어린 딸에게 이렇게 말한다. "그 병은 막을 수가 없어. 네 수영 실력이나 글솜씨 같은 모든 놀라운 재능처럼 난 막을 수 없어." 이 말까지 듣고 나니 결국 떠오르는 것은 "모든 한정은 부정이다"라는 스피노자의 말이다. 루이스에게 삶이란, 미래를 안다고 해서, 즐거운 추억과 따뜻했던 일들만을 따로 골라서 살아낼 수 있는 게 아니다. 그에게 삶은 아무리 괴로워도 그 모든 게 함께 가야 하는 것이다. 슬프고 아픈 기억 하나하나까지 제외하거나 남기지 않고 전부.

# 녹터널 애니멀스

**Nocturnal Animals**

감독 **톰 포드(Tom Ford)**  국내 개봉일 **2017.01.11**

수잔(에이미 애덤스)은 오래전에 헤어졌던 전남편 에드워드(제이크 질런
할)가 보내온 책을 받는다. 에드워드가 직접 쓴 '녹터널 애니멀스'라
는 제목의 소설을 읽어나가며 주인공 토니(제이크 질런할)가 겪는 끔
찍한 이야기에 빠져들던 수잔은 책의 내용이 자신과 에드워드 사이
에 있었던 일들과 무관하지 않다는 사실을 깨닫는다. 겉으론 행복하
게 보였던 수잔의 삶 역시 흔들려간다.

　톰 포드가 감독한 「녹터널 애니멀스」는 거대한 몸집을 지닌 여성
들이 전라로 춤을 추는 모습을 한 명씩 화면 가득 느린 동작으로 담
으며 강렬하게 문을 연다. 이어 영화는 자신이 관장으로 몸담고 있
는 미술관 전시회에서 그 모습을 작품으로 대하던 수잔이 이맛살을
찌푸리고서 그 사이에 앉아 있는 모습을 보여준다. 댄서들은 이상적
으로 여겨지는 육체와는 거리가 먼 몸을 가졌고 게다가 벌거벗기까
지 했지만 동작은 역동적이고 얼굴은 환희로 가득 차 있다. 하지만
모든 것을 다 가진 듯 보이는 수잔은 검은 옷을 입은 채 몸뿐만 아니

라 표정까지 잔뜩 굳어 있다.

그러니까 이건 누군가의 균열로 시작하는 영화다. 그 균열은 속에 감추어진 것과 겉으로 보이는 것, 눈 돌려진 진실과 타인들의 시선에 담긴 허상, 존재와 당위 사이에서 모습을 드러낸다. 그리고 또하나의 대립항이 있다. 떠나온 곳과 당도한 곳.

그 균열은 처음에 전남편이 보내온 소설을 읽는 행위와 무관한 듯 보였다. 하지만 이 이야기의 핵심은 수잔의 삶과 소설의 내용 사이에 고스란히 놓여 있다. (그렇기에 오스틴 라이트가 쓴 이 영화의 원작 소설 제목은 '에드워드와 수잔'이 아니라 '토니와 수잔'이다.) 극이 끝나갈 무렵 책을 다 읽은 수잔이 나신으로 욕조에서 몸을 일으킬 때, 비로소 그녀는 자신이 어떤 사람이었는지를 떠올린다.

톰 포드는 극 중 소설과 극 중 현실의 관계에 대해 일인이역의 모티브로 관객들에게 명확한 가이드라인을 준다. 제이크 질런할이 현실의 에드워드와 허구 속 토니를 함께 연기하도록 함으로써 두 캐릭터를 사실상 같은 인물로 받아들이도록 하는 것이다. 그렇게 현재의 에드워드는 텍스트의 바깥에서 토니로 하여금 고통받고 항변하고 마침내 단죄하게 한다.

반면에 수잔 역의 에이미 애덤스는 현실에서의 역할만 연기한다. 일반적으로 독자는 심리가 집중적으로 설명되는 주인공에 이입하면서 읽는다. 수잔 역시 '녹터널 애니멀스'라는 소설을 읽으면서 (이영화에서 유사한 동작과 상황 묘사를 통해 소설 속 토니와 현실의 수잔을 수시로 연결하는 데서 드러나듯) 토니에 깊게 이입하게 되고 그가 겪는 비극에 분노하게 된다. 그러다 이 소설 속에서 온통 들끓고 있는 감정이 누구를 향한 것인지 문득 눈치채고 놀란다. 그 책의 제목인 '녹터널 애니멀스(야행성 동물)'는 수잔의 과거 별명이었고, 그 책의 발문에 적힌 헌사는 '수잔에게'였다.

결정적 순간에 토니를 격발한 것은 "나약하다"는 비웃음 섞인 말이었다. 현실의 수잔 역시 에드워드를 떠나기 전에 그렇게 말함으로써 지워지지 않는 상처를 입혔다. 나중에 그녀는 자신이 그 말을 한 적이 없다고 부인하지만, 영화는 수잔이 직원들에게 지시하거나 건넨 말을 기억하지 못하는 에피소드들을 통해 그 진실성에 회의의 그늘을 덧씌운다. '가해자'는 기억하지 못하거나 기억하지 못하는 척한다.

하지만 '피해자'는 낱낱이 기억한다. 소설은 둘 사이에 있었던 실제 과거 일들에 대한 난폭한 알레고리였다. 소설 속에서 형사 안데스(마이클 섀넌)는 수사하고 취조하는 동안 토니를 계속 데리고 다닌다. 함께 다닐 뿐만 아니라 굳이 범인들 얼굴을 바라보며 스스로가 겪었던 끔찍한 일을 되풀이해서 아프게 증언하게 한다. 토니와 안데스, 고통받는 에드워드와 결의에 찬 에드워드. 포장지에 손가락을 베이는 바람에 피 흘림으로써 독서를 시작했던 독자 수잔은 이제 꼼짝없이 그 증언을 되풀이해 읽어야 한다. 안데스는 소설 속에서 이렇게 말한다. "네가 기억 못 해도 토니는 기억해."

에드워드가 여전한 통각으로 간직하고 있는 것은 단지 수잔이 에드워드를 떠날 때 했던 부부 사이에서의 말이나 임신과 관련된 행동뿐만이 아니었다. 수잔이 에드워드의 작가적 재능을 폄하하며 비수를 꽂았을 때 그녀가 앉았던 붉은 소파는 소설 속에서 시체들이 발견된 장소로 선명하게 활용된다. 제대로 쓸 줄 모른다고 비판받았던 글솜씨는 제대로 쏠 줄 모른다고 조롱받았던 총솜씨로 변용된다. 그러나 세월이 흐른 후 작가인 에드워드가 보내온 단 한 권의 소설은 독자인 수잔을 사로잡음으로써 그의 글솜씨를 증명한다. (이 영화에서 수잔의 현실보다 토니의 허구가 훨씬 더 생생하게 펼쳐지는 것은 우연이 아니다.) 그리고 그 소설 속에서 총알은 기어이 단 한 발 발사되어 적중한다. 수잔 스스로가 사들이고도 기억하지 못했던 그림에 적힌 글귀는 '복수'였다.

에드워드 역시 결코 넉넉하고 따스한 사람은 아니었다. 작가인 그는 자기 식으로 가장 잔혹한 복수를 했다. 토니에 대한 수잔의 이입 과정은 곧 에드워드에 대한 이해의 과정이기도 하다. 마침내 수잔은 에드워드의 상처와 마음을 이해하고 옛사랑을 되살린 후 설레는 심정으로 그를 만나러 간다. 하지만 에드워드는 거기 없었고, 거기 없을 것이다. 결국 「녹터널 애니멀스」가 남기는 것은 아찔한 이미지와 조마조마한 스릴 끝에 매달려 있는 기이한 정적이다.

현재의 에드워드가 영화 속에서 단 한 번도 등장하지 않는다는 것은 의미심장하다. 수잔과의 관계 속에서 에드워드는 이미 완료된 존재이고, '녹터널 애니멀스'를 읽는 행위의 파장이 한 방향으로만 작용한다는 것 역시 그가 택한 복수의 또 다른 형식이었다. 토니 헤이스팅스는 죽었고, 에드워드의 마음속에서 그들의 사랑 역시 오래전에 그랬다. 토니의 성(姓)인 헤이스팅스는 에드워드와 수잔이 함께 자란 마을 이름이었다.

# 너의 이름은.

**君の名は。**
감독 **신카이 마코토(新海誠)**  국내 개봉일 **2017.01.04**

육체가 다른 성(性)으로 뒤바뀌면서 벌어지는 일들을 그려낸 영화라면 「스위치(Switch)」(블레이크 에드워즈)와 「체인지」(이진석)를 포함해 적지 않은 선례가 있다. 사라져가는 기억을 보완하기 위해 몸을 비롯해 곳곳에 메모를 남기는 모티브는 「메멘토(Memento)」(크리스토퍼 놀런)에서 집중적으로 쓰이기도 했다. 시공간을 넘어서 소통하는 상황이라면 「프리퀀시(Frequency)」(그레고리 호블릿)나 「동감」(김정권) 같은 작품을 떠올릴 수도 있다. 신카이 마코토의 「너의 이름은.」의 진짜 힘은 다른 곳에 있다.

도쿄에 사는 소년 다키(가미키 류노스케)는 시골 마을 이토모리에 사는 소녀 미쓰하(가미시라이시 모네)와 몸이 바뀌는 꿈을 꾼다. 미쓰하 역시 다키의 몸속에 자신이 들어가는 꿈을 꾼다. 어리둥절하거나 신기해하면서 꿈속 세계를 겪어내던 둘은 차츰 그게 꿈이 아니란 사실을 깨닫는다. 서로에 대한 궁금증으로 메모를 남겨가면서 조금씩 소통하던 두 사람은 상대를 만나기 위해 적극적으로 나서기 시작한다.

일본에서 1,600만 명이 넘는 관객을 동원하는 기록적 흥행세를 보인 애니메이션 「너의 이름은」은 한동안 한국 극장가에서 맥을 못 춘 일본 영화로선 보기 드물게 큰 관심을 불러 모으고 있는 화제작이다. 신카이 마코토의 작품답게 수면 위에서 반짝이는 햇빛과 나무들 사이로 비껴드는 햇살에서 하늘을 장대하게 채색하는 황혼과 창공을 가르며 뻗어가는 신비한 혜성까지 서정적이기 이를 데 없는 풍광들로 시종 눈이 호사를 누리게 한다. 하이앵글과 로앵글을 적극 활용함으로써 일상의 구석구석까지 새롭게 보도록 만들기도 한다.

두 주인공의 육체와 정신이 수시로 섞이는 설정인데도 이야기가 잘 정리되어 있어서 혼동을 일으키지 않는다. 몸이 바뀌는 모티브를 유머의 재료로 적극 활용해 전반부에 탄력을 부여한다.

발랄하던 분위기는 후반부에 접어들자마자 돌변한다. 이 이야기에는 일본인들의 어떤 집단적 트라우마를 판타지의 형식으로 위무하려는 간절함이 있다. (적지 않은 한국 관객들 역시 또 다른 집단적 트라우마와 관련해 뭉클해질 듯하다.) 뭔가를 찾고 있다는 것만 어렴풋이 느낄 뿐 구체적으로 무엇을 찾는지 모르는 상태 속에서 두 주인공을 추동하는 이상한 지향성은 기억이 의지의 산물임을 드러내면서 그 뿌리를 묵직하게 드러내기 시작한다.

여기서 기억은 결국 불쑥불쑥 틈입해 들어오는 경험의 편린이 아니다. 부서지고 쪼개지는 망각에 힘을 다해 맞서는 저항의 결실이다. 이 이야기에서 갈라지는 것들은 파괴력을 가졌지만 이어지는 것들은 치유력을 지녔다. 이름을 묻고 또 물으며 잊지 않으려 애쓰고 또 애쓴 흔적이 결국 매듭이 되어 둘을 연결하고 비극의 구멍을 메운다. 이 영화에 담긴 감동의 태반(太半)은 안간힘이다.

# 라라랜드

**La La Land**

감독 **데이미언 셔젤(Damien Chazelle)** 국내 개봉일 **2016.12.07**

홉사 마법의 터치가 곳곳에서 꽃길을 내고 폭죽을 쏘며 샘물을 파는 것만 같다. 쓸쓸한 결말임에도 보고 나면 이상하게 행복감이 차오른다. 에마 스톤은 한없이 사랑스럽고 라이언 고슬링은 더없이 뭉클하다. 「라라랜드」는 황홀하도록 아름답다.

꽉 막힌 고속도로를 신나는 공연장으로 만드는 첫 장면이 지나간후, 이 뮤지컬영화는 마치 전형적인 로맨틱 코미디처럼 펼쳐지기 시작한다. 첫 만남부터 으르렁거렸던 두 사람은 운명적으로 마주친 뒤티격태격하면서도 서로에게 강렬하게 끌려간다. 또한 전형적인 멜로처럼 두 남녀는 사랑의 봉우리에 오르고도 어느덧 세파에 밀려 서로에게 지쳐간다. 그런데 이게 제대로 간추려진 스토리일까. 더구나이건 안과 밖, 표층과 심층이 사뭇 달랐던 「위플래쉬(Whiplash)」의 감독 데이미언 셔젤의 작품이 아닌가.

빠진 키워드가 있다면 바로 꿈일 것이다. 더 정확하게 말한다면꿈과 사랑의 관계다. 둘은 각자의 세계와 불화하는 아웃사이더였다.

배우인 한 사람은 망설이며 주저앉는 게 문제고, 음악인인 다른 사람은 잘못된 자리에 가 있는 게 문제다. 중반까지 그들은 서로 사랑을 나누는 사이면서 동시에 희망을 북돋아주는 사이였다. 그러니까 이건 경적을 울려주는 자와 이름을 붙여주는 자의 사랑과 꿈이 어떻게 화합하거나 충돌하는지를 그려내는 이야기다.

이 영화에서 여자의 차는 교통 체증으로 서 있거나, 견인되어 사라지거나, 주차되었지만 어디 있는지 모른다. 그런 여자에게 길이 뚫렸으니 빨리 가라면서 처음부터 경적을 울리며 나타난 남자는 요소요소마다 경적을 울려대며 계속 가야 한다고 말한다. 그런 남자가 속한 밴드명이 메신저스인 것은 우연이 아니다. 그는 결정적인 순간에 그녀에게 경적과 함께 소식을 전해주는 사람이기 때문이다.

남자는 자신이 해야 할 음악 스타일에 대한 확고한 견해를 지녔음에도 현실의 벽에 부딪쳐 자꾸 엉뚱한 자리에서 원하지 않는 연주를 한다. 그런 남자에게 여자는 요소요소마다 이름을 붙여준다. 그를 조지 마이클이라고 부르고, 그가 운영하길 원하는 클럽명을 셉스라고 지어주며, 그가 연주해야 할 다음 곡명 「I Ran」을 지정해준다. 남자에게 진짜 이름이 있고 지어둔 다른 클럽명이 있으며 예정 목록에 다른 노래가 있어도 여자는 아랑곳하지 않는다. 이름이 붙여지게 되는 상황 자체가 그 사람이 서 있는 자리에 대해 숙고하게 만든다. 그렇게 경적을 울려주는 자는 방향성을 제시해주고, 이름을 붙여주는 자는 정체성을 확인시켜준다.

하지만 사랑이 환상의 날개를 떼고 현실로 내려와 발을 내딛는 순간 꿈과 유리되기 시작한다. 그러고 보니, 그들의 사랑은 예술이 제공하는 허구의 환상에 늘 젖줄을 대고 있었다. 로맨스가 펼쳐질 때 가장 중요하게 다뤄지는 첫 키스 장면만 해도 그렇다. 뒤늦게 극장으로 달려간 여자가 스크린을 등진 채 객석에 있을 남자를 찾을 때, 여자의 몸은 스크린에 영사되고 있는 「이유 없는 반항(Rebel Without a Cause)」(니컬러스 레이) 장면과 겹쳐져 영화의 일부가 된다. 이어 객석에 나란히 앉은 두 연인은 서로의 입술을 찾지만 갑자기 필름이 타버리고 상영이 중단되는 바람에 키스가 유예된다. 그러자 잠시 민망해진 여자는 좋은 생각이 있다고 말한다. 그건 영화 속으로 들어가려는 아이디어였다.

두 사람은 차를 몰고 그리피스 천문대로 감으로써 「이유 없는 반항」의 한 장면을 재연한다. 그리고 천문대의 돔형 상영관에서 재차 키스를 시도하지만 또다시 중단된다. 상영 레버를 작동할 때 썼던 손수건이 그들 사이로 날아올랐기 때문이다. 그러니 다시금, 그들이 먼저 해야 할 것은 영화 속으로 들어가는 것이고 영화의 일부가 되는 것이다. 남자는 여자의 허리를 부드럽게 하늘로 밀어 올린다. (이 영화에서 하늘은 시종 꿈을 시각적으로 은유한다.) 뒤따라 올라가 영사된 은하수를 배경으로 함께 왈츠를 춘다. 그리고 마침내 음악과 춤이 끝나고 영화가 끝난 후에야 내려와 키스를 하는 데 성공한다. 먼저 영화가 끝나고, 환상이 끝나고, 꿈이 끝나야 비로소 키스를 할 수 있다. 그게 이 영화에서의 사랑이 처한 위치다.

극 중 도시는 무척이나 로맨틱하게 보이지만 정작 연인들은 낭만적이기 이를 데 없는 2인무를 두 차례나 선보이면서도, 정작 춤이 펼쳐지는 두 공간 모두에 대해선 "경치가 별로"라고 굳이 말한다. 그러니까 멋진 것은 세상이나 현실이 아니라 그 위를 수놓는 예술이나 꿈이다. 그들의 사랑은 분명 아름다웠다. 하지만 그건 환상이 채색하는 특정한 조건하에서만 한시적으로 그랬다. 영화의 후반부에서 둘은 그들 사랑에 매혹적인 정점을 찍었던 천문대를 올려다보다가 볼품없는 광경에 실망감을 토로하며 이렇게 덧붙인다. "낮에 온 건 처음이야." 그때 연인들은 밤의 판타지가 제거된 사랑의 앙상한 현실을 비로소 목도한다.

　남자의 꿈은 타인들과의 관계를 반드시 필요로 하진 않는다. 맘에 맞는 동료들과 밴드를 만들어서 공연장을 순회하는 게 아니라, 사장이 되어 클럽을 직접 운영하며 원하는 음악을 맘껏 하고 싶어 하니까. 그건 여자의 꿈 역시 마찬가지다. 손수 돈을 대서 공연장을 빌린 후 직접 쓴 극본에 따라 혼자 연기하는 1인극을 펼치고 싶어 하니까. 결국 두 사람의 사랑은 각자의 홀로서기를 돕는 사랑이고, 어느 지점을 넘어서면 둘보다 하나인 게 자연스러워지면서 소진된다. (예언처럼 다가오는 극 초반 장면에서, 남자의 충고에 따라 여자가 "이제 나도 오디션 집어치우고 역사를 쓸래요"라고 하자 남자는 말한다. "이제 내 역할은 끝났네요.")

　음악에 대해 근본주의적 태도를 지닌 남자는 유서 깊은 로스앤젤레스의 음악 클럽이 경영난 때문에 '삼바 앤드 타파스'란 이름으로 요리를 함께 파는 것을 보고 이렇게 내쏜다. "세상에, 삼바와 타파스(스페인 전채 요리)라니, 웬 양다리야? 둘 중 하나만 잘하지." 그랬던 남자 자신이 음악과 요리를 함께하는 상황에 놓이게 된다. 평소 자신의 소신과 다른 음악을 하는 밴드에 새로 가입하게 된 남자는 순회 공연 활동 때문에 소원해지게 된 여자와의 관계를 개선해보려고 둘만의 자리를 만들고 직접 요리도 한다. 하지만 진로와 관련된 상반된 대화 끝에 마음이 상한 남자는 잔뜩 뒤틀린 말로 여자에게 상처를 줘서 떠나게 한 후 요리마저 그사이에 다 타버렸음을 알게 된다. 하나만 골라야 할 때, 남자는 결국 '타파스'(사랑) 대신 '삼바'(꿈)를 택하는 사람이었다.

여자는 새로 만나게 된 남자에게 마음이 크게 끌리지만 미리 해둔 약속 때문에 애인과 함께 레스토랑으로 간다. 원치 않는 식사 자리에 앉아 갈등하던 여자는 때마침 레스토랑 스피커에서 남자가 이전에 연주했던 곡이 흘러나오자 극장으로 뛰어간다. 언뜻 이건 모든 걸 버리고 사랑을 향해 달려가는 달콤하기 이를 데 없는 행동처럼 보인다. 하지만 그 레스토랑 식사 자리에서 여자는 "요즘 극장이 너무 더럽고 형편없다"는 말을 들었다. 배우로 성공하길 원하는 여자로선 꿈의 터전을 부정당하는 말이었다. 더군다나 그 말을 한 사람은 그 당시의 연인이었다. 그러니 자신을 기다리던 남자에게 달려간 여자의 행동 역시 사실상 타파스(레스토랑) 대신 삼바(극장)를 선택하는 일인 셈이다.

꿈을 향해 일진일퇴를 거듭하던 여자는 남자의 격려로 마침내 용기를 내어 중요한 오디션 무대에 선다. 심사위원들은 배우 중심으로 시나리오를 써서 영화를 찍으려고 하니 지금 떠오르는 이야기를 들려달라고 한다. 잠시 생각하던 여자는 자신의 이모가 파리의 센강에 맨발로 뛰어들었던 일화에 대해 노래하기 시작한다.

이모에 대한 이야기라면 관객은 이 영화에서 이미 그 전에 한 번 더 접한 적이 있다. 이모와 영화를 본 후 극 중 장면을 함께 연기하곤 했던 어린 시절 추억에 대해 여자가 남자에게 말하던 장면에서였다. 그렇다면 여자에게 결정적인 기회가 될 그 오디션 자리에서 흘러나오는 이야기가 왜 하필 이모 혼자 맨발로 강물에 뛰어든 에피소드였어야 하는 걸까.

여자에게 날개를 달아주게 되는 것은 이모와 자신, 그렇게 둘의 이야기가 아니라, 이모 혼자의 이야기였다. 또한 여자가 직접 경험한 이야기가 아니라, 이모의 경험을 간접적으로 전해 들은 이야기였다. 그리고 자신의 고향 이야기가 아니라 그녀가 가본 적이 없는 파리에서의 이야기였다. 결국 여자가 손을 뻗은 것은 이모와의 추억(관계)이 아니라 이모의 꿈(예술)이었다.

두 사람간의 마지막 대화에서 남자는 여자가 파리에서 촬영할 영화 출연을 위한 오디션에 합격하면 모든 걸 쏟아부어야 한다면서 "그게 네 꿈이잖아"라고 말한다. 그건 물론 사랑하는 사람의 꿈에 대한 배려였고 격려였다. 하지만 그 말은 그게 내 꿈은 아니라는 뜻 역시 내포한다. 그러니 남자가 그 직후에 "난 여기 남아서 계획된 것을 할 거야"라고 덧붙인다고 해서 전혀 이상하게 들리지 않는다. 여자 역시 침묵으로 그 말을 수긍한다. 둘은 함께일 수도 있었다. 그러나 남자와 여자는 둘보다 하나를 택했고, 사랑보다 꿈을 택했다. 같이 보낸 네 계절은 분명 달콤했다. 하지만 이제 그 시간은 지났다.

사랑에 대한 이야기로 보면 새드엔딩이지만, 꿈에 대한 이야기로 받아들이면 결국 둘 모두 성공하게 되는 결말은 해피엔딩일 수도 있을 것이다. 하지만 이건 꿈을 향해 달려가야 한다고 역설하는 영화가 아니다. 꿈을 향해 달려가다 보면 관계는 망실된다고 암시하는 영화다. 선택이란 하나의 성취보다는 다른 하나의 포기를 의미한다고 읊조리는 영화다.

작품에 드리운 냉기와 온기를 걷어내고 가만히 들여다보면, 데이미언 셔젤이 연출한 「위플래쉬」와 「라라랜드」가 매우 닮아 있다는 사실을 발견하게 된다. 이 두 영화의 남자 주인공들은 하고 싶은 음악에 대해 비타협적으로 몰두하는 모가 난 성격의 외골수 재즈뮤지션이라는 점에서 같다. 어떻게 보면 「라라랜드」의 스토리는 「위플래쉬」의 주인공 앤드류(마일스 텔러)가 음악 학교를 졸업한 뒤 겪게 되는 이야기처럼 느껴지기도 한다. 「위플래쉬」에 이어 「라라랜드」까지 음악영화를 계속 만들면서도 음악(꿈)과 삶(관계)을 구분 짓고 끝내 양립 불가능한 것으로 그려내는 데이미언 셔젤의 비관주의는 기이하고 아프다.

5년이 흐른다. 다시 겨울이 찾아온다. 하늘이 그려진 커다란 천을 스태프들이 옮기는 이 영화 에필로그의 도입부는 의미심장하다. 그러니까 그 사랑에 내내 활력을 부여했던 하늘은 허구였다. 그사이 다른 사람과 결혼하게 된 여자는 배우 친구의 연극 무대를 보러 가다가 교통 체증에 맞닥뜨리자 가볍게 계획을 바꿔 옆길로 샌다. (이전의 그녀는 길이 풀릴 때까지 계속 기다리던 사람이었다. 그리고 소중한 사람이 자신의 연극 무대에 오지 않았던 일 때문에 큰 상처를 입었던 사람이었다.) 우연히 한 클럽에 남편과 함께 들어간 여자는 그곳의 이름이 셉스라는 사실을 알아챈다. 그러곤 무대 위에서 연주하는 남자를 바라보며, 발생할 수 있었던 그러나 끝내 존재하지 않았던 일련의 사건들을 간절한 가정법으로 떠올린다.

그 속에서 둘은 내내 함께였다. 하지만 가정법 형식 속에서조차 두 사람이 함께 가정을 꾸리는 모습은 둘이 보는 영화 속 장면들로 묘사된다. 다시 한번, 영화가 끝나야 비로소 사랑을 할 수 있다. 그러나 그 영화는 상영된 적이 없었다.

# 당신자신과 당신의 것

감독 **홍상수** 국내 개봉일 **2016.11.10**

민정은 술을 좋아한다. 잔을 세어가면서 마시는 버릇이 있다. 민정은 재지 않는다. 좋으면 모두 쏟아붓는다. 민정은 내키면 맨발로 걷는다. 도발적인 말을 하기도 한다. 민정은 심플하다. 심플하고 솔직하고 자유롭다.

그럼에도 이 영화 속에서 남자 주인공인 영수(김주혁)가 무슨 마음을 가졌거나 어떠한 상황에 놓였는지는 쉽게 짐작할 수 있어도, 여자 주인공인 민정(이유영)이 정확히 어떤 사람인지 알기는 쉽지 않다. 오로지 민정을 둘러싼 말만이 무성하다. 그건 '알 수 없음'이 민정이라는 캐릭터의 핵심이기 때문이다. 어쩌면 민정은 캐릭터라기보다는 조건이나 세계 자체인지도 모른다. 여기서 집중적으로 다뤄지는 것은 민정이 영수를 어떻게 생각하느냐가 아니라, 영수가 민정을 어떻게 대하(려고 하)느냐이다.

「당신자신과 당신의 것」은 「우리 선희」와 「지금은맞고그때는틀

288

리다」의 중간쯤에 놓여 있는 영화로 보인다. 한 여자와 둘러싼 세 남자의 구도나 작품의 질감 혹은 주제의 측면에서는 「우리 선희」를 떠올리게 한다. 그리고 「지금은맞고그때는틀리다」가 생기 넘치는 감정 속으로 섬세하고도 깊숙이 파고들어 몰입하는 클로즈업 같은 영화라면, 「당신자신과 당신의 것」은 그 일을 곱씹으며 그 사랑의 조건과 환경 속에서 사랑 자체를 다시금 또렷이 떠올리는 롱숏 같은 영화다.

「당신자신과 당신의 것」은 홍상수의 다른 작품들에 비해 주제가 좀 더 강하게 두드러진다. 상대적으로 직설적인 데다가 대사의 질적인 비중 역시 높다. 그래서인지 전작의 풍부한 디테일과 충만한 생명감에 비하면 다소 딱딱하게 다가온다. 최근의 홍상수 영화들이 지녔던 자유로운 필치 같은 게 덜하다.

하지만 이 작품은 상상과 실제가 명확히 구분되지 않고 인물의 정체성마저 혼돈스럽게 설정되어 있음에도 불구하고 내내 힘이 넘치며 여운 또한 길다. 현실태와 가능태를 구분하지 않은 채 하나의 숏에 한 신을 통째로 담음으로써 후회와 다짐이 '지금 이곳'의 또렷한 물성 속에서 공존하는 세계를 펼쳐 보인다. 이 영화를 통해 생생한 이유영과 곡진한 김주혁을 보는 것도 즐겁다.

캐릭터들이 어느 정도 추상화되어 있는 데다가 두 주인공의 이름마저 흔하게 설정된 이 작품은 일종의 보편적인 교훈극으로 기능한다. 목발을 한 영수부터 위독한 그의 부모와 한쪽 눈에 안대를 한 소연(공민정)까지, 아픈 사람투성이인 극 중 상황은 왜 그 사랑이 불완전해졌는지를 생각해보자는 제언처럼 다가온다.

이 이야기에서 민정은 자신을 알아보고 말을 걸어오는 영수나 재영(권해효), 상원(유준상)에게 마치 자신이 민정의 쌍둥이인 것처럼 행동한다. 그건 민정이 곤경을 모면하려 거짓말을 하는 것일 수도 있고, 그 자신이 정체성의 혼돈을 겪고 있거나 스스로를 속이고 있는 것일 수도 있으며, 실제로 쌍둥이이기 때문일 수도 있다. (영화는 어떤 것이 맞는지 특정하지 않는다. 그게 중요한 게 아니니까. 하지만 엔딩크레디트나 몇몇 장면에서 힌트를 발견할 수도 있다.)

민정이 진짜 누구인지를 혼동하게 하는 이런 모티브는 분명 흥미롭지만 결국 거짓 미스터리다. 의미 있는 것은 민정을 둘러싼 말들이나 민정의 정체가 아니다. 이인일역 모티브는 그 사람과 다르게 사랑할 수 있을까를 파고들기 위한 또 다른 현실 혹은 또 한 번의 기회 같은 것으로 여겨지기 때문이다.

다시 접근하는 남자들은 민정에게 유사한 말과 행동을 하는 것처럼 보이는데도 민정의 반응은 제각각 다르다. 그러니까 한 사람이 다른 사람을 마음에 담도록 만드는 건 그가 내뱉는 말이나 그에게 속해 있는 어떤 것이 아니라 그 자신이다. '당신 자신'과 '당신의 것' 중에서 중요한 것은 물론 전자다. 무엇보다, '당신의 것'은 '당신 자신'이 아니다.

아는 것은 사랑하는 것의 전제인 것일까. 사랑에도 이유가 필요한 걸까. 영수조차 민정을 제대로 알지 못한다. 하지만 명확한 것은 영수가 민정을 절절하게 사랑한다는 사실이다. 그리고 의미심장한 것은 영수가 과거와 달리 고쳐 사랑할 자세가 되어 있는 사람이라는 사실이다. 극 중에서 고쳐 사랑하는 방법은 있는 그대로 상대를 받아들이는 것이다. (영수는 이 영화에서 처음엔 안다고 말하지만 나중엔 모른다고 명확히 정정하는 유일한 사람이다. 안대를 한 소연에게도 그렇게 말한다.)

「당신자신과 당신의 것」의 마지막 장면에서 인상적으로 등장하는 촛불은 간절하지만 위태롭게 흔들리는 염원 같기도 하고 흔들리면서도 여전히 빛을 내고 있는 축복 같기도 하다. 신비롭게 다가오는 이 영화의 모호한 라스트신을 보고 있자니 좀 다른 방식이긴 하지만, 어긋나기 전의 지점으로 시간을 거꾸로 돌리는 이창동의 「박하사탕」 마지막 장면이 떠오르기도 한다. 영수에게 이것은 회한일까, 희망일까.

# 로스트 인 더스트

**Hell or High Water**
감독 **데이비드 매켄지(David Mackenzie)**  국내 개봉일 **2016.11.03**

그 세계는 낡은 것들로 가득하다. 차들이 낡았고 집들이 낡았으며 거리가 낡았다. 21세기에 여전히 소 떼를 몰고 다니는 카우보이와 44년간 한 식당에서 일해온 웨이트리스 역시 그렇다. 은행에 돈을 쌓아둘 필요가 없는 시대니 은행 강도조차 예외가 아니다. 범인의 인상착의를 설명하던 주민은 그 지역에 은행 강도가 나타난 것은 30년 만이라면서 이렇게 덧붙인다. "그런 시절은 진작 지나갔죠."

마을에 하나밖에 없는 식당에서 "뭘 안 먹을래요?"라고 위악적으로 주문을 받는 웨이트리스의 말처럼, 그 세계에서의 선택은 차악과 최악 사이에서만 가능하다. "먼 길을 가시는군요"라고 첨언하는 경찰에게 "이 길밖에 없어서요"라고 답하는 도주자의 말처럼, 때론 선택 자체가 불가능해지기도 한다.

말하자면 「로스트 인 더스트」의 애상적 정조에 녹아 있는 것은 할리우드 고전 「바람과 함께 사라지다(Gone with the Wind)」(빅터 플레밍)에 담긴 것과 같다. 바람과 함께 사라지고 먼지 속에서 길을 잃는 것은 삶을 살아가는 어떤 태도와 방식 그 자체다. 이것은 사멸해가는 세계에 대한 쓸쓸한 만가 같은 영화다. 이때 그 세계를 허무는 것은 탐욕 가득한 자본이다.

대출금을 갚지 못해 살던 집과 땅을 넘겨줄 위기에 처한 토비(크리스 파인)는 형 태너(벤 포스터)가 출소하자 함께 은행을 털기로 한다. 치밀한 계획으로 연이어 범행에 성공하는 그들의 뒤를 은퇴 직전의 레인저 마커스(제프 브리지스)와 그의 동료 알베르토(길 버밍햄)가 뒤쫓는다. 오랜 경험을 지닌 마커스는 토비와 태너가 차후에 털 것으로 예상되는 은행 근처에서 잠복한다.

데이비드 매켄지가 연출한 「로스트 인 더스트」는 황량하고 소슬하지만 다른 한편으로 매우 아름답고 시적인 작품이기도 하다. 묘사되는 공간에 대한 애정으로 가득한 촬영에서 주조연 가릴 것 없이 훌륭한 연기까지, 한 영화를 이루는 모든 것들이 뛰어나다.

주제에 걸맞게 영화 자체도 고전적인 정취가 넘친다. 샘 페킨파의 「관계의 종말(Pat Garrett & Billy the Kid)」이나 마이클 치미노의 「대도적(Thunderbolt and Lightfoot)」 같은 1970년대 서부극 또는 범죄영화를 떠올리게 하는 작법과 시각 스타일이 흙냄새 짙은 향수를 연신 길어 올린다.

범죄 드라마의 외양을 갖췄지만 이 영화는 결국 서부극이다. 태너와 토비 형제가 어떤 인종인지에 대해 마커스가 질문하자 목격자는 "피부색이요, 영혼이요?"라고 냉소적으로 되묻는다. 결국 형제는 피부색으론 백인이지만 영혼은 그렇지 않다. 삶에서 내몰리는 자들은 현대의 '인디언'이다. (코만치가 '모든 자들의 영원한 적'이란 뜻임을 듣게 된 태너는 자신 역시 코만치라고 선언하기도 한다.) 인디언 혈통을 지닌 알베르토가 상기시키는 150년 전 역사 속에서의 어떤 인디언들이 그랬듯, 형제는 자신이 몸담았던 세계가 파괴되어가는 것에 대해 절박한 폭력으로 맞선다. 이 영화에서 총격전은 경찰과 형제, 또는 주민들과 은행 강도들 사이에서 벌어지지만 진짜 싸움은 그게 아니다.

미국 남부 텍사스에서 펼쳐지는 이 이야기에 등장하는 인물들은 강도와 경찰, 남자와 여자, 노인과 청년을 가릴 것 없이 지역적 특색을 또렷하게 체현하며 사실상 하나의 삶의 방식을 대변한다. 진짜 대결은 땅을 두고 그곳에서 대대로 살아온 사람들과 외부에서 난입한 자본(은행 또는 석유 회사) 사이에서 벌어진다.

극 중 한 노인이 은행에서 아주 오래된 동전을 바꾸는 모습은 의미심장하다. 범행 대상으로 삼을 은행 지점을 갑자기 변경하면서 "패턴은 언제나 같다"라고 했던 태너의 말도 예사롭게 들리지 않는다. 강도들을 격퇴해야 할 알베르토는 "오래전 우리 조상들의 터전을 빼앗았던 놈들의 후손들이 다시금 우리를 착취하고 있다"면서 아예 은행에 대고 손가락질하기도 한다. 은행을 공격하는 데 쓰인 도구인 자동차를 형제가 땅에 묻는 광경도 그냥 넘겨볼 게 아니다. 150년이 지나도록 싸움은, 또다시 땅을 두고 펼쳐진다.

이 이야기에는 사실상 네 쌍의 '형제'가 등장한다. 태너와 토비, 마커스와 알베르토, 토비의 두 아들. 그리고 극의 말미에서 새롭게 드러나는 또 한 쌍의 '형제'가 있다. 마지막 형제는 이제 무엇을 나눌 것인가, 거닐 때마다 먼지가 피어오르는 그 오랜 대지에서.

그 모든 후회에도 불구하고, 끝내 살아라,

고쳐 살아야 한다.

# 닥터 스트레인지

**Doctor Strange**
감독 **스콧 데릭슨**(Scott Derrickson)  국내 개봉일 **2016.10.26**

뛰어난 실력을 지닌 신경외과 전문의 스티븐 스트레인지(베네딕트 컴버배치)는 자동차 사고로 손을 크게 다쳐 실의에 빠진다. 비슷한 비극을 겪은 후 기적적으로 치유된 다른 환자로부터 전해 들은 대로 네팔로 찾아간 그는 신비로운 존재 에인션트 원(틸다 스윈턴)을 만난다. 에인션트 원의 제자가 되어 수련을 거듭하던 그는 자신과 세상에 거대한 위협이 닥쳐오고 있음을 알게 된다.

「닥터 스트레인지」의 시각효과는 실로 놀랍다. 근래 나온 영화들 중 가장 뛰어나다고 할 수 있을 것이다. 첫 장면부터 관객의 얼을 빼놓는 액션 장면들은 인물들이 격투를 벌일 때 배경을 어떻게 다룰 것인지에 대해 무척이나 창의적인 시각 디자인을 보여준다. 슈퍼히어로무비나 로봇영화에서 캐릭터의 파워나 격투의 규모를 강조하려 할 때면 흔히 배경이 심대한 피해를 입는 모습을 묘사한다. 예를 들어 주변 건물들은 그저 파괴되고 무너지기 위해 우두커니 존재한다.

반면에 「닥터 스트레인지」의 천변만화하는 배경은 그 자체로 하나의 유기체나 캐릭터 같다. (「인셉션」에서 프랑스 파리의 거리를 배경으로 펼쳐지는 유명한 장면을 훨씬 더 역동적이고 거대하게 변용하는 느낌이다.) 극 중 뒤틀린 시공간에서 인물들이 싸움을 벌일 때 주변에 우뚝 서 있던 빌딩들은 어느 순간 구르거나 눕고 뒤집히거나 뒤치는 방식으로 대결의 환상적인 장을 제공하며 줄기차게 뻗어나간다. 격투를 벌이는 캐릭터들뿐만 아니라 그 무대가 되는 주변 배경까지 적극적으로 움직이는 광경이 진기한 스펙터클을 쉴 없이 빚어낸다.

그 과정에서 건물 자체뿐만 아니라 창문이나 기둥 같은 것들도 시시각각 모양을 바꾸는데, 인물들이 두 손으로 만들어내는 불꽃 문양을 포함해 이런 모습들은 마법이나 신비주의를 적극 끌어들인 영화답게 마법진이나 만다라 모티브를 인상적으로 차용하기도 한다. 다양한 방식으로 원과 사각형과 삼각형이 증식 병렬되거나 교차 중첩되는 모습은 이 요란한 영화에 추상적인 역동성을 가미해 잊기 힘든 시각 체험을 안긴다. 이 모든 시각 디자인은 이 이야기가 생각이 현실을 만들어내는 관념론적 세계관에 토대하고 있다는 사실과도 밀접하게 관련되어 있기도 하다.

차원을 넘나드는 이야기를 다루는 과정에서 극 중 '다크 디멘션'이나 마법의 세계가 지닌 힘이 물리적 현실에 작용하는 양상만을 다루는 데 그치지 않고, 수술 도중 사용하는 심장충격기의 에너지가 영혼들의 격투에 극적으로 영향을 주는 대목에서처럼 쌍방향적으로 그려내고 있는 것도 흥미롭다. '레비테이션 망토'나 '아가모토의 눈' 같은 의상이나 소품을 다채롭게 다루는 방식도 눈길을 끈다.

이 영화의 베네딕트 컴버배치는 「아이언맨(Iron Man)」(존 패브로)

의 로버트 다우니 주니어만큼이나 적역으로 보인다. 여자와 남자 사이(「올란도(Orlando)」(샐리 포터))든 천사와 악마 사이(「콘스탄틴(Constantine)」(프랜시스 로런스))든 경계선에 놓인 캐릭터의 양면을 담아내는 데 더없이 알맞은 틸다 스윈턴 역시 그렇다. 레이첼 맥애덤스는 요동치는 이야기에 감정적 안정감을 부여한다. 매즈 미켈센과 치웨텔 에지오포 역시 우아하고 묵직하게 제 몫을 해낸다. 슈퍼히어로영화로는 보기 드물 정도로 연기력이 뛰어난 배우들을 한데 모아 낸 캐스팅은 허황되게 느껴지는 이야기에 최소한의 현실감을 부여하는 추를 매단다. 뮤지션의 이름에서 와이파이 패스워드까지 끌어들이며 적극 구사되는 유머는 이 거대한 이야기에 인간의 체취를 소소하게 불어넣는다.

사실 「닥터 스트레인지」와 이야기 골격이 유사한 영화는 한둘이 아닐 것이다. 「매트릭스(The Matrix)」(릴리 워쇼스키, 라나 워쇼스키)만 떠올려 봐도 그렇다. 눈에 보이는 세상만 믿었던 주인공은 어느 날 갑자기 만나게 된 인물에 이끌려 낯선 공간에 발을 디디게 되고 그곳에서 신비로운 스승을 만나 완전히 새로운 세계의 존재를 믿게 된 후 수련 끝에 최고의 실력을 지닌 능력자가 되어 사악한 무리들에 맞서는 팀을 이끈다. 오만한 엘리트가 어떤 사고를 계기로 변모하게 되는 이야기도 허다하다. 이 영화가 동양적 신비주의를 끌어다 쓰는 방식도 겉핥기에 그친다. 캐릭터의 능력이 어떻게 배양되거나 활용되는지에 대한 묘사 역시 효율적이라고 보긴 어렵다. 그러니까 이것은 스토리텔링에 강점을 가진 영화는 아니다.

그렇다고 해서 「닥터 스트레인지」에서 이야기가 볼품없는 액세

서리인 것은 아니다. 이건 결국 시간 앞에 선 인간의 당혹감을 슈퍼 히어로무비 속으로 끌어들인 결과물이다. 케실리우스(매즈 미켈센)는 그 끝에 죽음을 예비해놓고 있는 시간 자체를 악으로 본다. 죽음이 삶에 의미를 부여한다고 여기는 에인션트 원은 시간의 숙명적인 속성을 달게 받아들이는 태도를 보인다. 그러면 닥터 스트레인지는?

처음에 그는 전자에 가까웠다. 수술을 하던 그는 동료 의사가 차고 있던 손목시계를 거슬려하며 가리라고 말한다. 뛰어난 외과의사로서 그는 환자의 생사여탈권을 자신이 쥐고 있는 것 같은 신과 같은 전능감에 도취되기도 한다. 그러던 그가 네팔에서 떠돌 때 불량배들이 빼앗으려 한 것은 시계이다. 때마침 나타난 모르도(치웨텔 에지오포)는 그들을 물리친 후 그에게 시계를 돌려주고 에인션트 원에게로 인도한다. 그 시계의 뒷면에는 "시간이 지나면 내 사랑을 알게 될 거야"라고 크리스틴(레이첼 맥애덤스)이 새겨놓은 글귀가 적혀 있다. 시간이 지나가면. 그러므로 사랑의 전제는 시간이다. 그리고 시간을 받아들이고서야 미망에서 벗어날 수 있다. 그러니 시간을 다루는 능력을 지니게 되는 닥터 스트레인지의 미래가 어찌 궁금하지 않을까.

# 죽여주는 여자

감독 **이재용** 국내 개봉일 **2016.10.06**

「정사」로 데뷔한 후 「순애보」 「스캔들」을 연이어 내놓던 시절의 이
재용은 모던하고 쿨한 작품 세계로 화려한 스포트라이트를 받았다.
「화녀」(김기영)로 데뷔한 후 긴 세월 동안 숱한 배역을 맡아 연기하면
서도 당당하고 도회적인 모습을 잃지 않았던 윤여정은 쿨하고 모던
한 개성을 가장 오래 간직해오고 있는 배우일 것이다. 두 사람의 그
런 모습을 여전히 기억하는 관객이라면 「죽여주는 여자」를 보며 사
뭇 놀랄 것이다. 인물과 주제에서 화법과 스타일까지, 「죽여주는 여
자」는 그들의 필모그래피에서 이전과 확연히 다른 모습으로 신선한
충격을 안긴다. 설득력이 떨어지는 상황 설정이 없진 않지만, 이 영
화는 인물들을 생생하게 살려내는 디테일과 문제를 정면으로 거론
하는 뚝심으로 깊은 인상을 남긴다.

　일평생 고단한 삶을 살아온 소영(윤여정)은 65세가 되어서도 노인
들을 상대로 성매매를 하며 하루하루 지낸다. 병원에 갔다가 한국
남자와 필리핀 여자 사이에서 태어난 소년 민호(최현준)가 딱한 처지
에 놓이게 된 것을 보게 된 소영은 자신의 거처로 데려간다. 세 들어

사는 집의 주인인 티나(안아주)와 또 다른 세입자인 피규어작가 도훈(윤계상) 역시 민호를 함께 돌본다. 예전 단골 고객이었던 재우(전무송)를 우연히 만나게 된 소영은 그에게서 친구들 이야기를 전해 듣다가 생각지도 못했던 상황에 마주치게 된다.

묵직한 주제를 정공법으로 다루고 있음에도 「죽여주는 여자」는 재기와 유머를 잃지 않는다. 비판적 시각을 견지하면서도 인간의 온기를 내내 품고 있어서 뾰족하거나 거칠게 느껴지지도 않는다. 이재용은 소위 주류 사회에서 벗어나 있는 트랜스젠더와 장애인과 코피노와 성매매자가 대안가족의 형태를 이루며 함께 살아가는 광경을 인간미 넘치게 담아낼 뿐만 아니라, 그들 각자를 품위와 여유를 함께 갖춘 인물로 그려낸다.

그 한가운데에는 윤여정이 있다. 일정한 나이가 지난 여자 배우는 모성의 담지자로만 활용되기 쉬운 풍토 속에서도 그는 1인분의 삶을 그대로 어깨에 걸머진 단독자의 모습으로 오랜 세월 돋보이는 연기를 펼쳐왔다. 배우의 개성과 캐릭터의 성격이 겹치거나 어긋나면서 빚어지는 흥미진진한 풍경들은 이 영화에 멈추지 않는 동력을 제공한다. 극 중 인터뷰를 요청하는 다큐멘터리 감독에게 "할머니, 할머니, 하지 말아요. 듣는 할머니 기분 나쁘니까"라고 쏘아붙이고, 과거를 캐묻던 그가 "그러면 미군을 상대하신 거예요?"라고 하자 "그럼 일본군 상대하냐? 나 그만큼 나이 많지 않아"라고 되받을 때, 이 솔직하고 유쾌한 배우는 고스란히 관객의 사랑을 가져간다. 길고양이 울음소리에 잠에서 깨자 음식을 챙겨 들고 나가고, 뉴스에서 거론되는 범죄 용의자를 향해 "저 사람이 무슨 사연이 있겠지. 아무도 남의 속사정은 모르는 거거든"이라고 혼잣말 할 때, 이 정 많고 사연 많은 인물은 온전히 관객의 마음을 얻는다.

하지만 위트와 배려를 갖춘 화술에도 불구하고, 후반으로 접어들면서 영화는 어쩔 수 없이 무거워진다. "다들 손가락질하지만 나같이 늙은 여자가 벌어먹고 살 수 있는 일이 많은 줄 알아?"라는 소영의 항변이 드러내듯, 이 이야기엔 노인 문제, 여성 문제, 빈민 문제가 총체적으로 녹아 있다. 이건 삶의 방식이나 삶의 선택에 대한 문제가 아니라 삶의 전제나 삶의 권리에 대한 문제이다. 전쟁고아로 삶을 시작해 밑바닥 삶을 전전해온 소영의 일생은 성장의 속도감에 도취되어 뒤처진 국민을 외면해온 역사와 제대로 작동하는 시스템을 갖추지 못한 채 소외된 구성원을 희생시키는 사회의 부도덕과 무능력을 되비치는 거울이 된다. 그리고 그런 소영의 비극은 여성에게 더욱 가혹한 현실 속에서 고통이 배가된다.

서울의 가장 오래된 공원들인 탑골공원과 장충단공원, 수십 년 된 양옥집들이 낡은 주택가를 이루고 있는 이태원이 이 영화의 주요 공간으로 쓰인 것은 의미심장하다. 사라져가는 사람들과 스러져가는 공간들. 퇴락하고 비효율적인 것들은 주저 없이 흘려보내면 되는 걸까. 최소한의 품위를 지키면서 퇴장하고 싶은 소망은 무시해도 좋은 것일까. 극 중 소영은 되돌릴 수 없는 상황에 이르면 "내가 미쳤지"라고 탄식하곤 한다. 그러나 정말 미친 것은 과연 누구란 말인가.

# 다가오는 것들

**L'avenir**
감독 **미아 한센 뢰베(Mia Hansen-Løve)** 국내 개봉일 **2016.09.29**

고등학교에서 철학교사로 일하고 있는 50대 여성 나탈리(이자벨 위페르)는 평온한 삶을 누리고 있는 듯했다. 하지만 어느 날 남편 하인츠(앙드레 마르콩)가 다른 여자를 사랑한다면서 불쑥 결별을 선언한다. 불안증 때문에 수시로 나탈리를 찾는 어머니(에디트 스콥)는 거듭된 자살 시도 후 요양원에 들어간다. 학생들은 시위를 벌이는 과정에서 나탈리에게 가시 돋친 말을 하고, 출판사는 철학 교재의 개정판을 내면서 오래도록 저자로 참여해온 그녀를 배제한다.

철학을 가르치긴 하지만 사실 나탈리는 평범한 사람. 자기 연민에 젖어 신세 한탄의 눈물을 흘리기도 하고, 교사와 저자로서의 특권 상실에 당혹스러워 뒷걸음질치기도 한다. 갑자기 닥쳐온 총체적 위기 앞에서 이제 나탈리는 어떻게 해야 하는 걸까.

프랑스 감독 미아 한센 뢰베의 아름다운 영화 「다가오는 것들」은 지적이고 시적이다. 쇼펜하우어와 레비나스의 책이 의미심장하게 언급되고 파스칼이 길게 인용되기도 하는데, 극 중 이런 대목들은

304

나탈리가 철학교사라는 점에서 그녀의 일상과 정체성을 드러내는 효과적인 디테일이 된다. 책과 인간의 관계를 이토록 섬세하게 다뤄낸 작품도 드물 것이다.

청천벽력 같은 남편의 고백 장면에서조차 이 영화는 감정적 파국을 요란하게 전시하지 않는다. 당혹감 속에서 끊긴 부부 사이의 그 대화 직후에 이어지는 장면은 교정의 나무 그늘 아래 혼곤하게 낮잠에 빠졌던 나탈리가 때마침 불어온 바람에 서류들이 흩날리자 황망하게 주우러 다니는 모습이다. 그리고 그녀에게 갑자기 몰아닥친 것 같은 가정생활의 위기는 사실 그보다 몇 년 전의 가족 여행을 스케치한 이 영화의 프롤로그에 이미 맹아로 웅크리고 있다. (그 첫 장면에서 남편과 두 자녀는 비 내리는 갑판에 나가 있는 반면에 나탈리는 홀로 선실에 앉아 '남의 입장을 이해하는 것은 가능한가'를 주제로 글을 쓰고 있다. 그리고 배에서 내린 네 가족이 들른 시인 샤토브리앙의 쓸쓸한 바닷가 묘지에서 떠날 때는 남편 혼자 우두커니 남아 있다.) 지난 40년간 가장 중요한 프랑스 배우라고 할 수 있을 이자벨 위페르는 그녀만의 정감과 존재감으로 내내 예민하고도 굳건하게 연기하며 감탄을 안긴다.

「다가오는 것들」은 비범하고도 깊다. 이 이야기에서 나탈리의 삶에 결정적 충격을 가져다주는 것으로 보였던 로맨스의 상실은 또 다른 로맨스의 도래로 간단히 대체되지 않는다. 젊고 잘생긴 제자 파비앙(로만 콜린카)과의 교류가 그녀의 결혼 생활이 종말을 맞는 과정과 병치되는 극 초반을 보면서 관객은 또 다른 사랑 이야기를 기대하게 되지만, 미아 한센 뢰베는 그렇게 달콤하고도 손쉬운 해결책에는 눈길조차 돌리지 않는다.

극 중 파비앙으로 대변되는 세계는 이전에 나탈리가 놓여 있던 세계와 정반대 방향에 놓여 있다. 그 세계는 도시가 아닌 전원이고, 이념적으로 하인츠와 대조되는 좌파적 지향을 가지며, 개인주의적인 나탈리 가족의 삶과 달리 공동체적이다. 그리고 무엇보다 파비앙은 사실상 나탈리의 과거다. 하인츠로 대변되어온 세계가 이제 사라졌지만, 그렇다고 나탈리는 파비앙의 세계로 되돌아갈 수도 없다.

위기 앞에서 갈팡질팡했던 평범한 인간 나탈리는 외부로부터 불어닥친 거대한 충격에 대해 자신의 내부에서 길어 올린 것으로 맞서며 위엄을 드러낸다. (같은 상황에서 「블루 재스민(Blue Jasmine)」(우디 앨런)의 재스민(케이트 블란쳇)은 어떻게 행동했던가.) 그녀의 힘은 하인츠나 파비앙 같은 남자와의 관계가 아니라, 그녀가 읽어왔고 가르쳐왔던 책, 그리고 '다가오는 것들'을 두려움 없이 직시하는 삶의 상상력에서 온다.

이건 피해자와 가해자로 간단히 나뉘어 역할놀이를 하는 멜로가 아니다. 미아 한센 뢰베의 「다가오는 것들」은 바람 불어오는 삶의 한 지점에서 온전히 자유와 품위를 찾아낸 한 인간의 여정을 다룬 탁월한 여성영화이면서 감동적인 휴먼 드라마다.

# 밀정

감독 **김지운** 국내 개봉일 **2016.09.07**

김지운에겐 언제나 '어떻게'가 '무엇'보다 중요한 질문이었다. 코미디와 호러를 섞은 「조용한 가족」으로 신선하게 데뷔한 후 그는 「반칙왕」 「장화, 홍련」 「달콤한 인생」 「좋은 놈, 나쁜 놈, 이상한 놈」 「악마를 보았다」 「라스트 스탠드(The Last Stand)」를 통해 다양한 장르의 세계를 날렵하게 주유하며 한 감독의 필모그래피라곤 믿기 어려울 정도로 도전적이고도 화려한 행보를 보여왔다.

장르적 관점에서 보면 스파이 스릴러라고 할 수 있으니 「밀정」 역시 장르의 탐험가와 세공사로 눈부시게 활약해온 그의 기질에 잘 맞아 보인다. 하지만 그 소재가 역사적 실화에 상당 부분 토대한 의열단 스토리라는 것을 감안하면 사정이 달라진다. 스파이 스릴러의 차가운 장르적 쾌감과 관습이 지닌 '어떻게'의 맵시 있는 원심력은 암울했던 우리 역사 속 여전히 뜨거운 이야기가 품은 '무엇'의 묵직한 구심력으로 상쇄되지 않을까.

1920년대 경성에서 일본 경찰로 살아가는 이정출(송강호)은 무장 독립운동 단체 의열단에서 핵심적으로 활동하고 있는 김우진(공유)

에게 접근한다. 김우진은 이정출이 표면적으로 내세우는 이유와 다른 속셈을 지니고 있음을 간파하면서도 역이용하기 위해 속내를 감춘 채 그에게 친밀하게 대한다. 의열단 단원들이 일제의 주요 시설들을 타격하기 위해 경성으로 폭탄을 밀반입할 계획을 세우자 이정출과 김우진의 관계는 급격히 변하기 시작한다.

「밀정」은 매끄러우면서도 무게중심을 잃지 않는 역작이다. 이야기부터 액션과 음악까지 철저히 관철된 역설적 대조 방식이 선명한 스타일 속에서 근본적인 균형추 역할을 한다.

김지운의 연출력이 가장 잘 드러나는 부분은 기차와 기차역을 배경으로 펼쳐지는 중반부이다. 기차 안 장면들에서는 이합집산하는 인물들의 역동적 동선 속에서, 정체가 탄로 날까 봐 조마조마한 상황이 계속 이어지는 서스펜스와 배신자는 누구인지에 대한 미스터리가 쫄깃하게 펼쳐진다.

내내 쌓여가던 긴장이 마침내 좁은 기차 안에서 인물들을 한데 모은 뒤 전광석화처럼 폭발하고 나서 이어지는 경성기차역 장면은 극심한 혼란 속에서 인물들을 일거에 산개하며 인상적인 장면들을 펼쳐낸다. 특히 붉은색 옷을 입은 연계순(한지민)이 갑자기 총을 쏘는 순간을 충격의 파장이 군중들의 움직임을 통해 방사형으로 퍼지는 것처럼 담아낸 핸드헬드 직부감 장면은 경이롭다. (이 장면은 나카시마 데쓰야의 「고백(告白)」 종반부를 떠올리게 만들기도 한다.) 이 영화의 액션 장면들에서 우리의 눈길을 끄는 것은 구체적인 동작들이 아니다. 가장 흥미로운 것은 액션이 막 터져 나오기 시작하는 순간의 급격한 리듬 전환이다.

인물의 심리적 서스펜스를 숏 내의 인물 배치와 카메라 앵글을 통해서 극대화하는 방식도 인상적이다. 이 영화에서 서로 속내를 감추며 긴박하게 대화를 나누는 장면들의 상당수는 자동차 내부로 설정되어 있다. 이때 관객이 가장 궁금해하는 인물은 앞좌석에 앉히고 그 인물에게 작용하는 다른 캐릭터는 뒷좌석에 배치한 뒤 자동차 앞부분에 카메라를 놓고 함께 담는다. 결국 후경의 뒷좌석 사람이 뭔가를 제안하면 전경의 앞좌석 인물은 복잡한 속내를 담은 리액션 표정을 관객에게만 보여준다. (상해에 온 이정출이 뒷좌석에 앉아서 앞좌석의 김우진에게 "장사를 하고 싶으니 임시정부 실력자들에게 줄을 대달라"라고 요청하는 장면이 대표적이다. 차 안 뒷자리의 일본 경찰 상관이 앞자리의 이정출에게 제안하는 후반부 장면 역시 그렇다.) 연극의 방백이 지닌 효과와 흡사한 위력을 자연스럽게 발휘하는 이런 형식은 관객에게 정보의 독점적 취득에서 오는 쾌감을 안겨주기도 한다.

「밀정」의 과시적인 음악 사용법은 두 차례 서로 다른 방식으로 펼쳐지며 아이러니를 극적으로 증폭시킨다. 루이 암스트롱의 재즈 넘버 「When You're Smiling」이 낭만적으로 울려 퍼질 때는 다양한 상황 속에서 인물들이 제각각 체포, 추방, 살해되는 것으로 맞이하게 되는 운명을 편집의 힘으로 보여주고, 라벨의 관현악곡 「볼레로 (Boléro)」가 밑바닥에서 서서히 출발해 어느덧 턱 밑까지 차오를 때는 스테인드글라스에서 시작하고 끝나는 방식으로 한 공간을 유려하게 훑어낸 끝에 점화되는 파국을 촬영의 힘으로 담아낸다. 기차 안과 기차역의 장면들이 그렇듯, 이 두 장면들에서도 공간을 다루는 방식은 선명하게 대조된다.

그러나 오월동주를 핵심으로 하는 이야기의 기본 설정이나 '밀정'이라는 제목 자체에서 짐작되는 것과 달리, 인물과 상황이 뒤얽히는 데서 오는 미스터리와 서스펜스의 장르적 재미는 예상보다 적다. 이는 시나리오의 약점에서 기인한 것으로 보이는데, 다른 한편으론 그게 연출의 목표이기 때문인 듯도 하다. 이건 결국 알 수 없는 행동을 하는 인물의 정체에 대한 궁금증보다는 혼란에 휩싸인 인물의 내면에 대한 궁금증이 더 중요한 이야기니까. (다 보고 나면 '밀정'이라는 한국어 제목보다 'The Age of Shadows(그림자의 시대)'라는 영어 제목이 이 영화에 더 잘 어울린다는 느낌이 든다.)

그리고 그 궁금증은 결국 배우가 해결한다. 이 영화의 송강호는 순간순간의 감정이 아니라 탁한 시대의 맥 자체를 연기한다. 겉으로 하는 말과 속에 품은 말이 다르고, 처음 표출될 때의 감정과 그걸 갈무리할 때의 감정이 서로 다른 후반부 법정에서의 진술 연기는 인물과 시대의 혼돈을 아프도록 온전히 응축한다.

공유는 2016년에 선보인 세 편의 영화들 중 가장 좋은 연기를 하고, 한지민은 잊지 못할 모습 하나를 관객 가슴에 남긴다. 「잉투기」(엄태화) 이후 주목받아온 엄태구는 여기서 푹 꺼진 뺨과 튀어나온 광대뼈와 타오르는 눈빛으로 형형하다. 이병헌과 박희순은 적은 출연 분량에도 불구하고 대단한 존재감을 드러낸다.

김지운의 작품 세계는 마음이 흔들리는 순간에 무게중심을 둔다. (「밀정」에는 "마음의 움직임이 가장 무서운 것 아니겠소"라는 대사가 나오고, 「달콤한 인생」에는 "흔들리는 것은 나뭇가지도 바람도 아니고 네 마음이다"라는 대사가 나온다.) 흥미로운 것은 그의 영화들에서 마음이 움직이는 게 이야기의 최종 단계나 궁극의 목적이 아니라 기본 전제라는 것이다. 마음이 흔들리는 것은 설득력을 지닌 어떤 원인들이 모여서 초래하는 불가피한 결과가 아니다. 오히려 불가해한 체험으로서 이후 모든 행동들을 결정짓는 근본적이고도 운명적인 조건인 것이다. (그러니 김지운의 영화들이 매력 자체를 추구하는 것은 어쩌면 당연한 일일 것이다.)

강력한 자장을 지닌 상대 앞에서의 경험은 논리를 초월하기도 한다. 희수(「달콤한 인생」의 신민아)를 보았을 때의 선우(이병헌)가 그랬고, 정채산(「밀정」의 이병헌)을 만났을 때의 이정출이 그랬다. 한 인간이 흔들리는 스스로의 내면을 당혹스럽게 의식할 때, 김지운은 거기서 인간이란 존재의 모순과 아름다움을 동시에 발견한다.

「밀정」은 뜨거워지는 것을 본능적으로 경계하는 김지운의 성향과 뜨거워질 수밖에 없는 소재 사이의 충돌이 흥미로운 영화다. (군더더기처럼 느껴지는 종반부의 직설적이고 반복적인 내레이션을 포함, 이전 김지운 영화들에선 볼 수 없었던 대목들도 있다.) 어쩌면 그 충돌은 이정출의 내면에서 빚어졌던 모순과 닮아 있는지도 모른다. 떨어져나간 발가락은 생각보다 가볍고, 거적에 싸인 시신은 생각보다 작다. 그 가볍고 작은 흔적 속에서, 인간과 역사는 격렬한 여진에 떤다.

# 최악의 하루

감독 **김종관** 국내 개봉일 **2016.08.25**

재치 있고 깔끔한 에세이 같기도 하고, 리드미컬하면서 신비로운 시 같기도 하다. 김종관의 「최악의 하루」는 일도 관계도 마음 같지 않아서 속을 끓였던 일정의 끝, 기왕이면 한 주가 저물어가는 금요일 저녁쯤에 보면 최적일 작품이다. 이건 삶의 하루를 마무리하는 자리에서 해피엔드를 선물하는 영화니까.

배우 지망생인 은희(한예리)는 길을 잃은 일본 소설가 료헤이(이와세 료)를 우연히 만나 도와주다가 서로 마음이 통하는 것을 느낀다. 텔레비전 드라마에 출연하는 남자친구 현오(권율)와의 선약 때문에 은희는 료헤이와 헤어지지만 정작 현오를 만나서는 말다툼 끝에 화를 내고 돌아선다. 혼자 남아 SNS에 글과 사진을 올린 은희는 그걸 보고 자신이 있는 곳에 찾아온 운철(이희준)의 모습에 깜짝 놀란다. 운철은 이전에 은희가 사귀었던 남자였다.

「최악의 하루」를 보면 직접적 연관성이 없음에도 이런저런 영화들이 떠오른다. 한 여자를 서로 다르게 보는 세 남자라는 설정에서는 「우리 선희」(홍상수)가 생각나고, 극의 분위기나 캐스팅에서는

「한여름의 판타지아」(장건재)가 연상되기도 한다. (어찌 보면 「한여름의 판타지아」의 남자 주인공 유스케(이와세 료)가 배우였던 여자 주인공 혜정(김새벽)을 찾아 한국으로 온 후에 겪게 되는 일처럼 여겨지기도 한다.)

하지만 이 영화가 지닌 감성과 위트는 고스란히 김종관의 것이다. 단편 「폴라로이드 작동법」에서 장편 「조금만 더 가까이」까지, 김종관은 긴 시간에 걸친 삶의 궤적이나 연애의 역사를 묘사하지 않는다. 대신 일상의 한 단면을 조심스럽게 떼어낸 후, 고유한 시공간 속 감정의 흔들림을 관계 속에서 예민하게 스케치한다. 「최악의 하루」 역시 그렇다.

그 짧은 하루 동안 은희는 세 남자를 차례로 만난다. 언뜻 은희는 「조금만 더 가까이」에 나왔던 은희(정유미)의 연장선상에 놓인 캐릭터처럼 여겨진다. (「조금만 더 가까이」에는 현오와 운철이란 이름의 캐릭터도 등장했다.) 하지만 「최악의 하루」의 은희는 상대에 따라 전혀 다르게 보이기도 한다. 현오를 만날 때 내내 통통 튀는 느낌이라면, 운철과 마주할 때는 낮게 가라앉아 있다. 그리고 료헤이에게 다가갈 때는 산뜻하다. 어투도 제각각이라서 현오에겐 격한 반말로 톡톡 내쏘지만 운철에겐 시종 존댓말로 내리깔고, 료헤이와는 짧은 영어로 간신히 소통한다. 심지어 은희는 사람에 따라 헤어스타일을 바꾸기도 한다.

대체 어떤 게 은희의 진짜 모습일까. 우리는 은희라는 사람을 제대로 파악하고 있는 걸까. 물론 영화 속 관계들은 꼬여 있고 얽혀 있다. 그런데 상황마다 서로 다른 사회적 감정적 가면을 쓰곤 하는, 자기방어적이든 자기모순적이든, 누구나 사실 그렇지 않은가. 어쩌면 은희는 극 중 연극 대사를 빌려서 이렇게 답할 수도 있을 것이다.

"진짜라는 게 뭘까요. 사실 저는 다 솔직했는걸요."

한예리는 서로 다른 가면들을 능숙하게 바꾸어 쓰는 변검술사처럼 다양한 매력을 뿜낸다. 권율과 이희준은 각각 원심력과 구심력을 무기 삼아 정반대의 방식으로 코믹 연기를 재치 있게 소화한다. 그리고 이와세 료는 메인 스토리의 안과 밖에서 안온한 외투를 마련한다.

우디 앨런과 리처드 링클레이터를 섞어놓은 듯 재기 넘치는 연애 소극처럼 전개되던 「최악의 하루」는 후반부에 이르러 전혀 다른 단계에 진입한다. 이야기는 겹을 만들어가며 몽롱해지고, 맴을 돌던 감정은 마침내 훌쩍 비상한다. 극 중 모든 사람들이 거짓말을 하지만 그중 단 하나의 관계만이 서로의 틀린 말을 교정해준다. (료헤이는 은희가 구사하는 잘못된 일본어 인사말을 고쳐주고, 은희는 료헤이가 틀리게 말하는 남산의 옳은 발음을 가르쳐준다.)

이건 '거짓말'을 하는 여자가 '거짓말'을 하는 남자를 만나서 '거짓말'을 통해 마침내 휴식과 평화를 얻는 이야기인 걸까. 부박하고 지난했던 모든 일들은 정말로 일어났던 일일까. 그날은 최악이 아니었다. 내내 벗어나지 못했던 서촌에서 남산 사이, 짜증과 설렘으로 명멸했던 아침에서 밤 사이, 혹은 말과 말이 끊어진 그 잠깐의 사이에서, 장소와 인물만이 정해진 채 텅 비어 있지만 마침내 주문(呪文)처럼 불러들인 해피엔드. 설령 최악이었다고 해도 그 하루는 이제 지나갔다.

# 히치콕 트뤼포

**Hitchcock/Truffaut**
감독 **켄트 존스**(Kent Jones)  국내 개봉일 **2016.08.25**

좋은 영화는 오락이나 교훈을 일방적으로 전달하지 않는다. 질문을 던지고 대화를 만들어낸다. 알프레드 히치콕이라는 거대한 질문이 남긴 메아리는 영화의 역사를 통해 울려 퍼져서 수많은 사람들로 하여금 숙고하게 만들었다. 가장 극적인 경우는 바로 프랑수아 트뤼포일 것이다.

「400번의 구타(Les quatre cents coups)」에서 「피아니스트를 쏴라(Tirez sur le pianiste)」와 「쥴 앤 짐(Jules et Jim)」까지 세 편을 연이어 내놓으며 패기만만하게 자신의 세계를 선언했던 젊은 프랑스 감독 트뤼포는 「현기증(Vertigo)」「북북서로 진로를 돌려라」「싸이코(Psycho)」를 잇달아 발표하며 경력의 정점에 올라섰던 거장 히치콕에게 1962년 길고 긴 인터뷰를 신청했다. 성사된 일주일간의 심층 인터뷰는 『히치콕과의 대화』로 출간되었고 영화 역사상 가장 큰 영향력을 끼친 책들 중 하나가 되었다.

켄트 존스의 다큐멘터리 「히치콕 트뤼포」는 반세기 전의 그 전설적인 대화만 다루진 않는다. 마틴 스콜세지, 데이비드 핀처, 웨스 앤더슨, 올리비에 아사야스, 구로사와 기요시, 리처드 링클레이터 등 오늘날의 기라성 같은 감독들과의 생생한 인터뷰도 다양하게 곁들여가며 히치콕의 유산에 대해 입체적으로 논한다. 이 다큐멘터리에서 의견을 피력하는 사람들이 50여 년 전이나 현재나 전부 감독이란 사실은 「히치콕 트뤼포」가 어떤 지향점을 갖고 있는지를 여실히 드러낸다. 이건 히치콕이라는 키워드를 통해 영화를 만든다는 것이 어떤 의미인지를 탐색하려는 감독들의 시공간을 뛰어넘은 진진한 대화인 셈이다.

「히치콕 트뤼포」는 논점을 야심 차게 제시한 뒤 힘차게 돌파해나가는 작품이 아니다. 주제별로 효율적으로 잘 정리해 안정적으로 전달하는 영화다. 이미 수없이 연구되어온 히치콕에 대한 새로운 시각 같은 것은 여기 없다. 하지만 활자와 영상 그리고 내레이션과 인터뷰를 넘나들며 매끄럽고도 다각적으로 전개되는 흐름은 짧은 시간 안에 히치콕이라는 대륙에 이르는 효과적인 입경의 역할을 톡톡히 해낸다. 불타는 마을을 까마득한 높이에서 내려다보는 「새(The Birds)」의 묵시록적인 부감 장면, 45초를 70여 개의 숏으로 분절시켜 충격을 극대화하면서 사건을 추상화하는 「싸이코」의 살인 장면, 죽은 자와 산 자 그리고 현실과 환상이 초록빛 조명 속에서 하나가 되는 「현기증」의 주인공(킴 노박)이 욕실에서 걸어 나오는 장면처럼, 히치콕이 만들어낸 명장면들에 대해 오늘날의 명감독들이 각자 다른 시각에서 감탄하며 드러내는 견해들을 한자리에서 접하는 것은 특히 잊지 못할 체험이 된다.

히치콕이라는 이름을 대하면 저절로 스릴러라는 장르가 생각나고 서스펜스라는 기이한 쾌감이 떠오른다. 하지만 히치콕에게 있어서 서스펜스는 관객과의 게임을 염두에 둔 효율적 기법에만 그치는 것이 아니다. 서스펜스란 대롱대롱 매달려 있는 데서 오는 불안감이고, 유예된 발생 지점을 내다보면서 애를 태우는 긴장감이다. 그것은 완료되지 않은 감정이고 무엇인가가 일어나기 직전의 상상력이 낳은 미해결 상태의 딜레마이다. 그리고 관객에게 서스펜스는 현실화할지도 모를 위험에 대한 두려움뿐만 아니라, 그런 위험의 실현이 불발되고 말까 봐 내심 조바심을 내는 역설적 바람 역시 은밀히 품고 있다.

히치콕의 걸작들이 대부분 역설적이고 자기모순적인 감정을 다루고 있는 것은 우연이 아니다. 인력과 척력이 하나의 대상에 동시에 작용하는 그의 욕망은 들끓어 오르는 순간 붕괴 직전의 위기에 처하는 불가해한 감정이었다. 그는 순수영화라는 절대적 가치를 늘상 염두에 둔 이상주의자면서, 동시에 투자, 제작, 검열, 홍보 등 영화 제작 전반에 걸친 당대의 현실적 제약에 대해서 능숙하게 타협한 실용주의자였다. 최대다수의 최다쾌락을 겨냥하면서도 가장 개인적인 영화를 만들었다.

그의 탁월한 영화들에 감탄하며 몰입할수록 히치콕이라는 예술가는 하나의 수수께끼로 다가온다. 히치콕이라는 수수께끼는 곧 영화라는 수수께끼가 된다. 그리고 그 수수께끼는 결국 인간이라는 수수께끼일 것이다.

# 태풍이 지나가고

**海よりもまだ深く**

감독 **고레에다 히로카즈(是枝裕和)** 국내 개봉일 **2016.07.27**

「태풍이 지나가고」의 이야기 아래로는 두 줄기 상실의 강이 흐르고 있다. 주인공인 료타 아버지의 죽음, 그리고 료타와 교코의 이혼이다. 그러나 이 두 사건은 극 중에서 파편처럼 틈입될 뿐 제대로 서술되지 않는다. 고레에다 히로카즈의 주인공들은 결국 '남겨진 사람들'이기 때문이다.

그들은 마냥 선량하거나 정직하지도 않다. 부당 이익을 취하기 위해, 료타는 자신이 일하는 흥신소 소장을 속이고 소장은 고객을 속인다. 마냥 사람 좋게 보이는 료타의 어머니 역시 예외가 아니어서, 남들이 안 볼 때는 쓰레기도 거리낌 없이 버린다. 여름이 끝나갈 무렵, 뜻하지 않게 남겨진 그 보통 사람들은 이제 다가오는 태풍 속에서 서로 부대끼며 무엇을 확인하게 될 것인가.

료타(아베 히로시)는 소설가로 살아가길 원하지만 여의치 않은 현실 때문에 남의 뒤를 캐며 흥신소에서 일한다. 헤어진 아내 교코(마키 요코)와 함께 살고 있는 어린 아들 신고(요시자와 다이요)를 가끔씩 따로 만나지만, 제대로 소통하지 못하는 료타는 아들과의 심리적 거리만 확인한다. 료타의 어머니(기키 기린)는 태풍이 휘몰아치던 날, 자신의 집에 들른 예전 며느리 교코를 설득해 재결합의 다리를 놓으려고 한다.

「태풍이 지나가고」는 고레에다 히로카즈의 최고작이라 말할 수 있는 「걸어도 걸어도(步いても 步いても)」와 많은 부분에서 겹친다. 두 편 모두 기키 기린과 아베 히로시가 모자로 출연하는데, 아베 히로시가 맡은 극 중 인물은 이름까지 같다. 모녀가 함께 음식을 만들면서 시작하는 도입부, 대중가요 가사에서 따온 제목 작법(「태풍이 지나가고」의 경우 원제인 '바다보다 더 깊이(海よりもまだ深く)')도 공통적이다. 세상을 떠난 누군가가 나머지 가족들의 삶에 드리운 짙은 음영을 다루고 있다는 점에서도 그렇다.

하지만 두 작품은 온도나 태도에서 상당한 차이가 있다. 「걸어도 걸어도」의 후반부에서 아들이나 어머니는 헤어져 집으로 돌아가다가 이전까지 함께 궁금해했던 스모 선수 이름을 각자 불현듯 떠올리게 되지만 그냥 혼자만 알고 만다. 그런데 「태풍이 지나가고」에선 영화가 시작되자마자 이전 대화에서 생각해내지 못했던 것으로 보이는 피겨스케이터 이름을 어머니가 떠올린 후 딸에게 곧바로 말해준다. 정확하면서 서늘한 면모가 있는 「걸어도 걸어도」에 비해, 「태풍이 지나가고」는 넉넉하면서 좀 더 따뜻하다.

직전에 내놓았던 「바닷마을 다이어리」와 이번 작품 「태풍이 지나가고」를 함께 묶어놓고 보면, 최근의 고레에다 히로카즈 화술은 확실히 이전보다 친절해졌고 그만큼 더 대중적이다. 이를 다른 각도에서 보면 대사가 좀 더 직접적으로 감독이 하고 싶은 말을 실어 나르고 있고, 장면 설정은 좀 더 관습적으로 흐르는 경향이 있다.

그런 대사로는 종반부에서 어머니가 등려군의 노래에 대해 언급하다가 사실상 이 작품의 주제에 해당하는 말을 길게 늘어놓는 대목을 예로 들 수 있을 것이다. (어머니는 등려군의 노래 「바다보다 더 깊이」가 때마침 방송에서 흘러나오자 "난 바다보다 더 깊이 누군가를 사랑한 적은 평생 없었어. 그런데 그런 적 없어도 살아갈 수 있는 거야. 그것도 즐겁게. 인생은 단순하지"라고 말한다.) 「부산행」(연상호)의 어떤 대사에서도 그런 경우를 발견할수 있었던 것처럼, 이렇게 노골적인 메시지 대사를 늘어놓게 되면각본을 쓴 사람은 스스로 그 과도함을 의식한 나머지, 배우의 매력에 기대어 유머러스하게 눙치는 마무리 문장을 추가하기도 한다(여기서는 "나 지금 엄청난 말을 했지?"라고 너스레를 떤다). 어머니가 우두커니불단을 마주하고 서 있는 료타를 보고서 "왜 우울해하니? (지금 네가바라보고 있는) 그 향이 아버지라고 생각하고 있지?"라며 관객들에게그 마음의 궤적을 곧바로 일러주는 대목 역시 조급한 작법의 예로지적할 수 있을지도 모른다. 관습적인 장면 설정으로는 료타의 도박습성과 관련된 묘사들이 대표적일 것이다.

보는 이에 따라서 아쉽게 느껴질 수도 있는 몇몇 대목에도 불구하고 「태풍이 지나가고」가 건네는 위로는 곡진하다. 고레에다 히로카즈의 영화들이 대개 그렇듯, 이 작품 역시 한 가지 질문을 끈질기게 던진다. 당신은 예전에 당신이 원했던 어른이 되었습니까. 하지만 그 물음 앞에서 황망해지는 관객들에게 「태풍이 지나가고」는 이렇게 슬쩍 덧붙이는 것만 같다. 꿈이 이뤄지지 않았다고 해서 그 삶이 실패한 것은 아니에요.

꿈이 이뤄지지 않았다고 해서 삶이 실패한 것은 아니다. 이뤄지지 않은 꿈이 뜻하는 것은 그저 그 꿈이 실현되지 않았다는 사실뿐이다. 그리고 꿈이 곧 삶 자체인 것은 아니다. 료타는 삶의 시제를 계속 착각했다. 미래의 일을 질투하고 과거의 업을 따라갔다. 어쩌면 행복은 오래도록 움켜쥐었던 것을 손아귀에서 놓아버린 후에야 새로 쥘 수 있는 선물 같은 것인지도 모른다.

거짓말을 할 때면 같은 말을 세 번 거듭하는 버릇이 있었던 료타는 극 중 가장 중요한 순간에 아들에게 "나는 아직 내가 되고 싶었던 사람이 되지 못했지만 그게 중요한 건 아니야. 중요한 것은 그런 마음을 품고 살아갈 수 있느냐는 거지"라고 말하고 나서 "정말이야"라고 세 차례 되풀이해 강조한 후 뒤늦게 흠칫 놀란다. 그러자 료타는 "정말이야"라고 의식적으로 한 번 더 힘주어 되뇐다. 혹시 료타는 애초에 자신도 믿지 않는 말을 그저 위로하기 위해 건넸던 걸까. 그러나 이야기를 앞으로 나아가게 하는 힘은 같은 상황을 무기력하게 되풀이하는 관성이 아니다. 조금 늦었더라도, 기필코 한 번 더 덧붙여서 믿음을 끌어안으려는 다짐이다.

# 부산행

감독 **연상호** 국내 개봉일 **2016.07.20**

서울에서 펀드매니저로 일하는 석우(공유)는 어린 딸 수안(김수안)
이 부산에 있는 엄마에게 가고 싶다고 하자 데려다주기 위해 함께
KTX 열차에 오른다. 여행이 시작되자마자 플랫폼과 객차 내에서
이상한 일들이 벌어지기 시작하고 정체불명의 괴질환에 전염되어
괴물이 된 사람들이 눈덩이처럼 불어나자 기차 안은 삽시간에 아비
규환으로 변한다. 상화(마동석)와 임신 중인 그의 아내 성경(정유미),
고교생인 영국(최우식), 진희(안소희) 등과 힘을 합쳐 석우는 사투를
벌인다.

　사실 「부산행」이 흠잡을 곳 하나 없이 완벽하고 매끈한 영화는
아닐 것이다. 가장 걸리는 것은 관객의 눈물을 겨냥한 후반부 장면
들이다. 특히 이 영화에 담긴 단 하나의 플래시백 장면은 회상되는
내용에서 화면의 톤과 인서트 타이밍까지 의도가 조악하게 도드라
져 감상주의적인 얼룩을 남긴다. 아버지의 애환을 직접적으로 전달
하려는 상화의 대사처럼 목적이 흐름을 누르고 지나치게 돌출된 대
목도 나온다. (만드는 사람 역시 이런 노골성을 의식하고 있기에 "내 말이 좀 멋

있었냐"처럼 배우의 매력으로 코믹하게 능치는 마무리 대사를 넣은 것으로 보인다.)
소위 '신파'는 감정의 과잉 자체가 아니라, 불특정다수의 감정을 겨냥한 그 파리한 도식성이 문제다. 여름 관객을 겨냥한 대작 오락영화라고 해서 반드시 최루적 묘사를 필요악으로 넣어야 흥행에서 성공하는 건 아니란 사실은 「부산행」보다 정확히 10년 앞서 개봉했던 유사한 설정의 「괴물」(봉준호) 경우만 떠올려 봐도 알 수 있다.

숭고한 희생을 하는 사람들과 추악한 이기심으로 내내 발버둥치는 자들로 정확히 나눈 이분법적 인물 구도가 감동을 반감시키기도 한다. 그리고 좋은 배우들이 있음에도 이 영화의 연기 앙상블 자체가 좋았다고 말하기는 어려울 것 같다. 음악 역시 지나치게 관습적이고 지시적이다.

그러나 이런 단점들을 하나하나 다 떠올리더라도, 연상호의 「부산행」이 지닌 매력은 여전히 살아남는다. 장르영화로서 이 작품은 시종 에너지가 넘쳐난다. 서스펜스보다 스릴을 좀 더 중시한 이 대중영화의 화법은 다양한 방식으로 스피드를 높임으로써 위력을 배가한다. 시속 300킬로미터로 질주하는 KTX에 시종 내달리는 좀비들로 속력을 더하고, 전국적인 재앙임을 강조하느라 각 지역 상황을 함께 묘사하는 대신 그날 그 기차에 타게 된 사람들의 운명에만 집중해 플롯까지 속도감이 대단하다. (뉴스나 전화 통화로만 전해지는 다른 곳의 상황은 사실상 기차에 탄 인물들의 심리에 기름을 붓는 용도로만 쓰인다.) 석우를 제외하면 인물들의 전사(前史)도 대부분 나오지 않는데, 부산에서 애타게 기다릴 수안의 엄마 역시 거의 다루지 않는다. (액션과 유머 모두에서 맹활약한 마동석의 매력은 특별히 기록해둘 만하다.)

주요 무대인 기차 안의 좁은 공간은 통로, 좌석, 짐칸, 화장실까지 알뜰하게 활용되어 단조로움이 느껴지지 않는다. 더욱 흥미로운 것은 기차의 안과 밖 공간이 대비되는 방식이다. 좀비들이 갇힌 채 아우성치는 기차 안을 곁눈질하며 주인공들이 불안하게 플랫폼을 걷는 대전역 상황과, 좀비들이 날뛰며 사람들을 덮치는 플랫폼의 참극을 조마조마한 눈으로 객차 안에서 주인공들이 바라보는 천안역 상황은, 서로 대조되면서 그 동선과 위치의 시각적 역설을 극명하게 드러낸다. 그리고 클라이맥스는 지옥의 문을 열듯 선로에서 공간적 제약을 일거에 풀어버린다. 「월드 워 Z(World War Z)」(마르크 포르스터) 같은 선례가 있긴 하지만 해일처럼 밀려오거나 봇물처럼 터져 나오는 「부산행」의 좀비들은 그 자체로 이 재난영화가 기능할 수 있는 환경의 역할을 톡톡히 해낸다. (이 영화는 좀비에 대한 묘사에서 「월드 워 Z」를, 주인공과 관련된 스토리 설정에서 「우주전쟁(War of the Worlds)」(스티븐 스필버그)을, 지향점과 색깔에서 「괴물」을 각각 떠올리게 한다.)

「부산행」이 선사하는 장르적 쾌감을 만끽하던 관객은 중반을 넘어서면서 점차 처연해지게 된다. 한국 현대사의 환부가 저절로 하나씩 떠오르기 때문이다. 그중에서 가장 선명한 것은 어쩔 수 없이 세월호의 비극이다. 극 중 참극은 고교생들이 탄 칸에서 가장 먼저 일어나고, 어른들은 이기심에 아이들을 돌보지 않으며, 뉴스 속 정부와 안내 방송은 정확한 정보를 전달하고 국민을 보호하는 대신 거짓말과 무능력으로 피해를 증폭시킨다. 마침내 친구들을 뒤에 둔 채 탈출해 혼자만 살아난 고교생이 눈물로 자책할 때 영화는 관객과 함께 조용히 흐느낀다.

여기엔 용석(김의성)처럼 지독한 인간이 있다. 하지만 이 영화가 냉철하게 지켜보려고 하는 것은 두려움이 아니라 혐오감을 안기는 그런 도구적 악당이 아니다. 좀비영화에서의 진정한 갈등과 대립은 감염된 좀비와 감염되지 않은 인간들 사이에 존재하는 게 아니다. 이 장르가 진짜 무서운 것은 '그들'과 '우리들'을 나눠서가 아니라, '우리들'을 둘로 나눈 후 그 사이에 거울과 채찍을 놓아두기 때문이다. 용석의 처참할 정도로 이기적인 몸부림보다는 "공부 열심히 안 하면 저 아저씨처럼 된다"고 노숙자를 겨냥해 처음 본 어린아이에게 가르치려 드는 흔해빠진 그의 훈계가 더 끔찍하다. 그리고 용석의 맹목적 선동보다는 그 선동에 편승해 일말의 죄책감을 감춘 채 타인을 거리낌 없이 밀어내려 말을 얹는 익명의 승객 하나하나의 고함이 더 끔찍하다.

그럴 때 노숙자(최귀화) 캐릭터는 편견과 배제에 대한 리트머스 시험지와도 같다. 이 영화는 도입부 여자 화장실에서 기차 안의 첫 좀비가 모습을 드러낸 직후, 남자 화장실에 노숙자가 있는 것을 보여줌으로써 관객이 그를 (잠재적인) 좀비로 의심하게 한다. 석우의 통화 내용을 우연히 듣게 된 노숙자가 대전역에서 그를 따라올 때 관객은 주인공의 행로에 방해가 되는 노숙자를 성가시게 여기게 된다. 그리고 터널 끝에서 기차 안이 다시 밝아져 좀비가 탐욕스럽게 희생자를 찾아 나설 때 왼쪽 좌석 밑의 석우와 오른쪽 좌석 밑의 노숙자와 정가운데의 좀비를 하나의 프레임에 담아냄으로써, 그 순간 둘 중 누구를 살려내고 싶은지에 대한 관객의 무의식적인 바람에 회중전등을 갖다 댄다.

「부산행」의 이야기를 단 하나의 이미지로 요약해야 한다면 그건 닫힌 문, 더 정확히 말하면 열어주지 않는 문이 될 것이다.

# 우리들

감독 **윤가은** 국내 개봉일 **2016.06.16**

영화가 시작되면 간절한 표정으로 주변을 두리번거리는 소녀가 보인다. 두 팀으로 나뉜 급우들은 가위바위보를 통해 함께 피구 시합을 할 팀원들을 하나씩 고른다. 소녀는 너무 늦기 전에 자신이 지명될 수 있기를 애타게 바라지만 번번이 다른 아이가 선택되는 상황 속에서 점차 체념해간다.

다르덴 형제가 「자전거 탄 소년(Le gamin au vélo)」의 첫 장면에서 아무 소리도 들리지 않는 전화기를 끈질기게 붙잡고 있는 한 소년만 비추었던 것처럼, 「우리들」 도입부 역시 카메라는 많은 아이들 중에서 오로지 한 소녀만 담는다. 바라보는 것만으론 소녀를 곤경에서 구해낼 수 없다. 카메라는 아이들의 선택에 직접 개입하지도 못한다. 하지만 카메라 역시 소녀 못지않게 간절하다. 끝내 곁을 내주는 친구 하나 없어도, 멀리 떨어진 곳에서 시선을 끌어당겨서라도, 카메라 자신만큼은 소녀를 끝까지 지켜보겠다는 듯이. 그리고 그 첫 순간부터 이 작고 귀한 영화는 관객의 마음을 얻는다.

윤가은은 장편 데뷔작 「우리들」에서 인물들 마음의 작은 일렁임

하나하나를 헤아리는 감수성과, 플롯의 부피를 관성적으로 부풀리지 않는 정직성으로 자신만의 이야기를 단단하게 해냈다. 이 영화에 등장하는 (이전에 연기 경력이 거의 없는) 아역 배우들이 하나같이 감탄스러울 정도로 생생하게 연기하고 있다는 사실은 감독이 어린 배우들과 깊고 풍부하게 소통했다는 것을 그대로 드러낸다.

아이들로부터 따돌림을 받던 선(최수인)은 여름방학이 시작될 무렵 새로 전학 온 지아(설혜인)를 만나 급속도로 친해진다. 하지만 방학이 끝나고 2학기가 되자 어찌 된 영문인지 지아는 선에게 냉랭하게 대하기 시작한다. 선은 지아와의 관계를 다시 회복하고 싶지만 상황은 자꾸 꼬여만 간다.

「우리들」의 첫 장면과 마지막 장면에 펼쳐지는 경기가 피구라는 사실은 의미심장해 보인다. 안에 있는 선수들은 밖으로 밀려나지 않기 위해 주로 상대의 공격을 피해 다녀야 하지만, 일단 공에 맞거나 선을 밟아 외야로 밀려난 사람은 자신이 당했던 방식 그대로 공격에 가담한다. 이 영화의 이야기가 유독 관객의 마음에 좀처럼 사라지지 않는 침전물을 남기는 이유는 가해자와 피해자 사이가 아니라 피해자와 피해자 사이에서 공방이 벌어지기 때문이다. 여기서 궁지에 몰린 아이는 구석으로 밀린 아이를 매섭게 공격한다. 예전 자신에게 깊은 상처를 입혔던 말을 가해자 아닌 또 다른 피해자에게 내쏨으로써.

상대에 대한 어떤 선입견이나 낙인도 주입되지 않았던 그 여름엔 서로 족했다. 하지만 둘뿐이어서 간소하고 절실했던 관계는 여름이 끝나고 관계들에 얽히는 순간 걷잡을 수 없이 헝클어진다. 둘 사이에서 나눴던 비밀과 약속은 울타리를 잃는 순간 서로를 해치는 효과적인 무기가 된다. 관계는 항상 관계들의 폭력으로 뒤틀린다.

「우리들」은 미성숙한 아이들의 미성숙한 관계를 다루는 영화가 아니다. 아이들은 어려도 관계는 어리지 않다. 이 영화의 아이들이 꼬인 실타래를 풀기 위해 어른들에게 도움을 요청하지 않는 것은 믿지 못해서가 아니다. 스스로 풀어야 하는 자신만의 실타래이기 때문이다. 「우리들」뿐만 아니라 「손님」이나 「콩나물」 같은 이전 단편들에서도 아이들이 자신의 과제를 스스로 떠안는 모습을 보면, 윤가은 감독이 그 시절을 어떻게 바라보는지 짐작할 수 있다.

그러니까 삶의 모든 시절에는 그 시절만의 치열한 문제가 있다. 세월이 흐른다고 문제가 저절로 해결되지는 않는다. 시간이 흐르면 그저 문제가 달라질 뿐이다. 그 모든 사람과 사람 사이의 관계에서 아무리 절실하고 간절해도 아이들은, 그들은, 우리들은, 자꾸 미끄러진다. 다만 「우리들」은 손톱 끝에 겨우 남은 봉숭아 꽃물을 바라보며, 미끄러진 그 자리에서 다시 일어서야 한다고 필사적으로 다짐하고 있을 뿐이다.

# 본투비블루

**Born to Be Blue**

감독 **로버트 뷔드로**(Robert Budreau)  국내 개봉일 **2016.06.09**

쳇 베이커의 음악은 실로 아름답다. 오죽하면 그가 부르고 연주한 곡 「My Funny Valentine」에 대해서 벨기에 작가 마르크 단발이 "20세기가 낳은 가장 아름다운 흐느낌"이라고 했을까. 하지만 그런 음악을 낳은 쳇 베이커의 삶에 대해 알면 알수록 당혹감은 커진다. 그의 음성과 연주가 여전히 우리의 지친 일상을 따뜻하게 달래주는 상황에서, 믿기 어려운 이 불일치를 대체 어떻게 받아들일 것인가. 「본 투 비 블루」에서 로버트 뷔드로는 어느 뛰어난 예술가의 음악과 삶 사이의 괴리를 낭만적인 손길로 달콤쌉쌀하게 메운다.

30대 중반이 된 쳇 베이커(이선 호크)는 자신의 삶을 다룬 자전적 영화에 직접 배우로 출연까지 하게 되자 이를 재기의 발판으로 삼으려 한다. 상대역으로 출연했다가 쳇과 사랑을 시작하게 된 제인(카먼 이조고)은 그가 마약을 끊을 수 있도록 적극 독려한다. 하지만 쳇은 마약상들로부터 구타를 당해 트럼펫 연주자로서 치명적인 부상을 입고 실의에 빠진다.

「본 투 비 블루」는 두 가지 시간대를 오간다. 극 중에서 쳇 베이커가 출연하게 된 영화 속 흑백 장면들은 '재즈계의 제임스 딘'으로 불리면서 최고의 인기를 구가했던 20대 초반의 그가 뉴욕의 재즈 클럽 버드랜드의 무대에 서게 되었을 때의 1954년 에피소드를 다룬다. 그리고 컬러로 펼쳐지는 장면들은 뮤지션으로서나 한 인간으로서 밑바닥에서 헤어 나오기 위해 몸부림치는 1966년 이야기를 집중적으로 그린다. 이 두 가지 시간대는 러닝타임 내내 뒤섞이면서 현재와 과거 사이, 혹은 현실과 픽션 사이의 현격한 간극을 아찔하게 대조한다.

쳇 베이커의 격렬하면서 역설적으로 지리멸렬하기도 한 실제 삶에서 이 두 지점을 골라낸 후 픽션을 적극적으로 섞어 각색한 로버트 뷔드로는 「본 투 비 블루」를 무엇보다 구원을 향한 러브 스토리로 만들었다. (제인은 이 이야기를 위해 만들어낸 허구의 인물이고, 쳇 베이커의 영화 출연 일화 역시 실제론 일어나지 않았던 사건이다.) 뷔드로는 음악과 사랑이 함께 손을 잡고 빛을 향해 걸어가는 모습을 축복 가득한 눈으로 따스하게 담아낸다. 러닝타임의 한중간에서 트럼페터인 남자가 자신에게 특별한 의미가 있는 트럼펫 밸브링으로 여자에게 청혼하는 순간, 한때 피투성이 전투를 벌이는 것으로까지 보였던 예술과 삶 사이에 비로소 평화가 깃드는 것처럼 보인다.

자연과 하나가 된 쳇 베이커의 연습 장면들이나 일렁이는 설렘으로 채색된 러브신들은 낮게 가라앉은 채 종종 신음 소리를 내는 이 어두운 이야기에서 눈 둘 곳과 마음 쉴 곳을 제대로 마련한다. 이선 호크는 명백한 잘못의 순간마저도 끝내 외면하기 어려운 인간의 숨

결을 캐릭터에 시종 불어넣으며 극을 입체적으로 이끈다. 카먼 이조고는 쳇 베이커가 중심이 될 수밖에 없는 이야기 속에서도 풍부한 감성이 돋보이는 연기로 자신의 몫을 온전히 찾아낸다.

육체와 정신이 모두 쇠진한 예술가는 또 다른 지친 예술가가 불어넣는 사랑의 힘으로 마침내 경력의 밑바닥에서 다시 일어설 수 있을 것인가. "그냥 기분이 좋아서" 빠진 마약에서 헤어나지 못하는 이 대책 없는 쾌락주의자는 "진짜 사랑"을 향해 헌신적으로 다가오는 이 신실한 낭만주의자에게 약속을 지킬 수 있을 것인가. 그리고 누군가를 바꿀 수 있다고 확신하는 선한 오만을 지닌 여자는 매력적이지만 철저히 이기적인 '나쁜 남자'를 끝까지 믿을 수 있을 것인가. 쳇 베이커에겐 늘 불안한 타지이면서 세월이 흘러도 여전히 열등감과 부담감을 감출 수 없는 버드랜드로부터 시작해서 버드랜드에서 끝나는 순환 구조의 이 이야기는 어느새 흐르기 시작하는 곡 「Born to Be Blue」의 이명과 무대 위 몽롱한 푸른빛의 잔상 속에서 매캐하게 막을 내린다.

# 아가씨

감독 **박찬욱** 국내 개봉일 **2016.06.01**

「아가씨」의 각색은 대담하고 강력하다. 세라 워터스의 『핑거스미스』는 연쇄적인 반전들로 독자들을 사로잡았던 소설이었다. 하지만 「아가씨」는 『핑거스미스』를 원작으로 선택하고도, 첫 번째 반전을 제외하면 그 핵심적인 반전 설정들을 모두 버렸다. 후반부 전개에서 매우 중요한 어떤 인물은 사실상 거의 제거하다시피 했다.

그 대신 기발한 아이디어로 새로운 반전을 만들어 넣으며 중반부 이후 원작과 완전히 다른 길로 내달리는 이야기를 만들었다. (『핑거스미스』의 종반에는 "우리가 '○○○'을 속일 수도 있었어. 네가 내게 말만 해주었다면"이라는 대사가 살짝 나오는데, 「아가씨」의 과감한 각색은 바로 여기에서 비롯된 것처럼 보인다.) 그러니 원작과의 비교만으로 이 영화를 판단하지는 마시길. 「박쥐」와 「올드보이」가 원작에 대해 그랬듯, 이건 다른 이야기니까.

어린 나이에 부모를 잃은 히데코(김민희)는 후견인인 이모부 코우즈키(조진웅)의 엄격한 통제 아래 대저택에서 답답한 삶을 살아간다. 사기꾼 후지와라 백작(하정우)은 상속 재산을 가로채기 위해 히데코에게 접근해 결혼하려고 한다. 백작은 결혼을 좀 더 쉽게 성사시키려고 소매치기로 자란 고아 소녀 숙희(김태리)와 짜고 하녀로 위장해 히데코의 시중을 들게 한다. 그러나 히데코와 숙희가 서로에게 사랑을 느끼게 되면서 모든 계획이 흔들리기 시작한다.

「아가씨」는 한 장면의 의미를 다각도로 곱씹게 하는 스릴러이고, 기이하고도 신선한 유머 감각이 지배하는 블랙 코미디이면서, 햇살 가득한 레즈비언 로맨스 드라마이다. 그리고 박찬욱의 작품 세계에서 가장 심플하고 명쾌하다.

다양한 면모를 드러내게 하는 플롯에 적극 조응하는 김민희의 얼굴은 장면에 따라 서로 놀랍도록 달라서 나른하거나 신비로우며 순수하거나 강인하다. 「올드보이」의 강혜정이나 「박쥐」의 김옥빈을 떠올리게 하는 김태리는 확신에 가득 찬 힘 있는 연기를 선보인다. 「러브픽션」(전계수)과 「비스티 보이즈」(윤종빈)의 사이 어디쯤에 자리 잡고 있는 듯한 이 영화의 하정우는 특유의 능청맞고 장난스런 소년 같은 기운으로 납작할 수 있는 배역에 입체감을 불어넣는다. 내내 속내를 짐작할 수 없는 인물을 연기하던 조진웅은 극의 말미에서 두고두고 잊기 힘들 연기를 보여준다. 김해숙과 문소리 역시 이름값에 어울리는 연기로 화답한다.

3부 구성인 이 영화에서 숙희가 이끌어가는 1부는 무척이나 빠른 서술과 많은 대사로 관객을 어리둥절하게 만들 수도 있다. 하지만 이는 같은 상황의 다른 의미가 히데코 시점에서 다시금 다뤄지는 2부를 염두에 둔 화법이다. 그렇게 히데코와 숙희 각각의 시선에서 서로 입체로 붙거나 맴돌듯 미끄러지는 이중나선형 플롯은 심리적 서스펜스와 유머를 곳곳에서 빚어낸다. (일례로 백작이 히데코를 본 순간, "매혹적"이라고 하려다가 말을 바꿔서 "탁, 탁월하게 아름다우십니다"라고 말하는 간단한 장면만 해도 다 보고 나면 다각도로 흥미롭다.) 때로는 날카롭게 돌출되어 있고 때로는 섬세하게 조탁된 대사들은 한국 관객들에게 의미와 소리가 서로 다르게 다가올 일본어와 그 둘이 하나로 인식될 한국어 사이를 넘나들면서 야릇하고도 솔깃한 순간을 끊임없이 자아낸다.

(군국주의 시대를 배경으로 성애를 다뤘던) 오시마 나기사의 「감각의 제국(愛のコリダ)」을 떠올리게 하는 일본군 행렬 장면으로 시작하는 「아가씨」는 1930년대를 배경으로 삼고도 관성적으로 민족주의를 채색하지 않는다. 대신 그 시대를 일종의 과도기나 혼종적인 시기로 보아내는데, 세트로 공들여 만든 극 중 서재 풍경에서 이런 시선이 그대로 드러난다. 그 공간에는 조선인으로 태어났음에도 뼛속까지 일본인이 되고 싶어 했던 코우즈키의 분열된 욕망이 담겨 있다.

고전적이고 정교한 촬영과 화려하면서 섬세한 미술, 의상, 분장은 관객의 눈이 내내 호사를 누리게 하는 한편, 인물에게 덧씌워진 시공간의 굴레를 역설적으로 드러내기도 한다. 그러니 이 영화의 마지막 장면에서 자유를 만끽하는 두 인물이 환하게 나신을 드러내는 것은 어쩌면 당연한 귀결인지도 모른다.

이 영화의 성애 장면들은 성별에 따라 명백히 대조적이다. 연미복과 나비넥타이로 외피를 두른 극 중 남성들의 욕망은 하릴없이 내연하거나 어이없게 빗나간다. 책을 통해 잘못 배운 그들의 뒤틀린 욕구는 점멸하는 조명 아래에서 서로 얽혀 기괴한 참극 속에서 좌초

된다. 온전한 즐거움은 오로지 여성들의 것이다. 욕망 앞에서 정직한 히데코와 숙희는 계급을 넘어선 채 서로 동등한 육체로 환하게 섹스한다. 극 중 베드신은 이토록 생생한 사랑과 감각 앞에서 감출 게 뭐가 있냐는 듯 하나같이 적나라하면서 시종 밝다. (가장 인상적인 것은 역시 숙희가 골무로 히데코의 치아를 갈아주는 장면일 것이다.)

「친절한 금자씨」에서부터 본격적으로 여성을 주인공으로 내세우기 시작한 박찬욱 작품 세계의 여성성은 「아가씨」에 이르러 만개했다. 세라 워터스의 『핑거스미스』에 대한 파격적 각색의 핵심은 바로 '연대'에 놓여 있다. 결국 남성에 의해 제공된 틀과 계획을 거부한 채 둘만의 이야기 속으로 녹아드는 두 여성은 섹스의 절정에서도 탈주의 정점에서도 굳게 손을 맞잡는다. 그들이 저택을 나서기 전 마지막으로 한 일은 남성이 폭력적으로 강제한 금지의 계율을 뜻하는 뱀 머리 형상을 부수는 것이었다. (아마도 이 장면을 위해서 원작 소설의 손가락 형상을 영화는 남성 성기를 상징하는 뱀 머리 형상으로 바꾸었을 것이다.) 그리고 극이 끝날 무렵 두 연인은 징벌의 수단이었던 구슬을 쾌락의 도구로 바꾸며 떠나온 세계를 조롱한다.

그들이 저택에서 벗어나기 전까지 이 영화가 햇빛과 달빛에서 실내등까지 빛을 세심하게 통제하고 변주하는 것은 의미심장하다. 생의 활력으로 가득 찬 이 여성 성장영화는 빛이 금지된 저택을 벗어나 망망대해에서 두 연인에게 멋진 신세계를 선물한다. 그 라스트신에서 바다 위 보름달은 처음으로 구름을 완전히 벗어난 채 밝은 빛을 내뿜는다. 그때 그 달은 바로 저택 안에서 히데코와 숙희의 방 사이 문에 그려져 있었던 둘만의 보름달이었다.

아마도 「아가씨」는 모두가 좋아할 만한 영화는 아닐 것이다. 하지만 시종 킬킬대게 만드는 검은 유머와 흥미롭게 비틀린 회색빛 플롯 사이로 한 번도 뒤돌아보지 않고 질주하는 붉은 감정은 내내 선연하다. 호쾌하다.

# 곡성

감독 **나홍진** 국내 개봉일 **2016.05.12**

이전에 보여준 적이 없는 방식의 연기를 저마다 훌륭하게 해낸 배우들에 대한 찬사를 일일이 열거할 수도 있을 것이다. 공간조차 캐릭터처럼 담아내는 촬영, 어디서 잇고 언제 멈춰야 하는지를 아는 편집, 괄호를 절묘하게 활용하는 플롯에 관해 감탄사를 연발해도 될 것이다. 무엇보다도 무력감이 배어 있는 이야기를 다루면서도 그걸 매만지는 손길에는 전능감이 팽배한 연출력 앞에서 박수를 쳐가며 환호할 만도 하다. 그러나 이 소름 끼치는 작품을 보고 난 당신은 스토리의 여백을 하나씩 거의 다 메워본 후 결국 골똘히 생각에 잠길 것이다. 이건 대관절 어떤 영화이고 이게 대체 무슨 얘기란 말인가.

「곡성」은 나홍진의 전작들과 사뭇 다른 작품으로 보인다. 「추격자」와 「황해」는 적극적으로 보여주고 빠르게 휘몰아치는 화법을 지닌 사실적인 영화였으니까. 하지만 이 세 영화는 그 뿌리를 공유한다. 시스템은 철저히 무기력하고, 인간은 제대로 알지도 못하면서 필사적으로 몸을 놀린다. 그리고 두려움은 늘 밖에서 온다. 나홍진이 바라보는 악은 인간의 내면에 존재하는 마성이 아니다. 그건 외부로부터 지금 이곳에 불쑥 끼워진, 삶의 이해할 수 없는 기본 조건이다.

하지만 불행 앞에 선 인간은 결사적으로 묻는다. 우리로 하여금 질문하게 만드는 것은 쾌락이 아니라 고통이니까. "요렇게 소문이 파다하면 무슨 이유가 있는 거야"라는 대사가 바탕에 깔고 있는 것은 인간이란 해답을 갈구하는 존재라는 사실이다. 독버섯이 일으킨 환각작용이라는 공식 설명에 납득할 수 없는 인간은 결국 소문을 통해서라도 기어코 웅성거린다. 종구는 남들로부터 모두 네 차례나 말을 전해 듣고 난 후에야 문제의 그 일본인과 직접 대면한다. 이를 뒤집어 말하면, 소문을 통해 사전에 들은 게 없으면 종구는 그 일본인을 전혀 '이해'할 수 없다. 이 영화 속 표현을 빌려 다시 말하면, 인간은 과학이든 종교든 소문이든 '현혹'의 틀이 없으면 자신의 삶에서 일어나는 일을 이해할 수 없다. 거기에 인식의 비극성이 있다.

그리고 그런 틀의 안과 밖에서 인간은 못내 의심한다. 심지어 그 의심이 작동하는 방향도 종잡을 수 없다. 종구(곽도원)는 일본인(구니무라 준)에 대해서는 그에 대한 말이 사실인 것으로 의심(Suspect)하고, 무명(천우희)에 대해서는 그녀의 말이 사실이 아닌 것으로 의심(Doubt)한다. 무속의 세계를 오컬트 장르에 접목시켰다고 볼 수 있는 이 영화는 십자가에 달리기 전 예루살렘에 입성했던 예수의 당대 상황을 악마로 뒤집어서 시각화해보고, 완전한 신성뿐만 아니라 (약한 육체를 가진) 완전한 인성을 지닌 것으로 여겨지는 예수처럼 극 중의 초자연적인 존재를 역설적이고도 이례적으로 그려냄으로써 대담한 상상력을 드러낸다. 다른 한편 그런 상상력을 눈덩이처럼 굴려간 끝에 의심이 도달한 지옥도를 그려낸다.

「곡성」에서 가장 극적인 순간은 이삼(김도윤)이 맞이한다. (이삼이 동굴 속에서 겪게 되는 일은 이 영화 속의 사실감 넘치는 다른 장면들과 달리 신화적으로 묘사되어 있다.) 왜 결정적인 순간에 일본인을 만나는 사람이 종구가 아니라 이삼인 것일까. 이전에 종구에겐 대답해주지 않던 일본인이 왜 이삼에겐 입을 여는 걸까. 만일 이삼이 아니라 종구가 그 동굴에 갔으면 일본인은 다른 모습으로 나타나 다른 말을 했을까. 동굴에서 일어났던 일은 의미적으로 텅 비어 있다. 하지만 결국 인간은 보려는 것을 기어이 본다. 가톨릭 성직자인 이삼 역시 그랬다. (교차 편집된 종반부, 동굴 안에서 그는 '악마'로 불리고 동굴 밖에선 '귀신'으로 지칭된다.)

「곡성」의 전편에 짙게 깔려 있는 것은 무지에 대한 탄식과 무력감이다. "뭣이 중한지도 모르면서 캐묻고 다니는" 종구만 그런 것이 아니다. 경찰은 뒷짐을 지고 종교는 팔짱을 낀다. ("보지 않고 믿는 자가 복되다"는 예수의 말씀을 신봉해야 할 가톨릭 신부는 종구에게 "직접 보지도 않고 어떻게 확신을 하십니까"라고 책망하면서 "의사를 믿고 맡기시라"고 말한다.) 환자의 이상 증세 앞에서 서양의학은 어찌할 바를 몰라 전전긍긍하고 한의학은 술 좀 그만 마시라고 한가롭게 타박한다. 종구 역시 이전에 건강원 남자가 산에서 봤던 것에 대해 증언할 때 술을 마셔서 그랬던 것 아니냐고 엉뚱하게 굴었다. 인간은 자신에게 무력하고 타인에게 무지하다.

종구에게 일어난 일들에 대해 일본인의 편인 일광(황정민)은 낚시와 미끼에 빗대어 말한다. 그건 이유가 없다는 뜻이다. 우리가 행복과 불행을 선택하는 게 아니라 행복과 불행이 우리를 선택하는 것이라는 말과도 상통한다. 무명은 참극의 원인이 의심이라고 단정 지어 말한다. 그건 이유가 있다는 뜻이다. 행복과 불행이 우리를 선택하는 게 아니라 우리가 행복과 불행을 선택하는 것이라는 말과도 상통한다. 그러니까 일광은 모든 게 우연이라며 카오스(혼돈)를 말하는 셈이다. 무명은 모든 게 업보라며 코스모스(질서)를 말하는 셈이다.

마지막 숨을 들이쉬며 「곡성」은 카오스의 공포를 묘사하는 동시에 코스모스의 폭력을 암시한다. 가족이 죽어가는 실존적 위기 앞에서, 해답이 없다는 말뿐만 아니라 이것만이 해답이라는 말 역시 납득하기 어려울 때 인간은 대체 어떻게 해야 하는가. 무력하고 무지한 자가 할 수 있는 것은 의심밖에 없지 않을까. 종구는 끝내 의심한다. 그러곤 허울뿐인 선택의 순간, 집으로 달려갔다가 참극을 목도한다. 닭이 세 번 울 때까지 기다렸다면 과연 아무 일도 없었을까. 종구는 필사적으로 되뇌인다. "괜찮아, 우리 효진이. 다 꿈이야. 아버지가 다 해결할게." 하지만 이건 꿈이 아니지 않은가.

# 캡틴 아메리카: 시빌 워

**Captain America: Civil War**
감독 **조 루소**(Joe Russo), **앤서니 루소**(Anthony Russo)  국내 개봉일 **2016.04.27**

슈퍼히어로영화는 캐릭터의 개성과 파워를 오락의 핵심으로 삼는다. 그렇기에 이 장르의 에너지는 그 같은 슈퍼히어로가 여럿이 함께 등장하면 자연스럽게 배가된다. 게다가 저마다 수많은 팬들을 거느린 그들이 한 영화에서 편을 나눈 채 서로 정면 격돌하게 된다면? 슈퍼히어로영화로서 「캡틴 아메리카: 시빌 워」는 꿈의 프로젝트라고 해도 무리는 아닐 것이다.

어벤져스와 관련된 사고로 세계 도처에서 민간인 피해가 속출하자 국제 사회는 이를 규제하려는 움직임을 보인다. 117개국이 합의한 소코비아 협정에 따라 어벤져스를 UN 산하의 공식 조직으로 끌어들여 통제하려는 슈퍼히어로 등록제가 시행되려 하자 어벤져스 내부는 찬성파와 반대파로 나뉘어 격렬하게 대립하기 시작한다.

「캡틴 아메리카: 시빌 워」는 이 장르의 팬들이라면 다들 바라는 꿈의 프로젝트이면서, 동시에 역설적으로까지 여겨지는 신선한 구도가 돋보이는 설정에 바탕한 영화다. 집단적 규제에 따른 질서를 주장하는 찬성파의 수장 아이언맨 토니 스타크(로버트 다우니 주니어)는 원래 자유분방한 괴짜다. 개인적 판단을 신뢰하며 자유를 옹호하는 반대파의 리더 캡틴 아메리카 스티브 로저스(크리스 에번스)는 본래 집단적 사고 체계와 규율에 최적으로 조응한 모범생이다. 그런데도 결국 정반대 쌍곡선으로 엇갈리게 되는 두 인물의 기묘한 변화는 그들 각자의 경험과 깨달음의 결과물이라는 점에서 더욱 눈길을 끈다.

게다가 이 영화에서 물리적 싸움은 '내전'을 뜻하는 '시빌 워(Civil War)'란 부제에서 암시되듯, 어벤져스 내부의 구성원들 사이에서만 벌어진다. 여기에 함께 힘을 모아 대적해야 할 막강한 파워의 슈퍼빌런 같은 건 없다. (이 영화의 악당은 직접 싸움을 벌이는 대신 그 싸움을 기획한다.) 하루아침에 적으로 사투를 벌여야 할 어제의 친구들이 있을 뿐이다.

조 루소와 앤서니 루소 형제가 감독한 이 영화에서 눈길을 끄는 것은 그 많은 슈퍼히어로들을 절묘한 균형 감각으로 다뤄내면서도 각자의 매력에 일일이 악센트를 부여할 줄 아는 솜씨다. 블랙팬서(채드윅 보즈먼), 스파이더맨(톰 홀랜드), 앤트맨(폴 러드)처럼 이 세계에 처음으로 등장하는 캐릭터들은 극 중에서 처음 모습을 드러낼 땐 슈트를 착용하기 전의 평상복 차림으로 친근하게 낯을 익히도록 한다. 블랙위도우(스칼릿 조핸슨)나 팰컨(앤서니 매키)처럼 익숙한 캐릭터들은 이전과 다른 입장에 세우거나 한층 업그레이드된 슈트를 부여하는 식으로 이색 기용한다. 한 인물이 다른 인물을 처음 만나거나 오래도록 함께했던 인물들이 등을 돌리게 되는 것 같은 이합집산 양상은 드라마뿐만 아니라 유머와 액션에까지 철두철미하게 활용한다. 연령과 성별에서 인종과 성향까지도 안배하는데, 예를 들어 대립하는 양측엔 유머를 담당하는 캐릭터와 여성 캐릭터가 각각 한 명씩 있다. 그리고 양측 유대감의 핵심에는 각각 토니 스타크와 제임스 로즈(돈 치들), 스티브 로저스와 버키 반스(세바스천 스탠)의 우정이 있다.

이 영화의 액션 장면들은 관객이 어디에 주목해서 쾌감을 얻어야 하는지를 정확히 짚어준다. 슈퍼히어로 장르의 영화로는 상당히 사실적이라고 할 수 있는 액션 스타일은 디테일과 전달력이 뛰어나 낭비가 없다. 극 중 격투 장면들은 캐릭터와 장소에 따라 실로 다양하게 변주되지만 호쾌하면서 섬세하다는 점에서 예외가 없기도 하다. (일부 내용적 측면이나 액션의 방식에서 제이슨 본 시리즈를 종종 떠올리게 되는 것은 흥미로운 일이다.)

특히 열 명이 넘는 슈퍼히어로들이 일거에 격돌하는 공항 액션 시퀀스는 활력과 아이디어가 뛰어나서 그 싸움이 오래도록 끝나지 않기를 바라게 만든다. 다소 무겁게 여겨지는 이 작품에서도 공항 액션 시퀀스만큼은 그 전면적인 격돌 양상에도 불구하고 유머가 적극 곁들여지며 떠들썩하게 펼쳐진다. 이런 묘사 방식에는 양쪽으로 나뉜 히어로들을 바라봐야 하는 관객들의 감정적 당혹감에 대한 배려가 담겨 있는 것으로 보인다. 그리고 이 영화의 마지막 액션 장면은 그 과감한 양상으로 감정적 여운을 짙게 남긴다.

이 영화가 그 설정이 함축하고 있는 다양한 논제의 변죽만 울리고 만다는 점에선 아쉬움이 없지 않다. 이 이야기는 질서와 자유가 상충할 때는 어떻게 해야 하는지에 대한 해묵은 물음을 품고 있을 뿐만 아니라, 인간이 성선설에 기반한 믿음의 대상인지 아니면 성악설에 기반한 통제의 대상인지에 대한 논전, 오류 가능성을 인간다움의 한 특성으로 보아 용인할 것인지 아니면 어느 정도 부작용이 있더라도 그 경향성 자체를 예단해 사전 차단할 것인지에 대한 난제 같은 다양한 딜레마를 내포하고 있다. 하지만 원작 만화가 심지어 빌런들까지도 견해에 따라 양쪽으로 나뉘는 상황 속에서 이와 같은 문제들을 비교적 깊숙이 탐구하고 있는 것과 달리, 이 영화는 결국 캐릭터들 개인의 사연에 기반한 감정적 격랑 속에 이 모든 것을 너무 뜨겁고도 손쉽게 녹여버린다.

하지만 「캡틴 아메리카: 시빌 워」는 점점 커지는 기대와 맞물려 피로도 역시 점차 높아지고 있는 시리즈의 입지와 조건이 빚어낸 어려움 속에서도 제 몫을 단단히 해낸 작품임에는 틀림없다. 묘하게도 이 마블 영화는 그 구체적인 설정과 모티브에서 비슷한 시기에 개봉한 DC의 라이벌 시리즈 영화 「배트맨 대 슈퍼맨: 저스티스의 시작 (Batman v Superman: Dawn of Justice)」(잭 스나이더)과 적지 않은 공통점을 가지고 있다. 하지만 이 매끈하고 세련된 「캡틴 아메리카: 시빌 워」와 요령부득인 「배트맨 대 슈퍼맨: 저스티스의 시작」의 현격한 질적 차이는 결국 영화가 기본 설정과 몇몇 아이디어만으로 완성될 순 없다는 사실을 단적으로 드러낸다.

# 아노말리사

**Anomalisa**

감독 **찰리 코프먼**(Charlie Kaufman), **듀크 존슨**(Duke Johnson)   국내 개봉일 **2016.03.30**

그러니까 「이터널 선샤인」의 어둡고 습한 버전이라고 말할 수 있지 않을까. 「아노말리사」를 보면 「이터널 선샤인」이 저절로 떠오른다. 편지나 메모를 손에 든 남자로부터 사건이 본격적으로 시작되고, 둘 사이를 갈라놓으려는 세상으로부터 연인들이 달아날 때 좁은 복도의 조명은 차례로 꺼진다. 하지만 이런 구체적 묘사들뿐만이 아니다. 찰리 코프먼이 각본을 쓴 이 두 이야기는 언뜻 완전히 달라 보이지만 사실 가장 깊은 곳에서 동전의 양면처럼 서로 등을 대고 맞닿아 있다.

온전히 사로잡히는 순간은 여름날의 햇살처럼 찬란하지만, 금세 권태의 먹구름이 다가와 대지를 오래오래 뒤덮는다. 그러면 그토록 특별했던 단 하나의 연인은 빛을 잃고 다른 사람들과 구별되지 않는 우연의 음울한 늪으로 서서히 가라앉는다. 실수는 반복되고 사람은 바뀌지 않으며 교훈은 없다. 결국 자신의 꼬리를 삼킨 채 무겁게 순환하는 시간의 수레바퀴가 있을 뿐이다. 그래도 누군가는 끝내 미소를 짓는다.

고객서비스 전문가로 명성이 높은 마이클(데이비드 슐리스)은 신시내티로 출장을 갔다가 오래전 헤어졌던 연인 벨라(탐 누넌)와 만나지만 앙금을 풀어내지 못한다. 호텔 객실로 돌아온 그는 어떤 목소리에 이끌려 복도를 누비다가 때마침 자신의 연설을 들으러 그곳에 찾아왔던 리사(제니퍼 제이슨 리)와 에밀리(탐 누넌)를 발견한다. 둘 모두 마이클에게 호감을 보이지만 그에겐 리사만 눈에 들어온다.

찰리 코프먼과 듀크 존슨이 공동 연출한 「아노말리사」는 애니메이션이지만 실사영화 이상의 실감으로 내내 관객을 놀라게 만든다. 각본을 쓴 「존 말코비치 되기」(Being John Malkovich)」(스파이크 존즈)와 「이터널 선샤인」에서 직접 연출까지 맡은 「시네도키, 뉴욕(Synecdoche, New York)」까지, 찰리 코프먼이라면 흔히 그 기발하기 이를 데 없는 착상을 먼저 떠올리게 된다. 하지만 사실 그의 가장 효과적인 장기는 황당할 수도 있는 설정에 몰입하게 만드는 사실적 디테일, 그리고 정서적인 설득력으로 긴 여운을 남기는 페이소스다. 이 영화의 베드신이 놀라운 것은 스톱모션애니메이션으로서 기술적으로 훌륭해서가 아니라 감정을 충실히 살려냈기 때문이다.

마이클은 분명 이기적인 인간이다. 마음이 황폐한 사막과도 같은 이 남자는 권태 때문에 내면이 붕괴 직전의 상태에 놓여 있다. 그러나 불쾌한 인간이 주인공이라고 해서 한 작품의 가치가 떨어지는 것도 아니고 그 감정적 파장이 약화되는 것도 아니다. 일견 기이하게 보이는 「아노말리사」의 이야기가 그저 한 남자의 속 보이는 변덕과 가소로운 자기연민을 다루는 것은 아니다. 이건 결국 삶과 사랑의 실존적인 딜레마다. 단지 실존의 문제 역시 특정인의 계급과 인종과 나이와 인성을 고스란히 반영하는 형태로 드러날 뿐이다.

이 영화는 하늘을 날고 있는 비행기를 보여주면서 시작한다. 관객으로선 그 장면을 객관적인 설명으로 받아들인다. 하지만 곧이어 그 비행기로부터 서서히 줌아웃되면 그건 다른 비행기에 타고 있던 마이클이 바라보는 주관적 시점에서의 묘사였다는 사실을 알게 된다. 이 첫 장면은 이후 펼쳐질 「아노말리사」의 이야기가 마이클의 주관적 심리와 시점에 토대해 전개될 것임을 말해주는 알림판 같은 역할을 한다.

마이클이 묵은 호텔 이름이 프레골리라는 것 역시 의미심장한 힌트다. (피해망상의 일종인 프레골리 망상은 자신이 만나는 서로 다른 사람들이 사실은 위장한 동일인이라고 믿는 정신질환을 의미한다.) 마이클에게 극 중 단 한 사람을 제외한 모든 이의 목소리와 얼굴이 같다는 설정은 이 이상한 세계에서 펼쳐지는 기담이 결국 생로병사하는 사랑에 대한 탄식과 끝없이 미끄러지는 소통에 대한 절망을 담아내고 있음을 암시한다. 한때는 눈길을 사로잡는 신기한 물건이었으나 이제는 깨지고 부서진 채 흉한 모습으로 같은 노래만을 반복하는 극 중 인형은 상처의 위치에서 버튼과 관련된 습성까지 리사와 그대로 겹치면서 이 쓸쓸한 이야기를 응고시키는 서늘한 이미지가 된다.

'오직 그대만이'라는 고유성은 결국 세월 속에서 '다른 누구라도'라는 익명성 속으로 녹아들어가고 마는 것일까. 아픔을 남기며 끝났다고 해서 그 경험 전체가 부정되어야 하는 걸까. 「아노말리사」에서 유일하게 마이클의 시점을 벗어난 종반부 리사의 장면을 어떻게 받

아들였는지 곱씹어보면 당신이 어떤 사람인지 짐작할 수 있을지도
모른다.

# 한여름의 판타지아

감독 **장건재** 국내 개봉일 **2015.06.11**

「한여름의 판타지아」의 전반부인 1부는 감독이 창작을 위한 재료들을 현장에서 수집하는 과정을 담은 다큐멘터리(의 형식으로 그려낸 극영화)로 여겨지고, 후반부인 2부는 그것에 토대해서 최종적으로 만들어낸 극영화로 다가온다. 그와 같은 이 영화의 구조는 1부와 2부가 각각 어떻게 겹치거나 어긋나는지를 살펴보게 만든다. 어쩌면 그런 과정을 통해 우리는 창작의 비밀 한 자락을 엿보게 될지도 모른다.

### 1.

「한여름의 판타지아」의 1부에서 감독인 태훈(임형국)은 조감독 미정(김새벽)과 함께 영화 촬영을 염두에 두고서 일본의 소도시 고조를 이틀간 돌아다닌다. 첫날 그들에게 가장 중요한 취재원은 공무원 유스케(이와세 료)다. 젊은이들이 떠나서 적적해진 고조의 현황에 대해서 말해주고 무연고자들의 시신을 모아놓은 무덤을 비롯한 도시 곳곳을 안내해주던 그는 식사 도중 한때 배우를 지망했던 자신의 꿈에 대해서도 이야기한다.

둘째 날 그들에게 가장 큰 도움을 준 사람은 겐지(간 스온)다. 요시노강에서 수십 년 전 태풍 참사 이야기를 해주고 주리 카페에서 다른 주민들을 만나게 해준다. 시노하라마을까지 데려가서 좀 더 깊은 취재를 할 수 있게 도와주기도 한다. 겐지는 이젠 폐교가 된 초등학교 건물에서 자신의 첫사랑에 대한 추억을 슬쩍 꺼내기도 한다. 그러니까 1부에서 태훈과 미정은 유스케뿐만 아니라 겐지도 만났다.

따지고 보면 그중 겐지가 더 큰 도움을 주었다. 도쿄에서 고조로 내려온 타지 사람인 유스케에 비해 겐지는 아예 고조 사람인 데다가 실제로 겐지가 데리고 다닌 곳이나 알려준 사실이 훨씬 더 많았다. 심지어 아련한 첫사랑에 대한 추억담을 포함해 겐지는 최종적으로 영화에 넣을 이야깃거리가 더 많았던 사람이기도 하다.

그런 유스케와 겐지에게는 결정적인 공통점도 있었다. 한국에서 온 여성과 과거에 만났던 일을 인상적으로 기억하고 있다는 사실이다. 유스케는 태훈과 미정을 만났듯 이전에도 공무원으로서 고조에 온 한국 여성을 안내했던 적이 있었다. 겐지는 오사카에서 일했을 무렵 단골 술집에서 마주쳤던 한국 유학생인 아르바이트 여성을 마음에 둔 적이 있었다. 두 기억 중 로맨스영화라고 볼 수 있는 2부의 내용에 좀 더 근접한 정서를 담고 있는 것은 겐지의 추억이다. 둘 사이에 혹시 로맨스가 있었냐고 묻는 태훈의 질문에 유스케는 예의를 차리며 "그랬으면 좋았겠지만 없었다"고 짧게 말하지만, 겐지는 그런 질문을 받지 않았는데도 그 한국 여성이 마음에 들어서 몇 차례 용기 내서 말도 걸고 만나기도 했는데 오사카를 떠난 후엔 만난 일이 없다고 술회한다.

그러니 당연히 궁금증이 생길 수 있다. 왜 태훈은 (2부를 통해) 겐지가 아니라 유스케를 영화화했을까.

## 2.

그런데 태훈이 나중에 영화를 만들 때 겐지를 배제하고 유스케를 선택했다는 판단은 옳은 것일까. 일단 표면적으로는 그렇게 보인다. 2부에 등장하는 유스케라는 캐릭터는 1부의 배우인 이와세 료가 다시금 연기하고 있을 뿐만 아니라 극 중 이름까지도 1부에서 사용했던 것과 동일한 유스케다.

마지막에 유스케가 마을 축제에서 음식을 사 먹거나 폭죽이 터지는 광경을 올려다보는 모습이 스케치되는 것을 제외하면 2부가 내내 혜정(김새벽)이란 인물을 통해 진행되고 있지만 혜정은 사실 좀 모호한 인물이다. 고조로 흘러들어오기 전의 일이나 현재 한국에 두고 온 상황이 친구나 (아마도) 애인과의 두 차례 통화 장면을 통해 어느 정도 암시되지만 이 대화들은 상대의 말을 들을 수 없도록 처리되어 있어서 정확히 어떤 상태인지 파악하기 어렵다.

로맨스 감정에 있어서도 혜정은 유스케에 비해 좀 더 불확실해 보인다. 심지어 혜정은 2부에만 등장하는 이름을 쓰고 있다. 다시 말해, 1부의 유스케와 2부의 유스케가 인물 설정에서 몇 가지 차이를 보이고 있음에도 끈끈하게 이어지고 있는 데 비해, 2부의 혜정은 1부의 미정과 느슨하게만 연결되어 있다.

혜정을 미정의 연장선상에서 볼 수 있게 하는 것은 물론 두 인물을 모두 연기한 김새벽이라는 배우의 존재 때문이다. 하지만 혜정은 미정과 이력이나 성격에서 이렇다 할 공통점을 갖고 있지 않다. 논리적으로 말하면, 극 중 감독인 태훈이 이후에 만들 자신의 영화에서 유스케의 상대역 자리에 자신의 조감독인 미정을 넣어 상상할 수 있었던 것은 취재 과정에서 "(이전에 찾아왔던 한국 여성이) 미정 씨와 닮았어요"라는 유스케의 말을 들었기 때문이다.

다시 말하면 2부는 1부의 유스케가 초대한 상상의 인물 혜정의 이야기이지 태훈과 함께 유스케의 사연을 들었던 동료 미정의 이야기가 아니다. 2부의 혜정이 배우라는 직업을 갖고 있는 것은 1부의 유스케가 배우가 되려는 꿈을 갖고 있었다고 태훈에게 말했기 때문이다. 즉 혜정은 미정의 정체성을 이어받기보다는 오히려 유스케의 잊힌 꿈을 형상화하거나 유스케의 특성을 분유하고 있는 존재에 가깝다. (그게 유스케와 달리, 2부의 주인공으로 미정이란 이름을 쓰지 못하는 이유일 것이다.)

하지만 1부에서 부분적으로 중요하게 다뤄졌던 유스케는 그 연장선상에서 2부 내내 자신의 이야기를 펼친다. 다소 모호한 혜정과 달리 관객에게 유스케는 감정적으로나 이력으로나 훨씬 더 명확해 보인다. 그러니까 취재 과정을 거쳐 영화를 만들어야 했을 때, 태훈이 떠올렸던 것은 동료로서 이미 알고 있는 미정의 이야기가 아니라 그곳에서 새롭게 만나 새롭게 들었던 유스케의 이야기였던 셈이다. 혜정이란 인물의 흐릿한 경계를 감안할 때, 어떻게 보면 태훈이 영화를 만들면서 딱 하나 단단하게 쥐고 갈 수 있었던 건 바로 유스케에 대한 것이었을지도 모른다. 그런데 그렇게 해서 완성된 2부 '벚꽃우물'에서 태훈은 정말 겐지를 잊었던 걸까.

**3.**

1부의 제목은 '첫사랑, 요시코'다. 요시코는 중년인 겐지가 어린 시절에 좋아했던 여자아이다. 1부의 제목으로 언급될 때를 제외하면 「한여름의 판타지아」에는 요시코가 모두 다섯 차례 언급된다.

첫 번째는 태훈이 요시코에 대한 이야기를 듣기 전의 일이다. 고조에서의 첫날 취재를 마치고 밤에 혼자 마을을 산책하던 태훈은 길을 잃는다. 그때 골목 반대편에서 나타난 한 소녀가 자전거를 타고 지나가는데 그 광경을 태훈이 유심히 쳐다본다. 하지만 아직 태훈은 그 소녀를 보고도 누구인지 알아보지 못한다.

두 번째는 그다음 날 겐지를 만나 시노하라마을에 갔을 때다. 거기서 겐지는 사전 인터뷰 도중 카메라 앞에서 불쑥 오사카에서 만났던 여자 이야기를 꺼낸다. 한국 유학생으로 술집에서 아르바이트를 하던 여성을 보고 한눈에 반했는데 그건 그 여자가 초등학교 때 첫사랑과 빼닮았기 때문이었다는 이야기다. 이때 겐지는 초등학교 때 첫사랑의 이름을 말하지 않는다. 그러니까 태훈은 이번엔 겐지의 첫사랑 소녀에 대해 들으면서도 그게 요시코라는 사실은 아직 알지 못한다.

세 번째는 태훈이 시노하라초등학교에 가서 복도에 걸린 오래된 사진을 보았을 때다. 운동장에서 조회하는 학생들의 모습이 담긴 그 사진에서 어린 겐지가 어딘가를 유심히 쳐다보고 있다는 사실을 태훈이 발견하자 겐지는 자신이 쳐다보고 있었던 게 요시코라고 짧게 말한다. 요시코라는 이름을 그때 처음 듣고 누군지 잠시 의아해하던 태훈은 몇 시간 전에 겐지가 말한 초등학교 때 첫사랑 이야기를 뒤늦게 떠올리곤 "아, 첫사랑 요시코"라고 말을 받으며 웃음 짓는다. 그러곤 다시 사진을 골똘히 쳐다보는데 스크린에 가득 인서트된 사진 속에선 요시코의 모습이 없다. 그저 어린 겐지가 고개를 돌려 누군가를 쳐다보는 모습만이 담겨 있을 뿐이다. 그러니까 세 번째에 이르러 태훈은 요시코가 누구인지 확실히 알았고 그녀가 언급되는 맥락도 명확히 파악하게 됐다. 그러나 정작 그녀의 얼굴을 볼 수 없다. 그 사진에서 요시코는 프레임 밖에 있었기 때문이다.

네 번째는 태훈이 그날 밤 꾸는 꿈속에서다. 태훈이 교실로 들어설 때 혼자 실로폰을 치고 있던 소녀가 돌아보며 "겐지, 왜 이렇게 늦게 왔어? 계속 기다렸잖아"라고 말을 건넨다. 그 말에 태훈은 "요시코?"라고 불쑥 내뱉는다. 이번엔 얼굴을 보았을 뿐만 아니라 대화까지 나누었다. 하지만 그건 꿈이었다. 대신에 꿈에서 깬 태훈은 골목으로 나갔다가 하늘 가득 터지는 폭죽을 본다.

한 차례 더 있다. 그런데 그건 흥미롭게도, 겐지가 배제된 채 만들어진 것 같았던 2부에서다. 1부에 등장했던 시노하라초등학교 교실이 다시 나오는데, 혜정이 실로폰을 치고 있을 때 어느새 유스케가 프레임 속으로 들어와 그녀와 합주를 시작한다.

어쩌면 이 숏은 이 영화에서 가장 의미심장한 부분이면서 이야기들을 중단시켰던 매듭들이 일거에 풀리는 대목인지도 모른다. 2부에서 유스케는 겐지의 아들일 수 있다는 게 암시된다. 그리고 혜정은 요시코와 닮았다는 이유로 겐지가 단번에 반했던 '한국에서 온 여자'다. 먼저 실로폰을 연주하고 있는 혜정에게 유스케가 다가와 연주법을 배워가며 함께 합주하기 시작할 때, (익사에 대한 사람들에 대한 이야기를 태훈과 미정에게 들려주며 처음 영화에 모습을 드러냈던) 겐지는 자신을 오래도록 기다려왔던 (물에 젖은) 요시코 곁으로 돌아와 마침내 합류한다. (이전에 태훈은 무연고자들이 나란히 묻힌 묘지를 보며 "그래도 이렇게 같이 모여 있어서 쓸쓸하진 않겠다"고 말한 적이 있다.)

시노하라로 돌아온 것을 후회한 적은 없냐는 질문에 겐지는 엉뚱하게 오사카에서 만났던 요시코를 닮은 한국 여자 이야기를 늘어놓는다. 그러니까 더 이상 요시코가 존재하지 않는 시노하라에 돌아와 살고 있는 겐지의 마음속 오랜 미련은 오사카엔 요시코(를 닮은 여자)가 있다는 사실이었다.

결국 태훈은 영화를 만들면서 혜정을 통해 시노하라에 요시코를 불러들임으로써 겐지의 마음속에 오래 남은 회한을 없애주고 공간과 인물을 화해시킨다. (1부와 2부 모두 그 장면에서 실로폰으로 연주되는 곡은 「나비야」이다. 나비는 곧 영혼의 상징처럼 여겨지는 경우가 많은데, 나비에게 이리 날아오라고 말 건네는 가사가 여기서는 흡사 초혼가처럼 들린다.) 유스케의 과거 꿈을 현재의 직업으로 갖고 있는 혜정과의 합주를 통해 한 인물의 과거와 현재 혹은 꿈과 현실도 따뜻하게 포개놓는다. 태훈이 꿈속에서 요시코에 의해 겐지로 불리어졌다는 사실과, 2부의 끝에서 유스케가 담배를 피우려다 폭죽 터지는 장면을 올려다보던 모습이 1부의 끝에서 태훈에 의해 같은 방식으로 선행되었다는 사실을 감안하면 이 실로폰 합주 장면에서 영화는 결국 창작의 주체와 대상까지 따로 구분되지 않은 채 함께 얽혀 든다.

「한여름의 판타지아」는 그 자체로 영화 만들기의 과정을 구조로 끌어안은 영화고, 창작에 대한 고민과 모색의 플롯을 갖고 있는 영화다. 첫날 일정을 정리하며 미정과 마주 앉은 자리에서 태훈은 자신이 만들 영화의 방향성에 대해 이렇게 말한다. "결국 누구냐는 거지. 고조 안에서 벌어지는 일을 다룰 텐데 누구냐는 게 중요한 거지. 사람이 나와야 될 거 아냐. 내가 여기 풍경 찍으러 온 건 아니잖아." 그렇다면 결국 누구였을까. 그건 유스케와 혜정과 겐지와 태훈을 모두 품어내며 전체를 관통한 요시코가 아니었을까.

**4.**

할 말이 아직 남았다. 사실 태훈은 요시코를 보지 못했다는 것이다. 극 중 요시코의 얼굴은 직접적으로 두 차례 드러나지만, 그건 태훈의 머릿속에서 이루어진 조합의 결과다. 첫 밤에 자전거를 타고 지나간 소녀가 요시코일 리가 없다. 다만 길을 잃고 헤매던 (다시 말해 아직 영화를 어떻게 만들어야 할지 정확히 감을 잡지 못하고 있는) 태훈에게 그 이미지가 선득하게 남았을 뿐이다. 다음 날 요시코라는 소녀에 대한 이야기를 인상적으로 듣고 나서 잠이 들었을 때 태훈은 꿈속에서 요시코라는 소녀를 전날 마주쳤던 자전거 탄 소녀로 상상했을 뿐이다. 깨어난 후 만들게 되는 영화에 요시코의 모티브를 강력한 배음으로 밀어 넣었을 뿐이다. 그렇게 요시코는 영화가 되었다. 한 번도 요시코를 제대로 본 적이 없었던 자에 의해서.

보았지만 알지 못했던 것, 들었지만 알지 못했던 것, 알았지만 확인하지 못했던 것, 확인하고 소통까지 했지만 상상에 불과했던 것을 감독은 창작 과정을 통해 지속적으로 곱씹고 불능의 언덕을 숱하게 넘어가며 마침내, 간신히, 영화를 완성한다. 「한여름의 판타지아」는 영화 만들기에 대한 창작자의 고민이 고스란히 동력원으로 작용한 작품이다.

이 영화의 2부는 심지어 정해진 시나리오도 없이 매 장면 논의 끝에 즉흥성을 살려가며 촬영했고, 그렇게 찍은 장면에 담긴 느낌의 연장선상에서 그다음 장면을 찍는 방식으로 완성됐다. 그건 창작자로서 두려울 수밖에 없는 부작위의 광활한 여백을 그때그때 날카롭게 벼린 치열함과 모든 가능성을 수용할 수 있는 겸허함으로 돌파해나갔다는 말일 것이다. 1, 2부의 관계까지 생각하면 「한여름의 판타지아」는 작품 자체가 영화 만들기에 대한 배움의 결과물로 다가온다.

상상으로 만들어낸 인물의 이야기든 남에게서 직접 전해 들은 실제 이야기든, 그것을 대체 어떻게 영화화해야 할 것인가. 장건재는 그렇게 물었고 이렇게 답 하나를 얻었다.

# 킹스맨: 시크릿 에이전트

**Kingsman: The Secret Service**

감독 **매슈 본**(Matthew Vaughn)　국내 개봉일 **2015.02.11**

일반적으로 예산이 거대해질수록 만드는 이들의 개별 취향은 작아진다. 하지만 매슈 본의 「킹스맨: 시크릿 에이전트」는 감독 개인의 개성을 저돌적으로 밀어붙인 끝에 탄성을 안긴다. B급영화적으로 폭주하는 취향을 블록버스터적인 매끈한 그릇에 담아낸 게 이 영화의 가장 큰 강점이라고 할까.

　말하자면 「킹스맨」은 매슈 본의 전작인 「킥 애스: 영웅의 탄생(Kick-Ass)」의 톤과 「엑스맨: 퍼스트 클래스(X: First Class)」의 세련미를 결합해 만든 것 같은 작품이다. 쿠엔틴 타란티노 이후, 성장 과정에서 자신이 즐겨온 대중문화적 레퍼런스들을 종횡무진으로 인용하면서 짜릿한 오락영화를 재창조해내는 사례들 중 하나로 「킹스맨: 시크릿 에이전트」 역시 앞으로도 종종 거론될 것이다.

　「킹스맨: 시크릿 에이전트」는 007시리즈를 핵심으로 한 1960~

1970년대 스파이 액션 장르의 맥을 계승하면서 현대적으로 휘황하게 변주해낸다. 이렇게 인용되는 영화가 007 시리즈뿐만이 아니어서, 「마이 페어 레이디(My Fair Lady)」(조지 큐커)처럼 이야기의 얼개 자체를 따온 작품도 있고, 「샤이닝」처럼 한 장면을 통째로 패러디한 작품도 있다.

다이어 스트레이츠의 「Money For Nothing」으로 시작해서 브라이언 페리의 「Slave To Love」로 끝나는 삽입곡들도 대부분 1970~1980년대 히트곡들인데, 특히 레너드 스키너드의 「Free Bird」와 KC 앤드 더 선샤인 밴드의 「Give It Up」이 흐를 때는 액션과 음악이 제대로 밀착되어 적절한 쾌감을 안긴다. (물론 이 영화 종반부에서 가장 황당하면서 가장 장쾌한 순간이 펼쳐질 때 흐르는 엘가의 「위풍당당 행진곡 (Pomp and Circumstance)」을 빼놓을 순 없을 것이다.)

「킹스맨: 시크릿 에이전트」는 이처럼 대중문화적인 인용을 듬뿍 곁들이는 한편, 영국 영화로서 영국적이고도 전통적인 가치를 적극적으로 내세운다. 아서(마이클 케인)와 멀린(마크 스트롱)과 랜슬롯(잭 데이븐포트) 등 주요 캐릭터 이름들을 아서왕의 전설에서 가져왔다는 데서 알 수 있듯, 첩보원을 현대의 기사로 여기고 있는 이 작품은 캐스팅 면면에서부터 극 중 활용되는 우산 같은 소품들까지 소위 '영국 신사' 모티브를 철저히 활용한다.

그 핵심은 패션이다. 일단 극 중 조직의 거점 자체가 양복점이다. (콜린 퍼스처럼 슈트 차림이 잘 어울리는 배우도 드물 것이다.) 쭉 빼입은 슈트와 젤을 발라 넘긴 헤어스타일, 검은 뿔테 안경과 앞 장식 없는 구두로 대표되는 킹스맨의 패션 스타일은 스냅백과 요란한 색상의 헐렁한 셔츠에 투명 안경테를 쓴 악당 밸런타인(새뮤얼 L. 잭슨)의 외모와 현저히 대비된다. (그 악당은 심지어 햄버거를 고급 식기에 담아서 대접한다.)

100년 넘는 기간 동안 이어져 내려오는 전통적인 비밀조직이 새로운 세계의 도래를 부르짖으며 첨단 IT 기술로 세상을 제압하려는 악당에 맞서 싸우는 스토리라인 역시 그렇다. 하류층에 속하는 거리의 아이가 상류층의 가치를 학습하고 내면화함으로써 마침내 신사가 되어 계급 상승을 하게 되는 모티브 속에 담긴 것은 물론 매우 보수적인 세계관이기도 하다. 다시 말하면, 주인공 에그시(태런 에저튼) 패션의 변천 양상이 곧 이 영화의 세계관인 셈이다.

하지만 이 모든 것을 압도하는 것은 결국 이 영화를 만든 매슈 본의 취향일 것이다. (인용 역시 일종의 취향이다.) 실어 나르게 되는 내용인 신사도나 기사도보다는, 실어 나르는 동력인 '똘끼'가 훨씬 더 두드러진다고 할까. (가이아 이론에 바탕한 악당 밸런타인의 염세적 가치관 같은 설정은 이 영화에서 거의 무게를 지니고 있지 않다. 쿠엔틴 타란티노 영화 속 악당들이 흔히 그렇듯, 매슈 본은 그저 난폭하게 보복해도 관객의 부담감이 적을 사악하고도 얄미운 악역들을 넣길 원했을 뿐이다.)

이 영화는 중반부를 넘어서면서 불특정 다수의 성향을 가늠하며 좌고우면하기보다는 스스로의 취향에 따라 본능적으로 폭주한다. 격렬하면서 과장된 폭력을 담고 있는 질주는 아슬아슬하다 못해 종종 위험하게까지 여겨지기도 하는데, 그런 장면들을 바라보는 길티 플레저 같은 쾌감의 끝에서 어떤 관객들은 일종의 후련함을 맛보게 된다. 엘가의 음악이 울려 퍼지는 가운데 한바탕 펼쳐지는 클라이맥스의 그 뻔뻔스러움이라니!

# 나를 찾아줘

**Gone Girl**

감독 **데이비드 핀처(David Fincher)** 국내 개봉일 **2014.10.23**

「나를 찾아줘」는 인물의 이상 심리를 진진하고도 생생하게 다룬 길리언 플린의 원작 소설 자체가 매우 흥미롭다. 그런데 가뜩이나 구미를 당기는 이야기를 현존하는 최고의 테크니션 중 한 명이라고 할수 있는 데이비드 핀처가 강력한 영화적 장력으로 더욱 팽팽하게 잡아당겨 놓았다. 149분이나 되는 러닝타임이 거의 의식되지 않을 정도다.

범죄 스릴러이자 반전이 존재하는 이야기지만 다루고 있는 주제가 복합적이고 화술 또한 능란해서 이른바 전말이 다 밝혀진 뒤에도 긴장과 여진이 끊기지 않는다. 자극적이고 야단스러운 이야기지만 데이비드 핀처의 능란한 손길 덕분에 품위도 잃지 않았다. 조금 뭉툭하고 멍해 보이는 표정이 극에 잘 어울리는 남편 닉 역의 벤 애플렉도 좋지만, 무슨 생각을 하는지 짐작하기 어려울 정도로 비어 있는 얼굴을 보여주는 아내 에이미 역의 로저먼드 파이크의 존재감 역시 크다. (「투 다이 포(To Die For)」(거스 밴 샌트) 무렵의 니콜 키드먼을 연상케 한다.)

「나를 찾아줘」는 범죄자의 이상 심리를 실감나게 다룬 능란한 스릴러라고 할 수 있을 것이다. 결혼 생활을 냉소적으로 다루고 있는 필치가 인상적이기도 하다. 하지만 더 흥미롭게 다가오는 것은 이 영화가 경쟁 관계에 놓인 이야기들 사이의 각축을 다루고 있는 점이다. 반전이 등장하기 전까지의 전반부를 보다 보면 관객은 닉의 이야기와 에이미의 이야기 중에서 자연스럽게 후자를 더 신뢰하게 된다. 물론 그것은 어느 정도 감독이나 작가가 관객이 그런 쪽으로 생각하게끔 플롯을 몰고 가기 때문이다.

하지만 더 근본적인 이유는 두 이야기가 서로 다른 양태로 제시되기 때문이다. 전반부에서 닉의 이야기는 (상대적으로) 객관적인 시점에 담겨 묘사되지만 그에 비해 에이미의 이야기는 일기와 내레이션의 형식을 통해 주관적 시점으로 토로된다. 다시 말해 닉과 달리 에이미는 사건을 술회할 수 있고 스스로의 목소리를 낼 수 있는 위치에 서서 이야기를 하고 있다.

아울러 아내의 실종 후 며칠간 닉의 이야기는 혼돈 속에서 우왕좌왕하는 그의 '현재'를 관찰하는 방식으로 펼쳐지지만, 에이미의 이야기는 둘이 처음 만난 7년 전에서부터 기술함으로써 '역사'를 끌어들이는 서술 방법을 쓰고 있다. 한 사람은 순간을 목도하는데 다른 한 사람은 그 순간까지의 세월을 거론하는 것이다. (어떤 인물에게 관객을 감정적으로 이입시킬 필요가 있을 때 영화들은 종종 플래시백을 통해 그의 과거를 설명하곤 한다.) 결국 상충하는 두 이야기 사이에 놓인 청자는 절절한 심리를 담아낸 주관적 설명과 역사를 끌어들여 술회하는 서술 방식을 지닌 이야기에 고개를 끄덕이게 된다. (관객은 극 중에서 내레이션을 하는 인물의 말이 진실이라고 믿는 경향이 있다.)

그런데 2시간 29분의 러닝타임을 지닌 「나를 찾아줘」의 반전은 상대적으로 전반부에 속한다고 할 수 있는 영화 시작 후 한 시간 정도의 지점에 놓여 있다. 다시 말하면, 이 영화는 베일에 가려진 사건의 전말에 대한 미스터리가 극 전체를 지배하는 전통적인 스릴러가 아니라는 말이다. 아닌 게 아니라, 바로 그 반전이 충격적으로 드러나는 지점에서부터 두 이야기의 경쟁 양상은 전혀 다른 지점으로 발전하게 된다. 반전이 드러난 후에 에이미의 이야기 역시 닉의 이야기와 마찬가지로 현재적이고도 객관적인 방식의 묘사로 펼쳐지게 되면서, 이제 두 이야기는 같은 조건에서 미디어와 대중 혹은 관객의 인정을 놓고 본격적으로 경쟁하기 시작한다는 것이다.

이때 중요한 것은 더 이상 '진실'이 아니다. 누가 더 완벽에 가깝고 좀 더 그럴 듯하게 들리는 이야기를 제시할 수 있느냐의 대결이다. 이 영화의 후반부는 바로 그런 이야기의 설계도들을 드러내가면서 그 대결의 양상을 마치 게임 중계하듯 펼쳐나간다. 그 과정에서 싸움의 핵심을 파악한 닉이 뒤늦게 분발하지만, 이야기의 맥 자체를 완전히 수정하면서까지 더 흥미로운 스토리를 새로 고안해낸 에이미가 결국 확고한 승리를 거두게 된다. (무엇보다 그녀는 애초에 고안한 이야기의 틀 자체를 바꾸는 한이 있더라도 자신이 만들어낸 이야기의 중심을 차지한 채 들어앉으려는 욕망이 확고한 사람이다.)

그러니까 「나를 찾아줘」에서 닉은 진실을 밝히는 싸움에서 패배한 것이 아니라 효과적인 이야기를 창조해내는 게임에서 패배한 것이고, 더 이상 이야기를 주도해나갈 수 없기에 패배한 셈이다. 그로 인해 상대가 펼쳐낸 스토리의 자장 속에 흡수되어버리는 닉은 에이미의 이야기 안에서 힘을 발휘하지 못하는 보조 화자로서만 남아서 그 이야기의 일부로 살아가야 하는 운명을 받아들여야 하는 것이다.

# 자유의 언덕

감독 **홍상수**  국내 개봉일 **2014.09.04**

홍상수의 영화는 최근작으로 올수록 점점 더 쓸쓸해지고 있고 점점 더 냉소로부터 멀어지고 있다. 그런 경향이 경유하는 현재를 보여주는 듯한 「자유의 언덕」은 아름답고 쓸쓸하면서 이상한 동화 같은 영화다. (이전과 달리, "존경한다"는 대사가 뒤틀림 없이 사용되고, "괜찮으세요?"라는 말이 뭉클한 맥락으로 들어가 있는 홍상수의 이 새로운 영화가 남기는 감정적 여진은 길다.)

이때 동화라는 말은 어떤 지향점을 잃고 싶지 않은 마음의 뒷걸음질 같은 픽션적 성격과도 무관하지 않다. 안온한 체념과 정직한 성찰의 분위기가 묘하게 공존하는 이 영화는 가세 료라는 배우가 지닌 독특한 느낌 때문에 더욱 짙은 여운을 남긴다. 문소리, 김의성, 윤여정 등 출연진들의 연기가 모두 홍상수의 세계에 잘 녹아들어 있지만 여기서 가세 료의 모습은 좀 더 특별한 존재감을 발휘한다.

데뷔 이후 홍상수는 시간이라는 변인의 영향력을 최소한으로 줄인 작품들을 만들어왔다. 온통 통념에 휘둘리는 존재로서의 인간에 대한 관찰과 성찰이 그의 작품 세계에서 핵심을 이루고 있다고 할 때, 만일 가공할 만한 자장을 가진 시간이라는 변인까지 함께 포함하게 되면 통념에 빠진 존재로서의 인간을 응시하려는 일종의 심리실험실적 창작 환경이 크게 휘둘릴 수 있기 때문일 것이다.

그렇기에 그의 영화들은 기껏해야 단 며칠 동안에 일어난 일만을 다루고 있고, 시간이라는 변인의 가장 큰 소용돌이라고 할 수 있는 죽음 자체는 작품 속에서 다루지 않는다. (원작이 있었던 데뷔작 「돼지가 우물에 빠진 날」만이 그 예외다.) 그런데 시간에 대한 홍상수의 태도는 「옥희의 영화」 이후 변화를 보이고 있다. 그리고 그런 변화와 연관해서 무척이나 흥미롭게 다가오는 것이 바로 「자유의 언덕」이다.

이 영화의 화법은 매우 특징적인 전제를 바탕으로 한다. 그런 전제를 세 가지로 나누어서 살펴보면, 우선 첫째는 권(서영화)이 자신을 사랑하는 모리(가세 료)가 남긴 편지들을 읽다가 그걸 계단에서 떨어뜨려 편지 순서가 뒤죽박죽되는 바람에 시간의 순서가 뒤틀린 채 영화 내용이 펼쳐진다는 전제다. 권이 흘려서 순서가 섞이게 된 이후의 편지 뭉치 양은 모두 열세 장인 것으로 보인다. (그중 한 장은 권이 끝내 읽지 못한다.)

시간 순서를 뒤튼다면 무엇보다 인과론적인 인식 과정이 영향을 받는다. 타인의 행동을 받아들이게 되는 과정을 예로 든다면, 과거의 행위에 대한 관찰과 연계해서 현재의 행동이 지닌 의미를 파악하고, 그렇게 파악한 판단이 가닿은 예측으로서 미래의 양상을 서술하게 되는 것이다. 하지만 이처럼 인과론적 인식을 하게 만드는 시간의 순서가 뒤틀리면 타인을 이해하게 되는 사고의 틀이 약화될 수밖에 없다.

이 영화의 이와 같은 설정은 언뜻 시간의 영향력을 최대한 배제하려는 의도에 기반한 것으로 보인다. 하지만 나는 그렇게 생각하지 않는다. 왜냐하면 시간의 순서를 뒤틀어서 (마치 무작위인 것처럼) 에피소드들을 늘어놓게 되면, 관객들은 관람하는 내내 해당 에피소드들의 시간적 위치를 머릿속에서 짜 맞추어가면서 그 영화를 보게 되기 때문이다. (「인셉션」의 한 장면을 예로 들면, 코끼리를 생각하지 말라고 요구하는 순간, 사람들은 코끼리를 생각하게 된다.) 말하자면 시간적 틀을 뭉개는 방식으로 만들어낸 플롯이 오히려 인간이 시간적 틀 속에서 모든 것을 이해한다는 사실을 역설적으로 강력하게 상기시킨다고 할 수 있다.

홍상수는 「자유의 언덕」을 만들 때 일단 이야기를 시간 순서대로 찍은 후 편집하는 과정에서 뒤틀린 상태를 만들어냈다고 밝힌 바 있다. 말하자면, 감독 역시 시간적 이해의 강력한 틀 속에서 영화의 이야기를 만들어낸 후, 그런 인식의 습성이나 한계에 대해 관찰하는 방식으로 「자유의 언덕」을 창작해냈다고 판단할 수 있을 것이다. 그러니까 이 영화는 통념과 맹렬하게 싸워온 예술가인 홍상수가 인간이 지닌 가장 큰 통념의 틀이라고 할 수 있는 시간의 힘에 대해서 본격적으로 건드려본 영화인 셈이다.

그런데 이렇게 시간적 순서가 뒤섞이면, 권이라는 여주인공은 편지에 서술된 모리라는 남주인공의 행동에 대해 과연 어떻게 달리 받아들이게 되는 걸까. 내 생각엔 그 결과, 권은 아마도 모리를 좀 더 신뢰할 수 없는 사람으로 판단했을 듯하다.

시간 순서가 섞이면 행위의 이유와 이해의 근거가 약화되면서 행위 자체만 좀 더 강하게 각인되는 결과를 낳을 것이다. 그 모든 일련의 과정을 순서대로 다 읽어냈다면 그의 '실수'에 대해서도 그나마 어느 정도 이해할 수 있게 되지만, 그렇지 않다면 전후 맥락이 상대적으로 무시되는 상황 속에서 그의 '배반'이란 행위가 더욱 중요해지게 된다. 이를테면, 시간을 뒤틀어버리면 비극성은 약화되고 (일종의) 희극성은 강화된다. 그리고 신뢰는 비극보다는 희극에 대해 좀 더 마음을 닫는다.

「자유의 언덕」의 두 번째 전제는 권이 편지 더미를 떨어뜨렸을 때 단지 순서가 뒤섞였을 뿐만 아니라 그중 한 장이 빠져버린 것을 끝까지 알지 못한다는 사실이다. 그렇다면 그렇게 사라진 한 장에는 어떤 내용이 담겨 있었을까.

아마도 그 사라진 한 장에 담긴 내용은 이 영화의 에필로그일 것으로 추측된다. 「자유의 언덕」의 에필로그는 권이 편지를 다 읽고 난 이후의 지점에 부가적으로 붙어 있다. 그리고 그 에필로그에 기술된 (모리와 영선이 방의 안과 밖에서 따로 잤다가 깨어난) 사건은 이 영화의 초반에 나왔던, 영선(문소리)이 강아지를 찾아준 것에 감사하는 의미로 베푼 술자리 장면 다음에 들어가야 할 편지 내용이다. 그렇다면 왜 하필 그런 에피소드를 담은 편지지가 빠져서 권이 읽지 못한 채 에필로그로만 붙어 있게 된 것으로 설정되었을까.

그 에필로그 속에서 모리는 가장 신뢰할 만한 사람이었다. 홍상수 영화들의 이전 남자 주인공 같았다면 모리는 이미 영선에게 적극적으로 호감을 표시했기도 하고 또한 상대나 자신이 대취한 상황이었기 때문에 자연스럽게 영선과 잠자리를 함께했을 것이다. 하지만 그 장면에서 권을 애타게 사랑하며 찾는 중인 모리는 권에게 충실하기 위해서 그렇게 하지 않고 영선만 따로 자신의 방에서 재운다. 그리고 자신은 마당에 놓인 의자에서 밤을 지샌다.

만일 권이 그 내용이 담긴 편지를 읽었다면 (결국 나중엔 영선과 잠자리를 함께하는 실수를 저지르지만) 모리를 좀 더 좋은 사람, 좀 더 신뢰할 수 있는 사람으로 볼 수 있었을 것이다. 그런데 그 부분을 잃어버렸기에 권이 이야기의 마지막에서 느끼는 절망감은 좀 더 커질 수밖에 없게 된다.

이야기의 세 번째 전제는 모리가 서술한 편지에 기술된 사건들과 권이 그것을 읽게 된 상황 사이에 일주일간의 시차가 존재한다는 사실이다. 기존 홍상수의 영화들에서 남녀가 엇갈리는 설정이 종종 발견되는 게 사실이지만, 「강원도의 힘」에서 드러나듯 그건 대부분 그들이 같은 시간에 같은 공간에 있으면서도 서로 엇갈려 눈치채지 못했거나 누군가가 모른 척했기 때문이다.

말하자면 「자유의 언덕」은 일주일간의 시차를 액자 형식의 두 가지 텍스트 사이에 건너기 쉽지 않은 강처럼 흘려 넣은 이야기다. 그 사이에 모리에게 일어난 사건을 생각하면서 볼 때, 일주일은 일련의 사건들과 그 영향이 완전히 종결되었다고 판단하기 어려운 시간이면서도 동시에, 그렇다고 권이 모리에게 아무렇지 않은 듯 다가가기는 어렵게 하는 시간의 양이다. 그런 시간적 엇갈림 속에서 인물들이 놓인 딜레마는 극대화된다.

그런데, 편지를 다 읽고 난 권의 장면과 잠에서 깨어난 뒤 모리와 영선이 인사를 나누며 헤어지는 장면의 사이에는 두 개의 신이 더 들어가 있다. 하나는 권이 모리의 방에 들어가 있는 가운데 밖에서 모리와 게스트하우스 사람들이 이별의 인사를 나누는 장면이고, 또 하나는 이후 펼쳐질 모리와 권의 행복한 앞날에 대해 동화적인 내 레이션을 곁들여 설명하는 장면이다. 그렇다면 이 두 장면은 어떻게 받아들여야 하는 걸까.

아마도 이 두 개의 신(두 개의 숏이기도 하다)은 세 가지 중 하나로 파 악할 수 있을 것이다. 실제로 발생한 사실. 편지를 읽고 난 권이 담배 를 피우며 떠올리는 상상. 마지막 장면에서 모리가 잠에서 깨어나기 전에 꾸었던 꿈.

물론 이 셋 중 어떤 것으로 봐야 하는지에 대한 명확한 정답 같은 것은 없다. 그건 이 영화를 만든 사람의 의도도 아닐 것이다. 하지만 「자유의 언덕」을 다 보고 나면 그 부분에 대해서 자꾸 곱씹게 된다.

먼저 이 두 장면을 실제로 발생한 사실로 보기는 좀 어렵다. 일단 권이 모리의 잘못이 고스란히 적힌 편지를 다 읽고 난 상황에서, 그 마지막 장면들에는 실로 오랜만에 재회하게 된 두 남녀 사이에 그 전까지의 사건들 및 그 사건들에 대한 인지가 초래하는 감정적 불편 함이 전혀 묘사되지 않고 있다는 점을 지적할 수 있다.

그리고 그 부분에서 게스트하우스 주인(윤여정)은 모리를 떠나보 낼 때 일본 사람들을 좋아하는 이유에 대해 "깨끗하고 예의가 발라 서" 좋다고 밝히는데, 두 사람은 이미 그런 견해에 대해서 상반된 의 견을 충돌에 가깝게 한참 주고받은 후의 일이기에 그 주인이 그를 따뜻하게 송별하는 과정에서 모리로부터 옳지 않다고 공박받았던 그 말을 다시 할 수는 없을 것이다.

그렇다면 그 두 장면을 권이 마지막 순간에 떠올리게 되는 상상이라고 하면 어떨까. 그건 제법 그럴 듯하다. 권은 편지를 다 읽고 나서 모리에게 실망한 상태이고 그럼에도 불구하고 그를 마음에 두고 있는 상황이기에, 상상 속에서 모리와의 미래를 동화적으로 그려내고 싶어 할 수도 있기 때문이다.

이렇게 보면 두 사람이 아들딸 낳고 잘 살았다는 동화적 결말을 들려주는 장면은 말할 것도 없고, 그 전에 모리와 게스트하우스 사람들이 이별의 말을 나누는 장면도 의미심장해진다. 그건 그 장면에서 모리가 존경받을 만한 사람이고 용기 있는 사람으로 거듭 치하되고 있기 때문이다. 결국 상상 속에서 권은 모리를 신뢰할 만한 사람으로 복원한 후, 그와의 미래를 달콤하게 꾸려가는 해피엔딩으로 종지부를 찍고 싶어 하는 게 아닐까.

하지만 이 부분을 권의 상상으로 받아들이기에는 어느 정도 난점이 있는 것도 사실이다. 그게 권의 상상이라면 그 상상 속에서의 내레이션 주체가 (편지 내용이 아님에도) 모리라는 것이 걸릴 수밖에 없고, 모리가 잠에서 깨는 바로 뒤 장면과의 연결도 어색해지기 때문이다.

그렇다면 그건 모리의 꿈인 것일까. (이렇게 보면 권이 잃어버린 편지지 한 장에는 모리가 스스로 꾼 꿈에 대해 서술한 후에 잠에서 깨어나 영선과 이야기를 나누게 되는 내용을 쓴 것이 된다.)

마지막 에필로그의 이야기 속 자리가 모리와 영선이 육체적 관계를 갖기 전의 상황이라는 것을 감안하면, 다시 말해 모리가 영선과의 관계를 진전시키지 않은 채 순수하게 권과의 재회를 애타게 바라고 있었던 상황임을 고려하면, 게스트하우스 사람들과 우정 어린 작별의 언사를 나누고 나서 권과의 행복한 미래를 그리게 되는 꿈을 꾸는 것은 상당히 그럴 법하게 된다. 적어도 그 당시까지는 모리에게 영선과 실수로 자버리고 말았다는 자괴심과 자책감이 생길 수 없기에 그 꿈속에서 자신을 좋은 사람으로 형상화하고 있는 것도 자연스럽다. 그리고 그걸 꿈으로 파악하게 되면 모리가 잠에서 깨어나게 되는 라스트신의 시작 부분과 매끈하게 연결이 되는데, 홍상수가 영화 속에서 꿈을 묘사할 때 꿈을 꾸기 전의 잠드는 모습은 거의 묘사하지 않고, 대부분 꿈을 일단 보여준 뒤 거기서 깨어나는 모습을 묘사한다는 걸 떠올리면 더욱 그렇다.

그럼에도 불구하고 그건 모리의 꿈일 수도 있고, 권의 상상일 수도 있다. 관객에 따라서는 실제 일어난 일로 볼 수도 있을 것이다. 「자유의 언덕」에서 그보다 더욱 중요하게 다가오는 것은 극 중 두 남녀가 묘사되는 (시간 순서상의) 마지막 자리다. 영화적으로는 영선과 모리가 대화하는 장면이 라스트신이 되겠지만, 이야기의 맥락으로 보게 되면 사실 그건 스토리의 한중간에 들어갈 내용이다.

이 영화에서 편지가 뒤섞이고 난 후 권이 읽게 되는 이야기의 마지막 부분과, 시간 순서대로 재배열해서 파악하게 될 때의 실제 마지막 부분은 동일하다. 그것은 모두 모리가 문이 잠긴 화장실에 앉아서 생각에 잠겨 있는 모습이다. 그리고 그건 또한 「자유의 언덕」 전체에서 우리가 보게 되는 모리의 마지막 모습이기도 하다.

그 화장실 장면에서 모리는 무엇을 생각하고 있을까. 아마도 게스트하우스에서 며칠 전에 보았던, 화장실에 있었기에 위기를 모면할 수 있었던 어느 유부남의 처지가 아니었을까.

이때 강력하게 떠오르는 것은 「생활의 발견」의 라스트신이다. 그 장면에서 경수(김상경)는 선영(추상미)을 문밖에서 하염없이 기다리다 천둥이 치면서 비가 쏟아져 내리자 떠나게 되는데, 그건 그가 며칠 전에 들었던 청평사 회전문에 대한 전설을 떠올렸기 때문이다. (「생활의 발견」의 영어 제목은 'On the Occasion Of Remembering The Turning Gate(회전문을 기억할 때)'이다.) 모리 역시 과거에 보았던 상황 속에 자신을 대입하게 되고 스스로의 행동을 객관화해서 성찰하게 되면서 딜레마에 빠져 있는 스스로의 행동과 처지에 대해 고민하게 되는 것이다.

사실 홍상수의 영화들에서 마지막 장면은 많은 경우 남자 주인공이 이러지도 저러지도 못할 상황 속에서 고민에 빠진 채 우두커니서 있거나 천천히 걷는 모습을 보여주었다. 「여자는 남자의 미래다」 「생활의 발견」 「북촌방향」 「극장전」 등 적지 않은 영화들이 바로 그런 모습으로 끝을 맺었다.

그런데 꼭 남자 주인공들만 그런 것은 아니다. 「옥희의 영화」나 「돼지가 우물에 빠진 날」처럼 여자 주인공들 역시 유사한 상황 속에서 마지막 모습을 남겼다. 「자유의 언덕」 역시 마찬가지로 볼 수 있다. 이 영화 속에서 권의 마지막 모습은 바로 편지를 다 읽고 난 후 카페 바깥에서 담배를 피우면서 상념에 잠기는 모습이니까 말이다.

말하자면 이야기를 만들어내는 창작자로서 홍상수는 그렇게 딜레마에 놓인 주인공이 삶의 특정 지점에 붙박인 채 하염없이 생각에 잠기는 장면으로 영겁회귀한다. 「자유의 언덕」에서는 남녀 주인공이 모두 그렇기 때문에 영화가 남기는 페이소스가 한층 더 짙다. 그와 같은 장면들에 담긴 곤혹스런 성찰이 홍상수 영화의 영혼이 아닐까.

액자 구조의 영화 속에서 모리에게 일어난 사건들의 시간적 맥락은 서로 다르게 제시되어 있다. 모리는 시간적인 맥락과 순서에 따라서 편지를 썼고, 권은 시간적인 맥락과 순서가 뒤섞인 편지를 읽었다. 하지만 그 편지가 권에게 전해질 것인지를 확신할 수 없는 모리와 그 편지를 뒤죽박죽 읽은 데다가 끝내 한 장은 읽어내지 못한 권은 시간 사이에서, 혹은 시간적 맥락에 상관없이, 결국 서로로부터 미끄러지고 말았다.

죽음을 직접적으로 묘사하지 않음에도 불구하고, 전에 없이 죽음의 그림자가 내내 일렁이는 「자유의 언덕」은 잠든 남자와 병든 여자의 참 이상한 동화다.

# 그레이트 뷰티

**La grande bellezza**

감독 **파올로 소렌티노**(Paolo Sorrentino)  국내 개봉일 **2014.06.12**

이탈리아 감독 파올로 소렌티노의 「그레이트 뷰티」는 페데리코 펠리니의 「달콤한 인생(La dolce vita)」이 떠오를 수밖에 없는 영화다. 한때는 진지한 작가였지만 지금은 속물적인 언론인이 주인공이고, 로마 상류층과 지식인들의 위선과 타락에 대한 냉소가 짙게 드러나는 작품이라는 측면에서 특히 그렇다. 예술이나 삶에 대한 열정과 영감이 바닥난 인물의 현재 상황과 과거 기억 또는 현실과 환상 같은 것들을 자유롭게 뒤섞는 방식에 대해서는 펠리니의 또 다른 작품 「8과 1/2(8½)」이, 전편을 감도는 허무주의적이면서도 낭만적인 기운은 「레오파드(Il gattopardo)」 같은 루키노 비스콘티의 후기작들이 떠오르기도 한다.

「그레이트 뷰티」는 시각적으로 황홀한 작품이지만 다른 한편으론 역설적으로 문학적인 영화이기도 하다. 모라비아와 플로베르에서 도스토옙스키와 프루스트까지 수많은 작가들이 직접 거론된다는 측면에서도 그렇지만, 더 근본적으로는 의식의 흐름을 다루는 문학적인 구조와 방식이 영화에 적용된 것으로 여겨지기 때문이다.

말하자면 이 영화는 내면의 로드무비라고 할 수 있을 것이다. 그리고 그런 내면의 여행에서 이 영화의 주인공 젭(토니 세르빌로)이 사건을 회상하거나 겪는 주체인 동시에 그가 살고 있는 도시 로마를 지속적으로 바라보는 시선의 담지자이기도 하다는 점에서 그 자체로 로마를 뜻한다고 볼 수도 있을 것이다. 그렇게 그는 자기 자신뿐만 아니라 로마라는 세계 역시 들여다보고 있는 셈이다. (이 영화에는 젭이 실제로 어딘가를 들여다보는 숏이 반복해 등장한다.)

「그레이트 뷰티」에서 젭은 첫사랑에 대한 강렬한 기억이 남아 있는 수십 년 전 나폴리를 떠올리거나, 이런저런 일들이 파편처럼 흩어져 있는 현재의 로마를 거닌다. 하지만 영화 내내 대비를 이루는 과거의 그곳과 현재의 이곳은 모두 그에게 결국 짙은 아쉬움만 남긴다. 왜냐하면 '그때 그곳'은 상실되었고, '지금 이곳'은 사멸되어가고 있기 때문이다.

젭이 타인에게 던지는 질문들은 영화 내내 답을 얻지 못하거나 유예된다. 하지만 극의 후반부에서 그는 오히려 자신이 질문의 대상이 된 끝에 뜻하지 않은 지점에서 해답을 얻는다. (혹은 해답을 얻었다고 스스로 여긴다.) 설령 어떤 것이 위대한 아름다움을 담고 있다고 하더라도, 그것은 아주 잠깐 머물거나 정말 짧게 경험할 수 있을 뿐 곧 사라져갈 수밖에 없다고 말하는 이 영화의 정조는 내내 애상적이고도 쓸쓸하다. 그런 생각을 담은 핵심적인 이미지는 바로 극의 후반부에서 홍학들이 날아가는 장면일 것이다. (첫사랑의 그녀와 늙은 수녀는 이 영화 속에서 내내 '위대한 아름다움'과 엮인 채 대비되며 극 전체를 견인한다.)

그리고 실제 삶을 채우고 있는 것들은 본질이 아니라 현상이라고 보기에, 이 영화 속의 단어를 빌려 말한다면 '뿌리'가 아니라 잎과 가지와 열매이기에, 생의 의미에 대해서 허무주의적이고도 위악적인 태도를 취하기도 한다.

「그레이트 뷰티」는 아쉬움이 없지 않은 영화일 것이다. 무엇보다 자기도취적인 측면이 있고 도식적인 면모도 종종 드러난다. 달콤하게 허무를 즐기는 감상주의적 터치도 있으며 블랙 코미디적인 측면은 좀 과하기도 하다. 하지만 이 영화는 실로 아름답다. 무엇보다 내면을 어떻게 시각화할 것인지에 대해 손쉬운 대사와 관습적인 플래시백을 사용하는 대신 뛰어난 상상력과 표현력을 동원해 멋지게 답한다.

그러니까 「그레이트 뷰티」는 가장 아름다웠던 과거의 추억을 달콤하게 회상하는 영화가 아니다. 파올로 소렌티노의 영화들이 흔히 그랬듯, 이건 힘겨운 늙음과 버거운 죽음에 대한 이야기다. 파올로 소렌티노는 「그레이트 뷰티」를 통해서 삶을 되돌아보았을 때의 그 아스라한 현기증을 훌륭하게 담아냈다. 시간과 공간 그리고 그 속을 잠시 흘러가는 인간의 삶을 화려하게 번쩍거리는 표면과 우울하게 가라앉는 이면으로 대조해가며 그려내는 소렌티노의 작법은 이어지는 작품들인 「유스(Youth)」와 「그때 그들(Loro)」에서도 역연하다.

# 그녀

**Her**

감독 **스파이크 존즈**(Spike Jonze)  국내 개봉일 **2014.05.22**

스파이크 존즈의 「그녀」는 감성적이면서 달콤쌉싸름하며 동시에 드물게 독창적인 사랑영화다. 사랑에 대해 매우 보편적인 이야기를 펼쳐내는 한편, SF 설정에서가 아니면 다룰 수 없는 사랑의 방식에 대해서도 깊숙이 파고든다. 상대에게 맞추려 하고 헌신하려 할수록 점점 스스로의 존재가 사라지는 듯 느끼기 쉬운 수많은 연인의 딜레마가 인공지능 운영체제와 관련된 SF적 설정 속에서 흥미진진하게 다뤄지고 있다. 이 영화에서와 같은 미래 환경에서라면 사랑의 존재 양태도 달라질 수밖에 없을 것이다.

의상의 색채에서 실내의 채광까지 시종 화사하게 구사되는 시각 디자인이 눈길을 끌고, 스칼릿 조핸슨이 직접 부르는 「The Moon Song」 같은 삽입곡이 로맨틱하게 귀를 울리기도 한다. 이미 일어난 사건보다는 그 사건에 대해 인물이 사후에 느끼는 심리적 여진을 표현하는 데 집중한 특유의 편집 방식이 정서적 파장을 오래 남기기도 한다. 특히 현재의 사운드와 과거의 영상을 결합시킴으로써 불쑥불쑥 추억 속으로 들어서서 서성대는 인물의 내면을 담아내는 방식이 인상적이다. 여성으로 설정된 인공지능 운영체제를 목소리로만 담아낼 뿐 직접적으로 시각화하지 않은 것과 무지화면을 통해 가장 격정적인 순간을 다뤄낸 것도 훌륭한 선택이었던 것으로 보인다.

「그녀」의 이야기는 많은 부분에서 역설적이다. 육체를 가지고 있는 대상이지만 자신과 직접적인 상관은 없는 고객들에게 스스로 가짜 감정을 이입해 사랑의 편지를 대필하는 시어도어(와킨 피닉스)의 직업적 처지와, 몸이 없는 대상이지만 진짜 감정으로 교류하며 인공지능 운영체제인 서맨사(스칼릿 조핸슨)와 대화하는 시어도어의 감정이 전편을 통해 대비되면서 인물의 변화를 생생하게 담아나간다. 이때 편지 모티브는 이 이야기의 처음과 끝을 장식하면서 인물이 어떻게 달라졌는지를 선명히 기술한다.

시어도어와 관련을 맺으며 등장하는 이 영화의 다섯 여성들 역시 서로 다른 결핍과 한계를 드러내며 대조되어 이야기의 폭을 넓혀 나가는데, 그 과정에서 서맨사의 성장과 변화에 당혹하던 시어도어는 결국 사랑에 대한 자신의 태도에 어떤 잘못이 있었는지를 깨닫게 된다. 그러니까 「그녀」는 변치 않는 게 사랑인 것이 아니라 변화까지도 포용하는 게 사랑이라고 말한다.

이 영화를 다 보고 나면 에리히 프롬의 『소유냐 존재냐』가 자연스레 떠오른다. 생각이 거기까지 미치게 되면 이 영화의 원제가 왜 'She'가 아니라 'Her'인지 짐작되기도 한다. 말하자면 「그녀」는 대상(Her)이 주체(She)가 되는 순간에 찾아오는 어른의 사랑에 대한 영화다.

# 더 울프
# 오브 월스트리트

**The Wolf of Wall Street**
감독 **마틴 스콜세지(Martin Scorsese)**  국내 개봉일 **2014.01.09**

마틴 스콜세지의 「더 울프 오브 월스트리트」는 능란하고도 지독한 블랙 코미디이다. 솜씨 좋은 각본을 능숙한 연출력으로 소화한 이 영화는 거의 초현실적으로까지 느껴지는 상황들을 시종 낄낄대면서 볼 수 있도록 만든 창의적인 코미디이다.

주조연 가릴 것 없이 연기들이 휘황찬란한데, 말도 안 되는 궤변과 마구 망가지는 해프닝 장면조차 절묘하게 살려내는 배우들 모습이 내내 감탄을 자아낸다. 이 영화로 골든글로브 남우주연상을 받은 리어나도 디캐프리오는 무엇보다 굉장한 에너지를 드러낸다. 스스로를 내던지고 부수면서 동력을 얻는 그의 자기파괴적이기까지 한 연기가 극 전체의 리듬과 정조를 경쾌하게 살려낸다. (장면에 따라서 종종 전성기의 짐 캐리나 박중훈처럼 보이기도 한다.)

매슈 매커너헤이는 카메오에 가깝게 짧게 출연하지만 흡사 미친 사람처럼 보일 정도의 천연덕스러운 코미디 연기로 굉장한 재미를 안겨준다. 아울러 이건 「머니볼(Moneyball)」(베넷 밀러)에 이어 조나 힐이 역시나 뛰어난 연기자라는 것을 다시 알려주는 영화이기도 하다.

「더 울프 오브 월스트리트」는 상승과 하강의 곡선을 극적으로 그리는 성공과 전락의 전형적 드라마처럼 보이는 이야기이다. 하지만 이 영화에는 이런 류의 스토리가 흔히 강조하는 비장미나 회한 가득한 정서가 담겨 있지 않다. 마틴 스콜세지는 인생 유전의 처연한 낙차를 내려다보며 한숨짓는 대신 인물이나 이야기에서 한 걸음 떨어진 곳에서 버티고 서서 내내 잽을 날리는 방식으로 톡톡 쏘며 「더 울프 오브 월스트리트」를 완성했다. 이 영화의 코미디는 철저히 그와 같은 거리감에서 나온다.

디캐프리오가 연기하는 주인공 조던 벨포트는 무엇보다 돈과 섹스와 마약에 대한 자신의 욕망 앞에서 거리낌이나 부끄러움이 전혀 없는 인물이다. ("이런 내가 천박하고 속물이라고 생각한다면 맥도날드에나 가서 일자리를 알아봐요.") 스콜세지는 그런 캐릭터를 관객이 충분히 도덕적으로 얕잡아 볼 수 있도록 그려낸다. 악인으로서의 위엄이나 카리스마 같은 것도 없이 그저 쾌락에 취해 흥청대고 촐랑대는 인물로만 다루는 것이다. 아울러 조던을 정점으로 하는 그의 회사는 돈을 숭배하는 일종의 신흥 종교 집단처럼 그려진다.

그렇게 내내 스크린보다 조금 높은 자리에서 거리감을 두고 이처럼 한심한 인물들의 이야기를 도덕적 우월감을 지닌 채 내려다보던 관객들은 조던이 물건 파는 법을 가르치는 마지막 장면을 대면할 때쯤 문득 서늘해진다. 긴 이야기가 마침내 막을 내리는 순간, 카메라는 주인공 조던으로부터 갑자기 객석으로 시선을 돌린다. 거기엔 감옥에서 갓 나온 이 타락한 사기꾼을 얕잡아 보면서도 다른 한편 그로부터 단기간에 돈을 많이 버는 법을 배우기 위해 선망 가득한 눈으로 바라보는 수많은 익명의 얼굴들이 있다.

이 영화의 칼끝이 겨누는 지점은 결국 조던 벨포트라는 천박한 인물의 뻔뻔스러운 면상이 아니라 그와 별로 다르지 않을 수도 있는 관객 하나하나의 은밀한 내면일 것이다. 과욕과 어리석음의 무한반복 같은 내용에 대해 넌더리를 내게 하는 세 시간에 달하는 이 영화의 긴 러닝타임은 귀결점에 이르러 플롯의 방향이 급격하게 바뀌는 순간 그 너절하면서 방대한 양과 압도적인 무게로 관객을 돌이켜 압박한다. 이슬 같은 많은 영화들은 작품의 말미에서 손쉽게 주인공이 교훈을 얻도록 하지만, 벼락 같은 어떤 영화들은 주인공이 끝내 느끼지 못하는 교훈을 관객이 불현듯 체감하도록 한다.

그러니까, 「카지노(Casino)」를 만들었던 마틴 스콜세지는 월스트리트를 라스베이거스처럼 그려내는 이 신랄한 블랙 코미디를 통해 모든 중독 중에서 가장 극심한 게 돈에 대한 중독임을 암시한다. 그리고 그 돈이 원하는 것은 언제나 더 많은 돈일 것이다.

# 사이비

감독 **연상호** 국내 개봉일 **2013.11.21**

언뜻 보면 연상호의 애니메이션 「사이비」는 중반까진 종교를 빙자한 사회악에 직설적으로 돌직구를 날리는 영화로 보인다. 하지만 이 영화를 지탱하는 동력에는 힘차게 내지르는 원심력뿐만 아니라 골똘히 내면을 응시하는 구심력도 있다.

어둡고 충격적인 이야기를 흥미진진하게 풀어내는 「사이비」는 결국 믿음이라는 것에 대한 관객의 생각을 격렬하게 흔들어놓는다. 뛰어난 이야기꾼인 연상호는 전작 「돼지의 왕」에서도 여실히 드러나듯 명료하게 선과 악을 구분 짓는 일엔 관심이 없다.

마을을 지배하고 있는 거대한 악에 혈혈단신으로 맞서는 민철(양익준)이 경석(권해효)과 함께 극 중에서 가장 정이 가지 않는 혐오스런 인물이라는 사실은 이 작품이 명확한 이야기를 손쉽게 하지 않는다는 것을 말해준다. (민철은 이웃으로부터 "얼굴만 봐도 소름이 끼쳐. 아주 눈에 독이 가득하니까"라는 인물평을 듣는다.) 그리고 민철의 후배인 칠성 부부(김재록, 김남진)는 마을 사람들이 그저 무지한 희생자였던 것만은 아니라는 점을 인상적으로 제시하면서 믿음이라는 이 영화의 화두를 복합적으로 제시한다.

경석, 민철, 철우(오정세), 이렇게 세 인물이 이끌어가는 「사이비」의 세계는 타고난 악과, 악에 맞서는 악과, 선을 자처하는 악이 충돌하는 곳이다. (「돼지의 왕」 역시 삼각 구도의 역동성이 제대로 위력을 발휘했다.) 그렇게 원악과 차악과 독선이 펄밭에서 참혹하게 뒤엉킨 후, 이 영화의 라스트신은 싸우던 주체가 싸움의 대상과 그다지 다르지 않았음을 암시하며 강렬하게 마침표를 찍는다.

제작 여건의 한계 때문에 캐릭터들이 머리를 움직이면서 말하는 동작을 포함해, 애니메이션으로서 어색하게 느껴지는 순간들이 없지 않다. 하지만 다 보고 나도 뭘 봤는지 제대로 기억조차 나지 않는 고만고만한 장르영화로 가득한 극장가에서 「사이비」는 관객의 마음을 온통 헤집어놓으면서 묵직한 질문을 던지는 드문 영화다.

# 스토커

**Stoker**
감독 **박찬욱** 국내 개봉일 **2013.02.28**

「스토커」는 할리우드에서 기획되었다. 웬트워스 밀러가 각본을 쓴
작품이며 한국 배우는 한 명도 등장시키지 않고 미국의 테네시주에
서 찍은 미국 영화이다. 그럼에도 불구하고 놀랍게도, 이 영화엔 시
종 박찬욱의 인장이 찍혀 있는 것 같다. 예를 들어 삽이 나오는 장면
에서의 독특한 앙각 앵글은 「복수는 나의 것」에서 담배가 나오는 앵
글을 연상하게 하고, 강렬한 노래가 나오면서 엔딩크레디트가 올라
갈 때는 어어부 프로젝트의 곡이 흐르던 「복수는 나의 것」의 종결
방식을 떠올리게 한다.

「스토커」와 가장 밀접하게 연결되어 있는 박찬욱의 작품은 그중
에서도 「올드보이」일 것이다. (「스토커」는 뒤집은 「올드보이」처럼 보이기도
한다.) 두 편 모두 근친상간 모티브가 중요한데, 「올드보이」가 오이디
푸스 콤플렉스에 대한 이야기라면 「스토커」는 엘렉트라 콤플렉스
에 대한 이야기처럼 여겨진다. (오이디푸스 신화와는 반대로 아버지와 교합
하고 어머니를 살해하려는 은밀한 욕망이 추동하는 이야기처럼 진행되는데 종반부

에 가면 이런 흐름이 반전된다.)

유사한 작법이나 묘사들이 함께 발견되기도 한다. 찰리(매슈 구드)는 정신병원에서 나올 때 특별한 날짜를 고른다. 조카인 인디아(미아 바시코브스카)의 18세 생일에 퇴원일을 맞춘 것이다. 「올드보이」에서도 오대수(최민식)가 사설 감옥에서 풀려날 때의 타이밍이 무엇보다 중요하다. 그 이야기의 핵심 미스터리는 왜 오대수가 사설 감옥에 끌려 들어갔느냐가 아니라 왜 15년 만에 풀려났느냐 하는 것이기 때문이다. 물론 그건 우진(유지태)이 치밀한 계획을 세워서 시기를 선택한 결과였다.

「올드보이」의 후반부에서 오대수가 미도(강혜정)의 성장 과정을 담은 앨범을 한 장씩 넘기는 방식 역시 「스토커」에서 재현된다. 찰리는 인디아의 생일 때마다 각국을 여행하면서 쓴 것처럼 보였던 편지와 함께 신발을 선물로 보내오는데, 그렇게 과거에 선물했던 신발을 차례로 비추는 숏들이 후반부에 빠르게 몽타주되면서 세월의 흐름에 따라 신발 사이즈가 점점 더 커져가는 것을 보여주는 장면이 그렇다.

주인공의 죽음을 보여주는 두 영화의 충격적인 클라이맥스 장면은 숏들을 잇는 원리가 사실상 같다. 인디아가 찰리를 총으로 쏘아 죽이는 현재의 실내 장면은 아버지와 사냥을 나갔던 과거의 야외 장면과 교차편집된다. 서로 다른 시제와 서로 다른 장소에서 펼쳐지는 두 사건이 계속 갈마들다가 절정에 해당하는 지점이 되면, 과거 야외 장면에서 인디아가 날아오르는 새를 향해 총의 방아쇠를 당기는 숏이 등장한다. 그런데 그 총에 맞아 그 당시의 새가 죽는 모습이 연이어 나오는 대신, 그 숏에 이어지는 건 현재의 인디아가 쏜 총에 현재의 찰리가 실내에서 맞아 죽는 모습이다. 과거의 총격 동작이 현재의 죽음을 초래하는 듯한 기이한 인과론적 묘사인 셈이다.

그런데 이런 편집 방식은 「올드보이」에서 우진이 죽는 장면의 패턴과 동일하다. 누나(윤진서)가 투신자살했던 과거의 다리 위로 간 우진이 총 모양으로 형상화한 자신의 손가락으로 스스로의 머리를 향해 당기는 시늉을 하는 숏이 나온 뒤에, 마치 그 야외에서의 과거 행위가 시간을 뛰어넘어 영향을 미치는 것처럼 현재 시제 속 엘리베이터에서 우진이 총에 맞아 죽는 실내 숏이 이어지기 때문이다.

하지만 박찬욱의 신작은 직전 작품에서 벗어나려는 척력으로 그 기본 동력을 삼는 경우가 많기도 하다. 「박쥐」는 의도적인 이질화와 분산이 다양한 매력을 빚어내는 원심력의 영화였다. 반면에 차기작인 「스토커」는 중심을 향해 모든 것이 집중된 구심력의 영화라고 할 수 있을 것이다. (「스토커」를 힘차게 밀고 나가는 것은 스토리의 스피드가 아니라 심리적 속력이다.) 「스토커」가 결국 성장과 피에 관한 이야기라는 점을 생각하면, 그의 필모그래피에서 「싸이보그지만 괜찮아」와 「박쥐」 다음에 이어지는 작품으로 매우 자연스러워 보인다.

「스토커」의 이야기는 일종의 영웅신화 같다. 극의 시작과 끝을 함께 장식하고 있는 인디아의 내레이션은 고민과 결단 끝에 준비를 다 갖추고서 마침내 임무를 수행하러 길을 떠나는 영웅의 출사표처럼 들린다. 테세우스가 미노타우로스를 처치하러 떠나기 전에 아리아드네로부터 칼과 실을 받아 가는 것처럼, 이 영화는 인디아가 아빠의 벨트를 매고 엄마의 블라우스를 입고 삼촌이 사준 신발을 신은 채 보안관 살해라는 첫 시험대를 통과하고서 마침내 임무를 완수하기 위한 길로 나서는 과정을 다루는 영웅신화의 프롤로그 같다는 것이다.

그런데 집을 나서며 무고한 보안관(랠프 브라운)을 살해하는 인디아는 히어로라기보다는 빌런에 더 가깝다. 성장영화적인 플롯을 가진 이 영화에서 자신의 본성과 잠재력에 눈뜨게 되는 과정을 살펴보면 악은 처음부터 인디아에게 선존해 있었던 것처럼 보이기도 한다. 스토커 가문의 악한 본성은 찰리에게 집약되어 있는데 인디아는 그런 찰리의 행동을 유전적으로 반복하거나 의식적으로 모방한다.

인디아와 어린 시절의 찰리는 각각 침대와 모래 위에 누운 채 날갯짓을 하는 듯한 똑같은 동작을 취하는데, 어린 찰리의 그런 모습을 보는 게 불가능한 인디아가 홀로 침대에서 동일한 행동을 한다는 것은 결국 악한 혈통이나 유전자에 대한 암시에 해당하는 셈이다. 실제로는 다른 두 배우의 머리카락과 눈동자 색깔을 극 중에선 똑같게 통일시킨 것도 유사한 맥락일 것이다.

고구려 유리왕이나 그리스신화의 테세우스의 사례에서 알 수 있듯 신화에서 신발은 그 사람의 정체성을 뜻하는 경우가 많다. 그런 신발을 인디아가 찰리로부터 받는다는 것은 특히 의미심장하다. 이 기이한 성장담에서 인디아에게 가장 큰 영향을 끼치는 건 어쨌든 찰리 삼촌인 것이다.

「스토커」에서 가장 인상적인 대목이라고 할 수 있는 피아노 연주 장면에선 찰리(가 대변하고 있는 악의 매력)를 향한 인디아의 갈망과 두려움이 역설적으로 함께 드러난다. 인디아가 혼자서 피아노를 치고 있을 때 어느새 그 왼쪽에 찰리가 앉아 함께 연주를 하게 되는데, 낮은 음의 건반들을 치던 찰리가 서서히 높은 음 쪽으로 올라오면 인디아는 왼손으로 저음을 연주하면서 필사적으로 막는다. 이에 찰리가 아예 인디아의 등 뒤로 팔을 돌려서 마치 안고 있는 듯 연주를 하기 시작하면 그녀의 긴장감은 최고조에 달한다. 함께 연주할 때 살짝 걸터앉은 자세는 상당히 불편해 보이는데 표정은 매우 차갑게 가라앉아 있다. 반면에 인디아의 자세는 편안한데도 그 표정은 격정을 억누르는 과정에서 거칠어진다. 이 장면의 상황 자체가 금기시된 것을 아슬아슬하게 건드리는 순간의 당혹스러운 스릴과 은밀한 쾌감을 품고 있는데, 필립 글래스가 만든 그 피아노 곡을 두 사람이 연주하는 방식 자체가 심리적 상황과 절묘하게 맞아 떨어지는 것이다.

그러므로 '있는 줄도 몰랐던 삼촌이 갑자기 나타났다'는 게 「스토커」 초반부의 가장 두드러진 설정인 것은 당연한 듯하다. 하지만 이 이야기에서 그 못지않게 중요한 건 '내내 함께 있었던 아버지가 갑자기 사라졌다'는 설정일 것이다. 이 두 가지 사실을 함께 염두에 둔다면, 형제지간인 아버지 리처드(더멧 멀로니)와 삼촌 찰리는 각각 '좋은 아버지'와 '나쁜 아버지'를 대변하는 것처럼 보이기도 한다. (영화 속에서 아버지와 삼촌이 각각 따로 인디아를 만나는 장면은 있지만 그 두 사람이 인디아와 함께 나오는 장면은 없다.)

세 사람이 한 공간에서 엮이면서 긴장이 생기는 이 이야기는 스탠리 큐브릭의 「샤이닝」과 유사한 설정을 가지고 있다. 그 영화는 가족 구성원인 세 사람이 따로 떨어진 한 공간에서 겪게 되는 사건을 다루고 세 등장인물 중 평범한 사람은 엄마밖에 없는데, 그건 「스토커」도 마찬가지다. 가족의 성을 제목으로까지 쓰고 있는 「스토커」에서 모계 혈통이 상대적으로 무시되고 있는 것도 사실이다. 엄마인 에벌린(니콜 키드먼) 역시 스토커라는 성을 쓰긴 하지만, 그건 결혼으로 취득하게 된 경우다.

이 영화의 진짜 삼각관계는 에벌린과 찰리와 인디아가 아니라, 리처드와 찰리와 인디아 사이에서 성립한다고 볼 수도 있을 것이다. 스토커(Stoker)라는 이름이 『드라큘라』를 쓴 작가 브램 스토커(Bram Stoker)를 즉각 상기시킨다는 걸 감안하면 더욱 그렇다. 말하자면 이 영화는 스토커라는 부계 혈통과 관련된 악의 문제를 다루고 있는 것이다.

리처드는 직업이 건축가다. 그리고 사실은 정신병원에 있었지만 사람들은 찰리가 고고학자로 발굴 작업을 하거나 금광과 관련해 채굴하는 일을 한다고 믿는다. 이 같은 직업적 설정에서 짐작되듯, 리처드는 사냥 교습 같은 것을 통해 인디아의 미래를 설계해주려 하고, 찰리는 폭력적 행위를 통해 인디아의 내면에 묻혀 있는 것을 캐내어 밖으로 끄집어내려 한다.

인디아를 가운데 놓고 볼 때 두 명의 아버지에게 중요해지는 것은 사냥이다. 찰리는 휩(엘든 이렌라이크)을 살해할 때 인디아를 끌어들이는데, 이 장면은 흡사 사냥을 가르치는 것처럼 묘사된다. 그런데 리처드는 어렸을 때부터 인디아에게 실제로 사냥을 가르친다. 사냥이라는 모티브로 이 이야기를 본다면, 아버지 리처드에게서 배운 방식 그대로 인디아가 찰리를 사냥하기 위해 몸을 웅크리고 기다리고 관찰한 끝에 마침내 방아쇠를 당겨 사냥감을 손에 넣는 데 성공하는 과정처럼 여겨진다.

「스토커」는 고전적이면서도 스타일이 뛰어난 영화다. 우아하고 아름다우며 긴장감이 넘치는데 종종 기괴하기도 하다. 어쩌면 박찬욱의 영화들 중에서 이미지가 가장 화려하고 선명한 작품일 수도 있을 것이다. 그런데 이건 그저 표층에만 머물지 않는다. 바깥으로부터 마음을 닫아걸었지만, 눈과 귀로 끝없이 흘러들어오는 세상의 편린에 더없이 예민하게 타고난 한 소녀의 내면이 반응한 결과가 그런 일련의 심상들로 형상화되는 것이기 때문이다. 말하자면 이런 명징한 이미지들은 인디아라는 아이가 세상과 접선하는 방식이다. 그래서 이 이상한 성장영화는 계단에서 계란까지 다양한 시각 상징들을 끌어들인 채 상승과 하강의 리듬과 동선을 끊임없이 만들어낸다.

찰리와 인디아가 계단에서 대화하는 장면은 모두 세 차례 등장한다. 처음엔 위에 있는 찰리가 아래에 있는 인디아를 내려다보며 "네가 지금 불리하다고 느끼는 이유는 아래에 있기 때문"이라고 일갈한다. 인디아가 찰리에게 따져 묻는 두 번째 장면에서는 위쪽에 그녀가 있다. 위층에서 에벌린이 목격하고 있는 가운데, 계단에서 구두를 신겨주며 일종의 대관식 비슷한 행동이 펼쳐지는 세 번째 장면에서는 두 사람이 사실상 같은 계단에 나란히 있다. 유사한 방식으로 스칼릿 오하라(비비언 리)와 레트 버틀러(클라크 게이블)의 관계를 담아냈던 「바람과 함께 사라지다」처럼, 계단 위의 이런 인물 구도는 두 사람 사이의 심리적 변화와 그 장면에서 헤게모니를 누가 쥐었는지를 보여준다.

인디아는 노란색 색상으로 대변되기도 한다. 그녀를 표현하는 노란색이 우산, 연필, 스쿨버스, 거미 같은 것들에 차례로 적용되면서 그 신경질적이고도 선명한 빛깔로 강렬한 연결고리를 만들어내는 것이다. 계란 같은 시각적 모티브나 메트로놈 소리 같은 청각적 모티브들을 통해 장면들이 공감각적으로 밀접하게 엮이기도 한다.

그리고 내내 인디아에 의해 주도되어오던 시점숏이 집에 경찰이 찾아오는 후반부의 장면에 이르러 그녀를 바라보는 찰리의 시점숏으로 바뀌는 순간, 소녀는 마침내 껍질을 깨고 세상으로 나올 준비를 한다.

이 영화는 무관한 것으로 보였던 사건들이 사실은 운명처럼 내적으로 서로 긴밀하게 얽혀 있음을 드러내는 표식들로 가득 차 있다. 이때 편집은 바로 그런 인과론적 비밀을 드러내는 원리다. 떨어져 있는 공간을 이어가면서 교차편집은 흔히 서스펜스를 선사한다. 반면에 시간적 한계를 뛰어넘기 위해서는 플래시백이 주로 쓰인다. 그런데 「스토커」에 등장하는 가장 중요한 세 번의 교차편집은 전부 살인 사건을 다루고 있는데, 흥미롭게도 공간이 아닌 시간의 벽을 뛰어넘는 방식으로 모두 활용됐다.

과거에 일어났던 살인 혹은 살생과 현재에 일어나고 있는 살인 사이를 오가는 이 장면들에서 시간적 제약을 넘어서는 형태로 교차편집이 사용된 것은 그게 인과론적으로 사건들을 재배열하는 방식이기 때문인 것으로 보인다. 서로 다른 공간을 엮는다면 거기엔 서스펜스가 있을 뿐 사건들을 논리적으로 서열화할 수는 없다. 이 작품의 교차편집은 운명의 구조를 드러내기 위해 시간을 연결 짓고 있는 것이다.

"내 귀는 남이 못 듣는 걸 듣고, 내 눈은 작고 멀어서 남이 못 보는 걸 봐. 이런 감각은 오랜 열망의 산물이야." 시작되자마자 흐르는 인디아의 내레이션은 흡사 「스토커」의 편집 원칙에 대한 선언처럼 다가오기도 한다. 이 영화의 편집은 알아채기 어려웠던 사건들의 내적 관계를 물리적 한계를 넘어서며 드러내주기에, 결국 우리가 볼 수 없는 것을 보고 우리가 들을 수 없는 것을 듣게 해주는 셈이기 때문이다. 박찬욱의 오랜 열망은 바로 그런 감각을 관객들에게 선사하는 것일지도 모른다. 「스토커」는 서로 다른 시간과 공간을 시청각적으로 끊임없이 바느질하는 플롯과 편집의 마술을 보여주는 영화다.

# 안티크라이스트

**Antichrist**

감독 **라스 폰 트리에**(Lars von Trier)  국내 개봉일 **2011.04.14**

**1.**

"악마를 연구하는 것은 삶, 성(性), 죽음의 혼합 상태를 연구하는 것이다."(장 디디에 뱅상)

**2.**

극 중 등장하는 숲 이름이 에덴인 데서 노골적으로 드러나듯, 물론 라스 폰 트리에의 「안티크라이스트」의 내용은 구약성경 창세기에 나오는 에덴동산 이야기를 비틀어서 만들어졌다. 라스 폰 트리에는 이 영화를 한 남자와 한 여자 사이에 일어난 일회적 사건이 아니라 남성성과 여성성 사이에서 발생한 상징적 이야기로 읽히도록 두 주인공에게 이름도 부여하지 않았다.

성경의 에덴은 낙원이지만, 여기서의 에덴은 지옥이다. (하지만 두 에덴 모두 인간이 타락하기 전에 이미 악이 선존하고 있었다. 성경에선 뱀이, 영화에선 자연 자체가 악이다.) 그리고 성경에서 유혹자는 여성이었지만 여기선 남성이다. 「안티크라이스트」에서 여자(샤를로트 갱스부르)는 에덴에 가고 싶지 않았다. 이미 몇 개월 전에 그 지옥을 경험한 적이 있었기 때문이다. 하지만 남자(윌럼 더포)는 지속적으로 여자가 그곳에 가야 한다고 주장(유혹)한다. 심리치료사로서 두려움의 근원을 정면으로 마주해야 극복할 수 있다고 굳게 믿기 때문이다. 하지만 여자와 함께 에덴에 가게 되는 남자에게 그곳은 초행이다. 그렇기에 향후 펼쳐질 일들에 대해서 어떻게 해야 하는지 분명히 알고 있었던 것으로 보였던 이 이성적인 남자는 에덴에서 철저히 무력해진다.

성경의 에덴에서 두 사람은 타락할지언정 늘 함께했다. 하지만 여기서 남자와 여자는 곧 극단적으로 대립한다. 초반에 남자는 오로지 선의로만 여자를 대하는 것처럼 보인다. "온통 초록색이야"라면서 편재하는 악으로서의 자연을 두려워하는 여자에게 "저항하지 말고 그냥 초록과 동화되는 거야"라는 말로 전문가답게 요구(유혹)한다. 하지만 다시 한번. 에덴에 대한 지식은 질서정연한 세계를 확신하는 남자가 아니라 혼돈 속에서 흔들리는 여자가 소유하고 있었다. (성경의 선악과는 지식을 가져다주는 열매였다.) 남자는 뱀처럼 오만했지만, 뱀과 달리 무지했다. 여기서 남자의 가장 큰 잘못은 바로 (오만으로 둘러싸인) 무지였다.

「안티크라이스트」에서 에덴의 자연은 온통 소멸의 공간이다. 성경의 에덴 중앙엔 생명의 나무가 있지만 여기선 서서히 썩어 들어가는 죽은 나무가 한가운데에 우뚝 서 있다. 이곳에선 탄생 역시 죽음과 직결된다. 사슴은 사산하고, 도토리는 썩어가며, 어린 새는 개미와 매의 먹이가 된다. 이때 죽음은 추락의 수직 이미지로 시각화된다. 사슴의 죽은 새끼는 바닥에 툭 떨어지고, 여린 도토리는 폭우처럼 낙하해 지붕을 때리며, 어린 새는 둥지에서 후두둑 미끄러져 내린다. 속절없이 떨어져 사멸해가는 어리고 여린 것들.

남자와 여자의 어린 아들 역시 추락했다. (이 영화의 첫 숏에서) 샤워기로부터 방금 떠나온 물방울이 천천히 추락하고, 하늘에서 금방 쏟아져 내린 눈송이가 천천히 추락하는 그곳에서, 아이 역시 열린 창문 너머로 천천히 추락한다. 그러니 아들을 잃은 여자가 에덴을 두려워하는 것은 어쩌면 당연한 일일 것이다. 그리고 추락하는 것에는 섹스도 있다. 에로스는 타나토스를 동경한다.

### 3.

남자와 섹스하는 도중에 여자는 과연 아들이 떨어져 죽는 것을 보았을까. 이 영화의 프롤로그에선 바닥으로 꺼져가는 아찔한 엑스터시로서의 추락에 현기증을 느낀 여자가 눈을 질끈 감아 그 광경을 보지 못하는 것처럼 묘사된다. (성적인 절정 속에서 클로즈업된 여자의 얼굴은 그 직전 클로즈업된 아이가 그랬듯, 천천히 아래로 떨어지는 것으로 시각화된다.) 하지만 후반부에서 광기에 가득 차 자신의 음핵을 스스로 잘라내기 직전의 플래시백에선 여자가 섹스 도중 눈을 뜬 채 그 모습을 보고도 제지하지 않는 것으로 그려진다. 이 중 어느 것이 사실인지는 언뜻 명확하지 않다. 후반부의 목격은 죄책감이 빚어낸 기억 속 왜곡일 수도 있으니까.

하지만 명확한 것은 여기서 쾌락이 죽음과 근친 관계에 있다는 것이다. (섹스의 결과인 출산을 거의 언제나 죽음과 연결시키고 있는 이 영화의 상징 제시법을 생각해보라.)「안티크라이스트」의 프롤로그는 가장 극적인 순간에 두 종류의 추락을 교차편집으로 한데 묶어 동류로 치환한다. (그때 오르가슴으로 추락하는 여자뿐만 아니라 죽음으로 추락하는 아이 역시 즐거워한다.) 아이의 죽음이 가능하기 위해서는 먼저 그 아이가 탄생되어야 한다. 그리고 아이가 태어난 것은 이전에 부부가 관계를 가졌기 때문이다.

아들을 잃은 후 고통에 몸부림치면서도, 섹스를 요구하는 것은 늘 여자다. "섹스는 일시적인 해소책일 뿐"이라고 했던 남자는 틀렸다. 여기서 섹스는 인간의 본능이면서 자연과 일체가 되려는 시도인 동시에 소멸의 전제에 도달하려는 일종의 자해이기 때문이다. 성적 쾌락을 과용함으로써 부정하는 여자의 태도는 기독교가 규정한 출산의 의미와 무관하지 않다. 성경에서 출산은 생명을 탄생시킬 수 있도록 하는 축복이 아니라 에덴에서 신의 뜻을 거역했던 것에 대한 징벌이었다.

이 영화에서 섹스를 촉발하는 것은 거의 언제나 두려움이나 고통이고(여자는 악몽을 꾸고 난 후나 자해를 하고 난 다음에 섹스를 요구한다), 섹스를 마무리하는 것은 죽음의 그림자를 드리우고 있는 자연의 풍광이다. 이때 고통이나 두려움(두려움이란 고통에 대한 예감이다)은 섹스를 격발하는 것일 뿐만 아니라 종종 섹스의 일부가 된다. 그러다가 끝내 섹스를 대체한다. 남자의 벌거벗은 몸을 장난스러운 전희처럼 간지럽히다 실수로 상처를 내던 여자는 나중엔 죽음의 손으로 가득한 나무 아래서 섹스 도중 때려달라고 요구한다. 남자가 있어야 하는 섹스에서 남자가 필요 없는 자위로 옮아가던 여자는 결국 상대의 성기를 짓이기고 자신의 음핵을 잘라낸다. 오로지 쾌락만을 위한 기관인 음핵을 제거함으로써 여자는 죽음의 근원인 쾌락을 거세한다.

이 끔찍한 가학과 자학의 점층법을 정당화할 수 있는 원리가 있다면 그것은 바로 실존의 증거로서의 고통이다.

**4.**

"당신이 겪는 비탄에는 특별한 게 없다"고 했던 남자는 여자의 고통을 폄하고 인정하지 않았다. (칼로 찔러도 상해를 입지 않는 것으로 여겨졌던 중세시대의 마녀는 통증을 느끼지 않는 존재로 치부됐다.) 그리고 아내가 겪고 있는 고통의 개별성을 인정하지 않는 남편은 치유한다는 명목하에 여자의 두려움을 도식화함으로써 그 정체성을 자신의 잣대로 정립한다.

그러자 여자는 '마녀'가 된다. 역설적으로 말한다면 자신의 고통을 소유하기 위해서, 여자는 마녀가 된다. 초자연적인 힘을 가진 것으로 알려졌지만 실은 여성들 중에서도 약한 여자들이었던 중세의 마녀와 달리, 그녀는 무지막지한 폭력을 구사하는 강한 마녀다. 그리고 그것은 남자들이 왜곡된 상상으로 규정하며 두려워하는 척했던 마녀의 실제 모습이었다. 남자들에 의해 악으로 규정되었지만 그것을 고통 속에서 부정하며 객체화되어 죽어갔던 오래전 약한 여자들과 달리, 「안티크라이스트」의 여자는 자신의 주체성을 회복하기 위해 스스로를 기꺼이 악으로 비칭한다.

자신이 무슨 말을 하는지도 모르는 남자의 요구에 따라 마침내 "초록과 동화"된 마녀는 지독한 공격을 가해 끔찍한 통증을 안김으로써, 무지한 남자에게 고통이란 일반화될 수 없다는 사실을 가르쳐 준다. (생생한 꿈을 꾸고 난 뒤 그게 꿈이었는지 알아보려고 흔히들 볼을 꼬집어보는 것은 고통이 가장 확실한 현실의 증거이기 때문이다.) "도토리는 울지 않는다"고 호언했던 남자는 전혀 몰랐다. 아들의 울음소리를 듣고 오두막에서 뛰쳐나갔던 여자가 발견한 것은 우는 아들이 아니라 도토리를 포함해서 통째로 통곡하는 자연이었다. 자연은 저마다의 특별한 고통으로 가득 차 있었다. "인간은 고통을 통해 자신의 주체성을 느낀다"고 헤겔은 말했다. 아들을 잃은 여자에겐 고통만이 유일한 정체성이며 실존이었다.

여기서 흥미로운 것은 여자가 무지막지한 폭력을 행사하게 되는 계기가 두 가지로 암시된다는 점이다. 하나는 남편이 아내의 두려움을 분석하면서 삼각형 맨 위 칸에 '그녀 자신'(Me)이라고 적어 넣음으로써 여성을 분석 대상으로 타자화했다는 것이고, 또 하나는 지난 여름 에덴에서 자신이 아들에게 의도적으로 신발을 거꾸로 신겼다는 사실을 여자가 뒤늦게 자각하게 됐다는 것이다.

「안티크라이스트」에서 '크라이스트(Christ)'에 가장 가까운 상징이 있다면 그건 아마 어린 아들 닉(스톰 아체체 살스트롬)일 것이다. (크라이스트 즉 그리스도는 스스로를 '인간의 아들'로 칭했고, 니콜라스를 줄인 이름인 닉의 그리스어 어원은 '인간의 승리'를 뜻한다. 닉이 창고에서 장작을 반으로 가른 나무토막을 가지고 노는 장면은 그리스도의 아버지가 목수였다는 사실과 관련된다. 여자가 나중에 남자의 성기를 짓이길 때 사용한 도구 역시 장작을 반으로 가른 나무토막이었다.) 신발을 거꾸로 신기는 것은 일종의 학대이고 변형된 폭력이다. 어린 아들은 성숙하기 전의 남성이다. 그리고 그리스도 역시 남성이다.

결국 여자는 아이의 비극적 죽음으로 미쳐간 게 아니다. 그 겨울 집에서 아들이 추락사한 일보다 더 중요한 것은 지난여름 숲에서 발생했던 일이다. 여자의 광기는 아들이 죽기 전인 그 여름 숲에서 자각의 형태로 확인한 본성이었다. 그러니까 여자는 아들을 죽이고 싶었다. (그런데 숲에선 차마 그렇게 하지는 못했다. 신의 아들을 학대했던 것에 대한 기독교인들의 근원적 죄책감에서 여자는 그때까진 자유롭지 않았다.) 그래서 섹스 도중 아이가 떨어질 위험에 처한 것을 목격하고도 제지하지 않아 결과적으로 죽음을 이끌었다. (나는 후반부 플래시백에서 아이가 추락하는 모습을 여자가 섹스 도중 목격하는 장면은 죄책감이 빚어낸 기억 속 왜곡이라고 보지 않는다.)

여자가 숲에 가길 두려워했던 진짜 이유는 그곳에서 자신의 혼돈스럽고 광기 가득한 본성을 발견했기 때문이었다. 그것은 중세시대 오만과 무지와 왜곡으로 뒤틀린 남자들에 의해 마녀로 규정되어버린 여자들이 갖고 있는 것으로 모함되었던 바로 그 가공할 힘이었다. 「안티크라이스트」의 후반부에서 여자는 광기에서 잠시 놓여나 눈물을 흘리다가도 곧 "우는 여자는 기만적인 여자"라는 말을 내뱉으며 "다 소용없다"는 말과 함께 다시 복수의 화신이 된다. 피해자/여성의 방패였던 눈물 대신 가해자/남성의 창이었던 폭력을 거머쥔 그녀는 오래전 남자들이 여자들에게 가했던 행위를 고스란히 되갚아준다. (예를 들어 성경의 에덴에서 쫓겨날 때 남자에게 부과된 형벌인 노동을 상징하는 맷돌과 거기에 달린 파이프로 남자의 몸을 꿰뚫는 것은 상징적인 강간이다.)

## 5.

　말하자면 「안티크라이스트」의 여자는 이브가 된 마리아일 것이다. 그리스도인 아들을 잃거나 죽이게 된 마리아가 근원인 에덴으로 회귀해서 그 모든 전제를 폭력적으로 뒤집으려 하는 것이다. 육체적 행위와 무관하게 남자 없이 잉태한 성경의 선한 성모 마리아 대신, 이 영화의 마리아는 육체적 쾌락을 추구하면서도 남자를 배제하는 광기 어린 '마녀 마리아'가 되기를 자청한다.

　마리아의 분노와 슬픔은 그 연원을 찾아 올라가면 '최초의 마녀'라고 할 수 있는 이브의 누명과 수난에 닿아 있다. 그렇기에 남자에 의해 제시된 구원과 치료를 거부한 채 에덴으로 돌아간 여자는 최초의 남자인 아담을 극악무도하게 공격함으로써 이브를 복권시키고 이후 아담들의 규정에 포박된 이브들을, 희생된 마녀들을 해방시키려 하고 있는 것이다. 아들 닉을 포함해서 영화 속 어린 것들이 죽게되는 것은 에덴에서 여자에게 부과된 출산이라는 징벌을 역설적으로 되돌리는 소거법인 셈이다.

　「안티크라이스트」의 상징들이 참신하고 창의적인 것은 폰 트리에가 상징을 자유자재로 구사하는 재능을 갖고 있기 때문만은 아니다. 신화와 역사를 바라보는 그의 시각과 태도 때문이고, 그가 옹립하려는 상징체계가 서구 문명을 지배해온 주류 상징체계에 정면으로 충돌하면서 쟁쟁한 마찰음을 내기 때문이다. (라스 폰 트리에가 몰두했던 니체의 책 『안티크리스트』는 "모든 가치의 전도!"라는 문장으로 끝난다.)

**6.**

「안티크라이스트」에서 아내가 남편을 공격할 때, 여성성은 남성성을 공격하고, 자연은 문명을 공격하며, 육체는 정신을 공격한다. 그때 실존은 역사를 공격하고, 소멸은 구원을 공격하며, 죽음은 삶을 공격하기도 한다. 하지만 무엇보다도 그 순간에 카오스는 온 힘을 다해 코스모스를 공격한다. 이 영화에서 여자가 악하다면, 그것은 질서 대신 혼돈을 대변하고 있기 때문이다.

결국 이 영화에서 가장 큰 폭력은 광기로 날뛰는 아내가 아니라 이성적으로 대응하려는 남편이 저지른다. 남자는 도무지 이해할 수 없는 마녀의 목을 졸라 살해하고 카오스의 상징인 그 육체를 불태워 제거함으로써 코스모스를 회복하려고 한다. 이번 마녀는 스스로가 마녀라는 사실을 인정하고 극악하게 날뛰었다는 점에서 다루기가 매우 힘들었지만, 어쨌든 남성은 이제 또 한 번의 성공적인 마녀사냥을 끝냄으로써 질서 있는 세계로 안전하게 귀환할 수 있을 것처럼 보인다.

에덴에서 탈출한 (혹은 에덴에서 다시 추방당한) 남자는 허겁지겁 산딸기를 따먹다가 언덕 위로 올라오고 있는 수많은 얼굴 없는 여자들, 그러니까 잠재적인 마녀들과 마주친다. (이 장면은 이 영화를 뒤덮고 있는 추락의 이미지와 명확하게 대조된다.) 이때 남자는 자신의 곁을 무심히 스쳐 올라가는 여자들을 보면서 망연자실한다. 에덴에 들어설 때 거기서 무슨 일이 펼쳐질지 짐작하지 못했고, 에덴에서 머무르는 동안 자신에게 일어나는 사건이 무엇을 뜻하는지 몰랐던 남자는 에덴을 벗어날 때까지도 철저히 무지했다. 그곳에서 벗어난 남자의 존재와 상관없이 에덴은 그 자체로 오롯하다.

이때 산딸기는 지식을 가져다주는 성경의 선악과와 같다. 무슨 일이 벌어지고 있는 것인지 남자가 짐작하기 시작하는 순간은 산딸기를 입에 넣고 난 뒤 산을 오르는 여자들과 마주쳤을 때, 그러니까 에덴에서 벗어난 마지막 지점에서야 비로소 찾아온다.

지식이 없으면 진정한 고통도 없다. 그리스신화에서 오이디푸스의 고통은 아버지를 죽이고 어머니와 관계를 맺는 행위가 이뤄진 순간에 찾아온 것이 아니다. 그 행위가 무엇을 뜻하는지 뒤늦게 인식하면서부터 고통은 비로소 시작되었다. 그러니까 「안티크라이스트」에서 남자의 진짜 고통은 에필로그에서 산딸기를 따 먹은 뒤 여자들이 숲을 오르는 모습을 볼 때 비로소 시작된다. 이제 남자는 숲에서 자신이 당했던 일이 아니라 자신이 행했던 일을 떠올리며 진정한 고통에 몸부림칠 것이다. 하지만 설령 그렇다 한들, 그건 영화의 구두점 바깥에서 발생할 것이다.

**7.**

철학자 비엔느는 "나는 두려워한다. 고로 나는 존재한다(Timeo ergo sum)"고 했다. 라스 폰 트리에 역시 그렇게 존재하는 예술가다. 많은 이들의 비판과 달리, 나는 「안티크라이스트」에서 폰 트리에의 허세나 사기술을 발견하지 못했다. 니체는 『안티크리스트』에서 "보이는 것을 보려 하지 않고 보이는 그대로 보려 하지 않는 것. 이것을 나는 거짓이라고 부른다. 가장 습관적인 거짓말은 자기 자신을 속이는 거짓말이다"라고 했고, 폰 트리에는 자기 자신을 속이는 거짓말을 하지 않았다. 그는 한 명의 감독으로서나 한 명의 자연인으로서 자신의 내면 깊숙한 곳에 자리 잡은 두려움의 개인적이고도 역사적인 근원을 향해 끝까지 파 들어갔다. 다시 니체식으로 말한다면, 다만 그 두려움의 심연을 들여다보는 과정에서 폰 트리에는 스스로가 괴물이 되어가는 것을 알아채고도 끝까지 응시를 멈추지 않았을 뿐이다.

# 아이 엠 러브

**Io sono l'amore**

감독 **루카 과다니노**(Luca Guadagnino)   국내 개봉일 **2011.01.20**

"그게 빛이든 안개든, 필름에 담긴 이미지는 우리가 죽음에 대해 거둔 유일한 승리다. 영화는 삶의 연장이다. 영화 속에서 삶은 죽음보다 훨씬 더 지배적이다. 우리는 우리의 유령들과 함께 영원히 살아간다."(장 클로드 카리에르)

수많은 영화들이 마음의 궤적과 파장을 스크린에 담아내기 위해 애쓴다. 새로 찾아온 감정이 삶의 행로 자체를 바꾸기 위해서는 그 전까지 누적된 기나긴 시간 전체와 겨뤄서 이겨야 한다. 그럼에도 대부분의 영화들은 순간이 세월을 삼키는 모습을 너무나 쉽게 가정하고 그냥 넘어간다. 하지만 루카 과다니노의 「아이 엠 러브」는 그 순간의 에너지와 방향성을 창의적이고도 폭발적인 방식으로 제시하고 묘사함으로써 관객을 납득시킨다. 이 영화의 숏과 신은 종종 살아 움직이는 생물처럼 느껴진다. 이 고전적이고 우아하면서 야단스러울 정도로 감각적인 영화를 보면서 무시로 일렁거렸던 내 마음을 이해하기 위하여.

## 1. 軌(궤)

「아이 엠 러브」의 내용은 익숙하다. 우선 이것은 21세기에 다시 만들어진『인형의 집』같다. 입센의 희곡과 루카 과다니노의 영화가 풀어내는 이야기는 많은 공통점이 있다. 두 여주인공은 세 아이의 어머니이고 (적어도 겉으로는) 자상한 남편의 사랑을 받고 있다. 남편 몰래 어떤 일을 하던 그들은 그 과정에서 자신이 그저 남편의 인형에 불과했다는 사실을 깨닫고 집을 나선다.

그리고 이건 이탈리아를 무대로 재창조된『채털리 부인의 연인』같기도 하다. 헌신적인 결혼 생활을 했지만 어느 순간 공허와 권태를 깨달은 여자는 산에 사는 남자와의 몸과 마음이 모두 충만해지는 관계를 경험한 후 이전처럼 살 순 없다는 사실을 깨닫고 남편을 떠나간다.

「아이 엠 러브」의 내러티브를 거칠게 요약하자면, 남편이라는 구심력과 애인이라는 원심력 사이에서 갈등하던 여성이 뜻하지 않은 사건을 경험한 뒤 용기를 내어 다음 단계로 나아가는 이야기다. 여기에 특별히 새로운 것은 없다. 하지만 반대로 작용하는 그 두 가지 힘이 엠마(틸다 스윈턴)라는 한 인간의 마음에서 빚어내는 궤적을 그려내는 양상은 탁월하다.

## 2. 昇(승)

그 여자의 남편 탄크레디(피포 델보노)는 사위가 평탄한 지역의 대저택에 살고, 그 여자의 애인 안토니오(에도아르도 가브리엘리니)는 좁고 굽은 길을 한참 거슬러 올라가야 하는 산 위 오두막에 산다. 딸 베타(알바 로르바커)가 남자친구 그레고리오(에마누엘레 치토 필로마리노) 대신 여선생 앙가라드(라우라 후스톤)를 사랑하게 되었다고 밝히는 편지를 우연히 읽고 난 엠마는 밀라노 두오모의 계단을 올라간다. 두오모 옥상 끝까지 오른 그녀가 편지를 손에 쥔 채 더 높은 첨탑을 올려다보는 그 신의 마지막 숏에 이어지는 다음 신 첫 숏은 하늘에서 서서히 하강해 산레모의 산속 안토니오의 집을 담는다. 그 두 개의 신이 그와 같은 방식으로 연결될 때 두 사람의 감정이 지닌 상승 욕구는 하늘을 가로질러 이어진다.

그 집에 찾아온 (엠마의 아들인) 친구 에도아르도(플라비오 파렌티)에게 안토니오는 이곳에 레스토랑을 열고 싶지만 여기까지 누가 올라오겠냐면서 반대하는 아버지 때문에 어려울 것 같다고 말한다. 그러나 안토니오는 얼마 후 그곳까지 기꺼이 올라오는 여자를 만난다.

엠마의 마음속 격랑을 눈치챌 때 이 영화의 카메라는 높이에 대한 감각을 강조한다. 저택에 케이크를 들고 찾아온 안토니오를 처음으로 만나기 바로 직전 숏에서, 엠마는 이 영화에 단 한 번 등장하는 직부감 고정 앵글을 통해 가장 낮은 위치에 서 있는 것으로 스케치된다. 그리고 짧은 인사 후 안토니오가 정원을 가로질러 돌아갈 때, 엠마는 2층으로 올라가 그의 퇴장을 창밖으로 내려다본다. 안토니오와의 관계가 급진전될 때 변화 직전의 엠마를 낮은 위치로 설명하는 앵글은 둘이 처음 사랑을 확인하게 되는 서점 앞 부감 크레인숏으로 변주된다.

밀라노 두오모의 옥상이든 산레모의 산이든, 마음이 흔들리면 엠마는 높은 곳으로 올라간다. 이 영화의 연인들은 높은 곳에서 세상을 내려다보며 밀회를 한다. 그리고 엠마와 탄크레디가 서로의 가슴에 못을 박으며 헤어지게 되는 곳은 세상의 밑바닥, 성당의 어두컴컴한 1층 홀이다. 이 영화의 카메라는 상승하기 위해 하강한다. 그런 카메라가 끊임없이 들어 올리는 것은 바로 엠마의 마음이다. 산 위에 있는 안토니오의 집을 엠마가 처음 방문할 때, 구불구불 오르막길을 오래오래 보여주는 것도 같은 맥락이다.

무게중심을 높이면 에너지는 많아지는 대신 불안정해진다. 이 영화 초반부에서 안정적이지만 활력이 없었던 엠마는 후반부에 이르러 극도로 불안정해지는 대신 삶 전체를 바꿀 만한 에너지를 얻는다.

### 3. 門(문)

「아이 엠 러브」는 닫힌 창문으로 시작해서 열어젖혀진 현관문으로 끝나는 영화다. 폭설에 인적이 끊긴 밀라노 시내 곳곳을 보여주는 오프닝크레디트 시퀀스가 끝나고 본격적으로 이 영화가 시작할 때의 첫 숏은 대저택의 굳게 닫힌 창문을 비춘다. 이어 영화는 엠마가 마음의 움직임을 느낄 때마다 수시로 문을 닫는 모습을 넣는다. 1층 야외의 수영장 옆 정원에서 열리고 있는 파티 소식이 궁금하면서도 애써 방 안에서 수를 놓고 있는 엠마를 위해 늙은 하녀는 창문을 닫고 커튼까지 쳐준다. 안토니오와의 키스 후 집으로 돌아온 엠마가 거실 이곳저곳을 불안하게 거닐 때 젊은 하녀는 육중한 철문을 닫아준다. 하녀들은 곧 그 저택에서 오래도록 식물처럼 살아온 엠마의 습관과도 같은 인물들이다. 그들이 문을 닫을 때 수십 년간 대저택에 뿌리를 뻗으며 길들여졌던 엠마의 삶이 의존해온 질긴 관성은 이제 막 운행을 시작하는 감정에 브레이크를 건다.

하지만 엠마의 마음속 진동은 계속 문을 열어젖히려 한다. 그녀가 안토니오와 처음으로 잠자리를 할 때와 그 직후 달콤한 오수를 즐길 때, 안토니오 오두막의 모든 창문은 바깥을 향해 활짝 열려 있다. 그리고 그와의 교감은 그녀의 문이 열리는 행위이기도 하다.

그러나 뜻하지 않은 비극적 사건이 발생하게 된 상황에서, 어렵사리 열었던 엠마의 문은 이제 예전처럼 닫혀져야 할 것만 같다. 아들의 죽음을 확인한 후 병원에서 돌아와 엠마가 작은 침대 위로 쓰러져 잠에 빠질 때 뒤따라 들어온 하녀는 창문을 꼭 닫아 그녀의 지나온 삶이 익숙하게 받아들여온 어둠을 만들어준다. 그러나 죽음과도 같은 잠에서 엠마가 깨어난 뒤 그 창문은 기어이 열어젖혀진다.

이 영화 본편의 마지막 숏이 보여주는 것은 세상 밖으로 활짝 열린 현관문이다. 딸 베타의 시점으로 묘사되는 이 숏에서는 열린 문만 보일 뿐 집을 박차고 나가는 엠마는 보이지 않는다. 말하자면 엠마는 부재를 통해서 자신의 새로운 정체성을 웅변한다. 닫힌 문 안쪽의 저택으로 구획 지어진 그녀의 이전 삶은 이제 그 장면에서 구두점을 찍으며 완료되었다. 그녀는 거기 없었다.

이어지는 엔딩크레디트 때 덧붙여진 에필로그는 빛이 새어 들어오는 동굴 안에 누워 있던 엠마와 안토니오가 천천히 몸을 일으킨 뒤 서로를 안고 있는 모습을 오래도록 보여준다. 그녀가 새로 존재하는 그 자리는 열려 있는 동굴. 이제 또 다른 삶의 태내에서 몸을 일으킨 그녀는 새롭게 탄생할 것이다.

## 4. 光(광)

이 영화는 엠마의 새로운 사랑을 빛으로 추인해 찬란한 성애로 그린다. 그녀가 안토니오와 키스를 하거나 섹스를 할 때, 두 연인이 함께 있는 공간은 넘치는 광량으로 눈부시게 빛난다. 햇살 가득한 야외에서의 접촉은 물론, 안토니오의 오두막 안에서 펼쳐지는 그들의 첫 섹스 역시 열린 창문들에서 쏟아지는 빛으로 온통 환하다. 베타가 거리에서 앙가라드와 키스를 나누는 장면 역시 무척이나 밝다. 루카 과다니노는 그게 혼외정사든 동성애든, 솟아오르는 순수한 욕망은 넘치는 빛으로 추인한다. 성애의 의미를 지닌 식사 장면 역시 빛으로 축복받는다. 엠마가 다른 두 여자와 함께 안토니오가 만들어준 새우 요리를 입에 넣을 때, 셋 중 어둠 속에서 조명을 받는 것은 오로지 엠마뿐이다.

반면에 의무로 남은 남녀 관계는 어둠의 공간에 남겨둔다. 베타가 더 이상 사랑하지 않는 남자친구인 그레고리오와 키스를 나누다 몸을 사리는 곳은 대저택의 음침한 골방이다. 속옷만 입은 남편 탄크레디를 엠마가 요령껏 거절할 때의 침실은 적이 어둡다. (탄크레디는 결혼 전 엠마와 연애할 때도 주로 자동차 안을 이용했다.)

성애의 순간만이 아니다. 「아이 엠 러브」의 세계는 야산이나 오두막처럼 안토니오가 활동하는 빛의 공간과, 대저택처럼 탄크레디가 점유하는 어둠의 공간으로 양분되어 있다. 이 영화에서 탄크레디는 단 한 번의 예외를 제외하면 언제나 실내에만 머무르는데 그 실내는 대부분 빛이 부족하다. 그리고 단 한 번의 예외는 아들의 장례식 장면이다.

장례식을 마친 뒤 한쪽에 구두를 벗어둔 채 홀의 다른 쪽에 맨발로 넋이 빠져 서 있는 엠마를 위로하러 탄크레디가 다가간다. 그러곤 구두가 놓여 있는 곳으로 엠마를 데리고 간다. (탄크레디는 그런 남자다. 벗겨진 구두를 들고 아내에게 다가가는 대신, 아내를 데리고 구두 쪽으로 간다.) 엠마의 몸에는 탄크레디의 윗옷이 걸쳐져 있고, 그런 그녀에게 그는 자신이 붙여준 이름인 "엠마!"를 두 번 불러 위무하려 한다. 그 순간 홀의 높은 천장 위로 푸드덕 날아오르는 새 한 마리를 본 21세기의 노라(『인형의 집』)는 "당신은 내가 누군지 이젠 알지 못해요"라고 내뱉고서 새로운 사랑을, 오래도록 잊었던 정체성을 공표한다. 이제 그녀의 이름은 탄크레디가 붙여준 '엠마' 대신 스스로의 새로운 정체성과 여정을 담은 '러브'가 될 것이다. 아이 엠 러브. 그녀는 사랑이다.

탄크레디와 엠마가 이렇게 마지막 대화를 나눴던 장소 역시 성당의 어둑어둑한 1층 홀이었다. 「아이 엠 러브」는 도덕을 넘어서는 것이 악이 아니라, 어두운 게 악이라고 말하는 영화다. 그건 이 영화가 눈부신 생의 찬가라는 사실과 일치한다.

## 5. 色(색)

안토니오와 본격적인 관계를 맺기 전, 엠마는 주로 빨간색 계열의 옷을 입는다. 첫 시퀀스인 저택의 가족 모임 장면에서부터 빨간 원피스를 입고 나온다. 안토니오가 만든 새우 요리를 먹을 때 역시 그렇다. (그녀가 빨간 원피스를 입고 빨간 립스틱을 칠한 채 그가 만든 붉은 새우를 입 안에 넣고 씹으며 탐닉하는 장면은 사실상 이 영화의 첫 섹스 장면이라고 해도 될 것이다.) 안토니오와의 우연한 만남을 기대하며 산레모를 처음 방문할 때 그녀가 걸친 옷도 주황색 원피스였다.

아마도 빨간색은 그녀 마음속 꾹꾹 눌러두었던 욕망일 것이다. 새로운 사랑을 떠올리며 딸이 스스로의 흥분을 생생하게 묘사한 편지를 읽고 난 뒤 엠마가 꾸는 꿈의 마지막은 체리의 붉은 즙으로 흡사 피범벅된 것처럼 보이는 자신의 손이었다. 그런 엠마에게 안토니오가 요리를 가르치면서 처음 두 사람의 육체가 맞닿게 될 때, 그들의 손에 들려 있었던 것은 불을 뿜는 토치이기도 했다. 그러니까 이 영화가 세상의 모든 색을 뒤덮어 무화시키는 도시의 건조한 눈 풍경으로 시작하는 것도 우연이 아니다.

하지만 겨울에서 시작한 영화는 곧 여름을 맞고, 엠마 역시 내면의 욕망을 밖으로 표출하고 또 실현한다. 그리고 안토니오와 육체적인 관계를 맺게 된 후부터는 영화가 끝날 때까지 엠마가 더 이상 붉은 옷을 입지 않는다. 심지어 이 영화는 극 후반부에서 과다 출혈이 사인이라는 아들 에도아르도가 죽는 장면에서도 붉은 피를 단 한 방울도 묘사하지 않는다.

헤어스타일 역시 같은 맥락에서 이해된다. 극 초반 엠마의 머리는 길게 늘어뜨린 모양이다. 그러다 안토니오와의 관계가 본격적으로 이행되는 단계인 첫 산레모 여행에선 긴 머리를 틀어 올린 모습이다. 이어 두 사람이 섹스를 하고 나면 안토니오는 엠마의 머리카락을 잘라 단발로 만들어준다.

## 6. 肉(육)

그리고 감각을 스크린에 육화시키는 몇 가지 매혹적인 방식들. 여기서 아웃포커스의 표현력은 경이롭다. 특히 원경의 아웃포커스에서 인물들(베타와 앙가라드)이 다가와 근경의 인포커스로 키스를 할 때 전달되는 그 놀라운 생기라니! (엠마가 안토니오와의 키스를 떠올리며 세면대의 거울 앞으로 다가와 웃음 짓는 장면의 메커니즘 역시 마찬가지다.)

심지어 과다니노는 두 주인공인 엠마와 안토니오가 첫 키스를 하는 광경조차 아주 짧은 아웃포커스로 처리한다. 그 모습을 보면서 관객들이 스스로 무엇을 본 것인지 잠시 의아해할 동안 영화는 짧은 무지화면을 거쳐, 집으로 돌아와 욕실로 달려간 엠마가 소변을 보면서 입을 막고 웃는 장면을 거울들을 통해 길게 늘어놓음으로써, 행동 자체보다 행동의 심리적 파장을 훨씬 더 선명하게 강조한다.

소파에서 낮잠에 빠진 엠마가 꾸는 꿈을 몽타주한 끝에 에도아르도가 깨우는 현실의 장면으로 돌아오고 난 후에도 꿈속 장면을 아주 짧게 한 번 더 인서트함으로써 감각의 여진을 인상적으로 코멘트하기도 한다. 과다니노는 감각의 혈관을 잇거나 꼬리를 자르는 방식에서 뛰어난 능력을 보여준다.


### 附(부)

많은 사람들이 「아이 엠 러브」를 보면서 루키노 비스콘티의 「레오파드」를 떠올린다. 아닌 게 아니라 이 두 편의 탐미적인 이탈리아 영화들은 공통점이 적지 않다. 이 영화를 만들면서 과다니노가 의식적으로 이탈리아 영화의 전통을 떠올렸던 것을 감안하면 그와 같은 연상은 지극히 자연스럽기까지 하다. (심지어 탄크레디라는 이름을 가진 남자가 두 영화 모두에 나온다는 점도 같다. 밀라노 출신인 비스콘티가 시칠리아를 무대로 한 「레오파드」를 만든 반면, 시칠리아 출신인 과다니노는 밀라노를 무대로 한 「아이 엠 러브」를 연출했다는 대조점까지도 흥미롭다.)

그러나 어쩌면 두 작품은 니노 로타와 존 애덤스의 음악만큼이나 다른 영화일지도 모른다. 대저택의 활짝 열린 창문에서 시작해 쓸쓸히 퇴장하는 인물의 뒷모습으로 끝나는 「레오파드」가 결국 스러져 가는 것을 골똘히 응시하는 영화라면, 굳게 닫힌 창문에서 시작해 인물이 사라지고 난 빈 공간을 박력 있게 제시하면서 끝나는 「아이 엠 러브」는 솟아오르는 것에 모든 관심을 쏟는 영화니까. 이토록 왕성한 생의 찬가라니.

# 불청객

감독 **이응일** 국내 개봉일 **2010.09.30**

시작부터 희한하다. 「불청객」은 오래전 비디오테이프마다 붙어 있던 '불법 비디오 추방' 캠페인 애니메이션부터 보여준다. "한 편의 비디오, 사람의 인생을 바꾸어놓을 수도 있습니다"라는 구절로 끝났던 그 영상 말이다. 이어 「진달래」(이응일)란 영화의 예고편이 펼쳐지는데, 도무지 어떤 내용인지 감을 잡을 수 없다. "오빠는 왜 혼자 다녀요?"라는 질문에 "군대에 갔다 왔더니 아저씨가 되었어"라고 답하는 대화가 이어지는가 하면, 괴성을 지르며 변하는 남자와 여신임을 주장하는 평상복의 여자가 등장하기도 한다. 예고편이 끝나면 "이 영화를 디시인사이드에 바친다"라는 헌정 자막까지 뜬다. 그제야 본격적으로 펼쳐지는 영화는 과연 어떤 내용일까.

악몽에서 깨어난 고시생(김진식)의 자취방 현관 앞에 이상한 소포가 배달된다. 포장을 뜯는 순간 우주의 지배자로 자처하는 포인트맨(이응일)이 흉한 모습으로 등장해, 이 집에 오래 처박혀 있으면 영생을 얻을 수 있는 포인트를 적립해주겠다고 제안한다. 옆방에 사는 두 명의 취업 준비생들(원강영, 이응일)과 함께 고시생이 저항하자 포인트맨은 그들을 집과 함께 통째로 우주로 날려버린다. 우주를 떠돌던 세 남자는 포인트맨의 진짜 음모를 알게 된다.

(어쨌든 스토리라고 요약해보긴 했다만) 이게 대체 무슨 귀신 씨나락 까먹는 내용이란 말인가. 황당한 이야기도 이야기지만, 우주를 배경으로 우격다짐하듯 밀어붙이는 이 지독히도 저렴한 시각효과는 또 뭐란 말인가. 그리고 과장된 리액션과 요령부득인 액션으로 일관하는 초짜 배우들의 연기는 어떻게 받아들여야 한단 말인가. (심지어 이 영화의 엔딩크레디트는 '고마운 분들' 명단에 '모든 소란을 참아주신 자취집 주인어른'부터 아인슈타인, 호킹, 펜로즈, 에서, 마그리트까지를 다 언급한 뒤에야 끝난다.)

이웅일의 장편 데뷔작 「불청객」은 흡사 장기하가 에드 우드를 만난 것 같은 영화다. 전국에서 딱 한 곳에서 단관 개봉된 이 괴작은 작품의 외양으로만 보면 황당하기 이를 데 없다. 함께 자취하던 친구들을 배우로 기용한 뒤 500만 원(후반 작업까지 합치면 2,000만 원)을 들여 만들어낸 러닝타임 67분의 이 초저예산 SF는 뒷얘기만으로도 흥미롭다. (동시에 놀랍기도 하고 안타깝기도 하다.)

감독은 유리창이 깨지는 장면에서 사용할 슈거글라스 비용을 아끼려고 직접 설탕을 녹여가며 수없이 시행착오를 겪었고, 포인트맨을 직접 연기하기 위해 파랗게 물들인 내복과 파란 수영모를 착용한 채 얼굴까지 파란 물감으로 칠하기도 했다. 극도로 제한적인 여건 속에서 촬영 자체에 워낙 많은 시간이 걸리기도 했지만, 다 찍은 후에도 최종 완성하기까지는 3년을 더 기다려야 했다.

그렇게 세상에 나온 작품은 관람료를 지불하고 극장에 들어온 어떤 관객들에게 분명 허탈감을 안길 것이다. 하지만 또 어떤 관객들은 이 영화에서 표출된 에너지와 잠재된 가능성이 주는 신선한 자극에 눈을 비빌 것이다. 여기엔 대중적이라고 할 순 없겠지만 (우주 공간에 리코더 연주로 홍난파의 가곡이 울려 퍼지는 장면이나 최후의 일전을 앞둔 세 남자가 미숫가루를 타서 나눠 마시는 장면에서처럼) 코드가 맞는 사람들은 데굴데굴 구르게 할 기막힌 유머 감각이 있다. 어떤 지점에서도 스스로 브레이크를 걸지 않는 자유로운 상상력을 갖추기도 했다.

무엇보다 흥미로운 것은 88만 원 세대의 이 SF에서 유희 정신과 비판 정신이 시종 시너지효과를 발휘하고 있다는 점이다. 국회에 대한 조롱과 론스타 사건에 대한 풍자가 있는가 하면, 기만적인 기업 마케팅에 대한 야유와 강압적인 무한 경쟁 사회에 대한 반발이 있다. 제프 머피가 감독한 「프리잭(Freejack)」 같은 영화를 떠올리게 하는 포인트맨의 음모는 선진국과 개도국 사이의 역학 관계나 부자와 빈자 사이의 계급 문제를 날카롭게 거론하기도 한다. 그리고 종국에 이르러 「불청객」은 각성한 사람들의 연대를 말한다.

이 영화의 단점들이 모두 다 적은 제작비에서 오는 것만은 아니다. 플롯이 제 구실을 하지 못할 때도 종종 발견되고, 디테일의 전달력이 떨어지는 부분도 적잖이 드러난다. 극을 우주적으로 확장하면서 끝나는 결말 부분은 과욕으로 보이기도 한다. 하지만 이 우스꽝스러우면서도 대담한 영화에는 스스로에 대한 희화는 있어도 자기모멸이나 자기연민은 없다. 숱한 고생을 했겠지만, 이응일은 결국 끝까지 즐겼고 끝까지 하고 싶은 말을 했다. 충무로 주류 SF가 개점 휴업하고 있는 사이, 누군가의 골방에선 「불청객」이 만들어졌다.

# 옥희의 영화

감독 **홍상수** 국내 개봉일 **2010.09.16**

많은 이들이 지적하고 있듯, 「옥희의 영화」는 홍상수의 필모그래피
에서 유독 정서가 중요한 작품이다. 그것은 이 영화가 펼쳐내는 이
야기의 성격 때문이었을까. 이전과 달리 느슨하게 풀어져버린 듯한
구조 때문이었던 걸까. 혹시 어느덧 쉰을 넘기게 된 홍상수의 나이
와 관련이 있었던 것은 아닐까.

　그럴 수도 있을 것이다. 그 각각에 대한 설명도 어느 정도 가능하
다. 하지만 나는 그보다 훨씬 더 중요한 이유가 있었다고 생각한다.
「옥희의 영화」에 대한 평문이 쏟아지고 있지만 (내가 알고 있기로는) 거
의 언급되지 않는 이 부분에 대해서 말하고 싶다. 그것은 시간이라
는 변인에 대한 것이다. 말하자면 「옥희의 영화」는 시간을 본격적으
로 바라보는 홍상수의 첫 영화다.

## 1.

　홍상수는 그동안 공간이라는 변인을 적극적으로 끌어들여왔다.
그의 거의 모든 영화는 한 장소에서 다른 장소로 옮겨가는 인물이

나, 옮겨갈 것을 논의하는 인물을 스케치하면서 시작된다. 이동은 곧 공간의 확장을 뜻한다. (이때 그에게 공간이란 특정한 지역성을 가진 구체적 장소라기보다는 일종의 대체 현실을 담아내는 서사 공간에 가까웠다.)

하지만 「옥희의 영화」 이전까지 시간이라는 변수의 영향은 최대한 축소되었다. 삶의 특정한 한 시기만 면도칼로 도려내듯 잘라내 다루는 방식이 인물의 시간적 반경을 최대한 압축해온 것이다. 두 가지 이야기가 서로 마주 보는 대칭 구조를 특히 선호해온 그의 영화 세계에서는 전반부와 후반부로 내용이 나뉜 경우라고 해도, 그 사이의 시간적 간격이 없어 동시발생적이거나(「강원도의 힘」) 이틀 후거나(「해변의 여인」) 길어봤자 12일 후(「잘 알지도 못하면서」)다. (근작으로 올수록 시간적 간격은 그나마 조금씩 길어지고 있다.)

홍상수의 영화에서는 프롤로그나 에필로그가 없었다. 많은 영화들이 타이틀 시퀀스가 펼쳐지는 도중이나 이전에 관객의 시선을 끌기 위한 프롤로그 에피소드로 시작하지만, 그의 작품들은 제목과 배우와 제작진의 이름 등을 담은 타이틀 자막으로만 간결하게 출발한다. (서울타워를 비추면서 타이틀 시퀀스가 함께 흐르는 「극장전」만이 예외다.) 중심을 이루는 이야기가 다 마무리되고 어느 정도 시간이 흐른 후의 모습을 짧게 스케치하는 에필로그도 없다. 플래시백 역시 거의 없다. (「하하하」 이전까지 플래시백은 「여자는 남자의 미래다」에서 딱 한 번 쓰였을 뿐이다.) 플래시백이나 프롤로그는 주로 영화가 다루고 있는 인물이 과거에 어떠했는지에 대한 묘사라는 점에서, 그리고 후일담을 즐겨 다루는 에필로그는 주로 인물의 미래에 대한 설명이라는 점에서, 홍상수는 인물의 지나간 날과 다가올 날에 대해 관심을 거의 두지 않왔다고 말할 수 있을 것이다. 즉 그의 영화들은 주로 현재성에만 관심이 있었다. (시간적 맥락이 축소되면 정서가 아니라 욕망이 중요해진다.)

이 모든 형식적 특성은 홍상수라는 예술가의 목표가 표면의 포착이기 때문인 것으로 보인다. 이리저리 미끄러지는 욕망의 궤적을 통해 일상의 표면에 덕지덕지 붙어 있는 통념과 상투를 끈질기게 응시하는 그의 영화들은 '차이와 반복' 속에서 미세한 변화를 잡아내려고 한다. 그럴 때 강력한 자장을 가진 시간이라는 변인이 개입하게 되면 모든 것이 흔들려버려 미묘한 양상을 그려내는 게 어려워지게 된다.

데뷔작 「돼지가 우물에 빠진 날」을 제외하면 그의 영화들에서 주인공들이 죽음을 맞이하는 경우가 한 번도 없었던 것도 이와 무관하지 않을 것이다. 죽음이야말로 시간성을 가장 극적으로 드러내는 모티브이고, 시간이라는 변인이 가장 강렬하게 영향을 끼친 흔적이기 때문이다. (극에서 시간의 영향력을 최소한으로 줄이려는 창작자는 죽음이라는 모티브를 배제할 수밖에 없다. 그렇지 않으면 그 죽음은 제한된 시간 속에서 기괴하게 왜곡되거나 수용하기 어려운 감상주의의 얼룩을 남기거나 그때까지 묘사되었던 모든 것들을 한순간에 파괴하는 내러티브의 폭탄이 되고 말 것이다.)

그러니까 시간의 흐름을 배제해온 그의 방법론은 물의 흐름이 인위적으로 잘 통제되고 있는, 일종의 실험실과도 같은 환경을 지닌 인공 호수에서 수중 생태계의 일상을 면밀하게 관찰하는 것과 유사하다.

## 2.

그런데 「옥희의 영화」에 이르러 홍상수는 호수에서 벗어나 바다를 향하는 강으로 뛰어들었다. (그 조짐은 극의 대부분이 플래시백에 해당되는 「하하하」에서부터 엿보였다.)

사실 송 교수(문성근)에 대한 추문의 진상을 면전에서 캐묻던 진구(이선균)가 채 몇 시간이 지나지 않아 GV 자리에서 자신과 관련된 소문에 대해 관객들 앞에서 추궁당하며 끝나는 1부 '주문을 외울 날'은 전형적인 홍상수 영화처럼 보인다. 하지만 2부 '키스왕'이 시작되면서 이 작품은 전작들로부터 점차 멀어져간다. 그리고 3부 '폭설 후'와 4부 '옥희의 영화'가 펼쳐지면서 새로운 경지가 전개된다. 「옥희의 영화」는 이제까지의 홍상수 영화들과 사뭇 다른 작품인 동시에, 내가 이제껏 본 적 없던 영화였다.

(흥미롭게도 이 4부작에서 인물들의 동일성은 온전히 확보되지 않는다. 아내가 진구의 이름을 잘못 부르는 해프닝으로 이 작품이 시작되는 것은 우연이 아닐 것이다. 「오! 수정」에서 이름이 잘못 불릴 때의 뉘앙스와 달리, 도착된 동일성에 대한 암시의 기능을 담당하고 있기 때문이다. 하지만 이 영화에서 인물의 동일성이 깨지고 있는 것에 대해서는 이미 나온 적잖은 글들에서 설명되고 있으므로 더 이상 거론하지 않을 것이다. 다만 이 인물들의 동일성이 깨어지는 것은 '부분적'이기에, 이 글에서는 일단 세 배우가 연기하는 세 주인공이 네 개의 이야기 속에서 기본적으로 같은 사람이라고 전제할 것이다.)

진구가 학교와 회식 자리와 GV 행사를 떠도는 1부는 하루라는 짧은 기간 동안 펼쳐진다. 크리스마스까지 (아마도) 3일간의 일을 다룬 2부 역시도 그렇다. 3부 역시 폭설이 내렸던 다음 날 하루에 국한된다. 하지만 영화 속 영화의 형식을 띠고 있는 4부는 이제까지와 많이 다르다. 12월 31일과 1월 1일에 발생한 두 개의 이야기를 교차하고 있는데 그 두 날 사이에는 햇수로 2년, 날수로는 정확히 366일 차이가 있다. (익히 알려져 있다시피 「옥희의 영화」는 네 명의 스태프와 13회 차 촬영으로 완성됐다. 촬영 기간이 짧아지고 촬영 여건이 간소해지면서 내러티브에서 시간의 진폭은 더 커지는 역설.)

더 두드러져 보이는 것은 에피소드들의 관계다. (인물들의 깨진 동일성 때문에 시간 순서를 명확히 따지는 것은 곤란한 일이지만 대략적 파악은 가능하다.) 2부와 3부는 (송 교수의 달라진 처지를 논외로 놓고 보면) 비슷한 시기에 발생한 것으로 일단 추측할 수 있다. 1부는 2-3부 이후 적어도 십수 년이 지난 상황에서의 일로 볼 수 있다. 그리고 4부는 (그것이 영화 속 영화라는 것을 고려하면) 2-3부 이후의 상황에 대한 일종의 후일담 역할을 한다.

물론 이 네 에피소드의 관계는 단선적인 시간 순서로 온전히 배열되지는 않는다. 1부 이후의 상황은 1부의 주인공인 진구 입장에서의 플래시백으로 볼 수도 있다. 1부를 2부의 진구가 꾼 꿈이나 진구가 만든 영화(이를테면 '진구의 영화')로 해석하는 것도 가능하다. 그리고 4부와 2-3부의 관계는 일반적인 시간 순서의 맥락으로 파악하는 데 큰 무리가 따른다. 왜냐하면 4부는 (아무리 극 중에서 경험에 바탕한 것이라고 전제되어도) 2-3부로부터 따로 떨어져서 허구의 틀을 차용한 일종의 논평 역할을 하고 있기 때문이다.

하지만 1-4부가 2-3부와 맺는 관계가 혼란스럽더라도, 거기엔 상당한 시간의 흐름이 전제되어 있는 게 사실이다. 설혹 영화 속 영화이거나 영화 속 꿈으로 읽어내도 그렇다. 그리고 에피소드들 사이의 혼란스러운 연대기적 순서와 비논리적인 관계는 시간적 맥락의 파장을 더욱 크게 키워놓는 효과를 가져오기도 했다.

게다가 홍상수는 제작 과정에서 영화 속 날짜와 실제 촬영 날짜를 일치시켰다. 4부의 12월 31일과 1월 1일 분량은 실제로 한 해의 마지막 날과 첫날에 촬영했다. 그리고 크리스마스가 배경인 2부의 장면 역시 크리스마스 당일에 찍었다.

완성된 상태에서 이 영화를 보는 관객들에게 3부는 경이적이면서도 필수 불가결한 부분으로 보인다. 하지만 감독은 1-2-4부를 다 찍은 상태에서도 장편영화의 러닝타임 하한선에 가까운 80분에 못 미쳤기에 그제야 송 교수가 중심이 되는 에피소드를 추가로 떠올리고서 3부를 하루 만에 찍었다고 여러 인터뷰에서 말했다. 왜 부가적으로 찍은 부분이 하필 3부의 그 내용이었을까. 그것은 혹시 시간에 대한 맥락이 상대적으로 가장 약한 대목이 3부였기 때문은 아닐까. (이 영화에서 시간을 포괄하는 그물망은 1-2-4부를 다 찍은 순간 상당 부분 완성됐다.)

'주문을 외울 날'의 마지막 신에서 진구는 관객들 앞에 이렇게 말한다. "오늘 하루 어떤 사람을 만나면 어떤 인상을 받고 '아, 이 사람은 이런 사람이구나' 하고 나름대로 판단하지 않습니까. 하지만 그 사람을 내일 만나게 되면 또 다른 면을 보게 되고 또 다른 면을 판단하고 그러지 않습니까. 제 희망은 제 영화가 그렇게 살아 있는 무언가와 비슷하게 만들어지는 물건이 되는 것입니다." 그건 항상 영화를 만드는 사람으로서 홍상수의 목표였다. 그리고 「옥희의 영화」에서 그 목표는 가장 풍부하게 성취되었다. 영화가 생생하게 살아 있는 물건이 되려면, 거기엔 시간성이 좀 더 강하게 부여되어야 한다. 살아 있다는 것은 시간 속을 흘러간다는 말과 다르지 않으니까.

홍상수는 인터뷰에서 「옥희의 영화」라는 영화에 착수할 때 개인적으로나 촬영 조건으로나 최악의 상태였음을 밝힌 바 있다. 그처럼 어려운 상태에서 영화를 만들면 어떤 결과가 나올지 궁금했다는 게 「옥희의 영화」 촬영을 강행한 이유 중 하나였다. 그러니까, 최악의 상태에 놓인 홍상수가 아무것도 정해진 게 없는 상태에서 무지막지하게 촬영을 밀어붙였을 때 (의식적이든 무의식적이든) 영화에 내려앉게 된 것은 시간에 대한 감각이었다.

### 3.

그리고 시간에 대한 감각은 필연적으로 정서를 불러들였다. 홍상수의 이전 작품들과 달리 「옥희의 영화」에 페이소스가 짙게 배어 있다면, 그것은 상당 부분 이 영화가 시간의 흐름을 전제하고 있기 때문이다. ("집사람이 예전 같지 않다"라는 이 영화의 첫 내레이션 자체가 시간의 흐름에 따른 변화를 강하게 의식하고 있다.) 시간의 흐름은 필연적으로 변화를 배태한다. 그리고 인간이 느끼는 정서의 상당 부분은 변화와 관련된 것이다. 실존 인물이든 극 중 인물이든, 시간을 두고 누군가를 오래 지켜보면 연민을 느낄 수밖에 없다.

「옥희의 영화」에 등장하는 인물들에게서는 연민이 느껴진다. 그들은 부분적으로 자기연민이란 감정을 갖기도 한다. 특히 극 중 송 교수가 두 차례 뒷모습을 보이면서 걸어가는 장면은 무척이나 쓸쓸하다. 이 영화에서 흘러가는 시간과 흘러오는 시간은 하나의 관계를 종료시키고 새로운 관계를 출발시키는 과정에서 지체와 서행으로 감정의 침전물을 남긴다. 그리고 한 사람은 누군가의 등을 바라보며 우두커니 서 있고, 다른 한 사람은 누군가에게 등을 내보이며 서서히 퇴장하고, 또 다른 한 사람은 무망하게 주문을 외운다.

그렇더라도 이 영화의 인물들에겐 1인분씩의 위엄이 있다. 퇴장할지언정 고개를 떨구진 않는다. 세월 앞에서 '위풍당당'할 순 없을지라도 여전히 시간 속을 터벅터벅 걷는다. 그런 그들에게 어쨌든 12월 31일은 지나갔고 1월 1일은 다가왔다.

「옥희의 영화」는 쓸쓸하다. 쓸쓸하다는 것은 무엇보다 변화에 대한 느낌이고 시간에 대한 감각이다. 계절의 순환이든 관계의 상실이든, 쓸쓸함은 '더 이상 ~이 아니다'라거나 '더 이상 ~이 없다'라는 사실을 인식할 때 찾아온다. 쓸쓸함에서 중요한 것은 부재 자체가 아니라 부재를 낳은 시간이고 세월이다. 결국 쓸쓸함은 삶에서 특정한 사건이 발생했기 때문에 격발되는 감정이 아니다. 그것은 무상한 세월의 흐름 앞에 선 인간의 실존적이고 원초적인 반응이다. 물론 그 쓸쓸함이 마지막으로 가닿는 곳은 시간의 끝, 즉 죽음과 소멸이다. 홍상수의 영화는 이제 인간의 죽음을 다룰 준비가 되어 있는지도 모른다.


**4.**

「옥희의 영화」에는 "인위적인 것을 통하지 않고는 네 진심이 안 통해. 인위를 통해서 네 진심으로 가는 거야"라는 대사가 나온다. 그동안 홍상수의 영화들에서 그 '인위'를 담아내는 그릇은 주로 '구조'

였다. 그리고 그 구조는 누차 설명되어온 대로 '차이와 반복'을 드러냈다. (「옥희의 영화」에서 인물의 동일성이 대체로 유지되면서도 부분적으로 파괴되고 있는 양상은 '차이와 반복'이 이제 캐릭터를 만드는 과정에도 적용된 경우로 볼 수 있다는 점에서 주목할 만하다.)

그런데 차이를 보여주기 위해서는 먼저 반복을 실행해야 한다. 그리고 반복되는 것들 속에 통념이 있고 상투가 있다. 이제까지 홍상수가 반복을 실행하면서 외운 주문은 공간의 변주였다. 변주된 공간들 속에서 현실 1-1은 현실 1-2와 별다른 장애 없이 비교가 가능했다.

하지만 「옥희의 영화」에서 "두 그림을 붙여놓고 보려는" 시도는 좀 더 불규칙하고 복잡한 변수들로 인해 "효과가 절감"된다. 이 영화의 4부는 이제까지 홍상수가 만들어온 작품들과 흡사한 구조를 갖고 있는 이야기처럼 보인다. 그런데 여기엔 결정적 차이가 있다. 4부의 두 가지 이야기들이 같은 공간에서 유사하게 반복되고 있는 사이에 세월이 흘렀기 때문이다. 반복되면서 그 과정에서 차이를 드러내기도 하는 4부의 디테일들은 이전과 달리, 시간이라는 변인이 상당 부분 영향을 미친 결과다. 양상은 훨씬 더 복잡해졌고 홍상수는 바빠졌다. 홍상수는 이제 그의 작품을 새로 지탱하게 된 또 다른 축으로 눈을 돌리기 시작했다. 시간이라는 망망대해 속에서 그는 어떻게 노를 저어나갈 것인가.

# 김복남 살인사건의 전말

**감독 장철수**  국내 개봉일 **2010.09.02**

장철수의 영화 「김복남 살인사건의 전말」은 힘이 넘친다. 극의 중반까지 비등점을 향해 서서히 끓어오르던 이 작품은 마침내 클라이맥스에서 가공할 만한 폭발력을 보여준다. 한 편의 복수극이 줄 수 있는 카타르시스의 극대치에 가깝다. 이어 모든 상황이 종료되고 영화마저 막을 내릴 때쯤, 관객들은 그때까지 스크린에서 보았던 이 어둡고 슬픈 이야기의 의미에 대해 숙고하게 된다. 이것은 무엇보다 다짐하게 하는 영화다.

직장에서 물의를 빚은 해원(지성원)은 휴가를 내고 어린 시절 추억이 깃든 섬 무도로 향한다. 옛 친구 복남(서영희)은 반갑게 맞아주지만 이상하게 적대적인 마을 사람들의 시선에 해원은 불편해진다. 그러다 해원은 외면하고 싶은 비밀을 알게 된다.

스릴러로서 「김복남 살인사건의 전말」이 취하는 화법은 제목에 반영되어 있다. 악과 침묵의 카르텔이 지배하는 폐쇄적 공동체의 끔찍한 사건을 우직한 정공법으로 다루는 이 작품에는 원시적 에너지가 시종 꿈틀댄다. 김기덕이 연출한 「사마리아」의 조감독이었던 장철수는 자극적이고 난폭한 이야기를 잔혹하게 그려내면서도 내내 관객을 자신의 편으로 끌어들일 줄 안다.

해원이 무도로 내려가기 전까지의 상황을 그린 초반부를 포함해 이 영화는 신과 신, 숏과 숏 사이에서 함축적이고 경제적인 화술을 보여준다. 하나의 신을 마무리하는 숏들에는 탄력이 살아 있다. 이 작품의 카메라는 시점숏을 적절히 곁들여가면서 불길한 전조를 드리우거나 조바심이 나는 상황을 효과적으로 전달한다.

이제 서영희는 당당한 대표작을 갖게 됐다. 그의 연기에 종종 묻어 있던 과잉의 감각이 「김복남 살인사건의 전말」의 색깔과 최적으로 맞아떨어져 강렬한 인상을 남긴다. 섬 마을 주민들로 등장하는 조연 배우들 역시 매우 사실적인 연기로 충격을 더한다. 지성원도 자신이 맡은 캐릭터와 잘 어울린다.

흥미로운 것은 이 영화의 비판적 시선이 결국 향하는 대상이 칼춤을 추는 악인이 아니라 그를 둘러싸고 있는 구경꾼이라는 점이다. 사건 주변에 놓인 듯한 목격자들의 모습을 인상적인 앵글과 카메라워크로 잡아내며 강조하는 이 작품의 숏들은 학대만큼이나 방관이 나쁘고, 폭압 못지않게 침묵 역시 옳지 않다고 우렁우렁 외친다.

극의 종반부, 뒤늦은 자책으로 방바닥에 누운 해원의 옆모습은 무도의 섬 윤곽에 고스란히 디졸브되며 겹친다. 바로 그 순간 침묵하는 냉정한 개인과 침묵이 지배하는 악한 공동체가 끈적하게 달라붙으면서 그때까지의 이야기는 개인적 복수극을 벗어나 역사와 사회에 대한 우화가 된다.

알베르 카뮈는 "삶에는 살아야 할 때가 있고 증언해야 할 때가 있다"라고 했던가. 만일 로만 폴란스키의 「피아니스트(The Pianist)」가 살아야 할 때에 대한 영화라면, 「김복남 살인사건의 전말」은 증언해야 할 때에 대한 영화일 것이다.

# 악마를 보았다

감독 **김지운** 국내 개봉일 **2010.08.12**

과연 혀를 내두를 만큼 잔혹하다. 신체를 칼로 내려치고 썰어 토막
내는 일이 예사로 벌어지는 김지운의 「악마를 보았다」는 흡사 '정육
점 스릴러' 같다. 이제껏 개봉한 그 어떤 충무로 영화보다도 폭력을
다루는 표현 수위가 높을 이 작품은 김지운-이병헌-최민식의 강력
한 스타 파워가 주류 제작 시스템 한가운데서 만들어낸 결과물이라
는 점에서 더욱 강도 높게 다가온다.

이 작품에 잔인한 장면들이 빼곡히 들어차 있게 된 것은 단지 묘
사 방식에 관한 문제였던 것이 아닌 듯하다. 말하자면 「악마를 보았
다」는 누구에게나 내재해 있을 수 있는 악마성의 본질을 파고들려
는 영화가 아니라, 그 악마성이 휘두르는 막강한 힘에 정신이 팔려
있는 영화 같다. 살인뿐만 아니라 섹스신을 포함한 숱한 대목에서,
과잉은 무엇인가를 담아내기 위한 수단이 아니라 그 자체로 목적인
것처럼 보인다. 심지어 배설물을 손으로 파헤쳐 탐지기를 찾아내는
장면에서도 변기 속을 적나라하게 드러낸다.

「좋은 놈, 나쁜 놈, 이상한 놈」에서 서부극이 줄 수 있는 대평원의

시각적 쾌감을 향해 끝까지 밀어붙인 바 있는 김지운은 「악마를 보았다」에서도 끝장을 본다. 하지만 여기엔 시종 이어지는 강력한 묘사에도 불구하고, '무엇'과 '왜'를 결여한 '어떻게'의 공허함이 있다. 명사와 동사가 아니라 형용사와 감탄사를 추구한 영화들이 종종 빠지는 함정이 있다. 「악마를 보았다」는 김지운이라는 가속페달의 어떤 관성이 가닿은 늪을 보여준다.

국정원 요원인 수현(이병헌)은 약혼녀가 잔혹하게 살해당하자 자책감과 분노에 시달린다. 용의자들 주변을 맴돌던 그는 연쇄살인마인 경철(최민식)이 범인이라는 사실을 알아내자 죽지 않을 정도의 고통만 가한 채 놓아준 뒤 다시 잡는 일을 반복하며 처절하게 응징한다. 그러자 연거푸 당하던 경철은 그만의 방식으로 수현에게 다시금 보복하려 한다.

이 영화는 첫 장면에서 이미 범인이 누구인지를 밝힌다. 일찌감치 범행 동기도 중요하지 않은 것으로 치부된다. 이어 상영 시간이 채 절반도 지나기 전에 복수의 주체는 복수의 대상을 완벽하게 제압한다. 그런 뒤에 수현은 경철을 놓아준다. "이것 하나는 약속할게. 네가 겪은 고통을 (살인자에게) 천 배 만 배 돌려줄게"라고 세상을 떠난 약혼녀 앞에서 다짐했던 말을 실천하기 위해서다.

하지만 「악마를 보았다」는 정말로 거기에 관심을 두고 있는 것일까. 잡았다가 놓아주는 것을 반복하는 게 더 많은 고통을 안겨줄 수 있는 방법이라는 점을 이 작품은 설득하지 못한다. 그런 방식은 극 중에서 오히려 더 큰 희생을 초래하고 마는 상황을 통해 잘못된 것으로 판명나기도 한다.

그렇다면 혹시 이것은 어떤 대가를 치르더라도 이기고야 말겠다는 두 남자의 대결이란 게임과, 그 게임을 더 흥미롭게 보이도록 꾸미기 위한 인위적 규칙과, 그 규칙을 실행하는 과정에서 끝도 없이 점층되는 자극적 디테일이 핵심인 영화인 것은 아닐까. 그리고 무리가 따름에도 불구하고 잡았다가 놓아주는 과정을 군이 반복함으로써 이야기를 진전시키려 드는 것은 그렇게 해야 더 큰 참극을 낳게 되는 경철의 반격 장면을 넣을 수 있게 되기 때문이 아니었을까. 또한 부분적으로 그것은 '감금 고문 호러'를 피하기 위한 장르적 선택의 결과가 아니었을까. (그 과정에서 이 영화의 경찰들은 오로지 뒷북을 치기 위해서만 존재한다.)

이것은 감독이 밝힌 대로 "괴물과 싸우다가 괴물이 되고 만 남자"에 대한 이야기인 듯도 하다. 하지만 온전히 그렇게 읽어내기엔 맞부딪치는 두 사람의 악마성 사이에서 균형이 맞지 않는다. 수현의 고뇌와 변화가 제대로 묘사되지 않은 상황에서 「악마를 보았다」는 일면적이고 단선적인 복수극으로만 보인다. 그리고 극 중에서 다뤄지는 지극히 인공적인 광기를 왜 관객이 납득해야 하는지를 영화는 끝내 납득시키지 못한다. (영화의 라스트신에 이르러, 그토록 참담한 상황 속에서도 더 멋지고 극적인 복수 방법을 생각해내려고 골몰했을 이 영화의 주인공 수현을 상상해보면 얼마나 허망해지는가.)

악인을 속 시원하게 응징하는 서사로 받아들이기엔 수현이 지불해야 했던 대가가 너무 컸다. 그렇다고 복수의 허망함을 교훈으로 삼기엔 이미 폭력의 스펙터클을 영화가 지나칠 정도로 많이 즐겼다. 사적인 보복과 공적인 정의 사이에 놓인 윤리적 딜레마를 깊이 있게 다뤘던 「친절한 금자씨」와 달리, '내가 그런 일을 당했더라면?'이란 물음만을 곱씹는 이 영화는 그저 엽기적인 복수극에 그치고 만다. (이 영화에 박찬욱의 '복수 3부작' 그림자가 곳곳에서 일렁이고 있는 것은 참 이상한 일이다.)

물론 활화산 같은 최민식과 얼음장 같은 이병헌이 맞부딪치는 모습은 그 자체로 대단히 흥미롭다. 매우 장르적인 연기임에도 불구하고 오싹 소름이 끼칠 때가 한두 번이 아니다. 소위 '투 톱 스릴러'에서 두 뛰어난 주연 배우는 제 몫을 단단히 한다. 하지만 세월이 흐른 뒤 이 영화가 두 배우의 가장 훌륭한 연기가 담긴 대표작으로 거론될 것 같진 않다.

「악마를 보았다」는 충격적이지만 관습적이고, 강렬하지만 중량감이 떨어진다. 선과 악의 이중성을 암시하기 위해서 악마가 운전하는 차의 룸미러에 천사의 날개 장식을 붙이고, 연쇄살인범이 십자가가 큼지막하게 그려진 신우회 유니폼을 입고 나오는 식의 치장이 깊이가 있다고 말하긴 어렵다. 경철이 끔찍한 살인을 저지르는 장면 직후, 공들여 로션을 바르고 낭만적으로 기타를 치는 모습을 이어 붙이는 식으로 악인의 아이러니를 드러내는 편집도 작위적이다. 여성 관객들이면 특히 더 불쾌하게 느낄 법한 장면들도 종종 발견된다. 의외로 곳곳에 숨어 있는 유머는 그 자체론 우수하지만 전체적으로 보면 역기능이 더 많다.

이처럼 잔혹한 영화가 상영되는 것을 막아야 한다는 일부의 주장은 일고의 가치도 없다. 모방 범죄를 걱정하는 시각에 대해서도 동의하지 않는다. 삭제된 장면을 보지는 못했지만, 전체적인 흐름으로 보건대 이전에 이 영화에 두 차례 '제한상영가' 판정을 내렸던 심의의 정당성에도 의문이 든다. 하지만 잘라낸 장면을 다시 살린 원본을 본다고 해도 이 작품에 대한 평가가 바뀌진 않을 것 같은 짐작이 드는 것만큼은 어쩔 수 없다.

「악마를 보았다」는 보는 것만으로도 황폐해지는 영화다. 물론 이 작품은 복수의 소용돌이 속에서 끝내 황폐해지고 만 남자를 다루고 있다. 하지만 영화 속에서 황폐한 주인공이 나온다는 것과 그런 영화를 보면서 관객 스스로가 황폐해지는 느낌을 받는 것은 전혀 별개다.

# 인셉션

**Inception**

감독 **크리스토퍼 놀런(Christopher Nolan)**  국내 개봉일 **2010.07.21**

아마도 「인셉션」은 블록버스터의 틀 속에서 구현할 수 있는 가장 개인적이고 야심 찬 프로젝트일 것이다. 크리스토퍼 놀런은 불특정 다수 관객의 평준화된 취향 따윈 고려하지 않은 채, 영화라는 매체가 줄 수 있는 새로운 체험을 향해 굳건하게 진군한다. 「인셉션」은 대중영화의 하한선을 지레 낮춘 오락물과 관성으로 생산해낸 뻔한 속편들로 지루하게 이어지는 여름 성수기 극장가의 분위기를 일거에 바꿀 수 있을 만큼 흥미진진하다.

이 희귀한 대작은 2억 달러에 가까운 막대한 예산이 들었지만 대작 오락영화라기보다는 전위에 선 엘리트의 영화에 더 가깝다. 극장 밖 골치 아픈 세사로부터 벗어나 그저 두 시간 남짓 휴식하고 싶은 관객들에게는 두통만 안겨주는 선택이 될 수도 있다. 하지만 눈이 핑핑 도는 미로 속에서도 새로운 여정에 대한 호기심을 잃지 않는 사람에게는 얼이 빠질 정도의 신세계를 펼쳐 보일 것이다.

타인의 꿈속에 침투해 생각을 훔치는 일을 하는 코브(리어나도 디캐프리오)는 사이토(와타나베 겐)라는 사람으로부터 이제까지의 활동과는 정반대 의뢰를 받는다. 그것은 대기업 후계자 로버트(킬리언 머피)의 꿈속에 들어가 새로운 생각을 주입(인셉션)시켜달라는 제안. 사이토는 그 대가로 코브에게 덧씌워진 아내 맬(마리옹 코티아르)에 대한 살해 누명을 벗겨주겠다고 제의한다. 코브는 아서(조셉 고든 레빗), 아리아드네(엘런 페이지) 등 최고 실력을 지닌 다섯 명으로 팀을 구성해 작전에 나선다.

크리스토퍼 놀런의 「인셉션」과 제임스 캐머런의 「아바타(Avatar)」는 전작의 엄청난 성공으로 막강한 예술적 권한을 누리게 된 감독의 극에 달한 의지와 야망 혹은 재능이 할리우드 거대 자본을 끌어들여 빚어낸 매혹적 결과물이라는 점에서 유사하다. 하지만 이야기를 다루는 방식에서 테크놀로지에 대한 태도까지, 두 작품은 많은 면에서 날카롭게 대조되기도 한다.

최대한의 (디지털) 시각효과를 위해 스토리라인을 굵고 간결하게 정리한 캐머런과 달리, 놀런은 복잡하기 이를 데 없는 구조의 이야기를 능수능란하게 풀어내는 데 전력을 기울이면서 (아날로그) 시각효과를 곁들인다. (놀런은 컴퓨터그래픽의 사용을 최대한 자제하면서 환상적인 장면들을 만들어냈다.) 말하자면 놀런의 영화에서 비주얼은 치밀한 구성의 화술을 치장하는 인테리어인 셈이다.

그의 영화에서 이야기 자체보다 더 중요한 것은 이야기를 하는 방식이고, 이야기가 쌓이는 양식이다. 고작 6,000달러로 만든 초저예산 데뷔작 「미행(Following)」과 500만 달러라는 상대적으로 저렴한 비용을 들인 「메멘토」 그리고 2억 달러에 육박하는 엄청난 제작비의 블록버스터 「인셉션」. 그 외형적 격차에도 불구하고 이 세 작품 사이의 플롯에 대한 야망과 집착엔 차이가 없다. 기승전결의 모노레일을 착실히 주행하는 화법에 재미를 느끼지 못하는 놀런은 시공간의 층위를 교차하거나 도치하는 독특한 구조를 통해 지적 유희를 한다.

현실과 꿈 사이를 수시로 넘나들 뿐만 아니라, 꿈과 꿈속의 꿈 사이까지를 종횡무진 옮겨 다니는 「인셉션」은 철저히 놀런적인 영화다. 그는 얽히고설킨 플롯을 루빅큐브처럼 가지고 논다. "인셉션을 잘하려면 상상력이 좋아야 한다"는 극 중 대사 속에 담긴 것은 그의 자신감이다. 그리고 그는 그런 말을 영화 속에 넣을 자격이 있다.

하지만 그의 연출 방식에서 상상력보다 더 중요한 것은 이성이다. 놀런의 작품은 묶인 데 없이 자유로운 상상력이 아니라 강박증에 가까울 정도로 정교함에 몰두하는 지성의 집적물에 더 가깝다. 모두가 3D의 휘황한 시각효과에만 집중하며 전력 질주할 때, 그의 작품은 탄탄한 플롯의 힘으로 보는 이를 사로잡는다.

루이스 부뉴엘을 위시해 숱한 감독들이 꿈의 세계를 영화 매체 속으로 끌어들였다. 꿈을 직접 스크린 위에 구현하려는 가장 값비싸고 휘황한 시도일 「인셉션」은 호접몽에 대한 장자의 이야기에서 자각몽에 대한 현대 뇌생리학의 설명과 꿈속에서 변형된 트라우마에 대한 정신분석학의 해설까지 수많은 참고 목록을 내재하고 있다. (예를 들어 정신분석학이 알려준 것 중 하나는 꿈이라는 것을 완벽하게 통제할 순 없다는 점이다. 「인셉션」의 서스펜스는 상당 부분 그로부터 나온다.)

일부는 극 중 대사로 직접 전달되기도 하고 일부는 모티브의 형태로 이야기 속에 녹아 있기도 하다. 하지만 분명한 것은 이 작품이

분주히 건드리고 있는 수많은 레퍼런스들에 익숙할수록 관객의 쾌감은 더 커진다는 것이다. 극장에서 영화 한 편 즐기겠다는데 대체 왜 그리 어려워야 하느냐는 반문도 충분히 가능하다. 하지만 오락 역시 다양한 층위가 존재하는 상황에서, 놀런은 가장 복잡한 종류의 오락을 제공하는 창작자일 뿐이다.

그 레퍼런스 중엔 기시감을 불러일으키는 이전 영화들도 있다. '「매트릭스」가 「오션스 일레븐(Ocean's Eleven)」(스티븐 소더버그)을 만났을 때'라고 거칠게 요약할 수 있을 것 같은 「인셉션」은 장르적으로 볼 때 범죄의 모의와 실행 과정을 흥미롭게 좇아가는 케이퍼무비를 SF의 세계 속으로 녹여 넣은 작품이라고 할 수 있다. 물론 특히 닮은 것은 「매트릭스」다. 이 영화는 「매트릭스」가 가상현실을 그려내는 방식과 흡사하게 꿈의 세계를 다루고 있으니까.

두 작품 외에도 (무려!) 오슨 웰스의 「시민 케인(Citizen Kane)」과 안드레이 타르코프스키의 「솔라리스(Solyaris)」에서 「콘택트(Contact)」(로버트 저메키스) 「도망자(The Fugitive)」(존 포드) 「미션 임파서블(Mission: Impossible)」(브라이언 드 팔마) 「이터널 선샤인」 「디 아워스(The Hours)」(스티븐 달드리) 「마이너리티 리포트(Minority Report)」(스티븐 스필버그)까지 숱한 영화들의 그림자가 일렁이기도 한다. 심지어 「인셉션」은 그 자체로 영화 만드는 과정을 은유하는 일종의 메타영화로 읽히기까지 한다. 이 경우 코브가 감독이라면, 사이토와 아서와 아리아드네는 각각 투자자와 제작자와 시나리오작가로 보인다.

하지만 「인셉션」은 놀런의 최고작이 될 수 없을 것 같다. 이 영화에는 지적 자극이 넘쳐나지만 정서적 감흥은 부족하다. 물론 여기엔 아내에 대한 죄책감과 아버지에 대한 애증이라는 두 줄기의 페이소스가 담겨 있다. 하지만 그와 같은 설정은 종종 공감되는 것이 아니라 제시된다. (이상하게도 놀런은 연민이나 사랑처럼 인간의 따뜻한 감정은 상대적으로 잘 다루지 못한다.) 마리옹 코티아르를 제외하면, 배우들의 연기를 썩 잘 살려내진 못했다는 약점도 지닌다.

무엇보다 작심하고 꿈의 세계를 그려내고 있음에도 불구하고 「인셉션」의 꿈 장면들은 그저 또 다른 현실(들)처럼 보인다. 여기엔 내적 논리가 있긴 하다. 놀런은 눈앞에 펼쳐지는 장면이 현실인지 아니면 꿈인지를 관객들이 시종 의심하게 만드는 방식으로 극을 이끌어가길 원하기 때문이다. 그 자체로 핵심적이긴 하지만 이와 같은 트릭을 위해 꿈의 질감 자체를 포기한다는 것은 아쉬운 일이 아닐 수 없다.

그러나 「인셉션」에는 아찔할 정도로 매혹적인 순간들이 곳곳에 산재해 있다. 뛰어난 재능을 지닌 놀런은 이 작품에서 영화만이 할 수 있는 방식으로 오랜 난제 하나를 푼 것처럼 보인다. 그리고 어쩌면 우리는 앞으로 「인셉션」 같은 영화를 다시는 만나지 못할지도 모른다.

# 하얀 리본

**Das weiße Band - Eine deutsche Kindergeschichte**
감독 **미하엘 하네케**(Michael Haneke)  국내 개봉일 **2010.07.01**

보고 있으면 숨이 턱턱 막힌다. 미하엘 하네케의 이 흑백영화는 물 한 방울 샐 것 같지 않은 스타일에서 엄정하고, 결말을 열어둔 채 끝나면서도 주제의식이 더없이 또렷한 화술에서 강력하다. 모호하게 느껴지는 순간조차 관객을 압도하는 「하얀 리본」은 클래식이 되는 운명을 타고난 작품으로 보인다.

1913년 독일의 작고 평화로운 마을. 말을 타고 집으로 오던 의사(라이너 보크)가 누군가 고의적으로 설치해놓은 줄 때문에 낙마해 크게 다친다. 이어 방화 사건과 실종 사건에서 한 아이의 눈이 도려내지는 사건까지, 누가 저질렀는지도 모르는 끔찍한 일들이 연이어지면서 마을은 불안과 두려움의 소용돌이 속으로 빨려 들어간다.

스릴러적 구조를 가지고 있는 「하얀 리본」에서 터져 나오는 기이한 사건들은 시간이 갈수록 더욱 참혹하게 증폭되어간다. 관객들의 관심은 범인이 누구인지에 집중되지만, 사실 그와 관련된 미스터리는 극의 동력을 얻기 위한 수단에 불과하다. 하네케가 정말로 관심을 두는 것은 '누구'가 아니라 '왜'와 '어떻게'이기 때문이다.

2009년 칸영화제 황금종려상을 받은 이 작품이 과거의 사건들을 회고하는 외지 출신 교사의 내레이션을 통해 진행되는 이유는 텍스트로부터 일정한 거리를 확보하기 위해서이다. 하네케가 하고 싶어 하는 이야기에는 기괴한 사건들의 한복판에서도 거리를 두고 바라보는 바깥의 시선이 필요했던 것이다. 「하얀 리본」은 단숨에 뛰어들어 뜨거운 가슴으로 몰입해야 하는 작품이 아니라, 몇 발짝 물러나 차가운 머리로 되짚어봐야 하는 작품이다.

이 영화가 (제2차 세계대전이 발발하기 전해인) 1938년이 아니라 (제1차 세계대전이 발발하기 전해인) 1913년을 시대 배경으로 삼고 있는 까닭은 명백해 보인다. 유럽에서 이성과 과학과 예술에 대한 지적 확신과 낭만적 도취가 강물처럼 흘렀던 '어제의 세계'(슈테판 츠바이크)가 스러진 후, 하네케는 포연과 잿더미 사이로 나 있는 현대의 진입로에서 지금 이 시대의 불안과 공포의 근원을 숙고한다. 그리고 이 우화는 단지 나치즘만이 아니라 모든 형태의 전체주의에 일렁이는 그림자를 담고 있다.

말하자면 「하얀 리본」에 등장하는 마을은 일종의 사회학적 실험실과도 같다. (그 점에서 하네케의 방법론은 「도그빌(Dogville)」에서의 라스 폰 트리에의 경우와 흥미롭게 대비된다.) 이 참혹한 이야기 속에서 하네케는 필사적으로 교훈을 얻으려고 한다. (극 중 화자가 교사인 것도 이와 무관하지 않을 것이다.)

계급 갈등을 포함한 다양한 사회 문제들이 농축되어 있지만, 여기서 특히 하네케가 중시하고 있는 것은 세대간의 교류 방식이다.

극 중 엄격한 부모인 목사 부부(부르가르트 클라우스너, 슈테피 퀴너르트) 가 잘못을 저지른 자녀들을 매질하는 장면에서 카메라는 아이의 신음 소리가 새어 나올 뿐 굳게 닫힌 문을 뚫어져라 응시한다.

그렇게 닫힌 문 뒤에서 이전 세대가 스스로도 믿지 않는 가치를 교육과 계도의 미명하에 다음 세대에 억압으로 강요할 때, 감독은 테러와 전쟁이 횡행하는 현대 비극의 진원을 발견한다. 그리고 「하얀 리본」은 밀폐된 환경에서 이상 증식된 증오가, 도덕적 명분으로 위장한 폭력을 통해 엉뚱한 출구에서 분출할 때 발생하는 참극에 대한 영화다. (아이들이 팔에 두르는 하얀 리본은 강요된 도덕과 순수의 상징이다.)

크리스티안 베르거의 촬영은 형식적 측면에서 결벽증에 가까울 정도로 엄격하고, 역설적으로 느껴질 만큼 아름답다. 독일 사진작가 아우구스트 잔더의 작품들에서 모티브를 따온 「하얀 리본」의 비주얼은 간결하면서도 동시에 탐미적이다. 자잘한 테크닉을 거의 쓰지 않는 하네케는 이 영화를 흑백 화면에 담음으로써 색깔로 초점이 분산되지 않는 밀도를 만들어냈고, 이야기에 시대적 맥락을 확실히 부여했다.

음악조차 거의 쓰지 않아 한없이 고요한 이 기품 넘치는 작품은 종종 실내에서 벌어지는 온갖 추악한 사건의 클로즈업을 보여준 후 곧바로 야외의 탁 트인 전망을 롱숏에 담아 이어 붙인다. 그 순간 그토록 아름다운 풍광은 서로를 파먹으며 우글거리는 온갖 인간사에 대해 가장 냉정한 비판을 한다.

# 포화속으로

감독 **이재한** 국내 개봉일 **2010.06.16**

월드컵에 온통 국민적 관심이 쏠린 6월. 애초 「포화속으로」는 축구 열풍 속에서도 위력을 발휘할 수 있는 유일한 한국 영화로 보였다. 6.25 60주년을 겨냥한 이 대작 전쟁영화는 113억 원이라는 막대한 제작비와 실화에 토대한 내용, 그리고 권상우, 차승원, 최승현, 김승우, 박진희 등의 주목할 만한 캐스팅으로 눈길을 끌었다.

1950년 8월. 강석대 대위(김승우)는 낙동강 전투를 위해 국군을 이끌고 떠나면서 71명의 학도병에게 포항 사수의 임무를 맡긴다. 장범(최승현)이 전투 경험을 한 차례 가졌다는 이유만으로 중대장에 임명되자 갑조(권상우)와 친구들은 노골적으로 그를 무시하며 갈등을 빚는다. 박무랑(차승원)이 이끄는 인민군 776부대가 포항으로 진군해오자 학도병들은 절대적인 열세 속에서도 용기를 낸다.

그러나 뚜껑을 연 이재한의 「포화속으로」는 화제성에 걸맞지 못한 완성도로 짙은 아쉬움을 남긴다. 이 영화는 마치 '전쟁 대작 만들기'라는 책의 목차만 보고 만든 것처럼 여겨진다. 드라마든 액션이든, 「포화속으로」에서 시종 보이는 것은 디테일이 아니라 공식이다.

(「라이언 일병 구하기(Saving Private Ryan)」(스티븐 스필버그)와 똑같은 방식으로) 전장의 혼돈을 웅웅거리는 사운드로 묘사하는 첫 장면에서부터, (「공동경비구역 JSA」(박찬욱) 이후 「태풍」(곽경택)을 포함해 적잖은 한국 영화들이 그렇게 했듯) 모든 상황이 종료된 뒤에 평온했던 과거의 한때를 단체 사진 장면에 담아 정지 화면으로 끝내는 마지막 후일담 장면까지, 내내 그렇다. 학도병들끼리의 갈등과 대립을 기계적으로 다룬 중반부는 흡사 고등학교를 무대로 한 충무로의 허다한 액션영화들 속 장면처럼 보이기도 한다.

극 중 상황은 너무나 격렬하고 인물들의 처지는 지극히 비장하다. 그럼에도 불구하고 관객들이 몰입하기 쉽지 않은 이유는 이야기가 펼쳐지면서 특정 효과가 필요하다고 생각할 때마다 이전까지 그려낸 성격을 바꿔서라도 캐릭터들을 일종의 극적 도구로 투입하기 때문이다. 특히 갑조와 박무랑에 대한 편의적 활용은 인위적으로 드라마틱한 지점을 만들어내는 대가로 보는 이의 마음을 영화 밖으로 자꾸만 밀쳐낸다. 무엇보다 이 영화는 학도병들이 왜 조국을 위해 그들의 목숨을 기꺼이 바쳤는지를 설득하지 못한다.

「포화속으로」는 한국전쟁에 대한 거시적 그림을 그리기보다는 포항 전투라는 세밀화에 주력한다. 인물들의 이전 사정들도 거의 설명하지 않은 채 1950년 8월 포항의 상황에만 집중한다. 영화 자체의 동력이 강력하고 현장감이 생생하며 세부 묘사가 풍부했다면 이와 같은 설정은 큰 힘을 발휘할 수도 있었을 것이다.

하지만 병원 시퀀스처럼 생략해도 상관없는 장면은 기어이 넣고 (아마도 사실상 유일한 여성 캐릭터인 박진희 출연 분량이 아까웠을 것이다), 트럭

탈취 장면처럼 생략해선 안 되는 장면은 넘어가버리는(아마도 클라이맥스 때 인물을 깜짝 등장시키고 싶어서였을 것이다) 식의 서술 방식은 결국 긴장감을 상실한 채 극을 맥 빠지게 만들어버렸다.

대신 「내 머리 속의 지우개」 같은 멜로로 이름을 알린 이재한은 아름답고 서정적인 화면 꾸미기에 주력함으로써 전쟁영화에 일종의 멜로적 뉘앙스를 부여하려 한다. 처절한 전투의 밑그림이 되는 붉은 낙조와 황금빛 들판은 과연 아름다운 풍경들이다. 학도병들과 담판을 짓던 박무랑이 발을 들어 지프에 올릴 때 세심하게 연출된 역광의 실루엣 화면은 그 자체로 멋지다. 하지만 이 영화는 극 자체와 유기적 관계를 맺지 못한 채 그저 예쁘게만 찍힌 숏들이 얼마나 공허할 수 있는지에 대해 명확한 사례 하나를 제공한다. (극 중 인민군이 마치 『삼국지』 속 고대 전투 장면처럼 북한 국기와 적기를 온통 휘날리면서 진군해 오도록 연출한 이유도 명백해 보인다. 그렇게 하면 일단 예쁘고 멋지게 보이니까.)

수도 없이 되풀이되는 극 중 폭발 장면들은 튀어 오르는 흙의 세세한 입자까지도 다 드러낼 듯 생생해 탄성을 자아내게 만든다. 클라이맥스 전투는 대작 전쟁영화에 걸맞은 세팅을 갖췄다. 하지만 이 작품의 액션 장면들은 전달력이 떨어지고 상상력이 약해 인상적이지 못하다. 전쟁영화의 정점은 요란한 동선과 막강한 화력만으로 자동 제조되진 않는다.

「포화속으로」는 부족한 감동을 모성이라는 본향을 끌어들임으로써 손쉽게 조리하려 한다. 하지만 어머니와의 이별을 반복적으로 보여주는 피상적 인서트와 어머니를 찾으며 죽어가는 북한 소년병의 최후에 대한 표피적 묘사만으론 드라마가 풍부해지지 않는다. 처음으로 장편영화의 주인공이 된 최승현이 감성으로 어느 정도 가능성을 보여줬을 뿐, 이 영화의 배우들 역시 납작한 이야기 속에서 기대에 미치지 못하는 연기로 많은 아쉬움을 남긴다.

　일부의 지적처럼 이 작품이 반공 이데올로기에 굳건히 토대한 것은 아니다. (이 영화는 이념에 대해 관심이 없다.) 하지만 「포화속으로」는 여러 측면에서 낡고 시대착오적으로 느껴진다. 그러다 보니 극장을 나설 때쯤이면 '71-Into The Fire(71-포화속으로)'라는 영어 제목에 등장했던 '71'이 포항 전투에 임했던 학도병의 숫자가 아니라 이 작품의 제작년도가 아닐까 싶은 우스꽝스러운 생각마저 잠깐 든다.

# 시

감독 **이창동** 국내 개봉일 **2010.05.13**

아이들이 즐겁게 뛰노는 평화로운 오후. 햇빛을 받아 부드럽게 반짝이며 흐르는 강물. 그런데 곧이어 그 강물 위를 천천히 떠내려오는 소녀. 시신이 스크린의 오른쪽을 가득 채울 무렵 왼쪽의 빈 공간에 떠오르는 영화의 제목 '시'.

「시」의 강렬하면서 역설적인 첫 장면은 이 영화의 근본을 알처럼 품고 있다. 언뜻 평온해 보이는 일상의 밑바닥을 어둡게 타고 흐르는 비극. 결코 아름다울 수 없는 세상 속에서 아름다움을 노래해야 하는 시인의 마음속에 일렁이는 것은 무엇일까.

여전히 일각에서 문학적이라는 말로 그의 영화 세계에 울타리를 두르려 하는 상황에도 아랑곳 않고, 이창동은 아예 '시'를 제목으로까지 삼은 뒤, 문학적이라거나 영화적이라는 말로 화석화된 예술 장르의 범주를 뛰어넘어 그저 묵묵히 인간 자체를 바라본다. 단 한 곡의 음악도 동반하지 않은 채 깊고 고요하게 흘러가는 이 간결한 영화는 마침내 종반부에 이르러 발목을 문질러 없앤 후 훌쩍 뛰어올라 기화되는 순간의 기적을 선사한다.

중학생 손자(이다윗)와 함께 낡은 서민 아파트에서 살아가는 미자(윤정희)는 몸이 불편한 노인(김희라)을 돌보면서 받는 돈으로 생계를 이어간다. 우연히 동네 문화원에서 시 쓰기 강좌를 수강하며 일상에서 아름다운 시상을 떠올리려 애쓰던 미자는 생각지도 못했던 사건에 접하면서 크게 흔들린다.

영화 세계는 흡사 이창동의 전작 「밀양」의 뒤편에 놓인 작품처럼 다가온다. (두 작품은 애초 착상 과정에서의 뿌리를 공유하고 있기도 하다.) 비극적 사건이 발생한 후, 「밀양」이 괴로움을 밖으로 분출하다가 산화되는 피해자 측의 이야기를 그린다면 「시」는 아픔을 안으로 삭이다가 함몰된 가해자 측의 사연을 다룬다.

「시」는 「밀양」에서의 신이라는 변수를 없앰으로써 원망할 수 있는 대상조차 제거했다. 죄스러움과 근심과 허망함과 안타까움의 합류 지점에서, 이 작품은 영원히 회복되지 않을 것만 같은 짙은 피로를 드러낸다. 그러니까 인도 경전 바가바드기타의 표현을 빌리면, 인간은 그저 아홉 개의 구멍을 가진 상처 자체인 것이다. 「시」는 「밀양」과 함께 짝을 이룬 채 삶의 근원적 고통을 가장 깊게 천착한 한국 영화로 기록될 것이다.

여기서 미자는 어떤 자리든 가장 늦게 들어가고 가장 일찍 빠져 나온다. 수시로 잊어버리고 자주 착각하며, 해결해야 할 문제로부터 끊임없이 미끄러진다. 어쩌면 미자에게 찾아오기 시작한 알츠하이머병조차 망각에 대한 그녀의 소망이 끌어낸 것인지도 모른다. 그건 종종 세상으로부터의 더 큰 고통을 견디다 못해서 그녀가 발명해낸 눈가리개 같은 질병처럼 보이기까지 한다.

미자는 견디기 어려운 현실에 직면할 때마다 시의 세계로 도피하려 한다. 인간사와 동떨어진 채 홀로 아름다워 보였던 꽃과 새를 올려다보며 시상을 떠올리려 하지만 번번이 뜻을 이루지 못한다. 그러던 미자가 나무에서 떨어져 바닥에 뒹구는 살구를 내려다볼 때 시와 삶이 자연스럽게 연결되면서 메타포가 그녀를 찾아온다. 그건 미자가 가해자 측 보호자들을 대표해서 피해자 어머니(박명신)와 합의하기 위해 걸어가던 길에서였다. 마침내 그녀는 소녀(한수영)가 떠내려간 까마득한 다리 아래를 내려다보며 사람과 사람 사이를 잇는 끈을 발견한다. 아파하는 자가 아파했던 자를 그렇게 위무하려 할 때, 문득 시는 완성된다. 시를 쓰는 자는 결국 가장 고통스러워하는 사람이다.

「만무방」(엄종선) 이후 16년 만의 출연작에서 윤정희는 연기자와 캐릭터 사이의 관계에 대해 무척이나 흥미로운 사례 하나를 제공한다. 우아하면서도 과감하고 고결하면서도 엉뚱한 이 영화의 주인공은 내내 윤정희스럽고 동시에 철저히 미자스럽다. (윤정희의 본명 역시 미자다.)

"너, 여기에 껍데기 벗어놓은 것 좀 봐. 과자 껍질에 양말, 휴지, 리모컨까지 다 그대로 있다. 할머니가 몇 번이나 말했어? 짐승도 자기 흔적은 치운다고." 손자에게 그렇게 잔소리를 하던 미자가 어느 날 홀로 쭈그리고 앉아서 운다. 그 모습을 우연히 발견한 시 동호회 남자가 다가와 속도 없이 묻는다. "누님, 왜 우세요? 시 때문에 우세요? 시를 못 써서요?" 이 영화를 보고 당신은 왜 우는가. 그리고 생의 너절한 흔적들을 당신은 대체 어떻게 할 생각인가.

희망이란 미래의 목표가 아니라 현재의 태도다.

# 클래스

**Entre les murs**

감독 **로랑 캉테**(Laurent Cantet)  국내 개봉일 **2010.04.01**

「클래스」는 무엇이든 하면 된다고 말하지 않는다. 교사가 헌신하면 학생들의 마음은 열리기 마련이라고 강조하는 법도 없다. 제자는 결국 순수하고 스승은 끝내 자애롭다고 전제하지도 않는다. 프랑스 파리 교외의 한 중학교에서 펼쳐지는 이야기를 다루는 로랑 캉테의 이 작품은 그저 불능과 무력(無力)을 드러냄으로써 처음부터 다시 진지하게 생각할 수 있는 자리를 마련하려고 한다. 이건 할리우드의 수많은 학원물들이 무엇을 과장하거나 감추고 있는지를 여실히 보여주는 영화다.

장편 데뷔작 「인력자원부(Ressources humaines)」를 시작으로 지난 10여 년간 로랑 캉테는 현실 사회에 엄존하는 문제들을 정면에서 다루는 작품들로 주목받아왔다. 2008년 칸영화제에서 최고상인 황금종려상을 차지하며 그의 연출 경력에 가장 빛나는 순간을 부여한 「클래스」는 창작 과정 자체가 대단히 신선하다. 교직 경험을 살려 원작 소설을 쓴 프랑수아 베고도를 그대로 주연에 캐스팅한 감독은 파리 20구역에 있는 돌토중학교를 촬영 장소로 선택한 후, 오디션을 거쳐 실제 그곳에 재학 중인 학생들과 근무 중인 교사들까지 모두 연기자로 끌어들였다. 이 영화는 지속적인 워크숍을 통해 처음 연기를 하게 된 출연진과 적극적으로 상호작용한 결과물이다.

「클래스」의 형식은 아마추어 연기자들의 활력을 최대한 끌어내는 데 초점이 맞춰져 있다. 직업 배우가 아니기에 반복적인 연기가 쉽지 않은 상황에서, 기동성이 좋은 여러 대의 HD 카메라로 동시에 핸드헬드 근접 촬영한 뒤, 편집에서 액션과 리액션을 오가는 비교적 짧은 숏들의 연결로 속도감을 내며 이어 붙임으로써 에너지를 극대화했다. 배우들이 촬영 중인 카메라를 의식해서 쳐다보는 일부 장면을 감수하고서라도 무엇보다 자연스러움을 살려냈다. 그 결과 흡사 다큐멘터리를 보고 있는 것 같은 생동감과 현장감이 매 순간 담기게 됐다.

하지만 다큐멘터리적인 방식을 일부 차용했을 뿐, 「클래스」는 엄연히 극영화다. 특히 이 작품의 후반부는 강력한 클라이맥스를 만들어내기 위해, 갈등의 뇌관을 입체적으로 매설해놓은 전사에서 삽시간에 가열되는 대사들과 되돌릴 수 없는 결과를 시각적으로 점층시켜 담아내는 촬영 장소들까지 정교하게 짜여 있다. 그리고 성별, 인종별, 계급별로 세심하게 대비된 인물들간의 역학 관계는 이 작은 교실을 프랑스 사회의 축도로 만든다. (영화 속 교사들은 인종적으로나 문화적으로 단일하지만 학생들은 전혀 그렇지 않다.)

눈높이를 맞추려는 오랜 인내와 노력에도 불구하고 쌓여온 앙금은 끝내 불안한 수평을 차가운 수직으로 가파르게 세운 뒤, 가르치는 자의 경솔함과 배우는 자의 무례함을 기폭제 삼아 비극을 터뜨린다. 그렇게 찾아온 파국에서 객석은 한숨을 계속 토해내는 동시에 억누를 수 없을 정도로 끓어오른다. 하지만 어떤 상황에서도 균형 감각을 본능적으로 지향하는 연출 스타일 때문에 관객은 손쉬운 화풀이조차 할 수 없다. 로랑 캉테가 겨냥하는 것은 그렇게 안으로 휘어져 들어간 안타까움이 '그라운드 제로'에서 맞이하게 되는 성찰이다.

교육은 지난하고 소통은 요원하다. 북적대는 운동장의 활기와 텅 빈 교실의 정적 사이 어딘가에서 이야기를 접는 이 영화의 마지막 장면이 얼마나 밝거나 어두운 결말인지 단정하기란 쉽지 않다. 하지만 그 모든 시행착오에도 불구하고, 한 가지는 분명해 보인다. 희망이란 미래의 목표가 아니라 현재의 태도다.

# 시리어스 맨

**A Serious Man**

감독 **이선 코언(Ethan Coen), 조엘 코언(Joel Coen)** 국내 개봉일 **2010.03.25**

이런 이야기로 이렇게 영화를 만들 수 있는 사람이 코언 형제 외에 대체 누가 있을까. 「시리어스 맨」은 그들 특유의 블랙 코미디가 지닌 독창적 유머와 어두운 비전이 기이한 마력으로 통합되어 정점에 도달한 작품이다. 「밀러스 크로싱(Miller's Crossing)」에서 「바톤 핑크(Barton Fink)」로 이어졌던 1990년대 초반이나 「파고(Fargo)」와 「위대한 레보스키(The Big Lebowski)」를 연이어 낳았던 1990년대 후반 무렵도 훌륭했지만, 잠시 숨을 고르는 코미디 「번 애프터 리딩(Burn After Reading)」을 그 사이에 곁들여가며 「노인을 위한 나라는 없다(No Country for Old Men)」와 「시리어스 맨」이라는 완전히 상반된 화법의 걸작 두 편을 내놓고 있는 최근의 코언은 실로 굉장하다.

대학에서 물리학을 가르치는 래리(마이클 스털버그)의 삶은 총체적 곤경에 처해 있다. 아내(새리 레닉)는 자신의 친구(프레드 멜라메드)와 사랑에 빠져 이혼을 선언하고, 얹혀사는 동생(리처드 카인드)은 경찰의 수사를 받는다. 딸(제시카 맥매너스)은 성형수술을 위해 아버지 돈을 훔치고, 아들(아런 울프)은 마리화나에 빠져 말썽을 피운다. 이웃 남자는 그의 집 마당을 침범해 건물을 짓고, 대학에선 종신 재직권 심사를 놓고 누군가 그를 겨냥해 투서를 보낸다. 벽에 부딪친 삶의 문제를 해결하기 위해 유대인 래리는 유대교 지도자인 랍비들을 차례로 찾아간다.

「시리어스 맨」은 방법론으로서의 희극과 주제로서의 비극이 서로 충돌하고 공존하면서 놀라운 에너지를 뿜어내고 있는 작품이다. 수다스럽고 황당한 동시에 신랄하면서 섬뜩한 이 해프닝 코미디는 무척이나 코언스럽다. (그러니까 그들의 필모그래피에서 상당히 이질적이라고 할 수 있었던 「노인을 위한 나라는 없다」와 같은 영화를 여기서 기대해서는 안 된다. 이 작품에서 관객을 사로잡는 동시에 당혹하게 만드는 그들의 유머는 거의 초현실적으로까지 느껴진다.)

이 작품의 플롯은 하나의 중심을 향해 수많은 에피소드들이 방사형에 가깝게 집중되어 있다는 점에서 단계별로 그래프를 그리듯 이야기를 진행시켜나가는 대중영화의 일반적인 작법과 다르다. 여기서 코언 형제는 스타일과 이야기 모두에서 아이러니를 철저하게 활용한다. 내용이 텅 비어 있는 헛소동을 대단히 세밀하게 묘사하는 반면, 이야기의 맥락에서 가장 중요하게 설명되어야 마땅할 듯한 요소는 끝까지 암흑 속에 감춰둔다. (「바튼 핑크」에서의 상자를 떠올려보시라.) 캐릭터가 처한 상황은 극도로 희화화되어 있지만, 그의 삶을 감싸는 배경은 대단히 사실적이다. (1960년대 말 미국 중서부 도시에 사는 사람들의 일상이 매우 정밀하게 다뤄진다.) 극 중 대화들은 요란하고 화끈하지만, 두 사람이 교대로 뱉어내는 말들은 서로 철저히 어긋난다. (「번 애프터 리딩」과 「시리어스 맨」에서 극명하게 드러나듯, 사실상 알맹이가 없는 대화를 그들처럼 흥미진진하게 구사할 수 있는 사람도 없을 것이다.)

여기서 다양한 설정과 모티브들은 조금도 허투루 배치되지 않았다. 하지만 난해하게 여겨지는 극 중 모티브들의 의미를 모두 다 명확히 파악하려고 신경을 곤두세울 필요는 없다. 결국 「시리어스 맨」은 삶이 제기하는 근원적 물음에 정답이 없다는 것(에서 발원하는 당혹감)에 대해 말하는 영화니까. 이건 언뜻 현명하게 들리는 몇 문장의 잠언을 메시지로 요약해 던져주고서 서둘러 문을 닫는 대개의 할리우드 드라마와 궤를 달리하는 방식이다. 의미심장해 보이는 이 영화의 프롤로그조차 그 구체적인 함의보다 더 중요한 것은 이후 펼쳐질 극 전체의 느낌을 불길하게 함축하고 있는 듯한 분위기 자체다.

「시리어스 맨」의 이야기에서 유머와 수다를 발라내면, 흡사 신의 침묵 속에서 고통스럽게 몸부림치는 인간들을 묵묵히 응시했던 잉마르 베리만의 세계가 드러나는 듯하다. 초반엔 거리낌 없이 웃을 수 있지만, 중반부를 넘어서게 되면 점차 웃음 뒤에 쓴맛이 남기 시작하고, 종반부에 이르면 소름마저 오싹 끼친다. 고난 끝에 믿음을 회복한 구약성경의 욥과 달리, 코언 형제가 그려낸 이 현대의 욥은 끝내 평안을 찾지 못한다. 이해할 수 없는 세상 속으로 던져진 후 해답 없는 근원적 질문으로 삶의 바다에서 표류하는 자의 비극을 다룬 이 실존주의 코미디는 끝내 관객의 가슴에 태풍을 몰고 온다.

래리가 열정적으로 칠판에 판서를 하며 시험을 앞둔 학생들을 다그치는 장면은 인물의 왜소함을 강조하는 인상적 롱숏으로 끝난다. 커다란 칠판에는 명쾌한 수식이 정교하게 들어차 있지만, 그걸 가르치는 자의 삶은 엄정한 인과론에서 벗어난 모호한 우연으로 격렬하게 요동친다. 결국 코언 형제는 「시리어스 맨」에서 흡사 아인슈타인의 유명한 말을 정반대로 비틀어 읊조리는 것만 같다. 신(또는 세상의 원리)은 주사위 놀이를 한다.

# 경계도시 2

감독 **홍형숙** 국내 개봉일 **2010.03.18**

처음에는 비교적 가볍게 시작됐다. 2003년 가을, 민주화운동기념사업회 초청으로 37년 만에 재독 철학자 송두율 교수가 한국에 들어오게 되자 홍형숙은 3주의 일정 동안 그의 모국 방문기를 다루는 다큐멘터리 「경계도시 2」를 찍기로 했다. 송 교수의 입국이 계속 좌절되는 상황을 다룬 「경계도시」를 찍었던 감독으로서, 그의 시선에 담긴 한국 사회의 변모라는 테마를 통해 일종의 후일담을 담아내려 했던 것이다.

그러나 송 교수의 입국 후 한국 사회의 온갖 갈등과 모순이 그를 향해 소용돌이치면서 사태는 예기치 못했던 상황으로 급격히 악화되어갔다. 그리고 그 모든 상황을 카메라 렌즈 너머에서 관찰하던 감독도 크게 흔들리기 시작한다.

「두밀리, 새로운 학교가 열린다」「변방에서 중심으로 – 독립영화에 대한 특별한 시선」「본명 선언」 같은 다큐멘터리들을 통해 인상 깊게 활동해온 홍형숙의 「경계도시 2」는 이 영화를 본 많은 이들의 고백대로, 흡사 공포영화처럼 느껴진다. 송 교수가 북한 노동당 정치국 후보위원인 김철수와 동일인이냐의 여부를 놓고 논란이 시작되고, 이어 그의 노동당 입당 사실이 드러나게 되면서, 애초 우호적이었던 분위기가 삽시간에 냉각된 후 이데올로기의 광풍이 휘몰아치는 과정은 실로 무시무시하다.

양심적인 학자에서 '해방 이후 최대의 거물 간첩'으로까지 지탄받기 시작한 송 교수는 당혹과 피로를 짙게 드러낸다. 압력에 밀려 노동당 입당 사실에 대해 공식적으로 사과하고 독일 국적을 포기하겠다는 선언도 한다. 하지만 그럴수록 완전한 굴복을 얻어내려는 강압이 점점 더 거세지는 상황 속에서 그는 끝없이 벼랑으로 몰려간다. 그리고 남과 북을 넘나드는 '경계인'으로 스스로의 역할을 규정했던 그는 한국 사회에 대한 총체적 긍정과 총체적 부정 사이에서 하나를 선택해야 한다는 강요 앞에서 철저히 능욕당한 끝에 구속된다. (이 영화는 "2008년 대법원은 대부분의 혐의에 대해 무죄로 판결한 항소심 결과를 확정하고, 독일 국적 취득 후의 북한 방문에 대해서도 무죄를 선고했다"는 자막으로 끝난다.)

「경계도시 2」는 대단히 역동적인 다큐멘터리다. 이야기의 전개는 극영화 이상으로 극적이고, 언제나 사건의 중심에서 굳건히 버티는 촬영은 뚝심이 대단하다. 상황의 추이보다 그 상황의 의미를 정확히 짚어내는 내레이션은 상당히 효과적이다. 104분의 상영 시간 동안 다른 생각을 할 수 없을 정도로 몰입하게 만드는 밀도 높은 텍스트이기도 하다. 이 영화는 송 교수를 특별히 미화하지도 않는다. (사실 그는 감추었던 것도 있었고, 휘몰아치는 상황 속에서 갈팡질팡하는 모습을 보이기도 한다.)

하지만 이 작품을 진정으로 빛나게 하는 것은 무엇을 찍어야 할지에 대한 고민이 아니라, 찍은 것이 무엇인지에 대한 성찰이다. 밖을 향한 손쉬운 단죄 대신 안을 들여다보는 자성을 택한 이 작품의 힘은 감독 스스로의 오류와 혼란까지 허용하는 정직성으로부터 솟아오른다. 「경계도시 2」는 다큐멘터리에서 가장 중요한 것은 결국 태도일 수 있다는 사실을 새삼 일깨워준다.

이 영화는 등장인물들의 소속을 자막 등을 통해 굳이 밝히지도 않는다. 여기서 중요한 것은 그 사람이 보수와 진보 진영 중 어디에 속하느냐가 아니기 때문이다. 감독 스스로가 예측 못 했던 충격 앞에서 찍고 있는 인물에 대한 믿음이 흔들리다 자신의 마음속에 숨어 있던 '레드 콤플렉스'를 발견하기도 한다. 그리고 이 작품에서 가장 참혹한 부분은 무지막지하게 몰아붙이는 보수 진영의 총공세 장면이 아니라, 집단의 퇴로를 확보하기 위해 무작스레 희생양을 만들려고 하는 진보 진영의 대책 논의 장면이다.

그렇게 '한국 사회라는 리트머스 시험지 위에 떨어진 송두율이라는 민감한 시약'을 다뤄나가던 영화는 결국 익명의 우리(We)를 거울 앞에 모조리 불러 세움으로써 모두의 패배를 뼈아프게 기록한다. 「경계도시 2」를 보다 보면 걷잡을 수 없이 끓어오르다가도 종국엔 무겁게 가라앉고 만다. 그리고 스크린을 향해 토해내던 탄식은 결국 관객 자신을 향해 돌아온다.

'송 교수의 입장에서 본 한국 사회의 변모'라는 「경계도시 2」의 당초 방향은 급변하는 상황에 따라 폐기되고 말았다. 하지만 그 콘셉트는 가장 역설적인 방식으로 결국 성취된 셈이다. 왜 2003년의 사건을 주로 찍은 영화가 7년이나 지난 2010년에서야 완성되어 개봉되는 걸까. "학문과 사상의 자유, 양심과 표현의 자유 등 이미 한국 사회가 성취했다고 믿은 민주주의의 초석들은 송 교수 법정에서 허상일 뿐이었다"라고 말하는 이 다큐멘터리의 시제는 과연 과거일까. 지금 우리는 얼마나 다를까. 그리고 우리는 대체 누구일까.

# 예언자

**Un prophète**

감독 **자크 오디아르**(Jacques Audiard)  국내 개봉일 **2010.03.11**

차갑다. 여기엔 갱스터 장르에 속하는 작품들의 상당수가 깔아두고 있는 마초적 낭만주의가 없다. 어떤 순간에도 감상주의에 현혹되지 않는 이 영화는 냉정하게 자기의 길을 간다. 대강의 이야기 얼개와는 달리, 상승과 하강의 곡선을 가능한 한 크게 그려가면서 그 아찔한 낙차 속에서 부상의 쾌감이나 전락의 비장미를 강조하지도 않는다. 그저 살아남아야만 하는 상황이 있고, 그 속에서 세월을 온몸으로 관통하는 사내가 있을 뿐이다.

냉정하게 진행되던 「예언자」는 어느 순간부터 논리의 영역을 벗어난 세계와 조우하면서 잊지 못할 체험을 선사한다. 하드보일드가 신비주의를 만나 빚은 기적 같은 순간이 여기에 있다.

6년 형을 선고받고 복역 중이던 열아홉 살 말리크(타하르 라힘)는 감옥을 지배하고 있는 갱 두목 루치아니(닐스 아르스트럽)의 강요로 살인을 저지른다. 범행을 성공시켜 루치아니의 신임을 얻은 말리크는 점차 감옥 안에서 힘을 키워나간다.

「예언자」는 154분에 이르는 대작이지만, 신과 숏들이 매우 경제적이면서 효과적으로 구성되어 있다. 어둠을 강조하는 부분 조명은 인물의 내면에 드리운 그늘을 인상적으로 드러내고, 카메라를 들고 가까이서 찍는 촬영은 리얼리티 속으로 관객을 깊숙이 끌고 들어간다.

이 영화는 거대 서사의 유혹을 뿌리치고 디테일에 집중하지만, 그 세부 묘사들은 흡사 뼈와 근육으로만 이뤄진 것처럼 힘이 넘친다. 초반에 복선을 기계적으로 묻은 뒤 후반에 손쉽게 의미를 캐내는 대신, 차곡차곡 디테일들을 쌓아나감으로써 어느 지점부터 저절로 의미가 파생되게 만든다. 힘을 잔뜩 준 관조 같은 건 없다. (말리크 역의 타하르 라힘은 배역과 배우를 분리할 수 없는 순간의 짜릿한 감동을 선사한다.) 극 중 범죄 장면에서 손과 발이 집중적으로 묘사되고 있는 것도 무리는 아니다. 결국 말리크는 루치아니의 수족이었으니까.

「그들이 어떻게 추락하는지 보라(Regarde les hommes tomber)」로 데뷔한 후 「내 심장이 건너 뛴 박동(De battre mon cœur s'est arrêté)」과 「예언자」에 이르기까지, 프랑스 감독 자크 오디아르는 주로 범죄 드라마의 틀 안에서 작품을 만들어왔다. 두 개의 세계 사이에서 격렬한 혼란을 겪는 주인공들을 등장시키는 오디아르의 세계에선 언제나 배움의 테마가 중요하게 자리 잡아왔다.

말하자면 「예언자」는 갱스터 성장영화다. 스물의 문턱을 벌벌 떨면서 살인이라는 통과의례로 겨우 넘어선 소년은 감옥 안팎을 넘나들며 숱한 범죄를 겪고서 마침내 스스로의 정체성에 눈뜨고 어른이 된다. 짙은 어둠과 혼돈스런 소음으로 열고 온화한 빛과 다정한 침묵으로 닫는 이 작품의 시작과 끝은 6년이라는 시간 속에서 말리크가 어떤 변화를 겪게 되는지를 고스란히 말해준다. 규칙을 어긴 죄로 들어가게 되는 독방 등 다양한 설정을 통해 재생의 모티브가 강조되는 것도 의미심장하다. (심지어 극 중 텔레비전에서 나오는 영화는 「007 두 번 산다(You Only Live Twice)」(루이스 길버트)다.)

"넌 뭐야? 예언자야?"라는 질문을 받았을 때 흥미롭게도 말리크는 대답 대신 자신이 저질렀던 일에 대해 털어놓는다. 죄의식이 빚은 악몽과 불안의 연장선상에 놓인 환상 속에서 그가 내다보는 미래는 일종의 파국이었다. 그러므로 그 미래는 과거를 고백케 한 뒤 현재에 강하게 작용한다. 결국 삶이란 시간 속의 어둠을 몰아내는 과정이다. 어떤 자는 간신히 성공하고 어떤 자는 무참히 패배한다.

# 인 디 에어

**Up in the Air**
감독 **제이슨 라이트먼**(Jason Reitman)  국내 개봉일 **2010.03.11**

이렇게까지 쿨한 남자를 본 적이 있었던가. 할머니가 양로원으로 들어가는 모습을 보며 인간은 결국 혼자 죽는다는 사실을 일찌감치 열두 살 때 깨닫게 된 「인 디 에어」의 주인공은 집보다 공항이나 출장지 호텔에서 훨씬 더 편안함을 느낀다. 연인이나 가족들과의 관계에서도 자유롭기 짝이 없는 그는 능력이 뛰어나고 자부심이 큰 데다 품위까지 갖춘 독신 남성이다. 그런데 쿨하기 이를 데 없는 인간의 견고한 내면이 일단 흔들리기 시작하면 어떤 일이 벌어지는 걸까.

고용주를 대신해 직원들을 해고해주는 일을 하는 라이언(조지 클루니)은 1년에 300일 넘게 미국 전역을 누비며 살아간다. 1,000만 마일을 돌파해 플래티넘 마일리지 카드를 얻는 게 꿈인 그는 호텔 바에서 자신과 흡사한 태도로 삶을 살아가는 여인 알렉스(베라 파미가)를 만난 후 강하게 끌린다. 당돌한 신입 사원 내털리(애나 켄드릭)가 개발한 온라인 해고 시스템에 반대하던 라이언은 그녀와 함께 떠난 출장에서 알렉스를 다시 만난다.

냉혹한 자본주의가 흘리는 맑은 눈물 한 방울이랄까. 제이슨 라이트먼의 「인 디 에어」는 미국 금융위기로 촉발된 2007년 말 이후의 국제적 경제 침체에 대한 가장 인상적인 영화적 코멘트일 것이다. 해고 전문가를 주인공으로 삼아 숱한 사람들이 실직이라는 사회적 죽음을 맞게 된 시대의 한복판으로 뛰어드는 이 작품은, 놀랍게도 코미디적인 화법을 통해 시종 유쾌하게 진행된다.

전작 「주노(Juno)」에 이어 다시금 무거운 소재에 전혀 짓눌리지 않는 모습을 보여주고 있는 이 영화의 감독은 '라이트먼'의 스펠링을 본래의 'Reitman'이 아니라 'Lightman'으로 받아들여도 좋을 만큼 밝고 경쾌하다. 나비처럼 내내 가볍게 날면서도 결정적 순간엔 관객들의 마음을 벌처럼 쏘는 그의 연출은 유려하고 지적이면서 종국엔 따스함까지 잃지 않는다. 아마도 영화 현장에서 라이트먼의 능란함은 공항에서 라이언이 보이는 능숙함과 별반 다르지 않을 것이다. (말하자면 라이트먼의 연출은 라이언의 성격만큼이나 쿨하다.)

게다가 그는 월터 컨의 원작에 토대해 (또 다른 작가 셀던 터너와 함께) 직접 시나리오를 썼다. 원작에 없던 두 여성 캐릭터를 생생하게 창조했고, 극 중 가장 인상적인 말들이 흘러나오는 강연 장면과 가장 따뜻하게 느껴지는 동생의 결혼식 장면을 새로 만들어 넣었다는 점에서 그의 각색은 뛰어나다. 성공적인 각본들이 대개 그렇듯, 아이러니를 매우 잘 구사하기도 한다.

이야기를 가장 잘 다루는 차세대 감독으로 손꼽을 만한 라이트먼은 흥미로운 착상에서 시작해 진부한 결말에 이르고 마는 허다한 범작들과 궤를 달리하는 작품을 완성했다. 기대를 충족시켜주긴 하지만 뻔하기 그지없는 로맨스의 얄팍한 달콤함이나, 잠시 온기를 전해 준다 해도 금세 잊히고 마는 휴먼 드라마의 관성적 감동 속으로 관객을 밀어놓고 스스로 박수 치며 끝내는 상황 같은 것은 존재하지 않는다. 「인 디 에어」가 하나의 이야기를 마무리해나가는 방식은 신선하면서 성숙하다. 귀에 짝짝 달라붙는 대사들의 품질은 최고 수준이고, 그런 대화 장면을 리드미컬하게 짜 올리는 신 안에서의 편집 감각도 좋다.

그리고 이 작품의 오프닝크레디트 시퀀스는 그 자체로 명장면이다. 너무나 많은 작품들이 마치 습관처럼 항공 촬영 부감숏으로 도시의 전경을 담으며 시작하지만, 「인 디 에어」의 도입부는 유사한 방법을 써도 만드는 이의 창의성에 따라 얼마나 큰 차이가 생길 수 있는지를 여실히 보여준다.

「주노」는 매우 사랑스러운 작품이었지만, 지면을 굳게 디디고 선 감촉이 조금 부족하기도 했던 게 사실이었다. 하지만 「인 디 에어」에서 라이트먼은 감칠맛 나게 극화된 스토리에 다큐멘터리적인 색채를 슬쩍 가미함으로써 텍스트를 확장하는 동시에 리얼리티가 담긴 뭉클함을 주는 데 성공했다. 대량 해고의 한파가 특히 극심했던 미국 디트로이트와 세인트루이스 지역의 실직 경험자들이 직접 출연해 해고를 통보받았을 때의 심정에 대해 연기의 형식을 빌려 털어놓는 모습들은 그 자체로 대단히 인상적이다.

조지 클루니는 언제나 멋있는 연기자였지만, 여기서는 특히 그렇다. 그는 4년간의 짧은 결혼 생활을 끝내고 독신 선언을 한 이후로 십수 년간 매력적인 싱글의 대표 격으로 거론되어왔다. 그런 배우

이미지가 그대로 투영된 이 작품에서 클루니는 세상에서 가장 잔인한 직업을 가진 남자를 가장 세련된 방식으로 살아냈다. 그의 연기가 제일 뛰어났던 영화는 「마이클 클레이튼(Michael Clayton)」(토니 길로이)이나 「시리아나(Syriana)」(스티븐 개건)일 수도 있다. 그러나 「인 디 에어」보다 그의 매력을 더 잘 보여줄 수 있는 영화는 앞으로도 나오기 힘들 것이다. 왜냐하면 이건 조지 클루니를 심장으로 삼으려는 영화니까.

# 우리가 꿈꾸는 기적: 인빅터스

**Invictus**

감독 **클린트 이스트우드**(Clint Eastwood)  국내 개봉일 **2010.03.04**

27년간의 수감 생활 후 출옥해 남아프리카공화국의 첫 흑인 대통령으로 선출된 넬슨 만델라(모건 프리먼)는 럭비 경기를 관람하다가 흑인 국민들이 백인들의 전유물처럼 여겨지던 자국 팀 스프링복스 대신 영국 팀을 응원하는 것을 목격한다. 스포츠를 통해 인종 갈등을 해소하기 위해 만델라는 스프링복스의 주장 프랑수아 피에나르(맷 데이먼)에게 1년 뒤 남아공에서 열리는 럭비 월드컵에서 우승해줄 것을 당부한다.

넬슨 만델라의 실화를 스크린에 옮긴 클린트 이스트우드의 「우리가 꿈꾸는 기적: 인빅터스」는 럭비를 소재로 삼았지만 스포츠영화의 관습에서 한참 벗어나 있다. 극 중 등장하는 경기 장면들은 대부분 기승전결의 구조를 갖추고 있지 않고, 선수들의 특정 동작이 지니는 의미도 전달하지 않는다. 스포츠 캐스터를 등장시켜 각 단계의 의미를 짚어주는 일도 드물고, 우리에겐 다소 생소한 럭비의 규칙 설명도 거의 생략한다.

약팀이 강팀으로 변모하는 과정에서 선수들이 드라마틱한 훈련을 겪는 장면들도 없다. 극 중 경기에선 스타플레이어도 따로 없다. 경기장 관중들의 다양한 모습을 그때그때 집어넣음으로써 영화를 보는 관객의 심리적 반응을 적극적으로 유도하지도 않는다. 마지막 경기 모습은 그나마 상대적으로 친절한 편이지만, 여기서도 선수 개개인의 인상적인 플레이를 강조해 짜릿한 재미를 주는 식의 전통적 방식에는 도통 관심이 없다.

대신 팀 전체를 하나의 덩어리처럼 묘사한다. 이스트우드는 럭비 경기를 흡사 시냇물의 진로를 묘사하듯 그려낸다. 수시로 디졸브를 활용하고, 심장 박동을 급격히 올리기보다는 종종 부드럽게 가라앉히는 음악을 곁들여, 선수들의 역동적인 움직임 전체를 관조하게 만든다. 여기서 중요한 것은 악센트가 아니라 흐름이다. 그리고 경기 내용에 대한 묘사보다 더 공을 들인 것은 선수들이 뒤엉켜 하나가 되는 모습 자체다.

이유는 명백하다. 그게 이 영화의 주제와 밀접하게 연관되기 때문이다. 남아프리카공화국의 악명 높은 흑백 분리 정책의 가장 큰 피해자였던 만델라는 대통령이 된 후 무엇보다 갈등을 치유하고 국민들을 통합하기 위해 모든 것을 바친다. 그럴 때 스포츠는 국민들을 하나로 묶어내기에 가장 효과적인 노끈이다.

그러니까 「인빅터스」가 펼쳐내는 이야기에서도 매듭이 보이지 않는 건 당연한 일이다. 이야기 덩어리를 한 손에 움켜쥐고 있는 듯한 이스트우드는 주저하지 않고 커다란 붓으로 쓰윽쓱 서사를 그려나 간다. 이야기의 특정 단계에서 인위적으로 멈춰 서서 힘주어 강조하 는 일은 물론 없다. 드라마든 경기 장면이든, 자극적인 연출 방식은 찾아보기 힘들다. 이건 개별 캐릭터 대신에 '인간들'을 택한 영화다.

클린트 이스트우드가 이뤄놓은 거대한 영화적 성취들에 비할 때, 「인빅터스」는 상대적으로 초라하게 느껴진다. 단선적이면서 섬세함 이 부족하다. 힘은 있지만 다소 둔한 면모가 없지 않다. 러닝타임 내 내 선의가 강물처럼 흐르는 이 작품은 너무 곧고 발라서 살짝 심심 한 느낌도 든다. 각성을 촉구하는 어떤 대사들은 뭉클하면서도 동시 에 부담을 안기기도 한다. ('Invictus'는 '굴복하지 않는'을 뜻하는 라틴어 단어 이면서 동시에 극 중에서 인상적으로 인용되는 윌리엄 어니스트 헨리의 시 제목이 기도 하다.)

하지만 「인빅터스」에는 거장이 줄 수 있는 우직한 감동이 있다. 근래 이스트우드의 관심사는 '어떻게 살 것인가'에서 '어떻게 더불 어 살 것인가'의 문제로 무게중심이 옮아가고 있는 것처럼 보인다. 관객에 따라서는 리더십에 대한 이 영화를 어떤 사람(들)에게 꼭 보 여주고 싶어질지도 모른다.

넬슨 만델라는 자신을 제대로 연기할 배우가 모건 프리먼밖에 없 다고 말한 바 있다. 이 영화를 보기 전에도 고개를 끄덕였지만, 다 보 고 나니 그 말에 토를 달기가 불가능해진다. 만델라로 등장하는 모 건 프리먼은 대안이 생각나지 않는다. 맷 데이먼은 정말 럭비선수 같다. 육체가 주는 느낌도 연기의 스타일도 모두, 두툼하다. 럭비에 서는 옆이나 뒤로만 패스할 수 있지만, 선수들은 그런 방식으로도 또박또박 힘차게 전진한다. 정말이지 정치는 타협의 예술인지도 모른다. 때론 돌아가는 게 좀 더 빠르고 좀 더 확실하게 나아가는 방법이 되기도 한다. 만델라는 무엇보다 관용의 지도자였다.

# 꼬마 니콜라

**Le petit Nicolas**
감독 **로랑 티라르**(Laurent Tirard)  국내 개봉일 **2010.01.28**

오전부터 침울한 날이었다. 컨디션이 좋지 않았던 데다가 꽤 오래 매달려오던 일마저 꼬여서 기분이 가라앉았다. 먹기 싫은 점심을 간단히 때우고「꼬마 니콜라」시사회에 갔다.

그리고 90분 남짓한 러닝타임 내내 웃었다. 적어도 그 시간만큼은 두고 온 세상사로부터 자유로웠다. 그래 봤자 영화 한 편이 어떻게 세상을 행복한 기운으로 가득 채울 수 있을까. 하지만「꼬마 니콜라」를 보고 극장을 나서던 날, 적어도 나는 하루의 우울을 달랠 수 있는 작은 평화를 얻었다.

니콜라(막심 고다르)는 하루하루가 즐거운 열 살짜리 꼬마. 그러나 자주 다투던 엄마(발리에리 르메르시)와 아빠(카 브라)가 갑자기 서로 다정해지자 니콜라는 곧 동생이 태어날 것이라고 오해한다. 동생이 생기면 귀찮아진 부모가 숲에 자신을 버릴지도 모른다는 공포에 시달리던 니콜라는 말썽꾸러기 친구들과 함께 대책을 세운다.

「꼬마 니콜라」는 르네 고시니와 장 자크 상페가 글과 그림으로 협업해 전 세계적으로 1,800만 부가 팔린 동명의 동화를 영화화한 작품이다. 원작의 분위기를 로랑 티라르가 스크린에 고스란히 옮긴 이 작품은 눈에 넣어도 안 아플 것처럼 사랑스럽다. 신의 구성이 재치 있고 탄력 있는 데다가 의상과 세트에서 음악까지 따뜻하고 부드럽다.

아이들의 에너지와 자연스러움을 살리는 데 최대한 역점을 둔 연출 덕분에 이 영화의 아역 배우들은 시종 귀엽고 유쾌하다. (제작진은 오디션 때 카메라 앞에서 놀게 한 뒤 가장 천진한 모습을 보이는 어린이들 위주로 캐스팅을 했다고 한다.) 등장인물이 꽤 많음에도 불구하고, 니콜라는 말할 것도 없이, 그를 둘러싼 악동 친구들 하나하나까지 생생히 빛난다.

아이들의 연기를 여유롭게 받쳐주는 성인 배우들도 좋다. 특히 종반부에서 자크 타티를 연상케 하는 연기를 보여주는 아빠 역 카므라와 시종 허둥대는 모습으로 웃음을 던져주는 엄마 역 발리에리 르메르시는 흡사 진짜 부부를 보는 듯하다.

프랑스산 코미디들은 그간 한국 관객들에게 제대로 힘을 쓰지 못했지만, 「꼬마 니콜라」의 유머는 국경과 문화적 차이를 가볍게 넘어서면서 위력을 발휘한다. 니콜라의 내레이션이 적절히 극을 이끌어가는 가운데 품질 좋은 에피소드들이 객석을 상큼하게 사로잡는 화법은 무엇보다 보편적이다. 시간과 공간이 전혀 다른 배경에서 펼쳐지는 이야기지만 이 작품을 보는 사람들이 저마다 자신의 어떤 어린 날들을 흐뭇하게 떠올릴 수 있을 정도로 공감대가 넓다. 「꼬마 니콜라」는 아이의 꿈과 불안을, 그 공상과 망상을 아주 잘 이해하는 영화다.

물론 이것은 이상화되어 있는 어린 시절이다. 여기서 아이들은 실패하더라도 절망을 느끼지 않고, 싸움을 벌여도 상처를 떠안지 않으며, 두려워할지언정 슬퍼지진 않는다. 「꼬마 니콜라」는 우리가 지나온 궤적을 추적하지 않고 우리가 믿고 싶어 하는 과거를 상상한다. 그리고 무엇보다 어린 시절로부터 눈물을 발라내려고 한다.

로랑 티라르의 인터뷰에 따르면, 원작자인 르네 고시니는 힘겨운 현실에서 웃음만이 유일한 삶의 이유라고 믿었던 사람이었다. 프레스턴 스터지스의 「설리번 여행기(Sullivan's Travels)」를 위시해 많은 위대한 코미디들도 그렇게 말했다. 도입부에서 자신의 꿈을 말하는 것에 대해 어려움을 느끼던 니콜라 역시 극이 끝날 무렵 확신에 찬 어조로 이렇게 언급한다. "내 장래 희망은 사람들에게 웃음을 주는 거예요." 그러면 그 장면을 보던 당신은 나지막이 속삭일지도 모른다. 얘야, 그건 이미 장래의 일이 아니란다.

# 500일의 썸머

**(500) Days of Summer**
감독 **마크 웨브(Marc Webb)**  국내 개봉일 **2010.01.21**

그러니까 사랑은 우연을 재료로 삼는 마술이라는 것이다. 그 마술은 꼭 그 사람이어야 할 필요가 없는 우연을, 반드시 그 사람이어야 하는 운명으로 바꾼다. (혹은 그와 정반대 방향으로 작용할 때 연인들의 결합은 해제된다.)

허망한 우연과 절박한 운명이 동전의 양면과도 같은 것이라고 말하는 「500일의 썸머」는 매우 감성적이면서도 놀랍도록 이성적이고, 견딜 수 없이 사랑스러우면서도 서늘할 정도로 성숙하다. 만일 이 영화가 맘에 들지 않는다면, 당신은 어쩌면 로맨틱 코미디 장르 자체를 싫어하는 사람일지도 모른다.

톰(조셉 고든 레빗)은 자신이 다니는 회사 사장의 새 비서로 일을 시작한 썸머(조이 디셔넬)를 보고 한눈에 반한다. 숱한 남자들의 시선을 받고 있던 썸머 역시 유독 톰에게 호감을 보이면서 둘의 관계는 급속도로 가까워진다. 그러나 구속받기 싫어하는 썸머의 분방한 성격과 운명적인 사랑을 믿는 톰의 고지식한 성향이 충돌하면서 둘의 사랑에 위기가 찾아온다.

「500일의 썸머」는 몇 년 만에 찾아온 탁월한 로맨틱 코미디다. 이 영화의 창의적인 형식과 신선한 내용은 이 오랜 장르에 아직도 미답지가 있었음을 결과적으로 확인시켜준다. 초반부터 주인공의 실연을 전제로 하고 진행되는데도 내내 경쾌한 이 작품은 극 중 여러 차례 언급되는 영국 밴드 더 스미스의 음악처럼 찰랑찰랑 샤방샤방하다. 삭막한 도시 로스앤젤레스를 이처럼 낭만적으로 그려낸 경우도 드물 것이다.

이 영화의 두 주연 배우는 극의 분위기에 더없이 잘 어울린다. 조셉 고든 레빗은 로맨틱 코미디가 필요로 하는 남자 배우의 재능과 외모가 어떤 것인지를 명확히 보여준다. 조이 디셔넬은 헤어스타일이나 의상에 따라 장면마다 다른 매력을 뿜으면서 관객을 사로잡는다.

「500일의 썸머」는 솜사탕의 맛을 최대한 즐기면서도 동시에 그 성분을 정확히 알고 있다. 여기에 담긴 것은 왜 어떤 연인들이 그 모든 난관에도 불구하고 결국 성공하는 데 비해 또 다른 연인들은 그토록 서로를 원하면서도 실패에 직면하는지에 대한 흥미로운 사례 연구다. (극 중에서 연인들이 영화 한 편을 보면서 "이 작품은 사소한 걸 통해 정말 많은 이야기를 전하고 있는 것 같아"라고 말할 때, 그 대사에는 「500일의 썸머」 제작진들의 자부심이 담겨 있는 것으로 보아도 좋다.)

좋은 러브 스토리는 가장 유별난 연애담을 다루는 듯 보이다가도 지극히 보편적인 이야기로 최종 확인됨으로써 세상의 그 많은 연인들의 사랑을 비추는 거울이 된다. (다시 말하면, 모든 사랑은 그 자체로 특별하면서 예외 없이 평범하다.) 「체이싱 에이미(Chasing Amy)」(케빈 스미스)나

「메리에겐 뭔가 특별한 것이 있다(There's Something About Mary)」(피터 패럴리, 보비 패럴리) 혹은 「엽기적인 그녀」(곽재용)나 「봄날은 간다」(허진호)의 남녀 관계를 부분적으로 떠올리게 하는 「500일의 썸머」는 결국 로맨티시즘과 리얼리즘의 줄다리기가 연인들의 영원한 숙제임을 말해준다. 결국 이 영화가 다루는 것은 연애라는 원리의 알고리즘, 사랑이라는 생물의 생로병사 그 자체다.

썸머를 처음 보자마자 반하게 된 톰은 본격적으로 연애를 시작하면서 그녀의 매력에 푹 빠져 "아름다운 미소와 긴 생머리, 귀여운 무릎, 목에 있는 깜찍한 하트 점, 섹시하게 입술을 핥는 모습도 귀여운 웃음소리도 모두 사랑스러워"라고 예찬한다. 하지만 썸머와 헤어지게 된 후의 톰은 이제껏 그를 매혹시켰던 그녀의 장점에 대해 정반대로 이야기한다. "그 여자를 증오해. 울퉁불퉁한 치아와 촌티 나는 머리, 툭 튀어나온 무릎, 바퀴벌레처럼 징그러운 점, 음란하게 입술을 핥는 것도 천박한 웃음소리도 싫어." 같은 개성에 대해 매혹과 혐오의 양극단을 오가는 감정의 변덕을 대비함으로써 이 영화는 열정의 진실이 순간의 마법이라는 사실을 넌지시 암시하기도 한다.

시간의 순서를 마구 뒤섞는 「500일의 썸머」의 진행은 그게 실연한 사람의 기억에 따른 것이기에 정당성을 확보한다. 무엇보다 이건 산산이 조각난 사랑의 잔해 앞에서 추억을 곱씹는 이야기다. (건축가의 꿈을 버리고 축하 카드를 만드는 회사의 카피라이터로 살아가게 된 이유에 대해 톰은 "부서지는 건물을 짓느니 평생 기억에 남을 글을 쓰고 싶다"라고 밝힌다.)

덕분에 원인과 결과로 고리를 만들며 촘촘하게 이어져야 하는 플롯 구성의 강박에서 벗어나게 된 마크 웨브는 썸머의 성격만큼이나 자유로운 형식으로 마음껏 실력 발휘를 한다. 춤추고 노래하는 뮤지컬 장면을 통해 환희를 표현하며 관객의 마음까지도 환히 밝혀주는가 하면, 인물의 뒷모습과 그림자만 남기는 애니메이션을 통해 고뇌를 그려내며 객석에까지 그늘을 드리운다. 머릿속 상상과 실제 펼쳐진 현실의 차이를 화면 분할을 통해 리드미컬하게 묘사하기도 한다. 잉마르 베리만의 「제7의 봉인(Det sjunde inseglet)」이나 「페르소나(Persona)」 같은 고전에 대한 재치 넘치는 패러디도 나온다. 그리고 요소요소에 고풍스런 내레이션을 깔아둠으로써 이 사랑 이야기를 일종의 전범으로 받아들이게 만든다.

그리고 무엇보다 음악이 있다. 이 영화에 등장하는 삽입곡들은 단지 분위기를 만들어내는 배경음악으로서만 기능하지 않고, 톰과 썸머가 이끌어가는 사랑의 현재 위치를 가장 적절하게 지시하는 좌표의 역할을 한다. (극 중에서 둘의 사랑이 시작된 것은 음악에 대한 취향이 같았기 때문이다.) 음악과 영상과 심리를 긴밀하고도 맛깔지게 교직하는 솜씨는 마크 웨브가 그린데이나 위저와 같은 밴드의 뮤직비디오 연출자로 명성을 누렸다는 사실과 무관하지 않다. 「500일의 썸머」는 「사랑도 리콜이 되나요?(High Fidelity)」(스티븐 프리어스)나 「주노」처럼 팝의 세계 자체를 영화 속으로 멋지게 끌어들인 사례로 향후 줄기차게 거론될 것이다.

마지막 장면까지 다 보고 나면 당신은 새삼 이 영화 주인공의 이름을 다시 떠올리게 될 것이다. 계절의 변화를 거부할 수는 없다. 하나의 계절이 끝난다고 시간까지 멈추는 것은 아니다. 모든 계절에는 그 계절만의 아름다움이 있다. 그리고 계절은 흘러간다. 그렇게 흐르는 계절을 따라 사랑도 삶도 끊임없이 흘러간다. 어쩌면 계절이나 사랑 혹은 삶보다도 더 중요한 것은 흐름 자체인지도 모른다.

# 더 로드

**The Road**

감독 **존 힐코트**(John Hillcoat)  국내 개봉일 **2010.01.07**

태양이 빛을 잃었고 대지가 얼어붙었다. 살아남은 사람들은 이리가 되어 서로에게 달려든다. 인간으로서의 마지막 한 줌 존엄이라도 지키려면 스스로 목숨을 포기하는 게 마땅한 듯 여겨지는 세계. 그래도 삶을 이어가야 할 단 하나의 이유가 있다. 아버지(비고 모텐슨)는 아들(코디 스밋 맥피)을 지켜내야 한다. 어머니(샬리즈 세런)마저 절망에 몸부림치다가 어둠 속으로 떠나간 뒤, 아버지는 아들과 함께 남쪽 바다를 향해 하염없이 걸어간다.

어느 날 갑자기 지구를 덮친 대재앙 이후의 참혹한 세상을 그려내는 「더 로드」는 암울하기 이를 데 없는 로드무비다. 곳곳에서 고장난 채 나뒹구는 문명의 참담한 잔해 속에서, 생존을 위한 누군가의 몸부림은 다른 누군가의 안전에 서슬 퍼런 위협이 되고 만다. 이 영화의 고독은 인간이 자연 앞에 마주설 때 나오고, 이 영화의 공포는 인간과 인간이 마주칠 때 발생한다. 그러니까 이 세계에서 타인은 지옥이다.

그러나 도저히 희망을 발견할 수 없는 세상에서 무거운 실존적 질문을 던지는 이 영화에 담긴 것이 절망과 탄식뿐만은 아니다. 코맥 매카시의 퓰리처상 수상작을 영화화한 이 작품에서 가물가물한 신의 섭리를 대체하는 건 어린 것을 지켜내고야 말겠다는 부성의 동력이다. 그러니까 아버지는 아직 살아 있어야 한다. (매카시의 소설을 스크린에 옮긴 최근의 영화 두 편 「노인을 위한 나라는 없다」와 「더 로드」를 함께 관통하고 있는 것은 남겨질 세대에 대한 떠나가는 세대의 근심일 것이다.)

존 힐코트가 감독한 「더 로드」가 원작이 구현한 문체의 위엄과 깊이를 영화로 고스란히 살려냈다고 보긴 어렵다. 어두운 잔영을 내내 드리우고 있음에도 힘이 넘치고 독창적인 소설에 비해, 영화가 이렇다 할 미학적 야심을 드러내고 있는 것도 아니다. 이 이야기에 관한 한, 활자는 이미지를 압도한다.

하지만 영화는 원작에 대해 예의를 지켰다. 존 힐코트의 연출은 경직되고 소심하다기보다는 성실하고 금욕적인 쪽에 더 가깝다. 허세나 과욕의 흔적을 발견할 수 없는 이 영화는 소설 속 서사의 여백을 메우려고 무리한 각색을 하지 않았다. (원작에 따라서는 소극적일수록 좋은 각색도 있다.) 컴퓨터그래픽을 최소한으로 사용하고 실제 로케이션을 최대한 활용한 힐코트는 그저 소설의 상상력과 분위기를 사실적으로 시각화하는 데 전력을 기울였을 뿐이다. 그리고 그것만으로도 이 영화의 존재 의미는 충분하다.

「반지의 제왕(The Lord of the Rings)」(피터 잭슨) 이후 「폭력의 역사(A History of Violence)」(데이비드 크로넌버그)와 「이스턴 프라미스(Eastern Promises)」(데이비드 크로넌버그)에서 뛰어난 연기를 보여줬던 비고 모텐슨은 이 작품에서 앙상한 육체와 힘없이 낮게 갈라지는 목소리에 담긴 조용한 카리스마를 유감없이 드러냈다. 아역 배우 코디 스밋 맥피는 그런 모텐슨과 좋은 앙상블을 이뤘다. 샬리즈 세런, 로버트 듀발, 가이 피어스는 상대적으로 적은 출연 분량 속에서 겸손하고도 성실하게 연기했다.

염세적인 묵시록 「더 로드」에도 한 줄기 빛은 있다. 하지만 이 영화의 인물들은 어딘가에 존재하는 희망을 찾아가는 게 아니라, 있는지도 모르는 희망을 만들어내면서 어딘가로 간다. "계속 가. 길 너머에 뭔가 있을지도 몰라. 지금껏 우리가 계속 그랬던 것처럼 남쪽으로 계속 가." 이 영화에서 가장 인상적인 대사까지 떠올리고 나면, 이 이야기는 결국 두 개의 문장으로 명확히 수렴된다. 계속 걸어라. 그래도 살아라.

# 아바타

**Avatar**

감독 **제임스 캐머런(James Cameron)** 국내 개봉일 **2009.12.17**

아마도 제임스 캐머런의 「아바타」는 블록버스터 역사에서 이정표
가 될 것 같다. SF-판타지 분야에서 「반지의 제왕」 이후 가장 중요
하고도 뛰어난 대작이라고 할 수 있는 이 영화는 새로운 세계를 창
조하려는 창작자의 꿈이 가장 화려하게 성취된 사례다.

하반신을 쓰지 못하는 전직 해병대원 제이크(샘 워싱턴)는 인류가
대체 에너지를 채굴하려는 머나먼 행성 판도라로 파견된다. 인간의
의식으로 원격 조종이 가능한 새로운 생명체 아바타 프로그램에 참
가한 그는 자신의 아바타를 통해 판도라의 원주민인 나비족들 사이
로 잠입한다. 인간의 무분별한 자원 채굴을 막으려는 나비족들 사이
에서 정체를 감추고 임무를 수행하던 제이크는 나비족 전사 네이티
리(조이 샐다나)에게 서서히 사랑을 느끼기 시작한다.

「타이타닉(Titanic)」 이후 12년. 제임스 캐머런은 그에 대한 기대치
가 최고조에 달해 있는 상황에서 보란 듯이 만루 홈런을 쳤다. 기획
이후 15년이 지났고, 제작에만 4년이 소요된 「아바타」에 담겨 있는

것은 극에 달한 야심과 그 야심을 실현시킬 수 있는 재능 그리고 의지다. (이를테면 캐머런은 이 혁신적인 오락영화를 통해 마이클 베이가 이류고 롤란트 에머리히가 삼류라는 사실을 명확히 알려준다.)

이모션 캡처라는 신기술의 힘을 빌려 표현된 이 영화의 주요 컴퓨터그래픽 캐릭터들은 동작과 표정이 매우 섬세하고 풍부하다. 극 중 나비족은 푸른 피부에 얼룩말 같은 무늬가 있고 노란 눈에 긴 꼬리까지 달고 있지만 파란만장한 드라마를 고스란히 체현하면서 관객으로 하여금 강력하게 감정이입하게 만든다.

「토이 스토리(Toy Story)」(존 래시터) 이후 제기된 "인간 배우를 컴퓨터그래픽 배우가 대체할 것인가"의 문제에 대해 이 영화는 하나의 실마리를 제공한다. 「폴라 익스프레스(The Polar Express)」에서 「크리스마스 캐롤(A Christmas Carol)」까지 로버트 저메키스가 만들어낸 캐릭터들이 여전히 '흥미로운 미완성'인 데 비해, 「아바타」의 경우는 (인간이 아니라 인간과 유사한 종족이긴 하지만) 그 자체로 '손색없는 완성형'이다. 특히 바탕이 되는 연기를 멋지게 소화한 조이 샐다나의 생동감과 기술적으로 높은 수준의 표현력이 잘 어울린 네이티리는 「반지의 제왕」의 골룸과 더불어 먼 훗날 기념비적인 초기 컴퓨터그래픽 캐릭터로 거론될 것 같다.

촬영을 다 끝내고도 후반 작업에 2년을 더 쓴 이 대작의 특수효과는 압도적이다. 허공에 떠 있는 산에서 무성한 열대의 숲까지 밑그림이 되는 배경의 사실감이 탄성을 자아내게 하고, 수시로 등장하는 각양각색의 동식물 모습이 진기한 시각 체험을 안긴다. 그중에서도 수많은 생물들이 일제히 빛을 내는 숲의 밤은 무척이나 아름답다.

이 영화에 등장하는 다양한 액션 장면들은 독창성과 완성도에서 모두 대단한 수준이지만, 특히 극 후반에 등장하는 대규모 전투 장면은 장대한 클라이맥스가 되기에 부족함이 없다. 이 영화의 뛰어난 액션 전달력은 뭔가 휘황하긴 한데 무엇을 보고 있는지 정확히 파악되지 않는「트랜스포머(Transformers)」(마이클 베이) 시리즈와 또렷이 대비되고, 섬세한 액션 디테일은 규모로만 승부해서 결국 보는 이를 지치게 만드는「2012」(롤란트 에머리히)와 명확히 대조된다. 그리고「아바타」의 입체 영상은 기술적 성과를 과시하는 대신, 설정 속에 자연스럽게 녹아들어 있어서 한층 효과적이다.

초반에만 눈이 휘둥그레지게 한 후 갈수록 힘을 잃는 많은 대작들과 달리,「아바타」의 볼거리들이 끝까지 관객을 지치거나 심드렁하게 만들지 않는 이유는 이야기 속에 잘 스며들어 있기 때문이다. 러닝타임을 나눠가면서 볼거리 위주로 인위적인 플롯을 짜지 않고, 스토리의 진행에 따라 자연스럽게 스펙터클한 장면을 등장시키기 때문에, 영화가 막을 내릴 때까지도 리듬감을 잃지 않는다. 말하자면 캐머런은 테크놀로지를 대하는 태도에서 환조가 아니라 부조를 하는 조각가 같다.

기술적으로 볼 때「아바타」는 새롭고 실험적인 시도로 가득한 작품이다. 하지만 그 스토리는 SF 장르 특유의 상상적 세계의 틀 속에 들어가 있어서 그렇지, 사실 대단히 고전적인 작법에 따라 진행된다. 캐머런은 새로운 테크놀로지와 익숙한 스토리텔링을 결합해 가장 많은 사람들이 거부감을 최소화한 채 열광적으로 반응할 수 있는 오락물을 만들었다.

캐머런이 직접 대본을 쓴 이야기는 예상대로 흘러가고 그 구도 역시 이분법적이지만 대중영화로서 능숙하다. 간결하고 안정적이며 효율적인 이 영화의 내러티브는 볼거리를 내세우는 영화에서 이야기의 품질을 따져서는 안 된다는 일부의 터무니없는 주장에 쐐기를 박는 증거가 된다. 신기한 볼거리는 좋은 이야기와 결합할 때 제 역할을 온전히 해낼 수 있기 때문이다. 그러니까, 성수기 대작 영화라고 해서 굳이 이야기를 바보스럽게 만들 필요는 없다.

장르적인 관점에서 볼 때 캐머런이 「아바타」에서 시도한 일은 기본적으로 SF에 웨스턴을 접목한 것이다. SF로 번안한 수정주의 서부극 같은 이 영화에서 나비족은 명백히 아메리카 인디언의 외모와 문화와 가치를 대변한다. ('Na′vi'라는 이름은 '예언자'를 뜻하는 히브리어 'Navi'를 떠올리게 한다.)

물론 그 외에도 숱한 요소들이 차용됐다. 스토리의 기본 골격은 「라스트 사무라이(The Last Samurai)」(에드워드 즈윅)나 「미션(The Mission)」(롤랑 조페) 혹은 「늑대와 춤을(Dances with Wolves)」(케빈 코스트너) 같은 영화와 궤를 같이한다. 몸을 제대로 쓰지 못하는 남자가 외계의 생명체를 염력으로 움직인다는 모티브는 폴 앤더슨의 소설 『콜 미 조』와 흡사하다. 헬기에서 폭탄 투하를 명령하는 전쟁광 쿼리치 대령(스티븐 랭)의 모델은 「지옥의 묵시록」의 킬고어 대령이다. (「아바타」에서 쿼리치의 작전명은 「지옥의 묵시록」에서 킬고어(로버트 듀발)가 듣는 바그너 음악에서 따왔다.)

이와 관련해 특히 흥미로운 것은 「아바타」의 스토리가 잉카제국에서 베트남까지 서양 문명의 제국주의적 침략사 자체를 SF의 상상력을 빌려 정반대의 시각으로 서술하고 싶어 하는 대체 역사처럼 보인다는 점이다. 동시에 이 이야기는 정복과 개발에 맞서서 교감과 보존을 웅변하는 생태주의적 태도를 견지한다. 2억 3,000만 달러라는 엄청난 제작비와 첨단 테크놀로지의 힘으로 미국에서 만들어진 대작이 자연친화적이고 정치적으로 공정한 메시지를 적극 드러내는 모습은 아이러니하면서도 신선한 (혹은 신선하면서도 아이러니한) 광경이 아닐 수 없다.

# 더 문

**Moon**

감독 **덩컨 존스**(Duncan Jones)  국내 개봉일 **2009.11.26**

첨단 기술력과 막대한 제작비가 있어야만 멋진 SF가 탄생될 수 있는 것은 아니다. 2009년만 해도 이것은 최소한 두 번 증명됐다. 「디스트릭트 9(District 9)」(닐 블롬캠프)이 국내에 소개된 지 한 달. 제작비가 500만 달러에 불과한 「더 문」이 다시금 같은 사실을 알려준다. 「더 문」은 인간의 달 착륙 40주년을 되새기는 가장 영화적인 이벤트일 것이다.

샘(샘 락웰)은 달 표면에 풍부하게 매장되어 있는 새로운 에너지원을 채굴하기 위해 3년째 달 기지에서 홀로 일한다. 본사와의 계약기간이 거의 끝나감에 따라 3년 만에 지구의 가족들 곁으로 돌아갈 날만 기다리던 샘은 몸이 급격히 쇠약해지는 것을 느낀다. 신비로운 여인의 환상까지 보게 된 그는 곧이어 거대한 비밀이 기지에 숨겨져 있음을 느낀다.

영국 감독 덩컨 존스의 데뷔작 「더 문」을 보다 보면, 적지 않은 작품들이 저절로 연상된다. 「솔라리스」처럼 시작해서 「2001 스페이스 오디세이(2001: A Space Odyssey)」(스탠리 큐브릭)처럼 진행되는 듯하는 영화는 결국 「블레이드 러너(Blade Runner)」(리들리 스콧)나 「트루먼 쇼(The Truman Show)」(피터 위어)를 떠올리게 하면서 끝난다. (이 중 가장 강하게 상기되는 작품은 아마도 스탠리 큐브릭의 「2001 스페이스 오디세이」일 것이다. 「더 문」에서 샘과 시종 이야기를 주고받는 인공지능 컴퓨터 거티3000은 「2001 스페이스 오디세이」의 HAL9000을 비틀어 창조한 캐릭터다. 여기서 거티3000의 목소리 연기는 케빈 스페이시가 맡았다.)

「더 문」의 이야기는 사실 SF에서 익숙한 모티브에 토대하고 있다. 하지만 그런 모티브를 드러내는 방식에서 감독은 창의력을 발휘한다. 「더 문」은 분명 창의적인 영화다. 하지만 독창성보다 더 돋보이는 것은 특유의 리듬과 감성이다. 본격적인 이야기 속으로 진입하기 전의 초반은 느리고 혼란스럽지만 이 작품에는 건조하면서도 흡사 최면을 거는 듯한 음률이 있다. 그리고 그 쓸쓸한 리듬의 중심에 자리 잡고 있는 것은 일찍이 영국 밴드 핑크 플로이드가 노래했던 '달의 어두운 측면(「Dark Side Of The Moon」)'이다.

여기서 푸르스름 창백한 달빛은 우주의 고독을 드러낸다. 소멸과 생성, 그 끝없는 변화와 순환의 상징으로 숱한 신화의 저류가 되어 온 달에서 홀로 노동하면서 긴 시간을 버텨야 하는 샘이 마침내 마주치는 것은 가장 근원적인 질문이다. (이 영화는 거의 모든 신에서 샘 락웰 혼자 연기한다.)

「더 문」은 영화 외적으로도 흥미로운 뒷이야기들이 적지 않은 작품이다. 그 하나는 감독 덩컨 존스가 데이비드 보위의 아들이라는 점이다. 팝 역사에서 외계의 이미지를 가장 잘 활용한 사람이 데이비드

보위일 테니, 덩컨 존스가 이처럼 주목할 만한 SF로 감독 데뷔를 하게 된 것도 우연은 아닐 것이다. 어쩌면 아들의 작품을 보면서 재능의 유전적 흐름을 확인하게 된 데이비드 보위는 흐뭇하게 비틀즈의 노래를 흥얼거렸을지도 모른다. "From me to you." (나에게서 네게로!)

# 바람

감독 **이성한** 국내 개봉일 **2009.11.26**

이제는 '부산 영화'라는 소장르명이 생긴다고 해도 그리 어색하지 않을 것이다. 곽경택의 히트작 「친구」의 거대한 성공 이후 꽤 많은 영화들이 부산의 언어로 부산에서 촬영되었다. 이를테면 '부산 영화'는 단지 공통된 촬영지에만 기반한 명명이 아니다. 여기서 좀 더 두드러지는 것은 특유의 끈끈하고도 격정적인 정서일 것이다. 「해운대」(윤제균) 「애자」(정기훈) 「부산」(박지원) 등이 연이어 상영된 요즈음, 또 한 편의 '부산 영화'가 나왔다.

집에서 골칫덩이 취급을 받는 짱구(정우)는 고교 진학 후 한동안 좌충우돌하다가 폭력 서클에 가입하면서 위세를 부린다. 주희(황정음)와의 사랑까지 더해져서 즐거운 나날을 보내던 그에게 생각지도 못했던 시련이 닥친다.

이성한의 「바람」이 고등학교를 배경으로 그려내는 상황은 한국 관객들에게 지극히 익숙하다. "학교는 마치 동물의 왕국 같았다"는 극 중 내레이션으로 대변되는 난폭한 마초적 세계. 습관적인 교사의 폭력과 권위를 등에 업은 선도부의 폭력, 그리고 모방되고 학습되며 증폭되는 불법 서클의 폭력이 뒤엉킨 그곳에서 어린 수컷들은 피해자와 가해자 사이를 오가며 힘의 질서를 체화한다.

하지만 이 영화는 그와 같은 학원의 폭력을 배태한 시대나 사회 자체에 대해 비판적 시선을 드러내지 않는다. 「바람」은 주연 배우의 지극히 사적인 추억에서 출발한 작품답게 성장영화로서의 정체성을 명확히 한다. (이 영화는 코미디판 「친구」라기보다는 「고교얄개」(석래명)의 폭력 버전에 더 가깝다.)

스스로는 대단한 일을 한다고 생각하지만, 여기서 아이들은 그저 무리를 지어서 다니며 어슬렁거릴 뿐이다. 쏘아보거나 위협하는 일은 수없이 생기지만 정작 맞부딪쳐 격렬하게 싸우는 장면은 별로 없다. 그렇게 어린 날의 시간은 두려움을 감추기 위해 으르렁거리거나 단수의 불안을 복수(複數)의 위안에 애써 녹여내면서 쏜살같이 혹은 속절없이 흘러간다.

그러다 갑자기 어른이 되어야 할 때가 예고 없이 찾아온다. 아이들은 차곡차곡 쌓고 다져서 어른이 되는 게 아니라 어느 순간에 불쑥 어른이 된다. (다행스럽게도 이 영화는 폭력의 경험이 남성을 숙성시키는 것으로 묘사하지는 않는다.)

이 영화는 결코 매끈하거나 세련되지 않다. 구조가 약해 중반까지는 에피소드를 계속 나열하는 식이다. 15회 촬영으로 완성된 이 작품은 제작 환경이 그리 넉넉하지 않았다는 게 화면 속에서 드러나기도 한다. 폭력을 통해 즉각적인 웃음을 이끌어내는 어떤 방식은 동의하기 어렵기도 하다.

하지만 「바람」은 활기찬 유머 감각을 제대로 갖춘 영화다. 중반부까지는 사실상 코미디라고 해도 될 이 작품은 흥미로운 에피소드에 연기 경력이 거의 없는 조단역 배우들의 젊은 에너지가 잘 어우러져 유쾌하게 진행된다. 고교생들의 고민과 성장을 바라보는 큰 틀은 새로울 게 없지만, 그 속을 채우는 디테일은 신선한 편이다. 이성한의 전작 「스페어」에 이어 다시금 전통 악기가 동원된 영화음악이 이채로우면서도 장면 속에 무난히 흡수된다.

결국 「바람」은 정우의 영화일 것이다. 자신의 고교 시절 경험을 직접 연기한 그는 이 영화의 크레디트에 '원작 김정국'으로도 기록되어 있다. (김정국은 주인공 짱구의 극 중 실제 이름이기도 하다.) 그 살벌한 세계에서 맹한 듯 멍한 얼굴로 끊임없이 웃음을 주는 정우는 후반부에서 걷잡을 수 없을 정도로 눈물을 쏟아내기도 한다. 그게 '유머 70 퍼센트 + 감동 30퍼센트'라는 한국 대중영화의 뻔한 공식으로 다가오지 않는 것은 정우라는 배우의 삶 자체가 고스란히 녹아든 작품이기 때문일 것이다.

# 브로큰 임브레이스

**Los abrazos rotos**
감독 **페드로 알모도바르**(Pedro Almodóvar)　국내 개봉일 **2009.11.19**

페드로 알모도바르의 영화들에서 사랑은 많은 경우 스캔들이다. 서로 다른 사랑이 뒤엉키는 상황 속에서 열정의 불꽃보다 중요하게 묘사되는 것은 치정의 얼룩이다.

그가 그려낸 연인들은 언제나 주저하지 않고 불 속으로 뛰어드는 행동주의자들이었다. 하지만 지난 10년간 그의 작품들에서 격렬한 욕망은 세월을 겪어내며 점점 더 관조나 회한의 밑그림이 되어가고 있다. 영화의 시작에 등장하는 연인들과 끝부분에 묘사되는 연인들이 서로 달라지는 이 격렬한 짝짓기의 세상 밑바닥을 흐르는 것은 놀랍게도 애수다.

알모도바르는 언제나 휘청거리는 인간들에 관심이 있다. 하지만 그들을 휘청거리게 하는 것이 이전에 욕망이었다면 이제는 시간이다. 「브로큰 임브레이스」에는 어느덧 예순을 바라보게 된 스페인 거장 알모도바르의 영화와 사랑에 대한 생각이 고스란히 담겨 있다.

백만장자 에르네스토(호세 루이스 고메스)의 애인인 레나(페넬로페 크루스)는 배우가 되려는 오랜 꿈을 이루려 오디션을 치르다 감독 마테오(루이스 호마르)와 사랑에 빠진다. 두 사람의 관계를 의심하는 에르네스토는 그들을 감시하기 위해 아들을 시켜 촬영 현장에서 벌어지는 일들을 모두 카메라에 담는 기록영화를 만들도록 한다.

자기파괴적인 에너지를 품고 있는 알모도바르의 세계에서 사랑과 증오는 긴밀하게 작용하면서 그 합의 총량에서 항상성을 유지할 때가 적지 않다. 마치 작용반작용에 대한 뉴턴의 물리법칙처럼 누군가의 새로운 사랑은 다른 누군가의 눈먼 분노를 그만큼 촉발한다. 이 불평등한 사랑의 세계에서 마테오와 레나의 타오르는 열정 못지않게 눈길을 끄는 것은 그들이 이전에 유지했다가 포기한 관계에서 피어오르는 질투와 탄식이다. 에르네스토가 입술을 읽는 전문가의 목소리를 통해 영상에 담긴 연인의 속마음을 직접 전해 듣는 대목은 서로 독립된 시각과 청각이 아이러니하게 결합되어 야기하는 상처를 생생하게 중계하기도 한다.

「브로큰 임브레이스」에서 또 하나 흥미로운 것은 사랑과 영화가 극 중에서 시종 긴밀한 관련을 맺고 있다는 점이다. 루이 말의 「사형대의 엘리베이터」에서 로베르토 로셀리니의 「이탈리아 여행(Viaggio in Italia)」까지 다양한 영화들을 직접적으로 끌어들이고 있는 이 작품은 결국 종반부에서 망쳐진 영화의 복원과 흘러간 사랑의 회복을 겹쳐놓는다. 영화감독인 주인공이 시력을 잃은 뒤 작가가 된다는 설정에서는 알모도바르의 이야기에 대한 욕망이 드러나기도 한다. 이 작품에서 그는 무엇보다 제대로 된 이야기를 만들고 싶어 하는 것으로 보인다.

하지만 그의 색채 감각은 「브로큰 임브레이스」에서도 여전히 감탄스럽다. 눈물 한 방울이 빨간 토마토 위에 떨어진 후 미끄러져 내리는 숏은 더없이 강렬하다. 화면 속 레나와 화면 밖 레나가 흰옷과 붉은옷으로 대비된 채 한 장면에서 같은 말을 하는 모습 역시 극 중 인물의 심리적 충격을 색감으로 실감나게 시각화한다. 아마도 알모도바르는 빨간색을 가장 멋지게 쓸 줄 아는 감독일 것이다. (그리고 그의 작품 속에서 배우들은 붉은옷을 입고 나올 때 가장 아름답다.)

이 영화는 페넬로페 크루스가 페드로 알모도바르와 네 번째로 함께 작업한 결과물이다. 「라이브 플래쉬(Carne trémula)」「내 어머니의 모든 것(Todo sobre mi madre)」「귀향(Volver)」을 거친 그는 이 작품에 이르러 알모도바르와의 협업 중 가장 인상적인 순간들을 빚어냈다. (알모도바르가 자신의 1988년 작 「신경쇠약 직전의 여자(Mujeres al borde de un ataque de "nervios")」를 느슨하게 옮겨 만든) 극중극 '여자와 가방'에서 오드리 헵번의 모습을 그대로 재현해낸 크루스의 인상적인 모습은 「브로큰 임브레이스」가 선사하는 보너스처럼 다가온다.

# 2012

**2012**
감독 **롤란트 에머리히**(Roland Emmerich)  국내 개봉일 **2009.11.12**

흡사 조물주가 된 기분이었을 거다. 물론 롤란트 에머리히는 「고질라(Godzilla)」 「인디펜던스 데이(Independence Day)」 「투모로우(The Day After Tomorrow)」 같은 영화들을 통해서 이미 원 없이 도시를 파괴해 봤다. 하지만 이번 작품은 인류의 멸망과 재생이라는 모티브를 정면으로 다루는 내용이기에 그려내야 하는 재난의 규모와 정도가 이전과도 크게 달랐다.

「2012」에서 롤란트 에머리히는 전작들에서처럼 백악관에서 산 피에트로대성당까지 지구촌 곳곳의 랜드마크를 거의 습관적으로 부순다. 그리고 무력한 문명을 상대로 무지막지하게 수공과 화공을 가하는 것으로도 성이 차지 않아 끝내 대륙의 형태까지 바꾸어버린다.

케이트(어맨다 피트)와 이혼한 뒤 혼자 사는 무명작가 잭슨(존 쿠삭)은 모처럼 자녀들과 함께 캠핑을 하기 위해 옐로스톤공원으로 간다. 그곳에서 이상한 일들을 연이어 겪고 난 후, 잭슨은 시시각각 다가

오는 인류 멸망 위기에 대비하는 정부의 비밀계획을 알아차리고서 가족과 함께 살아남기 위해 사투를 벌인다.

「2012」는 눈요기를 원하는 관객에게 나쁘지 않은 선택일 수 있다. 적어도 재난영화라는 장르에서 관객들이 시각적으로 체험하길 기대하는 피학적 오락만큼은 화끈하게 표출되기 때문이다. 지진과 화산 폭발에서 쓰나미까지, 재난영화의 다양한 무기들이 총망라되어 끝도 없이 이어진다. 이 영화에서 내내 전력 질주하는 자동차와 비행기는 절멸의 스펙터클을 현란하게 담아내려는 카메라의 바퀴 역할을 한다. (심지어 자신의 영화 「투모로우」를 포함해) 「타이타닉」 「딥 임팩트(Deep Impact)」(미미 레더) 「아마겟돈(Armageddon)」(마이클 베이) 「볼케이노(Volcano)」(믹 잭슨) 「클리프 행어(Cliffhanger)」(레니 할린) 등 허다한 작품들이 그대로 상기되지만, 에머리히는 개의치 않는다. 그는 상상력이 아니라 동원력으로 승부하기 때문이다.

단순하고도 오만하게 '팍스 아메리카나(Pax Americana)'를 외쳤던 「인디펜던스 데이」 때를 생각하면 격세지감을 느끼게 하는 설정들이 신선하게 다가오기도 한다. (이런 시각의 변화는 전작 「투모로우」 때부터 조짐이 보였다.) 「2012」에서 절멸을 눈앞에 둔 인류에게 희망을 주는 곳이 인도와 중국 그리고 아프리카라는 사실은 눈길을 끈다. 심지어 이 영화엔 "중국인들은 역시 대단해. 그 짧은 시간에 이걸 다 완성하다니"라고 미국 정부 주요 인사가 감탄하는 대사까지 등장한다. (물론 이런 부분은 중국에서의 흥행을 염두에 둔 상업적 노림수와도 무관하지 않을 것이다.) 러시아 부호(올리버 플랫)나 케이트의 현재 남편(토머스 매카시)처럼 상대적으로 흥미로운 조연 캐릭터가 있고, 괜찮은 유머도 이따금씩 구사되기도 한다.

하지만 「2012」는 화려하면서도 뭉툭하다. 이 작품은 평소에 실력을 쌓아두지 못해 재난영화의 다양한 과목들을 시험 직전 벼락치기로 한꺼번에 복습하는 듯한 느낌을 준다. 큰 그림은 효과적으로 그려냈지만 세부 묘사가 약해 몰입도가 떨어지는 이 영화의 볼거리들은 한계효용 체감의 법칙을 고스란히 따른다. 아슬아슬하게 비행기가 이륙하는 장면이 멋지지만, 이것도 세 번이나 비슷한 방식으로 되풀이되면서 긴장감이 현저하게 약화된다. 그렇게 기나긴 나열 끝에 클라이맥스 지점에 다다르면 인류 전체의 운명이 경각에 달려 있게 되는데도 심드렁해지게 된다.

전 인류 중 일부만 선별해 살려내야 하는 「2012」의 설정은 계급 갈등에서 정보 통제까지 다양한 문제들을 다루는 흥미로운 사회 실험의 장을 제공할 수도 있었다. 자녀와 떨어져 살아야 하는 잭슨의 처지를 비롯해 결핍과 상처를 안고 있는 극 중 인물들의 가족관계는 그들 사이에서 운명이 엇갈리는 순간의 감정적 격랑을 객석에 몰고 올 수도 있었다. 그러나 이 영화는 스스로가 제기한 문제조차 끝내 풀지 못한 채 "우리는 모두 대지의 형제다"처럼 번드르르하지만 알맹이 없는 대사만 남발한다. 이 영화의 낙관주의는 순진하다기보다는 우둔하다.

「10,000 BC」나 「패트리어트 - 늪속의 여우(The Patriot)」의 참혹한 만듦새를 떠올려볼 때, 「2012」가 롤란트 에머리히의 필모그래피에서 처지는 작품은 아니다. 오히려 평자에 따라서는 「투모로우」 다음으로 괜찮은 작품이라고 할 수도 있다. 하지만 그건 어디까지나 그의 작품 세계 안에서의 비교다. 더구나 「2012」는 제작비를 2억 6,000만 달러나 사용하고, 러닝타임 역시 158분이나 쓴 영화가 아닌가.

# 여행자

감독 **우니 르콩트(Ounie Lecomte)**　국내 개봉일 **2009.10.29**

아이는 새 옷을 사 입고 아빠와 여행을 떠나는 것이라고 믿는다. 그런데 아빠는 오지 않는다. 아이는 아빠가 자신을 잠시 보육원에 맡긴 거라고 생각한다. 그렇지만 아빠는 오지 않는다. 아이는 숱한 밤을 기다림으로 지새운다. 그래도 아빠는 오지 않는다. 아이는 슬퍼한다. 아이는 자책한다. 아이는 결국 마음을 다친다. 그러나 끝내 아빠는 오지 않는다.

　우니 르콩트의 「여행자」에는 자전적인 작품이 갖고 있는 절실함이 있다. 그 진실한 감정이 관객을 끊임없이 흔들고 어김없이 울린다. 영화 속 어린 주인공 진희(김새론)처럼 이 영화의 감독 역시 서울에서 태어나 아홉 살 때 아버지로부터 버림받았고 결국 프랑스로 입양되어 우니 르콩트란 이름으로 성장했다. 그리고 마흔을 넘겨 만들게 된 첫 영화에 자신의 오랜 기억을 새겼다.

　1970년대 서울 근교의 보육원을 무대로 한 이 작품에서 카메라의 눈높이와 앵글의 사이즈는 철저히 아이들을 기준으로 설정되어 있다. 심지어 초반부에서 진희와 함께 등장하는 아버지(설경구)는 대부분 프레임 바깥으로 밀려나 얼굴조차 잡히지 않는다.

비슷한 모티브를 다룬 김소영의 「나무없는 산」에서도 카메라가 그와 유사했다. 하지만 「나무없는 산」에서 시종 아이의 얼굴 클로즈업 위주로 앵글을 짠 것이 미학적 의도를 강하게 드러낸다면, 「여행자」에서의 그것은 좀 더 정서적이고 자전적인 이유 때문인 것으로 보인다. (감독은 자신이 겪었던 보육원 시절의 일들을 어렴풋하게만 기억하고 있다.) 「여행자」의 화법은 다큐멘터리에 가까워 보이지만, 이야기는 상당히 극화되어 있고 플롯도 탄탄한 편이다.

극 중 에피소드들은 예외 없이 진진하고 처연하다. 두 세계를 잇는 교량 같은 보육원에서, 버려졌다는 사실을 받아들일 수 없는 아이들은 어둠 속에서 화투로 점을 치며 한 치 앞도 보이지 않는 미래를 넘겨다보려 애쓴다. 그리고 그 다리 위에서 잠시 머무는 동안 생의 냉정함을 나누어 어깨에 졌던 아이들은 다시금 서로 이별을 고하는 것으로 제각각 다른 세상을 향해 걸어간다.

「여행자」의 감독은 영화라는 지난한 여행을 통해 삶이라는 쓸쓸한 여행을 말한다. 그리고 삶이란 살아가는 게 아니라 살아내는 것이라는 사실을 아프게 전한다. 하필 기분이 가라앉았던 날이라면, 당신은 상영 시간의 절반도 되기 전에 쏟아지는 눈물로 몸이 덜덜 떨리는 경험을 할지도 모른다. 이것은 눈에 불현듯 밟히고, 가슴에 차곡차곡 쌓이는 영화니까.

김새론은 어떻게 저런 연기가 저 작은 몸에서 나올 수 있을까 싶은 생각이 떠나지 않을 정도로 특별하다. 의사 선생님 앞에서 울먹거리며 자책할 때 이 어린 배우는 관객들의 가슴을 온통 헤집어놓는다. 「괴물」로 깊은 인상을 심어줬던 고아성은 이 영화를 통해 그가 좋은 연기자로 잘 성장하고 있음을 중간보고한다. 진희의 마음을 보듬어주는 숙희 역의 박도연도 인상적이다.

세상에는 꼭 만들어야 하는 이야기가 있다. 우니 르콩트에겐 아홉 살 무렵 자전거에서 느꼈던 아버지의 따스한 체온에 대한 감각이 그랬을 것이고, 그런 아버지로부터 끝내 사랑을 받을 수 없었던 어린 날에 대한 연민이 그랬을 것이다. 그는 자신의 삶 전체를 사로잡아온 아픈 기억을 극화하고 외화함으로써 마음의 고단한 여정을 이제 막 마쳤다.

# 바스터즈: 거친 녀석들

**Inglourious Basterds**

감독 **쿠엔틴 타란티노**(Quentin Tarantino)　국내 개봉일 **2009.10.28**

새삼 돌이켜 보니, 쿠엔틴 타란티노의 영화를 보면서 실망했던 적은 이제껏 한 번도 없었다. 그의 작품들은 언제나 '무척 흥미로운 영화' 아니면 '악! 소리 나게 흥미로운 영화', 둘 중 하나였다. 「바스터즈: 거친 녀석들」은 어떤 경우냐고? 단언컨대, 후자였다.

제2차 세계대전이 벌어지고 있는 유럽. 유대계 미군 장교 알도(브래드 피트)는 뜻을 함께하는 사람들을 모아 특수부대를 만든 후 나치 소탕전을 벌이기 시작한다. 나치 장교 한스(크리스토프 발츠)의 손에 가족을 잃고 홀로 살아남게 된 쇼사나(멜라니 로랑)는 자신이 운영하는 극장에 나치 수뇌부가 모두 모이는 것을 알고 복수를 준비한다.

「바스터즈」는 거의 모든 면에서 예측이 불가능한 특급 오락물이다. 이야기의 전개에서 액션의 디테일까지 관객의 예상과 장르의 관습을 철저히 배반한다. 이 영화의 총알은 언제나 의외의 순간에 의

외의 인물로부터 의외의 인물에게로 발사된다.

무엇보다 놀라운 것은 모두가 알고 있는 구체적 시공간을 무대로 삼고도, '역사적 사실'을 아무렇지도 않게 무시할 수 있는 대담한 상상력이다. (그 점에서 이 작품은 비슷한 모티브를 다룬 브라이언 싱어의 작품 「작전명 발키리(Valkyrie)」의 대척점에 선다.) 장별로 진행되는 이 영화의 제1장 자막 "옛날 옛적 나치에 점령된 프랑스"에서 '옛날 옛적'이란 표현이 포함되어 있는 것은 우연이 아니다. 한스의 대사들 중 "어떤 역사를 원하는가"라는 게 있는 것도 예사롭지 않다.

사실 타란티노가 정말로 관심 있었던 것은 영화를 통해 나치의 만행을 응징하는 게 아니었을 것이다. 그는 그저 마음껏 때려잡아도 아무런 문제가 되지 않는 대상을 찾았을 뿐이다. 이를테면 이 영화에서 나치가 다뤄지는 방식은 (타란티노가 각본을 쓴) 「황혼에서 새벽까지(From Dusk Till Dawn)」(로버트 로드리게스)의 뱀파이어나 (타란티노가 연출한) 「데쓰 프루프(Death Proof)」의 마초 악당이 당하는 방식과 흡사하다.

극장을 옴짝달싹할 수 없는 함정으로 바꾸는 거사를 기획한 것은 쇼사나와 알도뿐만이 아니다. 타란티노 역시 이 영화를 보러 온 관객들을 극장 안에 모아놓고 순도 높은 '킬링 타임'을 만들고 싶어 한다. 이 영화의 결말이 관객을 만족시키는 방식은 즉각적이다. 그러나 종반부의 그 같은 직설적 대리 만족에 도달하기까지 감독은 창의적이고도 효과적인 곡선주로를 닦는다.

타란티노의 뛰어난 대사 작법은 「바스터즈」에서 절정의 감각을 드러낸다. 자기도취가 지나쳐서 너무 길게 느껴지는 대화 장면이 없진 않다. 하지만 발각되지 않으려 여유를 부리는 자들과 모르는 척 몰아붙이는 자들 사이에서의 대화는 배우들의 좋은 연기와 맞물려 곳곳에서 최상의 서스펜스를 빚는다. 이 영화의 대사들은 입으로 쏘는 총격전 같다.

영어, 프랑스어, 독일어, 이탈리아어가 뒤섞이는 언어적 상황을 고갈되지 않는 코미디의 원천으로 썼고, 그때그때 인물을 설명하는 플래시백 인서트를 탄력 넘치는 유머의 악센트로 활용했다. 공간의 위아래를 부드럽게 넘나드는 카메라도 효과적이다. 엔니오 모리코네에서 데이비드 보위까지 기존의 음악들을 절묘하게 골라내 깔아두는 선곡도 탁월하다.

클라크 게이블의 표정으로 찰스 브론슨처럼 행동하는 브래드 피트의 모습이 인상적이다. 하지만 그보다 더 시선을 사로잡는 것은 오스트리아 배우 크리스토프 발츠다. 이 영화로 칸영화제에서 남우주연상을 수상한 발츠의 연기는 함께 등장한 다른 배우들 연기를 모두 다 잡아먹을 정도로 강력하다.

아는 자는 좋아하는 자만 못하고, 좋아하는 자는 즐기는 자만 못하다(知之者不如好之者, 好之者不如樂之者). 타란티노라고 연출 과정에서 고민이 없지는 않을 것이다. 그러나 고전적인 필치로 시작해서 변칙적인 화법으로 끝맺는 「바스터즈」 같은 영화를 보면서 생생하게 감지되는 것은 한껏 흥이 나 있는 사람이 내뿜는 에너지다. 이 영화의 마지막 대사는 "아무래도 이게 나의 걸작이 될 것 같아"다. 살짝 얄미울 수도 있지만, 타란티노는 그렇게 뻐길 만한 자격이 있다.

# 파주

감독 **박찬옥** 국내 개봉일 **2009.10.28**

입자이면서 동시에 파동인 듯한 그 미세한 물방울들. 택시를 타고 고향으로 돌아오는 한 여자를 묵묵히 비추는 「파주」의 첫 장면을 온통 뒤덮고 있는 것은 푸르스름한 안개다. 이 영화에서 안개는 인물의 마음 깊은 곳 우물에 드리운 그림자이고, 사랑이라는 감정의 뼈대 사이를 채우는 미스터리이며, 삶을 되돌아보았을 때 어쩔 수 없이 피어나는 불가지론이다. 그 축축한 공기 속에서, 침묵은 아우성친다.

몇 년 만에 고향 파주에 돌아온 은모(서우)는 교통사고로 세상을 뜬 줄 알았던 언니 은수(심이영)의 죽음에 의문의 여지가 있음을 알게 된다. 철거민들과 함께 철거 반대 투쟁에 나서고 있는 형부 중식(이선균)만이 그 비밀을 알고 있는 상황. 중식을 사랑하고 있다는 사실을 깨닫고 두려움에 집을 떠났다가 돌아온 은모는 이제 언니의 남편이었던 중식에게 캐묻기 시작한다.

박찬옥의 「파주」에서 사랑하는 남녀는 찔리거나 멍드는 대신, 떠돌거나 녹아내린다. 이 영화는 자신의 혈관 속을 흐르는 감정의 기척을 외면할 수밖에 없었던 사람들의 내면에 끝내 고이고 마는 어떤 쓸쓸함을 골똘히 응시한다.

중반까지 스토리를 따라가기가 쉽지 않은 이 작품의 다소 불친절한 화법은 부유하고 점멸하는 생의 순간들을 살려내기 위해 서사의 고리를 과감히 제거했다. 「파주」의 플롯은 사건의 추이를 밟아가지 않고 마음의 궤적을 따라간다. 감춰진 진실에 대한 관객의 궁금증을 해소시켜주는 일보다 박찬옥이 훨씬 더 중요하게 생각한 것은 7년이라는 세월 속에서 끊임없이 흔들리는 마음의 풍경화를 그려내는 작업이었던 것으로 보인다. 결국 이 영화의 이야기를 추동하는 것은 은수의 죽음에 대한 비밀이 아니라 사랑이라는 미스터리, 혹은 삶이라는 미스터리 그 자체일 것이다.

「질투는 나의 힘」 이후 무려 7년. 박찬옥은 홍상수의 영향이 일부 담겨 있었던 데뷔작의 스타일을 벗어나 이 예민한 작품을 온전히 자신의 영화로 만들었다. 작위적으로 느껴지는 설정이나 묘사가 전혀 없는 것은 아니지만, 「파주」가 지닌 스산한 아름다움은 특별하다. 시적이고 몽환적인 멜로에 매우 사실적인 한국 사회의 단면이 밑그림으로 내려앉아 있다는 점도 인상적이다. 폭력적인 철거 작업에 쫓겨 삶의 칼날 끝에 제겨디딘 사람들의 현장이 실감으로 담긴 이 영화의 장면들은 기이할 정도로 숭고하다.

한없이 미끄러지는 파주의 세계에 격정과 품위를 동시에 부여한 촬영감독 김우형의 작업이 무척이나 훌륭하다. 아마도 그는 한국에서 박명의 순간을 가장 잘 잡아내는 촬영감독일 것이다.

이선균은 안타까운 로맨스에 입체감을 부여하는 목소리와 얼굴로 그의 영화 이력에서 도드라진 순간을 빚었다. 좋은 감성을 지닌 서우는 언어가 끊긴 지점에서 더욱 빛을 발하며 기대에 부응했다. 이경영, 심이영, 김보경 등의 다른 출연진도 극의 분위기에 잘 어울리는 모습으로 호연했다.

안개 속에서 은모가 고향으로 돌아오며 시작된 이 영화는 안개가 걷힐 무렵 그녀가 다시금 그곳을 떠나며 끝난다. 그사이에 달라진 것은 무엇일까. 그렇게 물을 때 이 영화의 제목은 불현듯 난파된 배를 뜻하는 파주(破舟)로 읽힌다. 그녀는 정말 파주를 떠날 수 있을까. 이제 곧 안개가 시간을 타고 또다시 밀려올 텐데.

# 호우시절

감독 **허진호** 국내 개봉일 **2009.10.08**

그러니까, 모든 문제는 시간이다. 시간의 질은 사랑의 능력을 과장하고, 시간의 양은 사랑의 방식을 교란하며, 시간의 속도는 사랑의 한계를 강화한다. 세월의 격랑 속에서 사랑은 무엇이든지 할 수 있고, 아무것도 할 수 없다. 내리는 비는 시절을 알까. 그리고 사랑은 때를 알까.

중국 청두로 출장을 간 건설 회사 직원 동하(정우성)는 미국 유학 시절의 친구 메이(고원원)와 우연히 재회한다. 추억을 떠올리며 즐겁게 대화를 나누던 두 사람은 예전의 애틋한 감정을 되살리며 급속도로 가까워진다. 짧은 출장 일정이 끝나고 공항에서 헤어져야 할 순간이 되자 동하는 메이 곁에 좀 더 머물기 위해 귀국을 하루 미룬다.

「호우시절」은 허진호의 다섯 번째 영화고, 다섯 번째 멜로다. 지난 10여 년간 뛰어난 솜씨로 충무로 멜로의 가장 깊은 골을 파고 가장 높은 탑을 쌓아온 그는 언제나 사랑을 시간이란 변수 속에 넣고 관찰한다. 허진호의 영화들에서 연인들이 위기를 겪게 되는 것은 사랑을 넘보는 경쟁자 때문이 아니다. 그 사랑이 시간의 벽에 부딪치거나(「8월의 크리스마스」), 시간의 늪에 빠지고(「봄날은 간다」), 시간의 톱니에 갈리거나(「외출」), 시간의 바람에 풍화되기(「행복」) 때문이다.

이번엔 시간을 압축했다. 3박 4일. 재회 초반 "그때 우리가 사랑했을까"를 장난치듯 되묻던 연인들은 헤어질 시간이 다가오면서 "지금 우리가 사랑할 수 있을까"를 간절하게 질문한다. 그리고 축약된 시간은 언제나 격정에 기름을 붓는다. 그 불길이 가장 거세게 타오를 때, 허진호는 그의 작품 세계에서 예외적인 핸드헬드 카메라까지 동원한다.

이 영화는 허진호 작품들 중 가장 밝고 가벼우며 유머러스하다. 여러 측면에서 리처드 링클레이터의 「비포 선셋(Before Sunset)」을 떠올리게 하는 이 정갈하고 깔끔한 소품은 흡사 단편 같은 호흡으로 쭈욱 밀고 나간다. 인물의 전사는 만만찮게 어둡지만, 그 어둠이 설핏 드러나는 순간에조차 영화는 진창에 발을 넣지 않는다. 인물들은 시종 사랑스럽고 대화는 대부분 유쾌하며 화면은 비가 오는 순간조차 따뜻하다. 사람은 그가 사랑하는 만큼만 선할 뿐이라고 허진호의 멜로들은 말한다. 「호우시절」의 막 달아오른 연인들은 그렇게 선하다.

이 작품의 제목은 두보의 시 「춘야희우(春夜喜雨)」의 첫 구절(好雨知時節-좋은 비는 때를 알고 내린다)에서 따왔다. 아닌 게 아니라, 「호우시절」은 가을보다 봄에 더 잘 어울리는 분위기를 갖고 있다. (실제로 4월에 촬영하기도 했다.) 말하자면, 이건 긴 겨울을 지내고 새봄을 맞는 사랑 이야기다. 후반에 등장하는 고비도 겨울을 예고하는 늦가을의 추위라기보다는, 결국은 오고야 말 봄을 치장하는 꽃샘추위 같다.

대나무 숲이 인상적인 두보초당과 판다의 재롱이 담긴 판다기지 공원에서 아이들이 바람개비를 날리는 콴자이샹쯔거리까지, 화사하게 찍어낸 청두의 풍광은 그곳으로 떠나는 휴가를 계획하고 싶게 만들 정도로 인상적이다. 그리고 멋진 외모를 가진 남녀 배우가 잘 갖춰진 공간 속에 들어가 사랑을 속삭이는 모습을 보는 것은 그 자체로 기분 좋은 일이다. 정우성은 청년의 낭만과 소년의 장난기를 함께 드러냈고, 중국 배우 고원원은 청신하고 투명한 모습으로 사랑의 설렘을 체화했다. 비중이 큰 조연으로 등장하는 김상호는 사람 좋고 눈치 없는 남자 역을 맡아 호연했다.

이 영화는 청두에 도착하기 직전, 기내에서 시곗바늘을 돌려 시간을 맞추는 동하의 모습을 첫 장면에서 보여준다. 결국 「호우시절」의 연인들은 기꺼이 시곗바늘을 돌려 사랑의 시차를 넘으려는 의지와 용기를 갖춘 사람들인 것이다. 그러니까, 좋은 사랑은 때를 안다. 아니, 때를 아는 것이 좋은 사랑이다.

# 나무없는 산

감독 **김소영** 국내 개봉일 **2009.08.27**

카메라로 무엇을 어떻게 찍을 것인가. 한 편의 영화를 찍을 때 가장 기본적이면서 가장 중요한 질문에 대해 「나무없는 산」은 매우 인상적인 대답을 들려준다.

아이들의 얼굴을 찍는다. 최대한 가까이 다가가 찍는다. 천천히 바라보며 찍는다. 끈질기게 기다리다 마침내 찍는다. 그 얼굴을 통해 그들이 바라보는 세상을 간접적으로 찍는다. 그 얼굴에 소망이 담기고 슬픔이 서린다. 소망과 슬픔마저 흘러가고 나면, 마침내 그 얼굴의 텅 빈 표정을 찍는다. 텅 빈 얼굴로 머무르다 어느덧 느리게 헤엄쳐가는 어린 날의 시간을 찍는다.

「나무없는 산」에서 두 어린 딸을 키울 능력이 없는 엄마는 아이들을 고모 집에 맡긴다. 돼지 저금통에 하나씩 동전을 다 채울 때쯤이면 돌아온다던 약속을 믿고 아이들은 엄마와 재회하게 될 순간을 애타게 기다린다. 그러나 엄마는 쉽사리 돌아오지 않는다.

「나무없는 산」을 연출한 김소영의 눈에는 오로지 두 아이(김희연, 김성희)만 보인다. 어른들이 말하고 있는 장면에서조차도 카메라는 듣기만 하는 아이의 얼굴을 화면 가득 잡는다. 이 영화만큼 클로즈업숏이 많은 작품도 드물 것이다. 아이들의 반응이 중요하기에 일어나는 사건들에 대해서 구체적으로 설명하는 경우도 거의 없다. 그런데 그렇게 끊임없이 담기는 아이들의 얼굴은 많은 경우 뭔가를 바라보고 있다. 결국 카메라는 아이들의 시선을 찍고 있는 셈이다.

최소한의 맥락 속에서 무엇을 보는지도 종종 불분명한 아이들의 텅 빈 얼굴은 극영화와 다큐멘터리의 구분 자체를 무의미하게 만들기도 한다. 사건이 배제되고 시선이 남겨질 때 그 시선이 보는 것은 결국 시간이다. 아이들이 시간을 볼 때, 시간 역시 아이들을 본다. 이 영화의 카메라는 흡사 아이들을 근심과 연민으로 쳐다보는 시간의 정령 같다.

혹은, 적어도 이 영화의 앵글은 아이들의 시간 속으로 빡빡하게 밀고 들어간다. 오지 않는 엄마와 오지 않는 미래. 고여 있는 공간과 고여 있는 현재. 어린 딸들은 아무런 일도 일어나지 않는 진공 같은 세상에서 길고 느린 시간을 견딘다. 「나무없는 산」은 아이들이 체험하는 시간 감각을 생생히 살려냈다는 점에서 적잖은 성취를 했다. (이 영화에서 주연을 맡은 비전문 아역 배우 김희연과 김성희의 어떤 순간들은 실로 경이롭다.)

이때 유독 눈길을 끄는 것은 온통 아이들의 얼굴 클로즈업으로 이뤄진 것 같은 이 영화의 장면들 사이사이에 가끔씩 삽입되는, 언뜻 생뚱맞아 보이는 원경의 숏들이다. 하지만 해당 장면이 펼쳐지는 공간적 맥락을 제시하는 설정숏으로 보였던 이 인서트숏들은 영화가 진행될수록 점차 그 이상의 의미를 드러낸다.

처음엔 아파트의 삭막한 외양을 비추지만, 이후 이런 숏들은 해를 가리며 흘러가는 먹구름이나 산 위의 장엄한 노을로 점차 바뀌어 간다. 그 모든 슬프고 번잡한 세상사로부터 갑자기 뚝 떨어진 듯 초연한 느낌을 주기도 하지만, 결국 이렇게 멀리서 찍은 롱숏들은 아이들에게 '간절히 바라면 이루어진다'고 습관적으로 말하는 대신에 '그래도 (너희가 살아갈) 세상은 아름답다'고 곡진하게 일러주고 싶어 하는 만든 이의 마음을 담은 것처럼 보인다. 말하자면 김소영은 시나리오에 담긴 이야기의 안이 아니라, 형식으로 빚어낸 이야기의 바깥에서 '이른바 해피엔드'를 만든다. 종반으로 접어들면서 카메라가 클로즈업숏 대신 자연 속 아이들을 담은 롱숏으로 점차 옮아가는 것까지 감안하면 더욱 그렇다.

「워낭소리」(이충렬) 같은 영화가 다큐멘터리임에도 불구하고 소가 흘리는 맥락 없는 눈물까지 의미를 강제로 부여해 클라이맥스에 끼워 넣는 반면, 「나무없는 산」은 극영화이면서도 극이 종반부로 다가가는데도 감정을 극적으로 고양하려 하지 않는다. 소재가 주는 원초적인 유혹에도 불구하고, 김소영은 관객을 펑펑 울리는 일에는 끝내 관심을 두지 않는다. 게다가 러닝타임 89분밖에 되지 않는 이 고요한 영화에는 음악조차 한 번도 나오지 않는다.

그러나, 결국 당신은 눈물을 흘리고 말 것이다. 끝내 참아낼 수 있다면, 적어도 당신은 물기 가득한 한숨이라도 길게 내쉬고 말 것이다. 낯선 잠자리에서의 뒤척임. 아무도 내리지 않는 버스. 엄마 대신 저녁이 먼저 불쑥 찾아오는 정류장. 그러다 다시 지쳐서 까무룩이 잠드는 밤.

아이들은 마지막 장면에서 노래를 부른다. "산으로 올라가고 싶어. 산 뒤로 내려오고 싶어. 강에서 헤엄치고 햇빛 쬐고 모두에게 잘하고 싶어." 당신이라면 그 노래를 들은 답례로 아이들에게 어떤 노래를 불러주고 싶은가.

# 디스 이즈 잉글랜드

**This Is England**
감독 **셰인 메도스**(Shane Meadows)  국내 개봉일 **2009.08.13**

숀(토머스 터구스)은 아버지가 포클랜드전쟁에서 전사한 뒤 어머니와 함께 외롭게 살아간다. 학교에서 늘 놀림을 받던 그는 자신보다 훨씬 나이가 많음에도 불구하고 따뜻하게 대해주는 우디(조 길건) 패거리들을 만나 어울리면서 웃음을 되찾는다. 그러나 감옥에서 막 나온 콤보(스티븐 그레이엄)가 옛 친구인 우디에게 찾아오면서 분위기가 점점 험악해지기 시작한다.

「디스 이즈 잉글랜드」의 오프닝 시퀀스는 1980년대 영국의 풍경을 빠르게 스케치한다. 마거릿 대처와 듀란듀란, 컴퓨터게임 「스페이스 인베이더(Space Invaders)」와 에어로빅 열풍, 반정부 시위와 포클랜드전쟁의 자료 화면들을 현란하게 엮던 영화는 1983년 여름의 어느 날, 알람 시계에 맞춰 일어나는 열두 살 숀의 아침을 따라가면서 본격적으로 시작한다. 통이 넓은 나팔바지를 입고 집을 나섰다가 이곳저곳에서 심한 놀림을 받은 끝에 풀이 죽은 그 소년.

이후 영화는 중반까지 우디 패거리와 어울리게 된 숀의 일상을 경쾌하게 묘사한다. 등장인물들의 요란한 헤어스타일에서 요소요소에 깔리는 삽입곡까지, 1980년대스러움을 한껏 살려낸 무대에서 「디스 이즈 잉글랜드」는 가볍고 유머러스한 필치로 관객을 즐겁게 해준다. 천진한 얼굴로 자연스러운 모습을 보여주는 아역 배우 토머스 터구스를 비롯해, 출연진의 사실감 넘치는 연기는 종종 다큐멘터리를 보는 것 같은 느낌까지 안긴다.

성장영화로서 이 작품의 시선은 어린 시절의 순수함이나 비통함을 과장하지 않는다. 여기서 어린이는 무구한 천사처럼 행동하지도 않고, 짐짓 메시지를 담은 묵직한 대사를 통해 어른을 가르치는 조숙함을 보이지도 않는다. 캐릭터를 미화하거나 위악을 떨지 않은 채 영화는 그저 한 아이의 흥분과 호기심이 초래하는 좌충우돌을 흥미롭게 관찰한다. 셰인 메도스는 거리의 아이들이 어떤 언어를 쓰고 어떻게 움직이는지를 잘 알고 있는 듯하다.

1980년대 영국 소도시의 빈한한 환경 속에서 홀어머니와 함께 외롭게 살아가는 소년의 이야기를 웃음과 생기로 유쾌하게 그렸다는 점에서 이 작품은 「나의 판타스틱 데뷔작(Son of Rambow)」과 궤를 같이한다. 그러나 그 영화에서 감독 가스 제닝스가 꿈을 향해 훌쩍 날아갔던 데 비해, 「디스 이즈 잉글랜드」의 셰인 메도스는 중반 이후 현실의 진창에 발을 디밀어 넣음으로써 이후 전혀 다른 전개를 보여주기 시작한다.

언뜻 조국에 대한 자부심이 느껴지는 듯한 이 영화의 제목은 사실 그 속에 담긴 것이 영국 사회의 환부와 치부에 대한 탄식임을 드러내고 만다. 알고 보면 순정이 없지 않은 인물임에도 불구하고, 머리를 박박 밀고 친구들을 몰아세우면서 인종주의적인 편견을 폭발시키고 마는 콤보의 행동은 방향 감각을 상실한 분노가 얼마나 끔찍한 것인지를 여실히 보여준다. 그리고 마초적 남성성에 대한 동경과 폭력에 대한 공포 사이에서 흔들리는, 아버지 잃은 소년 숀의 심리 묘사는 세밀하고 섬세하다. (셰인 메도스는 폭력적인 스킨헤드족의 일원이 되었던 자신의 어린 시절 경험에 대해 토로한 바 있다.)

열두 살의 환멸과 각성 속에서 소년은 결국 의식을 치르듯 어떤 결행을 보여준다. 그러고 보니, 영국 사회파 드라마의 전통을 계승하고 있는 이 영화에 담긴 반성은 오늘의 한국에서도 절실하다. 지금 이곳에서도 인종주의의 악령은 피해자의 탈을 쓰고서 민족주의의 미명 아래 이빨을 드러내고 있으니까. 이성이 잠들면 요괴가 눈을 뜬다.

# 불신지옥

감독 **이용주** 국내 개봉일 **2009.08.12**

끝까지 흥미진진하게 볼 수 있는 한국 공포영화를 만난 게 대체 얼마 만인가. 이용주의 데뷔작 「불신지옥」은 탄탄하고 창의적이다. 여름이라는 호러 장르 시즌을 겨냥해 아이디어 하나로만 밀어붙여 조악한 속내를 드러내곤 했던 허다한 작품들에 거듭 고개를 가로저으면서도, 끝내 충무로 공포영화에 대한 기대를 포기할 수 없는 이유 하나를 이 영화가 보여준다.

서울에서 대학을 다니고 있는 희진(남상미)은 이른 아침 다급한 전화를 받고 엄마(김보연)와 동생 소진(심은경)이 살고 있는 지방 도시 아파트로 간다. 소진이 실종되었다는 엄마의 말에 따라 희진이 경찰서에 신고하자, 형사 태환(류승룡)은 형식적인 조사를 시작한다. 그러나 이후 아파트에서 자살 사건이 연이어 발생하고 이성적으로 납득할 수 없는 일들이 빈발하게 되자 희진과 태환은 점차 혼란에 빠진다.

「불신지옥」은 한국적인 공포영화다. 여기에는 이성적으로는 코웃음 치면서도 몸으론 끌려가는 무속 본능이 있고, 외부 세계에 빗장을 지른 기독교 신앙의 한 극단이 있다. 그리고 대단히 한국적인 주거 형태인 아파트가 주 무대다. (극 중 아파트엔 심지어 무당집까지 있다.) 이 영화는 곳곳에 너저분한 적치물이 쌓인 복도와 생활의 때가 묻은 실내 모습을 통해 낡은 서민 아파트에 생활의 실감을 끌어들였고, 지하실에서 옥상까지 다양한 수직 이미지로 그 공간을 변주해 추락의 질감을 살려냈다. 가족이든 이웃이든, 이것은 사람과 사람이 제한된 공간에서 부대끼면서 빚어지는 참극을 다룬 호러다.

매우 직설적인 제목이 주는 느낌과 달리,「불신지옥」은 반기독교적인 영화가 아니다. 초반 설정은 도발적이지만, 이야기가 깊숙하게 진행될수록 기존 교단에 대해 명확히 선을 그음으로써 안전한 선택을 한다. (감독은 특정 종교의 특정한 행태에 대한 비판보다는, 정치적 입장이든 종교적 신념이든 극단으로 치닫는 사람들에게서 광기의 원형을 발견하는 데 더 관심이 있다.)

편협한 신앙과 빗나간 모정을 공포의 수원지로 삼는 듯하지만, 결국 통념에 대해 날카롭게 갈아세운 손톱을 거두고서 '모성이야말로 기적'이라고 말하는 식의 평범한 결말은 다소 맥이 빠지기도 한다. 그러니까 이 영화는 문제작이 아니라 웰메이드 호러에 가깝다. (엄마의 동선과 심리에서 의문시되는 측면이 있다는 것은 이 단단한 영화가 가진 드문 결함일 것이다.)

호러영화로서「불신지옥」이 훌륭한 것은 초자연적인 힘에 대한 공포와 매혹을 생생하게 그려냈다는 점이다. 현실과 환상의 모호한 경계선상에서 펼쳐지는 섬뜩한 이미지들이 좋은 선도와 높은 강도로 계속 펼쳐진다. 가위 눌린 상태에서 정체불명의 남자가 희진의 몸 위에 앉아 있는 모습을 불현듯 내려다보는 부감 인서트나, 입김을 유리창에 불어 넣는 인물 얼굴의 눈 아래 부분만 담는 클로즈업 숏처럼 표현력이 뛰어난 카메라 앵글도 돋보인다.

빙의와 접신을 적극적으로 용인하는 설정은 이 영화가 복잡한 플롯과 다양한 심상을 적극적으로 구사할 수 있도록 만들었다. 방에서 머리를 얻어맞고 쓰러진 희진에게 생기는 일이나, 거실에서 머리에 뭔가를 뒤집어 쓴 채 사람들이 서 있다가 그중 하나가 얼굴을 드러낼 때까지의 모습은 한 번 보면 절대 잊히지 않을 독창적이고도 무시무시한 호러의 이미지다.

남상미는 공포영화에 잘 어울리는 무구함과 파리함을 함께 갖췄다. 그리고 이 영화에 참여한 배우들 대부분은 주목할 만한 연기력을 선보이는 장면을 적어도 하나씩 가졌다. 첫 영화 「불신지옥」으로 연출력을 과시한 이용주는 영화언어에 대한 구사력과 상상력이 모두 좋다. 그것은 호러가 아닌 다른 장르에서도 충분히 힘을 발휘할 수 있는 종류의 재능인 것으로 보인다.

# 업

**Up**
감독 **피트 닥터(Pete Docter), 밥 피터슨(Bob Peterson)** 국내 개봉일 **2009.07.29**

삶이라는 여행. 여행이라는 꿈. 꿈이라는 약속. 약속이라는 삶. 「업」은 끝내 이루지 못한 오랜 꿈에 대해 쓸쓸히 이야기하면서 시작한다. 함께 떠나기를 간절히 원했지만 결국 홀로 남게 된 자는 이제 무엇을 바라보아야 하는 걸까. 환상적인 미지의 세계로 데려가주겠다던 어린 시절의 약속을 세월 속에 흘려보내고 만 사람이 얼마 남지 않은 시간 앞에서 무엇을 결심할 수 있을까. 그는 다시 꿈꿀 수 있을까. 꿈을 향해 이제라도 걸음을 내디딜 수 있을까.

칼(에드워드 애스너)은 아내 엘리(엘리 닥터)가 어린 시절부터 함께 꿈꾸던 남미의 파라다이스 폭포에 끝내 가지 못하고 세상을 뜨자 크게 상심한다. 궁리 끝에 칼은 그들이 수십 년간 살아온 작은 이층집에 수많은 풍선을 매달고 공중에 띄우는 데 성공한다. 본격적으로 파라다이스 폭포로 가려던 칼은 이웃의 여덟 살 소년 러셀(조던 나가이)이 집 근처에서 서성이다가 우연히 그 여행에 합류하게 되었음을 알게 된다.

픽사의 열 번째 애니메이션이면서 첫 번째 3D 애니메이션이기도 한 「업」은 꿈과 모험이라는 애니메이션 본유의 영역에 가장 충실한 작품이다. 괴팍한 노인과 호기심 많은 소년이 말하는 개(밥 피터슨)와 거대한 희귀 새를 만나 신비의 폭포를 향해 가는 이 여정은 러셀의 천진무구한 행동에서 근력 약한 노인들이 아픈 허리를 잡아가며 싸우는 액션까지, 기분 좋은 유머를 시종 잃지 않아 관객을 즐겁게 한다. 3D 상영관을 선택하면 풍선에 매달린 집이 비행하는 장면이나 하늘에서 펼쳐지는 클라이맥스 액션 장면에서 입체영화의 매력을 제대로 맛볼 수도 있다.

「업」에서 캐릭터 디자인은 3등신에 가깝게 머리를 크게 그림으로써 만화적이고 정감 어린 인물의 느낌을 강조했다. 반면에 배경은 정교하기 이를 데 없는 표현력으로 생생히 살려냈다. 「월·E (WALL·E)」(앤드루 스탠턴)에서 사각형의 월·E와 타원형의 이브를 대조시켰던 픽사의 애니메이터들은 「업」에서도 각진 외모를 강조한 칼과 둥그스름한 러셀을 대비시킴으로써 흥미를 배가한다.

수없이 많은 풍선들이 일시에 부푼 후 마침내 집이 두둥실 천천히 떠올라 비행할 때의 그 우아한 리듬은 빠르게 휘몰아치기만 하는 오늘의 허다한 오락영화들이 결코 체현할 수 없는 아름다움을 갖추고 있다. 그리고 서정적이면서 내향적인 음악은 그 어느 때보다도 극에 절묘하게 어울린다. 세상을 떠나 그 여행에 동행할 수 없었던 엘리는 반복되는 테마 음악을 통해 강력하게 상기됨으로써 그 여정에 이명으로 내내 함께한다.

하지만 「업」은 무엇보다 픽사가 얼마나 뛰어난 이야기 창작 집단인지를 또다시 보여주는 작품이다. 가장 쉽고도 고전적인 화술로 마음의 우물을 가장 깊게 휘젓는 이 걸작은 어느 순간에 이야기의 태엽을 감아야 하고, 언제 리타르단도와 악센트를 구사해야 하는지 정확히 알고 있다. (이 영화의 엔딩크레디트에는 무려 열여덟 명의 '스토리 스태프' 명단이 올라 있다.)

결국 「업」이 그려내려는 세계는 무수한 풍선을 매달고서 창공에 둥실 떠 있는 작은 목조 이층집의 이미지에 또렷이 함축되어 있다. 미지의 세계를 향해 날아가고 싶어 하는 인간의 가장 오래된 소망이 가장 화려한 색들을 지닌 풍선의 도움으로 날개를 활짝 펴면서도, 삶을 지탱하게 만들었던 소중한 기억 역시 낡은 집에 여전히 편안하게 깃들어 있다. 지나간 시간에 대한 추억과 다가올 시간에 대한 꿈이 함께하는 이 특별한 여행은 머무르면서 떠나는 역설을 풍선에 매달린 집으로 선명하게 시각화한다.

이 영화는 시종 유쾌하다. 하지만 가장 인상적인 대목은 극의 초반부와 말미에서 강력하게 관객의 마음을 사로잡는 두 차례의 장면이다. 칼과 엘리가 결혼식을 올리는 순간부터 늙은 아내가 세상을 떠난 후 늙은 남편이 홀로 파란 풍선을 들고 귀가하는 순간까지를 단 한마디의 대사도 없이 4분가량으로 압축한 초반 시퀀스는 아마도 픽사가 이제껏 만들어낸 모든 장면들 중 가장 아름다우면서도 쓸쓸한 잔상을 남기는 명장면일 것이다. 그리고 마침내 모든 것을 다 이룬 것 같은 후반부의 어느 지점에서, 안락의자에 앉은 칼이 노트를 넘기다가 맨 뒷장에서 발견하게 되는 엘리의 문장("모험을 하게 해주어서 고마워요. 이제 당신의 새로운 모험을 해봐요")은 감동과 용기를 끝내 함께 안기며 정화와 고양의 순간을 빚는다.

언론 시사회에 이어 이 영화를 일반 시사회에서 한 번 더 보고 나오던 날, 극장 스태프들이 선물로 나눠주던 빨간 풍선 하나를 받았다. 집으로 돌아오는 밤길은 멀고 고단했지만 끝내 그 풍선을 터뜨리거나 버리지 않았다. 거실에 불을 켜고 꽃병에 풍선을 꽂자, 내 어린 날의 꿈이 생생히 떠올랐다. 오래도록 잊고 있었던 작은 꿈이었다.

# 트랜스포머: 패자의 역습

**Transformers: Revenge of the Fallen**
감독 **마이클 베이**(Michael Bay)  국내 개봉일 **2009.06.24**

2009년 여름 최강자가 「트랜스포머: 패자의 역습」이라는 것은 누구도 부인할 수 없을 것이다. 2년 전에 나온 전편이 전 세계적 히트 속에서도 특히 한국에서 역대 외화 흥행 1위에 오를 정도의 대성공을 거두었기에 더욱 그렇다. 확실히 이 시리즈 2편인 「트랜스포머: 패자의 역습」은 속편에 대한 관객들의 엄청난 기대에 맞춰 양적인 위용을 갖췄다. 전편보다 5,000만 달러나 더 들인 2억 달러의 제작비에 등장하는 로봇 캐릭터만도 60여 종에 이른다. 특수효과 물량 역시 전편과 비교가 되지 않을 정도로 많다.

「트랜스포머」의 속편은 샘(샤이아 러버프)이 고향을 떠나 대학에 진학하면서 벌어지는 일들을 다뤘다. 그 과정에서 인류를 위협하는 디셉티콘 군단과 인간 편에 서는 오토봇 군단의 대결이 다시 펼쳐지고 샘 역시 어쩔 수 없이 싸움에 참여하게 된다.

미국 동부에서 시작해 이집트 유적지에서 끝나는 이 영화의 이야 기는 흡사 「트랜스포머」의 세계를 인디아나 존스가 활약하는 「레이 더스(Raiders of the Lost Ark)」(스티븐 스필버그) 속에 이식한 것처럼 괴상 하게 여겨진다. 공간적 배경이 전환됨에 따라 캐릭터들을 늘어세우 면서 옆으로만 계속 펼치려 드는 플롯은 요령부득이다. 샘이 대학 기숙사에서 다짜고짜 자신에게 달려드는 여자와 엉겁결에 키스하 게 될 때 하필 고향에 두고 온 애인 미카엘라(메건 폭스)가 찾아와 그 방문을 여는 기막힌 타이밍 끝에 오해가 빚어지고, 오토봇끼리 충동 적으로 싸우다가 깨져나간 벽의 구멍에서 그토록 찾아 헤매던 비밀 스런 장소를 절묘한 우연으로 발견하는 식으로 스토리를 끌어가는 화술에서 더 무엇을 바랄까.

게다가 로봇들의 가공할 활약 사이사이에 등장하는 이 영화의 인 물들은 퇴행적으로 익살을 부리거나 무작정 뛰기만 한다. 「트랜스 포머: 패자의 역습」에서 젊은 여성은 '대놓고 섹스어필'을 하고, 나 이든 여성은 '넋 놓고 슬랩스틱'을 하는 것으로만 그려진다. 메건 폭 스는 반바지 차림으로 오토바이 위에 몸을 납작 숙인 채 엉덩이를 들고서 처음 등장하는데, 극 중 로봇이 그녀에 대해 "외모는 되는데 좀 맹하군"이라는 여성비하적 코멘트를 서슴없이 한다. 샘을 유혹 하려는 여학생은 남자의 반응과 아무 상관없이 시종 무지막지하게 달려든다.

이 영화에서 오토봇을 이끄는 옵티머스 프라임(피터 쿨렌)과 샘의 관계가 마치 부자처럼 느껴지는 것도 무리는 아니다. 오로지 어리 광과 장난기만 있는 것 같은 샘의 부모(특히 엄마)는 온갖 슬랩스틱을 소화하느라 아들을 돌볼 시간이 없기 때문이다. 그리고 샤이아 러버프는 이 영화에서 마치 미식축구선수처럼 연기한다. 결국 샤이아 러버프는 오용된 것으로 판단되고, 메건 폭스는 남용된 것으로 느껴지며, 존 터투로는 아까워 보인다.

안다. 「트랜스포머: 패자의 역습」에서 플롯의 엉성함이나 유머의 조악함, 혹은 캐릭터의 평면성을 지적하는 것은 전혀 중요한 일이 아닐 것이다. 우리 모두의 관심은 오로지 이 영화가 얼마나 멋진 볼거리를 선사할 것인가에 집중되어 있으니까. 아닌 게 아니라, 이 영화에서 다른 모든 요소들은 스펙터클에 별다른 영향을 끼치지 않는다. (그런데 그건 '선택과 집중'의 전략적 결과였을까, 아니면 무능력의 문제였을까.) 심지어 삽입곡까지도 직접적 감흥을 불러일으킬 수 있는 히트곡 위주로 선곡하고, 극 중 상황에 노골적으로 코멘트하는 가사 부분을 집중적으로 발췌해 획일적 감상법으로 이끈다.

스펙터클로 승부하는 블록버스터로서 「트랜스포머: 패자의 역습」은 확실히 막강한 경쟁력이 있다. 우선, 캐릭터 디자인이 좋은 로봇들의 다양한 활약을 연이어 관람할 수 있다. 전편에 비할 때 신선함은 사라졌지만 파괴력이 늘었고, 변신의 쾌감이 눈에 띄게 줄어든 대신 합체의 즐거움이 있다. 1편을 떠올릴 때, 로봇의 감정 표현이 상대적으로 살아난 편이고 액션 전달력도 호전됐다. 사랑스러운 캐릭터 범블비의 활동은 흐지부지되고 말지만 그 대신 노인 로봇 제트파이어(마크 라이언)가 인상적으로 모습을 비춘다.

그리고 무엇보다 이 영화는 액션의 양이 압도적이며 그 속도까지 아찔할 정도로 빠르다. 자동차의 스피드와 로봇의 파괴력을 함께 합친 볼거리들이 밑도 끝도 없이 초지일관 펼쳐진다. 화려한 볼거리 자체에 열광하는 사람에게, 오로지 파괴되기 위해 존재하는 구조물들을 거대한 로봇들이 마구 부수면서 수없이 대결을 펼치는 이 작품은 컴퓨터그래픽 효과의 파라다이스 같을 것이다. (심지어 액션신이 아닌 평범한 대화 장면조차 편집의 속도와 카메라의 움직임, 대사의 스피드가 정신없을 정도다.)

그런데 이런 특징이 어떤 관객들에겐 견딜 수 없는 단점이 된다. 문자 그대로 시각적 공복을 채우는 눈요기가 완료된 이후에도 계속 쏟아붓는 볼거리들은 뜻하지 않은 과식의 불쾌함으로 이어진다. 그리고 '휘황한 볼거리'와 '휘황한 볼거리라는 이름으로 주입되는 자극적 영상'이 쉽게 마비되는 시신경 속에서 혼동되기 시작할 때, 스펙터클은 피로의 원천으로 변한다. (게다가 이 영화의 러닝타임은 무려 2시간 30여 분에 이른다.) 어쩌면 이것은 인간이 아니라 로봇이 즐기는 오락인지도 모른다. 과유불급이라는 말은 볼거리에도 적용될 수도 있다.

스스로의 취향을 잘 알고 있는 관객들에게, 무엇을 보게 될지가 명확한 「트랜스포머: 패자의 역습」은 낚일 수가 없는 영화일지도 모른다. 깊이가 아니라 양에 재능이 있는 마이클 베이의 판단에는 비즈니스적으로 큰 잘못이 없었을지도 모른다. 「트랜스포머」 1편으로 엄청난 성공을 거둔 그로서는 기존의 방법론을 수정해야 할 이유가 없었을 테니까. 그렇다면 이 떠들썩한 여름 풍경의 의미는 대체 무엇일까.

# 걸어도 걸어도

歩いても 歩いても

감독 **고레에다 히로카즈(是枝裕和)** 국내 개봉일 **2009.06.18**

「걸어도 걸어도」는 고레에다 히로카즈의 작품들 중에서 가장 정교하게 축조된 구조물이다. 어떤 대사도 넘치거나 모자라지 않다. 어떤 상징도 돌출되어 있지 않고, 어떤 디테일도 불필요하지 않다. 이 영화에는 덜 조여진 나사 하나 없다. 그러면서도 여유와 관조 혹은 유머까지 넉넉히 갖췄다. 배우들의 연기마저 정확하고 깊은 이 작품은, 그렇다. 살아서 영화를 보는 행복이 여기 있다.

료타(아베 히로시)는 10여 년 전 바다에서 다른 사람을 구하다가 죽은 형 준페이의 기일에 맞춰 아내(나쓰카와 유이)와 함께 부모님 댁으로 간다. 료타의 누나인 지나미(유) 역시 남편(다카하시 가즈야)과 함께 도착한다. 그곳에 머물던 1박 2일 동안 료타는 의사로 은퇴한 아버지(하라다 요시오)와 평생 주부로 살아온 어머니(기키 기린)의 마음속 깊은 곳을 뜻하지 않게 들여다보게 된다.

「원더풀 라이프」와 「아무도 모른다(誰も知らない)」 그리고 「걸어도 걸어도」는 모두 탁월하다. 더욱 흥미로운 것은 고레에다 히로카즈

가 제각기 다른 방식으로 이런 성취를 이뤄냈다는 점이다. 「원더풀 라이프」와 「아무도 모른다」와 「걸어도 걸어도」는 시나리오 작법에서 배우들의 연기법까지 서로 확연히 다르다. 데뷔작 「환상의 빛」으로부터 시작해 2009년 칸영화제에서 공개된 「공기인형」에까지 이르는 동안, 그의 작품 세계는 점점 깊어지고 있을 뿐만 아니라 외연도 계속 확대되고 있다.

다큐멘터리에서 시작한 그는 「원더풀 라이프」나 「아무도 모른다」 같은 작품들에서 잘 드러나듯 기록영화적 화법을 무척이나 효과적으로 극영화에 끌어들여왔다. 그러나 시대극 「하나(花よりもなほ)」에 이어 발표한 「걸어도 걸어도」에 이르러서는 그런 족적이 거의 발견되지 않는다.

「걸어도 걸어도」는 진행에 따라 이야기의 고리를 어떤 방식과 어느 정도의 속도로 드러내야 하는가에 대한 최상의 사례를 예시한다. 고레에다 히로카즈는 내러티브를 격렬하게 뒤흔드는 대신 조용히 마음의 골짜기를 판다. 이 영화의 대사는 거의 대부분 간접 화법으로 에둘러 가지만, 어김없이 과녁에 적중한다. 인물의 입을 통해 발화되는 모든 대사들은 언제나 들리는 것보다 훨씬 더 많은 말을 한다. (미소를 지으면서 상대의 아픈 구석을 매섭게 찌르는 말들이 종종 비수처럼 느껴진다.)

여기서는 이렇다 할 사건이 일어나지 않는다. 좀 더 정확히 말하면, 이 영화에서 가장 중요한 사건은 프레임 밖에 있다. 흔하디흔한 플래시백 한 번 쓰지 않지만, 오래전에 이야기 밖에서 일어났던 사건은 삶 전체를 덮는 진원이 되어 세월을 넘어도 쇠하지 않는 흔들림으로 끊임없이 반복 회귀한다. 어떤 사건은 영원한 여진으로 남는다.

고레에다 히로카즈 영화들의 핵심 테마를 '죽음과 기억'으로 요약해온 숱한 평문들은 시선의 방향이 잘못되었다. 창작자로서 그가 처음부터 지금까지 줄기차게 바라본 것은 '남겨진 사람들'이다. 「걸어도 걸어도」에서도 남겨진 사람들은 견딘다. 홀로 골방에 틀어박혀서 혹은 서로에게 위로를 건네면서, 견디고 또 견디다가 도저히 버틸 수 없는 순간이 오면 손톱을 세워 상대를 후벼 파기도 한다. 왜냐하면 그들은 그저 보통 사람이니까. 한 줌의 잔인함과 한 뼘의 비정함이라도 있어야 또 한 해를 보낼 수 있으니까. 그래야 마침내 견딜 수 있으니까.

부엌 식탁에 앉아 있던 어머니가 바느질감에서 눈도 떼지 않은 채 마음속 묵은 어둠을 아들에게 넌지시 비추는 모습을 담은 옆모습과 뒷모습 숏은 이 영화에서 가장 인상적인 부분일 것이다. "그렇게 한다고 해서 내가 벌을 받지는 않을 거야." 삶의 피해자인 어머니가 그 장면에서 멈추지 않는 바느질 동작과 흔들리지 않는 어조 그리고 내리깐 시선으로 내밀한 이야기를 마치며 차갑게 확신하는 모습은 섬뜩하면서 아프다.

이 영화의 아버지는 아들이 생각날 때마다 그가 죽은 바다로 내려간다. 이 영화의 어머니는 아들이 생각날 때마다 그가 묻힌 산으로 올라간다. 바다로 내려가는 사람이 산으로 올라가는 사람보다 덜 아파한다고 말할 수는 없다. 그리고 은밀하게 복수를 하는 이가 직설적으로 욕을 내뱉는 이보다 더 잘 견뎌내고 있다고 할 수도 없을 것이다. 인간은 그만큼의 약함과 그만큼의 악함으로 악착같이 견딘다. 자기만의 방식으로 필사적으로 버틴다. 춤을 추고 있는 사람들 모두가 즐거운 것은 아닐 것이다.

이 영화의 가족들은 서로를 사랑하면서도 허물기 어려운 벽을 끊임없이 재확인한다. 이들은 서로 말하지 않는 비밀을 하나씩 간직하고 있다. 부모는 오래전 추억을 회상하면서 장남과 차남의 행적을 혼동하고, 아들은 아버지의 취미를 오인한다. 아들에 대한 자책감과 미안함, 형에 대한 열등감과 아버지에 대한 자괴감, 사위에 대한 불신과 며느리에 대한 기피가 뒤섞여 그 작은 밥상의 1박 2일은 '가족이어도 (혹은 가족이기에) 어쩔 수 없음'을 끊임없이 반추하게 한다.

가족이라는 가장 작고 단단한 집단 안에서 생겨나는 균열의 흔적을 예민하고도 탁월하게 드러내는 이 영화는 오즈 야스지로와 나루세 미키오가 만들어낸 일본 가족영화의 가장 빛나는 전통을 이어받기에 조금의 부끄러움도 없다.

"늘 이렇게 한발씩 늦는다니까." 어머니와 대화를 하면서 끝내 떠올리지 못했던 스모선수 이름을 돌아가는 버스 안에서야 생각해낸 아들은 가벼운 어투로 스스로를 잠시 책망한다. 그러다 세월이 흐른 뒤에 펼쳐지는 라스트신에서 그는 좀 더 근본적인 문제에 대해서도 자책한다. 하지만 시간을 거슬러 되돌아갈 수 있다면, 그는 훗날의 후회를 털어낼 삶으로 고쳐 살 수 있을까.

이 영화는 쉬운 화합의 구두점을 끝내 찍지 않는다. "걸어도 걸어도 작은 배처럼 나는 흔들려." 극 중 어머니와 아버지가 즐기던 옛 노래 가사처럼, 걸어도 걸어도, 끝내 길은 익숙해지지 않는다. 인물들이 떠난 뒤의 빈 길과 마을, 그리고 바다까지를 담아내기 위해 서서히 부상하는 카메라를 밀어 올리는 것은 다 걸어온 길을 돌아보는 자의 관조가 아니다. 그것은 아직도 길을 가야 하는 자의 안간힘이다.

# 드래그 미 투 헬

**Drag Me to Hell**

감독 **샘 레이미**(Sam Raimi)　국내 개봉일 **2009.06.11**

「드래그 미 투 헬」에는 하고 싶은 일에 달려든 자의 활기와 잘하는 일을 맡게 된 자의 자신감이 함께 들어 있다. 물론 그 둘 모두를 갖춘 사람은 이 영화의 감독인 샘 레이미다.

「스파이더맨(Spider-Man)」 시리즈로 그를 기억하는 관객들에겐 의외일 수도 있을 것이다. 하지만 열 살 때부터 이 장르의 팬이었고, 단편 「이츠 머더(It's Murder!)」로 영화 경력을 시작했으며, 「이블 데드(The Evil Dead)」 시리즈로 명성을 얻은 샘 레이미에게 공포영화는 가장 깊은 뿌리이며 제일 신나는 놀이터다. 「드래그 미 투 헬」은 레이미의 호러 유전자가 얼마나 왕성한지를 여실히 드러낸다.

은행에서 대출 업무를 담당하는 크리스틴(앨리슨 로먼)에게 빚을 갚지 못해 집을 잃게 될 처지에 놓인 노파(로나 라버)가 찾아온다. 딱한 사정에 대출금 상환 연장을 잠시 고려해보지만, 승진 인사를 앞둔 크리스틴은 결국 냉정히 거절한다. 그러자 무릎까지 꿇고 빌던 노파는 크리스틴에게 저주를 퍼붓는다.

"올바른 어법은 예법의 기본이다." 등장하는 첫 장면에서 크리스틴이 카 오디오를 따라 연습하는 이 말은 너저분한 공포물을 쏟아내는 후배 감독들에 대한 샘 레이미의 일갈처럼 들린다. 호러의 화법을 적절히 구사하면서 확실한 기본기를 보여주는 「드래그 미 투 헬」은 매우 능란하고 영리한 장르영화다. 오랜만에 이 장르로 복귀한 샘 레이미는 효과적인 공포영화를 만들려면 무엇을 어떻게 해야 하는지 정확히 알고 있는 장인이다.

99분의 상영 시간을 가진 이 작품은 짧고 강렬하게 목표를 향해 일직선으로 달려나간다. 많은 희생자를 관성적으로 열거하는 근래의 슬래셔무비와 달리, 크리스틴 한 명에게만 모든 상황을 집중시켜 심리적인 굴곡을 잘 살렸다. 그리고 무섭다기보다는 불쾌한 고문 호러와 달리, 유머까지 곁들이는 「드래그 미 투 헬」은 깔끔하고 심지어 유쾌하기까지 하다. (물론 공포영화치고는 그렇다는 말이다.) 단추나 동전을 포함한 소품을 활용하는 방식이 흥미롭고, 깜짝쇼를 배제하면서도 적절한 효과를 끌어내는 사운드 디자인도 좋다.

매우 현실적인 상황에서 시작하는 이 영화는 곧 흑마술 판타지의 세계 속으로 깊숙이 들어간다. 틀니를 끼운 채 활짝 연 입이 비명을 지르느라 벌어진 입을 물어뜯는 장면이나 목구멍으로 넘어간 파리가 예의를 차려야 할 식사 자리에서의 발작적 기침 끝에 다시 튀어나오는 장면을 포함해, 입구이면서 도착된 출구이기도 한 인간의 입을 둘러싼 갖가지 호러 디테일들이 대단히 인상적이다. 낡은 저택의 어두운 실내에서 악마를 불러내는 의식이 펼쳐지는 후반부도 시각적으로 강력하면서 신선하다. 그리고 재치 있는 라스트신을 통해 최후의 순간에 다시 한번 관객의 심장을 움켜쥔다.

어쩌면 샘 레이미는 공포영화가 아니라 장르영화 자체에 능한 것인지도 모른다. 그는 호러뿐만 아니라 슈퍼히어로(「스파이더맨」), 범죄극(「심플 플랜(A Simple Plan)」), 서부극(「퀵 앤 데드(The Quick and the Dead)」), 심지어 멜로(「사랑을 위하여(For Love of the Game)」)에서까지 일정한 성과를 냈다. 1990년대 후반부터 최근까지 그는 장르영화를 만들 때 파격을 구사하기보다는 기본기에 충실했다. 이제 그는 또 어떤 장르에서 우리를 즐겁게 해줄까.

# 로나의 침묵

**Le silence de Lorna**
감독 **장 피에르 다르덴**(Jean-Pierre Dardenne), **뤽 다르덴**(Luc Dardenne)
국내 개봉일 **2009.06.04**

「로나의 침묵」에서 로나(아르타 도브로시)는 단단한 꿈을 꾸었다. 그녀의 계획은 철저했고 그녀의 의지는 확고했다. 곧 돈만 손에 들어오면 소망은 이뤄질 것처럼 보였다, 그녀에게 연민이 없었더라면.

알바니아 출신의 로나는 사랑하는 사람이 있지만 오로지 벨기에 시민권을 얻기 위해 마약중독자인 클로디(제레미 레니에)와 위장 결혼한다. 애인과 함께 작은 식당을 운영하는 게 꿈인 로나는 일단 시민권 취득에 성공하자 최대한 빨리 클로디와 이혼하려고 한다. 그녀와 같은 방법으로 시민권 얻기를 원하는 러시아 남자와 위장 결혼해주는 대가로 많은 돈을 받기로 했기 때문이다. 그러나 로나는 아픈 몸 때문에 계속 도움을 호소하는 클로디를 냉정히 뿌리치지 못해 고민에 빠진다.

벨기에의 형제 감독인 장 피에르 다르덴과 뤽 다르덴은 지난 십수 년간 「약속(La promesse)」 「로제타(Rosetta)」 「아들(Le fils)」 「더 차일드(L'enfant)」 같은 작품들을 통해서 풍요로워 보이는 유럽 사회의 그늘

에서 신음을 토해내는 사람들을 응시해왔다. 그들에게 영화 만들기
란 결국 태도의 문제다.

그들의 영화적 문장들은 장식과 수사를 거부한다. 그들은 손쉽
게 웅변하거나 섣불리 주입하지 않고 지근거리에서 인물을 그저 끈
질기게 지켜본다. 때로는 인물의 사정이 종반부에야 파악이 되기도
하고(「아들」), 이야기에서 가장 중요할 것 같은 사건에 대한 묘사가
생략(「로나의 침묵」)되기도 한다. 화술의 경제성 같은 것은 중요하지
않다. 하지만 무슨 일이 있어도 인물만큼은 놓치지 않는다. 그렇게
그들의 건조한 미니멀리즘은 마침내 마음의 바닥으로 길게 닻을 내
린다.

다르덴 형제의 인물들은 결코 무결하지 않다. 그들은 잘못을 저
지른다. 범죄에 가담하거나 최소한 방관한다. 그러나 그들은 뒤늦은
깨달음이나 여전한 죄의식 속에서 고쳐 살기 위해 발버둥 친다. 로
나 역시 예외가 아니다. 스스로의 곤궁함 속에서 한동안 그녀는 타
인의 절박함을 완강하게 외면한다. 목적을 빨리 달성하기 위해서 자
해까지 서슴지 않는다. 하지만 자신의 발목을 잡은 도덕적 딜레마
앞에서 결국 의외의 선택을 하고 끝까지 책임을 지려 한다.

제레미 레니에와 파브리치오 롱지오니를 비롯, 그동안 다르덴 형
제의 영화들을 튼튼하게 지탱해왔던 배우들이 다시금 등장해 성실
하게 연기한다. 주인공 로나 역의 아르타 도브로시는 다르덴 형제가
담아내고 싶어 하는 것을 고스란히 간직한 듯한 얼굴을 가졌다. 이
영화는 칸영화제에서 각본상을 받은 작품이기도 하다.

「로나의 침묵」에서 그려지는 인간다움은 여유로운 자의 품위가

아니라 위태로운 자의 용기다. 그 용기는 끝내 꿈보다 연민이 더 중요하다는 것을 인정한다. 이야기가 끝나갈 무렵, 숲은 깊고 날은 춥다. 그 밤의 어둠은 쉬이 걷히지 않을 것만 같다. 다르덴의 카메라는 그제야 말한다. 당신은 혼자가 아니에요.

# 마더

감독 **봉준호** 국내 개봉일 **2009.05.28**

「마더」가 들고 온 것은 횃불이 아니라 단검이다. 이 영화는 비명조차 지를 수 없게 입을 틀어막은 채로 암흑의 심장에 정확히 비수를 박아 넣는다. 이 어둡고도 매혹적인 이야기는 기어이 마음의 현을 몇 개 끊어내고 나서야 끝이 난다. 강렬한 파토스가 지배하는 「마더」는 밑바닥이 보이지 않는 우물 같은 영화다.

혜자(김혜자)는 지방 약재상에서 일하며 홀로 아들 도준(원빈)과 함께 산다. 마을의 여고생이 피살되어 시체로 발견되자 경찰은 도준을 범인으로 지목한다. 누구도 의지할 사람이 없는 상황에서 혜자는 자신이 직접 진범을 잡아 도준을 구해내기로 결심한다.

「마더」는 어머니의 사랑이 얼마나 큰지를 말하는 모성 찬가가 아니다. 봉준호는 모성을 이상화하는 대신, 자식을 위하는 어미의 맹목적인 사랑이 처하게 되는 딜레마를 부릅뜬 눈으로 관찰한다.

이야기는 역설로 가득 차 있다. 상기해야 할 것은 쉽게 회상되지 않는 반면, 영원히 묻어둬야 할 것은 기어이 떠오른다. 그리고 다른 이의 기억을 요구했던 자는 결국 스스로의 망각을 기원한다. 이 영화에서 가장 중요한 대사가 고아인 한 남자를 면회하며 혜자가 던지는 "엄마 없어?"라는 것은 무조건적인 모성이 디디고 선 곳이 굳건한 대지가 아니라 발목을 잡아채는 늪이라는 사실을 고스란히 일러준다.

데뷔작 「플란다스의 개」에서 「살인의 추억」과 「괴물」과 단편 「흔들리는 도쿄(Skaking Tokyo)」까지, 그동안 봉준호의 영화들에서 약자는 자신과 혈연으로 이어지지 않은, 더 약한 누군가를 돌봄으로써 희망의 가녀린 불씨를 이어갔다. 그러나 「마더」는 핏줄을 보호하려는 행위가 초래한 세상사의 뒤엉킨 그물코 앞에서 섣불리 희망을 이야기하지 못한다.

「마더」는 봉준호의 연출력이 도달한 정점 하나를 보여준다. 이야기와 스타일을 다루는 예술적 야심은 「괴물」과 「설국열차」 사이의 소품으로 보였던 이 영화에서 오히려 가장 극명하게 드러난다.

스릴러 장르의 영화로서도 뛰어난 화술을 지닌 이 작품은 복선이 치밀한 내러티브와, 서스펜스를 능숙하게 만들어내는 테크닉을 겸비했다. 반전의 타이밍과 파괴력에서도 상당히 효과적이다. 특히 이 영화의 저변에 은밀하게 흐르는 성적인 함의는 히치콕이 프로이트적인 모티브를 끌어들여 펼쳐냈던 세계를 훌륭히 변주하면서 독특한 심리 스릴러의 분위기를 빚는다.

적지 않은 사람들이 전반부에서 「살인의 추억」을 떠올릴 것이다. 아닌 게 아니라, 「마더」는 「살인의 추억」에서 용의자 중의 하나였던 백광호(박노식)란 인물이 현장 검증을 할 때 뒤에서 울부짖었던 그의 아버지 이야기를 어머니로 바꿔 발전시킨 이야기인 것 같은 느낌도

준다. 해프닝이 겹치는 수사 과정 역시 닮아 있다.

하지만 결국 「마더」는 「살인의 추억」과 정반대로 간다. 「살인의 추억」이 송강호의 앞 얼굴에 대한 영화라면, 「마더」는 원빈의 옆얼굴에 관한 영화라고도 할 수 있다. 「살인의 추억」의 라스트숏에서 정면을 향하는 송강호의 강렬한 시선이 과거를 잊지 않으려는 의지를 담고 있다면, 「마더」의 마지막 장면은 흐려진 초점을 통해 모든 것을 잊으려는 몸부림을 보여준다. 그리고 수시로 등장하는 원빈의 옆얼굴 클로즈업은 반쪽의 진실만을 그려냄으로써 부조리한 삶의 양상을 암시한다.

연기자와 관련해서 볼 때, 이 영화는 김혜자라는 배우에게 바치는 예사롭지 않은 헌정사이자 원빈이라는 배우를 새롭게 호명하는 추천사 같다. 김혜자라는 모성 장르 자체를 파격적으로 변주하는 이 영화는 첫 장면에서부터 「마더」가 왜 한 명의 배우로부터 시작된 작품인지를 그대로 증명한다. 등장하자마자 벌판에서 그가 춤을 추면서 보여주는 모습은 문자 그대로 소름이 오싹 끼치는 전율을 안긴다. 귀기 서린 그의 연기는 따스한 모정과 폭발하는 히스테리에서 눈 둘 곳을 찾지 못하는 황망함까지를 극단적으로 오가면서 관객을 사로잡는다. 원빈은 미소년 같은 외모가 주는 느낌을 적절히 활용하거나 배반함으로써 언뜻 단선적으로 보일 수 있는 캐릭터를 풍부하게 살려냈다.

「마더」는 독무로 시작해서 군무로 끝냄으로써, 출발점과 종결점 사이의 그 모든 일들을 위무하는 거대한 굿판을 벌이려는 것으로 보인다. 마지막 장면에서 가장 속된 몸짓으로 가장 성스러운 제의를 벌이는 듯한 광경은 흔들리는 카메라와 세상을 붉게 물들이는 낙조에 담겨 모두가 한 덩어리로 보인다. 그렇게 어느 기막힌 비극 하나는 한국인의 한스러운 삶 전체로 녹아 들어간다.

영화가 끝나고 기어이 머리에 떠오르는 것은 『선악을 넘어서』에 니체가 적어 넣었던 경구다. "당신이 오랫동안 심연을 들여다보면, 심연 또한 당신을 들여다볼 것이다." 「마더」는 봉준호의 가장 뜨겁고 독한 영화다. 이 탁월한 작품에서 그는 인간이라는 심연을 들여다보았다. 어두운 심연을 오래오래 응시함으로써, 봉준호는 자신의 필모그래피에서 새로운 장을 열어젖혔다.

# 잘 알지도 못하면서

감독 **홍상수** 국내 개봉일 **2009.05.14**

홍상수의 영화들에서 첫 장면은 사실 그다지 중요하지 않다. 본격적인 이야기에 들어가기 위한 문턱을 영화에 살짝 밀어 넣는 정도로 구성한다. 여행지에서의 스토리를 즐겨 다루는 그의 영화 속 오프닝 신은 흔히 다른 곳으로 이동할 것에 대해 논의하거나(「해변의 여인」), 실제로 이동하거나(「강원도의 힘」), 막 이동을 끝낸(「잘 알지도 못하면서」) 상황을 마치 숙제하듯 뚝딱 묘사한다. 그는 이야기를 시작할 때 에둘러가는 법이 없다. 처음부터 그랬고 지금까지 그렇다.

하지만 마지막 장면들은 다르다. 홍상수 영화의 라스트신에는 그때까지 그가 펼쳐냈던 이야기와 그려냈던 인물들을 바라보는 시각이 인상적으로 요약되어 있다. (「오! 수정」 정도를 예외로 하면) 「여자는 남자의 미래다」까지는 끝맺는 방식이 유사했다. 사건은 해결되지 않았고 찜찜함은 남아 있는 상태에서 인물은 불안하게 서성거린다. 사실 그다음 작품인 「극장전」 역시 그렇다. 하지만 그 영화의 라스트신에 담긴 느낌은 이전과 다르다. 인물은 초조하지만 이전 작품들에서와 달리 변화에 대한 갈망을 강력하게 드러낸다. 다짐하고 또 다짐한다. (홍상수 영화 세계에서의 첫 번째 변곡점은 「여자는 남자의 미래다」와 「극장전」 사이에 있을 것이다.) 이후 그의 영화들을 마무리하는 마지막 장면은 카메라 앵글에서 인물의 심리와 사건의 종결 방식까지 이전과 확연히 달라진다. (「밤과 낮」의 종결부에서는 심지어 홍상수의 인물이 귀가한다.)

「잘 알지도 못하면서」와 「극장전」의 마지막 장면은 개인적으로 가장 좋아하는 홍상수의 라스트신들이다. 「잘 알지도 못하면서」의 라스트신에 대해서 말하려면 (「하하하」가 「생활의 발견」과 비교할 때 그 특성이 더 잘 드러나는 것처럼) 「해변의 여인」의 사례와 비교해보는 게 좋다. (고현정이 주연했다는 공통점 외에도 두 영화는 함께 이야기할 때 흥미로워지는 요소가 많다. 일례로 「해변의 여인」이 홍상수의 영화들 중 최초로 자매애를 묘사한 작품이라면, 「잘 알지도 못하면서」는 처음으로 형제애를 그려낸 작품이다.)

두 영화 모두 해변에서 일어나는 사건을 묘사한 뒤 그중 한 인물이 떠나가면서 끝난다. 「해변의 여인」에서는 김문숙(고현정)이 자동차가 모래톱에 빠져 쩔쩔맬 때 두 남자가 나타나 도와주자 감사를 표한 뒤 둘을 남겨두고 차를 몰고 떠난다. 「잘 알지도 못하면서」에서는 남의 인생에 대해서 함부로 충고를 하는 구경남(김태우)에게 고순(고현정)이 일침을 놓은 뒤 그를 남겨두고 걸어서 떠난다.

이와 비슷한 설정에서 홍상수의 이전 라스트신 속 카메라는 (「여자는 남자의 미래다」나 「생활의 발견」에서 단적으로 드러나듯) 떠나는 자를 그냥 프레임 바깥으로 흘려버린 채 남겨진 자를 지켜본다. 하지만 「해변의 여인」과 「잘 알지도 못하면서」의 라스트신에서 카메라는 모두 남겨진 자를 담지 않고 떠나가는 자를 비춘다. 남은 자가 아니라 떠나는 자를 담으며 끝날 때 텍스트는 좀 더 종료의 의미가 강해진다. 즉 최근의 영화로 올수록 홍상수의 인물들은 점점 더 미련을 갖지 않는다.

그런데 「해변의 여인」에서 카메라가 떠나는 인물의 뒷모습을 마지막까지 지켜보는 데 비해, 「잘 알지도 못하면서」는 그렇게 하다가 불현듯 패닝해 옆의 텅 빈 바다를 비추다가 끝난다. 동일한 숏 안에서 인물로부터 시선을 돌려 바다를 비추는 카메라의 움직임은 그에 대한 관심을 이제 그만 끊고 바다를 보아야 한다고 말하는 것과 같다. 「극장전」에서 처음으로 줌을 쓰기 시작한 이후 홍상수의 카메라는 지켜보는 방식에서 보여주는 방식으로 점점 더 바뀌어왔다. 그리고 「잘 알지도 못하면서」의 마지막 장면에 이르러서는 인간사의 야단법석으로부터 느닷없이 시선을 돌려 무심한 자연을 직접적으로 제시하며 끝맺는다. 그것은 텍스트로부터 영화가 일순간 도약하는 순간이다. 그리고 그 순간 홍상수는 마침내 관조를 만난다. (그럴 줄 몰랐지만) 나는 마침표를 찍는 홍상수가 좋다. 그리고 (안 그럴 줄 알았지만) 관조적인 홍상수가 좋다.

# 박쥐

감독 **박찬욱** 국내 개봉일 **2009.04.30**

이것은 지독한 멜로일까. 아니면 장르의 묵은 피를 갈아치우는 새로운 뱀파이어 영화일까. 악마적인 매력의 팜 파탈이 등장하는 고전적 범죄극으로 보면 어떨까. 대속과 부활과 영생의 테마를 역설적으로 파고드는 일종의 종교영화인 것은 아닐까. 유혈이 낭자한 파국 속에서도 수시로 킥킥 웃음이 나오게 하는 블랙 코미디로는 또 어떠한가.

「박쥐」에 이르는 길은 하나가 아니다. 취향이나 시각에 따라 가장 흥미로워 보이는 방향에 먼저 집중해도 좋다. 이건 당신이 원하는 대로 볼 수 있는 작품이니까. 뒤집어서 말하면, 「박쥐」는 어떤 방향에서 읽어도 전체가 일목요연하게 잡히는 영화가 아니기도 하다.

가톨릭신부인 상현(송강호)은 백신 개발 실험에 자원해서 아프리카로 갔다가 바이러스 감염으로 죽음에 이르지만 뱀파이어의 피를 수혈받아 기적적으로 소생한다. 라 여사(김해숙)는 그가 치유력을 지니게 됐다는 소문을 믿고 찾아와서 아들 강우(신하균)의 병을 고쳐달라고 애걸한다. 강우는 집에 찾아온 상현이 어린 시절 친구임을 알아보고 반긴다. 강우의 집을 드나들던 상현은 곧 그의 아내인 태주

(김옥빈)에게 격정적으로 끌리기 시작한다.

「공동경비구역 JSA」「올드보이」「친절한 금자씨」 같은 박찬욱의 전작들과 달리,「박쥐」는 건조하고 소박하게 시작한다. (심지어 이 영화의 첫 숏은 이창동의 신작처럼 보이기까지 한다.) 극 초반은 다소 불친절하거나 혼란스럽게 느껴지기도 한다. 그러다 상현이 아프리카에서 신비한 일을 겪고 태주를 만나게 되면서부터 영화는 전혀 예상치 못한 코스들을 질주한 끝에 장대한 핏빛으로 끓어 넘친다.

그사이 무력감에서 시작한 한 사내의 숭고한 희생정신은 타오르는 욕망과 폭발하는 분노와 솟아나는 회의와 짓누르는 가책의 어둡고 긴 터널들을 차례로 거친 후, 마침내 대지의 끝에서 바다를 만난다. 말하자면 이것은 괴물이 된 성자의 레퀴엠이고, 끝내 구원에 이르지 못하는 파우스트의 지옥도이며, 쥐의 몸과 새의 날개를 지닌 채 경계의 칼날 위에 필사적으로 제겨디디려 했던 박쥐의 화석이다.

그 모든 것은 뱀파이어가 된 신부가 테레즈 라캥을 만난 순간에 결정된 것으로 보인다. 박찬욱이 뱀파이어가 된 신부(애초에는 의사였다고 한다)의 이야기를 10여 년간 머릿속에서 굴리다가 에밀 졸라의 소설『테레즈 라캥』의 몸통에 뱀파이어의 피처럼 흘려 넣기로 결심했을 때,「박쥐」는 원심력이 이끌어가는 불균질한 텍스트로서의 운명을 부여받게 되었다.

『테레즈 라캥』은 한 편의 장편영화가 되기에 부족함이 없을 정도로 풍부한 모티브를 담고 있다. 신부가 뱀파이어로 변하면서 벌어지게 될 이야기 역시 그 자체로 수많은 갈래를 만들어낼 수 있다. 그럼에도 불구하고 박찬욱은 그 두 가지 수원을 한데 합치고 기본적으로 두 여자(테레즈와 라캥 부인)의 이야기라고 할 수 있는 『테레즈 라캥』의 캐릭터 중심축을 한 남자(상현)에게로 옮겼다. 스물여섯의 에밀 졸라와 마흔여섯의 박찬욱은 그렇게 달라진다.

두 시간 남짓한 시간 속에서 부글대며 서로 어깨를 부딪는 갖가지 모티브들은 기이할 정도의 에너지를 뿜어내며 관객의 사고와 감각을 자극한다. 그건 이야기뿐만이 아니다. 「박쥐」를 이루는 모든 것들이 그렇다. 극 중 가장 중요한 공간인 '행복 한복집'은 이 영화의 지향점을 그대로 알려준다. 건물 외양은 일본식 적산가옥인데, 그곳의 주인은 한복 파는 일을 하면서 러시아 술인 보드카를 마신다. 수요일마다 그곳에 모이는 사람들은 중국인의 오락인 마작을 하는데, 그중 한 인물은 필리핀 사람이다. 그리고 그 공간 안에서는 이난영의 오래된 노래가 흘러나오고 공간 밖에서는 바흐의 칸타타가 흘러든다.

게다가 이 이야기는 19세기 프랑스에서 쓴 소설의 설정을 20세기 미국 할리우드가 발전시킨 뱀파이어 장르의 틀에 넣은 뒤 21세기 한국의 도시에 착종한 결과물이다. 이런 불균질한 무국적성은 사실 박찬욱의 영화들이 한국 영화사에 직접적으로 젖줄을 대고 있지 않다는 점과도 무관하지 않을 것이다. 그는 한국 영화를 만드는 사람이 아니라 영화를 만드는 한국 사람이다.

미술과 음악뿐만 아니라 「박쥐」의 모든 스타일은 화술과 밀접하게 맞닿아 있다. 다시 말하면, 불균질성을 스타일로 밀고 나가는 미학적 통일성을 갖고 있다. 심지어 배우들의 연기까지 그렇다. 화장실에서 스스로의 처지에 대해 상현이 길게 항변하는 장면의 연극적 연기와 종말을 향해 거침없이 걸어가는 종반부의 무성영화적 연기는 완전히 다르다.

신선하고도 창의적인 디테일이 돋보이는 「박쥐」는 아이러니로 시종 충돌하면서 기이한 에너지를 내뿜는다. 기본적으로 차갑고 내향적인 인물이 뜨겁고 역동적인 상황에 처하고, 우유부단한 그 인물은 종반부에 이르러 단호히 결정을 내린 후 의지로 밀고 간다. 영웅적이지 않은 인물의 영웅적인 행동이기에 그 장면은 더욱 숭고할 수 있다.

인물이나 이야기에 대한 이 영화의 거리 감각은 적절하게 멀거나 가깝다. 비극이 주도하는 순간에 희극이 끼어들고, 희극이 위력을 발휘할 때 비극이 밀려와도 그게 당혹스럽지 않은 것은 원거리에 서 있을 때 가능해지는 유머와 근거리에서 들여다볼 때 생겨나는 공감이 모두 가능한 영화적 위치를 확보하고 있기 때문이다.

박찬욱은 흡혈귀를 주인공으로 삼고도 편하게 장르적 관습을 따르지 않았다. 햇빛을 쐬면 안 되기에 밤에만 활동해야 한다는 점 정도만이 차용되었을 뿐, 이 영화의 뱀파이어는 송곳니조차 없다. 흡혈 장면도 많은 경우 병에 담아 주스처럼 마시거나 링거액 튜브를 젖병처럼 입에 물고 빠는 식으로 표현된다. (심지어 냉장고에 보관하거나 전자레인지에 데워 마시기도 한다.) 여기서 피는 종종 공포를 빚는 가장 효과적인 재료이자 종교적 상징을 함유한 가장 선명한 원료이기도 하지만, 무엇보다 매일매일 섭취해야 할 일용할 양식이다. 그렇게 삶의 근본적인 딜레마는 일용할 양식을 둘러싸고 벌어진다, 그들도 우리처럼.

그리고 햇살이 만들어내는 그림자에서 시작해서 이글거리는 햇발 그 자체로 끝나는 「박쥐」에서 물은 종종 피보다 진하다. 피의 에로스와 물의 타나토스가 끌고 가는 불 마차 같은 이 영화는 결국 빛 속에서 그 둘이 일체가 되어 모든 것을 집어삼킨다. (박찬욱의 영화에서 물의 이미지는 종종 소멸과 죽음의 어두운 메타포를 가진다.)

연기의 측면에서 보면 「박쥐」는 송강호가 덜어낸 것과 김옥빈이 더해낸 것이 최상의 조합을 이뤄낸 작품이다. 미답지가 아직도 남아 있을까 의심스럽기까지 한 배우 송강호는 여기서 다시금 우리를 또 다른 방식으로 감탄케 한다. 안으로 함몰되고 또 함몰되어 마침내 자신의 가슴속에 블랙홀을 가지게 된 자의 텅 빈 표정은 사실상 이 영화의 모든 것이다.

김옥빈은 자신의 직업이 배우임을 자랑스럽게 내세울 수 있는 작품 하나를 갖게 되었다. 다가올 쾌락을 떠올리는 요부의 조바심, 욕망의 관성을 억제하지 못하는 육식동물의 본성이 작은 얼굴 위에서 기적처럼 빛을 내는 순간은 이 영화가 지닌 가장 강력한 스펙터클이다.

「박쥐」는 여러 방향에서 관객들이 맛볼 수 있는 극점을 갖고 있는 작품이다. 먼저 종교적 맥락에서의 극점은 태주가 뱀파이어로서 상현의 능력을 궁금해하는 옥상 장면에 있다. 그곳에서 태주는 우선 500원짜리 동전을 가리키면서 "이거, 구부릴 수 있어요?"라고 묻는다. 이에 상현은 그 동전을 아예 찢어 보인다. 이어서 태주는 더욱 반색하며 "여기서 뛰어내릴 수 있어요?"라고 재촉한다. 그러자 상현은 태주를 안고 훌쩍 뛰어내린다.

이 장면은 악마가 40일간의 금식 기도를 마친 예수를 유혹하는 성경의 이야기를 「박쥐」의 내러티브에 맞게 인상적으로 변용한 것이다. (악마의 첫 번째 시험은 "네가 신의 아들이라면 돌을 떡으로 만들어보라"는 것이었고, 두 번째 시험은 "높은 곳에서 뛰어내려도 다치지 않는다는 것을 증명해보라"는 것이었다.) 예수는 40일간 굶었고, 상현은 오래도록 피에 굶주려 있다. (여기서 떡과 돈은 사실상 같은 것을 의미한다.) 그리고 예수는 끝내 시험에 들지 않았지만 상현은 기꺼이 유혹에 굴복한다.

이어 상현의 품에 안겨 뛰어내리는 태주의 얼굴을 지배하는 쾌감에 집중해서 촬영한 숏은 이 영화에서 가장 강력한 숏 중 하나다. 거기엔 기꺼이 욕망에 투신하는 자가 느끼는 전락의 아찔하고도 역설적인 쾌감이 강렬히 배어 있다. 이 장면은 기실 매우 금욕적인 종반부 '성기 노출' 장면의 톤과 극명하게 대비된다. 그렇게 「박쥐」의 붕대 감은 구세주는 뒤틀린 스스로를 욕되게 하고, 사람들이 헛되게 바라는 희망의 일그러진 실체를 드러냄으로써 신이 침묵하는 세상에서 인간을 위한 순교를 한다. '희망 없어도 소중한 삶'을 역설해온 박찬욱의 영화 세계와 온전히 합치되는 장면이기도 하다.

자신의 몸을 생체 실험 대상으로 기꺼이 내어주던 신부에서 친구의 아내를 탐하고 인간의 피를 갈구하는 뱀파이어로의 추락을 경험하는 상현의 상황은 영화 전체를 통틀어 수직 이미지로 훌륭히 시각화되어 있다. 이 영화에는 높은 곳에서 뛰어내리는 순간의 현란한 감각은 있어도 낮은 곳에서 뛰어오르는 순간의 쾌감은 거의 묘사되지 않는다. (자신을 신봉하는 사람들을 피해 상현이 수도원 계단으로 뛰어오르는 장면에 담긴 것은 능력의 과시가 아니라 원치 않는 상황에 갇힌 자의 간절한 탈출 욕구다.)

극 중 상현이 지면에서 건물 위로 뛰어오르는 단 하나의 숏은 매우 기이한 앵글로 촬영되었다. 직부감으로 촬영된 이 짧은 숏에서 뛰어오르는 상현은 그 모습을 찍은 카메라의 위치 때문에 화면 위에서 아래로 힘없이 툭 떨어지는 것처럼 보이기까지 한다. 뛰어오르는 높이를 평면화시키는 앵글로 초인적인 힘의 쾌감을 시각적으로 무화시킨다. 왜냐하면 이건 어찌할 수 없는 운명에 희생된 자가 체험하는 전락의 이야기니까.

이와 같은 수직의 이미지는 침대의 아래위에서 기묘하게 서로의 손가락을 빠는 병원에서의 애무 장면이나 침대 아래에 누워서 튜브를 통해 침대 위 병자나 자살자의 피를 받아 마시는 흡혈 장면 등에도 선명히 각인되어 있다.

뱀파이어영화로서의 극점은 상현이 태주를 살해한 뒤 다시금 살려내는 장면에 있다. 엉겁결에 태주를 죽인 뒤 흐느껴 울다가 문득 그녀의 피를 보고 나서 무심히 빨아 먹던 상현이 라 여사와 시선을 마주친 후 스스로의 행위를 깨닫고 자신의 피를 먹여 살려내는 신은 실로 전율을 일으킨다. 그 장면에는 상현이 처해 있는 그 모든 딜레마가 응축, 형상화되어 있다.

「박쥐」는 뱀파이어 장르의 외양을 빌려 왔지만 장르적이고 관습적인 묘사가 거의 없다는 점에서 대단히 신선하고 창의적이다. 뱀파이어가 된 사제가 흡혈을 하는 장면들은 이 장르 특유의 고딕적인 묘사나 과장된 비장함을 경계한다. 이 영화에서 피를 빼는 장면의 상당수는 엄마의 젖을 먹는 아기의 자세나 맹렬하지만 일상적으로 음식을 탐하는 아이의 모습과 상당히 닮아 있다. 상현이 자신의 손가락을 핥음으로써 남의 피를 먹는 최초의 장면은 360도로 인물 주위를 도는 카메라 움직임으로는 강조되어 있지만 연기적으로는 무심하게 표현되어 있다. 그 장면에서 상현은 두꺼비가 파리를 잡아먹듯 불쑥 흡혈의 첫 경험을 한다. 피를 마시는 일과 관련해 냉장고나 전자레인지 혹은 락앤락까지 동원되는 것은 단지 유머만은 아니다. 이건 살기 위해서 일상적으로 피를 먹어야 하는 남자에 대한 영화다.

「박쥐」에는 뱀파이어영화로서 짜릿한 장르적 쾌감을 주는 장면도 있다. 정체가 탄로 난 뒤 태주와 상현이 '오아시스' 멤버들을 차례로 공격하는 대학살 장면이 바로 그것이다. 더 이상 발뺌할 수 없다고 판단한 태주가 부엌의 커튼을 닫으며 학살을 준비하는 대목의 긴장감부터 상당하다. 뱀파이어가 날뛰면서 무력한 사람들을 살육하는 장면은 이 장르의 영화를 보러 오는 관객들이 은밀히 바라는, 포기하기 힘든 쾌감이기도 하다.

범죄극으로서의 극점은 마작을 하던 도중 라 여사가 상현과 태주의 범행을 폭로하는 신에 있다. 뛰어난 앙상블을 과시하는 이 장면의 연기자들은 리액션 연기를 화려하게 펼친다. 이 장면은 무엇보다 리듬이 뛰어나다. 카메라는 좁은 공간에서 인물 사이를 넘나들거나 포커스를 바꾸면서 음악적인 동선을 보여주고, 편집은 숏과 숏을 긴밀하게 쌓아 올리며 파국을 향한 긴장을 축조하며, 모든 것이 폭로되는 순간은 라 여사가 눈꺼풀을 격렬하게 깜빡이는 소리를 담은 프레임 밖의 사운드를 통해 점화된다. 이 모든 기술적 성과는 인물들의 급변하는 심리를 담아낸다. 이 대목을 포함해 영화 전체에 걸친 마작 장면은 성적인 은유나 향후 전개에 대한 암시 등을 담은 중의적 대사들이 빛을 발하기도 한다.

사랑영화로서의 극점은 이 영화의 베드신에 있지 않다. 그 감정적 극점은 발과 관련된 일련의 장면들에 있을 것이다. 「박쥐」에서 맨발은 다른 어떤 신체 부위보다 로맨틱하고 또 에로틱하다. 한밤중에 골목길에서 맨발의 태주와 마주친 상현이 그녀를 들어 올려 자신의 신발 위에 올려놓을 때, 마지막 숏에서 태주의 발에 걸려 있던 그 신발이 바닥으로 떨어져 내릴 때, 이 영화의 멜로는 불쑥 시작되고 쓸쓸하게 끝난다. 동서양의 신화에서 신발은 처지와 운명을 뜻하는 오랜 상징이다.

그리고 관계의 극점은 위에서도 언급한, 상현이 태주를 살려내는 장면에 있다. 가장 손쉬운 먹잇감이면서 동시에 기꺼이 나 자신을 희생할 수 있는 대상, 홧김에 죽여버리고 싶고 또 무슨 짓을 해서라도 살려내고 싶은 상대에 대한 이율배반적 감정은 사랑하는 두 사람의 관계가 얼마나 지긋지긋하고 지독하며 삶에 빨판처럼 들러붙어 있는지를 끈적이는 핏속에서 드러낸다. 이 장면에서 서로가 서로의 손목을 빨고 있는 기괴한 자세는 서로에게 종속되어 있는 두 사람의 상황을 시각적으로 요약한다. (병원에서 처음 관계를 가지는 장면에서도 둘은 서로의 발가락과 손가락을 흡사한 자세로 빨았다.)

이 영화의 베드신은 사실 그다지 자극적이지 않다. 그것은 상현이 태주의 살이 아니라 피를 좀 더 근원적으로 갈구하기 때문이다. 태주는 상현의 성적 욕망의 과녁이기도 하지만, 그 이전에 생리혈을 통해 그에게 처음으로 피 냄새를 일깨워준 원체험의 대상이다. 이 영화의 베드신에서 빠는 행위가 유달리 강조되는 것은 그 때문이다.

그리고 이 모든 불균질한 극점들은 라스트신의 피 끓는 신화적 바다 속에서 상징적으로 용해된다. 「박쥐」는 관객들이 잘 소화할 수 있도록 균질화 과정을 거치는 대신, 극의 종착점에서 제의를 치르는 방식을 택했다.

「박쥐」는 한 방향으로 휘몰아가는 드라마나 손에 잡히는 단 하나의 주제를 경계한다. 예술의 역사에서는 단일한 주제와 스타일을 통해 고도로 농축된 걸작들이 즐비하다. 그러나 세상에는 서로 다른 요소들을 혼유해 충돌시킴으로써 기이한 마력을 뿜어내는 걸작들도 있다. 전혀 다른 두 장르를 전반부와 후반부로 나누어 이어 붙인 듯한 찰스 로턴의 영화 「사냥꾼의 밤(The Night of the Hunter)」 같은 걸작도 있고, 완전히 다른 가사와 멜로디를 지독한 불협화음의 현으로 이어붙인 비틀즈의 노래 「A Day In The Life」 같은 걸작도 있다. 오늘날 예술에서 독창성이란 많은 경우 배열의 독창성이다. 예술은 근원적으로 불편한 것이고 모호한 것이다. 모든 이가 즉각 알아차릴 수 있게 하려면, 표어를 쓰거나 신호등을 세우면 될 것이다.

# 똥파리

감독 **양익준** 국내 개봉일 **2009.04.16**

양익준의 데뷔작 「똥파리」는 모든 장면에 다이너마이트가 장착되어 있는 듯하다. 플롯의 높낮이를 가리지 않고 수시로 폭발하는 이 가공할 화력의 영화는 관객의 취향에 따라 격렬하게 부정할 수는 있을지언정 여유롭게 냉소할 순 없다. 이건 뜨뜻미지근한 반응 자체가 애초부터 불가능한 작품인 것이다.

용역 깡패로 거침없이 폭력을 휘두르며 살아가던 상훈(양익준)은 거리에서 고교생 연희(김꽃비)와 다툼을 벌인다. 자신에게 지지 않고 맞서던 연희의 모습에서 호기심을 느끼게 된 상훈은 그녀와 계속 만나면서 동질감을 확인한다. 그러던 어느 날, 어린 시절 자신에게 치유될 수 없는 상처를 안겨줬던 아버지(박정순)가 15년 만에 출소하면서, 연희를 통해 세상에 대한 분노를 조금씩 가라앉혀가던 상훈의 가슴은 다시금 격하게 끓어오르기 시작한다.

화술이나 구성은 다르지만, 「똥파리」를 보면서 오래전에 나온 류승완의 데뷔작 「죽거나 혹은 나쁘거나」를 떠올리게 되는 것은 그리 이상한 연상이 아닐 것이다. 두 영화는 모두 폭력조직을 둘러싼 어두운 이야기를 다루고 있고, 주체하지 못할 정도로 분출하는 에너지를 가졌으며, 감독이 직접 주연까지 맡았다. 그리고 열악한 제작 여건을 불굴의 의지로 정면 돌파해낸 결과물들이다. (양익준은 제작비 문제로 촬영이 중단되자 자신의 전세 자금을 빼서 그 돈으로 완성했다고 말했다.)

아마도 「똥파리」는 이제까지의 한국 영화 중 욕설이 가장 많이 등장하는 작품일 것이다. 거친 것은 대사뿐만이 아니다. 오프닝 시퀀스부터 난폭하기 그지없는 장면으로 윽박지르며 시작하는 이 영화는 폭력적인 장면이 너무나 많아 이야기 곳곳에 흡사 핏덩어리가 엉겨 붙어 있는 것 같은 느낌마저 준다. 게다가 주인공 상훈은 세상에 대한 독기와 결기, 타인에 대한 악과 깡으로만 빚어진 듯한 캐릭터다.

그런 야수 같은 사내의 삶 깊숙한 곳에 자리 잡은 상처가 차츰 드러나고, 옴짝달싹할 수 없는 환경 속에서 절박하게 살아가는 소녀와 서서히 교감하기 시작하면서, 이 영화의 그 모든 과도한 폭력은 이유를 갖게 된다. 말하자면 「똥파리」는 폭력의 가해자와 피해자가 서로 꼬리를 물고 돌면서 번갈아 절규하는 폐곡선의 공포를 담은 영화고, 악순환의 고리를 어떻게 끊고 밖으로 나갈지 알지 못해 허물어지는 사람의 비극을 다룬 작품이다.

여기서 배우 양익준은 실로 무시무시하다. 주먹은 어떻게 놀려야 하는지 알지만 마음은 어떻게 써야 하는지 모르는 캐릭터를 맡아, 놀라울 정도의 실감으로 이 영화의 심장이 되었다. 「삼거리극장」(전계수)에서 단숨에 온몸 전체로 환하게 퍼지는 미소를 보여줬던 김꽃비 역시 짐승 같은 인간의 약한 면모를 끌어내 보듬는 연기를 통해 인상적인 면모를 남겼다. 그간 많은 독립영화들에서 연기의 약점이 연출의 강점을 상쇄해버려 안타까움을 주었지만, 이 작품은 배우 출신 감독이 만든 영화답게 조연진 연기도 나무랄 데가 없다.

이야기 자체가 신선한 것은 아니다. 폭력의 대물림과 악순환에 대해 탄식하는 메시지 역시 허다한 영화들에서 반복되었다. 상훈과 연희가 본격적으로 서로에게 다가가기 시작할 때의 상황은 설득력이 약하기도 하다. 그러나 이건 보는 이를 온통 뒤흔들어놓고 마는 강렬한 파토스의 영화다. 분노는 빠르고 연민은 느리다. '잊고 싶다'와 '잊을 수 있다' 사이의 거리는 때론 까마득히 멀다. 「똥파리」가 해피엔드로 구두점을 찍기 어려운 이유는 바로 그 때문이다.

# 더 리더:
# 책 읽어주는 남자

**The Reader**
감독 **스티븐 달드리**(Stephen Daldry)  국내 개봉일 **2009.03.26**

10대 중반의 소년 마이클(데이비드 크로스)은 비가 쏟아지는 귀가 길에 열병으로 심하게 토한다. 30대 중반의 여인 한나(케이트 윈슬렛)가 자신을 도와주자 며칠 후 마이클은 감사를 표하러 그녀의 집으로 찾아간다. 서로에게 끌린 두 사람은 충동적으로 상대를 탐하게 되고 이후 연인 사이가 된다. 관계를 갖기 전에 늘 마이클에게 책을 읽어 달라고 하던 한나는 둘의 사랑이 깊어가던 어느 날, 아무런 말없이 사라진다. 세월이 흘러 법대생이 된 마이클은 우연히 참관하게 된 재판정에서 피고인 신분으로 전락한 한나를 목격하게 된다.

처음에 「더 리더: 책 읽어주는 남자」에서 지배적인 것은 은밀한 분위기다. 스티븐 달드리는 성숙한 여인과 덜 자란 소년의 관계에서 성적인 행위 자체보다 그 직전의 성적인 긴장감 묘사에 집중하면서, 금기를 넘어선 사랑의 아슬아슬한 기운을 살려냈다. 이 영화는 관능의 영토에서 청각이 얼마나 유혹적인지를 드러낸다. 아울러 「더 리더」는 욕조의 에로스를 가장 생생하게 묘사한 작품이기도 할 것이다.

영화는 이후 몇 년 단위로 여러 차례 건너뛰면서 두 남녀 사이의 질긴 인연(혹은 악연)을 묘사한다. 이 과정에서 과거에 사랑했고 열렬히 욕망했던 여인의 초라하고도 위태로운 모습을 세월이 흐른 뒤에 몇 차례 목격하게 되면서도 적극적으로 돕지 못하는 남자의 죄책감과 부담감이 어지럽게 뒤섞이면서 드라마는 파국을 향해 치닫는다.

그러나, 이건 멜로영화가 아니다. 중반 이후로 접어들면서 「더 리더」에서 사랑보다 더 중요한 것은 연민이고, 연민보다 더 중요한 것은 교훈이다. 한나에 대한 마이클의 태도는 전 세대가 저지른 엄청난 악행에 대한 현 세대 독일인들의 복잡 미묘한 심리를 그대로 반영한다.

말하자면 이것은 20세기 최악의 학살 사건을 가해자의 자리에서 되짚어 반성해보려는 태도이며, 피와 눈물로 반복해서 설명되어온 홀로코스트에 대해 다르게 말해보려는 시도다. 성실하게 사는 게 아니라 제대로 인식하며 사는 게 중요하다고 말하는 이 영화에서 연민의 대상일지언정 면책의 이유가 될 순 없는 무지의 폐해에 대한 경계는 책을 읽고 글을 쓰는 행위와 관련한 모티브들에 상징적으로 함축되어 있다. 두 남녀의 은밀한 관계가 주도하는 첫 인상과 달리, 「더 리더」는 격정으로 시작해서 이성으로 마무리하는, 욕조의 에로스에서 출발해 깡통의 에티카로 끝나는 지적인 작품이다.

스티븐 달드리는 절제된 스케치로 진진한 심리 묘사를 할 수 있는 감독이다. 「디 아워스」나 「빌리 엘리어트(Billy Elliot)」처럼 뛰어난 전작들에 비하면 조금 처지는 감이 없지 않지만, 「더 리더」 역시 긴 여운을 남긴다. 「밀회(Brief Encounter)」와 「위대한 유산(Great Expectations)」을 만들었던 데이비드 린 이후 잘 만든 영국 드라마들이 지닌 특유의 기품은 이제 스티븐 달드리와 샘 멘데스(「레볼루셔너리 로드(Revolutionary Road)」「아메리칸 뷰티(American Beauty)」)의 영화들로 계승되고 있다.

이 영화로 아카데미 여우주연상을 받은 케이트 윈즐릿의 연기는, 역시나 훌륭하다. 마이클의 시선으로 진행되는 서사 구조 속에서 '관찰되는 객체'일 수밖에 없는 캐릭터를 맡았지만, 특유의 생동감으로 뜨거운 피를 흘려 넣어 결국 한나를 '감정상의 주체'로 살려냈다. 그래도 꼭 하나만 고르라면, 2009년 아카데미 여우주연상 트로피는 「더 리더」의 케이트 윈즐릿이 아니라, 「레볼루셔너리 로드」의 케이트 윈즐릿에게 돌아갔어야 했다.

# 번 애프터 리딩

**Burn After Reading**

감독 **이선 코언(Ethan Coen), 조엘 코언(Joel Coen)**  국내 개봉일 **2009.03.26**

「번 애프터 리딩」은 역설로만 말할 수 있는 희한한 영화다. 이건 스파이가 없는 스파이 스릴러이고, 섹시하지 않은 섹스 코미디이다. 스토리는 사실상 텅 비어 있는데, 플롯은 꽉 차 있다. 원심력만 갖춘 사건은 실체도 없이 마구 커져만 간다. 강박증과 편집증과 과대망상이 뒤얽힌 요란한 헛소동. 여기서 내내 돋보이는 것은 아무것도 아닌 걸로 내내 흥미진진하게 떠들 수 있는 코언 형제의 달변이다.

헬스클럽에서 일하는 채드(브래드 피트)는 우연히 비밀 정보원의 일급 기밀이 담긴 것으로 보이는 CD를 발견한다. 동료인 린다(프랜시스 맥도먼드)와 함께 CD의 주인인 오즈번(존 말코비치)과 접촉해 돈을 요구하지만 상황은 점점 꼬여만 간다. 한편, CIA 요원인 남편 오즈번이 못마땅했던 아내 케이티(틸다 스윈턴)는 남편이 퇴직하자 그간 몰래 만나온 애인 해리(조지 클루니)와의 결합을 염두에 두고 이혼 소송을 준비한다.

「번 애프터 리딩」의 작품 성격과 관련해 가장 인상적인 것은 코언 형제가 세상의 평가로부터 (여전히) 자유로운 행보를 하고 있다는 사실이다. 깊고 탁월한 걸작 「노인을 위한 나라는 없다」로 아카데미 작품상과 감독상을 포함해 허다한 상의 트로피들을 받으며 예술적 명성의 정점에 섰던 그들이지만, 바로 그다음 작품으로 그저 한바탕의 농담 같은 해프닝 코미디를 내놓을 수 있을 정도의 배짱과 자신감을 가졌다. (그러니까, 아카데미 시상식장에서 「노인을 위한 나라는 없다」로 상을 받게 된 조엘 코언이 "어렸을 때부터 카메라를 들고 영화를 만들었는데, 지금 우리가 만든 영화가 그때보다 큰 발전이 있었는지 잘 모르겠다"라고 했던 소감은 단순한 겸양의 표현이 아니었다.)

말하자면 「노인을 위한 나라는 없다」 이후에 나온 「번 애프터 리딩」은 코언 형제가 칸영화제에서 작품상과 감독상을 휩쓸었던 「바톤 핑크」 다음 작품으로 발표한 경쾌한 코미디 「허드서커 대리인」(The Hudsucker Proxy)」의 자리에 상응하는 영화다. 코미디와 누아르 혹은 스릴러 사이를 아무렇지도 않게 오갈 수 있는 그들에게 이름값은 그저 거추장스러운 외투에 불과할지도 모른다. (심지어 그들은 「번 애프터 리딩」을 「노인을 위한 나라는 없다」와 같은 시기에 썼다. 전혀 색깔이 다른 두 편의 시나리오를 하루하루씩 교대로 오가면서 함께 적어 내려갔다고 하니, 실로 기이한 창작력이 아닐 수 없다.)

이 영화가 늘어놓는 이야기는 복잡하게 뻗어나간다. 상황을 제대로 컨트롤하고 있다고 착각하는 헛똑똑이들이 좌충우돌하면서 엉망으로 꼬이고, 극 중 모든 부부와 연인들이 서로를 속고 속이면서 인물들의 관계마저 마구 뒤틀린다. 그러나 해고된 비밀 요원의 회고록과 변심한 배우자의 이혼 소송과 외로운 사람의 인터넷 즉석 만남과 콤플렉스를 가진 자의 성형수술이 뒤엉킨 요지경 속 구체적인 전개 양상 따위는 아무래도 상관없다. 이건 위트와 아이러니와 트위스트만으로 뽑아낸 플롯이니까.

할리우드 고전 영화에 익숙한 관객이라면 「번 애프터 리딩」을 보면서 1930~1940년대의 프랭크 캐프라나 프레스턴 스터지스, 또는 하워드 호크스의 스크루볼 코미디를 떠올리게 되는 것도 자연스러운 일일 것이다. 확실히 코언 형제의 코미디들에는 언제나 클래식한 기운이 있다.

까마득한 상공에서 도시를 내려다보는 장면으로 이 영화가 시작하고 끝나는 것도 우연이 아니다. 극 중 등장하는 그 모든 간절한 소망과 배우자까지 등지는 사랑과 목숨을 건 승부수와 생사를 가르는 총격까지도, 멀리서 바라보면 그저 웃음거리가 된다. 「번 애프터 리딩」은 코미디가 결국 거리감에서 발생한다는 사실을 다시 한번 알려준다.

다섯 명의 주연 배우들은 코언식 코미디에 더할 나위 없이 잘 어울린다. (틸다 스윈턴을 제외하면 시나리오를 쓸 때부터 해당 배우를 염두에 뒀다고 한다.) 그중에서도 특히 돋보이는 사람은 브래드 피트와 프랜시스 맥도먼드. 자신이 무엇을 하는지도 모르면서 내내 촐랑대고 호들갑을 떠는 채드 역을 맡은 브래드 피트는 허름한 운동복 차림으로 막춤을 출 때조차 온몸으로 매력을 발산하며 스타의 광휘를 뿜어낸다. 그리고 프랜시스 맥도먼드는 원래 뛰어난 배우지만, 남편인 조엘 코언의 영화에 나올 때 더한층 멋진 연기를 보여주기도 한다.

읽고 난 뒤에 태워버리시오. 그리고 보면 마치 「미션 임파서블」

시리즈의 새로운 속편 부제처럼 보이는 제목 '번 애프터 리딩(Burn After Reading)'은 사실 코언 형제가 이 영화를 보게 될 관객들에게 하는 주문일지도 모른다. 이건 극장 문을 나서는 순간 깡그리 잊어버려도 무방한, 채 100분이 되지 않는 킬링 타임 오락영화다.

# 그랜 토리노

**Gran Torino**
감독 **클린트 이스트우드(Clint Eastwood)** 국내 개봉일 **2009.03.19**

"결코 마주치지 말았어야 할 사람을 만난 적이 있었나. 그게 바로 나야." 이게 일흔여덟 살의 할아버지가 내뱉을 대사는 아닐 것이다. 설혹 내뱉는다고 해도 그 말이 응당 지니고 있어야 할 둔중하고 빡빡한 위협의 뉘앙스를 체화하긴 어렵다. 그러나 그런 발언을 하는 노인이 클린트 이스트우드라면 상황은 완전히 달라진다.

이스트우드가 만든 영화에서 '배우 이스트우드'를 볼 수 있다는 것은 각별한 기쁨이다. 「밀리언 달러 베이비(Million Dollar Baby)」 이후 4년, 「그랜 토리노」가 더욱 반가운 것은 그가 연출뿐만 아니라 주연까지 맡은 작품이기 때문이다.

어쩌면 그의 마지막 출연작이 될지도 모를 이 영화에서 이스트우드는 (분명 기대했음에도 막상 보면 믿어지지 않을 정도로) 단단한 카리스마로 시종 압도한다. 지친 듯 낮게 갈라진 쉰 목소리에 거부할 수 없는 위엄과 힘을 담은 그는 등장하는 모든 장면에서 괴팍하고 단호한 주인공 월트 코왈스키였다. 40여 년 전 서슬 퍼렇게 매그넘44를 겨누던 해리 캘러핸(「더티 해리(Dirty Harry)」(돈 시겔))은 세상에 몸을 굽히지 않고 그대로 늙었다.

아내와 사별한 뒤 혼자 사는 월트는 자신이 자동차 회사에 다닐 때 생산했던 1972년산 그랜 토리노를 애지중지한다. 갱단의 협박에 못 이긴 이웃집 소년 타오(비 방)는 그랜 토리노를 훔치려다 월트에게 들키자 달아난다. 차 훔치기에 실패한 타오를 갱단이 강제로 끌고 가는 과정에서 자신의 마당으로 들어오자 지켜보던 월트가 총을 겨눠 그들을 쫓아낸다.

월트 코왈스키는 늘 불만에 가득 찬 고집불통 노친네다. (심지어 가족을 포함해서) 타인에 대해 문을 닫아건 채 자신만의 공간에 틀어박힌 그는 다른 문화에 대한 이해와 존중이라곤 눈곱만큼도 없는 몰상식한 인종주의자이기도 하다. 게다가 걸핏하면 총을 집어 드는 다혈질이기까지 하다. (아마도 코왈스키란 이름은 「욕망이라는 이름의 전차(A Streetcar Named Desire)」(엘리아 카잔)의 무지막지한 마초 주인공 스탠리 코왈스키(말런 브랜도)에서 따왔을 것이다.)

하지만 연쇄적인 이야기 사슬의 끝에 이르게 되면 모든 것이 달라진다. 말하자면 이것은 결국 복수보다는 근심, 응징보다는 책임, 원칙보다는 관용이 더 소중하다는 것을 깨달으면서 모든 것이 변하게 된, '늙은 더티 해리'의 이야기다.

세르조 레오네의 서부극과 돈 시겔의 형사영화를 거치면서 폭력적인 반영웅의 대명사가 되어온 배우 클린트 이스트우드에게 「그랜 토리노」는 그의 1992년작 「용서받지 못한 자(Unforgiven)」 못지않게 자기반영적이다. 어떤 관객은 팔십을 바라보는 클린트 이스트우드에게서 희대의 '노인 액션 히어로' 모습을 보고 싶어 할지도 모르지만, 이 영화를 채우고 있는 것은 폭력의 에너지에 대한 매혹이 아니라 폭력의 대가에 대한 뼈아픈 성찰이다.

「그랜 토리노」는 쉬운 폭력으로 서사를 해결하지 않는다. 반성은 결국 희생이라는 좀 더 큰 주제와 조우한다. 이 영화의 희생이 지극히 인상적인 것은 어느 결함 많은 인간이 오랜 죄책감의 끝에서 자신이 해야 할 일을 찾아 나선 결과였기 때문이고, 자각된 휴머니즘이 편협한 애국심을 끝내 넘어섰기 때문이다. 이것은 인류의 죄를 대속하기 위한 신의 무결한 희생이 아니라, 이제 막 생겨난 책임감에서 끝내 눈 돌리지 못하는 인간의 처연한 희생이다. 인간의 숭고함은 자신의 본성을 넘어서는 곳에 존재한다.

관객에 따라선 백인인 월트와 아시아인인 타오의 관계에 대한 묘사에서 불편함을 느낄지도 모른다. (타오는 베트남전 당시 미국의 편을 들었다가 1970년대 이후 대거 미국으로 이주했던 소수민족 몽족 출신이다.) 그러나 이것은 매우 보수적이고 인종차별적이었던 구식 인간이 변해가는 이야기라는 점을 염두에 둘 필요가 있다. 이 영화에는 정치적으로나 군사적으로 모두 철저하게 실패한 전쟁인 베트남전으로 시곗바늘을 거꾸로 되돌려 바로잡고 싶어 하는 미국의 소망이 담겨 있는지도 모른다. 그렇지만 (자신의 폭력적인 행동이 사태를 악화시켰다는 사실에 대해 월트가 후회하는 대목에서 알 수 있듯) 그 소망의 근저에 흐르는 것은 무엇보다 반성이다.

「그랜 토리노」가 미국에서 흥행 수입 1억 달러를 훌쩍 넘기면서 크게 히트한 데에는 뛰어난 유머 감각이 적잖은 기여를 한 듯하다.

상이한 문화권의 접촉 과정에서 생겨나는 오해와 이해에 대한 탄력 있는 유머들이 이 영화의 중반까지 지속적으로 샘솟는다. 서로 다른 민족과 인종끼리 주고받는 독설과 욕설들이 수시로 등장하지만 그 모든 말들과 상황이 결국 반인종주의의 바다로 흘러들어가는 과정을 보는 것도 흥미로운 일이 아닐 수 없다. 몽족 사람들의 이름을 멋대로 바꾸어 부르던 월트 역시 병원에서 다른 인종인 간호사로부터 자신의 이름이 잘못 불리는 경험을 하는 장면이 들어 있는 데서 알 수 있듯, 이스트우드는 작품의 본뜻이 오인되지 않도록 전체적으로 균형을 잡으며 세심하게 안배했다.

하지만 후반부에 이르면 이 영화는 결국 장엄해진다. 말하자면 「그랜 토리노」는 클린트 이스트우드가 미리 영화로 써두는 유서 같다. 먼 훗날, 아니 어쩌면 그리 많이 남지 않았을지도 모르는 미래의 어떤 날, 나는 우리 곁을 떠나간 클린트 이스트우드라는 위대한 감독에 대한 부고를 「그랜 토리노」 이야기로 시작할지도 모른다.

# 도쿄 소나타

トウキョウソナタ
감독 **구로사와 기요시(黒沢清)** 국내 개봉일 **2009.03.19**

화면이 점차 밝아진다. 카메라가 왼쪽에서 오른쪽으로 천천히 이동하면 식탁에 올려놓은 신문지가 바람에 날려 바닥에 나뒹굴고, 소파 앞 테이블에 펼쳐놓은 잡지가 파라락 넘어간다. 방에서 허겁지겁 뛰어나온 여자가 미닫이 유리문을 닫은 뒤 거실에 들이친 빗물을 열심히 닦아낸다. 그러다 어느 순간 멈추고 다시 유리문을 연 후에 쏟아지는 폭우를 우두커니 쳐다보는 여인. 그 고적한 풍경 속에서 실루엣이 된 채로.

「도쿄 소나타」의 첫 장면은 이 영화의 분위기를 명확히 요약하면서 이후 펼쳐질 내용 전체에 기나긴 메아리를 남긴다. 쓸쓸하면서 불안한 정서를 빼어난 표현력으로 체화한 이 오프닝 시퀀스는 단 두 개의 숏만으로 관객의 마음 깊숙이 성큼 걸어 들어온다. 아찔할 정도로 탁월한 시작이다.

직장에서 해고된 류헤이(가가와 데루유키)는 아내 메구미(고이즈미 교코)와 자식들에게 실직 사실을 숨기고 거리로 출근을 계속한다. 미군부대에 입대하려는 장남 다카시(고야나기 유)와 피아노를 배우려는 차남 겐지(이노와키 가이)가 아버지 류헤이와 부딪치면서 가족간의 갈등은 점차 극심해진다.

「도쿄 소나타」가 구로사와 기요시의 첫 가족영화인 것은 아니다. 이전에도 그는 「인간 합격(ニンゲン合格)」 같은 작품을 만들었으니까. 그러나 「큐어(Cure)」「회로(回路)」 같은 빼어난 호러로 가장 높은 봉우리에 섰던 그는 이 영화에서 새로운 접근 방식과 색다른 표현 방법으로 놀라움을 안긴다.

초반에 이 영화는 톱니바퀴처럼 한 치의 빈틈도 없이 일과를 보내며 노동하는 사람들의 대열에서 어느 날 갑자기 열외된 어느 가장의 황망한 심리에 집중하는 것처럼 보인다. 그 과정에서 외국으로부터 온 값싼 노동력이 기존 인력을 대체하는 경제 문제, 교사가 더 이상 학생을 책임지지 않으려 하는 교육 문제, 미국과의 관계 속에서 해외에 병력을 파병하는 군사외교 문제 등 현대 일본 사회가 겪고 있는 다층적 맥락들이 직설적으로 거론되기도 한다.

그러다 중반을 넘어서면서 실직 사실을 감추고 있는 아버지뿐만 아니라 어머니와 아이들 역시 저마다의 큰 고민거리를 혼자 속으로만 삭이고 있었다는 사실이 표출되면서 류헤이 가정 곳곳의 균열이 드러난다. 이 가족은 가장이 실직하기 훨씬 전부터 서서히 내파되어 왔던 것이다. 그리고 심각한 위기를 겪는 이 가족은 그대로 일본 전체의 축도가 된다. (이때 가가와 데루유키와 고이즈미 교코 같은 베테랑들의 뛰어난 연기 못지않게 인상적인 것은 「아무도 모른다」의 야기라 유야를 떠올리게 하는 아역 배우 이노와키 가이의 슬픈 얼굴이다.)

여기서 가장 인상적인 순간들은 정적 속에서 발생한다. (사실 구로사와 기요시의 작품들은 그럴 때가 많았다. 「큐어」의 카메라가 침묵 속에서 옆으로 움직이기 시작할 때의 그 섬뜩함을 떠올려보라.) 특히 「도쿄 소나타」는 밝은 조명 아래서 가족들이 묵묵히 밥을 먹고 있는 4인용 식탁이 얼마나 두려운 공간인지를 생생히 묘사한다. 젓가락을 들기 전의 묵언 상태에서 서로 눈길을 피할 때나, 밥을 먹다가 잠시 멈춰서 골똘히 생각에 잠길 때, 비극은 어느새 인물들의 어깨에 무겁게 내려앉는다. 가족영화에서 가장 중요한 공간은 식탁이다. 일곱 번에 달하는 이 영화의 식사 장면들은 그 자체로 갈등과 위기에서 희망까지를 선명하게 응축한다.

「도쿄 소나타」의 후반부는 그 전까지의 사실적이고 세밀한 전개 방식과 완전히 궤를 달리한다. 집을 나간 가족들이 겪는 파국을 묘사하는 클라이맥스는 사실 지나치게 극적이고 또 인위적으로 느껴지기도 한다. (구로사와 기요시 작품들의 후반부는 가끔씩 매우 과격하거나 너무 멀리 간다. 그러나 그의 영화 세계를 특징짓는 것이 바로 그 후반부라는 사실도 부인할 수 없다.)

하지만 장남 다카시가 전장에서 돌아오는 꿈 장면 이후에 펼쳐지는 내용들은 상징적으로 받아들여져야 한다. 이 부분은 이상할 정도로 종교적이다. 독법에 따라서는 후반부 전체를 꿈으로 읽어낼 수도 있다. 구로사와 기요시의 영화들 속에서는 현실과 꿈의 경계가 모호하다. 거기엔 '내가 아닌 나'와 '나를 넘어선 나'와 '통제할 수 없는 나'가 있다.

그리고 결국 엔딩 시퀀스가 펼쳐진다. 가족영화에서 가장 중요한 동선은 어떻게 집을 나서거나 집에 돌아오느냐는 것이다. 「도쿄 소나타」에서는 누군가 연주를 끝내고, 누군가 다가가 어깨를 두드리며, 누군가 말없이 지켜본다. 세 가족이 이제 막 걸어 나온 공간에는 꽤 많은 사람들이 모여 있지만, 모두가 한쪽만을 바라보고 있는 그곳엔 침묵만이 교교히 감돈다. 정적의 무게를 버텨내지 못하는 공간이 사라지면, 발자국 소리만을 동반한 채 어둠 속에서 엔딩크레디트가 뚜벅뚜벅 걸어 올라온다. 구로사와 기요시는 어떻게 해야 관객의 가슴에 발자국을 남길 수 있는지 알고 있다.

# 레볼루셔너리 로드

**Revolutionary Road**
감독 **샘 멘데스(Sam Mendes)**  국내 개봉일 **2009.02.19**

진로를 놓고 심각한 고민에 빠져 있는 사람에게 이 영화는 헤어 나오기 어려운 늪이 될 수도 있다. 하지만 같은 처지에 놓여 있다고 하더라도 관객에 따라서는 저 멀리까지 내다보게 해주는 섬광을 목도할 수도 있다.

그러니까 「레볼루셔너리 로드」는 당신의 어깨에 날개를 달아주거나 발목에 맷돌을 매달고 말 영화다. 무겁고 깊은 이 영화의 정조가 보는 이에게 어떤 방향으로 작용할지는 알 수 없지만, 적어도 한 가지는 분명하다. 이 작품은 가라앉아가는 당신의 현재를 흔들어놓을 것이다. 치료제는 없을지언정, 여기엔 강력한 각성제가 들어 있기 때문이다.

파티에서 만나 결혼에까지 이른 에이프릴(케이트 윈즐릿)과 프랭크(리어나도 디캐프리오)는 뉴욕 교외 지역인 레볼루셔너리 로드에 안락한 보금자리를 꾸민다. 그러나 몇 년이 흘러 지루하게 반복되는 일상 속에서 질식할 것 같은 에이프릴은 프랭크에게 프랑스 파리로 이민 가서 새로운 삶을 살자고 제의한다. 고심 끝에 프랭크가 아내의 제안을 받아들인 후 부부는 주변에 이민 계획을 차례로 알리며 들뜬다. 그러나 사직을 앞둔 어느 날, 무심코 낸 아이디어를 보고 그의 창의성에 감탄한 경영진이 승진을 제안하자, 프랭크의 마음이 흔들리기 시작한다.

「레볼루셔너리 로드」는 핵심에서 단 한 번도 벗어나지 않는다. 「아메리칸 뷰티」와 「로드 투 퍼디션(Road to Perdition)」을 만든 샘 멘데스는 모든 장면들이 중심 주제를 향해 일렬로 밀집한 플롯을 통해 강렬한 드라마 한 편을 완성했다. 잉여의 숏이 전혀 발견되지 않는 이 영화만큼 밀도가 높은 경우도 극히 드물 것이다.

도입부에서 프랭크와 에이프릴의 낭만적인 첫 만남을 아주 짧게 묘사한 이 영화는 곧바로 권태와 갈등으로 뒤범벅된 결혼 생활 7년 차의 위기 속으로 깊숙이 뛰어든다. 샘 멘데스는 미국 문학사의 고전으로 남아 있는 리처드 예이츠의 동명 소설을 영화화하면서 오로지 이 텍스트가 제기하는 실존적 질문에만 집중했다. 격렬하게 맞서는 남편과 아내의 이야기에만 몰두하기 위해 심지어 부부 사이에서 태어난 두 아이에 대한 묘사조차 대부분 생략했다.

이 영화는 리어나도 디캐프리오와 케이트 윈즐릿이 「타이타닉」 이후 11년 만에 연기 호흡을 맞춘 작품으로도 주목된다. 둘 중 좀 더 돋보이는 배우는 (아니나 다를까!) 케이트 윈즐릿. 밑바닥에 남은 마지막 한 홉의 에너지까지 퍼내어 써야 하는 배역을 맡아, 윈즐릿은 설령 방향은 능히 짐작이 되더라도 샘과 여림의 호흡은 예측할 수 없는 연기의 진수를 보여준다. 이 영화로 아카데미 남우조연상 후보에 오른 마이클 셰넌의 연기도 매우 인상적이다.

모든 것을 쏟아부은 일에서 스스로의 재능이 보잘것없음을 깨달을 때, 특별한 줄 알았던 내 존재가 남들과 아무런 차이도 없음을 눈치챌 때, 시간의 거대한 퇴층 속에서 이제 남은 것은 도돌이표의 주술로 무망한 왕복 달리기를 하는 것밖에 없다고 여겨질 때, 에이프릴(혹은 떠나려는 자)과 프랭크(또는 머물려는 자)는 싸우고 또 싸운다.

지금이라도 고쳐 살 수 있을까. 그런데, 이건 단지 떠날 수 있는 용기의 문제일까. 아니, 인간은 더불어 행복할 능력이 있는 동물일까. 「레볼루셔너리 로드」는 보청기를 꺼서 세상을 침묵 속에 잠재우는 누군가의 행동을 보여주며 막을 내린다. 당신이라면 어떻게 할 것인가. 이 소름 끼치는 생의 적막 속에서.

# 다우트

**Doubt**

감독 **존 패트릭 셰인리**(John Patrick Shanley)  국내 개봉일 **2009.02.12**

이건 흡사 연기 귀신들의 전쟁터 같다. 당신은 여기서 호랑이와 사자가 좁은 우리에서 맞붙는 듯한 연기 배틀을 볼 수 있을 것이다. 「다우트」가 아카데미상 네 개 연기 부문 중 무려 세 군데에 후보를 올린 것도 당연한 일이다. 이 작품의 제목은 '의심'을 뜻하지만, 할리우드가 선사할 수 있는 최상급 연기들이 시종 지속되는 이 향연의 품질에 대해서는 의심의 눈초리를 거둬도 될 것이다.

가톨릭 교구 학교의 수녀인 제임스(에이미 애덤스)는 플린 신부(필립 시무어 호프먼)와 열두 살 소년 도널드의 관계를 의심하기 시작한다. 제임스의 말을 듣고 플린 신부의 부적절한 처신을 확신한 교장 수녀 뷰비어(메릴 스트리프)는 그를 쫓아낼 계획을 세운다. 뷰비어 수녀가 증거 하나 없이 자신을 거세게 몰아붙이자 플린 신부도 맞서기 시작한다.

이 영화에서 메릴 스트리프는 조금의 오차도 없이 정확하게 말하고 움직인다. 「악마는 프라다를 입는다(The Devil Wears Prada)」(데이비드 프랭클) 같은 작품에서 확인할 수 있듯 강인하고 냉정한 인물이야말로 스트리프가 가장 잘 해낼 수 있는 배역이지만, 「다우트」에서 그녀가 가장 감탄스러운 순간은 그 사이로 언뜻 약한 부분을 드러내거나 허를 찔리는 모습을 보여줄 때이다. "당신은 실수한 적이 없는가"라는 플린 신부의 반문에 부딪쳐 잠시 울먹거리다가 다시 냉정을 되찾아 매섭게 되받아칠 때의 스트리프 연기는 소름마저 돋게 한다.

필립 시무어 호프먼은 아마도 가장 입체적으로 캐릭터를 만드는 배우 중 하나일 것이다. '천의 얼굴'이라는 고전적 표현으로 배우를 설명하고 싶을 때, 「다우트」의 호프먼은 더없이 적절한 예가 될 것이다. 호프먼과 스트리프가 격렬하게 대립하는 이 영화 클라이맥스의 에너지는 실로 굉장하다.

에이미 애덤스만큼 무구한 얼굴을 가진 성인 배우도 드물 것이다. 물러서지 않는 두 명의 강력한 인물 사이에서 삶 전체가 통째로 흔들리는 제임스 수녀 역의 애덤스 모습은 무척이나 인상적이다. 그리고 단 두 개의 신(앉아 있는 모습이 아주 짧게 삽입되는 신까지 포함하면 세 개의 신)에만 등장하지만 장면을 훔치는 연기가 어떤 것인지를 여실히 보여주는 비올라 데이비스의 모습은 전기가 오를 지경이다.

물론 「다우트」의 매력은 연기에만 있지 않다. 동명의 희곡을 쓰고 연출해 토니상까지 받은 존 패트릭 셰인리가 직접 메가폰을 잡은 이 작품은 우아하고 강렬하며 지적이다. (2006년에는 김혜자 주연으로 국내 연극 무대에 올려지기도 했다.) 장면과 장면, 캐릭터와 캐릭터 사이에서 줄타기하는 균형 감각이 탁월한 각본은 시나리오 지망생들이 교본으로 삼을 만하다. 특정 사실을 직접적으로 지칭하지 않으면서도,

그것을 둘러싼 맥락들을 남김없이 호출하는 완곡어법의 마법이 담긴 대사도 훌륭하다.

연극의 연장선상에서 이 작품을 파악하려 들기 쉽겠지만, 「다우트」는 의외로 매우 영화적이다. 플린 신부가 설교 속 예화를 통해 반격할 때는 두 수녀의 클로즈업숏이 정확한 타이밍으로 편집되어 공격의 시각적 효과를 극대화한다. 뷰비어 수녀가 플린 신부 앞에서 처음으로 의혹을 암시할 때 그녀가 걷은 블라인드 커튼 사이로 내리쬐는 빛은 그의 얼굴 위에 쏟아지며 코너에 몰린 자의 당혹감을 선명히 비춘다. 극이 클라이맥스를 향해 치달을 때는 거센 바람이 인물을 향해 낙엽을 날리며, 상황이 종료되었을 때에는 온통 눈에 뒤덮인 고요한 거리가 인서트된다. 인물들의 구도를 통해 심리를 말할 줄 아는 카메라는 시종 단아하고 정확하지만, 혼돈된 심리가 극에 달할 때는 사선의 앵글을 구사할 정도로 과감해지기도 한다.

그런데 이 치열한 이야기가 결말을 열어놓고 끝을 맺은 후 관객은 어떤 판정을 내려야 할까. 뷰비어 수녀와 플린 신부의 대결에서 어느 한쪽이 선이거나 악인 것은 결코 아니다. 이것은 여자와 남자, 가지지 못한 자와 가진 자, 보수와 진보, 절대주의와 상대주의, 욕망과 금욕, 인간은 얼마든지 달라질 수 있다고 생각하는 견해와 결코 변하지 않는다는 주장이 총체적으로 격돌하게 된 상황에 대한 판단이다. 극장을 나서면서 당신이 자신만의 결론을 내리기 위해서는 먼저 스스로의 세계관 전체를 샅샅이 복기해봐야만 할 것이다. 아마도 그건 존 패트릭 셰인리가 이 흥미로운 이야기를 쓰게 된 가장 중요한 목적일 것이다.

# 벤자민 버튼의
# 시간은 거꾸로 간다

**The Curious Case of Benjamin Button**
감독 **데이비드 핀처**(David Fincher)  국내 개봉일 **2009.02.12**

에드워드 즈윅(「가을의 전설(Legend of the Fall)」)이라면 독특하고 유장한 소재 앞에서 관객보다 먼저 감상에 젖었을 것이다. 론 하워드(「파 앤 드 어웨이(Far and Away)」)라면 1억 5,000만 달러의 제작비 규모에 들떠 스펙터클한 장면 연출에 좀 더 집중했을지도 모른다. 그러나 데이비 드 핀처는 「벤자민 버튼의 시간은 거꾸로 간다」를 만들면서 흥분하 지 않았다. 그는 오로지 시간을 거슬러 유영하는 한 남자의 삶이 지 닌 결을 고스란히 살려내는 데 집중했다.

실크처럼 매끄럽고 벨벳처럼 우아한 이 영화의 질감이 단지 표면 적인 스타일에만 그치는 것은 아니다. 핀처는 무엇보다 이 이야기를 바다에 도달해 소멸하는 강물의 도도한 여정으로 보았기 때문이다. 설령 거꾸로 흐른다 해도, 시간은, 그리고 삶은, 여전히 흐른다.

80세 노인의 얼굴을 가진 벤자민(브래드 피트)은 태어나자마자 버려진다. 양로원에서 일하다가 아기를 발견한 퀴니(타라지 헨슨)는 벤자민을 자식처럼 키운다. 세월이 흐를수록 나이를 거꾸로 먹으며 점점 젊어지던 벤자민은 어린 소녀 데이지를 처음 본 순간부터 사랑을 느낀다. 벤자민은 선원으로 세상을 떠돌면서도 데이지(케이트 블란쳇)에게 지속적으로 소식을 띄운다. 전쟁이 끝난 후 집으로 돌아온 50대 외모의 벤자민은 어느새 성숙한 처녀가 된 데이지와 재회한다.

데이비드 핀처는 항상 어둠 속에서 웅크리고 있는 것 같았다. 자신만의 폐쇄적인 공간(「패닉 룸(Panic Room)」)에서 공상(「파이트 클럽(Fight Club)」)을 하거나 게임(「더 게임(The Game)」)을 하는 듯한 그의 영화 세계는 블록버스터 속편(「에이리언 3(Alien³)」)을 만드는 데도 주인공을 죽게 만드는 비극적 종지부를 찍었다. 그리고 연쇄살인범을 추적하는 경찰의 이야기(「세븐(Se7en)」 「조디악(Zodiac)」)를 다룰 때조차 폐곡선 안에서 음울하게 맴돌며 끝을 맺었다.

그런 핀처의 신작이 유려하고 따뜻하며 관조적이고 낙관적인 동화 한 편이라니! 그의 팬들이 이 영화를 보면서 놀라게 되는 것도 무리는 아니다. 말하자면 「벤자민 버튼의 시간은 거꾸로 간다」는 핀처가 마음만 먹으면 얼마든지 로버트 저메키스의 「포레스트 검프(Forrest Gump)」 같은 영화를 만들어낼 수 있다는 것을 증명하는 작품이다. (여기에는 이 영화에 착수하기 직전 아버지를 잃었던 핀처 개인의 경험도 크게 작용했다. 감독 이력에서 차지하는 위치와 색깔을 고려할 때, 데이비드 핀처에게 이 작품이 지니는 의미는 팀 버튼에게 「빅 피쉬(Big Fish)」가 갖는 의미와 유사하다고 할 수 있을 것이다.)

이 영화의 가장 뛰어난 점은 80년의 세월을 제한된 상영 시간 속으로 압축했음에도 불구하고 숏과 숏, 신과 신 사이를 연결하는 바늘땀이 전혀 보이지 않는다는 점이다. 이 작품의 모든 기술적 요소들은 만남과 헤어짐이 수도 없이 교차하는 벤자민의 삶을 하나의 리드미컬한 흐름으로 멋지게 요약하는 데 성공했다.

극 초반 거대한 시계의 바늘이 역방향으로 가면서, 화면도 거꾸로 진행되어 전사했던 아들이 부모 품으로 돌아오는 모습을 보여주는 대목에서는 핀처의 화려한 표현력을 확인할 수 있다. 수많은 변수가 작용해 교통사고가 발생하게 되는 상황을 설명하는 장면은 물 한 방울 새지 않을 정도로 완벽한 장악력을 과시한다. 벤자민이라는 특수한 개인에 대한 이야기에서 머물지 않고 그 여운을 보편적인 영역으로 확장하는 라스트신의 울림도 크다. 아울러 이 영화의 특수분장과 컴퓨터그래픽 효과는 이토록 기이한 설정을 고스란히 받아들이게 만들 정도로 완성도가 높다.

하지만 뛰어난 연출력에 비해서 각본은 그리 훌륭하지 못하다. 나이를 거꾸로 먹는다는 모티브가 지닌 강력한 동력에도 불구하고, 이 영화가 경우에 따라선 좀 지루하게 여겨지기도 하는 것은 166분이나 되는 긴 러닝타임 때문만은 아니다. 이야기의 틀을 채우는 구체적 에피소드들과 그 에피소드들을 응축하는 대사들이 미진하거나 중언부언하기 때문이다.

브래드 피트는 충분히 멋지고 성실하지만 다소 단조로운 톤을 드러내기도 한다. 케이트 블란쳇의 연기는 물론 훌륭하다. 하지만 이 시대 가장 재능 있는 배우 중의 하나인 케이트 블란쳇이 이보다 더 뛰어나게 연기한 작품을 꼽아보자면 다섯 손가락으로도 모자랄 것이다. (영화의 종반부에선 브래드 피트와 앤젤리나 졸리의 딸인 샤일로가 특별 출연하기도 한다.)

「벤자민 버튼의 시간은 거꾸로 간다」는 멜로영화가 아니다. 그리고 노인으로 태어나 아기로 죽어간다는 모티브가 겨냥하고 있는 것은 아이디어의 기발함이나 판타지의 대리 만족이 아니다. 이것은 헤어짐을 삶의 본질로 이해하게 되는 어떤 사람의 이야기다. 이 영화에서 벤자민은 사랑하는 사람들을 떠나보내고 또 떠나보낸다. 그리고 종국엔 자신이 떠날 준비를 한다. 그렇게 한 인간이 마지막으로 이별하게 되는 것은 결국 시간 그 자체였던 것이다.

# 낮술

감독 **노영석** 국내 개봉일 **2009.02.05**

실연한 혁진(송재하)을 위로하기 위한 술자리에서 친구들은 술김에 다음 날 강원도 정선으로 여행을 떠나자고 제안한다. 그러나 이튿날 혁진이 정선에 도착하고 보니 친구들은 자느라고 모두 약속을 어긴 상황. 혼자 펜션에 가서 무료하게 시간을 보내던 혁진은 옆방에 혼자 여행 온 여자(김강희)를 발견하고서 와인 한 병을 들고 찾아간다.

기술적인 면으로 보면 「낮술」은 독립영화의 환경을 고려해도 열악하고 보잘것없는 편이다. 조명을 하지 않아서 실내 장면이 조악하고, 장면마다 사운드도 고르지 않다. 초점이 맞지 않게 촬영된 숏도 발견된다. 특별한 효과를 내고 있는 게 아닌데도 대화 장면에서 이미지 라인을 지키지 않아서 관객에게 시각적 혼란을 일으키기도 한다. 편집은 기본적으로 감이 좋지만 마름질이 제대로 되어 있지 않고, 종종 의도를 조급하게 드러내기도 한다. 연기자들도 대부분의 경우 아마추어에 가깝다.

하지만 이 영화를 보고 나면 이 모든 단점들에는 자연스레 눈을 감게 된다. 그건 「낮술」에 관객들을 자기편으로 끌어들이는 매력이 담겨 있기 때문이다. 노영석은 115분의 러닝타임 내내 발군의 유머 감각과 다음 이야기를 계속 궁금하게 만들 줄 아는 화술로 내내 즐겁게 해준다.

이 독특한 코미디의 웃음은 머릿속에서 짜낸 꽉 찬 재담이 아니라, 생활의 주변에서 빈 곳을 찾아 여유롭게 찔러대는 유머라는 점에서 질리지 않는다. 불협화음을 일으키며 만난 후 파열음을 내며 헤어지는 이 영화의 찌질한 남자들과 수상한 여자들을 포함, 아마추어 배우가 연기한 단역 하나하나까지 잘 살려낸 인물 작법도 감탄스럽다. (이 작품에 등장하는 란희(이란희)란 이름의 캐릭터는 당장 꿈에 나타날 정도로 강렬하고 기괴하며 흥미롭다.) 우연에 많이 기대긴 하지만, 오인과 오해와 억측 속에서 점점 황당해지는 이야기는 기본 동력이 워낙 강력하다.

「낮술」만큼 술자리 장면이 많이 나오는 한국 영화도 없을 것이다. (세어보니 115분의 상영 시간 동안 술 마시는 신은 모두 열한 차례나 나온다.) 이 작품 속 음주는 대화를 하기 위한 배경을 제공하는 게 아니라 그 자체로 핵심적인 분위기를 형성하고 사건을 배태한다. (보고만 있어도 북어국 생각이 절로 날 정도다.) 술자리의 그 모든 실수와 과장, 약속하지 않는 유혹과 충족되지 않는 욕망이 부유하고 충돌하며 빚어내는 에피소드들은 한 걸음 떨어져서 지켜볼 수밖에 없는 맨정신의 관객들에게 우스꽝스럽다 못해 기이하기까지 하다. (그러니 일부의 표현과 달리, 이 작품은 '술이 땡기는' 영화가 아니다. 오히려 다음 날 술자리를 취소하고 금주 선언을 하고 싶게 만드는 영화다.)

아울러 「낮술」은 '남자라는 동물'이 무엇을 기대하고 어떤 것을 못 참는지 적나라하게 보여주는 코미디이기도 하다. 이제 그만 찌질해지고 집으로 돌아가고픈 '인간'과, 더한층 찌질해질 위험을 감수하고서라도 기어이 '소득'을 얻고 싶은 '수컷' 사이에 선 '남자'의 딜레마가 여기에 있다. 인물의 행태나 이야기 전개 방식, 혹은 술과 연애가 엮인다는 점에서 홍상수의 「생활의 발견」이나 「강원도의 힘」을 떠올리는 사람이 많겠지만, 작품의 온도나 지향점은 완전히 다르다. 이 영화 속 인물의 비루함이나 인물들 사이의 성적 긴장감은 귀여운 쪽에 훨씬 더 가깝다.

노영석은 연출 외에도 각본, 촬영, 편집, 미술, 음악(삽입곡을 만들고 직접 노래도 불렀다)까지 혼자 도맡아하며 데뷔전을 인상적으로 치러냈다. 제작비가 겨우 1,000만 원에 불과한 이 영화가 이토록 명확한 성과를 낸 것은 포기해도 될 것과 절대로 포기해선 안 되는 것을 그가 정확히 알고 있었기에 가능했던 것으로 보인다.

# 24 시티

**二十四城記**
감독 **지아장커(賈樟柯)** 국내 개봉일 **2009.01.29**

「24 시티」의 카메라는 시간을 호출한다. 그리고 그 시간 속을 함께 흘러간 수많은 사람들의 삶 하나하나를 호명한다. 이 영화는 카메라를 아무 말 없이 똑바로 쳐다보는 노동자들의 모습을 하나하나 수시로 삽입한다. 얇은 스크린 막 위로 한동안 머물러 영사되는 그들의 시선을 정면으로 마주 대하다 보면 이상할 정도로 서늘해지거나 뭉클해진다.

그들 중 일부는 이어지는 인터뷰 장면을 통해서 자신의 사연을 털어놓지만, 나머지는 이후에 등장하지 않는다. 하지만 그들의 삶 하나하나의 가치에 우열이 존재하지 않듯, 이 영화에서 들리는 이야기와 들리지 않는 이야기 사이엔 경중이 없다.

「24 시티」는 그렇게 발화된 것과 발화되지 않은 것 모두를 스크린의 중심과 여백에 띄워놓거나 스며들게 함으로써 시간을 기억하고, 그 시간이 훑고 간 공간을 기억한다. 말하자면 이것은 영화가 시간과 공간을 기억하는 가장 흥미로운 방식 중의 하나다.

지아장커는 「스틸 라이프(三峽好人)」 「플랫폼(站台)」 「임소요(任逍遙)」 같은 작품들을 통해 동 세대 중국 감독들 중 가장 높이 오르고 가장 멀리 나아갔다. 도전적 실험 정신과 깊은 시선을 함께 갖춘 「24 시티」는 중국 청두에서 50여 년간 가동되었던 '팩토리 420'이라는 군수품 공장이 문을 닫고 그 자리에 '24 시티'라는 고급 아파트 단지가 들어서게 된 상황에서, 그 공장과 인연을 맺었던 사람들의 이야기를 인터뷰 위주로 담아낸 작품이다.

여기서 감독은 카메라를 때론 만년필처럼 쓰고 때론 열쇠처럼 사용하며 때론 거울처럼 활용한다. 인물들이 쏟아내는 말을 그대로 담아내는 듯하다가, 다양한 노래와 시를 인용하는 방식으로 상황에 대해 직접 코멘트하기도 한다.

이 영화는 기본적으로 다큐멘터리이지만, 지아장커는 거기에 극영화적 요소를 독특한 방식으로 결합시켰다. 그것은 이 작품에 등장하는 여덟 건의 인터뷰 중 일부가 배우의 연기라는 점이다. 팩토리 420 노동자들이 말하는 실제 이야기 사이사이로 조안 첸, 뤼리핑, 자오타오 등의 배우가 마치 자신이 겪은 실화인 듯 허구의 이야기를 늘어놓는 장면들이 들어가 있는 것이다. (심지어 지아장커 자신이 화면 밖 목소리로 '연기'를 하는 대목도 있다.)

물론 「24 시티」는 새롭게 건설하기 위해서 오랜 세월 존재해왔던 것을 빠르게 부숴나가고 있는 현대 중국의 변화를 응시하려는 또 한 편의 영화다. 지아장커는 언제나 허물어지는 것과 사라지는 것, 뒤에 남거나 처진 것에 관심을 가져왔다. 하지만 동시에 이 작품은 영화라는 매체가 기억하는 방식 자체에 대한 탐구이기도 하다. 허구를 다루는 극영화와 사실을 담는 다큐멘터리는 하나의 시대를 기록하는 부분집합이다. 그 둘 모두가 영화의 기억이다. 그리고 통념과 달리 그 둘 사이는 그리 멀지 않다.

이 영화에서 진정으로 중요한 것은 인물들이 무엇을 했고 또 하고 있는가가 아니다. 그들이 무엇을 기억하고 있는가, 혹은 기억을 어떻게 말하고 있는가이다. 그렇게 개인들이 재구성한 추억들이 한데 모여들고, 새로운 건물(시대)을 짓기 위해 옛 건물을 허물어뜨리는 모습이 자욱한 연기와 함께 펼쳐지면, 이제 막 떠나간 시대를 회억하는 영화 한 편이 벽화가 되어 미래의 기억을 예비한다.

「스틸 라이프」의 마지막 장면에서 위태롭게 줄타기를 하던 노동자를 바라보던 짙은 근심이 「24 시티」의 라스트숏에는 존재하지 않는다. 고층 건물이 즐비한 청두의 스카이라인을 카메라가 훑을 때, 그 위로 시 한 대목을 인용하는 자막이 떠오른다. "너는 점점 사라지지만, 나에게 찬란한 삶을 주었단다." 흘러간 시대를 한탄하지도, 다가오는 시대를 부정하지도 않는 이 영화의 카메라는 그 모든 사연을 품고서 그저 도도히 흐른다. 지아장커는 그렇게 또다시 한 걸음을 더 내디뎠다.

# 비 카인드 리와인드

**Be Kind Rewind**

감독 **미셸 공드리(Michel Gondry)** 국내 개봉일 **2009.01.08**

미셸 공드리만큼 장점과 단점이 명확히 대비되는 감독도 드물 것이다. 스케치든 스토리든 일단 마음을 먹으면 브레이크를 밟지 않고서 밀고 나가는 그의 영화들은 상상력이 뛰어나지만 플롯이나 리듬이 허약해 관객을 지치게 한다. 판타지를 부풀리는 데는 능하지만 리얼리티를 다지는 데는 서툴다. 재기는 뛰어나지만 뚝심은 드러나지 않는다. 보여주는 능력은 좋지만 설명하는 기술은 빈약하다. 원심력은 강하지만 구심력은 약하다. 그리고 뿌리는 것은 잘해도 거두지는 못한다.

물론 「이터널 선샤인」은 정말 훌륭하다. 그리고 「블록 파티(Dave Chappelle's Block Party)」는 모두가 함께 어울리는 순간의 즐거움을 스크린에 제대로 담아냈다. 하지만 「휴먼 네이쳐(Human Nature)」는 통제 불능의 상태까지 가버렸고, 「수면의 과학(La science des rêves)」은 같은 자리를 계속 맴돌았다. 하지만 공드리의 영화들은 설혹 실패작이 된다고 하더라도 끝내 사랑스럽다. 「비 카인드 리와인드」는 어떨까.

(제목 '비 카인드 리와인드(Be Kind Rewind)'는 "빌려 가신 비디오테이프는 앞으로 감아서 반납해주세요"란 뜻. 극 중 비디오 대여점의 이름이기도 하다.)

제리(잭 블랙)는 발전소에서 감전 사고를 당한 후 몸에 강력한 자력이 생긴다. 그는 친구 마이크(모스 데프)가 일하는 비디오 대여점에 갔다가 몸속 자력 때문에 테이프들에 담긴 내용을 몽땅 지워버리고 만다. 손님들이 항의하자 제리와 마이크는 고객이 빌려 가길 원하는 영화들을 즉흥적으로 직접 촬영해 대여해주기 시작한다. 조악한 화면에도 불구하고 신선한 재미가 있는 그들의 영화가 인기를 끌면서 비디오 가게는 붐비기 시작한다.

「비 카인드 리와인드」는 소재부터 너무나 공드리스럽다. 현재를 다루는 영화인데도 불구하고 비디오테이프만 빌려주는 대여점을 다루고, 누추한 서민들의 거리를 공간 배경으로 삼는다. 더구나 돈을 거의 들이지 않은 채로 기존 유명 영화들의 내용을 직접 제작한다는 설정이 있기에, 공드리 특유의 아날로그적이고 수공업적인 판타지를 맘껏 화면에 구현할 수 있다.

울긋불긋한 피자로 머리에서 흘러나오는 피를 대신하고 헤어드라이어를 총으로 사용하는 식의 극 중 특수효과들은 가끔씩 딱하기도 하지만, 대부분의 경우 기발하면서 감탄스럽다. 그렇게 「고스트 바스터즈(Ghostbusters)」(아이반 라이트먼) 「러시 아워 2(Rush Hour 2)」(브렛 래트너) 「드라이빙 미스 데이지(Driving Miss Daisy)」(브루스 베리스퍼드) 「라이온 킹(The Lion King)」(로저 알러스, 롭 민코프) 「2001 스페이스 오디세이」가 패러디 촬영되는 장면들은 이 영화에서 가장 유머러스한 부분이기도 하다.

게다가 주인공이 잭 블랙이라니! 짐 캐리조차도 「이터널 선샤인」을 통해 공드리의 세계로 들어갈 때는 전혀 다른 태도로 연기를 했지만, 잭 블랙은 특유의 익살스런 개성을 조금도 감추지 않았음에도 이물감을 빚지 않는다. 온갖 영화 장면을 패러디해야 하는 설정이 깔아놓은 명석 위에서 잭 블랙은 흑인, 여자, 로봇, 동물 등 온갖 배역을 요란한 슬랩스틱으로 소화하며 웃음을 선사한다. 따지고 보면 말도 안 되는 이 영화의 이야기는 좌충우돌할수록 설득력이 강해지는 배우인 잭 블랙을 만나서 리얼리티에 대한 부담감을 어느 정도 덜 수 있었다.

래퍼로 먼저 명성을 얻긴 했지만 이제 아이스 큐브만큼이나 배우라는 타이틀이 자연스러워진 모스 데프는 선한 눈으로 이야기의 중심에서 호연했다. 사실 공드리가 이 영화를 통해서 정말로 하고 싶은 이야기는 잭 블랙이 맡은 제리가 아니라, 모스 데프가 연기하는 마이크라는 인물에게 실려 있는 것처럼 보인다.

「비 카인드 리와인드」에는 영화라는 매체를 바라보는 공드리의 시선이 그대로 담겨 있다. 여기서 그는 생산자가 기획해서 풀어놓는 영화가 아니라 소비자가 보기를 원하는 영화, 고도로 산업화되고 분업화되어 생산-소비되는 영화가 아니라 관객 스스로 그들의 이야기를 직접 찍는 영화를 옹호한다. 결국 이 작품은 누구나 영화를 찍을 수 있고 미디어 자체를 소유할 수 있게 된 디지털 시대에 영화란 어떻게 존재해야 하는가를 묻는 일종의 우화이기도 하다.

공드리는 결국 공동체에서 해답을 찾으려 한다. 브루클린의 서민 동네에서 펼쳐지는 콘서트를 흥겹게 담아낸 다큐멘터리 「블록 파티」를 찍으며 영감을 얻은 것으로 보이는 「비 카인드 리와인드」는 음악 대신 영화의 세계로 이야기를 옮겨온다. 그의 영화들 속에서 강하게 내비치는 것은 미셸 공드리 개인의 창의력과 개성이지만, 흥미롭게도 그가 이 영화를 통해 꿈꾸는 것은 천재 한 사람의 영화가 아니라 우리 모두의 영화다.

「비 카인드 리와인드」는 여전히 초점이 없고 산만하다. 우기는 부분도 있고 때에 따라서는 건너뛰기도 한다. 영화의 종결부는 프레스턴 스터지스의 「설리번 여행기」부터 주세페 토르나토레의 「시네마 천국(Nuovo Cinema Paradiso)」까지의 허다한 '영화에 대한 영화'들이 밟아갔던 길을 관성적으로 되밟는다. 그러나 「비 카인드 리와인드」는 러닝타임의 대부분에서 유쾌하고 가끔은 뭉클하다. 그리고 여전히 사랑스럽다.

# 이스턴 프라미스

**Eastern Promises**

감독 **데이비드 크로넌버그**(David Cronenberg)  국내 개봉일 **2008.12.11**

데이비드 크로넌버그가 관심을 가지는 것은 언제나 한가운데가 아니라 가장자리다. 그리고 그 가장자리에서는 항상 갈등과 충돌이 일어난다. 인간의 유전자가 파리와 뒤섞이든(「더 플라이(The Fly)」) 그 몸에 비디오테이프가 삽입되든(「비디오드롬(Videodrome)」) 자동차와 부딪쳐 성적 에너지가 분출하든(「크래쉬(Crash)」), 크로넌버그의 전매특허 같은 기괴한 상상력은 존재나 세계의 경계를 사유하는 데서 극적으로 분출하는 일종의 예술적 왜곡 같은 것이다.

전작 「폭력의 역사」에 이어 「이스턴 프라미스」에서 크로넌버그가 응시하고 있는 것은 폭력의 경계선이다. 이 영화의 이야기는 폭력과 무관한 세상에서 살았던 여자가 폭력이 생존 원리인 세계를 찾아갔을 때 생긴 접점에서 펼쳐진다.

테탸나라는 열네 살짜리 소녀가 출산 중 숨을 거두자, 영국 런던의 조산사인 애나(나오미 와츠)는 태어난 아기의 연고를 찾아 나선다. 산모가 소지하고 있었던 명함의 주소를 따라 러시아 레스토랑을 경영하는 세묜(아민 뮐러 슈탈)을 찾아간 애나는 그에게 테탸나가 러시아로 적어온 일기장을 건넨다. 세묜을 만나는 과정에서 그의 아들인 키릴(뱅상 카셀)과 운전사 니콜라이(비고 모텐슨)로부터 심상찮은 느낌을 받은 애나에게 서서히 위험이 닥쳐온다.

「이스턴 프라미스」는 그 자체로도 완결적인 영화지만, 전작인 「폭력의 역사」와 한데 엮을 때 더 잘 이해되는 작품인 것도 사실이다. 작품의 첫 시퀀스들에서 「폭력의 역사」는 뜨거운 태양이 내리쬐는 낮의 권태에 잠재된 파괴 욕구를 보여준다면, 「이스턴 프라미스」는 비가 계속 내리는 밤의 공포로부터 돌출하는 광기를 그려낸다. (이 영화의 도입부에는 미하엘 하네케의 작품 「히든(Caché)」의 클라이맥스에 비견될 만큼 끔찍한 장면이 들어 있으니 미리 마음의 준비를 하는 게 좋다.) 또한 「폭력의 역사」가 폭력의 세계에서 빠져나오려는 남자를 다룬다면, 「이스턴 프라미스」는 그 세계로 들어가려는 사람의 상황을 그린다. 그리고 「폭력의 역사」가 이야기를 다루는 방식이 시간적이고 종적이라면, 「이스턴 프라미스」는 공간적이고 횡적이다.

결국 크로넌버그는 이 두 편의 영화를 통해서 '지금 여기'의 폭력에 대해서가 아니라, 그 폭력이 어디서 왔는지에 대해 시간과 공간의 좌표평면 위에서 탐구해보려는 것이다. 폭력은 구조적이고 역사적이라는 사실을 갱스터 가족 드라마의 외피를 빌려 이 두 편은 누누이 강조한다. 「이스턴 프라미스」를 보고 난 많은 사람들이 「대부」와 비교하게 되는 것도 무리는 아니다.

「폭력의 역사」에 이어 「이스턴 프라미스」에서 크로넌버그는 폭력을 마치 인간 몸속에 들어 있는 숙주처럼 다룬다. 따지고 보면 폭력적인 장면이 그리 많은 게 아닌데도 영화는 전편에 걸쳐 피 냄새가 진동하는 듯한 느낌을 준다. 특히 사우나에서 벌어지는 격투 장면은 소름 끼칠 정도의 사실감으로 몸과 몸, 혹은 몸과 칼이 충돌하는 순간의 끔찍함을 촉각으로 고스란히 체험하게 한다. 연약한 고깃덩어리를 육체로 지닌 인간의 벌거벗은 사투를 그려낸 이 부분은 뜨겁게 폭력을 보여줌으로써 그 폭력이 실제로 의미하는 바를 차갑게 논평하는 잊지 못할 명장면이다.

「이스턴 프라미스」가 등장인물의 몸에 새겨진 문신을 활용하는 방식도 인상적이다. 여기서 문신은 그 자체로 한 인간의 역사와 정체성이면서, 인간들 사이를 매개하는 미디어이기도 하다. 반면에 크로넌버그가 웅대한 야심을 품고 만든 「이스턴 프라미스」에서 적잖이 감상적인 면모를 보이고 있는 것은 의외다. 절망에 빠진 자의 일기 내용을 내레이션으로 풀어가며 극을 진행하거나, 새로 태어난 아기의 존재를 통해 희망을 암시하는 방식은 어느 정도 아쉬움을 남긴다.

「이스턴 프라미스」에서 비고 모텐슨은 한 명의 배우가 하나의 캐릭터에 어떻게 스스로를 송두리째 던져 넣느냐에 대한 모범 답안 하나를 보여준다. 러시아인의 말투까지 그대로 살려내고 무표정 속에 경계의 칼날 위에 선 자의 복잡한 감정을 꾹꾹 눌러 담아낸 그의 연기는 열연과 광기만이 카리스마를 만들어내는 재료가 아님을 증명한다. 이 영화까지 보았다면, 먼 후일 당신은 배우 비고 모텐슨이라는 이름과 마주쳤을 때 「반지의 제왕」 시리즈가 아니라 「이스턴 프라미스」와 「폭력의 역사」를 먼저 떠올리게 될 것이다.

이성이 잠들면 요괴가 눈을 뜬다.

# 더 폴:
# 오디어스와
# 환상의 문

**The Fall**
감독 **타셈 싱(Tarsem Singh)** 국내 개봉일 **2008.12.04**

스크린은 캔버스를 욕망하고, 카메라는 붓을 동경한다. 「더 폴: 오디어스와 환상의 문」은 영화미술의 한 극점을 보여주는 진기한 영화다. 영화를 바라보는 무수한 시각이 있을 수 있지만, 적어도 당신은 이 작품의 몇몇 장면을 보는 순간 압도당하는 느낌을 받을 것이다. 이 영화를 화질 떨어지는 작은 컴퓨터 화면으로 보았다면, 그 사람은 결국 아무것도 보지 못한 거다.

　20세기 초의 미국 로스앤젤레스. 부상으로 하반신이 마비된 스턴트맨 로이(리 페이스)는 병원에서 팔에 깁스를 하고 치료를 받고 있던 어린 소녀 알렉산드리아(카틴카 언타루)와 만나 친구가 된다. 이후 만날 때마다 로이는 알렉산드리아에게 폭정을 일삼는 총독 오디어스와 그에 맞서 싸우는 다섯 전사의 이야기를 들려준다. 점점 더 로이의 이야기에 매혹되는 알렉산드리아. 하지만 로이가 이야기를 들려주는 진짜 이유는 따로 있었다.

「더 폴」만큼 촬영 장소들이 인상적인 영화도 드물 것이다. 전 세계 20여 개국의 갖가지 비경을 카메라로 적출하여 펼쳐 보이는 풍광을 두 시간 내내 지켜보고 있노라면 눈이 호사를 누린다는 생각이 절로 든다. 나비 형상의 피지 섬으로부터 수많은 계단이 기하학적 무늬를 만드는 인도의 우물까지, 어떻게 저런 곳들을 일일이 골라내고 또 섭외했는지가 의문스러울 지경이다. 더욱 놀라운 것은 로이가 들려주는 극중극이 컴퓨터그래픽 같은 특수효과를 사용하지 않은 채 로케이션이나 의상 혹은 분장에 의지해 만들어낸 수공업적인 판타지라는 점이다.

사실 이 영화를 연출한 타셈 싱은 처음부터 본능처럼 미술적 요소를 극대화하면서 작품을 만들었던 감독이다. (영화감독이 되기 전에 그는 뮤직비디오와 CF를 연출하면서 명성을 얻었다.) 데뷔작 「더 셀(The Cell)」에서 무의식 세계에 대한 강렬한 시각적 이미지로 승부했던 그는 6년의 세월을 쏟아부은 이 두 번째 작품에서 판타지와 현실을 다시금 교직한다. 「더 폴」에서 작심한 채 구사되는 롱숏 장면들은 타셈 싱의 영화적 야심과 배짱을 그대로 담고 있다. 「판의 미로」에 뜨거운 박수를 보냈던 관객이라면, 아마 「더 폴」에 대해서도 칭찬을 아끼진 않을 것이다. (두 영화는 정서와 구성, 그리고 현실과 판타지의 관계에서 유사하다. 하지만 「판의 미로」에 비해서 「더 폴」이 좀 더 밝거나 가볍고, 기괴한 느낌이 적다.)

「더 폴」은 미국 개봉 때 평단으로부터 찬반이 엇갈리는 평가를 받았다. 비판적인 견해를 보인 사람들은 주로 이야기가 허술하고 감정이입이 잘되지 않는다는 점을 들었다. 그러나 이 영화의 극중극은 절망에 빠진 청년이 숨겨진 목적을 달성하기 위해 이리저리 둘러대는 줄거리이고 대여섯 살짜리 소녀가 그 이야기를 들으면서 상상하는 내용이기에 오히려 자연스럽다.

그리고 이 영화에서 정말 중요한 것은 현실에서 펼쳐지는 이야기나 판타지로 등장하는 이야기 각각이 아니라, 그 둘이 서로 교차되고 틈입하는 방식이다. 「더 폴」은 시각적 자극 외에도 관객의 감성을 건드릴 수 있는 요소까지 갖춘 영화다.

아, 그리고 빠뜨릴 수 없는 이 작품의 매력 한 가지 더. 「더 폴」을 보고 나면, 당신은 루마니아 출신의 꼬마 배우 카틴카 언타루를 사랑하게 될 것이다.

# 로큰롤 인생

**Young @ Heart**
감독 **스티븐 워커**(Stephen Walker)  국내 개봉일 **2008.11.27**

「로큰롤 인생」은 콘서트장에 모인 청중들이 열광적으로 박수 치는 광경을 다양한 앵글로 보여주면서 시작한다. 이어 무대 위에 올라와 있는 할아버지 할머니 가수들의 뒷모습을 비추고, 지팡이를 짚은 한 멤버의 손을 따로 클로즈업으로 잡아내기까지 한 뒤에야 본격적으로 그들의 노래를 들려준다.

「로큰롤 인생」이 문을 여는 방식은 그대로 이 영화의 지향점과 성격을 일러준다. 이건 최고의 공연이나 그에 이르기 위한 연습 과정을 찬탄 섞어 박진감 넘치게 중계하려는 영화가 아니다. 공연에 앞서 마음에서 우러나오는 응원과 공감의 박수를 먼저 보내려는 영화다. 그리고 보잘것없는 지팡이와 구부정한 뒷모습으로 대변되는 삶이 화려하게 스포트라이트를 받는 예술에 선행하는 영화다.

스티븐 워커가 감독한 다큐멘터리 「로큰롤 인생」은 미국 노샘프턴에서 결성된 '영 앳 하트(Young @ Heart)'라는 코러스밴드가 특별 공연을 앞두고 7주간 연습하는 과정을 다룬다. 이 밴드 멤버들의 평균 나이는 무려 81세.

이와 같은 간략한 정보를 접한 사람들은 「부에나 비스타 소셜 클럽(Buena Vista Social Club)」(빔 벤더스)을 떠올릴지도 모르겠다. 노인 연주자들의 음악과 삶을 다루는 다큐멘터리라는 점에서 물론 그렇긴 하다. 하지만 「로큰롤 인생」의 주인공들은 더 클래시, 소닉 유스, 데이비드 보위, 브루스 스프링스틴, U2, 라디오헤드 같은 락 뮤지션들의 곡을 주로 부른다.

그보다 더 큰 차이가 있다. 이 영화를 '휴먼 음악 다큐멘터리'라고 지칭할 때, 그 방점이 '음악'보다는 '휴먼'에 훨씬 더 선명하게 찍혀 있다는 점에서 「부에나 비스타 소셜 클럽」과 다르다. 직업 가수처럼 탁월한 가창 능력을 가졌다고 말하긴 어려운 이 코러스밴드가 관객들을 사로잡는 것은 그들이 부르는 노래 그 자체가 아니라 그들의 삶이 노래와 관계를 맺는 방식이다.

「로큰롤 인생」은 노인에 대한 고정관념이 깨지는 순간의 신선함으로 가득 차 있다. 죽음을 가까이에 둔 할아버지와 할머니들의 얼굴이 무대와 연습실에서 열정과 기대로 빛난다. 곧 다가올 임종의 순간이나 현재의 지독한 질병은 스스로 거론하는 농담의 소재가 된다. 발을 까딱이거나 뺨을 붉히며 열심히 노래하고 말하는 그들의 모습은 귀여움을 느끼게까지 한다. 무슨 소리를 하는지도 알기 힘든 가사에 황당해하고, 변화무쌍한 리듬에 번번이 맥을 놓쳐 당황하면서도, 최선을 다해 소화해내려는 연습실 장면들은 매번 흥미롭고 즐겁다.

삶의 마지막 나날을 보내고 있는 노인들에게서 우리가, 혹은 이

시대가 잊고 있었던 생의 환희를 발견하게 된다는 것은 당혹스러우면서도 기쁜 일이다. 이 영화엔 시종일관 유머와 낙관이 흘러넘친다.

그러나 시종 유쾌하게만 흘러갈 것 같은 이 영화에도 눈물이 절로 흐르는 부분이 몇 차례 있다. 그것은 무한한 예술의 현현과 유한한 인간의 사거가 엇갈리는 순간의 아이러니들이 도사리고 있는 장면이다.

아마도 그 극점은 프레드라는 이름의 멤버가 콜드플레이의 「Fix You」를 부르는 순간일 것이다. 원래 듀엣으로 부를 계획이었지만 함께 무대에 서야 했을 동료가 공연을 앞두고 세상을 떠나는 바람에, 홀로 무대에 선 프레드는 지병 때문에 코에 고무튜브를 끼운 채로 쓸쓸히 노래하기 시작한다. "최선을 다했지만 성공하지 못할 때, 원하는 것을 얻었지만 그게 진정 필요했던 게 아니었을 때, 너무나 피곤한데도 잠을 이루지 못할 때, 모든 것이 뒤엉켜버리죠. 눈물이 얼굴을 타고 흘러내릴 때, 되찾을 수 없는 것을 잃어버렸을 때, 누군가를 사랑했지만 수포로 돌아갔을 때, 이보다 더 나쁠 수 있을까요."

하지만 무대를 비추는 빛이 점차 온기를 더하고 객석 전체가 젖은 눈빛으로 다가올 때쯤 프레드가 나직하게 불러주는 노래의 가사는 이렇게 이어진다. "빛이 당신을 집으로 이끌어주고 당신의 몸에 불을 지펴줄 거예요. 그리고 내가 당신을 어루만져줄게요."

한 편의 영화가 단지 두 시간의 감동을 넘어서 삶을 살아가는 관객의 자세에까지 영향을 줄 수 있을까. 혹시라도 그런 일이 가능하다면, 아마도 그 앞자리에 우두커니 서 있는 것은 「로큰롤 인생」 같은 영화들일 것이다.

# 바시르와 왈츠를

**Vals Im Bashir**
감독 **아리 폴만**(Ari Folman) 국내 개봉일 **2008.11.20**

형식은 이데올로기의 벡터다. 예이젠시테인이 남겼던 이 말은 창작품에서 형식의 중요성을 그대로 요약한다. 파헤칠 것인가 아니면 꿈꿀 것인가. 혹은, 설득할 것인가 아니면 고백할 것인가. 특정한 형식을 선택하는 것은 창작자이지만, 일단 선택된 형식의 자장은 이후 철두철미하게 창작품을 지배한다.

1980년대 레바논내전 때 레바논 민병대가 팔레스타인 양민을 학살한 사건에 접했던 이스라엘 병사의 혼돈스런 경험을 다룬 「바시르와 왈츠를」을 담아내기 위한 그릇으로 아리 폴만이 애니메이션 다큐멘터리라는 희대의 형식을 떠올리는 순간, 모든 것이 일제히 빛을 뿜기 시작했다. 「바시르와 왈츠를」에는 자신이 선택한 형식의 자장 속에서 위축되지 않은 채 가장 창의적이고 정직하게 임한 감독의 총체적 재능과 전인적 노력이 시종 반짝인다. (이 영화의 제목에 등장하는 바시르는 학살을 주도한 레바논 민병대가 지지하던 정치인이다. 그가 암살되자 민병대는 팔레스타인 양민들을 대상으로 잔혹한 복수를 행한다.)

611

## 1. 번뜩이는 뇌

아리 폴만은 갓 스물 시절, 이스라엘 병사로 참전했던 레바논내전 때 자신이 겪은 일들이 전혀 떠오르지 않는다는 사실을 깨닫는다. 당시 함께 참전했던 동료들과 정신과 의사들을 찾아 나서며 기억을 되찾고 그 의미를 알아내려던 아리 폴만은 이 과정을 다큐멘터리로 만들기로 결심한다.

그러나 자신의 무의식이 회피하고 있는 학살의 전모를 파헤쳐 다큐멘터리에 담아내기 위해선 활용 가능한 자료들이 턱없이 부족한 상황. 아리 폴만은 제2차 세계대전 당시 나치의 유대인 학살을 인터뷰로만 그려낸 다큐멘터리 고전 「쇼아(Shoah)」의 클로드 란즈만과는 전혀 다른 방식을 택했다. 바로 풍부한 표현력을 가진 애니메이션의 형식으로 다큐멘터리를 만들어낸 것.

참전 동료들을 비롯한 아홉 명의 인물을 인터뷰하면서 90분가량의 실사 다큐멘터리를 만든 폴만은 전쟁에 대한 갖가지 기억과 꿈을 시각화한 장면들을 곁들여 눈이 번쩍 뜨이는 애니메이션 다큐멘터리로 바꾸어냄으로써 자신만의 영화언어를 발명했다. 여기서 제작여건의 한계는 오히려 창작력을 극대화시키는 날개가 됐다. 그리고 그렇게 함으로써 애니메이션의 표현 영역 역시 확장시켰다. 「바시르와 왈츠를」은 영화가 역사를 기억하는 또 하나의 길을 뚫었다.


## 2. 꿈꾸는 눈

애니메이션과 다큐멘터리는 많은 부분에서 서로 상충하는 양식이다. 「바시르와 왈츠를」은 언뜻 어울리지 않는 것처럼 보이는 두 양식의 표현법을 혼합해 사실적이면서도 환상적인 반전영화의 새 경지를 개척했다.

이 영화에서 사건을 보아내는 것은 눈이 아니라 뇌다. 여기서 눈은 보는 대신 꿈을 꾼다. 종군 사진기자 로버트 카파의 사진에서 CNN의 걸프전 중계 화면까지 전쟁의 이미지가 이미 차고 넘치는 가운데서도, 이 영화가 새로 더한 전장의 이미지들은 실로 비범하다. 거대한 여체에 안겨서 바다를 건너며 위안을 얻는 병사의 모습을 담은 환상 장면부터, 탱크가 거리에 주차된 자동차를 뭉개면서 진군하는 현실의 장면까지, 모노톤에 담긴 갖가지 이미지들은 뛰어난 표현력으로 병사들의 혼돈과 두려움과 광기를 선명하게 시각화한다. 극 중 상황과 분위기에 멜로디와 가사를 입체적으로 접합한 음악 사용법도 훌륭하다.

「바시르와 왈츠를」을 수놓는 환상적 장면들은 '무엇을 보았는가'라는 질문보다는 '보고 싶지 않았던 것은 무엇인가'라는 물음과 더 밀접한 관련을 맺고 있다는 점에서 역설적이다. 이 영화 속 이미지들은 병사들이 보고 싶지 않았거나 회피하고 싶었던 경험들에 형식을 제공함으로써 반전의 메시지에 부정(否定)의 형식으로 뼈와 살을 생생히 부여한다. 아마도 그것은 영화라는 매체가 전쟁이라는 압도적 비극에 맞서 저항할 수 있게 하는 무기일 것이다.

## 3. 나직한 입

「바시르와 왈츠를」에 정치적 한계가 없다고 단언하긴 어렵다. 팔레스타인의 관객들은 학살의 전모를 들추어내는 데 미적거리는 듯한 이 이스라엘 영화의 방식에 불만을 가질 수도 있을 것이다. 하지만 적어도 아리 폴만은 자신이 말할 수 있는 곳까지는 기꺼이 전진한다. 폴만은 이스라엘인이라는 정체성의 경계선까지 이성으로 밀어붙인 후 증언하고 또 고백한다.

어떤 메시지는 누구의 입에서 나왔느냐에 따라 무게가 달라지기도 한다. 가해자의 입장에서 반성하고 성찰하는 이 영화의 목소리는 나직하지만 진진하다. 죄책감과 공포심을 누르고 '그때 그 시간'을 끝내 기억해내려는 자의 여정은 결국 절절한 실존적 고백에 이른다. 그것은 우리의 현대사에서 듣기 힘들었던 목소리이기도 하다.

### 4. 정직한 발

「바시르와 왈츠를」의 마지막 장면은 전율을 안긴다. 지난밤, 누군가의 방조 혹은 조장 속에 학살이 자행되었던 난민촌으로 걸어 들어가던 부녀자들이 슬픔에 몸부림친다. 그들을 따라잡으며 좀 더 빨리 걸음을 재촉하던 카메라는 총을 든 채 자신이 무슨 짓을 저질렀는지 미처 깨닫지 못하면서 헐떡이는 민병대원의 얼굴을 잡아낸다. 이어 90여 분간 이어진 애니메이션은 끝나고, 참극의 순간을 증언하는 자료 화면이 짧지만 강렬하게 덧붙여진다.

환상적인 애니메이션 이미지가 당혹스럽게 멈춰 선 자리에서 이어지는 실사의 이미지는 아리 폴만의 창의력과 지성 혹은 양심으로도 더 이상 나아갈 수 없었던 지점에서 거칠고 명확하게 구두점을 찍으며 스크린 밖으로 배턴을 넘긴다. 정의가 있다면, 그건 내용이 아니라 형식에 깃들 것이다.

# 렛 미 인

**Låt den rätte komma in**

감독 **토마스 알프레드손**(Tomas Alfredson)  국내 개봉일 **2008.11.13**

쏟아지는 눈에 대해서, 펑펑 내린다고 묘사할 수도 있고 펄펄 내린다고 표현할 수도 있다. 이를테면 「렛 미 인」은 펑펑 내리는 눈 속에선 온전히 펼쳐지지 않을 것 같은 영화다. 죽음보다 깊은 정적. 시간보다 오랜 고독. 어둡고 긴 밤 위로 펄펄 내리는 눈이 어느새 온통 세상을 뒤덮을 때, 「렛 미 인」은 하이얀 눈의 나라에서 벌어지는 이상한 동화를 띄엄띄엄 서서히 들려주기 시작한다.

오스카르(코레 헤데브란트)는 부모가 이혼한 데다 학교에서 친구들로부터 지속적인 괴롭힘까지 당해 힘든 나날을 보낸다. 어느 눈 내리는 밤, 오스카르는 신비로운 소녀 엘리(리나 레안데르손)와 집 앞에서 마주친다. 오스카르는 곧 엘리를 향해 사랑을 느끼지만, 그녀의 정체를 알고 소스라치게 놀란다. 엘리는 인간의 피를 먹고 사는 뱀파이어였던 것이다.

토마스 알프레드손이 연출한 스웨덴 영화 「렛 미 인」은 동화가 호러에 얼마나 창의적으로 접목될 수 있는지를 「판의 미로」에 이어서 전혀 다른 방식으로 다시금 증명한다. 이 아름다운 공포영화는 종종 관객의 눈을 동그랗게 만들지언정 이맛살을 찌푸리게 하지는 않는다. 이 쓸쓸한 사랑영화에서 인물들은 열정적으로 끌어안는 대신 천천히 어깨를 쓸어내리거나 골똘히 바라본다. 이 아픈 성장영화는 상황을 설명하고 묘사하는 대신 그저 통째로 이야기를 앓는다.

토마스 알프레드손은 호러 장르의 관습에 전혀 기대지 않았다. 작은 마을을 감도는 침묵으로 자극적인 사운드 편집을 대체했고, 눈으로 가득한 북구 특유의 광활한 벌판으로 특수효과의 블루스크린을 대신했다. 그렇게 인물과 풍경은 일체가 되어 심상을 전하며 잊지 못할 가작 한 편을 이루었다. 이 영화의 카메라는 종종 창백한 소년의 얼굴과 망설이는 소녀의 표정을 물끄러미 비추는 것만으로도 감정적 파장을 선명하게 불러일으킨다.

서로에 대한 마음을 확인할 무렵, 평범할 수 없는 소녀가 묻는다. "내가 좋으니?" 그러자 평범한 소년이 대답한다. "응. 아주 많이." 평범해지고 싶은 소녀가 다시 묻는다. "내가 그냥 여자아이가 아니어도?"

"열두 살 8개월 9일"이라고 자신의 나이를 못 박는 소년과 "한 열두 살쯤"이라고 살아온 세월을 얼버무리는 소녀의 사랑은 그렇게 시간과 존재의 벽을 넘어선다. 혹은 어린 인간과 여린 뱀파이어의 사랑은 상대의 입술에 핏자국을 남기거나 유리창에 희미한 손자국을 남기며 희미해져 간다.

이어 참혹한 클라이맥스가 거세게 밀어닥친 뒤 일거에 쓸려 가면 카메라는 다시 또 무심하게 벌판에 내리는 눈을 잡는다. 펄펄 쏟아지는 눈 속에서 펼쳐지는, 가히 피와 눈물의 연금술이다.

# 미쓰 홍당무

감독 **이경미** 국내 개봉일 **2008.10.16**

이를테면, 「미쓰 홍당무」는 우주에서 날아온 것 같은 코미디다. 극 중 가장 중요한 촬영 장소가 학교 어학실일 정도로 규모가 작지만, 이 영화의 유머는 거의 초현실적인 감각으로 서로 다른 차원을 넘나들 듯 자유롭다. 섹스 코미디의 성격도 갖고 있는 이 작품은 음담패설을 해도 비린내가 나지 않고, 끈팬티가 나오는 순간에도 저급해지지 않는다.

「미쓰 홍당무」는 캐릭터의 매력이 내내 빛을 발하는 영화다. 이경미가 창조하고 공효진이 숨을 불어넣은 이 기상천외한 캐릭터를 보면서 관객은 처음엔 황당해하다가 곧이어 눈과 귀를 의심하게 되고, 급기야 손뼉을 치며 웃다가 종국엔 가슴 한구석이 싸해지는 경험을 한다. 극 초반 도저히 이 세상 사람이 아닌 것처럼 여겨졌던 인물이 영화를 설득하고 객석을 사로잡아 끝내 공감의 파장을 일으키는 진기한 순간이 이 작품에 있다.

시도 때도 없이 얼굴이 빨개지는 안면홍조증으로 괴로워하는 양미숙(공효진)은 고등학교에서 러시아어를 가르치지만, 같은 학교 교사인 이유리(황우슬혜)에게 밀려 중학교 영어교사로 발령 난다. 오랜 세월 자신이 짝사랑해온 기혼남 서종철(이종혁) 선생마저 이유리와 모종의 관계가 있다는 것을 알게 되자, 미숙은 종철의 딸인 종희(서우)와 합세해 둘 사이를 망쳐놓으려 수를 쓰기 시작한다.

오인과 착각, 과대망상과 피해망상으로 온통 좌충우돌하는 해프닝 속에서도 「미쓰 홍당무」는 길을 잃지 않는다. 이 작품은 '루저영화'의 뻔한 화술을 따르지 않는다. 여기엔 학대도 없고 엄살도 없다. 자학은 있지만 전략은 없고, 자기연민은 끝내 자기애의 끈을 놓지 않는다.

물론 이 영화의 주인공은 스스로 절절하게 토로하기도 한다. "그래 나도 알아. 내가 별로라는 거. 내가 내가 아니었으면 다들 나한테 이렇게 안 할 거면서, 다들 내가 나니까 일부러 나만 무시하고."

외모에 대한 자격지심에 럭비공처럼 종잡을 수 없는 행동 그리고 온갖 콤플렉스의 집합소 같은 성격. 듣는 이의 반응은 생각지도 않은 채 피부과에서 자신의 연애 심리를 장광설로 늘어놓고, 남에겐 "남자들은 아무 생각 없이 행동한다"라고 충고하면서도 스스로는 타인의 의미 없는 행동을 과도하게 해석하며 인생을 거는 인물. 수시로 얼굴이 붉어지는 안면홍조가 아니라 감정을 제대로 관리하지 못하는 내면홍조가 진짜 문제일 것 같은 미숙은 도입부에서 말 그대로 '삽질'을 하면서 등장하기까지 한다. 물론 그녀의 경우가 조금 심하긴 하다. 하지만 세상이 온통 왜 나만 미워하는지 모르겠다고 볼멘소리를 하는 순간은 (「닉슨(Nixon)」의 올리버 스톤에 따르자면) 심지어 미국 대통령에게도 찾아온다.

양미숙은 이해의 대상일지언정, 동정의 대상이 아니다. 쓸쓸한 장면도 있고 뭉클한 부분도 있지만, 결국 이 영화를 일으켜 세우는 것은 씩씩함이다. 그녀에 대한 세상의 태도는 끝내 바뀌지 않지만, 그녀가 세상을 대하는 태도는 결국 바뀐다. 어쩌면 그게 모든 성장영화가 희망을 보여주는 방식일지도 모른다.

감독은 특정 배우를 염두에 두지 않고 각본을 썼다지만, 공효진이 아니었다면 누가 양미숙을 연기할 수 있었을까. 「미쓰 홍당무」와 「가족의 탄생」(김태용)은 공효진이 얼마나 창의적이면서 사실감 넘치는 연기를 하는 배우인지를 전혀 다른 방식으로 함께 보여주는 대표작들일 것이다. 영화 전체가 양미숙을 중심으로 도는 상황에서, 두 신인 배우 황우슬혜와 서우가 기대 이상의 모습으로 제 몫을 해냈다는 사실도 기록할 만하다.

「미쓰 홍당무」가 결점 없는 영화인 것은 아니다. 전체적인 톤과 리듬에 대한 장악력이 아쉽고, 작품 자체의 생동감과는 별도로 어수선한 느낌을 배제할 수 없다. 하지만 장르의 뻔한 관습과 제작-투자자의 노골적인 입김 그리고 관객의 변덕스런 취향을 살피느라 지나치게 '예의 바른' 허다한 데뷔작들 사이에서, 이경미의 상상력과 배포가 감출 수 없는 안면홍조처럼 작품 전편에서 만개한 모습을 목격하는 것은 각별한 경험이다. 「미쓰 홍당무」는 신인 감독에게 기대되는 재능과 태도를 함께 갖춘 드문 영화다.

# 사과

감독 **강이관** 국내 개봉일 **2008.10.16**

어떤 영화들은 엔딩크레디트가 흐를 때 진정으로 시작된다. 강이관의 「사과」가 바로 그렇다. 실제로 사귀고 있는 50쌍을 인터뷰한 뒤 참고해 만들었다는 이 작품은 독특하고 화려한 사랑 이야기를 들려주며 환상을 충족시키는 일에는 관심이 없다. 「로마의 휴일(Roman Holiday)」(윌리엄 와일러)처럼 공주가 기자와 사랑에 빠지는 것도 아니고, 「노팅 힐(Notting Hill)」(로저 미첼)처럼 작은 책방 주인이 할리우드 톱스타와 결혼하는 것도 아니다. 평범한 한 여자가 평범한 한 남자와 헤어진 뒤 또 다른 평범한 남자와 만나면서 생기는 파장들을 세심하게 관찰할 뿐이다.

멜로영화의 최대 관심사는 '누가 누구를 선택할 것인가'이지만, 거기에도 그다지 눈길을 돌리지 않는다. 이건 두 개의 사랑이 교차하면서 그려지는 궤적 자체가 핵심인 영화다. 실선 그래프로 그들의 사랑을 세심하고 꼼꼼하게 그려나가던 「사과」는 막을 내릴 준비를 하면서 스크린 밖으로 이어지는 점선 그래프를 상상한다. 그러곤 낮고 강력한 목소리로 객석을 향해 질문을 던진다. 오늘, 당신의 사랑은 어떻습니까.

현정(문소리)은 7년째 연애 중인 민석(이선균)과 함께 떠난 여행지에서 급작스런 결별 선언을 듣는다. 충격에서 헤어 나오지 못하던 현정은 자신을 짝사랑하던 상훈(김태우)이 계속 접근해오자 그에게 서서히 마음을 연다. 마침내 상훈과 결혼식을 올린 현정. 그런 그녀에게 어느 날 민석이 찾아온다.

「사과」가 들려주는 사랑 이야기는 전형적이다. 떠나가는 연인은 알쏭달쏭 관념적인 말로 이별의 이유를 둘러대고, 남겨진 연인은 "나를 사랑했니?"라고 끝내 묻는다. 원인은 모호하지만 상처는 생생한 세상의 그 모든 꺼져가는 사랑은 새로운 사랑을 맞이하고서야 비로소 환부를 가린다. 그러다 어떤 계기가 찾아오면 잊은 듯했던 통증이 도진다. 현정과 민석과 상훈도 그랬다.

하지만 「사과」는 전형적이되 관습적이진 않다. 그것은 하나씩 차곡차곡 쌓아둔 디테일의 힘과 배우들의 좋은 연기 때문이다. 사랑을 할 때 이 영화의 주인공들이 하는 행동과 나누는 대화는 또렷한 사실감으로 시종 흥미를 잃지 않게 한다. 연인들 못지않게 가족관계도 드물게 생생하다. 특정 신앙을 가진 가정을 묘사할 때 한국 영화는 흔히 양극단적인 묘사로 치닫곤 하지만, 이 작품은 종교 활동을 그려낼 때조차 안정적인 생활의 냄새를 제대로 풍긴다.

이 작품은 촬영 후 4년이 지나서야 개봉 스케줄을 잡게 되었을 정도로 운이 없었지만, 그건 영화 문화의 획일성에 짓눌린 것일 뿐, 작품의 신선도나 완성도와는 관련이 없다. 그래도 촬영에 대해서는 약간의 아쉬움이 남는다. 장면의 공간적 맥락을 설명하는 설정숏을 배제한 채, 내내 핸드헬드로 서성이듯 인물들을 관찰하면서 클로즈업을 남용한 방식이 답답한 느낌을 준다.

아마도 「사과」는 연기 앙상블이 특히 좋은 사례들 중 하나일 것이다. 이 작품의 배우들은 혼자 등장할 때도 좋지만 둘이서 함께할 때 더욱 훌륭하다. 문소리와 김태우, 문소리와 (엄마 역의) 최형인이 주고받을 때가 가장 그렇다. 아마도 이 영화를 보고 난 관객들은 문소리에 대해서 작은 편견을 깰 수 있을 것이고, 김태우에 대해서 신뢰가 좀 더 깊어질 수 있을 것이다.

「사과」는 전혀 칙칙하지 않다. 소소하지만 기분 좋은 유머가 끊이지 않고, 캐릭터들은 모두가 정이 간다. 하지만 맘 편히 보긴 쉽지 않다. 보는 이 각자의 연애담을 생생하게 떠올리게 만들 만큼 반영적인 작품이기 때문이다. 말하자면, 이 영화의 필름에는 낚싯바늘이 들어 있다. 「사과」를 함께 보았다고 묵은 연애가 회춘할 것 같지는 않다. 그러나 객석에 불이 켜진 후 극장을 나서면서, 오래된 연인들은 다시금 진지하게 사랑에 대해 이야기를 나누기 시작할 것이다.

# 고고 70

감독 **최호** 국내 개봉일 **2008.10.03**

이런 음악영화를 충무로에서 보고 싶었다. 최호의 「고고 70」에는 성공적인 콘서트장에서 짜릿하게 느껴지는 일체의 순간이 있다. 그간 한국 음악영화에서 음악밴드는 삶의 애환을 담아내기 위한 그릇인 경우가 대부분이었다. 그러나 이 작품이 다루는 그룹 데블스는 무엇을 위해 봉사하거나 작용하지 않는다. 무리를 지어 하는 음악 자체가 이유와 목적이면서, 동시에 온전한 유기체로 기능하는 희귀한 사례가 여기에 있다. 이제 충무로도 앨런 파커의 「커미트먼트(The Commitments)」 같은 음악영화를 갖게 됐다. (우연히도 두 작품은 모두 밴드 자체가 주인공이고, 그 밴드가 소울 음악을 하며, 극 중에서 윌슨 피킷의 노래를 부른다는 공통점이 있다. 그러나 「커미트먼트」와 달리 「고고 70」은 실존했던 밴드를 다룬다.)

붉은 바탕 화면에 검은 실루엣으로 멤버들이 한 명씩 차례로 등장하면서 시작하는 이 영화의 클라이맥스는 이제껏 한국 영화가 만들어낸 최고의 공연 장면으로 기록될 만하다. 극 중 밴드가 현장에서 실제로 연주하며 연기하는 광경을 10여 대의 카메라로 찍은 이

콘서트 장면은 역동성과 전달력의 측면에서 모두 뛰어나다.

최루탄 연기와 소방 호스의 물이 장내를 뒤덮는 혼란 속에서 음악이 재개되고 마침내 무대와 객석이 하나가 되어 뛰고 춤추는 장면이 이어진 끝에, 영화는 그 모든 이를 오래오래 망막에 새기려는 듯 청중 하나하나로부터 각각의 밴드 멤버들까지 고속 촬영(느린 움직임)된 클로즈업숏들의 연쇄 속으로 호출한다. 비록 내일은 태양이 뜨지 않는다 하더라도, 지금 이 순간만큼은 모든 것을 내쏟아 산화하겠다는 젊음의 가속 본능. 혹은 곧 내려찍힐 마침표를 부정하지 않으면서도 희열의 절정을 경험하는 방법. 그것이 락이고 소울일 것이다. 후련한 카타르시스다.

1972년. 지방 기지촌에서 컨트리곡을 부르던 상규(조승우)는 다른 술집에서 만식(차승우) 일행이 연주하던 소울 음악에 자극받아 함께 밴드를 결성할 것을 제의한다. 그렇게 구성된 6인조 밴드 데블스는 서울에서 열리는 '그룹사운드 경연대회'에 참석하기 위해 가수 지망생 미미(신민아)와 함께 무작정 상경한다. 그들의 독특한 음악과 무대 매너를 눈여겨본 음악계의 실력자 병욱(이성민)은 문을 연 고고 클럽 '닐바나'에 데블스를 세운다.

이 작품에는 멤버들이 좌절을 딛고 다시금 전진을 다짐하는 목욕탕 신처럼, 드라마의 필요에 응하는 과정에서 관성적이고 전형적으로 연출된 장면들도 없지 않다. 이런 소재에서 예상되는 길을 그대로 밟아가는 구조 역시 신선하지는 않다. 하지만 한 시대의 공기(특히 밤공기)를 생생히 살려낸 성과는 상당하다.

'락'을 '로끄'라고 발음하고 '콜라'를 '코라'로 표기했던 시절.「고고 70」은 한국 락 음악에 초기 무대를 제공했던 1970년대를 숭배하거나 관조하는 대신, 영화라는 마법의 힘을 빌려 그 속에 직접 뛰어들어서 당대의 분위기를 체현해내려는 태도를 택했다. 개별 캐릭터들의 사연보다는 데블스라는 밴드 자체의 흥망성쇠를 그려내는 데 주력한 이 작품에는 한 시대의 살 냄새와 땀 냄새가 고스란히 배어 있다. 이때 음악은 시대적 분위기를 끌어낼 수 있는 가장 효율적인 손잡이다.

아마도 최호는 한국에서 음악을 가장 잘 이해하는 연출자 중 하나일 것이다. 그리고 최호의 필모그래피에서 그의 욕망이 은밀하게 투영된 경우가 전작 「사생결단」이었다면, 「고고 70」은 그의 본능이 생생하게 각인된 사례일 것이다. (영국에서 태어났더라면, 그는 섹스 피스톨스의 전기영화를 만들었을지도 모른다.) 이 사랑스러운 쾌락의 찬가에는 다른 것들은 몰라도 질러야 할 때만큼은 정확히 알았던 인물들이 주는 명확하고 단순한 감동이 있다.

「고고 70」에서 조승우는 어느 때보다 톤이 높지만, 여전히 잘 정제되어 있다. 적극적으로 생기와 활력을 드러내는 다른 배우들 연기의 원심력 한가운데서 그는 강력한 구심력으로 중심을 잡는다. 이미 뮤지컬 공연에서 정평이 났듯, 그는 이 영화의 가창 장면을 통해 노래도 일종의 연기라는 것을 다시금 일깨워준다.

대중음악계에서는 펑크락밴드 노브레인의 초기를 이끌면서 이미 확고한 성과를 낸 아티스트지만 영화 연기는 처음인 차승우는 타고난 끼에 연출의 전폭적인 지지까지 받으며 장면마다 강력한 인상을 남긴다. 특히 한 멤버의 죽음 앞에서 조승우와 격렬하게 대립하는 장면의 에너지는 상당하다. 이 영화 속 연주하지 않을 때의 자연스러운 그의 모습들은 연기도 일종의 음악이라는 것을 새삼 알려준다.

신민아는 이 영화에서 선명하게 빛을 내며 이제까지와 완전히 다른 모습을 보여준다. 극 중에서 그녀는 춤을 추거나 노래할 때 고양이 같고, 그렇지 않을 때 강아지 같다. (클럽을 메운 손님으로 등장하는) 단역들의 역할이 여타 영화보다 훨씬 중요한 작품이었다는 사실도 지적할 필요가 있을 것이다.

"이 밤이 너무 조용해. 좀 시끄러웠으면 좋겠어"라는 병욱의 발언 속에는 이 영화가 하고 싶어 하는 모든 말이 다 들어 있다. 「고고 70」이 떠오르는 태양에 뒤이은 공장 굴뚝 연기와 새마을운동에 대한 자료 화면으로 시작해서 한밤 고고 클럽의 광란으로 끝나는 것은 예사롭지 않다.

권력은 근면과 자조와 협동의 미명하에 획일성을 강요하고 밤을 침묵 속에 잠재우려 하지만, '퇴폐'와 '향락'의 너울을 쓰게 된 대중예술은 괴성과 막춤으로 그 밤을 기어이 흔들어 깨운다. 이 영화는 놀이가 어떻게 저항이 될 수 있고, 욕망이 어떻게 함성이 될 수 있는지를 그대로 보여준다.

통행금지가 해제된 새벽 4시. 댄스 클럽에서 밤새도록 춤추고 노래했던 청춘들이 멀뚱거리며 쳐다보는 경찰들을 지나쳐서 환호를 지르며 거리로 달려 나가는 짧은 숏은 이 작품에서 가장 중요한 장면 중 하나일 것이다. 그러니 「고고 70」은 어쩌면 이렇게 말하는 영화인지도 모른다. 녹슬어버리는 것보다는 닳아 해지는 게 낫다.

# 멋진 하루

감독 **이윤기** 국내 개봉일 **2008.09.25**

아주 작은 이야기다. 시간적 배경도 아침부터 저녁까지 기껏 단 하루에 그친다. 극 중에서 수백 억 원이 오가는 범죄영화가 부지기수지만, 이 작품의 스토리를 끌고 가는 돈은 '고작' 350만 원이다. 이건 그저 어떤 연애의 소소한 후일담일 뿐이다.

지나치게 사소한 듯 잔잔한 진행에 몸을 뒤채는 관객들이 있을지도 모른다. 그럴 수도 있을 것이다. 사실 여기서 들려주는 이야기가 영화라는 매체에 가장 잘 맞을 것 같다는 판단은 생기지 않는다. (어쩌면 연극의 형식에 더 잘 어울릴지도 모른다.) 「악의 손길(Touch of Evil)」(오슨 웰스)이나 「플레이어(The Player)」(로버트 알트먼)의 도입부를 떠올리게 하는 이동 롱테이크숏의 첫 장면이나 미소 짓는 인물을 불안정한 앵글에 담은 마지막 장면처럼, 극의 분위기와 달리 이 영화의 카메라가 조금 과시적이고 인위적으로 느껴지는 경우도 없지는 않다.

하지만 이윤기는 「멋진 하루」에서 소재를 한 손에 장악하고 있는 연출자의 뛰어난 역량을 보여준다. 착상은 신선하지만 영화화하기엔 쉽지 않을 이야기를 제대로 소화해냈다. '전달되지 못한 편지'나

'뒤늦게 발견된 일기'처럼 쉬운 설명을 끌어들이는 대신, 자동차의 와이퍼에 마음을 실어내는 식의 표현력이 신선하게 도드라지도록 했다. 정량분석과 정성분석이 모두 훌륭한 시나리오의 튼실함은 러닝타임 내내 힘을 발휘한다.

「멋진 하루」는 멜로라는 장르의 원초적 유혹에도 불구하고, 끝까지 '오버'하지 않는다. 스스로가 마련한 그릇 안에서 한 번도 넘치지 않으면서 솜씨 좋게 찰랑거리다가, 보는 이의 마음에 긴 여운을 남기는 파장 하나를 남기고서 잠잠해진다. 맑고 차가운 겨울날, 집을 나서며 들이마시는 아침 공기 같다.

희수(전도연)는 헤어진 지 1년이 된 옛 연인 병운(하정우)을 찾아가서 빌려 간 돈 350만 원을 당장 갚으라고 한다. 경제적으로 어려움을 겪던 병운은 서슬 퍼런 희수의 돈을 갚기 위해 알고 지내던 주변 사람들로부터 돈을 꾸려 한다. 돈을 직접 받아내려고 그 하루 동안 희수는 내내 병운을 따라다닌다.

「멋진 하루」처럼 돈이라는 단어가 대사에서 이토록 빈번하게 등장하는 한국 영화도 거의 없을 것이다. (작심하고 일일이 세어보니 모두 61번 나온다.) 반면에 기본적으로 멜로임에도 불구하고, 사랑이라는 단어는 거의 들리지 않는다. (남의 말을 인용하는 병운의 대사를 통해 딱 한 번 나온다.)

연애의 후일담을 돈으로 거론하는 이 독특한 사랑영화는 로드무비의 형식 속에서 화폐의 흐름과 감정의 흐름을 능숙하게 교류시킨다. 1년 만에 만난 연인들이 해결해야 할 채무 관계를 푸는 척하면서 둘 사이에 (혹은 각자의 삶에) 남아 있던 감정의 응어리를 풀어낸다.

그렇게 연애의 잿더미에서 돈으로 시작한 스토리는 시간 속에 웅크리고 있던 추억을 거쳐 결국 연민과 반성의 이야기로 끝을 맺는다.

「멋진 하루」의 가장 큰 매력은 아마도 잘 만들어진 캐릭터들과 그 캐릭터를 실감 넘치게 연기한 배우들에게 있을 것이다. 이 영화의 인물들은 우리 주변의 누군가로 착각하게 만들 정도로 생생하다.

말하자면 병운은 김태용의 영화 「가족의 탄생」 속에 등장했던 채현(정유미)의 '좀 더 대책 없는 남성 버전' 같은 인물이다. 2008년 한 해 뛰어난 활약을 보였던 하정우는 넌더리를 낼 순 있어도 미워할 수는 없는 이 낙천적인 캐릭터를 흡사 편한 활동복처럼 입고 연기했다. 다른 연기들도 좋지만, 특히 너스레를 떨 때 그는 탁월하다.

이를테면 희수는 박흥식의 영화 「인어 공주」에 나왔던 딸 나영(전도연)이 남자까지 잘못 만난 경우다. 「멋진 하루」의 관객들은 희수의 시선에 의지해 병운의 행동을 관찰하는 방식으로 극을 관람하게 된다. 그 때문에 리액션의 비중이 절대적이어서 오히려 난이도가 높을 수밖에 없는 캐릭터를 맡아 전도연은 영화가 요구하는 역할을 충실하고도 능숙하게 해냈다. 이 영화에서 두 주연 배우는 각각 투수와 포수처럼 연기한다.

그날 대단한 사건은 일어나지 않았다. 누구도 죽지 않았고 누구도 감정을 극적으로 폭발시키지 않았다. 그저 잘못 세워둔 자동차가 한 번 견인되었고, 예기치 않게 비가 한 번 내렸을 뿐이었다. 그사이에 누군가는 홀로 차를 몰고 같은 자리를 맴돌았으며, 또 다른 누군가는 꿈을 꾸며 거리를 서성거렸다. 먼 후일, 그날은 어떻게 떠올려질까. 보잘것없었지만 특별했던, 그 생의 하루(들).

# 다크 나이트

**The Dark Knight**

감독 **크리스토퍼 놀런**(Christopher Nolan)　국내 개봉일 **2008.08.06**

과연 이 영화는 걸작인가? 그렇다. 촬영과 편집에서 시나리오와 연기까지, 크리스토퍼 놀런이 감독한 「다크 나이트」는 한 영화를 이루는 모든 영역이 훌륭하다. 한동안 블록버스터 매너리즘에 빠진 듯했던 한스 치머의 음악까지 좋다. 시종 박력이 넘치는 이 작품은 흡사 객석의 심장 박동 소리를 영화의 사운드효과로 삼으려는 듯, 러닝타임 내내 관객을 두근두근하게 만든다.

　최근의 미국 영화가 대단한 것은 「아임 낫 데어(I'm Not There)」(토드 헤인스) 「노인을 위한 나라는 없다」 「데어 윌 비 블러드(There Will Be Blood)」(폴 토머스 앤더슨)처럼 탁월한 예술적 성취를 이뤄낸 작품들 때문만은 아니다. 「다크 나이트」나 「본 얼티메이텀(The Bourne Ultimatum)」(폴 그린그래스)처럼 블록버스터 시리즈의 자장 안에서도 장르를 혁신하고 신화를 재생하며 시대를 근심하는 뛰어난 결과물을 연이어 내놓고 있기 때문이다. 「다크 나이트」에는 대작 오락영화 고유의 활력과 흥분이 있다. 동시에, 언뜻 허황되게 보일 수 있는 슈퍼히어로 장르의 영화이면서도 그 속에 괴테와 셰익스피어와 구약성서 욥기의 저자를 사로잡았던 윤리적 딜레마와 철학적 성찰까지 선명하게 담아냈다. 「다크 나이트」를 능가하는 슈퍼히어로영화가 앞으로 이 장르에서 나오기는 쉽지 않을 것이다.

배트맨(크리스천 베일)은 정의감에 불타는 검사 하비 덴트(에런 에크하트)에게서 고담시를 구원할 수 있는 영웅의 모습을 본다. 그러나 온갖 악행과 테러를 저지르며 나타난 조커(히스 레저) 때문에 도시 전체가 혼돈의 늪에 빠져든다. 배트맨이 가면을 벗고 정체를 밝히지 않으면 파괴를 계속하겠다고 조커가 위협하자 배트맨은 심각한 고민에 빠진다.

크리스토퍼 놀런의 영화에선 언제나 텍스트와 스타일을 장악한 자의 자신감이 넘쳐난다. 데뷔작 「미행」 때부터 플롯을 주무르고 서스펜스를 다루는 재능을 과시했던 그는 자신의 장점을 집대성해 「다크 나이트」를 시종 묵직하게 관객을 사로잡는 작품으로 만들었다. 여기에는 어떻게 이야기의 퍼즐을 능수능란하게 맞춰나갈 것인가의 「메멘토」, 로케이션으로 어떻게 인물의 심리를 담아낼 것인가의 「인썸니아(Insomnia)」, 그리고 무엇을 보여주고 어디서 생략할 것인가의 「프레스티지(The Prestige)」의 방법론이 함께 들어 있다.

「다크 나이트」에서 슈퍼히어로 장르는 담아낼 수 있는 이야기와 스타일의 폭을 크게 넓히며 진화했다. 만화적인 조엘 슈마허나 표현주의적 팀 버튼의 배트맨과 달리, 「배트맨 비긴즈(Batman Begins)」에 이어진 크리스토퍼 놀런의 배트맨은 무척이나 사실적이다. 마천루가 압도적인 시카고에서 직접 자동차들을 전복시켜가며 찍은 이 영화는 초인이라기보다는 특별한 힘을 갖출 수 있는 재력을 가진 인간에 가까운 배트맨의 행동과 고뇌를 흡사 누아르영화처럼 다룬다. 근래 들어 어두운 블록버스터가 많아졌지만, 이쯤 되면 암흑의 심장을 가진 슈퍼히어로영화라고 해도 무리는 아닐 것이다.

물론 「다크 나이트」에는 여름철 대작 할리우드 영화에서 관객들이 바라는 볼거리가 빼곡하다. 오프닝 시퀀스의 범죄 장면이나 클라이맥스의 대결 장면부터 터널 안 자동차 추격 장면과 대형 트레일러가 180도로 회전하며 뒤집어지는 장면까지 그렇다. 이 시리즈의 팬이라면 배트카와 배트맨슈트, 모터사이클을 멋지게 변형한 배트포드를 보는 재미도 있을 것이다. 하지만 152분이나 되는 러닝타임을 숨 돌릴 겨를도 없이 흘러가게 만드는 이 영화의 진짜 스피드는 구조와 디테일 모두에서 대단한 탄력과 화술을 지닌 내러티브에서 나온다. 이 작품의 가장 뛰어난 스펙터클은 이야기 그 자체이다.

어떤 사람은 여기서 선과 악의 본질에 대한 고전적 딜레마에 주목할 것이다. 조커는 왜 악마가 혼돈과 우연을 행동 원리로 삼는지 보여주고, 배트맨은 고귀한 목적을 위해 부정한 수단을 사용함으로써 선과 악의 경계란 지극히 희미한 점선임을 드러내니까. 어떤 사람은 힘은 있으되 방법을 찾지 못하는 거인의 피로와 절망에서 9.11 이후 미국이 겪는 무력감과 자성을 발견할 것이다. 강한 힘을 갈구할수록 더욱 강력한 적이 나타나기 마련이라는 것과, 힘을 가진 자의 피해의식이 얼마나 가공할 결과에 이르게 되는지를 이 영화가 암시하니까. 그 모두가 가능하다. 당신은 당신만의 주제를 이 영화에서 찾을 수 있을 것이다.

크리스천 베일은 배트맨이 꾹 다문 입술과 깊은 눈동자로 가장 잘 표현된다는 사실을 알고 있는 배우다. 에런 에크하트의 강렬한 연기도 인상적이다. 모건 프리먼과 마이클 케인에서 게리 올드먼까지, 배트맨을 둘러싼 조역진들의 면면도 신뢰를 준다.

그러나 배우에 대해서 일단 말하기 시작하면, 「다크 나이트」는 어쩔 수 없이 히스 레저의 영화가 된다. 혀를 날름거리나 입맛을 다시거나 뭔가를 오물거리면서 연기하는 그의 모습은 다양한 문화권에서 왜 악마가 유독 뱀에 자주 비유되는지를 그대로 보여준다. 「브로크백 마운틴」이나 「아임 낫 데어」 같은 영화에서 잘 드러나듯, 히스 레저가 대사 처리 방식에서 아주 뛰어난 배우라는 사실은 이 작품에서도 명백히 증명된다. 이런 영화를 유작으로 남기고 우리 곁을 떠난 배우라니. 히스 레저를 생각하는 순간, 「다크 나이트」는 참으로 서늘하고 쓸쓸한 영화가 된다.

# 님은 먼 곳에

감독 **이준익**  국내 개봉일 **2008.07.24**

이준익의 「님은 먼 곳에」는 그의 전작 「즐거운 인생」이 멈췄던 자리에서 출발한다. 카메라가 흥겨운 공연장에서 물러나 천천히 밤하늘로 올라가며 끝났던 「즐거운 인생」과 정반대로, 낮의 하늘을 비추던 카메라가 서서히 들판으로 내려오면서 이 영화가 시작하는 것은 우연이 아닐 것이다. 게다가 때는 1971년.

시선 방향과 시점 위치의 변화는 모든 것을 바꾼다. 오늘의 한국 사회를 살아가는 평범한 중년 남자들의 좌절과 희망을 도드라지게 만드는 과정에서 여자들의 아픔은 무심히 원경의 병풍으로 삼았던 「즐거운 인생」과 달리, 「님은 먼 곳에」는 베트남전이 벌어지던 과거를 돌아보다 그 어디에도 마음 둘 곳 없었던 한 여자를 발견하고 유심히 바라본다.

이 영화의 첫 장면에서 들판으로 내려온 카메라가 정성 들여 담아내는 것은 눈을 감고 있는 한 여자. 그 여자가 입을 열고 노래를 부른다. "늦기 전에, 늦기 전에, 빨리 돌아와줘." 이준익은 이 영화를 통해 어떤 말을 하고 싶었던 걸까, 늦기 전에.

순이(수애)는 대를 이을 손자를 바라는 시어머니의 강권으로 군복무 중인 남편 상길(엄태웅)에게 매달 면회를 간다. 사랑하는 사람이 따로 있던 상길은 군에서 말썽을 일으킨 뒤 순이에게 한마디 언질도 없이 전쟁이 벌어지고 있던 베트남으로 가버린다. 시어머니와 친아버지의 냉대 속에 설 곳이 없던 순이는 상길을 찾으러 베트남에 가기 위해 정만(정진영)이 이끄는 위문 공연 밴드의 보컬리스트가 된다.

「님은 먼 곳에」는 음악을 매개로 했다는 점에서 이준익의 또 다른 작품들인 「라디오 스타」「즐거운 인생」과 한데 묶여 3부작으로 흔히 거론된다. 물론 「님은 먼 곳에」에는 극 중 인물이 수많은 이들의 환호 속에서 노래할 때마다 솟구치는 다량의 아드레날린이 함유되어 있다.

하지만 이 영화는 이준익의 필모그래피 속 그 어떤 작품과도 다르다. 이 영화에서 들려오는 감독의 목소리는 「라디오 스타」나 「즐거운 인생」보다 오히려 「황산벌」에 더 가깝다. 그러나 거칠고 원시적인 에너지가 지배했던 「황산벌」과 달리, 「님은 먼 곳에」는 물 흐르듯 매끄럽고 리드미컬하다.

전체적인 인상으로는 「왕의 남자」와 비슷하지만, 드라마 작법은 전혀 다르다. 「님은 먼 곳에」는 한 인물에만 모든 시선이 집중되어 있는 작품이기 때문이다. 이 작품은 멜로의 외피를 두르고 있지만 사랑영화가 아니며, 전장의 한복판에서 진행되지만 전쟁영화가 아니다. 「님은 먼 곳에」는 아마도 이준익 작품 세계에서 새로운 혹은 독립된 장일 것이다.

이 영화에 대한 평가의 핵심은 거의 모든 장면에서 무게중심이 되는 순이라는 인물을 어떻게 바라볼 것이냐에 놓여 있다. 남편을 간절히 사랑한다고 보기 어려움에도 불구하고 혼신의 힘을 다해 베트남 격전지까지 찾아가려는 순이의 행동 원리는, 아닌 게 아니라, 쉽사리 파악되지 않는다.

그러나 캐릭터의 일반적인 조형술 측면에서 이 영화를 비판하는 것은 잘못된 착점일 확률이 높다. 순이라는 여성 캐릭터가 주인공이라고 해서 이 작품이 여성영화인 것은 아니다. 「님은 먼 곳에」는 순이라는 거울에 상길, 정만, 남자들, 남성성이 이끌어왔다고 자부해 온 역사를 비추어 보려 하는 영화다. 그게 이 작품에서 일정한 비중을 가지고 등장하는 여성 캐릭터가 단 한 명밖에 없는 이유다.

이 영화에서 느릿느릿 움직이고 간신히 말하는 수애는 뛰어난 연기가 아니라 좋은 연기를 한다. 스산한 바람 이는 내면이 만들어낸 그의 텅 빈 표정은 그대로 이 영화가 만들어내고 싶어 하는 거울 역할을 해낸다. 대부분의 장면에서 그는 이야기의 문맥 자체가 되어 낮게 가라앉아 있지만, 붉은 원피스나 반바지 군복을 입고 환하게 웃으며 노래하는 장면에서만큼은 눈부시게 솟아올라 빛날 줄 안다. 이 영화에서 인물들이 절체절명의 순간마다 노래로 위기를 벗어나게 되는 것도 무리가 아니다. 이준익이라는 영화 광대는 여전히 예술에서 구원을 찾고 있기 때문이다.

순이의 시골 마을 일상과 교차편집되는 이 영화 도입부 상길의 군 생활 장면은 세 신 모두 폭력으로 점철되어 있다. 중반 이후 남편을 찾아 베트남을 누비는 순이의 의식은 점점 더 또렷해지지만, 전장을 떠도는 상길의 정신은 점점 더 혼미해진다.

그러다 끝내 찾아오는 이 영화의 명징한 라스트신. 김추자의 노래 「님은 먼 곳에」가 끊기고 아일랜드 민요 「Danny Boy」가 흐르기 전에 발생하는 정서적 충격. 손바닥에 대한 주먹의 사과, 도의에 대한 욕망의 사과, 베트남에 대한 한국의 사과, 그리고 세상의 여성성에 대한 세상의 남성성의 사과. 잊지 못할 만큼 강렬하다.

# 아임 낫 데어

**I'm Not There**
감독 **토드 헤인스**(Todd Haynes)  국내 개봉일 **2008.05.29**

"모두가 케리 그랜트가 되길 원한다. 심지어 나조차도 케리 그랜트가 되고 싶다." 일세를 풍미했던 할리우드 스타 케리 그랜트는 그렇게 술회한 적이 있다. 대중스타는 스타덤에 오르기 위해 자신의 이미지를 만들어내지만, 일단 그것이 효과를 발휘하게 되고부터는 점차 그 이미지를 '연기'하는 사람으로 변해간다. 스스로가 창조해낸 이미지가 실체로서의 자신을 뒤덮어버리면서, 스타는 이미지에 발목 잡혀 내내 휘청대기 쉽다. 그런데, 자신이 빚은 이미지를 연이어 배반함으로써 전진했던 밥 딜런 같은 사람이라면 어떨까. 그리고, 모순이 곧 동력이었던 그런 사람의 삶을 영화화하려면 어떤 방법을 동원해야 할까.

토드 헤인스는 「아임 낫 데어」에서 지난 50여 년간 미국 대중음악의 역사에 거대한 영향을 끼쳐온 밥 딜런의 삶과 예술을 담아내기 위해 독창적인 형식을 동원한다. 모두 여섯 명의 배우를 동원해 밥 딜런의 분신이라고 할 수 있는 일곱 캐릭터를 나눠 연기하게 하는 것이다. 루이스 부뉴엘이 「욕망의 모호한 대상(Cet obscur objet du désir)」에서 한 명의 여자 주인공 캐릭터를 두 배우에게 맡겨 이인일 역을 하도록 한 적은 있었지만, 모두가 아는 유명인의 전기영화를 이렇게 만든 경우는 없었다.

더욱 놀라운 것은 밥 딜런을 연기하는 여섯 배우가 전부 극 중에서 다른 이름을 갖고 있고, 심지어 여성(케이트 블란쳇)과 흑인(마커스 칼 프랭클린) 배우까지 끼어 있다는 점이다. (나머지 네 배우는 크리스천 베일, 히스 레저, 리처드 기어, 벤 위쇼.) 게다가 영화 속에서 밥 딜런에 해당하는 일곱 분신 캐릭터들 (크리스천 베일은 일인이역) 중에는 심지어 (밥 딜런이 흠모했던) 프랑스 시인 랭보와 (밥 딜런이 음악을 맡았던 서부극 「관계의 종말」의 주인공인) 전설적 총잡이 빌리 더 키드까지 포함되어 있다. (이 영화의 모든 배우가 좋지만, 그중에서도 케이트 블란쳇은 입이 딱 벌어지는 연기를 한다.)

일곱 자아는 연대기순으로 일목요연하게 스케치되지 않고, 스토리 역시 명확히 손에 잡히지 않는다. 흑백과 컬러가 계속 교차하고, 「돈 룩 백(Dont Look Back)」(D.A. 페니베이커)이나 「노 디렉션 홈: 밥 딜런(No Direction Home: Bob Dylan)」(마틴 스콜세지) 같은 밥 딜런 다큐멘터리의 장면들을 그대로 재현한 영상과 물리적 법칙을 무시한 초현실적 묘사들이 공존한다.

토드 헤인스가 이 영화에서 기상천외한 형식을 동원한 것은 새로운 형식에 대한 강박적 집착이나 과시적 기질 때문이 아니다. 그건 밥 딜런이라는 소재를 그려내는 데 가장 효율적인 방식이었기 때문이다. 포크싱어이자 로커였고, 시인이면서 화가였던 밥 딜런의 삶은 철저히 분열적이었다.

이 영화에 주로 묘사된 1960년대만 하더라도, 포크 페스티벌에 전기 기타를 들고 나와 격렬한 야유를 받았던 1965년의 밥 딜런은 어쿠스틱 기타와 하모니카로 소박하게 연주하던 1962년의 밥 딜런과 불화한다. 오토바이 사고 후 숲속에 은거하던 1968년의 밥 딜런은 저항운동에 결정적 영향을 끼치던 1963년의 밥 딜런과 충돌한다. 그 모두가 밥 딜런이었고, 그 모두가 밥 딜런이 맞서 싸워야 할 이미지였다. 그리고 그가 온몸으로 헤쳐온 1960년대라는 시대 역시 그랬다.

지난 20여 년간 가장 혁신적인 미국 감독 중 하나인 토드 헤인스는 빼어난 스타일리스트지만, 그 스타일은 언제나 소재에 가장 잘 들어맞는 방식이기도 했다. 한 편의 영화에 세 가지 다른 형식을 끌어들였던 「포이즌(Poison)」은 퀴어 시네마의 새로운 길을 모색하려는 노력이었다. 금가루를 뿌려놓은 듯 휘황찬란한 「벨벳 골드마인(Velvet Goldmine)」은 시각적 요소가 중시된 글램락을 다루는 최적의 그릇이었다. 1950년대 영화의 결을 그대로 지닌 「파 프롬 헤븐(Far from Heaven)」은 인종과 동성애 문제를 정확한 사회 맥락 속에서 제기하려는 화폭이었다.

그리고 이제 「아임 낫 데어」는 그리면서 지워나가는 신필을 선보인다. 러닝타임이 흐를수록 스케치는 쌓여가지만 영화는 점점 비워진다. 간신히 이해했다고 생각하는 순간, 하나의 캐릭터는 판이한 면모를 지닌 다른 캐릭터로 변모해 손가락 사이로 스르르 빠져나간다. 그렇게 토드 헤인스는 끊임없이 텍스트를 조각내고 분절시킴으로써 신화를 해체시킨다.

결국, '아임 낫 데어(I'm Not There)'란 제목이 암시하듯, 밥 딜런은 이 영화에 없다. 있다면 오로지 밥 딜런을 바라보았던 사람들의 허다한 시선이 있을 뿐이다. 우리는 정말로 밥 딜런을 알았던 걸까. 우리는 진짜로 그 시대를 지나온 걸까. 그리고 우리는 그 모든 것을 직접 목격하고 청취했다고 생각한 그때 그 자리에, 분명히 있었던 걸까. 확성기로 증언하는 대신 깨진 거울로 되비쳐냄으로써, 토드 헤인스는 어떤 틀에도 갇히지 않는 역설의 걸작 한 편을 만들었다.

# 밴드 비지트 - 어느 악단의 조용한 방문

**Bikur Ha-Tizmoret**

감독 **에란 콜리린(Eran Kolirin)** 국내 개봉일 **2008.03.13**

「밴드 비지트 - 어느 악단의 조용한 방문」의 안과 밖을 이루고 있는 것은 작고 고요한 것들뿐이다. 러닝타임은 85분에 지나지 않고, 대사도 많지 않다. 단지 하루 동안의 이야기를 다룰 뿐인데, 그나마 별다른 사건도 일어나지 않는다. 인물들은 그저 거리를 어슬렁거리거나 서투른 대화를 시도하며, 카메라는 일정한 거리를 둔 채 그들을 물끄러미 바라본다.

이집트 알렉산드리아시의 경찰 악단이 이스라엘을 방문한다. 페타 티크바라는 도시의 아랍 문화센터 개관식에 초청받은 것이다. 그러나 공항에 내린 그들은 실수로 표를 잘못 사는 바람에 페타 티크바 대신 비슷한 이름의 벳 하티크바라는 곳으로 간다. 벳 하티크바는 호텔이 하나도 없을 정도로 작은 마을. 버스마저 끊겨 하루 동안 오갈 데 없는 신세가 된 단원들은 생면부지의 마을 사람들에게 음식과 숙박을 부탁한다.

그러나 이 조용한 소품 속에도, 고여 있는 듯 보이는 삶의 웅덩이에서도, 바람은 불고 물결은 일렁인다. 서로의 말을 몰라 영어라는 제3지대의 언어로 서툰 대화를 시작하는 이스라엘인들과 이집트인들은 극 초반 상대 문화에 대한 편견을 그대로 노출한다. 제복과 평상복, 나그네와 원주민, 남자와 여자, 아랍어와 히브리어는 곳곳에서 어깨를 부딪치며 간신히 소통한다.

애초 양측의 만남 자체가 버스 매표소에서 의사소통이 제대로 되지 않아 엉뚱한 곳으로 가는 표를 사게 됨으로써 이뤄진 것이란 사실 속에는, 서로 다른 문화 사이의 소통이 얼마나 지난한 것인지가 극명하게 드러난다. 게다가 두 문화권이 수천 년간 반목을 거듭하고도 여전히 짙은 화약 냄새를 풍기는 아랍과 이스라엘이라면 더욱 그렇다.

그러나 이스라엘에서 온 이 소박한 영화는 결코 종교와 정치를 들먹이지 않는다. 그저 상대에 대해 무지했던 사람들이 마음을 열고 서로를 이해하는 과정을 따뜻하게 데워진 시선으로 조심스레 응시할 뿐이다. 「밴드 비지트」엔 반전은커녕 이렇다 할 해결책조차 없다. 그들은 그저 기껏 하루 동안 가능한 작은 소통을 했을 뿐이다. 그러나 아마 그들은 그 하루의 소소한 위안을 오래도록 잊지 못할 것이다.

감독 에란 콜리린은 썰렁한 듯 아스라한 페이소스의 뒷맛을 남기는 유머와 핀란드 거장 아키 카우리스마키의 작품을 떠올리게 하는 독특한 리듬으로 안온하면서 쓸쓸한 영화 한 편을 완성했다. 그리고 여기엔 듣는 이의 마음에 제대로 파고드는 재즈 넘버들이 있다. 조지 거슈윈의 「Summertime」과 쳇 베이커의 「My Funny Valentine」이 극 중에서 잔잔하게 울려 퍼질 때, 음악은 끊어진 언어의 교량을 튼튼하게 이으면서 채 못 다한 소통을 이룬다.

청중 앞에서 연주하는 기분이 어떠냐는 식당 주인 디나(로니트 엘카베츠)의 질문에 악단 단장(사손 가바이)은 말로 표현할 수 없다면서 허공에 손을 뻗은 채 몰입된 제스처로 마음을 풀어낸다. 그 모습을 본 디나도 조용히 손을 들어 반복으로 함께한다. 결국 「밴드 비지트」가 꿈꾸는 세계는 이를테면, 오래된 재즈 곡조에 뭉클한 제스처가 동반되는 곳일 것이다. 그리고 누군가 나직이 그 노래와 동작을 따라 한다면, 더없이 좋을 것이다.

# 데어 윌 비 블러드

**There Will Be Blood**

감독 **폴 토머스 앤더슨**(Paul Thomas Anderson)  국내 개봉일 **2008.03.06**

끊임없이 가족의 가치를 내세우지만 그건 그저 사업을 위한 마케팅이었을 뿐인 사내. 절규하듯 구원을 외치지만 한 번도 신을 믿어본 적이 없는 사내. 그는 어떤 인물이었던가.

그 남자, 대니얼(대니얼 데이 루이스)에게 어느 날 석유 회사 중역이 찾아와 거래를 제안한다. "순식간에 부자로 만들어드리겠습니다." 대니얼이 반문한다. "그럼, 난 뭘 하죠?"

승부의 결과나 보상이 아니라 승부 자체가 생의 추동력이고 목적이었던 사람. 영화 「데어 윌 비 블러드」에서 대니얼은 자신이 믿지 않는 언어로 남을 설득함으로써 처음 말을 시작하고, 언어가 다한 자리에서 거친 숨소리만으로 마지막 말을 끝낸다.

대니얼 플레인뷰. 헐떡이는 자의 황폐한 현존. 오롯이 차갑고 무거운 생존으로만 남은 인간. 단 한순간도 주저하거나 후회하지 않는 자의 시퍼런 실존.

유전 채굴에 혈안이 된 대니얼 플레인뷰는 미국 캘리포니아의 황량한 작은 마을 리틀 보스턴에 석유 매장량이 엄청나다는 정보를 입수한다. 어린 아들(딜런 프리지어)과 함께 마을 주변을 탐색하고 성공적 채굴을 확신한 대니얼은 엘리(폴 다노)의 아버지로부터 농장을 헐값에 사들인다. 악마를 내쫓는 의식으로 마을 사람들을 사로잡은 청년 엘리는 교회의 확장을 꿈꾸며 대니얼과 대립한다.

「데어 윌 비 블러드」는 폴 토머스 앤더슨의 다섯 번째 장편영화다. 「부기나이트」 「매그놀리아(Magnolia)」 「펀치 드렁크 러브(Punch-Drunk Love)」에 이어 다시 한번 보는 이를 온전히 사로잡는 폴 토머스 앤더슨의 이 묵직하고도 탁월한 작품은 이야기에 접근하는 방식과 스타일에 대한 태도 같은 데서 언뜻 그의 전작들과 이질감을 느끼게 하는 듯하다.

그러나 결함 많은 인간의 비극을 장대한 서사시로 풀어낼 때 신기에 가까운 솜씨를 발휘하는 그는 이 영화의 곳곳에도 그의 인장을 선명하게 찍었다. 유사 부자 관계가 극에서 가장 중요한 관계를 이루고, 버려진 아들의 모티브가 극적인 정점을 이룬다. 폭력은 느닷없이 폭발하고, 특정한 전문 분야로 입문하게 된 주인공들은 정상을 향한 욕망으로 달음박질치는 파우스트적인 인물들이다. 그래도 대니얼 플레인뷰가 폴 토머스 앤더슨의 이전 주인공들과 다른 점이 있다면, 자신의 영혼을 팔아넘기는 대신 아예 죽여버린 인간이라는 것이다.

「데어 윌 비 블러드」로 아카데미 남우주연상 트로피를 거머쥔 대니얼 데이 루이스는 한순간도 허점을 보이지 않는 연기로 관객의 눈과 귀를 얼얼하게 만든다. 이 영화에서 예의 바르면서도 사무적인 그의 낮은 목소리는 몇 차례 폭발하듯 부르짖는 그의 높은 목소리만큼이나 파워풀하다. 폴 토머스 앤더슨과 대니얼 데이 루이스는 감독과 배우가 만나 주고받을 수 있는 가장 강렬한 경험을 서로에게 선사했다.

소재는 조지 스티븐스의 「자이언트(Giant)」를 떠올리게 하고, 주제는 존 휴스턴의 「시에라 마드레의 보물(The Treasure of the Sierra Madre)」을 연상케 하지만, 사실 이 영화는 어떤 작품과도 다르다. 러닝타임 158분. 「데어 윌 비 블러드」는 결코 서두르지 않는다. 발화점을 저 멀리 두고서 서서히 끓어오른다. 그러다 어느 순간 무섭게 분출해 모든 것을 집어삼킨다. 가히 용암 같은 영화다.

# 노인을 위한 나라는 없다

**No Country for Old Men**

감독 **이선 코언(Ethan Coen), 조엘 코언(Joel Coen)** 국내 개봉일 **2008.02.21**

여기엔 복수가 없고 응징이 없다. 해결이 없고 정의가 없다. 그리고 또 한 가지, 필연도 없다. 이 영화에 있는 것은 끝 모를 폭력과 눈먼 살인, 그리고 노쇠한 몸으로 꾼 지난밤의 어슴푸레한 꿈일 뿐이다. 허다한 사람들이 이 피비린내 나는 영화 속에서 죽어나가지만, 관객은 누가 죽고 누가 살 것인지, 누구의 죽음이 묘사되고 누구의 죽음이 생략될 것인지조차 예측할 수 없다.

살의를 가득 담은 채 동전 던지기 게임을 제안하는 악한에게 가련한 피해자는 벌벌 떨며 말한다. "뭘 거는지 알아야 내기를 하죠." 「노인을 위한 나라는 없다」는 목숨을 걸고도 무엇을 걸었는지조차 모르는 채 내기를 해야 하는 삶의 조건에 대한 영화다.

르웰린(조시 브롤린)은 사막에서 사냥을 하다가 시체들이 뒹구는 마약 거래 현장과 마주친다. 중상을 입은 채 물을 갈구하던 단 한 명의 생존자를 외면한 그는 주변에서 240만 달러가 든 가방을 발견한다. 새벽녘 다시 현장에 갔다가 총탄 세례를 받고 가까스로 살아난 르웰린은 가방을 든 채 아내와 함께 잠적한다. 그러나 돈 가방을 찾으려는 킬러 안톤 시거(하비에르 바르뎀)는 르웰린의 행적을 꿰고서 계속 추적한다. 단서를 잡은 보안관 에드(토미 리 존스) 역시 사건의 해결을 위해 뒤를 쫓는다.

「노인을 위한 나라는 없다」는 코언 형제가 범작「참을 수 없는 사랑(Intolerable Cruelty)」과「레이디킬러(The Ladykillers)」를 거친 후 오랜만에 내놓은 걸작이다. 퓰리처상을 받은 작가 코맥 매카시의 원작 소설은 코언 형제의 타고난 재기와 탁월한 테크닉에 깊고 깊은 우물 하나를 파주었다. 코언 형제의 범죄 스릴러들은 언제나 좋았지만, 어느 전작보다도 강렬하고 어두운 이 영화의 성취는 가히 그 정점으로 꼽을 만하다.

텍사스의 광막한 사막과 국경 도시의 비좁은 모텔 방을 잡아내는 로저 디킨스의 촬영은 섬세하기 이를 데 없고, 매섭게 달려드는 개를 총으로 쏴 죽이는 평범한 장면에서조차 대단한 스릴을 느끼게 하는 코언 형제의 편집은 능숙하기 이를 데 없다. 그리고 쫓는 자와 쫓기는 자가 서로를 의식하면서 맞설 때의 긴장감은 가히 천의무봉의 경지다.

장르영화의 외피를 뒤집어쓰고도 전편을 신선한 묘사로 가득 채운 것도 감탄스럽다. 이 영화엔 그 어떤 범죄 스릴러에서도 본 적 없는 디테일이 가득하다. 뛰어난 대사들은 인정사정 보지 않고 질주하는 스토리를 시종 튼튼하게 지탱한다. 특히 동전 던지기에 대한 두 번의 대화 장면은 최고의 대사 작법과 연기 타이밍을 보여준다.

토미 리 존스와 조시 브롤린을 위시한 이 영화의 배우들은 주연에서 조단역까지 하나같이 훌륭하다. 그중에서도 최고의 연기는 이 영화로 아카데미 남우조연상을 받은 스페인 배우 하비에르 바르뎀이 보여준다. 그는 단 한 차례도 목소리를 높이지 않고도 등장하는 모든 장면에서 관객에게 악마와 마주친 듯한 느낌을 전해준다. 근래에 안톤 시거만큼 섬뜩한 캐릭터를 스크린에서 본 적이 없다.

극의 후반부에서 피해자는 애걸한다. "굳이 나를 해칠 필요가 없잖아요." 살인자는 대답한다. "맞아. 그런데 내가 그러기로 약속을 했거든." 다시금 생사를 동전 던지기로 결정하자는 제안에 피해자는 저항한다. "동전으로는 결정 못 해요. 당신이 직접 결정해야죠." 살인자는 심드렁하게 대꾸한다. "동전도 나와 같은 생각일걸."

안톤 시거는 우연이라는 이름의 악마다. 10여 년 전에 나온 코언 형제의 또 다른 대표작 「파고」가 인간의 어리석음에 대한 영화라고? 그렇다면 「노인을 위한 나라는 없다」는 인간의 무기력에 대한 영화다.

# 미스트

**The Mist**

감독 **프랭크 대러본트**(Frank Darabont)　국내 개봉일 **2008.01.10**

「미스트」는 창의적인 각색과 능란한 연출, 효율적인 제작이 돋보이는 수작 스릴러다. 할리우드 영화 평균 제작비의 절반에도 미치지 않는 비용으로 만든 이 작품은 재미와 품질이 들인 돈에 비례하지 않음을 입증한 또 하나의 모범적 사례다. 몬스터 호러 장르에서 과거 존 카펜터(「괴물(The Thing)」)가 대표적으로 보여줬고 최근엔 닐 마셜(「디센트(The Descent)」)이 증명했던 이 진리를 다시금 되새기게 해준 감독은 바로 프랭크 대러본트다.

　대러본트는 "난 한 가지만 잘한다. 내 전문 분야는 스티븐 킹 원작의 회상 형식 감옥영화를 만드는 것이다"라고 말한 적이 있을 정도로 스티븐 킹의 소설을 영화화한 작품(「쇼생크 탈출(The Shawshank Redemption)」 「그린마일(The Green Mile)」)에서 특별한 능력을 보여왔다. 스티븐 킹과 관련이 없었던 전작 「마제스틱(The Majestic)」에서 실망을 안겨줬던 그는 다시금 킹의 원작을 스크린에 옮긴 「미스트」에서 제대로 실력 발휘를 했다.

미국 메인주의 마을 롱레이크에 사는 데이비드(토머스 제인)는 강력한 비바람에 큰 피해를 입자 어린 아들 빌리(네이선 겜블)와 함께 물건을 구입하러 대형 마트로 간다. 매장 안에 모인 사람들 사이에서 흉흉한 분위기가 빚어질 때 한 노인이 피를 흘리며 들어온다. 어느새 짙은 안개로 뒤덮인 외부와 고립된 마트 속에서 영문을 모르는 사람들이 불안감에 떨 때 정체 모를 괴생명체들이 공격을 시작한다.

양적인 측면에서 보면 이 영화는 몬스터 호러 장르 특유의 볼거리로 가득한 작품이 아니다. 전반 60분까지는 거대한 괴물의 촉수만 한 차례 나온다. 하지만 공포의 실체가 전면적으로 드러나기 전까지 갖가지 불길한 전조와 세심한 심리 스케치로 서스펜스를 쌓아 올리는 연출력이 상당해 내내 긴장감을 잃지 않는다.

후반부에 등장하는 갖가지 괴생명체들의 공격은 효과적이고도 사실적인 묘사로 적잖은 공포를 안긴다. 팔뚝만 한 곤충들이 매장 유리창에 하나씩 달라붙을 때마다 나는 둔중한 소리나, 그 곤충을 먹이로 채 가는 또 다른 괴물의 동작 같은 디테일은 본격적인 사투가 벌어지기 이전에 이미 관객의 불안감을 최대한 증폭시킨다. 영화의 제목이 된 짙은 안개는 스릴러의 질감을 시각적으로 영화에 부여하는 동시에, 상대적으로 적은 예산이 효율적으로 집행될 수 있는 환경을 제공한다.

그리고 안개는 미지에 대한 인간의 공포 자체를 상징한다. 이 영화는 날뛰는 괴물들에 맞서 싸우는 모습을 관람하는 이 장르 특유의 재미를 충족시키는 한편, 어디서 왔는지도 알 수 없는 적들에게 어떻게 대처해야 할지 몰라 우왕좌왕하는 매장 안 사람들이 서로 반목하는 장면을 격렬하게 묘사함으로써 비판의식을 예리하게 드러낸다.

사실 「미스트」는 괴생명체와의 사투 자체보다는 인간들의 이상 심리에 더 관심이 많은 영화다. 호러영화의 고전인 「살아 있는 시체들의 밤(Night of the Living Dead)」에서 조지 로메로가 그랬듯, 프랭크 대러본트는 특수한 상황 속에서 드러나는 사람들의 편견과 증오와 광기를 묘사하는 데 전력을 기울인다. 극 초반부터 서서히 흔적을 드러내는 계급 갈등, 인종 갈등, 지역 갈등, 종교 갈등은 종반에 가까울수록 극단으로 치달으며 그 자체로 한 폭의 지옥도를 그려낸다.

하지만 이 영화의 진짜 매력은 암울하기 이를 데 없는 결말에 있다. 「미스트」의 종반부는 그 직전까지 이 영화에서 본 그 모든 섬뜩한 묘사들을 깡그리 잊어버리도록 만들 정도로 충격적이고 뛰어나다. 그 결말을 보고 나면, 아마도 당신은 오래도록 탄식할 것이다.

# 우리 생애 최고의 순간

감독 **임순례** 국내 개봉일 **2008.01.10**

간절히 원해도 이뤄지지 않는 것들이 있다. 인간은 결과를 의도할 수 없다. 결과에 이르기 위해서 땀과 피를 거듭 흘리는 지난한 과정까지가 인간의 몫이다. 그러고 나면 운명은 심드렁한 표정으로 다시금 주사위를 굴린다.

그러나 「우리 생애 최고의 순간」은 이루지 못한 결과를 패배로 기억하지 않는다. 삶의 진액을 모두 다 짜낸 후에 찾아온 서늘한 결말 앞에서 허망해하지 않고, 모든 것을 던져 운명과 승부를 겨뤘던 그 경험을 생애 최고의 순간이라고 힘주어 말한다. 왜냐하면, 이건 '당신은 무엇을 이루었는가'가 아니라, '당신은 어떻게 살고 있는가'를 묻고 있는 영화니까.

2004년 아테네올림픽을 앞두고 여자 핸드볼 국가대표팀 감독 대행직을 맡게 된 혜경(김정은)은 팀 전력을 보강하기 위해 오랜 동료인 미숙(문소리)을 포함해 노장 선수들을 끌어들이려 한다. 빚 때문에 잠적한 남편(박원상) 대신 생계를 떠맡아야 했던 미숙은 경제적인 문제로 고민하지만, 혜경의 설득에 마음을 고쳐먹고 팀에 합류한다.

「우리 생애 최고의 순간」이 하고 싶은 말은 소재에 이미 다 담겨 있다. 축구나 야구가 아니라 비인기 종목인 핸드볼(이 작품은 세계 최초의 핸드볼 소재 장편영화다)을 골랐고, 그나마 금메달의 영광을 안긴 바르셀로나올림픽이 아니라, 많은 이들이 아쉬움으로 아직껏 기억하고 있는 아테네올림픽을 택했다.

이 영화를 연출한 사람이 임순례라는 것을 알면, 이 점에 대해 저절로 고개가 끄덕여지는 관객이 많을 것이다. 그는 북적대는 광장보다는 후미진 뒷골목을 서성이고, 다가오는 얼굴보다는 멀어지는 등을 바라보는 감독이니까.

「우리 생애 최고의 순간」의 경기 장면들은 사실 스포츠 드라마에 걸맞은 멋진 볼거리들을 제공하진 못한다. 대신 잘 만들어진 캐릭터와 선 굵은 드라마로 관객을 확실하게 설득한다. 꽤 많은 인물이 등장하지만 저마다 성격이 또렷하고 처한 처지가 생생해 흥미롭다. 탄탄한 캐릭터에서 자연스럽게 길어낸 유머 역시 양과 질 모두에서 관객을 즐겁게 한다. 이쯤 되면 각본 없는 드라마인 스포츠가 멋진 각본을 드라마에 선사한 경우라고 해도 과언이 아닐 것이다.

빚쟁이들에 시달리느라 아내와도 연락을 끊고 잠적한 남편이 걱정되어 은신처로 어린 아들을 앞세우고 가지만, 결국 찾아내지 못한 미숙이 "도대체 왜 내 전화는 안 받아? 내가 빚쟁이야?"라며 어딘가에서 듣고 있을 남편을 향해 외치는 부분은 탄식과 감탄을 함께 자아내는 인상적인 신이다. 그리고 경기의 승패를 가른 클라이맥스를 화면 밖으로 밀어둔 채, 포커스아웃된 후경의 인물 군상 움직임과 프레임 안팎으로 넘나드는 선수의 표정으로 요약하는 슬로모션 숏은 잊기 힘든 명장면이다. 이어 영화는 실제 아테네올림픽 핸드볼 팀 감독과 선수들의 인터뷰와 경기 스틸 사진을 차례로 보여준다. 엔딩크레디트 속 선수들의 온 힘을 다하느라 잔뜩 일그러진 표정 하나하나는 기이할 정도로 아름답고 이상할 정도로 뭉클하다.

이 영화의 연기는 핸드볼이 단체 경기임을 수시로 강조하는 극 중 대사의 의미를 그대로 따른다. 이 작품이 각종 연기상을 휩쓸긴 어렵겠지만, 연기의 팀워크가 어떤 것인지는 잘 보여준다. 문소리는 믿음직하고 김정은은 단단하다. 혹은 김정은은 신선하고 문소리는 리드미컬하다. 이 영화 웃음의 상당 부분을 떠맡은 김지영은 호연을 통해 앞날을 더 기대하게 만들었고, 엄태웅은 제 몫을 했다. 조은지는 넘치는 개성으로 활약했고, 차민지는 강한 인상으로 흔적을 남겼다.

# 아메리칸 갱스터

**American Gangster**
감독 **리들리 스콧**(Ridley Scott) 국내 개봉일 **2007.12.27**

「아메리칸 갱스터」에는 갱스터 장르의 걸작들 잔영이 어른거린다. 「스카페이스(Scarface)」(브라이언 드 팔마)에서처럼 생산지 마약왕과 손잡고 대대적으로 마약을 공급해 크게 성공하는 주인공 프랭크(덴절 워싱턴)는 「대부」에서처럼 성공할수록 가족과 깊은 골이 생기면서 점점 고독해진 끝에 「좋은 친구들(Goodfellas)」(마틴 스콜세지)에서와 비슷한 상황에 도달한다.

하지만 이 영화는 이 장르의 앞선 고전들과 다른 점이 더 많다. 「스카페이스」와 달리 인물의 전락을 드라마틱하게 강조하지 않고, 「대부」와 달리 형사와 갱 두목의 맞대결 구도를 취하고 있으며, 「좋은 친구들」과 달리 결말에서 인물을 고립무원의 상태로 몰아붙이지 않는다.

무엇보다 이 작품은 기업가영화 같다. 갱스터 장르 자체를 미국 자본주의의 역사에 대한 코멘트로 흔히 읽어내곤 하지만, 이 영화만큼 그런 분석에 딱 들어맞는 경우도 드물 것이다. 「아메리칸 갱스터」는 흡사 갱스터 장르로 옮겨낸 「월 스트리트(Wall Street)」(올리버 스톤) 같은 영화다.

베트남전이 한창이던 1968년. 뉴욕 할렘가를 지배하던 범피 존슨이 급작스레 죽자 그의 부하인 프랭크 루커스가 그 자리를 잇는다. 부패한 경찰 조직 속에서도 신념을 고수하는 형사 리치 로버츠(러셀 크로)는 마약 특별 수사반을 이끌며 뉴욕 마약 밀거래 조직을 비밀리에 수사한다. 마약의 생산지인 동남아로 직접 날아가 구매한 헤로인으로 단숨에 할렘을 지배하게 된 프랭크. 그러나 프랭크의 존재를 알게 된 리치는 치밀한 수사력을 동원해 그를 체포할 계획을 세운다.

리들리 스콧의 「아메리칸 갱스터」를 특별한 영화로 만든 것은 끈적끈적하게 필름에 들러붙어 있는 시대의 냄새와 매 장면마다 만져질 듯 생생한 묘사다. 「조디악」 같은 영화에서 맛볼 수 있었던, 집요하고도 철저한 디테일의 살아 움직이는 쾌감 같은 것이 잘 살아 있다. 사건의 정치경제적 맥락을 겉핥기만 하고 끝냈던 피터 버그의 「킹덤(The Kingdom)」 같은 영화와 달리, 이 작품은 실감으로 시종 꿈틀거리는 두 인물을 정교하게 마련한 역사의 좌표평면 위에 풀어놓고 마음껏 뻗어나가게 한다. 그리고 그 궤적을 통해 한 시대를 또렷하게 요약하는 그래프를 그려낸다. 이야기의 얼개를 정밀하게 짠 뒤 그 속내를 진진한 디테일로 빼곡히 채운 이 영화의 화법에서는 할리우드 고전의 품격이 풍겨난다.

극 중 두 남자는 완전히 다른 인물로 보인다. 프랭크는 금욕적이지만 리치는 무절제하다. 가족을 중시하는 프랭크가 로맨틱한 연애 끝에 결혼에 골인하는 반면, 아내와 헤어진 리치는 아들 양육권을 놓고 법정 분쟁을 벌인다. 지역 사회의 존경을 받는 프랭크와 달리, 리치는 경찰 조직 내에서 따돌림을 받는다. 하지만 두 사내는 다른 그 무엇보다 투철한 직업 정신이 더 중요한 가치라는 점에서 같다.

형사와 갱 두목이 맞서는데도 이 영화는 어느 한쪽을 편들지 않는다. 리치의 무분별한 사생활뿐만 아니라 프랭크의 범법 행위까지도 힐난하지 않는다. 그건 프랭크와 리치가 장인이기 때문이고, 이 영화를 만든 일흔 살의 감독 리들리 스콧이 장인이기 때문이다.

「아메리칸 갱스터」에서 갱단의 범죄보다 경찰 조직의 부패가 더 나쁘게 그려지는 이유는 명백하다. 부패한 자는 장인일 수 없기 때문이다. 장인의 세계에선 직업의식이 없는 자는 용서받을 수 없기 때문이다. 이 영화의 결말은 두 명의 프로페셔널이 형편없이 아마추어적인 시스템을 부수는 이야기로까지 읽힌다.

덴절 워싱턴과 러셀 크로의 전혀 다른 연기 방식을 한 작품에서 비교해보는 것도 흥미로운 일이다. 이 영화에서 러셀 크로는 상황 속으로 온몸을 던져 덩어리로 연기한다. (일반적으로 러셀 크로는 그럴 때 연기를 가장 잘한다.) 반면 한발 물러선 덴절 워싱턴은 딱 맞는 타이밍과 정확한 분석을 통해 가루로 연기한다. (덴절 워싱턴 역시 그럴 때 연기를 가장 잘한다.) 덴절 워싱턴의 미분 연기와 러셀 크로의 적분 연기는 복잡하게 얽힌 스토리 속에서 절묘한 리듬으로 교차하면서 2시간 30분이 넘는 러닝타임 내내 긴장을 잃지 않도록 만든다.

한국판 갱스터라고 할 수 있는 조폭영화와 할리우드 갱스터의 가장 큰 차이점은 뭘까. 단지 칼과 총의 차이일까. 혹시 그건 시야의 문제가 아닐까. 폭력을 쓰는 자의 부상과 몰락을 오로지 인생 유전이라는 테마로만 보고 있는 우리의 적잖은 조폭영화들은 역사와 사회라는 시공간적 맥락을 결여하고 있는 것은 아닐까.

# 마이클 클레이튼

**Michael Clayton**
감독 **토니 길로이**(Tony Gilroy)  국내 개봉일 **2007.11.29**

술집을 샀다가 영업에 실패해 빚을 떠안았다. 당장 7만 5,000달러를 갚지 못하면 봉변을 당하게 된다. 이혼 후 외롭다. 어린 아들과는 이따금씩 학교로 데려다주는 차 안에서만 토막 대화를 한다. 17년간 재직했는데도 대형 로펌의 임원이 되지 못했다. 그저 다른 변호사들이 맡기 싫어하는 지저분한 사건만 처리할 뿐이다.

그런데 어느 날, 같은 회사의 절친한 동료 변호사가 죽는다. 죽음 주변을 떠돌던 그는 동료가 뭔가를 폭로하려다 변을 당했음을 직감한다. 스스로의 하루하루도 제대로 관리하지 못해 전전긍긍하는데, 거대한 음모를 파헤치는 일에 뛰어들어야 할까. 겉으로 보기엔 화려한 대형 로펌의 변호사. 그러나 곤궁과 권태에 찌든 마이클 클레이튼(조지 클루니)의 삶은 이제 총체적 난국에 부딪쳤다.

「마이클 클레이튼」은 변호사가 주인공인 스릴러의 전형적 스토리라인을 가졌다. 우연한 계기로 거대 집단의 음모와 악행을 알게 된 개인이 정의를 위해 외로이 맞서는 이야기. 그러나 이 영화를 흔하디흔한 법정 스릴러로만 받아들인다면 핵심을 놓치게 된다. 「마이클 클레이튼」에서 장르적 쾌감보다 훨씬 더 중요한 것은 한 사람의 실존적 딜레마다.

삶의 가장 깊은 수렁에서 옴쭉달싹할 수 없을 때, 마이클 클레이튼의 외투 호주머니에는 진실이 고스란히 담겨 있는 빨간색 표지의 결정적인 자료가 꽂혀 있다. 그는 위험을 무릅쓰고서라도 이 자료를 뽑아서 용감하게 펼쳐 들 것인가. 아니면 이제까지 그래왔듯 자조적인 삶을 계속 조용히 이끌고 나갈 것인가. 공교롭게도 「매트릭스」에서도 진실을 선택하는 약은 빨간색이었다.

이 영화는 스스로를 비하하면서 자기모멸적인 나날을 살아가던 남자가 고쳐 살 수 있는 계기를 만나게 되는 이야기다. 원칙은 그때 발목까지 푹푹 빠지는 삶의 딜레마에서 벗어날 수 있게 하는 유일한 사다리가 된다.

「마이클 클레이튼」을 연출한 사람은 제이슨 본 시리즈의 각본을 썼던 토니 길로이. 프랜시스 코폴라나 시드니 루멧, 혹은 앨런 J. 퍼쿨라가 그들 경력의 정점에서 만들었던 스릴러들을 떠올리게 하는 이 감독 데뷔작에서 토니 길로이는 고전적 화법이 지닌 매력을 안정적으로 펼쳐 보인다. 제이슨 본 시리즈의 과시적인 스타일보다는 드라마투르기와 캐릭터 조형술의 황금시대였던 1970년대식 화술을 따르는 이 영화의 가장 뛰어난 장면들은 거의 대부분 한 사람과 다른 한 사람이 말을 섞을 때 나온다.

조지 클루니와 틸다 스윈턴이 만나는 두 번의 대화 장면은 두 명의 배우가 말로써 주고받을 수 있는 긴장감의 최대치를 보여준다.

잠적한 동료 아서(톰 윌킨슨)를 찾아 나선 마이클이 종이봉투에 잔뜩 바게트를 담은 그를 발견한 뒤 말을 주고받는 장면 역시 농축된 감정적 밀도가 대단하다. 조지 클루니는 배우와 감독으로서, 그리고 영화의 안과 밖 모두에서, 점점 더 할리우드 전체를 대표할 수 있는 아이콘이 되어가고 있는 것처럼 보인다. 아마도 클루니는 로버트 레드퍼드처럼 늙어갈 것이다.

하지만 이 영화에서 가장 멋진 장면은 역시 라스트신이다. 모든 상황을 경쾌하게 매듭지은 마이클이 카메라를 향해 성큼성큼 걸어 나올 때 뒤처리를 위해 경찰들이 그를 지나쳐 반대 방향으로 몰려가는 40초가량의 롱테이크 장면은 짜릿하기 이를 데 없다. 이어 에스컬레이터를 타고 삶의 수렁에서 빠져나가는 마이클의 모습을 부감의 롱숏으로 격려하듯 지켜보던 카메라는 마지막으로 택시 뒷좌석에 올라탄 그를 비춘다.

운전기사가 묻는다. "어디 가세요?" 그가 답한다. "50달러를 드릴 테니 그만큼 그냥 주변을 돕시다." 그러곤 엔딩타이틀이 흐르는 내내 카메라는 삶의 새로운 계기를 만난 자의 얼굴을 오래오래 들여다본다. 50달러어치의 드라이브가 끝나면 마이클 클레이튼은 어디서 내릴까.

2007년 최고의 라스트신이 무엇이냐고 묻는다면, 「타인의 삶」과 「마이클 클레이튼」 사이에서 잠시 망설일 것 같다. 그래도 하나를 선택해야 한다면, 아마도 그것은 자신의 의지와 선택으로 수렁에서 이제 막 헤엄쳐 나온, 만감을 무표정 속에 감춘 한 사람의 진실한 얼굴일 것이다.

# 파라노이드 파크

**Paranoid Park**

감독 **거스 밴 샌트**(Gus Van Sant)  국내 개봉일 **2007.11.22**

훌륭한 예술가는 자신만의 리듬을 발명한다. 「엘리펀트(Elephant)」를 정점으로 하는 거스 밴 샌트의 어떤 영화들에는 시적이면서 순결한 리듬이 있다. 「파라노이드 파크」 역시 그렇다.

고교생 알렉스(게이브 네빈스)는 부모가 이혼 직전 상태인 가정 환경에 갑갑함을 느낀다. 여자친구 제니퍼(테일러 맘슨)가 육체관계에 대해 적극적인 태도를 보이지만, 이에 대해서도 시큰둥하기만 하다. 스케이트보드를 즐기는 알렉스는 친구 재러드(제이크 밀러)가 이끄는 대로 10대들이 모여드는 파라노이드 파크로 간다. 그곳에서 알렉스는 예기치 못했던 끔찍한 일을 경험한다.

소년의 마음을 거스 밴 샌트처럼 잘 그려내는 감독도 없을 것이다. 그리고 걸어가는 사람의 뒷모습을 거스 밴 샌트만큼 인상적으로 잡아내는 감독도 드물 것이다. 알렉스가 걷는다. 알렉스가 바다를 향해 우거진 풀숲 사이를 느릿느릿 걷는다. 카메라는 따라간다. 카메라는 발자국 소리를 죽여가며 알렉스의 뒤를 따라간다. 알렉스의 걸어가는 뒷모습이 걸어가는 카메라에 담겨 천천히 흔들릴 때, 존재는 통째로 흔들린다. 하지만 그를 둘러싼 시간은 흐르지 않고 웅덩이에 고인다.

「제리(Gerry)」와 「엘리펀트」와 「라스트 데이즈(Last Days)」의 연장선상에 있는 「파라노이드 파크」의 화법은 스산하면서도 묘하게 감미롭다. 요약된 스토리를 읽을 때의 궁금증과 달리, 파라노이드 파크에서 있었던 끔찍한 일이 무엇이었는지, 그 일의 진상이 어떤 과정을 거쳐 어떻게 밝혀지는지는 이 영화에서 그다지 중요하지 않다. 감독은 스릴러적 서스펜스 조성 따위엔 눈길조차 주지 않는다. 여기엔 단지 벽에 부딪친 소년 시절의 흔들리는 나날이 있을 뿐이다.

이 영화의 카메라는 한 인물을 이해하기 위해 적극적으로 파고들지 않는다. 그저 무표정한 듯 보이는 얼굴 속에서 혼돈의 기미를 물끄러미 응시한다. 소년이 얼굴을 감싸 쥔 채 샤워기에서 쏟아지는 물줄기를 맞고 있을 때, 수업 시간에 가만히 눈을 감고 앉아 있을 때, 혼자만의 무서운 비밀을 편지에 써서 태울 때, 카메라는 누구에게도 열어 보일 수 없었던 소년의 내면을 껍질째 생생하게 담아낸다.

"글로 옮기고 나면 위안이 돼. 큰일을 겪으면 피해를 입은 사람에게 편지로 쓴 뒤 주거나 아니면 태워버리면 돼." 그렇게 말하면서 메이시(로런 맥키니)가 편지 쓸 것을 권하자 알렉스는 다 쓴 뒤에 혼자 태워버린다. 하지만 거스 밴 샌트는 그런 편지를 당신에게 보냈다. 파라노이드 파크를 떠난 알렉스에겐 이제 어떠한 나날이 기다리고 있을 것인가. 알렉스의 뒷모습을 찬찬히 다 보고 난 당신은 이제 흘러가버린 당신의 어린 날들을 어떻게 떠올릴 것인가.

# 베오울프

**Beowulf**

감독 **로버트 저메키스**(Robert Zemeckis)  국내 개봉일 **2007.11.14**

기술적으로 혁신적이고 서사적으로 풍요롭다. 로버트 저메키스의 「베오울프」는 기운 흔적 없이 실사와 애니메이션을 결합하려는 할리우드 블록버스터의 간절한 꿈에 촉감을 부여했다. 첨단 테크놀로지를 활용한 이 영화는 동시에 신화의 장엄하고도 원형적인 질감까지 갖췄다. 이 작품의 소재는 영어로 남아 있는 동명의 최고(最古) 서사시. 「베오울프」는 가장 오래된 이야기와 가장 새로운 기술이 이물감 없이 어울린 멋진 대중영화다.

괴물 그렌델(크리스핀 글로버)이 흐로스가르왕(앤서니 홉킨스)의 나라에 나타나 닥치는 대로 사람들을 죽인다. 소문을 듣고 부하들과 함께 나타난 영웅 베오울프(레이 윈스턴)는 맨몸으로 그렌델과 싸워 이긴다. 다시 찾아온 평화에 나라 전체가 안도할 때, 그렌델의 어머니인 물의 마녀(앤젤리나 졸리)가 잔혹한 복수를 시작한다.

로버트 저메키스는 '퍼포먼스 EOG(Electrooculogram) 캡처'라는 신기술을 통해, 배우의 실사 연기를 컴퓨터가 내장된 카메라로 디지털

화시켜 가상 캐릭터로 바꾸어내는 분야에서 괄목할 만한 진전을 이뤄냈다. 영화 테크놀로지의 미래에 누구보다 관심이 많은 그가 3년 전 내놓았던 「폴라 익스프레스」의 값비싼 수업료가 밑받침이 됐다.

그러나 「베오울프」에 「폴라 익스프레스」의 그림자만 있는 것은 아니다. 애니메이션과 실사영화를 한 작품에 담아내려는 야심은 이미 20여 년 전에 나온 그의 작품 「누가 로저래빗을 모함했나(Who Framed Roger Rabbit)」에서 시작됐다. 「캐스트 어웨이(Cast Away)」의 감수성, 「빽 투 더 퓨쳐(Back to the Future)」의 상상력, 「죽어야 사는 여자(Death Becomes Her)」의 염세주의 등 저메키스의 다른 전작들 잔영도 차례로 일렁인다.

기본적으로 디지털 캐릭터임에도 불구하고, 이 영화는 앤젤리나 졸리의 육감적인 입술에서 존 말코비치의 사시까지 그대로 옮겨내 보는 이를 놀라게 한다. 하늘과 바다를 누비며 벌이는 마지막 대결 장면은 매 단계마다 액션들의 상상력이 좋고 디테일이 뛰어나 대작 오락영화의 클라이맥스로 손색이 없다.

일반 디지털 3D와 아이맥스 3D 버전으로도 상영되는 상황을 염두에 둔 현란한 카메라워킹도 인상적이다. 때로 비행하는 듯 때로 부유하는 듯, 허공을 떠도는 카메라는 객석에 눈 덮인 산하를 유장하게 펼쳐 보이기도 하고 화살과 바윗덩어리를 실감나게 쏘아대기도 한다. 하지만 폭우가 몰아치는 바다에서 수영하는 장면이나 말을 타고 질주하는 장면 등 디지털의 어색한 질감을 떨쳐내지 못하는 부분들이 여전히 발견돼 과제를 남기기도 한다.

이 영화는 기술적 완성도에 대한 놀라움이 차차 가라앉을 때쯤부터 이야기의 깊이를 드러내기 시작한다. 성인 관객들을 겨냥한 「베오울프」의 입체적인 캐릭터들은 셰익스피어적이고 괴테적이다. 베오울프는 파우스트와 같고, 흐로스가르는 리어왕을 연상케 하며, 심지어 괴물 그렌델은 햄릿을 떠올리게 한다. 고대 서사시 원작의 틀을 대체적으로 따르되 결정적인 몇 가지 설정을 바꾼 각색이 뛰어나 내내 흥미를 잃지 않게 한다. 흔히 등장하는 '아버지 죽이기' 모티브 대신 '아들 죽이기'의 모티브를 차용해, 운명적으로 좀 더 비장한 신화적 뉘앙스를 풍긴다.

이 영화의 초반부에는 인간의 처소와 괴물의 거처를 잇는 인상적인 장면이 하나 나온다. 승리에 취한 인간들이 먹고 마시고 환호하는 연회장을 쥐 한 마리가 기어 다닌다. 그 쥐를 채간 독수리의 발톱 아래로 적막에 싸인 설산이 끝없이 펼쳐지다가 어느덧 음침한 동굴이 시야에 잡힌다. 거기엔 "인간들이 떠들썩하게 행복을 즐기는 소리가 나를 괴롭게 한다"라고 호소하는 괴물의 고통에 찬 울부짖음이 있다.

혈기 넘치고 허영심 많았던 베오울프가 어떻게 해서 영원과 부귀영화를 탄식하는 냉소주의자로 변하게 됐을까. 유약하고 금욕적인 그렌델이 어찌하여 제어할 수 없는 분노 끝에 폭발하듯 산화했을까. 술과 향연에 취한 흐로스가르의 삶에 짙은 허무가 배어 있는 것은 어떤 까닭일까. 누군가의 행복은 다른 이의 불행일 수 있다. 들떠서 흘려보내는 나날도 멀어지면 권태로운 정적의 세월이 되기도 한다. 그리고 사람은 그 자신의 운명이다. 어쩌면 「베오울프」는 그렇게 말하는 영화인지도 모른다.

# 데드 걸

**The Dead Girl**

감독 **카렌 몬크리프**(Karen Moncrieff)  국내 개봉일 **2007.11.08**

「데드 걸」은 잔혹하게 살해된 한 여자를 둘러싼 다섯 개의 이야기를 엮은 영화다. 벌판에서 시체를 발견했다가 언론의 주목을 받는 아든(토니 콜렛), 실종된 언니를 15년간 찾아 헤매느라 심신이 지쳐 있는 레아(로즈 번), 남편의 창고에서 피 묻는 옷가지들을 발견한 루스(메리 베스 허트), 딸의 시체가 발견되었다는 전화를 받고 경찰서에 간 멜로라(마샤 게이 하든), 어린 딸에게 줄 생일 선물 인형을 들고 히치하이킹을 하는 크리스타(브리트니 머피) 등 다섯 여자의 사연이 '이방인', '자매', '아내', '어머니', '데드 걸'이라는 소제목을 달고 제각각 펼쳐진다.

이 영화는 여러 측면에서 로드리고 가르시아가 감독한 「그녀를 보기만 해도 알 수 있는 것(Things You Can Tell Just by Looking at Her)」을 떠올리게 한다. 두 편 모두 옴니버스 형식을 취했고, 주목할 만한 멀티캐스팅을 했으며, 상처받은 여성들의 이야기를 정적으로 다룬 여성영화다. 이 영화의 감독 카렌 몬크리프가 로드리고 가르시아보다 좀 더 스타일에 대한 야심이 있어 보이지만,「그녀를 보기만 해도 알수 있는 것」을 흥미롭게 기억하고 있는 관객이라면「데드 걸」역시인상적인 관람이 될 수 있을 것이다.

뒤로 갈수록 관습적인 전개와 설정을 보이며 조금씩 힘이 떨어지는 약점이 있지만, 카렌 몬크리프는 뛰어난 스케치 능력을 가진 감독이다. 옴니버스 구성 때문에 각자의 사연을 20분밖에 안 되는 시간 안에 압축해야 하는 한계를 안고 출발했지만, 단 몇 개의 시퀀스로 한 여자 내면의 밑바닥을 실감나게 그려낸다.

특히 1부에서 3부까지의 에피소드들은 관습을 벗어난 생생한 묘사와 배우들의 좋은 연기를 통해, 절망의 상투적인 돌림노래가 되기 쉬운 옴니버스영화 특유의 함정에서 벗어났다. 작품마다 전혀 다른 모습을 보여 놀라움을 안기는 토니 콜렛이 뛰어나고, 좋은 캐릭터에 호연으로 화답한 로즈 번이 인상적이다. 메리 베스 허트와 마샤 게이 하든은 관록 있는 연기가 어떤 건지를 보여준다. 캐릭터 해석에서 샬리즈 세런 같은 배우의 뒤를 따르는 느낌이 없지 않지만, 더 이상 물러날 곳이 없는 거리의 삶을 사는 크리스타 역의 브리트니 머피 역시 나쁘지 않다.

이 영화에 등장하는 다섯 여자 중 하나는 죽고 넷은 산다. 하지만 이 영화의 제목은 복수형의 '데드 걸스'라고 해도 무방하다. 여기서 어떤 여자는 집 안에 놓인 오래된 가구 같은 자신의 삶 대신 입고 있던 옷가지를 전부 벗어 불 지르고, 또 어떤 여자는 지긋지긋한 생활에서 벗어나려 과감히 집을 떠나려 한다. 그러나 과연 그들은 새로운 삶을 살 수 있을 것인가. 그 여자들의 삶을 옥죄는 세상 자체를 뜻하는 누군가가 하나같이 그들에게 가장 가까운 사람이었음은 어쩐 일일까. 슬픔 속에서 어떤 순간은 영원이 된다.

# 색, 계

**色, 戒**
감독 **리안(李安)** 국내 개봉일 **2007.11.08**

그러니까 「색, 계」는 육체의 형형한 실존에 대한 영화다. 생의 교감
신경과 부교감신경 사이 치열한 길항작용에 대한 영화이고, 지루한
세월이 폭발하는 찰나에 맞서 힘겹게 싸움을 벌이는 영화다. 혹은
시간은 불균질하고 공간은 윤회한다. 그리고 삶은 '지금 여기'와 '기
타 등등'으로 나뉜다.

1938년 홍콩. 대학 연극반에 가입한 왕치아즈(탕웨이)는 대륙 침
략의 야욕을 드러내고 있는 일본에 맞서 애국적 저항 활동을 벌이려
는 광위민(왕리홍)에게 매료된다. 광위민이 친일파 핵심 인물인 정보
부 대장 이(양조위)를 암살하려는 계획을 세우자, 여기에 동조한 왕
치아즈는 신분을 위장하고 미인계를 써서 이의 아내(조안 첸)에게 접
근한다. 처음 본 순간부터 이와 왕치아즈는 서로에게 강렬히 이끌리
지만, 급작스레 이가 상하이로 발령이 나 옮기는 바람에 암살 계획
은 수포로 돌아간다. 1941년 상하이. 좀 더 적극적으로 항일 단체에
서 활동하게 된 광위민이 평범한 생활로 돌아간 왕치아즈를 3년 만

에 찾아온다. 치밀하게 짜인 새로운 암살 계획을 듣고 왕치아즈는 다시금 이에게 접근한다.

리안은 몸이 일으키는 파장을 아주 잘 알고 있는 감독이다. 「쿵후 선생(推手)」에서 많은 일을 겪은 노인은 무술을 가르치며 마음을 다스리고, 「라이드 위드 데블(Ride with the Devil)」에서 참혹한 전쟁을 치른 소년은 긴 머리카락을 자르면서 한 시절과 이별한다. 「헐크(Hulk)」에서는 몸의 급격한 변형을 통해 마음의 극심한 혼란을 그려냈고, 「음식남녀(飮食男女)」에서는 미각의 변화를 빌려 가족의 의미를 재정립했다. 그리고 「아이스 스톰(The Ice Storm)」에서 「브로크백 마운틴」을 거쳐 「색, 계」에 이르는 동안 리안 영화 세계의 한 축은 점점 더 격정에 사로잡히고 있다.

이 영화는 제목에 등장하는 두 가지 요소인 '색(色)'과 '계(戒)'가 끝없이 맞물리면서 진행된다. 서로에게 빠져들기 전, 두 사람은 '계'의 경계 안에서 각각 위엄 있게 머물렀다. 그러다 함께 '색'의 상태로 진입하면서 함께 마구 흔들린다. 결국 한 사람은 '색'으로부터 필사적으로 벗어나 '계'의 세계로 복귀함으로써 삶을 이어가고, 다른한 사람은 '색'의 경계 안에 머물기를 선택함으로써 삶을 끝낸다.

「색, 계」는 리안의 가장 뜨거운 작품이다. 모두가 이야기하는 베드신은 과연 파격적이다. 이 영화의 섹스신 연출은 파격적인 동작을 섬세하게 연결하는 일종의 안무라는 점에서 「와호장룡(臥虎藏龍)」의 무술 장면 연출과 근본적으로 다르지 않다. 「색, 계」의 에로스가 침대 위에만 존재하는 건 아니다. 왕치아즈가 커피를 마시고 립스틱 자국을 잔에 남기거나 향수를 귀 밑에 슬쩍 뿌릴 때에도 리안은 카메라 뒤에서 큐피드의 화살을 만지작거리고 있다.

왕치아즈와 이가 온몸으로 만나는 세 차례의 장면은 폭력적이고 과시적이지만, 이야기 흐름이나 인물의 심리에 단단히 밀착되어 있다는 점에서 충분히 훌륭하다. 파격적인 섹스신이 포함된 양조위 주연의 또 다른 영화는 왕가위의 「해피 투게더(春光乍洩)」였다. 그 작품에서 왕가위는 강도 높은 롱테이크 베드신을 영화의 첫 장면으로 삼았다. 리안은 「색, 계」에서 러닝타임 90분이 흐른 뒤에야 일련의 강력한 베드신을 모자이크하듯 묘사한다. 베드신의 영화 내 위치나 편집 방식의 차이는 왕가위와 리안이 어떻게 다른 영화적 지향점을 갖고 있는지 그대로 보여준다.

이글거리는 내면의 불을 차갑고 강인한 외양 속에 감춘 연기의 품질도 놀랍지만, 여기서 양조위에게 정말로 감탄스러운 것은 작품을 대하는 자세다. 탕웨이는 이 작품이 스크린 데뷔작이란 사실이 믿어지지 않을 정도로 입체적이고 고혹적이다.

「색, 계」에서 폭발적인 베드신 못잖게 인상적이었던 것은 살의와 욕망이 휘몰아치는 격정의 순간이 어찌어찌 흘러간 뒤 홀로 남은 왕치아즈가 거리로 나서는 장면이었다. 인력거 뒷자리에 탄 채 한적한 거리를 잠시 달릴 때의 기묘한 정적. 경찰에 의해 길이 잠시 통제되자 옷깃에 숨겨놓은 독약 캡슐을 만지작거리던 그녀 입가의 아주 작은 미소. 이 무기력한 나른함이 주는 안온함은 어디서 오는 것일까.

# M

감독 **이명세** 국내 개봉일 **2007.10.25**

「M」은 황홀한 자각몽 같다. 반복해서 깨어나도 여전히 꿈속인 꿈. 혹은 꿈인 것을 알면서도 깨고 싶지 않은 꿈. 영화는 흔히 꿈에 비유되지만, 꿈을 영화로 표현하는 것은 그 자체로 수많은 감독들의 꿈이기도 했다. 「M」은 그런 꿈의 한 자락을 베어 온 영화다.

약혼녀 은혜(공효진)와의 결혼을 앞두고 있는 작가 민우(강동원)는 새로 집필을 시작한 소설이 잘 풀려나가지 않는 데다가 불면증까지 겹쳐 힘겨워한다. 심지어 어디를 가든 보이지 않는 누군가가 자신을 바라보는 듯한 느낌에서 헤어 나오지 못하던 그는 어느 날 꿈을 꾸듯 이끌려서 술집 루팡바의 문을 열고 들어선다. 그곳에서 민우는 오래전에 헤어졌던 첫사랑 미미(이연희)를 만난다.

이와 같은 이 작품의 이야기는 단 한 줄로도 요약할 수 있을 것이다. "연인(공효진)과의 결혼을 앞둔 남자(강동원)가 첫사랑(이연희)의 기억을 찾아 헤맨다." 이명세의 전작 「형사 Duelist」와 달리, '불친절한 화술'은 이 영화에 필수적이었던 것으로 보인다. 「M」은 이야기를 전달하는 영화가 아니라 이미지를 만지게 해주는 영화니까.

한 문장만 되풀이하는 간절한 기도처럼, 「M」이 그려내는 세계는 서사를 배제할수록 절실해진다. 그리고 'M'이라는 알파벳 하나만 사용함으로써 M으로 시작하는 수많은 의미를 포괄할 수 있었던 제목처럼, 이야기를 최대한 제거하고 단순화함으로써 단 하나의 심상을 강렬하게 전달한다.

물론 그것은 첫사랑이다. 여기서 첫사랑은 빨간 신호등 앞에서 설레는 마음으로 까딱거리는 발, 함께 저녁놀을 바라보는 등, 헤어지기 아쉬워 잡은 채 놓지 않는 손으로 선명하게 인수분해된다. 달콤하고 쓸쓸하며 신비한 것, 그리고 그 무엇보다 깨지 않는 꿈 같은 것으로서 이 영화의 첫사랑은 추억의 뒤안길을 서성인 끝에 뒤늦은 사과와 때늦은 고백을 되풀이한다. "나는 나중에 당신이 아주 많이 슬퍼했으면 좋겠어. 슬픈 영화가 아니라 재미있는 영화를 보다가도 내 생각이 나서 펑펑 울었으면 좋겠어"라는 대사는 「M」에 담긴 정서를 그대로 응축한다.

어쩌면 「M」은 이명세의 1993년 작 「첫사랑」을 꿈의 주술로 변주한 작품인지도 모른다. 실제로 극장에서 함께 영화를 보다가 미끄러지듯 강동원의 어깨에 머리를 기대고 스스로 놀라는 이연희는 「첫사랑」에서 좋아하는 연극반 선생님과 함께 사진 포즈를 취할 때 셔터를 누르는 순간 살짝 고개를 기대는 김혜수와 고스란히 겹치기도 한다. 더욱 흥미로운 것은 「M」이 말하는 첫사랑이 곧 영화에 대한 은유로 받아들여질 수 있다는 점이다.

여기서 시종 두드러지는 스타일은 삶 전체를 뒤흔드는 강렬한 원체험을 관객들에게 오감으로 대리 체험시키기 위한 방법론이다. 극 중 반복적으로 등장하는 공간들의 표현법에서 슬랩스틱과 스릴러를 오가는 배우의 연기 방식까지, 리얼리티는 이 영화와 관련이 없다. 단 한 장면도 사실적인 느낌을 부여하지 않는 인공미는 작품 전체에 단 하나의 호흡만을 불어넣으며 잊지 못할 영화적 진경을 펼쳐낸다. 어쩌면 「M」을 이명세 스타일의 집대성이라고 불러도 무리는 아닐지도 모른다.

이 영화는 뜨거운 여름날 오후의 햇살과 소녀의 손에서 거품을 내며 미끄러지던 비누를 촉감으로 느끼게 한다. 종종 의미보다 리듬이 더 중요한 대사는 음악처럼 연주된다. 결혼 피로연장의 텐트를 채색된 스크린처럼 활용하는 색감은 어둠의 질감까지 살려낸다. 완전한 어둠 속에서 부조로 도드라져 있는 듯한 인물은 또 어떤 장면에선 홀로 실루엣이 되어 가라앉는다. 사무치는 재회의 순간은 추억의 존재 방식을 상기시키듯, 정지 화면을 이어 붙인 포토 몽타주로 살려낸다.

청각을 자극하며 그어지는 성냥불은 화면에 빛과 기억을 함께 불러온다. 공간과 상황 혹은 대사는 반복되거나 변주 또는 부정되면서 의미를 중첩시키기도 하고 확장시키기도 하며 아예 의미 자체를 비워내기도 한다. 그리고 엔딩크레디트가 흐를 때쯤 내내 명멸했던 이 영화의 '기억'은 이명과 잔상의 긴 꼬리를 남기며 관객의 마음에 오래 남는다.

# 행복

감독 **허진호** 국내 개봉일 **2007.10.03**

허진호의 첫 영화 「8월의 크리스마스」를 설명할 때 개봉 당시 가장 많이 동원되었던 단어는 절제와 일상성이었다. 그의 네 번째 영화 「행복」에 대해 말하면서 그 두 단어를 다시 거론하기는 어려울 것이다. 일상적이라기보다는 극적인 이 영화에서 허진호는 절제하기보다는 폭발하는 쪽을 택한다. 「행복」은 독한 이야기와 격렬한 감정으로 밀고 나간다. 이건 분명 허진호의 가장 차갑고 잔인한 영화일 것이다.

술집을 경영하며 분방하게 살아가는 영수(황정민)는 애인 수연(공효진)과의 관계가 벽에 부딪치고 술로 인한 간경변이 악화되자 주위와의 연락을 끊고 시골의 요양원으로 내려간다. 심한 폐질환을 앓으면서 8년째 요양 중인 은희(임수정)와 서서히 사랑을 나누게 된 영수는 시골 마을에 따로 집을 얻고 이전과 전혀 다른 삶을 행복하게 살아간다. 이 영화의 제목처럼, 그들은 끝까지 행복할 수 있을까.

검고 끈적거리는 타르 같은 이 영화를 사전 정보 없이 본다면, 허진호라는 이름을 떠올리지 못했을지도 모른다. 「행복」은 숲을 관조하는 대신 늪을 체험한다. 허진호의 주로 조용한 남자와 다소 도발적인 여자는 여기서 서로 성별을 바꾼 뒤 그 성향을 극대화한다. 그의 영화론 처음으로 아버지 대신 어머니가 등장하기까지 한다.

돌이켜 보면, 허진호의 영화는 언제나 사랑의 지속가능성에 대해 회의적이었다. 그러나 사랑이 막다른 지점에 도달한 순간까지도 그의 인물들은 슬퍼할지언정 무너지지는 않았다. 「행복」에서 그는 그 인물들로부터 위엄과 자존을 제한 뒤 그들 앞에 수렁을 더한다.

영수와 은희는 서로 다른 두 개의 세계이기도 하다. 한쪽은 끊임없이 채우려는 플러스의 세상이다. 거기엔 술과 담배와 자동차와 휴대폰이 있고, 소비와 탐닉의 사이클이 있으며, 무엇보다 아찔한 삶의 속도가 있다. 다른 한쪽은 그 모두를 비워내려는 마이너스의 세상이다. 이를테면 「행복」은 그 두 세계의 접점에서 일어나는 불꽃과 잔해에 대한 이야기이기도 한 것이다. 새로운 세계에 잠시 안착했던 영수가 은희에게 스스로의 균열을 열어 보이는 첫 대사가 "넌 밥 천천히 먹는 게 지겹지 않니? 난 지겨운데"인 것은 우연이 아니다.

실로 오랜만에 소주를 마시게 된 은희는 "변함없는 맛이네"라고 말한다. 건강도 변하고 사랑도 변한다. 그러나 소주와 사람은 좀처럼 변하지 않는다. 가해진 힘을 제거하면 원래대로 돌아가는 용수철처럼. 「봄날은 간다」가 변하기 마련인 사랑을 목도하며 탄식하는 영화였다면, 「행복」은 변하기 쉽지 않은 사람 앞에서 한숨짓는 영화다.

「부운(浮雲)」을 위시한 나루세 미키오의 작품들과 「마지막 국화 이야기(殘菊物語)」 같은 미조구치 겐지 작품들을 떠올리게도 하는 「행복」의 이야기 구도는 사실 전형적이다. 그러나 허진호는 밥과 술과 담배에 대해 툭툭 내던지는 말에서조차 삶과 사랑의 딜레마를 깊이 응축시키는 대사 작법과, 공간 속에 생활의 실감이 배어들도록 하는 생생한 묘사를 통해 이전에 한 번도 들어본 적이 없는 이야기를 듣는 것처럼 느껴지게 하는 마술을 부린다.

그런 사실감의 상당 부분은 연기에 있다. 분명 황정민은 허진호의 견고한 세계를 한 뼘 넓히는 데 공헌했다. 이 영화에서 황정민은 「너는 내 운명」(박진표)에서 자신이 구축한 진지를 완전히 부수고 정반대 지점에서 새로운 언덕을 쌓는 방식으로 연기한다. 떠나기 위한 명분마저 상대가 만들어줄 것을 요구하던 영수가 소변을 보다 거울에 비친 자신의 얼굴에 갑자기 침을 뱉을 때, 이 단순하면서도 복잡 미묘한 남자는 잊히기 힘든 캐릭터가 된다.

이 영화에서 임수정은 1970년대를 풍미한 한국 멜로영화 속에서 오려온 것처럼 비현실적으로 보일 수도 있는 캐릭터에 질감과 양감을 함께 붙여내며 호연한다. 파리한 얼굴에 깃드는 짙은 병색을 받아들이거나 뒤집으면서 행복과 절망의 거대한 진폭을 그려내는 그는 이 영화에 종교적으로까지 느껴지게 하는 기운을 불어넣는다.

# 원스

**Once**

감독 **존 카니**(John Carney)  국내 개봉일 **2007.09.20**

기타를 둘러맨 채 거리에서 노래하는 사람이 있다. 인파로 북적대는 낮엔 남의 히트곡을 부르다가 혼자 남는 밤이면 더블린의 거리에서 자작곡을 부르는 남자(글렌 핸사드). 텅 빈 밤거리에서 실연의 쓰라림을 음악에 담아 절규하는 그의 얼굴을 클로즈업으로 물끄러미 비추던 카메라가 뒤로 서서히 물러나면, 어느새 노래에 귀 기울이고 있는 사람의 다소곳한 등이 보인다. 거리에서 꽃을 팔거나 가정부 일을 해내면서 가족을 부양해야 하는 체코 출신의 여자(마르케타 이르글로바).

아일랜드에서 온 작고 아름다운 영화 「원스」는 그렇게 만난 그 남자와 그 여자의 사랑에 대한 이야기다. 아니, 거기에 하나 더. 이 영화엔 음악이 있다. 노래는 두 사람의 심산(心酸)한 마음을 연결하는 다리이고, 신산(辛酸)한 나날을 감싸는 이불이며, 실산(失散)한 꿈을 깁는 바늘이다. 음악 외에 대체 무엇이 그 모든 것을 할 수 있을까.

음악으로 병풍을 두르는 영화는 허다하다. 음악으로 발전기를 삼는 영화도 적지 않다. 그러나 「원스」처럼 음악과 이야기가 최적의 지점에서 만나 최선의 조합으로 최상의 빛을 내는 영화는 지극히 드물 것이다. 존 카니는 음악만으로도 길어 올릴 수 없고, 문학만으로도 만들어낼 수 없는 종류의 감동이 영화라는 매체에서 가능함을 증명한다. 이는 두 주연 배우 글렌 핸사드와 마르케타 이르글로바가 실제 뮤지션이라는 사실과도 무관하지 않다.

여기엔 기적 같은 순간들이 있다. 남자가 만든 곡에 가사를 붙이기 위해 CD 플레이어에 넣을 건전지를 사러 갔던 여자. 이어폰에서 흘러나오는 멜로디에 맞춰 그 노래 「If You Want Me」를 부르면서 어둑어둑한 밤거리를 홀로 걸어 여자가 집으로 돌아올 때, 카메라는 음악이나 그녀의 발걸음을 단 한 차례도 끊지 않고 그 모든 심상을 묵묵히 담는다. 가사를 희구하는 멜로디처럼, 이 영화의 카메라는 소통을 갈망한다. (조명도 따로 사용하지 않은 이 투박한 장면은 심지어 주변 통제도 제대로 이뤄지지 않아서 행인들이 카메라를 쳐다보는 모습까지 그대로 담겼다. 롱테이크로 촬영되었으면서도 이 장면이 별다른 이유 없이 두 개의 숏으로 구성된 것을 보면, 아마도 도중에 해결하지 못한 오류나 한계가 있었을 것으로 추측되기도 한다. 하지만 존 카니는 그런 기술적 조악함에는 신경 쓰지 않으면서도 실로 마법처럼 다가오는 감동적 장면을 만들어냈다.)

그리고 노래가 멈추고 여자의 여정이 끝나는 순간, 관객은 깨닫는다. 설령 영화에서 구원의 사다리를 발견하는 것은 불가능할지라도, 어떤 영화는 깊은 우물 같은 위로를 건넨다는 것을.

극 중에서 이름조차 부여받지 못한 두 사람의 사랑 이야기에는 드라마틱한 굴곡이 없다. 영화 속에서 남자나 여자가 혼자 노래하는 순간의 쓸쓸함은 둘이 함께 노래하는 장면에서도 그다지 줄어들지 않는다. 그러나 혼자 노래할 때 빈 하늘을 외로이 떠돌았던 영혼들은, 둘이 함께 노래할 때 지친 나래를 접고서 부드럽게 흔들리는 음표 위에서 잠시 쉰다. 그걸로 족하다. 그게 이 생에 허락된 휴식이라면.

# 본 얼티메이텀

**The Bourne Ultimatum**
감독 **폴 그린그래스**(Paul Greengrass)  국내 개봉일 **2007.09.12**

이 정도면 첩보 액션 장르의 걸작이라고 해도 무리는 아닐 것이다. 「본 아이덴티티(The Bourne Identity)」와 「본 슈프리머시(The Bourne Supremacy)」의 뒤를 잇는 시리즈 완결편 「본 얼티메이텀」은 긴장감 넘치는 서스펜스에 박력 넘치는 액션이 시종 꼬리를 무는 탁월한 오락영화다.

대도시의 차가운 거리에 가장 잘 어울리는 이 시리즈는 냉전이 끝난 뒤 맞서 싸워야 할 적을 정체성과 함께 잃고 무덤으로 걸음을 옮기던 첩보영화가 회생할 수 있는 길 하나를 명확히 제시했다. 형식적으로는 컴퓨터그래픽의 발달로 극영화와 애니메이션의 경계가 점점 흐려지는 상황에서도 촬영과 편집 그리고 연기처럼 가장 기본적인 요소들로 여전히 승부를 걸 수 있다는 것, 그리고 내용적으로는 과거의 소련처럼 외부에 존재하는 '악의 제국'을 상정하지 않고 시선을 내부로 돌리는 것만으로도 얼마든지 흥미진진한 이야기를 할 수 있다는 것이다.

미국 CIA 최고의 암살 요원이었던 제이슨 본(맷 데이먼)은 사고로 잃어버린 기억을 찾아가는 과정에서 비밀조직 블랙 브라이어의 존재를 알게 된다. 치부를 들키지 않기 위해 조직은 제이슨 본에게 죄를 뒤집어씌우고 제거하려 한다. 그러나 본은 CIA 내부의 파멜라(조운 앨런)와 니키(줄리아 스타일스)의 도움을 받아 점차 치부의 핵심에 접근해 간다.

「본 얼티메이텀」은 건조하면서도 우아하고, 스피디하면서도 냉정하다. 오락영화로서 이 작품이 진가를 발휘하는 것은 첩보 액션 장르의 발전기와도 같은 추적 시퀀스에서다. 모스크바에서 시작해 종횡무진 각국을 누비다가 뉴욕에서 끝나는 이 영화는 시종 쫓고 쫓기는 자의 긴장을 격렬한 박동으로 삼는다. 모로코 탕헤르에선 좁은 골목길을 누비며 수평으로 쫓고 쫓기고, 미국 뉴욕에선 고층 건물을 오르내리며 수직으로 쫓고 쫓긴다.

게다가 폴 그린그래스는 수많은 인물이나 차량으로 북적거리는 좁은 공간에서 발생하는 서스펜스 제조에 일가견이 있는 감독이다. 시위대와 진압군으로 붐비는 북아일랜드 데리시(市)의 거리(「블러디 선데이(Bloody Sunday)」), 테러범과 승객들이 대치하는 기내(「플라이트 93(United 93)」), 전차와 자동차 그리고 행인으로 북적대는 베를린 알렉산더광장(「본 슈프리머시」)을 무대로 뛰어난 인물 동선 처리와 사건 스케치 능력을 보여줬던 그는 이제 하루 40만 명의 이용객들로 붐비는 런던의 워털루역에서 다시금 뛰어난 솜씨를 보여준다. 그리고 서로 다른 네 인물의 움직임과 충돌을, 카메라가 인간의 심장을 달고 있는 듯한 촬영과 수많은 숏을 정교하게 이어 붙이는 편집, 리듬을 최적으로 살린 음악과 박진감 넘치는 사운드 에디팅으로 멋지게 표현한 모로코 탕헤르의 액션 시퀀스는 가히 신기에 가깝다.

탁월한 기술적 숙련도와 빼어난 오락영화적 재미를 탑재한 제이슨 본 시리즈에 화룡점정하는 것은 첩보물의 근거 자체를 되짚어 보는 시각이다. 서부극 장르에서 「하이 눈(High Noon)」(프레드 진네만)이나 「수색자(The Searchers)」(존 포드) 혹은 「용서받지 못한 자」 같은 영화들이 수행한 일을 제이슨 본 시리즈는 첩보영화 장르에서 해낸다. 「본 슈프리머시」에서 자신이 암살한 러시아 정치인의 딸을 찾아가 사죄했던 제이슨 본은 「본 얼티메이텀」에서 이전에 그가 대결 끝에 죽일 수 있었는데도 죽이지 않았던 또 다른 비밀 요원과 재차 마주친다. 제이슨은 상대가 총을 겨눠오며 그때 왜 죽이지 않았는지를 캐묻자 두 문장의 짧은 답변으로 정곡을 찌른다. "너는 나를 죽여야 할 이유를 아니? 저들이 만든 우리의 모습을 봐."

이 영화의 클라이맥스에서 제이슨 본이 찾아가는 곳은 블랙 브라이어 본부가 있는 뉴욕 맨해튼의 심장부. 부패한 몸을 지키기 위해 건강한 수족을 잘라내려는 정보기관의 생리를 비판하고 지난 수십 년간 미국이 자유와 정의의 이름으로 자행했던 무리한 대외 정책을 반성하는 「본 얼티메이텀」은, 처음 잘못되었던 지점으로 거슬러 올라가 문제를 해결하려 하는 결자해지 스릴러다.

# 데쓰 프루프

**Death Proof**

감독 **쿠엔틴 타란티노**(Quentin Tarantino)  국내 개봉일 **2007.09.06**

쿠엔틴과 타란티노와 쿠엔틴 타란티노. 운전자가 죽지 않도록 특수 제작된 차량을 몰고 다니면서 여자들을 상대로 엽기적 사고를 저지르는 남자 이야기를 다룬 「데쓰 프루프」에서 가장 중요한 세 가지 요소는 바로 그것일 게다. 「데쓰 프루프」는 쿠엔틴 타란티노가 어떤 영화감독인지를 여실히 보여주는 작품이다.

## 1. 호모 루덴스 타란티노(유희적 인간)

「데쓰 프루프」에 나오는 인물 중 하나인 분장사는 이전에 작업한 어느 영화의 현장에 대해 "감독이 재미있는 사람이라서 촬영장이 매일 파티 같았다"라고 말한다. 타란티노의 촬영장이 실제 파티 같은지는 알 수 없다. 그러나 영화를 구상하는 그의 머릿속은 분명 흥겨운 파티 같을 것이다. 「데쓰 프루프」에는 스스로가 즐기는 것을 남에게도 보여주고 싶어 안달하는 일곱 살짜리 꼬마의 마음이 있다.

타란티노는 자동차와 미녀라는 예전 B급영화의 단골 모티브가 지닌 시각적 자극을 극단적이다 못해 뻔뻔한 방식으로 추구한다. 몸을 구부린 미녀의 육감적인 몸매를 계속 전시하고, 달리는 자동차는 곡선주로에서의 현란한 스티어링과 직선주로에서의 무서운 질주로 긴장을 선사한다. 게다가 타란티노는 자신이 더 흥미롭다고 생각하는 방식으로 그 두 요소를 결합한다. 그건 바로 그 미녀가 그 자동차를 운전한다는 것.

## 2. 호모 파베르 타란티노(도구적 인간)

그러니 타란티노가 직접 촬영까지 맡은 것도 무리는 아니다. 사실 「데쓰 프루프」는 마지막 20여 분의 자동차 추격전을 위해서 만든 작품이고, 그 자체가 영화적 스릴을 탑재한 비이클(Vehicle)이다. 컴퓨터그래픽의 도움을 받지 않은 이 영화의 카 체이스가 영화사상 최고의 자동차 추격전이라고까진 할 수 없을지라도, 최소한 놀이공원에서 성능이 뛰어난 범퍼카에 올라탄 것 같은 실감을 준다.

「데쓰 프루프」의 도구는 가죽 벨트와 자동차에서 그치지 않는다. 인물 자체가 랩 댄스에서 스턴트까지, 시각적 쾌감을 실어 나르는 도구이기 때문이다. 출연 배우 목록의 맨 위에 자리 잡고 있는 커트 러셀은 이 영화의 주인공이 아니다. 동정의 여지라곤 전혀 없는 이 끔찍한 변태 악당은 묵직하고 튼튼해서 더욱더 두들겨줄 만한 샌드백이고, 관객의 스트레스를 모두 흡수해 축제의 끝에서 요란하게 터지는 폭죽이다. 그리고 이 영화에 등장하는 여성들은 전설적인 명차의 성능 좋은 부품이고 에너지가 고갈되지 않는 토킹 머신이며 지독한 성차별주의자를 멋지게 응징하는 몽둥이다.

### 3. 호모 로퀜스 타란티노(언어적 인간)

그렇다 해도 영화의 70~80퍼센트를 수다로 채웠으니, 좀 지나치긴 하다. 다리 춤에 총을 차고 다니는 이유를 설명하는 킴(트레이시 톰스)이나, 좋아하는 감독이 하필 자신의 생일날 배우 대릴 해나의 대역과 잤다고 분개하는 애버내시(로사리오 도슨)의 사연처럼 독특하게 다가오는 내용도 있긴 하다. 뻔하게 수작을 거는 남자들과 그 속내를 뻔히 알면서도 넘어가주는 여자들의 모습을 블랙 코미디처럼 지켜보는 재미도 있다. 하지만 아무래도 이 영화의 수다는 좀 과하다.

그래도 어쩔 수 없었을 것이다. 타란티노의 시시껄렁한 대사들은 발화 지점을 늦추고 러닝타임을 장편 분량으로 늘리기 위한 관성적 추임새가 아니라 그 자체로 감독이 가장 중시하는 영화적 요소 중 하나이기 때문이다.

### 4. 호모 그라마티쿠스 타란티노(문법적 인간)

타란티노가 그 못지않게 중시하는 것은 문법이다. 그는 언제나 형식주의자였다. 1970년대의 B급영화 전용 상영관인 그라인드하우스 시절 작품 특유의 끈적한 공기를 살려내기 위해, 그는 「데쓰 프루프」의 화면에 일부러 스크래치를 넣고, 지직거리는 음향효과를 삽입했으며, 장면을 끊어먹기까지 했다. (타란티노의 「데쓰 프루프」는 로버트 로드리게스의 「플래닛 테러(Planet Terror)」와 함께 그라인드하우스의 흔한 상영 방식이었던 동시 상영 형태로 기획되었다.)

## 5. 호모 마지쿠스 타란티노(마술적 인간)

그 끝은 매직이다. 장르의 문법을 충실히 따르는 듯했던 타란티노는 이 영화에서 가장 뛰어난 종반부에 접어들며 현란한 손놀림과 신선한 상상력으로 둔탁한 장르의 벽을 가볍게 통과하는 일종의 마술을 보여줬다. 응징될 '남자'에 응징할 '여자들'을 맞세우는 플롯의 집중력과, 최적의 순간에 공수 전환을 이뤄내는 클라이맥스의 리듬은, 종반을 향해 치달으며 아찔한 가속을 보여주는 편집과, 숏마다 유쾌하게 방점을 찍는 촬영의 도움으로, 마법의 구두점을 찍는다. 타란티노는 영화의 시청각적 쾌락이 어디서 연유하는지를 안다.

## 6. 호모 아르텍스 타란티노(예술하는 인간)

되살려낸 1970년대 B급영화의 분위기와 재미 속에 타란티노의 창의적인 호흡이 불어넣어진 「데쓰 프루프」는 시대적 뉘앙스와 지역적 문맥이 공유된 환경에서 상영될 때 가장 잘 즐길 수 있는 작품일 것이다. 그런데, 그라인드하우스가 없었고 1970년대 미국의 B급영화에 대한 집단적 향수가 부재한 머나먼 타국에서는 누가 이 영화를 온전히 즐길 것인가. 「데쓰 프루프」를 낳은 시공간적 콘텍스트를 짐작하고 하위문화의 키치적인 미학을 이해하려는 소수 애호가들의 오락거리가 되지 않을까. 값싸고 거칠고 생생한 대중예술이 바다를 건너 문화 엘리트들의 교양으로 소비되는 역설.

# 마이 파더

감독 **황동혁** 국내 개봉일 **2007.09.06**

다섯 살 때 미국으로 입양되어 성장한 제임스 파커(다니엘 헤니). 그는 얼굴도 모르는 친부모에 대한 그리움으로 주한미군에 자원해 한국에 온다. 헤어진 가족 찾기를 주선해주는 텔레비전 프로그램에 나가서 친부모를 수소문했던 제임스는 어느 날 아침 친아버지를 찾았다는 연락을 받는다. 22년 만에 만난 친아버지 남철(김영철)은 두 명을 살해한 혐의로 수감되어 있는 사형수였다.

황동혁의 「마이 파더」가 남들이 가지 않는 길을 걷는 영화인 것은 아니다. 이 작품의 스토리와 에피소드들은 실화에 토대했음에도 불구하고, 사형수인 아버지와 해외에 입양된 아들을 연결하는 설정에서 나올 법한 내용 그대로이다. 이 영화의 캐릭터들은 선의 진영과 악의 진영으로 정확히 양분할 수 있다. 단 하나 예외라고 할 수 있는 인물이 남철이지만, 그 역시 과거와 현재라는 시제에 따라 악과 선이 선명하게 갈린다. 어쩌면 이야기의 핵심에 해당할지도 모르는, 제임스가 남철을 아버지로 온전히 받아들이려 그토록 필사적으로 애쓰는 이유조차 명확히 알기 어렵다.

그러나 「마이 파더」는 익히 잘 알려진 길을 성실하게 걸어가는 작품이다. 그 만듦새와 만족도에서 「우리들의 행복한 시간」(송해성)을 떠올리게 한다. 흔히 삽입되는 주인공의 로맨스 하나 없이 부자 관계에만 집중해 충실히 스토리를 풀어가는 황동혁의 연출은 깔끔하고 겸손하다. 윤진호 작가(「말아톤」(정윤철))의 대사들은 가끔씩 관습적일지언정 끝까지 힘을 잃지 않는다. 스토리텔링을 위해서는 영어를 쓰다가도, 극이 고양되는 순간이 찾아오면 어김없이 단문형의 서툰 한국어로 말하는 제임스의 대사는 감정적으로 큰 힘을 발휘한다.

극 중 유머의 양과 질은 심각한 실화를 소재로 한 이 영화의 위치에 잘 들어맞는다. "술잔이나 돌려"라는 한국말의 의미를 곧이곧대로 들은 제임스가 심드렁한 표정으로 술집 테이블 위에서 소주잔을 빙빙 돌리는 장면처럼, 언어적 장벽으로 의사소통이 완벽하지 않은 상황에서 펼쳐지는 웃음이 무거운 이야기의 반대편에서 정서적 균형을 잡는다. 제임스의 군 동료인 신 상병으로 등장해 이 영화의 유머를 주도하는 김인권은 그 배역이 요구하는 몫을 제대로 해냈다.

인상적인 것은 한 번도 만난 적이 없는 미국의 양아버지와 한국의 친아버지가 제임스를 매개로 이어지는 장면들이다. 양아버지가 좋아하는 노래가 「More That I Can Say」라고 제임스가 말하면 친아버지는 혼자 감방에서 그 노래를 흥얼거린다. 친아버지가 친어머니와 처음 만났던 순간의 짜릿한 경험을 들려주면, 제임스는 양아버지와 양어머니의 설레는 첫 데이트 이야기를 전한다. 극 중반 양아버지가 병사한 뒤 제임스가 서툰 한국말로 "죽었다. 미국 아버지"라고 친아버지에게 부음을 알렸을 때, 이제 홀로 남게 된 단 한 명의 아버지의 부성은 극대화된다.

이 영화에는 "집안 내력인 심장병이 네겐 없을 테니 참 다행이야"라고 말할 줄 아는 양아버지가 나온다. 해외 입양아 문제를 다룬 장길수의 「수잔브링크의 아리랑」이나 박광수의 「베를린 리포트」와 달리, 이 영화에서 양부모는 피 한 방울 섞이지 않은 동양인 아들에게 뜨거운 사랑을 쏟는다. 거의 맹목적으로 친아버지와의 관계에 집착하는 제임스의 더운 심장은 친부로부터 물려받은 선천적인 것일까, 양부의 품에서 따뜻하게 데워진 것일까.

맞춤 배역을 꿰찬 다니엘 헤니는 「마이 파더」에서 시종 빛난다. 배우로서 일취월장한 연기력과 스타로서 여전한 매력이 동시에 빛을 내는 이 영화는 세월이 흘러도 다니엘 헤니가 자랑스럽게 회고할 수 있는 출연작이 될 것이다. 좌절과 절망으로 난동을 부리다가 헌병들에게 체포되는 장면에서의 연기는 그가 배우로서 어디까지 올라섰는지를 잘 말해준다. 김영철은 아들과의 첫 면회 장면에서 당혹스러운 듯 반가운 듯 복합적인 표정으로 강렬하게 등장한다. 그는 살인자의 어두운 내면보다는 아버지의 넘치는 사랑에 무게중심을 실어 효과적으로 연기한다.

「마이 파더」에서 가장 감동적인 순간은 엔딩크레디트가 흐를 때 찾아온다. 이 영화의 모델인 실존 인물 에런 베이츠에 대한 다큐멘터리의 몇몇 장면이 이제껏 관객이 보아온 극영화 속 에피소드들의 원화로 드러날 때, 허구는 사실로 복기되면서 감정적 파장을 배가시킨다. 아버지를 면회하던 에런 베이츠가 "감기 걸리셨어요? 어, 나도 걸렸는데. 부전자전이네요"라고 엔딩크레디트 속에서 웃으며 말하는 순간의 저릿한 느낌을, 당신은 한동안 잊지 못할 것이다.

# 미스터 브룩스

**Mr. Brooks**
감독 **브루스 A. 에번스**(Bruce A. Evans)　국내 개봉일 **2007.08.30**

자상한 남편이다. 따뜻한 아버지다. 성공한 기업인이다. 존경받는
자선사업가다. 그리고 지역 사회가 선정한 올해의 인물이다. 모름지
기, 그는 신실하다, 딱 한 가지만 제외하면.

　그는 연쇄살인마다. 「미스터 브룩스」는 연쇄살인범 브룩스(케빈
코스트너)의 분열적인 내면 묘사에 전력을 기울인 심리 스릴러다. 주
인공이 겉으로 봐서는 짐작조차 할 수 없는 비밀스런 범죄 행각을
저지르지만, 연쇄살인의 행적에 몰두하는 메리 해론의 「아메리칸
싸이코(American Psycho)」나 살인범이 자신의 행위를 제대로 자각하지
못하는 알프레드 히치콕의 「싸이코」 같은 영화들에서 멀리 떨어진
지점에 서 있다. 그건 브룩스가 살인이라는 병든 쾌락에 중독되었으
면서도 그로부터 벗어나려고 필사적으로 애를 쓰는 인물이라는 사
실 때문이다. 그는 살인을 저지를 때면 솜씨 좋은 전문가이지만, 위
기를 겪을 때면 평온과 용기와 지혜를 달라고 신에게 절절히 기도까
지 하는 유약한 사람이기도 하다.

「미스터 브룩스」는 서브플롯의 매력이 제대로 살아 있는 드문 스릴러이기도 하다. 분열적인 연쇄살인마의 내면은 이혼 소송에 넌더리를 내고 있는 형사, 그 형사가 체포해 수감시켰지만 탈옥에 성공한 흉악범, 살인의 쾌락에 동참하고 싶어 하는 비틀린 욕망의 목격자, 급작스레 대학 생활을 중단하고 돌아온 브룩스 딸의 사연과 이리저리 효과적으로 얽혀가면서 기이하고도 생생한 이야기를 들려준다. 데이비드 크로넌버그의 「폭력의 역사」처럼, 인물들 사이에서 악업이 전염되고 학습되며 유전되는 상황을 중층적으로 담아내는 구조는 이야기에 폭과 깊이를 더한다.

케빈 코스트너는 이 영화에서 배우 경력 중 처음으로 지독한 악역을 맡았지만, 이전과 극적으로 대비되는 모습을 애써 보여주려 하지는 않는다. 과묵한 로맨티스트의 이미지를 지닌 케빈 코스트너는 「사랑을 위하여」와 「보디가드(The Bodyguard)」(믹 잭슨)처럼 달콤한 사랑영화에서조차 일정한 냉정함을 유지했다. 연쇄살인범 역할을 맡은 배우들은 흔히 악마성을 강조하는 연기를 하지만, 이 영화에서 코스트너는 광기보다는 분열에 좀 더 초점을 맞춘다. 냉혹하게 살인을 저지르는 모습과 흐느끼면서 용서를 구하는 모습은 이 작품에서 거의 동일한 비중으로 똑같이 강조됨으로써 그 모두가 브룩스의 진실임을 당혹스럽게 전한다.

영화 속에서 브룩스만이 보거나 대화할 수 있는 악마적 분신 마셜 역을 맡은 윌리엄 허트는 밝은 분장의 얼굴에 내면의 어둠을 역설적으로 담아내며 호연했다. 살인을 저지르기 직전이나 저지른 직후, 브룩스와 마셜이 끔찍한 농담을 주고받으며 낄낄대는 장면들은 잔혹한 살인 장면보다 훨씬 더 섬뜩하다.

데미 무어는 「카피 캣(Copycat)」(존 아미엘)의 홀리 헌터를 연상시키는 형사로 등장한다. 거칠게 쏘아붙이는 말투에 몸싸움도 마다 않는 다혈질 형사로서 데미 무어는 배역에 잘 맞는 연기를 했다. 언뜻 떠오르는 이미지와 달리, 「지아이제인(G.I. Jane)」(리들리 스콧)과 「주어러(The Juror)」(브라이언 깁슨)에서 보듯, 사실 데미 무어는 이런 캐릭터에 상당히 잘 어울리는 배우다.

다양한 독법이 가능한 「미스터 브룩스」가 가장 인상적으로 다가오는 순간은 뒤틀린 가족영화로 읽어냈을 때이다. 이 영화 속 단란한 가정에서 브룩스가 보이는 다양한 행동들을 어떻게 받아들일 것인가. 가장으로서 그가 갖는 두려움과 헌신은 어떻게 양립할 수 있을 것인가. 늑대와 함께 달리면 늑대에게 물리기 마련이다. 그러나 함께 달리고 있는 모두가 늑대라면, 대체 누가 누구를 물 수 있단 말인가.

# 조디악

**Zodiac**
감독 **데이비드 핀처**(David Fincher) 국내 개봉일 **2007.08.15**

연쇄살인범 조디악의 정체를 파고들던 평범한 시민 로버트(제이크 질 런할)가 형사 데이비드(마크 러펄로)를 찾아가 확신에 찬 목소리로 말한다. "용의자 X와 첫 피살자 멀린은 서로 아는 사이였습니다. 한때 X가 살았던 집에서 멀린의 집까진 50야드도 되지 않습니다." 데이비드가 반문한다. "그걸 어떻게 알았죠?" 그러자 로버트가 낮고 단단한 목소리로 대답한다. "제가 직접 두 집 사이를 걸어봤거든요."

「조디악」은 머리가 아니라 발을 믿는 영화다. 데이비드 핀처는 다른 흔적엔 눈길도 주지 않고 오로지 발자국만을 따라간다. 조롱하듯 신출귀몰하는 범인의 두 줄 발자국이 아니라, 범인의 발자국을 따라 도처를 헤매는 사람들이 남긴 어지러운 발자국들을. 그중 어떤 발자국은 도중에서 불현듯 끊어지고, 어떤 발자국은 점차 희미하게 사라져가지만, 또 어떤 발자국은 방향을 잃지 않고서 끝끝내 이어진다.

1969년 8월. 샌프란시스코의 신문사들에 '조디악'이라 자칭하는 연쇄살인범의 편지가 배달된다. 자신이 저지른 살인을 상술한 그 편지는 동봉한 암호문을 신문에 싣지 않으면 추가 살인을 저지르겠다는 경고로 끝난다. 신문에 편지와 암호문이 공개되자 샌프란시스코 일대는 충격에 휩싸인다. 형사인 데이비드와 빌(앤서니 에드워즈), 신문사 샌프란시스코 크로니클의 사건기자 폴(로버트 다우니 주니어)은 전력을 기울여 각각 사건 해결과 추리에 나선다. 그러나 가장 끈질기게 사건의 실마리를 찾아 헤매는 사람은 경찰도 기자도 아닌, 시사만평가 로버트이다.

이 영화에 또렷하게 새겨진 것은 이제까지 걸어오던 방향과 다른 길을 가기 시작한 데이비드 핀처의 발자국이다. 촬영의 교본으로 삼을 만한 「세븐」과 「패닉 룸」에서 빼어난 영상 감각과 미학적 파괴력을 갖춘 「파이트 클럽」까지, 핀처의 영화에서 스타일은 언제나 반짝반짝 빛났다. 그러나 올리버 스톤이었다면 훨씬 더 요란하게 연출했을 소재를 택하고도 전혀 흥분하지 않는 핀처는 이 영화에서 앨런 J. 퍼쿨라의 「대통령의 음모」를 떠올리게 하는 고전적 화술을 선보인다. 연쇄살인마를 다룬 영화들에서 흔히 접할 수 있는 피 냄새 배인 장르적 흥분이 이 영화엔 존재하지 않는다.

극 중에 등장하는 살인 사건 장면들은 작가 콜린 윌슨의 범죄에 대한 저작에서의 기술 방법처럼 냉정하고 사실적인 스케치로 섬뜩함을 안기고, 형사와 기자의 수사와 추리 장면들은 너무나 꼼꼼하고 세밀해 흡사 관객이 경찰서와 신문사의 회의석상에 참석하기라도 한 것 같은 생생함을 전한다. 그리고 로버트가 전면에 나서는 마지막 40분은 수사극이 지닐 수 있는 밀도와 긴장감의 극점을 보여준다. 방대한 내용을 효율적으로 요약한 편집과 2.35 대 1의 화면 비율을 인상적인 패닝 장면 등에서 제대로 활용한 촬영도 좋다.

「조디악」은 독립기념일을 맞아 폭죽이 하늘을 화려하게 수놓는 벌레이오시(市)의 까마득한 롱숏으로 시작해서, "이 사람이 제게 총을 쏜 사람이 맞다고 확신합니다"라고 증언하는 피해자의 클로즈업 숏으로 끝난다. 수십 년에 걸친 거대한 사건을 멀리서부터 포위망을 좁히듯 서서히 파고들어가 핵심이라고 믿는 부분에 단 하나의 또렷한 구두점을 힘차게 찍으며 끝나는 화술은 망원경과 현미경을 모두 능수능란하게 사용하면 어떤 영화적 쾌감을 도출할 수 있는지를 제대로 보여준다. 제이크 질런할과 마크 러펄로 같은 주연에서부터 클로이 셰비니와 존 캐럴 린치 같은 조연까지, 이 영화의 배우들이 이룬 성취도 대단하다.

끝내 범인이 잡히지 않은 실제 사건을 다룬 「조디악」은 이야기의 골격과 인물의 심리뿐만 아니라 구체적인 몇몇 대사에서까지 봉준호의 「살인의 추억」을 떠올리게 하지만, 연출자가 소재에 대해 확보한 거리가 좀 더 멀고 유머도 훨씬 차갑다. 실화 소재를 영화적으로 확실히 장악할 줄 아는 미국과 한국의 두 뛰어난 감독의 서로 다른 연출 방식을 비교해보는 것도 흥미로운 독법이 될 것이다.

# 기담

감독 **정범식, 정식** 국내 개봉일 **2007.08.01**

「기담」은 대담하고 야심만만하다. 비범한 이미지, 비선형적인 스토리, 슬픈 정서, 넘치는 패기 혹은 약간의 치기, 그리고 공동 감독. 많은 측면에서 김태용, 민규동의 공동 연출작 「여고괴담 두 번째 이야기」를 떠올리게 하는 「기담」은 섬뜩함과 아름다움이 어떻게 공존할 수 있는지 보여준다.

「기담」은 1942년 경성의 어느 서양식 병원에서 며칠 동안 벌어지는 세 가지 이야기를 엮었다. 병원 원장의 얼굴도 모르는 딸과 결혼하게 된 의대 실습생 정남(진구)은 여고생 시체에 매혹되어 밤마다 찾아간다. 의사 수인(이동규)은 교통사고를 당해 부모를 잃고 혼자 살아남은 소녀 아사코(고주연)의 마음속 상처를 치유하려 애쓴다. 뇌수술 전문가 동원(김태우)은 어느 날 아내 인영(김보경)에게 그림자가 없다는 사실을 발견한다.

정가형제(정범식, 정식)가 감독한 「기담」은 사실 약점이 없지 않다. 영화 속 세 이야기는 서로 잘 맞물리지도, 그렇다고 깔끔하게 나뉘지도 않은 채, 시간과 공간을 어정쩡하게 공유하면서 균열을 보인다. 1940년대를 회상하는 1970년대의 이야기를 작품 앞뒤에 배치해 스토리에 세월의 깊이를 부여하려 한 것도 결국 사족처럼 보인다. 숏과 숏, 신과 신의 연결이 삐걱대는 경우도 있고, 반복적으로 사용해 세 개의 이야기 사이를 잇는 역할을 하는 인서트숏도 종종 적절한 지점에 놓여 있지 않은 듯 느껴진다. 그리고 이 작품의 이야기는 제대로 요약되지 못해 관객에게 당혹감을 준다.

하지만 「기담」은 그 모든 단점을 괄호로 묶어버리고 싶게 만들 정도의 빼어난 미감을 가졌다. 그리고 관습적인 호러의 좁은 울타리를 훌쩍 뛰어넘어서 인간의 마음을 들여다보는 자신만의 눈을 가졌다. 현실도 꿈도 아닌 제3지대에서 가위에 눌린 채 두 눈 부릅뜨고 올려다보는 명징한 이미지의 느낌이라고 할까.

장면과 장면 사이에서는 몰라도, 적어도 숏 안에서는 탁월한 조형술과 상상력이 유감없이 발휘됐다. 시체가 얼어붙은 강 위에 꽃잎이 한 잎 떨어질 때 두터운 얼음이 파열음을 내며 갈라지는 장면이나, 좌우로 열리는 미닫이 방문으로 숏을 열어젖히면서 짤막한 몇 개의 스케치로 기이한 결혼을 멋지게 요약하는 신은 그 자체로 굉장히 아름답다.

양으로 따져볼 때, 습관적으로 깜짝쇼를 남발하는 여타 충무로 호러와 다른 문법을 지닌 이 공포영화엔 무서운 장면이 그리 많지 않다. 그러나 어린 딸의 머리를 빗겨주는 엄마(박지아)의 피투성이 얼굴이나, 완전히 지친 상태에서도 풀리지 않는 분노에 칼질을 계속하는 살인범의 힘없는 손 같은 몇몇 장면들은 실로 무시무시하다. 여기서 더 인상적인 것은 그런 장면들이 표면적인 섬뜩함을 넘어서 복합적이고 입체적인 심리를 함축하고 있다는 점일 것이다.

이 영화엔 누군가의 특출한 연기는 없지만, 처지는 연기도 없다. 「기담」의 배우들은 조화를 이루면서 작품과 함께 간다. 과시적이고 때론 조금 넘치는 감도 없지 않지만, 섬세하고 표현력이 뛰어난 이 영화의 음악 역시 좋다.

물론 무서운 이야기다. 하지만 「기담」의 세 이야기는 하나같이 사랑 이야기이기도 하다. 죄책감이든 안타까움이든 슬픔이든, 공포는 다른 감정을 극대화하는 경향이 있다. 그게 잘 만든 공포영화들이 감정적 여운을 짙게 남기는 이유일 것이다. 빛과 어둠을 대비하고 무채색과 원색을 대조하는 이 영화의 시각적 스타일은 그 자체로 사랑의 명암과 성쇠를 함께 담아둔 팔레트다.

# 디워

감독 **심형래** 국내 개봉일 **2007.08.01**

시사회를 통해 처음 공개된 이후, 심형래의 「디워」에 대해 나오기
시작한 영화평들은 대부분 유사하다. 이야기가 좀 아쉽지만 특수효
과는 뛰어나다는 것이다. 이와 같은 평가를 공유하면서 어디에 어떻
게 무게를 싣느냐에 따라 조금씩 다른 반응이 나오고 있을 뿐이다.
그런데 이 영화에 대한 반응들을 차례로 읽어보면, 이 작품에 대한
평가는 영화라는 매체 자체에 대한 평가자의 견해에 따라 엇갈리는
듯하다.

　확실히 「디워」의 특수효과는 심형래의 전작인 「용가리」 때보다
진일보했다. 악한 이무기 부라퀴가 길고 빠른 몸으로 주인공들이 탄
차를 쫓아가면서 지하 주차장을 부수는 장면이나, 로스앤젤레스 도
심에서 미군 전투헬기들과 악의 세력이 대규모 전투를 벌이는 장면
은 이전에 비해 기술적으로 완성도가 한층 높아졌다.

　그렇지만 세상의 그 어떤 오락영화도 특수효과만 따로 떼놓고 즐
길 수 있는 작품은 없다. 볼거리로 승부하는 블록버스터 영화들조차
휘황한 시각효과에 이야기와 캐릭터와 연기와 이미지들이 서로 조

응해가면서 재미를 주기 마련이기 때문이다. 단적으로 말해서, 이야기와 캐릭터와 연기와 이미지에 완전히 눈 감고서 시각효과만을 즐길 수는 없다. 그러니 특수효과에 대해 판단을 하려면, 기술적으로 얼마나 매끄러운지 못지않게 그 특수효과가 영화의 나머지 요소들과 어떻게 관계를 맺고 있는지 따져보는 게 중요해진다.

「디워」의 특수효과는 우선 이야기나 캐릭터와 유기적인 관련을 맺지 못한다. 화려한 컴퓨터그래픽 효과 사이의 휴지기를 메우려 등장하는 듯한 두 남녀 주인공(제이슨 베어, 어맨다 브룩스)은 부라퀴와 악의 세력을 피해 러닝타임의 대부분을 단지 도망 다닐 뿐이다. 500년 전의 조선과 현재의 미국을 윤회의 모티브로 이어가면서 운명을 말하는 스토리는 그저 시각적 쾌감의 공간을 제공하기 위한 최소한의 설정인 듯하다.

게다가 이 영화의 특수효과는 톤의 일관성 문제에서 큰 결함이 있다. 벌판을 가득 메운 채 전진하는 거대한 괴수들과 웅장한 철갑 군단이 16세기 조선의 성벽과 누각과 병사를 공략하는 장면 같은 것은 도무지 맞지 않는 양측의 톤 때문에 지극히 어색하다. 판타지와 역사가 어울리지 않는 시공간에서 억지로 공존하고 있는 것이다. 클라이맥스에서 선과 악을 대표하는 두 이무기가 혈전을 벌이는 장면도 그 자체로는 상당한 볼거리겠지만, 영화 전체의 질감과 완전히 다른 느낌 때문에 이물감이 짙다.

특수효과에서 기술력보다 중요한 것은 상상력이다. 이 영화에서 가장 큰 볼거리를 제공해주는 도심 전투 장면은 「고질라」와 「반지의 제왕」과 「킹콩」을 그대로 따온 듯한 진행으로 흥미가 반감된다.

하나같이 딱딱한 배우들의 태업에 가까운 연기도 극에 대한 몰입을 방해한다.

이 작품의 기술적 성과를 애국적으로 해석해 '한국인'으로서 폭발적인 반응을 보내는 지금의 풍경은 실로 기괴해 보인다. 대체 언제까지 할리우드의 기술적 수준과 충무로의 그것을 비교해가면서 국민적 자부심을 얻어야 하는 걸까. 영화가 기능 올림픽은 아니지 않은가.

영화 한 편을 보면서 "우리도 해냈다"라고 자위하는 것은 8년 전 「쉬리」(강제규) 때 한 번으로 충분했던 게 아닐까. 한국 영화로는 300억 원을 쏟아부은 엄청난 대작이겠지만, 세계적 기준으로 보면 「디워」는 할리우드의 흔하디흔한 B급 괴수영화에 가까울 뿐이다. 이 영화에 한국의 전설이 거론되고 종반부에 「아리랑」이 비장하게 깔린다고 해서 한국 문화가 저절로 세계의 주목을 받고 존경을 받게 되는 것은 전혀 아니다. 지나친 자부심은 그저 열등감의 다른 얼굴일 뿐이다.

"용의 시대는 지나갔다고들 말하지만, 용의 시대는 지금부터 시작이다"라는 「디워」의 첫 대사는 감독의 심정을 그대로 담고 있는 말일 것이다. 아울러 이 영화는 심형래의 영화 인생을 반추하는 사진들과 "나는 포기하지 않았다. 나는 세계 시장에서 「디워」로 반드시 성공할 것이다"와 같은 신념 가득한 발언들을 자막으로 담아낸 희대의 에필로그로 끝나기도 한다.

감독의 열정과 신념은 존중할 수 있다. 그러나 창작에 있어서 열정 그 자체보다 더 중요한 것은 열정의 방향이고 열정의 결과물이다. 영화를 제작하는 일은 분명 가치 있는 일이지만, 그것이 누구를 위한 희생인 것도 아니다. 강요한 사람은 아무도 없다. 그리고 그것이 「디워」든 「밀양」이든, 혹은 그 어떤 작품이라도, 이 세상에 의무감과 책임감으로 꼭 봐야만 하는 영화 같은 건 없다.

# 라따뚜이

**Ratatouille**
감독 **브래드 버드(Brad Bird)**  국내 개봉일 **2007.07.25**

처음부터 그랬다. 「토이 스토리」가 막 나왔을 때, 영화 역사상 처음으로 제작된 장편 디지털 애니메이션이 지닌 기술적 표현력에 탄성을 연발하느라 모두들 간과했지만, 픽사 스튜디오가 무엇보다 세심하게 공을 들인 것은 이야기였다. 「벅스 라이프(A Bug's Life)」(존 래시터)가 그랬고, 「니모를 찾아서(Finding Nemo)」(앤드루 스탠턴)가 그랬으며, 「인크레더블(The Incredibles)」(브래드 버드)이 그랬다. 그리고 이제 픽사의 주방장은 영양가 높은 메시지를 풀어 넣은 풍성한 이야기를 능숙한 조리법으로 요리해 「라따뚜이」를 만들어냈다. 「라따뚜이」는 생생한 캐릭터를 만드는 법에서부터 힘주어 남기고 싶은 주제를 이야기 속에 자연스레 녹여 넣는 법까지, 하나씩 뜯어가며 공부해볼 만한 가치가 있는 모범적인 이야기 영화다.

뛰어난 미각을 타고난 생쥐 레미(패튼 오스월트)는 프랑스 최고의 요리사를 꿈꾼다. 생쥐라는 처지 때문에 꿈을 실현할 방법을 찾지 못하던 레미는 어느 날 파리의 최고급 레스토랑 주방으로 떨어진다.

청소부로 레스토랑에 취직한 청년 링귀니(루 로마노)와 우여곡절 끝에 팀을 이루게 된 레미는 링귀니의 모자 속에 숨어 지시하는 방식으로 요리를 시작한다. 레미의 도움으로 링귀니가 환상적인 요리 솜씨를 발휘하기 시작하자, 주방장 스키너(이언 홈)는 의심의 눈길을 번득이기 시작한다.

애니메이션에서 감독은 덜 중요하게 평가되는 경향이 있지만, 브래드 버드의 경우라면 좀 다르다. 걸작 「아이언 자이언트(The Iron Giant)」를 내놓고 픽사에서 「인크레더블」을 만들면서 시나리오작가와 애니메이션감독으로서의 재능을 동시에 증명한 그는 다시금 「라따뚜이」를 성공시킴으로써 미국 주류 애니메이션계에서 가장 돋보이는 감독이 됐다.

「라따뚜이」가 들려주는 이야기는 기본적으로 따뜻하고 교훈적인 '디즈니적 스토리'지만, 도입부의 설정이 신선하고, 결말이 「슈렉(Shrek)」(앤드루 애덤슨. 비키 젠슨) 1편을 연상시킬 정도로 파격적이면서 건강해 구태의연한 느낌을 주지 않는다. 최고급 프랑스 레스토랑과 불결한 동물로 쉽사리 떠오르는 쥐를 결합시키는 의외의 발상으로 시작한 이 작품은 관객을 어떻게 안심시키거나 놀라게 할지를 잘 알고 있다.

무대가 프랑스 파리임에도 불구하고, 사실, 이야기의 속내를 채우고 있는 것은 지극히 미국적인 가치관이다. "누구나 요리할 수 있다"라고 얘기하는 이 영화의 아메리칸드림이 진짜로 품고 있는 메시지는 "인종이나 계층에 상관없이 뛰어난 재능을 타고난 누구나 요리할 수 있다"는 말이다. 평등한 배분이 아니라 평등한 기회를 강조하고, 뛰어난 재능이 자기 몫의 영예를 온전히 차지해야 한다고 말하는 이 작품은 분명 좋은 영화지만 미국인들에게 더 좋은 영화다. 주인공 레미를 흑인이나 여성으로 치환해놓고 보면, 할리우드의 익숙한 마이너리티 휴먼 드라마로 읽히기도 한다.

이야기 이외의 측면에서도 「라따뚜이」의 성취는 적지 않다. 요리를 만드는 과정 자체가 드라마틱하게 표현되는 데다가, 완성된 요리의 모습도 충분히 미각을 돋워 음식영화로도 성공했다. 레미가 만드는 최초의 음식이 평범한 수프이고, 클라이맥스에서 내놓은 요리가 프랑스의 시골 마을에서 흔히 먹을 수 있는 잡탕 요리인 라따뚜이란 설정 속에도 이 영화가 하고 싶은 말이 액면 그대로 담겨 있다.

캐릭터의 외모에서 프랑스인의 특징을 제대로 살리고, 작은 벽돌이 촘촘히 박힌 차도의 질감까지 그대로 표현해냄으로써 파리라는 매력적인 도시의 분위기를 멋지게 재현한 것도 평가받을 만하다. 레미가 질주하는 몇몇 장면에서 스피디한 전개를 보이기도 하지만, 점점 빨라지고 있는 최근 픽사 스튜디오 애니메이션들의 변화에 비할 때 한결 여유로운 리듬도 좋다. 고급 양장본 동화의 삽화 같은 그림체, 황색과 갈색 위주로 우아하게 가라앉힌 색감도 인상적이다.

그리고 미각이 불러내는 최고의 플래시백 장면이 이 작품에 있다. 레미가 만든 라따뚜이를 누군가 입에 넣는 순간, 어머니가 해준 그 음식을 맛보던 어린 시절을 향해 순식간에 시간이 소거되는 장면은 무척이나 유쾌하면서도 매혹적이다. 주인공이 홍차에 마들렌을 찍어 먹는 순간 어린 시절의 기억을 떠올리며 시간여행을 시작하는 마르셀 프루스트의 소설 『잃어버린 시간을 찾아서』가 떠오르는 것도 무리는 아니다.

# 화려한 휴가

감독 **김지훈** 국내 개봉일 **2007.07.25**

객석에서 잠시 꼬고 앉았던 다리를 나도 모르게 풀고서 등을 곧추세운다. 모두들 계엄군이 도청을 떠나는 것으로 알았던 시각. "잘 있어요. 잘 있어요. 그 한마디였었네. 잘 가세요. 잘 가세요. 인사말 했었네." 도청 앞에 모여든 시민들이 이현의 1970년대 히트곡 「잘 있어요」를 승리의 송가처럼 흥겹고 떠들썩하게 부른다. 이윽고 애국가가 흐르자 노래를 멈추고 자동적으로 부동자세를 취하는 시민들.

'화려한 휴가'를 나온 대한민국의 군인들이 애국가를 '배경음악'으로 대한민국의 국민들에게 총을 난사하기 시작한다. 삽시간에 지옥으로 변한 광주 금남로. 총에 맞아 죽은 아버지 옆에서 어린아이가 슬피 운다. 사격을 피해 달아나던 누군가가 다른 누군가의 아이를 덥석 안고 달린다. 세월을 뛰어넘어 스크린에 재현된 비극을 바라보는 또 다른 누군가의 눈에서도 주체할 수 없는 눈물이 흐른다.

김지훈의 「화려한 휴가」는 눈물 없이 볼 수 없는 영화일 것이다. 광주에 투입된 공수부대원들이 곤봉으로 마구 내려칠 때, 무고하게 살해된 시신 두 구가 손수레에 실려 나타날 때, 계엄군의 최후 진입 전 여자 주인공이 밤거리를 돌며 "시민 여러분, 우리를 잊지 말아주세요"라고 애절하게 가두방송을 할 때, 죽음을 예감하면서도 끝내 도청에 남아 최후 항전을 하던 시민군들이 하나씩 총탄에 쓰러질 때, 사진과 자료 화면 혹은 역사의 기록으로 남아 있던 5.18의 상흔이 스크린 속에서 생생히 재현되면서 관객을 옴쭉달싹 못 하게 만든다. 「화려한 휴가」는 그렇게 다가오는 영화였다.

성적이 탁월한 고교생 동생 진우(이준기)와 함께 살아가는 택시기사 민우(김상경)는 짝사랑하는 간호사 신애(이요원)만 보면 가슴이 떨린다. 전직 대령 출신의 택시 회사 사장 흥수(안성기)가 신애의 아버지인 줄 미처 모르는 민우에게 택시기사 선배 인봉(박철민)이 연애 방법을 일일이 가르쳐준다. 하지만 때는 1980년 5월, 그리고 광주. 순박하고 정직하게 살아가는 이들에게 곧 '5.18'이라는 참극이 밀어닥친다.

그런데 어쩐 일일까. 이 영화는 시청각적으로 리얼한 재현 방식에도 불구하고, 정작 5.18의 의미에 대해서는 의아스러울 정도로 발언을 삼간 채 "우리는 폭도가 아니다"와 "우리를 잊지 말아달라"는 말만 동어반복한다. 모든 사람이 동의하는 메시지는 결국 하나 마나 한 말이 된다. 그리고 정치적인 소재를 비정치적인 방식으로 만드는 것은 그 자체로 또 다른 정치적 결과를 낳는다.

5.18 소재를 가장 많은 관객이 가장 이견이 적은 방식으로 볼 수 있도록 하려는 감독의 의도는 보는 이를 지속적으로 울리면서도 눈물 뒤에 허전함과 아쉬움이 짙게 남는 영화를 낳았다. 극 초반 30분간 시민들은 아무런 전조를 느끼지 못한 채 낭만적이고 따뜻한 나날

을 누리는 것으로 묘사된다. 그러다 갑자기 계엄군이 곤봉을 휘두름으로써 비극이 터져 나오듯 시작된다. 그 과정에서 시민들이 속수무책으로 당하고 원초적으로 저항하다가 힘없이 스러져가는 모습이 종종 재난영화처럼 느껴지는 것은 어찌된 까닭일까.

「화려한 휴가」는 무거운 이야기를 코미디와 멜로로 희석시킴으로써 관객 동원력을 잃지 않으려고 한다. 5.18을 소재로 삼았다고 해서 100억 원을 들인 대작 영화가 관객을 끌어들이기 위한 당의를 냉철하게 배제할 수는 없었을 것이다. 5월 광주에도 분명 웃음이 있었고 사랑 또한 있었을 것이다. 문제는 이 작품이 코미디와 멜로를 가미했다는 게 아니라, 코미디와 멜로를 관성적이고 평면적인 방식으로 짜 넣었다는 것이다.

극 초반 박철민과 박원상이 주도하는 코미디는 배우들의 개인기덕에 어느 정도 효과적이다. 민우에게 연애 비법을 알려주기에 앞서서 좀 더 나은 안주를 시킬 것을 암시하며 "안주가 건방지다"라고 말하고, 뒤늦게 야유회에 온 사람들을 맞으며 "아따 잘 오셨소. 둘만 딸랑 오신 것이 영 겸손했었는디"라고 너스레를 떠는 박철민의 대사들은 일견 유쾌하기도 하다. 그러나 중반 이후 계엄군의 난폭한 진압이 본격화하면서, 극 초반을 주도하던 코미디는 리듬을 잃고 허둥대거나 엉뚱한 곳에 끼어들어 극의 밀도를 현저히 떨어뜨린다. 그리고 민우와 신애 사이의 관습적인 허구의 멜로는 거대한 실화의 참극 속에서 제 위치를 정립하지 못하고 지지부진해진다.

이 영화의 인물들은 순수의 결정체와 악의 화신으로 손쉽게 양분되어 있다. 극에서 주어진 임무에 따라 공식에 맞춰 찍어낸 듯 제조한 캐릭터들 때문에 배우들의 연기도 인상적이지 않다. 고등학교 교실에서 친구를 잃은 급우들이 하나같이 팔꿈치를 책상에 올린 채 얼굴을 감싸 쥐고 울고 있는 장면처럼, 조단역들의 동선도 기계적이다. 광주의 명예를 기리는 이 영화가 코미디를 담당하고 있는 두 조연 배우에게만 사투리를 쓰도록 한 것도 동의하기 어려운 선택이 아닐 수 없다.

「화려한 휴가」는 서서히 잊혀지고 있는 한국 현대사의 비극을 영화로 되살려내 역사의 망각에 저항한다는 점에서 분명 미덕을 지녔다. 그런데, 혹시 그 이상일 수는 없었을까. 100억 원의 제작비를 들인 이 대작이 나왔기에 이후 당분간은 5.18 영화가 만들어지기 어렵다는 현실을 감안한다면, 어렵게 이끌어낸 영화적 기회가 지나치게 소극적이고 안이하게 소모되고 만 것은 아닐까. 모두가 옷깃을 여밀 수밖에 없는 역사의 비극을 영화화했다는 이유만으로 이 작품에 흔쾌히 박수를 치기엔, 이미 흘러가버린 27년의 세월이 너무 아득하다.

# 레이디 채털리

**Lady Chatterley**

감독 **파스칼 페랑**(Pascale Ferran)  국내 개봉일 **2007.07.11**

극 중에서 처음 육체적 접촉을 가진 후 "행복해요"라고 고백하는 것
은 여자다. 성적인 절정을 경험한 뒤에 "고마워요"라고 말하는 것도
여자다. 첫 섹스 후 찾아가서 "기분이 상했나요?"라고 분위기를 살
피는 것도, "당신의 몸이 좋아요"라고 칭찬하는 것도 여자다. "나를
사랑해야만 해요"라고 명하는 것도, 시종 관계를 이끄는 것도, 그리
고 농장을 사주려는 것도 여자다.

여자가 먼저 옷을 벗고, 남자에게도 알몸이 될 것을 요구한다. 등
을 보인 채 옷을 벗고 불을 끄려는 남자에게 여자가 재차 요구한다.
"돌아서요." 그리고 돌아선 남자의 벗은 몸을 천천히 응시한다.

「레이디 채털리」는 여성이 만든 여성의 욕망과 자각에 대한 페미
니즘영화다. 연출 재능의 현격한 격차를 잠시 논외로 하고서라도,
프랑스 여성 감독 파스칼 페랑이 만든 이 작품을 프랑스 남성 감독
쥐스트 자캥이 감독한 「차타레 부인의 사랑(Lady Chatterley's Lover)」과
비교해보면, 만드는 사람의 태도와 시선에 따라서 같은 이야기가 얼

마나 달라질 수 있는지를 여실히 깨달을 수 있다.

20세기의 가장 큰 문제작들 중 하나였던 D.H. 로런스의 소설을 영화화한 「레이디 채털리」는 촉각에 대한 영화다. 그리고 그 생생한 촉각이 가닿는 곳은 육체와 자연이다. 여자의 떨리는 손이 나무의 이끼를 만지고 떨어지는 빗방울을 만지며 남자의 목덜미를 만질 때, 그녀는 몸을 발견하고 자연을 발견하며 삶을 발견한다.

여자는 몸을 발견한다. 전쟁터에서 부상해 하반신이 마비된 남편 클리퍼드(이폴리트 지라르도)와 조용한 삶을 살던 콩스탕스(마리나 핸즈)는 남편의 심부름으로 숲속 오두막을 찾았다가 사냥터지기 파킨(장 루이 콜로흐)의 벗은 등을 훔쳐보고서 강렬하게 이끌린다. 집으로 돌아온 그녀는 거울 앞에서 벌거벗은 채 자신의 몸을 찬찬히 훑어본다. 그리고 그날 밤 앓아눕는다. 앓는다는 행위야말로 몸을 생생히 체험하는 과정. 그렇게 그녀는 스스로의 눈으로 욕망의 대상과 주체를 연이어 확인한다.

여자는 자연을 발견한다. 이 영화는 파킨과의 육체적 관계에 빠져든 콩스탕스가 몸에 탐닉하는 과정을 자연의 아름다움을 느끼게 되는 과정과 병치한다. 둘의 관계는 콩스탕스가 병아리를 만질 때 파킨이 그녀의 몸을 만지면서 처음 시작되고, 폭우 속에서 함께 벌거벗고 장난치다가 진흙 위에서 몸을 섞을 때 극점에 도달한다. 파킨과의 섹스신 앞뒤에는 어김없이 콩스탕스가 숲속 길을 오가는 장면이 나온다. 나뭇잎이 바람에 흔들리고, 시냇물이 굽이쳐 흐르며, 새들이 노래하는 숲은 살아 숨 쉬는 자연의 욕망에 다름 아니다. 이 영화에서 오르가슴을 경험한 뒤 신기한 일을 겪은 아이처럼 입을 조금

벌리고 천진하게 쳐다보는 콩스탕스의 표정은 천둥이 친 뒤 갑자기 소나기를 쏟아내는 하늘을 올려다볼 때의 그녀의 표정과 동일하다.

그리고 여자는 삶을 발견한다. 콩스탕스에게 결핍된 것은 섹스만이 아니었다. 부르주아적 세계관 속에서 철저히 똬리를 틀고 사는 클리퍼드는 그녀의 대화 상대가 되지 못한다. 클리퍼드가 말할 때 콩스탕스는 아예 등을 돌리고 서 있다. 격렬하게 타오르는 육욕을 그리는 듯한 이 영화는 아이러니하게도 말로 시작해서 말로 끝난다. 남편이 친구들과 나누는 전쟁 체험을 묵묵히 듣고만 있던 첫 장면의 콩스탕스는 마지막 장면에서 삶 전체를 걸고 토해내는 말로 파킨과 절절하게 소통한다. "날 좋아하오? 그러면 무슨 말이 더 필요 있겠소"라며 곧바로 섹스에 몰입하곤 했던 과묵한 남자 파킨 역시 라스트신에 이르러 콩스탕스 앞에서 과거와 현재와 미래를 통째로 쏟아내며 운명을 빚어낸다.

세자르영화상 다섯 개 부문 수상작이기도 한 「레이디 채털리」에서 파스칼 페랑은 격정적인 내용과 단아한 형식을 멋지게 조화시켰다. 촬영은 안정적이고 우아하며 편집은 고전적 향취를 풍긴다. 아, 그리고 그 까치발. 처음 오두막을 찾아간 콩스탕스가 안을 들여다보기 위해 깡총 발뒤꿈치를 들었던 순간의 짧은 클로즈업숏이 모든 것의 시작이었다.

# 디센트

**The Descent**
감독 **닐 마셜**(Neil Marshall)  국내 개봉일 **2007.07.05**

호러야말로 만드는 이의 실력 차이가 가장 두드러지는 장르일 것이다. 상대적으로 적은 제작비에 굳이 스타를 캐스팅하지 않고도 만들 수 있는 이 장르에서 감독들은 누구나 엇비슷한 출발점에서 레이스를 시작할 수 있다. 하지만 공포영화는 장르적 관습들이 그 어떤 장르보다도 견고하기에, 웬만큼 실력을 갖추지 않으면 클리셰의 바다에서 허우적대다 서둘러 끝맺기 일쑤다.

영국 감독 닐 마셜의 「디센트」를 비슷한 시기에 대서양 건너편 미국에서 나온 「케이브(The Cave)」(브루스 헌트)와 비교하면, 장르영화에서 중요한 게 '무엇'이 아니라 '어떻게'임을 여실히 깨달을 수 있다. 똑같이 동굴 안의 괴생명체를 소재로 다뤘음에도 두 작품의 장르적 재미와 완성도는 천양지차다. 늑대인간 모티브를 변주한 전작 「독 솔져(Dog Soldiers)」에서 만만찮은 기량을 선보였던 닐 마셜은 차기작 「디센트」를 훨씬 더 입체적이고 다양한 재미를 갖춘 작품으로 만드는 데 성공했다.

세라(슈어나 맥도널드)는 친구들과 급류 래프팅을 즐긴 후 가족과 함께 돌아오는 길에 교통사고를 당해 남편과 딸을 잃는다. 1년이 지나도록 비극의 충격에서 헤어 나오지 못하는 세라를 위해 주노(내털리 멘도사)와 베스(앨릭스 리드)를 비롯한 친구들은 동굴 탐사 여행을 계획한다. 미국 동부 애팔래치아산맥의 비밀스런 동굴 속으로 들어간 여섯 친구들. 그러나 탐사 도중 통로가 무너지고 설상가상으로 정체를 알 수 없는 괴생명체까지 출몰하자 동굴 안은 지옥으로 변한다.

「디센트」에는 관객이 호러영화에서 기대하는 거의 모든 것이 담겨 있다. 피비린내 나는 사투와 식인 모티브에서 내내 손톱을 물어뜯게 하는 서스펜스와 가슴을 짓눌러오는 폐소공포증까지, 공포영화 팬들이 원하는 온갖 피학적 쾌락이 놀랄 만한 실감으로 담겨 있다. 장르의 속성을 간파하고 적절히 활용하는 닐 마셜은 존 부어먼의 「서바이벌 게임(Deliverance)」과 존 맥티어넌의 「프레데터(Predator)」를 합쳐 만든 듯한 이야기 속에서 뛰어난 테크닉으로 절묘한 영화적 리듬을 불어넣었다.

흥미로운 것은 이 영화에 컴퓨터그래픽이 배제되었다는 점이다. 감독은 떨어지는 물소리와 길게 내쉬는 숨소리 같은 사운드효과, 사실적인 세트 안에서 인물들의 동선을 정확히 잡아내는 촬영, 관습적인 설정 속에서도 개성을 또렷이 살려내는 연기에 약간의 특수분장만을 더해서 소름 끼치는 호러 한 편을 완성했다.

이 영화는 스토리텔링과 캐릭터 조형술에서도 매우 인상적인 솜씨를 보여준다. 관객이 특정 상황에 익숙해지기 시작하면 이야기가 한발 앞서 다음 단계로 넘어감으로써 시종 긴장감을 잃지 않게 한다. 여섯 명으로 제한한 공포영화의 인물들을 언제 어떻게 희생시키는지에 대한 문제에서도 대단히 영리한 선택을 한다. 캐릭터들의 과거 사연을 현재 상황과 교직하는 방식도 입체적이어서 인물간의 심리적 갈등이 생생히 묘사된다.

전부 여성인 등장인물들을 위기에 용감히 맞서는 전사로 그려내 신선함을 안기면서도, 상황에 따라 공포영화 특유의 연약한 희생자로서의 특성을 강조하기도 함으로써 양면적인 캐릭터의 질감을 만들어낸다. 사실상 서로 다른 두 가지 라스트신을 이어 붙여 영화를 끝내는 방식도 흥미롭다.

본격적으로 재앙을 맞기 전, 어두운 표정을 짓고 있던 세라는 자신을 걱정하는 친구에게 이렇게 말한다. "즐기고 있으니까 걱정하지 마. 싫으면 아예 안 왔어." 장르영화의 재미란 만드는 사람과 보는 사람 모두 자신의 취향을 정확히 알고서 즐기는 것이다. 「디센트」는 '호러'를 보기 위해 극장을 찾아온 관객들을 결코 실망시키지 않을 영화다.

# 익사일

放・逐
감독 **두기봉(杜琪峰)** 국내 개봉일 **2007.07.05**

방금 전 순도 100퍼센트의 액션영화 한 편을 보았다. 여기에는 불순물이 전혀 없다. 오로지 스타일만으로 만든 「익사일」은 넋이 나갈 정도로 매혹적이기도 하고, 우스꽝스러울 정도로 터무니없기도 하다. 그게 무엇이든, 극단에 도달하는 순간의 경지가 이 영화에 있다.

일부러 과장해서 이렇게 말해보면 어떨까. 「익사일」은 있는 것과 없는 것이 명확한 작품이다. 스타는 있고 캐릭터는 없다. 스타일은 있고 플롯은 없다. 카메라는 있고 시나리오는 없다. 동사는 있고 접속사는 없다.

그러면 이 영화가 들려주는 이야기가 대체 어떤 내용이냐고? 조직을 배신했다는 죄목을 뒤집어쓰고 피신해 있는 아화(장가휘)의 집으로 옛 친구 넷이 찾아오면서 영화가 시작된다. 먼저 방문한 두 명은 그의 안전을 지켜내기 위해서 온 것이고, 나중에 온 두 명은 조직의 명령을 받아 그를 처단하기 위해서 온 것이다. 한참 뒤에 아화가 집으로 돌아오자 다섯 사람은 서로 총을 쏘기 시작하지만, 아화의 하소연을 듣고 예전의 우의를 되찾는다. 이들은 한 팀을 꾸려 현상금이 많이 붙어 있는 마카오의 폭력조직 보스를 죽이려고 하지만, 일이 잘못되어 오히려 쫓기는 신세가 되고 만다.

하지만 「익사일」의 스토리를 요약한다는 것은 사실 큰 의미가 없다. 영화를 다 보고 나서도 일목요연하게 스토리를 간추리는 일조차 쉽지 않다. 애초에 두기봉의 1999년 작인 「미션(鎗火)」의 속편으로 기획되어 인물이나 이야기가 그 연장선상에 놓인 영화지만, 스토리에서 그나마 중요한 것은 서로 총을 겨눠야 할 처지에 놓였던 다섯 남자가 한 몸이 되어 죽음을 향해 돌진하는 상황뿐이다.

견고한 스타일 사이를 잇는 아교나 본드처럼 이야기를 사용하는 이 작품은, 정말이지, 총격전 직전의 대치 장면과 총격전과 총격전 직후의 도피 장면만으로 구성된 것 같다. 선택을 해야 하는 순간이 오면 논리적인 추론 대신 동전을 던져 결정하는 극 중 포(황추생)의 행동처럼, 이 영화에서 이야기가 굴러가는 방식은 즉흥적이고 우연적이다. 생사고락을 함께하는 남자들의 의리를 강조하기 위한 설정들은 작위성이 지나쳐서 실소를 자아내는 부분이 없지 않고, '숲속 모닥불 옆에서 불어대는 하모니카'와 '여럿이 입을 대고 호탕하게 돌려 마시는 양주병'으로 만들어낸 분위기는 그리 밀도가 높지 않으며, 인물들은 생의 의미를 건 내적 결단에 의해서가 아니라 비장미 때문에 혹은 죽어야 하니까 죽는다.

대신 이 영화에는 오래도록 잊혀지지 않을 액션 장면들이 있다. 소년의 마음과 노인의 눈을 함께 갖춘 기타노 다케시적인 인물들이 세르조 레오네적으로 긴장감 넘치게 상대와 대치하다가 샘 페킨파적인 모습으로 드라마틱하게 총격전을 벌이는 광경들은 거듭 반복해 관람하고 싶을 만큼 매혹적이다. 좁은 공간에서 여러 사람들이 동시에 방아쇠를 당기는 이 영화의 총격 장면들은 춤을 추는 듯한 카메라의 '동'과 회화적으로 꽉 짜인 구도의 '정'을 얽어 짜릿한 시각적 쾌감을 선사한다.

「대사건(大事件)」의 첫 장면인 롱테이크 거리 총격전이나 「미션」의 쇼핑센터 총격전에서 보여줬던 것 같은 탁월한 액션 시퀀스가 여러 차례 등장한다. 특히 음료수 캔 하나가 떠올라서 바닥에 떨어지는 짧은 시간 동안 모든 인물들이 동시에 총을 난사하는 공멸의 클라이맥스는 아찔할 정도로 우아하고 아름답다. 황추생, 오진우, 임달화, 장가휘 등 두기봉 영화의 가장 빛나는 순간을 장식했던 배우들이 대거 등장해 홍콩 영화 팬들을 기쁘게 한다.

「대사건」과 「흑사회(黑社會)」 시리즈에 더해 「익사일」을 내놓은 두기봉은 대단히 흥미롭다. 「대사건」과 「흑사회」와 「익사일」이 서로 전혀 다른 영화라는 점에서 더욱 그렇다. 그런데 이런 창의력의 점프는 대체 어떻게 이뤄지는 걸까. 그저 그런 잡다한 영화를 20편도 더 만들고 난 상황에서, 40대 중반에 내놓은 「미션」 이후 선보이고 있는 괴력에 가까운 창의력은 어떻게 가능했던 걸까. 쉰두 살 두기봉은 홍콩 영화에 대해 잊고 있었던 설렘을 새삼 흔들어 일깨워주는, 홍콩 장르영화의 가장 빛나는 현재다.

# 트랜스포머

**Transformers**

감독 **마이클 베이**(Michael Bay)  국내 개봉일 **2007.06.28**

마이클 베이가 감독한「트랜스포머」의 전 세계 첫 시사회가 한국에서 열렸다. 에너지원인 큐브를 차지하기 위해 지구로 날아든 악의 세력 디셉티콘 군단에 맞서서 지구와 인류를 구하려는 오토봇 군단의 활약을 그린 이 작품은 변신 로봇 장난감에서 모티브를 얻은 대작 SF영화다. 자동차, 전투기, 휴대폰 등의 모습으로 숨어 있던 오토봇과 디셉티콘이 거대 로봇으로 변신하는 현란한 특수효과를 최대 볼거리로 삼는 이 영화의 주인공은 큐브의 위치를 찾는 데 결정적 열쇠를 쥐고 있는 소년 샘(샤이아 러버프)이다.

| 제품명 | 제품설명 |
| --- | --- |
| 트랜스포머(Transformers) | 본 제품은 시신경 자극제인 트랜스포미노펜과 평형 감각 교란제인 스피드니라민이 결합한 초강력 멀미 유발제입니다. |

## 주원료 성분

시각적 자극 91.28밀리그램
청각적 자극 4.25밀리그램
유머 4.15밀리그램
이야기 0.28밀리그램
감동 0.03밀리그램
메시지 0.01밀리그램

## 제조법

본 제품은 「터미네이터(The Terminator)」
(제임스 캐머런)의 틀에 응고제 「아이언
자이언트」와 「맨인블랙(Men in Black)」
(배리 소넌펠드)을 깐 뒤 원료를 넣고
첨가제 「그렘린(Gremlins)」(조 단테)
「아메리칸 파이(American Pie)」(폴 와이
츠) 「고질라」를 살짝 뿌린 후 135분 동
안 섞고 마구 흔들어 제조되었습니다.

## 대상

다음 사람에게 특히 효과를 발휘합니다.
1. 특수효과만으로도 티켓값이 아깝
지 않은 분.
2. 「진주만(Pearl Harbor)」(마이클 베이)
이 '내 인생의 영화'인 분.
3. 마임과 개그가 인간의 전유물이 아
니라고 믿는 분.
4. 자동차 엔진 소리를 들으면 흥분하
는 분.
5. 정상 속도의 영상을 슬로모션으로
보아낼 수 있는 능력을 지닌 분.
6. "희생 없이는 승리도 없다"는 말을

두 번 듣는 순간 가슴이 저려오는 예민
한 분.

## 효능

첫 복용 후 10분 만에 즉각 아드레날
린 분출. 20분에서 1시간까지 가끔씩
웃음으로 인한 엔도르핀 산발. 1시간
40분에서 2시간 10분까지 강력한 멀
미 유발 효과.

## 사용상 주의사항

다음 사람에게 복용을 금합니다.
1. 자극이란 시간이 흐를수록 약해지
기 마련이라고 믿는 분.
2. 「매트릭스」나 「터미네이터 2
(Terminator 2: Judgment Day)」(제임스
캐머런)를 기대하시는 분.
3. 예고편을 보고 영화를 선택하시는
분.
4. '재미'와 '재미가 있는 것 같은 느낌'
을 구분하시는 분.

## 유통기한

2007년 8월

## 소비자 상담전화

080-2007-0628

## 제조원

마이클베이자(Michaelbayzer)

# 뜨거운 녀석들

**Hot Fuzz**
감독 **에드거 라이트(Edgar Wright)** 국내 개봉일 **2007.06.21**

쿠엔틴 타란티노를 떠올릴 사람이 있을 것이다. 아닌 게 아니라, 두 번째 장편 「새벽의 황당한 저주(Shaun of the Dead)」에 이어 「뜨거운 녀석들」을 내놓은 에드거 라이트는 「저수지의 개들(Reservoir Dogs)」을 만든 후 「펄프 픽션(Pulp Fiction)」으로 곧바로 승천하던 무렵의 쿠엔틴 타란티노를 보는 듯하다. 두 감독은 모두 유희 정신을 기본 동력으로 삼고, 대중문화 전반에 대한 잡다한 지식과 취향을 양 날개 삼아, 재기 넘치는 영화를 만들어왔다.

하지만 에드거 라이트가 타란티노의 아류인 것은 아니다. 그는 좀 더 친근하고 유머러스하며 정치적이다. 길고 긴 재담을 늘어놓거나 이리저리 비틀어낸 구조의 묘미를 즐기는 것보다는 신과 신 사이의 연결 방식에 훨씬 더 관심을 갖는다.

어느 날 갑자기 좌천되어 한가로운 시골 마을 샌포드로 가게 된 엘리트 경찰 니컬러스 엔젤(사이먼 페그). 대니 버터맨(닉 프로스트)과 콤비를 이룬 엔젤은 강력 사건 하나 없이 잡다한 일만 처리하며 무료한 나날을 보내다가 연이어 터지는 끔찍한 사건들에 접한다. 언뜻 우연한 사고로만 보이는 사건들이 실은 치밀한 연쇄살인이라고 판단한 엔젤은 대니와 함께 수사에 착수한다.

영화든 문학이든 건축이든, 모든 훌륭한 창작물은 음악적이다. 「뜨거운 녀석들」이 뛰어난 점은 무엇보다 그 탁월한 리듬에 있다. 손안에 메트로놈을 쥐고 연출하는 듯한 에드거 라이트는 다양한 카메라워크와 창의적인 편집 방식을 통해서 자신의 영화들에 리드미컬한 내재율을 불어넣었다.

그가 구사하는 유머 역시 대부분 숏과 숏 사이, 장면과 장면 사이에서 발생한다. 갖가지 설정은 버디 액션 장르의 의표를 찌르고, 시퀀스 안의 진행 방식은 관객의 기대를 서너 걸음 앞서간다. 엔젤이 사건의 진상을 추리할 때 플래시백 장면은 필름을 뒤로 돌리는 방식으로 보이고, 인물의 등장과 퇴장은 예기치 못한 방식으로 이뤄진다.

「폭풍속으로(Point Break)」(캐스린 비글로)와 「나쁜 녀석들(Bad Boys)」(마이클 베이)을 비롯한 수많은 액션영화들의 기시감을 적절히 끌어들이는 이 영화의 참고 문헌 목록엔 「새벽의 황당한 저주」까지 들어 있다. 전작에서 고릴라 흉내를 잘 내던 닉 프로스트가 이 영화에서 고릴라 인형을 선물받고, 장애물을 제대로 뛰어넘지 못해 안쓰러움을 안기던 사이먼 페그는 여기서 신기에 가까운 점프 능력으로 거뜬히 만회한다.

전작에서의 나사 풀린 캐릭터와 달리 융통성 없는 원칙주의자 니컬러스 엔젤 역을 맡은 사이먼 페그는 항상 웃음기 가득한 인물들 속에서 절대 웃지 않는 단 한 명의 인물을 연기하며 대단히 인상적인 모습을 선보인다. 앞으로 나선 사이먼 페그를 넉넉히 뒷받침해 주는 닉 프로스트의 연기도 좋다. 짐 브로드벤트에서 티머시 돌턴과 빌 나이까지 조연들 면면이 화려한 데다가 심지어 피터 잭슨까지 의외의 순간에 카메오로 출연한다.

놀라운 것은 이 탁월한 코미디가 극이 뻔한 해결을 향해 질주하며 막을 내리는 것으로 보일 때쯤 시침을 뚝 떼면서 전혀 다른 차원의 이야기를 펼쳐낸다는 점이다. 몇 번이나 급커브를 도는 스토리가 다다르는 곳은 바로 '우리 안의 파시즘'이다. 언뜻 우스꽝스러워 보이는 연쇄살인의 진상 속에는 영국 사회의 보수화와 집단 이기주의가 있고, 약자의 얼굴을 한 파시즘이 있다. 격렬하게 총을 난사하는 노인들에 맞서는 엔젤의 과격한 클라이맥스 액션 장면들은 통념을 넘어선 설정으로 처음엔 당혹감을 안겨주지만, 곧 예리한 정치의식으로 껍데기를 부수는 통쾌함을 안긴다. 악은 언제나 악하지만, 피해자의 탈을 쓰고 있을 때 가장 악하다.

# 스틸 라이프

**三峽好人**
감독 **지아장커(賈樟柯)** 국내 개봉일 **2007.06.14**

어떤 감독은 되풀이해서 단 한 편의 영화만 만든다. 지아장커가 그럴 것이다. 「소무(小武)」에서 「플랫폼」과 「임소요」를 거쳐 「세계(世界)」에 이를 때까지, 그는 늘 변하는 것을 찍으면서 변하지 말아야 할 것에 대해 이야기한다. 그리고 지아장커가 만들어내는 단 한 편의 영화는 「스틸 라이프」에서 마침내 순도와 심도의 정점을 보인다. 이 영화는 온전하다. 그리고 여기엔 장이머우와 천카이거의 요즘 작품들에선 절대로 찾을 수 없는 현실의 중국이 있다.

서른 살 무렵에 쓴 글에서, 지아장커는 불안정한 자신의 삶을 떠올리며 영화를 선택한다는 건 뿌리 뽑힌 삶을 선택하는 것이라고 한 적이 있다. 「플랫폼」이 그랬고, 「세계」가 그랬으며, 이제 「스틸 라이프」가 그렇다. 이 영화엔 무너진 돌들이 있고 뿌리 뽑힌 사람들이 있다.

산밍(한산밍)은 16년 전 자신을 버리고 딸과 함께 가출한 아내를 찾아 주소만 달랑 들고 산샤로 찾아든다. 그러나 산샤의 그 주소지는 댐 건설로 흔적조차 남기지 않고 수몰되어버렸다. 셴홍(자오타오)

역시 소식이 2년째 끊겨 있는 남편을 찾아 산샤로 온다. 물어물어 가까스로 남편을 찾아낸 셴훙은 그의 곁에 다른 여자가 있다는 사실을 짐작하게 된다.

지아장커의 영화가 책상이 아니라 현장에서 만들어진다는 사실은 「스틸 라이프」가 가장 잘 알려준다. 이 작품의 로케이션은 그 자체로 이 영화가 하고 싶어 하는 모든 이야기를 담고 있다. 철근 콘크리트 댐으로 세계에서 가장 큰 규모를 가진 '중국의 자랑'이면서, 수몰로 113만 명의 이주민을 낳은 '중국의 그늘'이기도 한 산샤댐 주변 거주지가 이 영화 곳곳에서 골조를 드러내며 철거되는 모습은 때때로 초현실적인 풍경으로까지 보인다. 지아장커의 영화로는 지극히 이례적이게도 폐건물이 로켓처럼 하늘로 쏘아 올려지고 UFO가 하늘을 나는 장면이 들어 있는 것은 결코 맥락을 무시한 돌출부가 아니다.

과거의 역사와 현재의 삶이 함께 수장된 곳에서 발전과 낙관으로 허옇게 분칠한 미래의 유령이 배회하는 모습은 사실 우리에게도 낯선 풍경이 아니다. 하루에 수십만 명이 새로 주식 시장에 뛰어들고 매일 새로운 초고층 건물들이 곳곳에서 완공되는 현대 중국의 이면에 그려진, 남들보다 조금이라도 먼저 미래에 도달하기 위해 만인이 만인에 대해 투쟁하며 아우성치는 복마전은, 속도와 효율에 대한 맹신 끝에 거대한 늪을 마주하고도 여전히 채찍질로 질주하려는 어느 나라의 밑그림과 겹치기도 한다.

「소무」에서 「첩혈쌍웅(牒血雙雄)」(오우삼)의 한 장면을 넣었던 지아장커는 「스틸 라이프」에서 다시금 마크라는 이름의 청년이 「영웅본색(英雄本色)」(오우삼)에 매혹되는 장면을 삽입함으로써 홍콩 폭력 영화를 즐겨보며 건달의 꿈을 꾸었던 자신의 10대 시절을 떠올린다. 그러곤 무너져 내리는 돌 더미에 깔려 죽고 마는 마크의 시신과 함께 스스로의 과거를 강물 위에 떠워 보낸 뒤 눈을 들어 조국의 현실을 보며 나직이 한숨을 토해낸다.

영화 속에서 세계화를 찬양하듯 백지를 달러로, 유로화로, 인민폐로 거듭 바꾸어내는 마술쇼는 강제로 푼돈을 뜯어내려는 사기이고, 미래를 약속하듯 "어디든지 데려다준다"라고 호기롭게 외치던 오토바이기사들이 도달한 곳은 이미 수몰로 존재하지 않는 장소이다. 옹기종기 모여 앉아 웃고 떠드는 많은 사람들을 근접 촬영하며 시작한 이 영화는 줄 위를 위태롭게 걷는 단 한 사람을 멀리서 비추며 쓸쓸하게 끝난다.

하지만 영화 속 인물들끼리 담배와 술과 차와 사탕처럼 너저분한 기호품들을 주고받게 함으로써 사람과 사람 사이의 온기를 주고받으려는 이 영화의 손길을 끝내 뿌리칠 수 있을까. 부박한 현실이 최고의 예술을 만드는 역설에서 그나마 위안을 찾을 순 없을까. 「스틸 라이프」는 예술이란 새로운 시대를 찬양하며 흥청대는 권주가가 아니라 사라져가는 것들을 필사적으로 불러내는 초혼가라는 사실을 보여주는 귀한 영화다.

# 시간을 달리는 소녀

**時をかける少女**
감독 **호소다 마모루(細田守)** 국내 개봉일 **2007.06.14**

마음이 흔들렸다. 여진이 길었다. 호소다 마모루의 애니메이션 「시간을 달리는 소녀」는 여름날 햇살의 강렬함과 실바람 부는 강변의 평화로움과 수업이 끝난 학교 운동장의 고요함과 일요일 오후의 나른함을 안다.

동시에 이 작품을 미야자키 하야오의 「붉은 돼지(紅の豚)」와 함께, 하늘을 가장 인상적으로 담아낸 애니메이션이라고 말할 수도 있을 것이다. 힘차게 던진 야구공이 아득하게 멀어지는 푸른 하늘, 자전거 뒷좌석에 앉아 고개를 젖힐 때 석양에 채색된 구름이 천천히 흘러가는 해 질 녘 하늘, 제트기가 곧게 뻗은 비행운을 남기며 멀어지는 아득한 하늘. 그리고 그 하늘 아래엔 언제나 한 소녀가 있다. 부딪치고 넘어지고 구르고 달리면서 온몸으로 삶을 배우는 어느 소녀.

늘 허둥대고 덜렁대면서 실수를 연발하는 여고생 마코토(나카 리이사)에게는 함께 우정을 나누는 남학생 친구 치아키(이시다 다쿠야)와 고스케(이타쿠라 미쓰타카)가 있다. 어느 날 과학실에서 호두 모양의 이상한 물건을 발견한 뒤부터 마코토에겐 시간을 뛰어넘어 가까운 과거로 돌아갈 수 있는 타임 리프 능력이 생긴다. 타임 리프 덕분에 지각도 면하고 성적도 좋아지던 마코토는 친구로만 알던 치아키가 갑자기 남녀 관계로 사귀자고 제안해오자 당황한다.

시간의 벽을 뛰어넘게 된 사람의 이야기를 다룬 영화는 수없이 많다. 그러나 「시간을 달리는 소녀」는 시간 여행 모티브를 진기한 볼거리의 연료로 소비하는 대신, 미세하고 여린 마음의 결을 섬세하게 포착해내는 데 사용함으로써 전혀 다른 판타지를 그려냈다. 마코토는 그 능력을 테러리스트로부터 세상을 구하기 위해서나 지구를 침공한 외계인에 대항하기 위해서 발휘하지 않는다. 노래방 이용 시간을 공짜로 늘리고 싶거나, 갑작스레 맞닥뜨린 사랑의 문 앞에서 망설일 때, 충동적으로 사용한다.

횟수가 제한된 타임 리프 능력을 쓸 필요 없을 때 쓰거나 써야 할 때 쓰지 못하는 시행착오를 겪으면서 소녀는 불현듯 성장한다. 마음껏 시간을 넘나드는 능력을 갖게 된 아이가 역설적으로 깨닫는 것이 시간은 되돌릴 수 없다는 것, 지금 이 순간에는 미루지 말고 반드시 내 스스로 결정해야 할 일들이 있다는 것이라는 사실은 의미심장하다.

호소다 마모루는 40년 넘도록 일본인들의 사랑을 받아온 쓰쓰이 야스타카의 원작 소설 속편에 해당하는 이야기를 애니메이션으로 멋지게 옮겨냈다. 패닝의 효과를 적절히 살렸고 롱숏의 아득함을 마음의 풍경으로 생생히 바꾸어냈다. 원경의 시계에 초점을 맞추면서 근경의 인물을 포커스아웃시키는 장면처럼 인상적인 터치가 두드

러지는 부분도 많다. 심리의 여백을 공간의 정적으로 그려내는 사운드 운용술도 뛰어나다. 「신세기 에반게리온(新世紀エヴァンゲリオン)」(안노 히데아키)의 사다모토 요시유키가 디자인한 캐릭터들은 하나같이 사랑스럽고, 「모노노케 히메(もののけ姫)」(미야자키 하야오)와 「천공의 성 라퓨타(天空の城ラピュタ)」(미야자키 하야오)에 참여했던 미술감독 야마모토 니조의 섬세한 표현력은 무척이나 인상적이다.

「시간을 달리는 소녀」는 관람 후 며칠이 지나도록 많은 장면들이 머릿속에서 꼬리를 물고 리플레이되는 체험을 안긴다. 무엇보다 강력한 것은 해가 뉘엿뉘엿 넘어가는 강변에서 꼼짝 않고 서 있는 마코토를 롱숏으로 담아내는 장면과, 치아키를 찾아 달릴 때 빠르게 왼쪽으로 질주하는 카메라에 뒤져 화면 밖으로 밀려나던 마코토가 사력을 다해 결국 세계의 스피드를 넘어서는 장면이다. 잠시 멈춰 선 세상의 화폭 속에 그 자신 정물로 들어앉기, 혹은 아찔한 시간의 속도 속에서도 스스로를 잃지 않기. 성장이란 그 둘 사이의 불안한 진자 운동 속에서 갑자기 배달되는 세월의 선물이다.

# 팩토리 걸

**Factory Girl**
감독 **조지 하이켄루퍼**(George Hickenlooper)  국내 개봉일 **2007.05.31**

미국에서 1960년대는 뜨겁기만 한 시대가 아니었다. 샌프란시스코에 오면 머리에 꽃을 꽂아주고(스캇 매킨지), 사랑할 누군가를 열정적으로 찾아 헤매는(제퍼슨 에어플레인) 사람들만 있는 게 아니었다. 캘리포니아의 반대편, 뉴욕 그리니치빌리지에 있는 클럽인 맥스 캔자스시티의 어두운 무대에서는 벨벳 언더그라운드가 무표정한 얼굴로 냉소적이고 전위적인 락 음악 연주에 몰두했다.

그러니까, 반전과 평화를 목 놓아 외치는 뜨거운 세계의 다른 한편에 차가운 아방가르드의 지하 세계가 있었다. 실험적인 연극에서 미니멀리즘적인 팝아트까지, 1960년대 뉴욕 맨해튼의 예술계는 언더그라운드 천국이었다. 그리고 뉴욕 언더그라운드 정점은 앤디 워홀이었다. 「팩토리 걸」은 스스로 공장이라고 불렸던 자신의 창작 스튜디오 안에서 현대 예술의 혁명을 제조했던 앤디 워홀의 여자, 에디 세즈윅에 대한 영화다.

1965년. 앤디 워홀(가이 피어스)은 어느 사교 파티에 들렀다가 에디 세즈윅(시에나 밀러)이 춤추는 모습을 보고 강렬한 인상을 받는다. 동료들과 함께 그림을 그리고 영화를 만드는 자신의 창작 스튜디오 '팩토리'로 에디를 데려간 앤디는 그녀에게 실험영화의 주연 자리를 제의한다. 연이은 영화 출연으로 순식간에 유명 인사가 된 에디는 카리스마 넘치는 락 스타 빌리 퀸(헤이든 크리스턴슨)이 자신의 앞에 나타나자 그에게 흠뻑 빠져든다.

「팩토리 걸」에서 가장 훌륭한 부분은 1960년대 뉴욕 언더그라운드의 특별한 공기를 생생히 살려냈다는 점이다. 「미세스 파커(Mrs. Parker and the Vicious Circle)」(앨런 루돌프)나 「캐링턴(Carrington)」(크리스토퍼 햄프턴), 혹은 「폴락(Pollock)」(에드 해리스)이나 「바스키아(Basquiat)」(줄리언 슈나벨) 같은 영화를 보는 가장 큰 재미는 예술가 그룹의 내부를 엿보는 듯한 느낌이다. 「팩토리 걸」은 "모든 게 용납되고 적극 시도된" 앤디 워홀의 팩토리에서 도대체 무슨 일이 어떻게 있었는지를 이방인인 에디의 시선을 빌려 실감나게 스케치한다. 소설가 노먼 메일러에서 락밴드 롤링 스톤스의 리드싱어인 믹 재거까지, 실명으로 등장하는 인물들에 대한 뒷얘기도 흥미진진하다. 무엇보다 「팩토리 걸」은 사전 취재가 치밀한 영화다. 성실하고도 감이 좋은 연기로 호연한 시에나 밀러의 모습도 깊은 인상을 남긴다.

조지 하이켄루퍼는 흡사 숏 하나하나를 콜라주하는 것 같은 스타일로 영화 한 편을 만들어냈다. 흑백과 컬러가 교차하고, 인터뷰와 신문 헤드라인과 에피소드 스케치 사이를 종횡무진 누비는 이 영화의 모던하고 경쾌한 형식은 팝아트의 선구자 앤디 워홀 주변 풍경을 그려내는 데 효율적인 방식이었던 것으로 보인다.

되살려낸 1960년대 뉴욕 언더그라운드의 특별한 공기 속 나머지 부분을 채우는 것은 에디 세즈윅이라는 순수하면서 가련한 여인이 겪는 전락의 스펙터클이다. 라스 폰 트리에의 몇몇 작품이 떠오를 정도로 여인 수난극에 가까운 이 작품에서 에디는 자유롭고 방종하며 차가운 앤디 워홀의 자장 속에서 한껏 망가진다. 명성과 파티와 마약에 도취되어 한껏 솟아올랐다가 단번에 급전직하하는 에디의 삶은 파산과 실연과 절연을 통해 가능한 모든 관계에서 파탄 지경에 이른다. 역설적이게도, 그녀의 처참한 종말은 종교적으로까지 보인다.

「팩토리 걸」은 서술되지 않고 묘사되는 인물을 볼 때의 쾌감을 제대로 안기는 영화다. 그러나 후반부에 이르러 더 이상 스케치되지 않고 스토리텔링되기 시작하면서부터 영화는 관성의 함정에 빠진다. 그녀의 재능에는 거의 관심 없이 그저 위선적인 아버지와 이기적인 연인-친구로부터 철저히 착취당한 희생자로만 보려 할 때, 영화는 에디 세즈윅이 앤디 워홀의 플라스틱 세계에 애당초 어울리지 않는 유리 인형이었다고 쉽게 결론짓는다. 경쾌한 스타일과 철저한 취재로 보기 드문 생기를 빚어낸 영화가 가장 중요한 종착점에 이르러 게으른 인물 해석을 드러낸다는 것은 여간 안타까운 일이 아니다.

그러나 감상적이고 관성적인 결론에도 불구하고, 클럽 무대에 올라가 헤로인에 취해 벌벌 떨며 춤을 출 때, 고급 레스토랑에서 식사하는 앤디 워홀을 찾아가 악귀 같은 모습으로 악다구니를 쓸 때, 끔찍한 장면을 촬영한 뒤 물건까지 도둑질해 떠나려는 일당에게 "날 혼자 두고 떠나지 마"라고 애원할 때, 그리고 최악의 순간에 수줍게 웃었던 대학 시절 사진을 보며 그 시절이 기억나지 않는다고 말할 때, 무저갱으로 끝없이 떨어지는 에디 세즈윅의 모습은 보는 이의 마음을 격렬하게 흔든다. 그런데 그 감정의 정체는 뭘까. 이것은 연민일까. 아니면, 희생제의가 끝난 후 제물인 양고기를 나누었던 자들의 죄의식일까.

# 밀양

감독 **이창동** 국내 개봉일 **2007.05.23**

암연(暗淵)이다. 삶이라는 부조리다. 세상이라는 수수께끼다. 「밀양」
은 깊이를 가늠할 수 없는 심호흡으로 관객을 끝없이 빨아들인다.
생의 의미와 무의미 사이, 서슬 퍼런 경계의 칼날을 제겨디딘 채 피
를 뚝뚝 흘리면서도, 이 영화는 인간의 전쟁을 처절한 용기로 끝끝
내 치러낸다. 여기에 값싼 카타르시스 따위는 없다.

　푸른 하늘을 올려 찍는 숏으로 시작하는 「밀양」은 햇볕 따가운 마
당을 내려 찍는 숏으로 끝맺는다. 첫 장면의 하늘은 드넓고 푸르기
이를 데 없지만, 자동차 유리창을 통해 비춰진 간접적 광경이다. 마
지막 장면의 땅은 좁고 옹색하기 짝이 없지만 직접적인 풍경이다. 하
늘은 멀거나 불투명하고, 땅은 좁거나 생생하다. 언뜻 기독교적인 세
계관의 강렬한 자장 속에서 신을 논하는 듯한 이 영화는 사실 소화
할 수 없는 고통을 꺽꺽대며 삼키려는 인간에 대한 영화인 것이다.

　혹시라도 「밀양」을 반기독교 영화로 읽어낸다면, 그건 지나치게
단선적인 이해가 아닐 수 없다. 게다가 이 영화엔 균형을 맞추기 위
한 세심한 장치들까지 들어 있다. 용서조차 소유할 수 없고 절망만

이 온전히 인간의 몫이 되는 삶에서, 인간은 피투성이가 된 채 저마다의 몸부림을 힘에 부치도록 겪어낸다.

사고로 남편을 잃은 신애(전도연)는 어린 아들(선정엽)과 함께 남편의 고향 밀양으로 간다. 카센터를 운영하는 종찬(송강호)은 피아노 학원을 열고서 의욕적으로 새 출발하려는 신애를 마음에 두고 그녀 곁을 맴돌며 도움을 주려 한다. 개업 인사를 다니고 다른 학부모들과도 적극 교류하면서 새로운 삶을 시작하려는 신애에게 하늘이 무너질 것 같은 일이 생긴다. 아들이 유괴되어 생사조차 확인할 수 없게 된 것이다. 극심한 고통을 겪는 그에게 이웃이 신앙을 권하며 적극적으로 다가온다.

이것은 유괴 사건을 다룬 이야기가 아니다. 「밀양」은 모든 사건이 종결된 것처럼 보이는 바로 그 지점에서 이제껏 한국 영화가 한 번도 해본 적이 없는 이야기를 꺼내놓기 시작한다. 30페이지 남짓한 이청준의 단편소설을 원작으로 삼았지만, 핵심 모티브와 범인의 직업 정도만 빌려 왔을 뿐, 이창동은 거의 전면적으로 살을 붙이고 뼈대를 바꾸어서 새로운 이야기로 만들어냈다.

전도연과 송강호가 등장하는 이 영화는 연기의 폭과 깊이가 어디까지 가능한지를 드러내는 하나의 사례가 될 것이다. 모든 것을 내던진 채 낮고 또 낮아져야 비로소 가능해지는 캐릭터를 맡은 전도연은 처음 유괴범의 전화를 받으며 심하게 떨 때, 걸리지 않는 자동차 시동에 발악할 때, 처음 찾아간 교회에서 발작적으로 기침을 하다가 통곡으로 바꿀 때, 촬영이 모두 다 끝났을 때의 모습이 못내 걱정스러울 정도로 무서운 몰입력을 보여준다.

송강호는 캐릭터의 색깔과 동선을 한눈에 파악한 채 어디까지 나아가면 되고 어디서 멈춰야 하는지를 정확히 안다. 어차피 이 이야기가 신애의 것이 될 수밖에 없음을 잘 알고 있는 그는 심각한 주제의 표면을 이리저리 미끄러지면서 관객에게 숨 쉴 공간을 제대로 만들어준다. 이창동의 가장 어두운 영화에 가장 유머가 많다는 것은 아이러니가 아닐 수 없다.

종찬의 시각에서는 이 영화가 멜로라고 말할 수도 있겠지만, 신애의 입장에서도 이 작품이 사랑영화라고 우기는 것은 온당한 발언이 아닐 것이다. 그리고 다시 한번. 「밀양」은 결국 신애라는 인물 혼자 온전히 짊어져야 하는 영화다.

「살인의 추억」이 송강호의 앞모습에 대한 영화였다면, 「밀양」은 전도연의 뒷모습에 관한 영화로 기록될 것이다. 유괴 사실을 알고서 누군가의 도움을 찾아 밤거리로 뛰어나갈 때 전도연의 뒷모습을 비추기 시작하는 카메라는 이후 영화가 마음의 계곡을 저공비행할 때마다 그녀의 상처받은 등을 처연히 바라본다. 「밀양」은 허세를 부리고 위엄을 가장하고 예의를 차리는 앞모습이 아니라, 부르르 떨리거나 초라하게 말리는, 위장할 수 없는 뒷모습을 아프도록 생생하게 응시하는 영화인 것이다.

동시에 스타일적으로 「밀양」은 "왜 그 형식인가"라는 질문에 설득력 있게 답할 수 있는 드문 작품이기도 하다. 왜 내내 핸드헬드 카메라를 사용했는지, 왜 신애가 비극의 현장으로 다가가는 장면은 멀리 찍기로 담았는지, 왜 신애가 카센터에서 노래하는 종찬을 바라보는 장면은 유리창을 필터로 사용해서 찍었는지, 왜 위악적인 유혹 장면은 아예 인물을 거꾸로 놓고 클로즈업으로 포착했는지에 대해 이 영화는 제대로 답한다.

혹시 이 이야기는 지독히도 운이 없었던 한 여자의 일회적이고 예외적인 참극이 아닐까. 만일 밀양이 아니라 다른 곳에 갔더라면, 그녀는 보란 듯이 새로운 삶을 행복하게 살 수도 있지 않았을까. 극이 막을 내릴 즈음 신애의 남동생 민기(김영재)가 묻는다. "밀양은 어떤 곳이에요?" 차를 몰던 종찬이 답한다. "똑같아예. 딴 데 하고. 사람 사는 게 다 똑같지예." 정말이지, 「밀양」은 사무치는 가슴 통증 없이는 볼 수 없는 무시무시한 영화다.

# 내일의 기억

**明日の記憶**

감독 **쓰쓰미 유키히코(堤幸彦)** 국내 개봉일 **2007.05.10**

펑펑 울었다. 중요한 것은 실컷 울고 나서 뒤늦게 속은 기분이 들거나 울었다는 사실이 부끄럽지 않았다는 것이다. 니콜라스 케이지가 주연했던 「당신에게 일어날 수 있는 일(It Could Happen to You)」(앤드루 버그먼)이 더 잘 어울리는 제목이 될 것도 같은 「내일의 기억」은 강력하게 감정이입을 하게 만드는 최루 드라마다. 하지만 최루물로서 감정을 착취하지 않는다. 품위를 갖추면서도 관객의 눈물을 쏙 빼게 하는 드라마를 만드는 것도 쉬운 일은 아니다.

광고 회사에 부장으로 근무하는 사에키(와타나베 젠)는 성실하고도 완벽한 일처리로 회사의 신임을 받는다. 그러나 언젠가부터 건망증 증세가 깊어지면서 고민에 빠진다. 아내 에미코(히구치 가나코)의 강권으로 병원에 간 사에키는 알츠하이머병 환자라는 진단을 받자 큰 충격을 받는다. 사에키는 결국 딸의 결혼식을 치른 후 직장을 그만두고 본격적인 투병 생활에 들어간다.

알츠하이머병 환자의 눈물겨운 투병 과정을 다룬 이 이야기는 예상대로 흘러간다. 코믹하게 느껴질 정도로 가벼운 증세에서 시작해 점점 병세는 심해지고 이에 따라 좌절도 점층된다. 가정주부였던 아내는 남편의 간병을 도맡는 동시에 취직해 돈까지 벌어야 한다. 그리고 부부는 어려움과 고통 속에서 그들의 사랑과 삶을 지키기 위해서 최후까지 분투한다.

「내일의 기억」은 다르게 말하지 않는다. 그저 좀 더 깊게 말할 뿐이다. "그릇을 보면 만든 인간이 보여. 다들 자기와 똑같은 그릇을 만드는 법이니까"라는 사에키와 에미코의 도예 스승 말처럼, 이 영화는 만든 사람들이 어떤 성품을 지닌 인간들인지 그대로 보여준다.

극 중 사에키가 알츠하이머 증세를 처음 드러내는 것으로 묘사되는 내용이 할리우드 스타(리어나도 디캐프리오)의 이름을 잊어버리는 것이라는 사실은 흡사 와타나베 겐이 이 영화에 임하는 자세를 암시하는 부분 같다. 「라스트 사무라이」 이후 「게이샤의 추억(Memoirs of a Geisha)」(롭 마셜) 「배트맨 비긴즈」 「이오지마에서 온 편지(Letters from Iwo Jima)」(클린트 이스트우드) 같은 영화에서 '위엄 있는 동양 남자'의 캐릭터를 인상적으로 구현해온 와타나베 겐은 그의 할리우드 출연작에서와 전혀 다른 연기 스타일로 혼신의 힘을 다한다. 좌절하고 슬퍼하는 연기를 반복할 수밖에 없는 극의 성격에도 불구하고, 그는 장면마다 조금씩 다른 감정을 넣어가면서 입체적으로 연기한다. 아내 에미코 역을 맡은 히구치 가나코도 와타나베 겐의 연기에 성실히 조응하면서 제 몫을 해낸다.

휴먼 드라마적 측면 외에 흥미로운 것은 이 영화가 일본인이 꿈꾸는 바람직한 인간상을 여실히 드러내는 것처럼 여겨진다는 점이다. 극 중 인물들은 하나같이 자신의 위치에서 성실한 삶을 산다. 훌륭한 직업인인 동시에 믿음직한 아버지이며 남편인 사에키와 외유내강의 전형으로 불행에 현명하게 대처하는 아내 에미코는 말할 것도 없고, 친구들과 부하 직원 하나하나까지 전부 그렇다. 심지어 사에키를 해고하는 회사 간부도 인간미를 지녔고, 사에키의 병을 고자질해 그의 자리를 꿰찬 후배까지도 최소한의 품위를 갖췄다. 특히 언뜻 냉정해 보이는 이 영화의 의사는 전문 지식과 직업 윤리를 갖춘 모습으로 또렷한 인상을 남긴다.

급작스런 발병을 다루는 영화들은 그 직전까지 일에만 몰두했던 삶이 얼마나 허망한 것인가를 관성적으로 드러내는 경향이 있다. 하지만 이 영화는 갑자기 인생에서 조퇴하게 된 상황에서도 그전까지 모든 것을 바친 26년간의 직장 생활이 아무것도 아니라고 말하지 않는다. 가족과의 관계만큼이나 일도 소중했다고 말하는 영화를 보는 것은 드문 경험이다.

악인의 음모 탓도 아니고, 잘못 살아왔기 때문도 아니다. 그저 누군가의 삶에는 모든 것을 뒤흔드는 균열의 순간이 불현듯 찾아온다. 분명 삶이 행과 불행을 선택하는 것은 아니다. 오히려 행과 불행이 삶을 선택한다. 그러나 불행이 점찍은 삶에서도 자존과 위엄을 애써 지켜내면서 최후를 향해 걸어갈 수는 있다. "언젠가는 누구나 죽습니다. 인체는 처음 십몇 년 이후엔 노쇠해지기만 합니다. 그러나 그렇다고 인간이 아무것도 할 수 없는 것은 아닙니다." 극 중 의사의 대사 속엔 이 영화가 하고 싶은 말이 모두 들어 있다.

# 날아라 허동구

감독 **박규태** 국내 개봉일 **2007.04.26**

작은 이야기의 승리다. 「날아라 허동구」는 눈물을 자아내려 인물을 학대하지도 않고, 스토리에 인위적 굴곡을 만들어 대단한 내용인 듯 포장하지도 않는다. 출생의 비밀도 없고, 양념처럼 곁들여지는 로맨스도 없으며, 반전에 대한 강박도 없다. 대신 이 영화는 소담스런 첫눈으로 눈 뭉치를 만들듯, 정성 어린 손길로 이야기를 뭉치고 또 뭉친다. 결과는 단단한 감동이다.

야구를 할 때 동구(최우혁)의 무기가 호쾌한 홈런이 아니라 성실한 번트라는 사실 속에는 이 영화의 정체성이 그대로 담겨 있다. 생생한 에피소드로 이야기의 단계를 차근차근 밟아가며 한 루씩 충실히 전진하는 이 영화는 결국 환한 미소를 지으며 홈을 향해 힘차게 달려온다. 야구든 영화든, 극적인 순간에 승부를 결정짓게 하기 위해선 1점이면 충분하다.

아이큐 60인 아이를 주인공으로 한 이야기에서 유머는 자칫 관객의 우월감을 자극하는 방식으로 작동할 위험이 있다. 하지만 「날아라 허동구」의 유머는 동구를 향해서 웃지 않고 동구와 함께 웃는다. 극 중 아버지(정진영)와 아들이 처한 상황은 결코 쉽지 않지만, 덕분에 영화는 밝고 따뜻하다. 애써 등장시켜놓은 인물을 후반 들어서 잃어버릴 때도 있긴 하지만, 이 영화의 편집은 시퀀스 안에서 리드미컬하고 유머러스하다.

운동장 한 바퀴 도는 시간을 재는 체육 시간에 동구는 선생님의 제지에도 아랑곳하지 않고 두 바퀴를 돈다. 왜 한 바퀴를 더 뛰냐는 선생님의 물음에 아이는 히죽거리며 답한다. "짝 주려구요." 이야기에 매듭을 만들 때 인위적인 느낌이 없지 않고, 종종 가족영화 장르의 관성에 몸을 싣기도 하지만, 「날아라 허동구」는 몇몇 단점을 충분히 상쇄하고도 남을 정도로 표현력이 풍부한 영화다. 생생한 에피소드와 섬세한 디테일이 전편에 가득해 다양한 연령층의 관객을 사로잡을 만하다.

좋은 아버지의 얼굴을 가지고 있는 정진영과 극의 따스하고 유머러스한 분위기에 잘 어울리는 권오중도 좋지만, 아무래도 이 영화에서 가장 인상적인 것은 동구 역을 맡은 최우혁이다. 아역 배우에게 흔히 묻어 있는 '연기 학원 냄새'가 전혀 없는 이 어린 연기자는 관객 마음의 빗장이 저절로 풀리게 하는 천진한 표정과, 조사 없이 딱딱 부러지는 두서너 단어만으로 문장을 만들어 말할 때조차 풍부하게 느껴지는 대사 소화력을 지녔다.

아버지와 아들이 어렵게 단둘이 살아가는 환경에서 뭐 그리 웃을 일이 많을까. 그러나 5월에 가장 잘 어울리는 가족영화 「날아라 허동구」는 그래도 살아 있어서, 웃을 수 있어서, 참 좋다는 느낌을 전해주는 드문 영화다. 행복은 언제나 작고 소박하다.

# 아내의
# 애인을 만나다

감독 **김태식** 국내 개봉일 **2007.04.26**

이 방면의 대가는 물론 홍상수다. 남자와 여자, 침대와 술이라는 4원
소로 욕망과 욕망이 밀고 당기며 얽히고 바스러지는 풍경을 그려내
는 데 있어서 그를 능가할 감독이 나오긴 쉽지 않을 것이다. 「아내
의 애인을 만나다」의 이야기는 언뜻 홍상수의 영화를 떠올리게 한
다. 하지만 김태식은 착점을 전혀 다른 곳에 놓았다. 홍상수가 욕망
을 어떻게 처리할지 몰라 쩔쩔매는 지식인의 위선적 태도를 관찰자
적인 시선으로 바라보는 인류학자 같다면, 김태식은 오랜만에 만난
고교 동창의 객쩍은 고백을 허름한 포장마차에서 들어주는 친구 같
다. 눈을 맞추면서 열심히 들어주다가도 가끔씩 귓가로 흘려듣기도
하는 그런 친구.

　「아내의 애인을 만나다」의 주인공은 강원도에서 도장 파는 일로
살아가는 태한(박광정)이다. 아내(김성미)가 택시기사인 중식(정보석)
과 불륜 관계인 것을 알아챈 태한은 손님인 척 가장해 그의 택시에

올라탄 후 강원도 낙산까지 장거리 여정을 가자고 한다. 택시가 고장을 일으키고, 갖가지 해프닝이 일어난 끝에 태한의 정체를 모르는 중식은 그를 내려놓고 태한의 아내를 만나러 간다. 아내와 중식의 결정적 장면을 목격한 태한은 홀로 서울로 간다. 이번엔 중식의 아내 소옥(조은지)을 한번 만나보기 위해서.

소심하기 짝이 없는 남자와 뻔뻔하기 이를 데 없는 사내의 오월 동주. 그러나 이 영화가 관심을 가지는 것은 치정이 빚어낼 파국이 아니다. 이야기의 축을 이루는 네 인물 중 오직 태한의 아내만이 거의 등장하지 않는다는 사실은 「아내의 애인을 만나다」가 불륜을 소재로 한 다른 영화들과 어떻게 다른지 말해준다. 적의 얼굴을 확인하고 싶은 호기심과 라이벌에 대한 경쟁심, 육체적으로 우월한 수컷에 대한 열등감과 짝을 빼앗긴 자들끼리의 본능적 유대감 같은 것들이 이야기의 표면을 슬쩍슬쩍 스쳐가면서 흥미로운 풍경을 빚어낸다. 무게에 대한 강박에 짓눌리지 않은 독립영화를 만나는 것은 여간 즐거운 일이 아니다.

인물들을 깔아뭉개지도 않고 그렇다고 떠받들지도 않으면서 감독은 썰렁한 듯 심심한 듯 개성 넘치는 유머와 리듬으로 극에 싱싱한 탄력을 불어넣었다. 극단적인 클로즈업숏에서 극단적인 롱숏 사이를 자주 오가는 카메라가 늘 효과적인 것은 아니지만, 표현 욕구가 왕성한 시선은 이 영화에 지치지 않는 동력을 제공했다. 수백 개의 수박이 언덕 아래로 굴러가고, 날아오르는 헬리콥터의 바람이 소변 방울을 부수는 시퀀스처럼, 현실과 환상의 경계에 있는 장면들은 이 영화의 분위기를 결정지은 또 다른 축이다. 주연 배우들의 연기가 다 좋지만, 특히 대한민국에서 가장 소심한 남자를 탁월하게 그려낸 박광정의 연기는 큰 박수를 받을 만하다.

어쩌면 「아내의 애인을 만나다」의 핵심은 '삶에 뚫린 거대한 구멍을 확인하고 어찌할 바를 모른 채 전전긍긍하는 무기력한 인간의 초상'인지도 모른다. 가해자와 피해자가 공수 교대하고, 넉살 좋은 인간과 쭈뼛거리는 인간이 결국엔 별 차이가 없게 되는 상황 속에서, 김태식은 치정의 폭풍 그 자체보다는 한바탕 바람이 휘몰아친 뒤에 남은 감정의 부스러기를 오래오래 쳐다본다. 극 중 두 차례 멀뚱거리며 등장하는 수탉의 모습이 이 영화가 보여주고 싶어 하는 가장 중요한 이미지라면, 태한이 언덕길을 내려오면서 "야, 넌 그렇게 할 말이 많냐? 지랄하네. 나도 할 말 많은 사람이야"라고 혼자 구시렁대는 대사는 아마도 이 영화에서 가장 중요한 대사일지도 모른다.

# 굿 셰퍼드

**The Good Shepherd**

감독 **로버트 드니로(Robert De Niro)** 국내 개봉일 **2007.04.19**

이 남자는 충실한 직업인이었다. 명문대인 예일대에 들어간 에드워드(맷 데이먼)는 애국심 하나로 첩보원 세계에 발을 들여놓는다. 충동적으로 관계를 가진 후 임신하게 된 클로버(앤젤리나 졸리)를 책임지기 위해 자신이 사랑했던 여자 대신 그녀와 결혼한 에드워드는 CIA의 전신인 OSS 요원으로 발탁되자 곧바로 아내를 떠나 유럽으로 향한다. 뛰어난 두뇌와 냉철한 판단력, 비밀을 절대 발설하지 않는 과묵함으로 능력을 발휘하게 된 그는 새로 창설된 CIA에서도 핵심적인 직책을 맡게 된다.

하지만 첩보원으로 성공할수록 아들과 아내는 점점 더 그에게서 멀어지면서 그의 삶은 점차 공허해진다. 1961년의 쿠바 미사일 위기 때 쿠바에 침투하려던 작전이 실패한 후, 원인을 찾아 나서던 에드워드는 충격적인 결과에 접한다.

명배우 로버트 드니로가 감독한 「굿 셰퍼드」는 「대부」를 떠올리지 않고 보기가 거의 불가능한 영화다. 자신의 직업에 최선을 다하며 살았던 사내가 그 대가로 삶에서 정말 소중한 것들을 조금씩 잃어가는 과정을 다룬 이 작품은 흡사 주인공의 직업을 첩보원으로 바꾼 「대부 2(The Godfather: Part II)」(프랜시스 코폴라)처럼 느껴지기까지 한다. 이야기의 핵심 모티브뿐만 아니라 편집과 촬영의 유장한 리듬에서 장대한 비극을 쌓아 올려가는 드라마 작법까지 모두 그렇다.

배우 로버트 드니로의 생애 최고 연기들(「성난 황소(Raging Bull)」「택시 드라이버(Taxi Driver)」)을 뽑아낸 것은 마틴 스콜세지였지만, 감독 로버트 드니로의 연출 스타일에 결정적 영향을 끼친 것은 「대부」의 감독 프랜시스 코폴라였던 것으로 보이기까지 한다. 아닌 게 아니라, 코폴라는 이 영화에 제작자로 직접 참여했다. 극의 서두에서 해독되지 않는 의문의 장면을 제시한 뒤, 이야기가 진행됨에 따라 그 장면을 반복해 보여주며 점차 미스터리의 실체에 접근하는 방식에서는 코폴라의 또 다른 대표작 「컨버세이션(The Conversation)」의 영향까지 느껴진다.

코폴라의 입김을 감안하더라도, 「굿 셰퍼드」에서 드니로가 선보인 연출력은 상당하다. 지난 수십 년간 연기 경쟁으로 어깨를 나란히 했던 알 파치노나 잭 니컬슨이 감독했던 작품들과 비교해볼 때, 드니로의 연출은 좀 더 기본기가 탄탄해 보인다. 세 시간 가까운 러닝타임을 좀 더 타이트하게 압축할 수 있었을 것 같은 느낌이 들기도 하지만, 유려한 형식과 빠르게 전개되는 이야기 탓에 현재의 상태로도 지루할 틈을 주지 않는다. 주연을 맡은 맷 데이먼과 앤젤리나 졸리 외에도 존 터투로, 윌리엄 허트, 알렉 볼드윈, 조 페시 등 1980년대를 풍미했던 배우들이 대거 등장해 멋진 앙상블을 보여준다.

첩보원 세계를 사실적으로 그려냈지만, 「굿 셰퍼드」의 우수성을 제대로 감상하기 위해서는 가족영화로 읽어내는 독법이 더 유용하다. 어린 시절부터 안전을 삶에서 가장 중요한 요소로 꼽아온 에드워드가 국가의 안전을 지키려다 가장 사랑하는 가족의 안전을 지키지 못하게 되는 역설이 우아하고 장대한 화법에 실려 생생하다. "연인끼린 비밀이 없는 거야. 내 곁에 있으면 안전해"라는 첫 대사로 시작하는 이 영화는 비밀을 지켜서 가족을 잃은 아버지와 비밀을 털어놓아 연인을 잃은 아들을 같은 프레임 속에 가둬둔 채 길게 탄식하며 끝난다.

도대체 무엇이 잘못된 것일까. 바깥에서 '성실한 목자' 노릇을 하느라 안에서 '좋은 목자(Good shepherd)'가 될 수 없었던 에드워드의 삶은 어디서부터 어긋난 것일까. 어쩌면 삶에서 중요한 것은 밀도가 아니라 방향인지도 모른다. 「굿 셰퍼드」는 왜 꼭 이렇게 살아야 하는지를 묻지 않은 채 그저 묵묵하고 충실하게 살아가기만 했던 한 인간이 불가피하게 맞닥뜨려야 했던 비극에 대한 영화다.

성공한 예술에선 언제나
전체가 부분의 총합보다 크다.

# 천년학

감독 **임권택** 국내 개봉일 **2007.04.12**

벚꽃이 눈송이처럼 쏟아져 내리는 화사한 봄날. 별채에서 마지막 순간을 맞는 노인 옆에서 애첩인 소리꾼 송화(오정해)가 입을 열어 나직하게 부른다. "꿈이로다, 꿈이로다, 모두가 다 꿈이로다. 너도나도 꿈속이요, 이것저것이 꿈이로다. 꿈 깨이니 또 꿈이요, 깬 꿈도 꿈이로다. 꿈에 나서 꿈에 살고 꿈에 죽어가는 인생 부질없다. 깨려는 꿈, 꿈은 꾸어서 무엇을 할 거나." 송화의 소리를 듣던 노인은 힘겹게 눈을 껌뻑이다 까무룩하게 영면에 접어든다. 열어놓은 별채 방문 밖 부는 바람에 벚꽃 잎들이 하늘로 하늘로 한없이 올라간다.

「천년학」은 이 한 장면만으로도 오래 기억되지 않을까. 길고 긴 삶이 한순간의 꿈으로 흩어질 때, 어느 인간의 꼬리를 물고 거듭 교차했던 영과 욕은 재도 남기지 않은 채 허공에 스러진다. 주인공이 바람 이는 들판에 초현실적으로 놓인 나무 문 너머 사라져가는 것으로 죽음을 스케치했던 프리드릭 토르 프리드릭슨의 「자연의 아이들 (Börn náttúrunnar)」의 비범한 라스트신이 그랬듯, 한 노인의 마지막이 아름답고 쓸쓸한 잔상으로 마음에 번진다.

임권택의 100번째 영화 「천년학」은 14년 전에 나온 대표작 「서편제」의 연속선상에 놓여 있다. 전국을 떠도는 유봉(임진택) 밑에서 소리꾼과 고수로 함께 자란 (피가 섞이지 않은) 남매 송화와 동호(조재현)의 이야기. 「서편제」가 한으로 삶에 화룡점정하려는 예술에 대한 영화라면, 「천년학」은 예술을 하는 인간의 마음에 남은 한과 사랑을 다룬 작품이다.

「서편제」에서 도달하기 어려운 지고의 예술은 「천년학」에서 끝내 품을 수 없는 지원(至遠)의 사랑에 가운데 자리를 내준다. 「천년학」의 초반부는 「서편제」의 몇몇 장면들을 변주하는 기시감으로 시작되지만, 「서편제」를 보지 않은 관객이라도 독립적으로 이 영화에 빠져들 수 있도록 독창적이고도 세심하게 연출됐다.

지난 사반세기 동안 한국의 가장 아름다운 자연은 정일성 촬영감독의 카메라가 잡아냈다. 임권택의 눈이자 마음이었던 그는 「천년학」에서도 너무나 인상적인 한국인의 풍경화들을 그려냈다. 낙조에 붉게 물든 바닷가에서 해풍에 몸을 누인 소나무 밑 갈대밭까지, 그가 빚어낸 화면에서 종종 인물은 그 자체로 자연의 일부가 된다.

대가는 왜 100번째 영화로 「천년학」을 택했을까. 이 영화는 거장의 깊은 지혜와 점점 비위가는 허허로운 가슴을 보여준다. 작품 속 숏 하나하나엔 고스란히 세월의 무게가 내려앉아 있지만, 동시에 그 무게를 일순 무화시켜버리는 선의 터치도 함께 들어 있다. 「천년학」은 흡사 백일몽을 꾸는 듯한 천상의 장면으로 불현듯 끝을 맺는다. 그렇게 임권택은 이야기를 닫는 대신 마음을 열어버리는 기묘한 마침표를 찍음으로써 100번째의 고개를 훌쩍 넘어섰다.

# 타인의 삶

**Das Leben der Anderen**
감독 **플로리안 헨켈 폰 도너스마르크**(Florian Henckel von Donnersmarck)
국내 개봉일 **2007.03.22**

세상에는 두 종류의 사람이 있다. 인간이란 존재가 변할 수 있다고 믿는 사람과 그렇지 않은 사람. 그런데 「타인의 삶」은 이 구분에서 정말로 중요한 건 실제로 인간이 변할 수 있느냐의 여부가 아니라 그걸 믿느냐의 여부라고 말하는 영화다.

통일 되기 전의 독일. 1984년 동독의 비밀경찰 비즐러(울리히 뮈헤)는 일급 극작가 드라이만(제바스티안 코흐)의 일거수일투족을 도청하며 감시한다. 그러나 철저한 감시에도 불구하고, 비즐러는 드라이만과 그의 애인인 배우 크리스타(마르티나 게텍)에게서 이렇다 할 혐의점을 찾기는커녕, 오히려 그 둘에게 인간적인 정을 느껴가기 시작한다. 권력에 의해 활동이 금지됐던 선배 극작가의 자살을 계기로 드라이만은 정권을 비판하는 글을 쓰려 한다. 도청을 통해 이 사실을 감지하게 된 비즐러는 상부에 이 사실을 보고해야 할지를 놓고 고민에 빠진다.

「타인의 삶」의 동력은 시선의 감응력이다. 한 사람을 세심하게 지켜보면 그 사람을 이해할 수밖에 없고, 그 사람을 이해하면 사랑하게 된다. 언뜻 도청 전문가의 딜레마를 다룬 프랜시스 코폴라의 「컨버세이션」과 비슷해 보이는 이 영화는 사실 크시슈토프 키에슬로프스키의 「사랑에 관한 짧은 필름(Krótki film o milosci)」이나 폴 슬레탄느의 「정크 메일(Budbringeren)」 같은 작품에 맥이 닿아 있다.

이 영화는 타인의 삶이 내 삶의 일부로 삼투되어 오는 순간에 번지는 휴머니즘의 기운을 따스하게 포착한다. 공감할 때 바뀌는 것은 공감의 대상이 아니라 주체다. 공감이라는 것 자체가 그 사람의 상태에 이입하기 위해서 기꺼이 스스로를 변화시킬 수 있다는 태도를 전제로 하기 때문이다. 극 중 철저한 악인으로 묘사되는 헴프 장관(토마스 티메)이 "인간은 절대 변하지 않아"라고 외치는 것은 결코 우연이 아니다.

스타일에 대한 야심을 버리고 하나하나 벽돌을 쌓듯 이야기를 튼튼하게 구축하는 방식으로 영화를 만든 독일 감독 플로리안 헹켈 폰 도너스마르크의 연출은 성실하고 우직하다. 초반에 반짝 시선을 끌다가 중반 이후 에너지를 잃어버리고 마는 숱한 드라마들 사이에서 「타인의 삶」은 시간이 흐를수록 긴장감이 점점 더 고조되게 만드는 흔치 않은 미덕을 지녔다.

특히 이 영화는 이야기를 어떻게 맺어야 하는지에 대한 모범례를 보여준다. 모든 상황이 종료된 듯 보이는 단계에서 다시 시간을 여러 번 점프하며 몇 개의 시퀀스로 간결하게 스케치함으로써 작품을 마무리하는 솜씨는 「타인의 삶」에서 가장 돋보이는 부분이 아닐 수 없을 것이다. 어떤 영화에서 마침표는 문자 그대로 화룡점정의 순간을 만들어낸다.

아카데미 외국어영화상을 받은 이 작품은 일종의 스릴러로서 서스펜스도 능숙하게 활용한다. 정색하고서 무뚝뚝하게 툭 던지는 스타일의 독일식 유머도 심심찮게 등장한다. 비즐러 역을 맡은 울리히 뮈헤는 정확하고 절제된 연기가 고전적 품격이 풍기는 영화에 얼마나 잘 어울리는지를 증명한다.

드라이만을 오래 지켜보기 전, 기술을 맹신하고 감정을 의심하는 비즐러는 사실 예술가에 대해 편견을 가졌던 사람이었다. 결국 편견이란 무지의 지적 진공에 스며드는 폐수 같은 것이다. 지켜볼 여유나 기회를 갖지 못해 우리가 지레 잘못 짐작하고 있는 대상은 또 얼마나 많을 것인가.

# 라디오 스타

감독 **이준익** 국내 개봉일 **2006.09.28**

쉽다. 깊다. 좋다. 마음을 가져간다. 입으로 웃으면서 눈으로 울게 만드는 「라디오 스타」의 가장 큰 매력은 그 넉넉함에 있다. 「왕의 남자」로 정점에 오른 이준익은 삶의 여백을 쓰다듬는 넉넉한 손길로 이 소박한 영화에 특별한 감동을 불어넣었다. 스타일과 볼거리로만 승부하는 영화들이 초반에 넋을 빼놓다가 중반 이후 제풀에 지치고 마는 경우가 많은 데 비해, 이야기와 인물에 집중한 이 작품은 뒤로 갈수록 더 큰 흡인력을 발휘한다.

　한때 최고 인기를 누렸던 가수 최곤(박중훈)은 이젠 인기가 떨어져 찾는 곳이 거의 없지만 자신이 아직 스타라고 굳게 믿는다. 20년 가깝게 그를 돌봐준 매니저 박민수(안성기)는 최곤이 또다시 폭행으로 사고를 치자 합의금 마련을 위해 강원도 영월의 라디오 디제이 자리를 제안한다. 마지못해 지방 방송국 프로그램을 맡게 된 최곤은 원고도 무시한 채 멋대로 진행하지만 솔직한 방송이 오히려 큰 호응을 불러일으킨다.

　「라디오 스타」의 캐스팅은 흡사 충무로가 한국 영화 팬들을 위해 오래전부터 준비해온 선물 같다. 그 자체로 지난 20년간 한국 영화의 역사인 안성기와 박중훈은 영화 안팎을 넘나들며 배우의 존재감을 강렬하게 발산, 다른 배우를 떠올릴 수 없게 하는 연기를 했다.

영화 밖의 이력과 영화 안의 상황이 종종 겹치는 박중훈은 이 작품에서 삶 전체의 무게를 실어 연기한다. 지방 방송국 디제이로 처음 인사할 때 "가수왕 최곤입니다"라고 내뱉은 뒤에 인정하고 싶지 않다는 듯 "88년도"라고 살짝 덧붙였던 '퇴물 스타'는 작품 말미에 전국 방송 첫 회를 맞아 "88년도 가수왕 최곤입니다"라고 자연스레 말한다. 철없던 스타가 좌절을 겪으며 현실을 인정하고 성숙해지는 과정을 표현하는 데 집중한 박중훈의 연기는 뒤로 갈수록 위력을 발휘한다. 결정적으로 두 번 터뜨리는 장면 외에도, 그는 공개방송 무대에 서기를 극구 사양했던 이유에 대해 "노래하고 싶어질까 봐"라고 나중에 아무렇지도 않게 슬쩍 내뱉는 장면에서조차 아픈 마음을 제대로 실어낸다.

이 영화의 안성기는 놀랍다. 그렇게 오랜 세월 연기를 하고도 아직까지 관객을 감동시킬 수 있는 캐릭터가 남아 있는 배우를 지켜보는 것은 무척이나 기분 좋은 일이다. '의'자가 겹치면 안 좋다는 피디의 말에 "민주주의의 의의"는 네 번이나 들어간다며 너스레를 떨 때, 비 오는 날 방송국 건물 앞에 쭈그리고 앉아서 담배를 피우며 전화를 할 때, 그리고 버스 라디오에서 흘러나오는 최곤의 우는 목소리를 들으면서 처연한 표정으로 김밥을 꾸역꾸역 삼킬 때, 안성기는 무장해제된 관객들의 가슴속으로 깊숙이 파고든다.

술에 잔뜩 취한 피디 강석영(최정윤)은 퇴락한 최곤에게 "차라리

그때 은퇴를 했으면 전설로라도 남았을 거 아냐"라며 아픈 곳을 찌른다. 그리고 박민수에겐 "아저씬 가족도 없어요?"라고 쏘아붙인다. 뻔히 보이는데도 해결할 수 없는 삶의 딜레마가 있다. 경쟁과 효율로 양 바퀴 추동력을 얻는 시대, 그러나 어떤 바보 같은 사람들은 함께 어깨를 겯고 멀리 돌아가는 길을 택한다.

「라디오 스타」는 모든 것을 건 꿈일수록 그 그림자가 크고 짙다는 것을 잘 알고 있는 영화다. 그런데도 이준익은 머물러 탄식하기보다는 그늘 속으로 촛불을 들고 또박또박 걸어 들어간다. 세월을 적잖이 흘려보낸 사람이라면, 그 촛불 하나로 추위와 어둠이 걷힐 수 없다는 것쯤은 안다. 그래도 지금 이 순간, 그 가녀린 촛불은 밝고 따뜻하다.

# 타짜

감독 **최동훈** 국내 개봉일 **2006.09.28**

가구 공장에서 일하던 고니(조승우)는 우연히 끼게 된 도박판에서 돈을 전부 잃고 우여곡절 끝에 평경장(백윤식)을 만나 타짜의 세계에 들어선다. 사기 도박판을 미리 설계하는 정 마담(김혜수)을 만나 타짜로 활약하던 고니는 곧 고광렬(유해진)과 함께 팀을 이뤄 전국의 화투판을 휩쓴다. 하지만 평경장이 의문의 죽음을 당한 뒤 고니에게 절체절명의 위기가 닥쳐온다.

허영만의 원작 만화를 영화화한 「타짜」는 능수능란한 이야기꾼인 최동훈의 화술이 얼마나 효율적이고 능란한지를 잘 보여준다. 간질여야 할 때와 찔러야 할 때를 정확히 아는 작법과 연출은 시제를 능숙하게 뒤섞고 플래시백과 플래시포워드를 고리 삼아 신들을 밀고 당기면서 흥미진진하게 이야기를 재구성한다. 「범죄의 재구성」에서 익히 위력을 발휘했던 대사 감각 역시 여전하다.

경제적이면서 리드미컬한 화법은 고니와 정 마담 혹은 평경장이나 고광렬 같은 메인 캐릭터들뿐만 아니라 박무석(김상호), 곽철용(김응수), 아귀(김윤석), 짝귀(주진모) 등 상대적으로 비중이 작은 캐릭터 하나하나까지도 생생한 실감으로 살려낸다. (정 마담처럼) 한 인물에 대한 다른 인물의 의미심장한 언급을 미리 깔아둠으로써 자극한 궁금증이 최고조에 이르렀을 때 인물을 강력하게 호출하거나, 이와 정반대로 (아귀처럼) 관객이 처음엔 누군지도 모르고 무심코 흘려 보게 되는 인물이 나중에 그 존재감을 온전히 드러내며 각인시키도록 하는 방식은 최동훈이 캐릭터의 파괴력을 배가시키기 위해 얼마나 치밀하게 설계도를 그리는지 알려준다. (이와 같은 인물 등장법은 정 마담을 연기한 김혜수가 모든 사람이 알고 있는 스타라는 사실과 이 영화를 찍을 당시의 김윤석이 알려지지 않은 무명 배우라는 사실까지 고려한 방식이다.)

그렇게 인물간의 구도가 완성되어 제시된 후 최후의 대결이 기다리고 있는 선박 안으로 마침내 고니가 뚜벅뚜벅 걸어가는 장면에 이르면 관객들은 흡사 주인공이 지옥문을 열고 들어가는 것 같은 느낌을 받게 된다. 효과에 비해 의도를 다소 과하게 드러내기도 했던 데뷔작의 촬영 스타일과 장면 구성 방식은 「타짜」에 이르러 그 역동적 특성은 계속 유지하면서도 좀 더 안정적인 면모를 보여주기도 한다.

조승우는 순수와 독기를 함께 지닌 표정과 이야기의 흐름을 자연스럽게 안고 가는 감성으로 한 편의 영화를 넉넉하게 떠받친다. 이영화의 김혜수는 수십 편에서 주연했지만 이전에 한 번도 보여주지 않았던 모습으로 강력한 흔적을 남긴다. 아울러 「타짜」는 김윤석이라는 뛰어난 연기자를 한국 영화계의 토양에 온전히 뿌리내리도록 만든 영화로 훗날 기억되기도 할 것이다.

돈이 가장 귀중한 사람은 눈앞에서 돈뭉치가 잿더미로 변하는 것을 보게 되고, 손이 가장 소중한 사람은 스스로의 확신이 절정에 달했을 때 손을 잃게 된다. 그리고 주인공이 어두운 골목길을 뚜벅뚜벅 걸어와 담배에 불을 붙이는 장면으로 시작했던 이 욕망의 로드무비는 화려하게 뻗은 대로와 좁고 구불구불한 통로를 두루 거친 끝에 슬쩍 마음을 흔드는 페이소스를 남기며 끝을 맺는다.

바람에 지폐들이 날아가는 모습을 기차에 매달린 채 바라보면서 고니는 미소를 머금었던가. 그 순간 그가 목숨까지 걸게 만들었던 그 모든 일들은 흡사 꿈처럼 느껴진다. 「타짜」에 이어지는 최동훈의 다음 작품이 몽환적인 「전우치」라는 것은 어쩌면 지극히 자연스러운 귀결인지도 모른다.

# 해변의 여인

감독 **홍상수** 국내 개봉일 **2006.08.31**

'홍상수는 늘 같은 말만 되풀이한다'고 흔히들 이야기한다. 그럴 수도 있을 것이다. 흔히 비교되는 에리크 로메르의 영화들이 그렇듯, 그의 작품은 연작으로 볼 때 좀 더 잘 이해된다. 「해변의 여인」에서도 여전히 그는 술과 침대, 남자와 여자를 엮어 '욕망의 4원소론'을 설파한다. 이 영화 속에 "자연은 왜 수컷과 암컷으로 나뉘가지고, 지겨워, 진짜"라는 대사를 넣어가면서도, 다시금 탁월한 관찰력과 표현력으로 남자라는 '수컷'과 여자라는 '암컷' 사이에서 벌어지는 일들을 다룸으로써 '인간'이라는 존재에 대해 묻는다. 그리고 작품 속 공간들은 각운처럼 반복·변주되며 의미를 빚는다.

영화감독인 중래(김승우)는 시나리오 작업에 난항을 겪다가 스태프인 창욱(김태우)에게 여행을 제안한다. 창욱이 함께 데려온 애인 문숙(고현정)에게 관심을 갖게 된 중래는 바닷가 숙소에서 결국 그녀와 하룻밤 인연을 맺는다. 일행이 서울로 돌아온 이틀 뒤 혼자 바닷가에 내려간 중래는 우연히 만난 선희(송선미)와 술을 마시다 숙소로 함께 간다. 그 광경을 숨어서 몰래 지켜보던 문숙은 만취한 채 중래와 선희가 함께 있는 숙소의 문을 거세게 두드린다.

그러나 「해변의 여인」은 언뜻 같은 자리를 맴도는 것 같은 그가 한걸음씩 어느새 얼마나 많이 걸어왔는지를 또렷이 보여주는 작품이다. 「해변의 여인」은 본격적인 변화의 조짐을 보였던 「극장전」에서 좀 더 앞으로 나아간다. 일견 유사하게 들리는 말이라도 화술과 태도가 달라지면 새로운 언술이 될 수 있다. 「해변의 여인」을 초기작 「돼지가 우물에 빠진 날」이나 「강원도의 힘」과 비교해보면, 주제를 제외한 거의 모든 것이 바뀌었음을 짐작할 수 있다. 이전의 그 어느 작품들보다 온도가 높고(여전히 상온 이하라서 쌀쌀하지만), 유머의 당도가 높아진(아직도 씁쓸한 뒷맛이 남지만) 「해변의 여인」에는 심지어 동성간의 우정에 대한 묘사와 슬랩스틱까지 들어 있다.

'치정 살인극'으로 데뷔했던 감독은 이제 '섹스 코미디'를 통해 관객으로 하여금 쉴 새 없이 낄낄대도록 하다가 어느새 숙연해지고 뭉클해지는 순간을 맞게 함으로써, 인간이라는 종의 자기모멸에서 자기연민으로 무게중심을 옮겼다. 한 남자가 갑자기 나무를 향해 절을 하며 눈물을 쏟고, 한 여자가 한밤의 해변가 숲속을 홀로 헤매고, 두 여자가 주고받는 지갑과 함께 자매애를 나누는 장면이 촉발하는 정서적 파고는 홍상수의 영화가 도달한 새로운 경지다. 아마도 「해변의 여인」은 이제껏 홍상수가 보여준 가장 따뜻한 영화일 것이다.

「해변의 여인」의 형식적 핵심은 삼각 구도에 있다. 남자 둘과 여자 하나, 혹은 여자 둘과 남자 하나가 얽힐 때 발생하는 성적 긴장감과 그 모든 소동을 통해 홍상수는 기이하게 얽힌 욕망의 트라이앵글을 그린다. 셋이 함께 있는 장면에서 무심히 지켜보던 카메라는 그

중 둘이 본격적으로 대화할 때 두 사람에게로 줌인해 들어가면서 삼각 구도를 깨뜨리고 영화적 긴장을 응집한다.

「해변의 여인」에서 배우의 비중이 그 어떤 전작보다 커지게 된 데는 고현정의 역할이 결정적이었다. 그는 '홍상수스러움'에 잘 녹아들면서도 뛰어난 대사 처리 능력과 생생한 연기 디테일로 어리숙한 듯 엉뚱한 듯 의뭉스러운 듯 입체적인 여성 캐릭터를 훌륭히 살려냈다. 「해변의 여인」은 여성들이 주체로 중심을 이룬 최초의 홍상수 영화이기도 하다. 김승우는 '수컷'의 맹목성을 잘 그려냈고, 김태우는 홍상수의 작품 세계를 매우 잘 이해하는 배우의 면모를 보인다. 송선미에게선 홍상수식 연기 연출에 흥미를 느끼고 빠져들기 시작한 배우의 흥분이 느껴진다. 「해변의 여인」은 지금까지 나온 홍상수의 모든 영화 중에서 배우들의 연기가 가장 뛰어난 작품이라고 할 수 있을 것이다.

극의 마지막 장면에서 바닷가를 달리던 문숙의 차가 모래밭에 빠지자 두 남자가 밀어서 꺼내준다. 최후로 빚어진 이 삼각 구도는, 그러나 아무런 해프닝도 빚지 않은 채 문숙의 차가 서서히 멀어지는 것으로 소멸된다. 비루하고 선명하게 폐곡선을 만들며 같은 자리를 맴돌았던 욕망의 관성이 이제 익숙한 것과 새로운 것 사이에서 새로운 전기를 맞는 것일까.

# 괴물

감독 **봉준호** 국내 개봉일 **2006.07.27**

한강 둔치에서 아버지(변희봉)와 함께 매점을 운영하는 강두(송강호)는 갑자기 출몰한 괴물에게 딸 현서(고아성)를 빼앗긴다. 바이러스 감염을 의심받아 강제로 병원에 수용된 강두는 아버지, 두 동생 남일(박해일), 남주(배두나)와 함께 탈출해 현서를 찾아 나선다.

　「괴물」에는 괴수가 등장하는 스릴러 장르의 익숙한 재미와 그것을 비트는 묘미가 공존한다. 주요 인물들은 한편으로 쫓기면서 다른 한편으론 추적해나가는 스릴러 캐릭터의 전형적 행로를 충실히 밟는다. '괴수영화'인 이상 어차피 괴물의 난동으로 아비규환이 빚어지는 장면이 나와야 할 상황에서 극 초반 정면 승부를 통해 확실한 재미를 보장해준다. 좁은 공간으로 피신한 먹이를 잡아먹지 못해 괴물이 입구에서 입을 벌리고 으르렁댈 때의 공포처럼 이 장르의 익숙한 표현을 차용하기도 한다. 한국 영화가 괴물의 출몰을 이렇게 훌륭한 시각효과로 다룰 수 있다는 것을 입증한 기술적 성과가 대단하기도 하다. 교각에서 꼬리를 감아가며 텀블링하듯 움직이는 모습처럼 인상적인 괴물의 동작이 뛰어난 완성도로 표현됐다.

단지 그것뿐이었다면 「괴물」은 이 분야에서 충무로도 할 수 있다는 것을 보여준 '유사 할리우드 영화'에 그쳤을 것이다. 그러나 이 영화는 장르에 대한 뛰어난 기본기를 보여줌과 동시에 장르적 관습을 가지고 놀며 관람의 또 다른 쾌감을 안긴다. 바이러스 감염 위험으로 격리 수용 입장을 밝히던 당국 요원이 유족의 항의성 질문에 "시간 관계상 상황 설명은 뉴스로 설명합니다"라며 텔레비전을 켜지만 나오지 않는 장면 같은 데서는 이런 상황에서 언제나 텔레비전 뉴스를 통해 판에 박은 설명을 해온 장르영화의 관성을 역으로 유희 재료로 삼는다.

총 길이 100미터라고 적혀 있는 화장지를 굴려서 거리를 재어보는 장면(「플란다스의 개」)을 넣을 정도로 엉뚱하고 기발한 봉준호의 유머 감각은 이 영화에서 대단한 위력을 발휘했다. 질주하던 괴물이 미끄러져 넘어지고, 괴물에게 최후의 일격을 비장하게 가하려던 남일은 어이없게도 무기를 놓친다. 이 영화의 개성 넘치는 유머는 날카로운 주제의식과 더불어 뻔해 보이는 괴수영화 장르에 생기를 불어넣었다. 「괴물」에서 웃음은 양념이 아니라 전편에 떠도는 공기 그 자체이다.

교향곡 전곡을 완벽하게 습득하고 능숙하게 이끄는 지휘자처럼 완급을 조절하며 관객이 영화를 보는 방식을 장악하는 리듬도 탁월하다. 일부러 나사 하나씩 풀어놓은 채 캐릭터에 몸을 헐겁게 맞추고서 맘껏 생동감 있는 모습을 보여주는 이 영화의 배우들도 시종 관객을 사로잡는다. 다층적이고 독창적인 「괴물」은 기념비적인 한국 영화 블록버스터가 될 것이다.

주제와 이야기와 스타일이 최상의 결합을 이뤘던 전작「살인의 추억」에 비할 때, 이 영화가 메시지를 전달하는 방식은 어느 정도 투박해 보인다. 그러나 무기력하고 부도덕한 시스템 때문에 발생하는 비극을 실감나게 보여주는 이 영화의 이야기는 대단한 힘을 지녔다. 구성원의 최소한의 안전조차 지켜주지 못하는 사회에 대한 분노가 스며 있다는 점에서「괴물」은「살인의 추억」의 연장선상에 있는 작품일 것이다.

「괴물」의 에필로그에서 강두는 사건 진상에 대해 구구절절 늘어놓는 텔레비전 뉴스를 발로 꺼버린다. 그리고 딸 대신 함께 살게 된 어린아이(이동호)와 함께 묵묵히 밥을 먹는다. 결국 희망이란 묵묵히 제 삶을 살아가는 사람들의 생명력에 놓여 있을 것이다.

# 짝패

감독 **류승완** 국내 개봉일 **2006.05.25**

크게 숨을 들이켠 뒤 단 한 번 내뱉으며 직선주로를 질주하는 듯한 느낌이라고 할까. 「짝패」는 몸을 쓰는 활극의 쾌감을 시종일관 전해주는 뛰어난 액션영화다. 이 영화의 지향점은 액션영화광으로 소문난 류승완과 충무로 무술감독의 대명사인 정두홍이 주연을 맡았다는 사실에서 그대로 확인된다.

고교 시절 친구 왕재(안길강)가 살해되었다는 소식을 듣고 서울에서 형사 생활을 하던 태수(정두홍)는 10여 년 만에 고향으로 내려와 살인범을 찾아내려 한다. 거리에서 급작스런 공격을 받은 태수는 후배 석환(류승완)의 도움을 받아 위기를 모면한 뒤 함께 힘을 합쳐 살인 사건과 관련한 단서들을 캐어나가다 충격적인 사실을 알아낸다.

이 영화의 이야기는 극적인 상황에서 옛 친구와 만나 목숨을 걸고 싸우던 태수가 "우리가 어쩌다 이렇게 됐냐"라고 탄식하듯 내뱉는 대사 속에 그대로 요약되어 있다. 감독은 아기자기한 드라마 대신 장르의 쾌감을 택하고, 치밀한 플롯 대신 거칠게 솟구치는 에너지를 드러낸다.

장소와 스타일을 변주해가며 화면 가득 펼쳐지는 이 영화의 액션 장면들에는 호쾌하고 짜릿한 손맛이 있다. 액션영화 팬들이라면 춤과 싸움을 뒤섞은 집단 격투 장면이나 단계별로 전혀 다른 액션신을 보여주는 마지막 대결 장면 등을 미련 없이 만끽할 수 있을 것이다. 임권택의 「장군의 아들」과 서극의 「순류역류(順流逆流)」에서 장철의 「복수(報仇)」까지, '류승완스러움'의 개성을 잃지 않으면서도 이전의 다양한 작품들을 인용하는 방식 역시 충분히 즐길 만하다.

상대적으로 약한 드라마는 악역을 맡은 이범수의 또렷한 캐릭터 연기로 보완되었고, 엔도르핀을 한껏 주사한 듯한 편집은 곳곳에서 적극적으로 틈입하며 파괴력을 높였다. 느릿느릿 돌려 말하는 충청도 사투리 대사들은 감정을 폭발 지점 직전까지 꾹꾹 눌러주며 극 전체가 내연하게 만들었다.

액션 장면이 들어간 영화는 셀 수 없이 많다. 그러나 「짝패」와 같은 '액션영화'는 앞으로도 충무로에서 쉽게 나오지 못할 것이다.

# 가족의 탄생

감독 **김태용** 국내 개봉일 **2006.05.18**

「가족의 탄생」의 개봉은 2006년 한국 영화가 가장 밝게 빛을 낸 순간 중 하나로 기록할 수 있을 것이다. 스크린 속으로 스산한 바람을 불러들여 내내 쓸쓸하게 만들다가 마지막 15분간 풍성한 햇살을 비추는 이 가족영화는 삶이란 노력과 의지에 따라 얼마든지 만들어갈 수 있는 것이라고 관성적으로 말하지 않는다. 가족은 어떤 갈등도 극복할 수 있는 사랑의 공동체라고 애써 우기지도 않는다. 그러나 탄식을 거둔 뒤에야 비로소 말을 걸어오기 시작하는 이 영화의 낮은 목소리에는 삶의 눅눅한 외투를 벗기는 힘이 담겨 있다.

　모두 3부로 구성된 「가족의 탄생」에는 세 가지 이야기가 있다. 미라(문소리)는 남동생 형철(엄태웅)이 스무 살 연상의 아내 무신(고두심)과 함께 몇 년 만에 돌아오자 당황한다. 엄마 매자(김혜옥)에 대해 애증의 감정을 갖고 있는 선경(공효진)은 떠나간 남자친구 준호(류승범)를 우연히 고궁에서 만난다. 경석(봉태규)은 애인 채현(정유미)이 주변의 모든 사람들에게 잘해주느라 정작 자신에게 집중하지 않자 속을 끓인다.

「가족의 탄생」은 관습을 넘어서는 설정과 예상을 뛰어넘는 결말을 품은 화술이 흥미진진하고, 일곱 명에 이르는 주요 인물 하나하나를 또렷이 살려낸 캐릭터 조형술이 탁월하다. 복잡한 전사를 너저분하게 늘어놓지 않은 채, 조각난 편린 속에 전체를 담아내고 스쳐가는 스케치로 핵심을 요약하는 디테일은 더없이 훌륭하다. 선명한 주제의식은 지적으로 과도하지 않고, 종반에 가서 세 이야기를 효율적으로 엮어내는 구조는 형식적으로 과시적이지 않다.

형철이 술 마시러 떠난 후 두 여자가 마루에서 묵묵히 식사하는 모습과 어린아이가 마당에서 뛰노는 모습을 하나의 구도 안에 서로 다른 시간 흐름 형식으로 표현한 장면은 영화라는 매체가 시간을 봉인할 수 있는 가장 아름다운 방식의 한 예를 보여준다. 기차가 터널을 통과하거나 아파트 복도의 센서 등이 켜지고 꺼지는 장면에서처럼, 교차하는 빛과 그림자로 공존의 환희와 마찰의 권태가 교차하는 인물들의 관계를 상징하는 방식도 무척이나 인상적이다.

그리고 좋은 배우들의 좋은 연기가 있다. 문소리, 고두심, 엄태웅, 김혜옥, 봉태규, 정유미, 주진모 등 이 작품 출연진은 앙상블과 개인기량 모두에서 뛰어나지만, 그중에서도 공효진의 잊지 못할 정도로 훌륭한 연기는 특별히 따로 기록해둘 만하다.

"네가 어떻게 나한테 이럴 수 있니?" 갈등이 극에 달할 때 이 영화의 인물들은 너나없이 이렇게 말한다. 가족이든 연인이든, 가장 아프게 만드는 것은 언제나 가장 가까운 사람이다. 그러나 정말 어쩔 수 없는 걸까. 반드시 그래야만 하는 관계란 없다는 것. 우리가 운명이라고 믿는 많은 것들이 실은 취향이라는 것. 그리고 삶을 사는 방식은 단 하나가 아니라는 것. 사랑스럽고 웅숭깊은 이 가족영화는 앞으로도 오래도록 기억되고 인용될 것이다.

# 미션 임파서블 3

**Mission: Impossible III**

감독 **J.J. 에이브럼스**(J.J. Abrams)  국내 개봉일 **2006.05.03**

「미션 임파서블 3」는 진부해 보이는 시리즈 액션영화도 만듦새에 따라 여전히 최고의 오락을 제공할 수 있다는 사실을 오랜만에 증명한다. 텔레비전 시리즈 「로스트」의 J.J. 에이브럼스는 브라이언 드 팔마, 오우삼 등 액션-스릴러 분야에서 손꼽히는 스타일리스트들이 감독을 맡아온 이 시리즈의 배턴을 이어받아 선배들을 넘어서는 연출력으로 인상적인 장편영화 데뷔를 했다. 하품이 날 정도로 뻔한 할리우드 블록버스터들의 속편 홍수 속에서 3편이 가장 뛰어난 시리즈를 발견하는 것은 정말 짜릿한 일이다.

「미션 임파서블 3」의 스타일을 하나씩 따져보면 명품 액션이 어떤 요소로 '제조'되는지 짐작할 수 있다. 숨 가쁘게 휘몰아치는 가운데에도 확실히 강조해야 할 지점에선 충분히 방점을 넣는 편집은 오차가 없고, 관객에게 수십 개의 눈을 달아주는 역동적 촬영은 영화라는 매체 고유의 활동사진적 쾌락을 강조한다. 특수촬영은 요소요소에서 극적 효과를 발휘하되 전면에 나서 기술을 과시하지 않고,

음악은 이 시리즈 고유의 모티브를 변주하면서도 정확한 진퇴의 타이밍으로 보는 이의 심장 박동 수를 장악한다. 007 시리즈에서 벤치마킹한 대로 미국 캘리포니아의 풍력발전 시설에서 이탈리아 테베레강변까지 세계 곳곳을 누비는 로케이션은 액션의 디테일을 위한 밑그림으로 다양하게 기능한다. 그리고 익숙한 듯 새롭게 설정한 액션의 생생한 디테일 속에서, 액션 영웅을 연기하는 스타는 온몸을 던지는 프로 정신으로 제대로 빛난다. 언뜻 과도해 보이지만, 하나씩 살펴보면 이 영화엔 잉여의 침전물이 전혀 없다.

「미션 임파서블 3」가 단 한순간도 지루하지 않은 이유는 액션과 드라마를 이중 삼중으로 겹쳐서 배치한 효율적 화술 때문이다. 비밀 정보기관의 엘리트 요원(톰 크루즈)이 있고 그가 수행해야만 하는 불가능한 임무가 있다. 그 임무를 수행하는 과정에서 요원이 너무나 사랑하는 아내(미셸 모너핸)가 희생될 위기에 놓인다. 요원은 사랑과 일 모두를 위해 목숨을 걸고 잔인무도한 악당(필립 시무어 호프먼)과 대결한다. 수십 년 전의 TV 시리즈와 앞선 두 편의 극장용 영화로 반복해 만들어졌던 설정 속에서 요원의 사생활 모티브가 강조되었다고 이런 종류의 영화에서 갑자기 이야기가 중요해질 리는 없다.

그러나 이 작품은 아내, 동료, 상사, 악당 등 주요 등장인물들 하나하나와 주인공의 관계를 별로 시간을 소모하지 않고도 제각각 강렬하게 스케치하는 데 성공해 기대치 않은 드라마의 재미까지 덤으로 선사한다. 본격적인 볼거리가 펼쳐지기 직전, 관객들에게 액션 설정을 설명해야 하는 불가피한 순간조차 인물간의 밀도 높은 대화를 통해 드라마까지 동시에 진행하는 경제성은 블록버스터 스토리텔링의 모범적 사례로 여겨진다.

톰 크루즈는 자신의 종교인 사이언톨로지에 관련한 발언과 「오프라 윈프리 쇼」에서의 과잉 행동으로 급격한 이미지 추락을 겪었다. 어쩌면 그는 이해하기 어려운 독특한 심성의 소유자일지도 모른다. 그러나 「미션 임파서블 3」를 통해 스타가 왜 필요한지를 다시금 증명한 그가 이 시대 최고의 엔터테이너라는 사실은 부정하기 어렵다. 여전히 크루즈는 할리우드 블록버스터의 얼굴 그 자체이다. 아카데미에서 「카포티(Capote)」(베넷 밀러)로 남우주연상을 따낸 필립 시무어 호프먼도 뛰어난 악역 연기로 강렬한 인상을 남겼다.

물론 「미션 임파서블 3」에 '인간의 영혼' 따위는 없다. 그래 봤자 이 작품은 '공산품'에 더 가까울 것이다. 그러나 탁월한 기능과 창의적인 디자인을 지닌 공산품은 미적인 측면에서조차 웬만한 예술품보다 낫다.

# 사생결단

감독 **최호** 국내 개봉일 **2006.04.27**

「사생결단」은 필름을 체액으로 현상한 것 같은 영화다. 최호는 화면 구도를 짜고 인물 동선을 그려나가는 대신, 화면 한가운데 좁고 깊은 구덩이를 파고 그 속에 두 마리 짐승을 풀어놓는 방법을 택했다. 정의로운 사자나 순결한 백조는 없다. 「사생결단」은 늪 속에 악어와 악어새 그리고 먹이만 존재한다고 말하는 영화다.

통제 불가능한 성격의 도 경장(황정민)은 마약계 거물 장철(이도경)을 체포하기 위해 마약 판매상 이상도(류승범)의 약점을 잡아 함정 수사에 협조하게 한다. 하지만 체포 작전이 실패로 돌아가자 도 경장은 약속을 어기고 대신 상도를 감옥으로 보낸다. 8개월이 지나 장철의 행방을 파악하는 데 성공한 도 경장은 때마침 출소한 상도를 다시 찾는다. 상도는 협조해주는 대가로 1년간 자신의 영업 구역을 보장해줄 것을 요구한다.

마약 범죄자와 부패한 경찰이 뒤얽히는 영화라면 할리우드만 따져도 한 트럭 분량은 될 것이다. 그러나 「사생결단」은 IMF 사태 직후인 1990년대 말 부산의 공기를 생생하게 담아내고 그 속에서 펄펄 뛰는 한국적 인물형을 빚어내 보는 이에게 짜릿한 재미를 준다. 충무로 조폭영화보다는 미국과 일본의 범죄영화 고전에 더 가까울 「사생결단」은 마틴 스콜세지 영화 속 갱스터와 아벨 페라라 작품 속 형사를 데려와 한국식으로 변용한 것 같은 느낌마저 준다.

이야기는 특별할 게 없다. 시선을 단번에 사로잡는 도입부에 비해 스토리 전개에 급급한 중반부는 긴장을 계속 고조시켜 나가지 못하고 같은 자리를 맴도는 것처럼 여겨진다. 내지르고 발산하는 데는 능하지만 다독이거나 품는 데는 약한 화술 때문에 모두가 즐기기엔 지나치게 빡빡한 느낌도 없지 않다. 무엇보다 섹스, 폭력, 마약 장면에서 처절하리만치 강도 높은 묘사로 일관하는 이 영화가 다양한 취향의 관객들까지 사로잡을 수 있을지 미지수다.

하지만 「사생결단」은 캐릭터의 질감과 실감이 그 모든 단점을 상쇄하는 대중영화다. 이 작품에서 시종 퍼내는 연기를 하는데도 좀처럼 메마른 바닥을 드러내지 않는 두 주연은 가진 게 많은 좋은 배우다. 「죽거나 혹은 나쁘거나」에서 연기했던 상환의 10년 뒤 모습을 그려내는 듯한 류승범은 강렬하고 순발력 뛰어난 연기로 하나의 정점에 도달했다. 어떤 배역을 맡아도 온전히 체온이 돌게 하는 황정민은 심드렁하고 어눌한 듯 거칠고 독한 인물을 입체적으로 살려냈다. 감독은 촬영 앵글에서 편집의 리듬에 이르기까지 시종 화려한 스타일로 두 배우의 연기에 날개를 달아줬다. 개성보다는 완성도가 돋보이는 이 영화는 소재를 제대로 파악한 연출자가 디테일 아이디어까지 겸할 때 얼마나 강력해질 수 있는지 보여주는 사례가 될 것 같다. 수갑 하나로 두 인물 사이에 놓인 생과 사의 경계를 선명히 드

러내는 클라이맥스 부분은 작품 전체를 요약하는 밀도 높은 이미지
가 아닐 수 없다.

도 경장에게 협조할 수밖에 없었던 극 중 상도는 이렇게 위악적
으로 되뇐다. "세상은 늪이다. 누군가는 반드시 악어가 되고, 누군가
는 악어새가 된다. 늪을 건너고 또 건너면 나도 언젠가는 악어가 된
다." 그러나 어떤 늪은 끝없이 이어진다. 그리고 악어새에게나 악어
에게나, 늪은 그저 늪일 뿐이다.

# 피터팬의 공식

감독 **조창호** 국내 개봉일 **2006.04.13**

감독 데뷔작에서 바라는 것은 이런 것이다. 「피터팬의 공식」의 조창호에겐 하고 싶은 이야기가 있고 그 이야기를 어떻게 전해야 할지 아는 화술이 있다. 눈을 빛내는 아이디어는 있지만 손이 앞서는 잔재주는 없다. 스타일에 과욕을 부리지 않는 듯하다가도 결정적 순간엔 힘주어 인장을 찍는다. 무엇보다 그는 데뷔작에서 그만의 독특한 분위기와 리듬을 만들어냈다. 그것은 이제 막 경력을 시작한 감독에게 무엇보다 소중한 재능이다.

어머니와 단둘이 살고 있는 고등학교 3학년 한수(온주완)는 촉망받는 수영선수. 그러나 전국체전을 앞두고 갑자기 수영을 그만두겠다고 선언한다. 음독자살로 식물인간이 된 어머니를 간호하던 그는 옆집으로 이사 온 여고 음악교사 인희(김호정)에게 사랑을 느끼기 시작한다.

성장은 이루는 게 아니라 견디는 것이다. 노력의 보상이라기보다는 고통의 대가에 더 가까울 성장은 폭압적인 시간의 속성을 반복적으로 학습시킨 끝에 불현듯 찾아온다. 많은 성장영화가 성장을 거부하는 소년 소녀의 이야기를 하고 있는 것은 우연이 아니다.

생계를 이어가야 하는 경제적 고민에서 진로와 성에 대한 갈등까지, 스무 살을 앞둔 한수에겐 세상이 온통 안개 바다와 같다. 해야 할 일에 둘러싸여 허덕이는 상황에서 정작 하고 싶은 게 무엇인지를 알지 못하는 한수에게 성장이란 수영을 그만두고 학교를 자퇴하며 피터팬의 공식대로 세상에 존재하지 않는 네버랜드에 숨으려 해도 막을 수 없는 세상의 규칙 같은 것이다. 조창호는 출발선에 올랐을 때 갑자기 수영장의 물이 다 사라질 것 같은 상상에 시달리는 한수의 두려움을 통해 성장의 공포를 요약한다.

이 영화에서 어떤 형식은 인위적이고 어떤 설정은 관념적이다. 모자라는 부분은 별로 없어도 넘치는 부분은 자주 발견된다. 어머니의 태내로 회귀하고 싶은 한수의 심리를 직설적인 상징과 대사로 처리한 종반부에서는 하고 싶은 말을 관객들 손에 기어이 쥐어주려는 연출자의 조바심이 보이기도 한다.

그러나 이 작품엔 간결하고 담백한 영상 속에서도 열아홉 소년의 감정이 잘 살아 있다. 극 중 여자들이 한수 곁으로 다가갈 때 소리를 내지 않고 손가락으로 어깨를 살며시 건드려 자신의 존재를 알리듯, 「피터팬의 공식」은 어느새 보는 이의 가슴속으로 슬며시 걸어 들어와 온기를 전달한다. 충무로에서 오랜만에 접하는 성장영화의 그윽한 향취. 어쩐 일일까. 쓸쓸하지만, 따뜻하다.

# 뮌헨

**Munich**

감독 **스티븐 스필버그(Steven Spielberg)**  국내 개봉일 **2006.02.10**

「뮌헨」을 스티븐 스필버그의 최고작이라고 평하긴 어려울 것이다. 그러나 누군가는 이 영화를 스필버그의 가장 용기 있는 영화이라고 말할 수도 있을 것이다. 여기엔 그의 실존적 고민이 고스란히 녹아 있다. 똑같은 말도 누가 하느냐에 따라 그 무게가 달라질 때가 있다. 「뮌헨」은 거대한 명성을 지닌 유대계 영화감독이 테러와 보복의 악순환으로 점철된 현대사를 응시하면서 내면의 탄식과 내부의 성찰을 정직하게 토해낸 역작이다.

이 영화는 1972년 뮌헨올림픽 당시 팔레스타인 테러리스트들이 인질극을 벌이다 열한 명의 이스라엘 선수를 살해한 비극적 사건을 건조하게 묘사하면서 시작한다. 분노한 이스라엘은 정보기관 모사드의 정예 요원 애브너(에릭 바나)에게 테러의 배후 인물 열한 명을 처단하는 임무를 맡긴다. 유럽으로 간 애브너는 조직원을 규합해 한 명씩 암살해나간다.

「쉰들러 리스트」나 「라이언 일병 구하기」처럼 아카데미 감독상을 따낸 작품에서도 감상주의적인 면모가 없지 않았던 스필버그였지만, 이 영화에선 전혀 다른 접근 방법을 선보여 놀라움을 안긴다. 「뮌헨」은 그 흔한 프롤로그조차 덧붙이지 않은 채, 비극의 한가운데서 불현듯 시작한다. 그리고 화해와 희망의 가능성조차 내비치지 않은 채, 등을 보이며 각자의 길로 멀어져가는 두 사람을 묵묵히 그려내며 서늘하게 끝난다.

이스라엘에 대한 본능적 애정이 깔려 있긴 하지만, 작심하고 갈아세운 스필버그의 이성은 팔레스타인 사람들의 항변을 극 중 인물들 대사를 통해 적극적으로 담아낸다. 그리고 암살을 준비하고 실행하는 과정에서 벌어지는 일을 세밀하게 묘사하는 데 러닝타임의 대부분을 사용함으로써 죽는 자도 죽이는 자도 모두 따뜻한 피가 흐르는 누군가의 자식임을 보여준다. 확신에 취해 상부의 명령을 어기고 원정 테러까지 감행했던 대원들도 시간이 흐를수록 회의에 젖고 갈등에 휩싸인다. 동료들이 하나둘씩 떨어져나간 뒤 혼자 남은 애브너는 자신 역시 암살 대상이 될지 모른다는 두려움에 떤다. 어느 비 오는 밤 폭탄이 숨겨져 있을까 봐 애브너가 미친 듯이 침대 매트리스를 뜯고 텔레비전을 분해하는 장면은 프랜시스 코폴라의 영화 「컨버세이션」을 고스란히 떠올릴 수밖에 없는 부분임에도 불구하고 꼬리를 물고 이어졌던 폭력의 황폐한 종말을 강력하게 암시하기에 부족함이 없다.

어디서부터 잘못되었을까. 타당한 폭력과 정당한 복수라는 게 있기는 한 걸까. 어떤 질문에도 대답하기 쉽지 않지만 「뮌헨」은 적어도 이 한 가지만은 여실히 말하는 셈이다. 어쩔 수 없이 어깨를 맞대

고 함께 살아가야 할 세상에서 진정으로 두려운 것은 가해자의 피해
의식이다.

# 메종 드 히미코

メゾン・ド・ヒミコ
감독 **이누도 잇신(犬童一心)** 국내 개봉일 **2006.01.26**

아무리 과감하게 타오른 불도 결국 재로 남는다. 이제 그만 돌아가야 할 시간이 다가오는 저녁, 한 줄기 바람이라도 불어오면 재는 어지러이 허공을 떠돈다. 아무것도 막을 수 없을 때, 주저앉아 땅을 치기는 쉽다. 그러나 「메종 드 히미코」는 기어이 두 다리로 버티고 선 채 밤을 맞으려는 사람들의 마지막에 대한 영화다. 그리고 옆에 서 있다가 그 재를 함께 뒤집어쓰고서 살아가야 하는 또 다른 사람들의 시작에 대한 이야기다.

오래전 가족을 버리고 떠나간 아버지 히미코(다나카 민)를 증오하는 사오리(시바사키 고우)에게 어느 날 하루히코(오다기리 조)가 찾아온다. 동성애자인 아버지의 젊은 애인 하루히코는 히미코가 불치병에 걸려 살날이 얼마 남지 않았다며 사오리에게 아버지 간병을 부탁한다. 유산을 받을 수 있을 것이라는 제안에 사오리는 증오를 누르고 아버지가 만든 게이 실버타운 '메종 드 히미코'로 간다.

이 작품은 「조제, 호랑이 그리고 물고기들(ジョゼと虎と魚たち)」로

눈 밝은 국내 관객들에게 아낌없는 사랑을 받은 일본 감독 이누도 잇신의 작품이라는 점에서 우선 눈길을 끈다. 각본 역시 그 영화에 참여했던 와타나베 아야의 것이다. 이누도 잇신은 기본 설정에서 어디까지 진전시키거나 맺어야 할지를 잘 알고 있는 것처럼 보인다. 너무 많이 나아감으로써 과장된 신파를 빚어내지 않고, 너무 적게 나아감으로써 관객들이 영화를 팔짱 끼고 구경하도록 만들지도 않는다. 영화 전체뿐만 아니라 매 시퀀스에서도 그는 납득할 수 있는 한도 안에서 인상적인 구두점을 찍는다.

이누도 잇신의 재능 중에서 가장 귀하게 느껴지는 것은 인간의 감정이 미세하게 흔들리는 순간을 섬세하게 건져 올릴 줄 아는 능력일 것이다. 극적인 일이 터져 나오는 지점 자체에서는 절제하다가, 정작 그 사건이 다 지나간 듯 보일 때 인물들 가슴속에서 불현듯 내출혈이 일어나는 순간을 집어내는 그의 손길은 쓸쓸하고도 따스하다. 마음은 언제나 여진에 흔들린다.

「조제, 호랑이 그리고 물고기들」에서 다리가 불편한 장애인을 주인공으로 삼았던 이누도 잇신은 여기서 다시금 소외된 사람들의 사랑 이야기에 주목했다. 게이 공동체를 이상화하지도 조소하지도 않으면서 묵묵히 지켜보는 관찰자의 시선을 택했지만 그 속에 담긴 온기는 관객들 가슴을 데우기에 부족하지 않다. 극 초반 사오리는 늙은 동성애자들이 젊은 남성을 성적으로 희롱할 때 혐오 가득한 눈길을 보낸다. 그러던 그녀가 자신의 성 지향성을 고수한 대가로 모든 것을 포기해야 했던 사람들의 그늘을 목도하며 차차 마음속 빗장을 풀어가는 과정은 이 영화를 보는 사람들 대부분의 심리 변화에 그대로 겹칠 것이다.

이 영화는 장면 장면 배우들의 감정선이 생생하다. 「피와 뼈(血と 骨)」(최양일)「소녀 검객 아즈미 대혈전(あずみ)」(기타무라 류헤이)으로 국내 관객에게 낯을 익힌 뒤 인기를 얻어가기 시작한 오다기리 조의 잔뜩 이상화된 모습도 인상적이긴 하지만, 연기적인 측면에 있어서 이 작품은 결국 맨 얼굴에 고된 생활의 흔적과 혼란스런 사랑의 궤적을 그대로 담아낸 시바사키 고우의 영화다.

언뜻 하루히코와 사오리의 사랑이 먼저 눈에 들어오지만, 극 중에서 정말로 진진한 것은 사오리와 히미코의 관계다. 하늘이 맺어준 부녀 사이에 수십 년 증오쯤은 아무것도 아니라고 함부로 말하지 않으면서도 아주 잠깐 꿈틀대는 감정의 격랑을 예민하게 스케치함으로써 화해의 가능성 자체를 희망으로 남겨놓는 성숙한 손길은 「메종 드 히미코」가 줄 수 있는 감동의 핵이다.

# 킹콩

**King Kong**

감독 **피터 잭슨**(Peter Jackson)  국내 개봉일 **2005.12.14**

시간은 상대적이다. 세 시간은 분명 한 영화의 러닝타임으로 꽤나 긴 시간일 것이다. 그러나 어떤 작품은 물리적인 시간을 전혀 다른 양과 질의 심리적 시간으로 경험하게 한다. 187분의 영화 「킹콩」은 웬만한 두 시간짜리 영화보다 더 짧게 느껴진다.

밀림 속에서 공룡과 사투를 벌이는 킹콩과 미국 뉴욕 엠파이어스테이트빌딩 꼭대기에서 전투기들과 맞서는 킹콩, 그리고 자신의 손 위에 놓인 미녀에게 매혹된 킹콩. 1933년 오리지널 영화가 나온 이후 여러 차례 리메이크된 킹콩이란 이름에서 우리가 보고 싶어 하는 장면이 아직도 남아 있을까. 그러나 피터 잭슨은 '어떻게'의 문제를 해결할 수 있을 때 묵은 내용도 얼마든지 놀라움을 담은 시선으로 바라보게 만들 수 있다는 사실을 보여줬다.

한 편의 대작 오락영화로서 「킹콩」이 경이로운 것은 드라마와 볼거리가 최적의 상태로 맞물려 있다는 점이다. 시작된 지 한 시간이 가깝도록 이 영화는 판타지의 그림자조차 내비치지 않는다. 신비의 섬에서 역작을 촬영하려는 영화감독 칼(잭 블랙)과 얼떨결에 여정에 함께하게 된 다정다감한 작가 잭(에이드리언 브로디), 그리고 가난하지만 꿈을 포기하지 않는 배우 앤(나오미 와츠)의 이야기가 흡사 1930년대 뉴욕을 무대로 한 낭만적 시대극인 양 사실적인 터치로 묘사된다.

그러나 러닝타임 한 시간을 넘겨 해골섬에 일행들이 상륙하면서 영화는 「쥬라기 공원(Jurassic Park)」(스티븐 스필버그)과 「인디아나 존스(Indiana Jones)」(스티븐 스필버그)를 합친 듯한 스타일로 볼거리를 기다려온 관객들을 중반부 내내 사로잡는다. 자신에게 제물로 바쳐진 앤을 사랑하게 된 킹콩이 그녀를 지켜내기 위해 두 마리의 티라노사우루스와 혈전을 벌이는 장면이나 앤을 구해내기 위해 나머지 사람들이 각양각색의 기괴한 생물들을 만나 사투를 치르는 장면은 창의적인 캐릭터 디자인과 뛰어난 액션 디테일로 압도적인 시각효과를 빚어냈다. 방점을 찍어야 할 곳에서는 적극적으로 슬로모션을 활용하고, 박진감이 필요한 부분에서는 자주 화면을 나눠 이어 붙이는 흔한 방식 대신 흡사 헬기로 주위를 근접 선회하며 찍은 것처럼 느껴지게 하는 역동적 카메라워크를 구사했다. 전반부의 세밀한 드라마는 중반부의 자칫 허황되게 느껴질 수 있는 설정에 사실적인 밑그림을 제공해 보는 이의 몰입 심도를 높였다.

「킹콩」의 압권은 마지막 한 시간이다. 포획된 후 구경거리가 되어 뉴욕에 오게 된 킹콩이 탈출에 성공해 앤을 만나고 나서 초고층 빌딩에서 최후를 맞는 그 유명한 대목 말이다. 피터 잭슨은 이 부분에서 빼어난 특수효과의 도움으로 키가 7.5미터에 달하는 거대한 고릴라와 1.6미터밖에 되지 않는 가냘픈 여자의 기묘한 사랑 감정에 관객을 동화시키는 데 전력을 다했다. 광포하게 날뛰던 킹콩이 앤을 발견하자마자 얼음판 위에서 장난스레 뒹굴며 눈을 뿌려주는 장면은 그 이상 로맨틱할 수 없고, 엠파이어스테이트빌딩이라는 세상의 꼭대기에 필사적으로 매달린 채 킹콩이 코앞의 앤을 안타까이 바라보다가 체념한 듯 눈을 감으며 추락하는 장면은 그보다 더 절절할 수 없다. "모든 것을 다 주는 척해도 진짜 중요한 것은 주지 않는 게 남자야"란 말이 극 중 잭이 직접 희곡을 쓴 연극 대사로 소개되는 것은 예사롭지 않다. 괴수영화의 외양을 빈 「킹콩」은 사실 '모든 것을 포기하고서라도 세상 끝까지 나를 지켜주는 사람'에 대한 사랑의 판타지가 담긴 가슴 아린 멜로영화다.

제대로 알지 못하는 일을 간절히 바랄 수는 없다. 피터 잭슨은 아홉 살 때 오리지널 「킹콩(King Kong)」(메리언 C. 쿠퍼, 어니스트 B. 쇼드색)을 보며 감독이 되기로 결심했다는 사실을 오래전부터 여러 차례 밝혀왔다. 필생의 역작인 「킹콩」의 리메이크 영화를 만들려고 할리우드 스튜디오들을 전전했던 것도 영화가 완성되기 10년 전의 일이다. 섬광이 빛나듯 꿈과 조우했던 순간을 갖고 있는 창작자는 행복하다. 이뤄야 할 꿈이 세월이 흘러도 가슴속에 간직되어 있다면 더욱 그렇다. 하지만 가장 행복한 사례는 마침내 기회가 찾아왔을 때 그 꿈을 유감없이 현실화할 수 있는 재능마저 갖춘 경우다. 그리고 누군가 실현한 꿈의 자리에 함께 참여할 수 있는 것도 무척이나 즐거운 일일 것이다.

# 이터널 선샤인

**Eternal Sunshine of the Spotless Mind**
감독 **미셸 공드리**(Michel Gondry) 국내 개봉일 **2005.11.10**

오스카 와일드에 따르면, 삶에는 두 가지 비극이 있다. 사랑을 잃는 비극이 그 하나. 나머지 한 가지는 사랑을 얻는 비극이다. 도대체 얼마나 많은 사랑이 무료함 때문에 시작되고 싫증 때문에 끝나버리는 것일까. 마침내 목적을 이룬 간절함은 짧은 시간 환희로 머물다가 독하고 질긴 권태에 뼈째 잡아먹힌다. 수명이 다해 길게 누워버린 사랑의 시신을 허다하게 목격했으면서도, 왜 사람들은 새로운 사랑을 찾아 나서는 것일까. 또는, 왜 형해만 남은 옛사랑을 못내 그리워 서성이는 걸까.

조엘(짐 캐리)은 클레먼타인(케이트 윈즐릿)과 심하게 다툰 후 뒤늦게 찾아가 사과하려 하지만 그녀는 그를 알아보지 못한다. 거듭된 갈등에 지친 클레먼타인이 잊고 싶은 기억만 지워준다는 라쿠나 회사의 첨단 서비스를 받은 것. 그녀가 자신에 관한 추억을 모두 삭제해버렸다는 사실을 알게 된 조엘은 화가 치밀어 자신도 자청해 그 회사로 간다.

자기 자신이 고독하다는 사실을 발견하고 당황하게 될 때 사랑은 시작된다. 그런데 그건 사랑이 끝날 때도 마찬가지다. 「이터널 선샤인」은 황홀할 만큼 감성적이면서 혀를 내두를 만큼 이성적이다. 기억과 망각 사이를 누비는 조엘의 행로를 쫓아가는 플롯의 복잡함 때문에 이 영화는 중반까지 관객을 어리둥절하게 만든다.

그러나 삭제당하지 않으려고 기억 속의 연인들이 도망치고 숨는 그 모든 과정의 메커니즘은 결국 아무래도 상관없다. 이건 기기묘묘한 설정으로 관객에게 복잡한 퍼즐 숙제를 던져주는 SF가 아니라, 불순물이 전혀 섞이지 않은 100퍼센트의 사랑영화이기 때문이다. 아이디어는 뛰어났지만 절제와 통제를 잃었던 「휴먼 네이처」의 아쉬움을 딛고 다시 만난 미셸 공드리의 연출과 찰리 코프먼의 각본은 최상의 조합으로 재치의 너비와 사색의 깊이를 모두 구현하는 데 성공했다.

게다가 「이터널 선샤인」은 더없이 낭만적이며 서정적이기까지 하다. 두 사람이 두 차례에 걸쳐 만나는 뉴욕 인근 몬탁의 겨울 바닷가 풍경은 눈이 시릴 정도로 생생히 아름답고, "그럼 어때?"라고 조엘이 나직이 내뱉는 마지막 짧은 대사는 그 모든 사랑의 상처를 다 아물게 할 것만 같은 치유력을 지녔다.

의상보다 머리 색깔을 더 자주 바꾸며 등장하는 케이트 윈즐릿은 톡톡 튀는 생명력 그 자체인 캐릭터를 멋지게 살려냈다. 그리고 그에 대한 편견을 잊을 준비가 되어 있는 관객에게 짐 캐리는 오래도록 숨겨온 우울하고 과묵한 한 사내의 내면을 진지하게 열어 보인다. 짐 캐리스러운 그 모든 동작과 표정의 형용사를 버리고, 이 영화에서 그는 온전히 고유명사가 되었다.

무차별적인 권태의 폭격에도 파괴되지 않고 결국 남는 것은 사랑했던 이유가 아니라 사랑했던 시간들이다. 「이터널 선샤인」은 그 모든 기억마저 사라진 뒤에도 사랑했던 흔적과 습관은 남아 우리의 등을 다시금 떠민다고 말한다. 그게 우리가 살아가는 방식이라면, 그곳이 진창이든 꽃밭이든, 그래, 좋다. 다시 또 한번.

# 사랑해, 말순씨

감독 **박흥식** 국내 개봉일 **2005.11.03**

영화감독에겐 꼭 한 번 만들지 않고는 앞으로 나아갈 수 없을 것 같은 작품이 하나씩 있다. 섬세한 손길로 그늘 속에서 빛을 일궈낸「인어 공주」와「나도 아내가 있었으면 좋겠다」의 박흥식에게「사랑해, 말순씨」가 그렇지 않을까. 그가 애초 감독 데뷔작으로 준비했었다는 이 영화엔 절제되고 정제된 스타일에도 불구하고 어떤 절실함 같은 것이 화면 가득 물들어 있다. 과거에 대한 절실한 그리움, 잃어버린 것에 대한 절실한 안타까움, 그리고 사랑했던 사람들에 대한 절실한 소망까지. 어떤 것일까, 열네 살 소년에게 비친 세상은. 그리고 삶은.

1979년 10월 26일. 정치적 격변으로 시끄러운 세상에도 아랑곳없이, 화장품 외판원인 엄마 말순(문소리)과 함께 사는 중학교 1학년 광호(이재응)의 머릿속은 다른 일로 분주하다. 세 들어 사는 간호조무사 누나 은숙(윤진서)을 짝사랑하지만 엄두가 안 나고, 싸움 실력이 대단한 친구 철호(김동영)와의 우정을 회복하고 싶지만 서먹함이 앞선다. 짓궂은 장난을 치는 재명(강민휘) 때문에 짜증나는 일도 많다. 그러던 어느 날, 일곱 통을 옮겨 적어 돌리지 않으면 불행이 찾아온다는 '행운의 편지'를 받은 광호가 엄마와 은숙, 철호와 재명에게 편지를 전달하자마자 좋지 않은 일들이 꼬리를 문다.

「사랑해, 말순씨」는 멜로드라마의 초가을을 넘긴 후 휴먼드라마의 늦가을을 열어젖히기에 부족함이 없는 아름다운 작품이다. 감독은 암울했던 시절의 슬픈 이야기를 다루면서도 인물 하나하나를 따뜻하고 넉넉한 시선으로 보듬는다. 삶의 풍경을 다루는 에피소드의 품질과 현실감이 뛰어나고 한 시대를 다루는 손길도 꼼꼼하기 이를 데 없다. 당시 인기를 끌었던 만화책 「바벨 2세」와 가요 「밤차」에서 비닐 간이 옷장과 '대한 냉장고' CF까지 동원, 지나간 한 시대의 공기를 실감나게 불어넣었다. 억압적인 학교 교육에 대한 묘사 방식은 비슷한 시기를 배경으로 한 기존의 히트작들을 떠올리게 하며 기시감을 안기기도 한다. 하지만 이는 창의력의 문제라기보다는 1970년대 말에서 1980년대 초반에 청소년기를 보낸 사람들의 추억에 획일적 밑그림을 부과한 그 시절 자체의 폭압성 때문인 것으로 보인다.

「사랑해, 말순씨」는 언뜻 드러나는 것보다 훨씬 더 그릇이 큰 영화다. 교양 없고 세련미도 없어 부끄러웠던 엄마에 대한 뒤늦은 사모곡으로 먼저 다가오는 이 작품은 그 엄마가 삶이 비롯한 곳 자체를 은유한다는 점에서 결국 생의 절절한 고백록이 된다. 그리고 한 시대를 스케치하는 특수성이 성장영화로서의 보편성보다 일견 강력해 보이지만, 유사한 시공간을 다루고 있는 「말죽거리 잔혹사」(유하)나 「친구」보다는 암울한 시대 상황 속 소년의 꿈을 그린 에밀 쿠스투리차의 「아빠는 출장중(Otac na sluzbenom putu)」에 더 가까워 보이는 작품이다.

유머러스하고 푸근하게 진행되던 영화는 후반에 접어들며 비극을 차례로 펼친다. 열네 살 나이로는 버티기 힘든 삶의 암연에서 소년은 결국 꿈으로 간다. 떠나갔던 사랑하는 사람들이 마당에 모여 덩실덩실 그와 함께 춤을 춘다. 그리고 이어지는 마지막 장면에서 소년은 거울에 비친 자신을 보며 마음속 엄마에게 말을 건다. "3학년 됐어요. 보고 계시죠?" 어쩌면 삶은 부서진 꿈의 어지러운 퇴적물에 불과한지도 모른다. 그래도 저 멀리 어디선가, 소년들은 자란다.

# 사랑니

감독 **정지우** 국내 개봉일 **2005.09.29**

정지우의 「사랑니」는 서른 살 언저리에서 갑자기 혼란스런 사랑에 빠진 여자의 심리를 다루면서 그 감정의 실체를 한 손아귀에 쥐어내려는 만용을 부리지 않는다. 그저 닿을 듯 내려앉을 듯 흩날리는 서른의 나날들 자체의 움직임을 즐긴다. 깊이가 있다고 꼭 무거울 필요는 없다는 걸 증명하는 「사랑니」의 지혜로운 가벼움은 시종 기분 좋게 살랑인다. 그건 한국 영화에서 좀처럼 발견하기 어려운 감각이기도 하다.

이 영화는 학원에서 고교생들을 가르치는 강사 조인영(김정은)이 여고 시절 첫사랑의 이름과 똑같은 열일곱 소년 이석(이태성)과 사랑에 빠지면서 곧바로 시작한다. 이어 과거 장면으로 보이는 고교생 조인영(정유미)과 이석의 풋사랑 이야기가 중간중간 끼어들며 묘사된다. 다시 찾아온 첫사랑의 그림자에 설레는 여자의 이야기처럼 평탄하게 진행되는 듯했던 이 영화는 회상 장면 속 그녀의 과거 모습으로 보였던 여고생 조인영이 직접 서른 살 조인영을 찾아옴으로써 복잡하게 꼬인 구조를 드러내기 시작한다. 과거와 현재를 직접 대화하게 만드는 초현실적인 묘사일까. 아니면 이름만 같은 사람들의 두 가지 이야기였던 걸까.

「사랑니」는 이에 대해 분명한 설명을 하진 않는다. 멜로 장르의 명확한 기승전결을 원했던 관객들에겐 당혹스럽겠지만, 사실 그런 건 아무래도 상관없다. 후반부 들어서 13년 만에 나타난 서른 살 이석(김준성)의 모습까지 등장시키고 동거 중인 남자친구 정우(김영재)와 열일곱 이석을 포함해 세 남자가 모인 가운데 조인영이 앉아 있는 이 영화의 클라이맥스에 담긴 것은 서른 살 어느 날의 혼란스럽고도 사랑스러운 느낌 그 자체이니까.

정지우는 「사랑니」에서 이야기나 동작의 물 흐르는 듯한 연결보다는 오히려 끊어지고 멈추는 순간의 느낌에 주목하는 연출을 한다. 종종 장면과 장면 사이에 마치 휴지부를 찍듯 호흡을 멈춰가며 관조의 자리를 멋지게 예비한다.

여기서 김정은은 그녀의 최선을 보여준다. 열세 살 어린 연인에게 전화하다가 "끊지 마, 끊지 마"라고 애걸할 때의 호소력은 실로 대단하다. 대중적으로 「사랑니」는 그런 김정은을 관객들이 어떻게 받아들이느냐에 크게 좌우될 수 있는 작품인 것도 사실일 게다.

초반에 「사랑니」는 누구나 평생 한 가지 사랑만 반복할 뿐이라는 '첫사랑의 영겁회귀 신화'를 다루는 것처럼 보이지만, 시간이 흐를수록 그 사랑의 운명과 현실 사이에서 균형을 잡는다. 서른 살 인영은 뒤늦게 앓기 시작한 사랑니 통증의 신음 사이에 재미있다는 듯 가벼운 웃음소리를 섞는다. 열일곱 인영은 맹장 수술을 받은 후 흉터를 걱정하지만 정우는 그 수술 자리가 오히려 예쁘다고 대답한다.

「사랑니」는 아픔도 설렘도, 흉터도 추억도 모두가 사랑의 서로 다른 모습들이라고 말한다. 그리고 뽑아도 별다른 문제없고 제거해도 큰 탈 없는 사랑니와 맹장처럼, 어쩌면 운명적인 사랑 역시 그렇게 대단한 것은 아니라고 덧붙이고 싶어 하는지도 모른다.

혹시 이 영화는 사랑이 아니라 생의 생생한 감각 그 자체를 살려 내고 싶었던 것은 아닐까. 그렇지 않다고 확언하기엔, 세 남자와 한 여자가 마당의 평상 위에서 술자리를 벌이는 종반부 장면이 너무나 평화롭고 따뜻하지 않은가. 너무 어리지도 아직 늙지도 않은 나이, 조인영은 기회가 찾아오면 언제라도 '활기를 되찾을 수 있는'(Join Young·조인 영) 서른 살을 지금 막 지나고 있지 않은가.

# 형사 Duelist

감독 **이명세**  국내 개봉일 **2005.09.08**

'영화적'이란 말은 대체 무슨 뜻일까. 미술과 사진 그리고 문학과 연극이 다양한 형식적 실험을 한껏 감행하고 난 뒤에야 태어난 영화는 탄생부터 영화적이란 말에 대한 고민으로 지난 100년의 역사를 채워왔다. 그러나 근본주의자인 이명세는 처음에서부터 되묻는다. 대중적인 장르영화의 외피를 두른 시대극 「형사 Duelist」는 조선시대 형사와 베일에 싸인 검객의 숙명적 대결을 다루는 듯 보이지만 결국 그 한 가지 질문만을 되풀이하는 영화다.

「인정사정 볼 것 없다」로 빼어난 스타일을 선보이며 국내외 영화 팬들을 사로잡은 지 6년. 이명세는 방학기 원작 만화 「다모」를 영화화하면서도 이야기의 비중은 극단적으로 낮췄다. 이 작품은 언뜻 선머슴 같은 형사 남순(하지원)이 안 포교(안성기)와 짝을 이룬 형사 버디영화로 보인다. 위조화폐를 유통시킴으로써 역모를 꾸미는 병조판서(송영창)의 심복인 검객 '슬픈 눈'(강동원)의 활약을 보면 전형적인 무협영화처럼 느껴진다. 그리고 남순과 슬픈 눈의 이루어질 수 없는 애정 관계에 주목하면 멜로로 읽을 수도 있다. 그러나 이 모든 이야기의 틀은 결국 장식에 불과할 것이다. 「형사」는 기둥만 세운 스토리와 뼈대만 남긴 캐릭터의 여백을 진기한 이미지로 채운다. 이 영화를 이야기가 약하다고 비판하는 것은 어쩌면 그 방법론적 전제를 비판하는 무용한 공격일 수도 있을 것이다.

「형사」는 영화라는 매체가 생래적으로 갖고 있는 활동사진적 쾌감을 극대화해서 전해준다. 와이어를 쓰거나 컴퓨터그래픽을 동원하는 대신에 기본적인 편집과 촬영, 미술과 조명으로 만들어낸 액션 장면들은 새로운 이미지의 성찬을 현시한다. 안무와 액션, 스포츠와 뮤지컬의 경계 사이를 넘나드는 독특한 검술 대결 장면뿐만 아니라 사극 특유의 흰옷 강박을 벗고 화려한 색감으로 전편을 수놓는 미술도 무척이나 인상적이다. 펄럭이는 천과 버티고 선 건물 기둥까지도 편집의 도구로 활용하는 솜씨는 찬탄을 자아낸다.

어떤 관객들은 제대로 전달되지 않는 대사들에 대해 불평하겠지만, 사실 「형사」에서 대사는 일종의 사운드로서 기능할 때가 적지 않다. 외국 관객들이 자막 없이 봐도 거의 무리가 없을 것 같은 이 작품의 대사에서 내용보다 더 중요한 것은 종종 어조와 리듬 그 자체이다. 이 영화의 대사들은 언뜻 파격적인 듯 관습적으로 깔리는 이 영화의 배경음악보다 훨씬 더 음악적이다. 「형사」는 「와호장룡」이나 「영웅(英雄)」(장이머우)처럼 각광받았던 요사이 무협영화가 아니라 오히려 버스터 키튼을 정점으로 하는 무성영화 코미디들과 닮아 보인다.

그러나 대화를 나눌 때 두 사람이 서로를 바라보지 않게 만드는 구도가 선호되는 데서 짐작되듯, 혹시 「형사」는 적극적인 소통을 염두에 두지 않은 이명세의 혼잣말이 아닐까. 극 중 무척이나 멋지게 형상화되지만 슬픈 눈동자 두 개만으로 물화된 강동원과 다양한 연기 폭을 선보이지만 매력을 찾기 쉽잖은 하지원은 결국 감독의 복화술사로서 같은 내용의 독백만을 반복하고 있는 게 아닐까.

관객들이 중요하게 생각할 행위의 결과를 설명하지 않은 채 번번이 다음 장면으로 이어지는 이 영화의 시퀀스들은 도돌이표의 주술에 걸려 영원을 반복하고 있는 것으로 보인다. 그렇게 미루고 또 미룬 절정은 대체 어디로 가는 걸까. 「형사」는 이명세가 아직 길 위에 있음을 보여주는 영화다.

# 극장전

감독 **홍상수** 국내 개봉일 **2005.05.26**

변화는 「극장전」에서 본격적으로 시작되었다. 이 여섯 번째 영화에서 홍상수는 처음으로 다른 삶을 위한 갈망과 죄의식을 다뤘다. 반성하지 않고 교훈도 얻지 못하는 홍상수의 차가운 인물은 「극장전」에 와서 연민과 죄책감, 고통으로 괴로워하는 뜨거운 존재가 되었다. (살인과 파멸로 끝나는 데뷔작을 제외하면) 이제껏 작품 속에서 죽음을 정면 응시한 적이 없었던 홍상수는 2부로 구성된 이 영화에서 각각 자살과 질병(으로 인한 죽음)의 모티브를 적극적으로 다룬다.

「극장전」은 영화 속 영화로 시작해 영화 속 현실로 끝난다. 영화 속 영화에 해당하는 전반부에서 상원(이기우)은 예전에 좋아했던 영실(엄지원)을 우연히 만난다. 함께 술을 마시다 여관까지 가게 된 두 사람. 그러나 섹스에 실패하자 상원은 갑자기 영실에게 동반 자살을 제안한다. 영화 속 현실에 해당하는 후반부에서 동수(김상경)는 전반부에 그려졌던 영화를 본 뒤 극장을 나선다. 우연히 거리에서 그 영화에 출연했던 배우 영실을 보게 된 동수는 다가가 말을 건다.

배우들의 연기도 이전과 차이를 보인다. 동수는 배우와 배역의 거리, 그리고 인물의 경도에 있어서 분명 이전과 다른 제조법으로 만들어낸 캐릭터다. 홍상수의 연기자로는 처음으로 그의 영화에서 두 편째 주연 배우가 된 김상경은 홍상수 영화 속 인물 중 가장 엉뚱한 캐릭터를 맡아 「생활의 발견」에서와 다른 방식으로 소화했다. 그리고 홍상수 영화에서 처음으로 일인이역을 소화한 엄지원의 영실은 감독의 감정이 담긴 시선을 받아낸 최초의 여성 캐릭터가 됐다. 이전까지 홍상수는 어떤 여성 캐릭터도 영실처럼 대우하지 않았다.

형식적인 측면에서도 변화의 조짐이 두드러진다. 「극장전」은 줌을 쓴 홍상수의 첫 영화다. 웬만해선 움직이지 않은 채 고정된 시선으로 거리를 둔 채 묵묵히 대상을 바라보던 홍상수 영화의 카메라는 이 작품에 이르러 줌인과 줌아웃을 빈번히 사용하며 공간을 자유롭게 넘나든다. 장면을 습관적으로 컷해서 나누는 것을 꺼리는 그의 영화에서 줌은 기본적으로 컷을 하지 않으면서도 이동을 하기 위한 방편으로 쓰인다. 공간적인 콘텍스트를 그대로 유지한 채로 인물에게로 다가가거나 멀어지는 방식인 것이다.

동시에 줌은 본질적으로 역동성을 갖고 있다. 이때 역동성은 변화의 동인이기도 하다. 형식적으로 엄격하고 무거웠던 전작 「여자는 남자의 미래다」와 비교할 때, 「극장전」의 카메라가 담아내는 새로운 모습은 더욱 명확해진다. 그리고 줌을 통해 피사체에게 좀 더 가까이 다가가고 있는 형식적 측면은 인물의 내면을 응시하면서 연민을 처음으로 드러내는 정서적 측면과 상통한다.

처음 도입된 내레이션 역시 중요한 역할을 한다. 특히 선배의 병실에서 펑펑 눈물을 쏟고 나온 동수가 거리를 걸으며 "이젠 생각을 해야겠다. 끝까지 생각을 하면 뭐든지 고칠 수 있다. 담배도 끊을 수 있다. 생각만이 나를 살릴 수 있다"라고 절절히 토로하는 라스트신의 내레이션은 홍상수 영화 세계 전체의 터닝 포인트가 될 수 있을 만큼 강력하다.

「생활의 발견」과 「여자는 남자의 미래다」에서 「극장전」까지, 연이어 나온 세 편의 영화는 모두 한 남자가 거리를 서성이며 끝난다. 그러나 「생활의 발견」 끝 장면에 어찌할 바를 모르는 당혹감이 담겨 있고, 「여자는 남자의 미래다」의 엔딩에 '출구 없음'의 정서가 지배적인 것에 비해, 「극장전」의 라스트신은 바닥을 친 뒤 수면 위로 솟아오르고 싶어 하는 간절한 염원이 부력으로 작용하고 있다는 점에서 영화적 방향을 달리한다. 인물을 홀로 거리에 냉정히 남겨두는 「생활의 발견」이나 「여자는 남자의 미래다」와 달리, 이 영화에서 감독은 어떻게든 끝까지 인물을 책임지려 한다.

# 아는여자

감독 **장진** 국내 개봉일 **2004.06.25**

순정을 말할 때일수록 특별한 기술이 필요하다. 순정이란 사람들의 마음속에 항상 머물고 있는 익숙한 감정 상태가 아니니까. 그래서 문맥을 벗어날 때 순정은 불순한 구경꾼들에 의해서 자주 희화화되고 마니까. 「아는 여자」는 순정을 낯간지럽지 않고 흥미진진하고도 뭉클하게 말하는 법을 아는 영화다.

프로야구 2군 선수 동치성(정재영)은 애인에게 이별을 통고받은 직후 병원에서 3개월 시한부 판정까지 받는다. 참담한 마음을 달래려 단골 바를 찾아가 엉망으로 취한 그를 바텐더 이연(이나영)이 데려다준다. 다음 날 우연히 라디오에서 어젯밤 자신의 이야기가 청취자 사연으로 소개되는 것을 듣게 된 치성. 사실 이연은 치성을 오래전부터 사랑하고 있었다.

영화와 연극, 텔레비전과 뮤직비디오를 넘나들며 전방위적으로 활동해온 장진은 특유의 재치로 많은 사랑을 받아왔다. 하지만 「기막힌 사내들」에서 「간첩 리철진」과 「킬러들의 수다」까지, 이제껏 영화에 관한 한 항상 가능성이 완성도보다 높았던 것으로 보이는 그에게 「아는 여자」는 그 둘이 함께 보조를 맞춰 경쾌하게 질주한 최초의 작품이 된 것으로 보인다. 동시에 이 작품은 코미디와 멜로의 이음새가 유독 뛰어난 한국 영화이기도 하다.

선도 높은 역설과 아이러니를 능숙하게 빚어내는 장진은 치성이 마라톤을 통해 자살하려다가 뜻하지 않게 김치냉장고를 타게 되거나, "죽으려고 환장했냐"며 총을 들이대는 강도 앞에 이미 체념인 마음 상태로 "나 죽으려고 환장 같은 거 안 해"라며 과감하게 나서는 것 같은 에피소드들을 통해 시종 관객을 웃긴다. 코를 후비는 치성에게 이연이 눈물을 철철 흘리며 "코 파지 마요. 더 이상 코 파면 안돼요"라고 비장하게 말릴 때 시침 뚝 떼는 허허실실 유머의 효과는 극에 달한다.

일단 진지하게 한 장면을 마무리한 뒤 과거 회상이나 상상의 형식으로 코믹하게 그 분위기를 뒤집는 구성도 위력을 발휘한다. 다만 내내 흔들리는 핸드헬드 촬영 방식이 이 동화적으로 예쁘게 짜인 멜로에 어울리는지에 대해선 의문의 여지가 없지 않다.

'수시로 코피를 흘리는 시한부 인생의 남자'와 '그 남자를 오랜 세월 속으로만 좋아하고 있었던 여자'라는 기본 설정부터 낙엽 쌓인 숲길과 라디오 방송 사연까지, 이 영화는 러브 스토리의 흔한 설정들을 잔뜩 담고 있다. 하지만 그런 클리셰들을 밀고 당기면서 맘껏 놀 줄 아는 이 똑똑한 코미디는 유머가 끝난 자리에서 여전히 수줍게 사랑의 애틋함으로 말할 줄 아는 매력도 함께 지녔다. 「실미도」(강우석) 「피도 눈물도 없이」(류승완) 등에서 강렬하고 강한 연기로 정형화되는 감이 없지 않았던 정재영은 얼굴 한구석을 언제나 비워두는 넉넉한 연기를 통해 그가 얼마나 풍부한 표정을 지닌 멋진 배우인지를 증명했다. 쑥스러운 듯 기쁨을 감추지 못해 씩씩 웃고, 바보처럼 울다가 진심을 드러내며 항변할 때 이나영은 지금껏 스크린에서 접하기 힘들었던 가장 매력적인 모습을 보여준다.

극의 절정에서 「아는 여자」는 그간 치성이 내내 던진 "사랑이란 무엇인가"라는 질문에 대한 등장인물들의 대답을 한데 모아서 들려준다. 그렇게 허다한 사랑의 담론들을 다 끌어안음으로써 오히려 사랑에 대해 아무것도 규정하지 않는 이 묘한 사랑영화는 그래도 애틋한 분위기만큼은 놓치지 않았다. 오래된 골목길과 나무 대문의 아늑함을 알고 있는 이 '강북 멜로'에서 두 주인공의 이름처럼 '있는 정성을 다하고'(致誠·치성) '기뻐서 어쩔 줄 몰라 하는'(怡然·이연) 사랑을 새삼 발견하게 되는 것은, 여전히 즐거운 일이다.

# 트로이

**Troy**
감독 **볼프강 페터젠**(Wolfgang Petersen)  국내 개봉일 **2004.05.21**

「트로이」는 기묘한 블록버스터이다. 수천 년 전 그리스 땅에서 벌어진 트로이전쟁을 화려한 볼거리로 다루면서도 결정적인 순간이 되면 시각적 쾌감에서 고개를 돌려 모래 먼지 이는 전장의 황량한 빈자리를 처연하게 응시한다. 최대다수의 최대쾌락을 노리는 여름 대작 액션영화로선 필수적이라고 할 수 있는 선과 악의 구분도 하지 않는다. 어쩌면 이 영화에서 대규모 전투 장면 이상으로 중요한 것은 타오르는 불로 한 사람의 몸을 태워 삶을 무(無)에 돌려주는 극중 장례식 장면들인지도 모른다.

스파르타에 간 트로이의 왕자 파리스(올랜도 블룸)는 그곳의 왕비 헬레네(다이앤 크루거)와 사랑에 빠져 도주한다. 아내를 빼앗긴 스파르타의 왕 메넬라오스(브렌던 글리슨)는 자신의 형인 미케네의 왕 아가멤논(브라이언 콕스)에게 복수를 부탁해 트로이로 연합군을 파견하게 한다. 파리스의 형인 헥토르(에릭 바나)는 전쟁 영웅 아킬레스(브래드 피트)를 앞세운 그리스 연합군에 맞서서 트로이군을 이끈다.

「트로이」는 신들이 떠나간 자리에서 인간들이 치르는 외로운 전쟁을 다룬 작품이다. 그리스신화의 가장 유명한 이야기 중 하나를 소재로 삼았지만 극 중 그리스의 신들은 대화 속에서나 언급되고 기껏 석상으로나 존재할 뿐이다.

「특전 유보트(Das Boot)」「사선에서(In the Line of Fire)」「퍼펙트 스톰(The Perpect Storm)」 같은 영화에서 보듯 스펙터클 속에서 인간 드라마를 잡아내길 즐기는 볼프강 페터젠은 원작인 호메로스의 『일리아스』에서 신화적 속성을 철저히 제거한 후 장중한 역사극으로 바꾸어냈다. 「반지의 제왕」과 비슷할 수도 있었던 이 영화는 그로 인해 「글래디에이터(Gladiator)」(리들리 스콧)에 더 가까운 분위기를 갖게 됐다. 여기서 중요한 것은 거대한 트로이전쟁 자체가 아니다. 이 작품이 정말로 말하고 싶어 하는 것은 허무와 싸우는 아킬레스의 전쟁, 조국을 위해 싸우는 헥토르의 전쟁, 사랑을 위해 싸우는 파리스의 전쟁이고 그런 각자 전쟁의 총합인 것이다.

우울하게 가라앉은 극의 분위기에도 불구하고, 이 영화는 전쟁을 다룬 '오락'영화로서 제 몫을 해냈다. 고대의 다양한 전투 기법들이 대규모 전투로 큰 그림을 그리며 스펙터클을 제공하는 사이, 그 속에서 각각의 영웅들이 활약하는 동선도 잘 간추려 함께 묘사했다. 방패를 등에 메고 날아오르듯 적의 어깨를 찌르는 아킬레스의 검술도 멋지다. 특히 벌판에 도열한 트로이 병사들의 방패 숲 위로 그리스 연합군이 내달려 온몸을 부딪는 정과 동의 충돌 장면은 대단한 볼거리다.

그러나 이 영화가 진짜 보여주고 싶어 하는 것은 최후의 일대일

대결이 벌어지고 난 뒤 승리한 아킬레스가 패배한 헥토르를 마차에 매달아 끌고 가고, 헥토르의 아버지인 프리아모스왕(피터 오툴)이 적진으로 단신 잠입해 아들의 시신을 되찾아와 화장하는 장면 속에 담겨 있다. 유장한 대사를 통해 지나치게 무게를 잡아 가끔씩 우스꽝스럽게까지 느껴지기도 하지만, 할리우드 블록버스터치곤 드물게 캐릭터 하나하나에 애정을 담아낸 이 사려 깊은 대작 영화에는 보기 드문 품격이 있다.

"신들은 인간을 질투해. 인간은 죽거든." 같은 염세적 대사를 아무렇지도 않게 내뱉으면서도 "수천 년간 기억될 전쟁에 이름을 남기기 위해." 몸을 내던지는 주인공 아킬레스는 세계관과 행동이 종종 상충하는 모호한 캐릭터이다. 그럼에도 아웃사이더로 그려진 캐릭터의 색깔에 브래드 피트의 존재감이 더해진 아킬레스는 극 전체에 신비스런 분위기를 감돌게 만들었다. 「반지의 제왕」 이후 최고 주가를 올리고 있는 올랜도 블룸에서 「아라비아의 로렌스(Lawrence of Arabia)」(데이비드 린)의 피터 오툴까지를 아우르는 다른 출연진도 좋은 편이다. 그러나 이 영화에서 가장 인상적인 것은 헥토르 역의 에릭 바나다.

# 송환

감독 **김동원** 국내 개봉일 **2004.03.19**

다큐멘터리의 카메라는 결국 이해를 위한 도구일 것이다. 비전향 장기수들을 다룬 김동원의 「송환」은 기나긴 세월의 무게와 피사체의 마음을 함께 담아내는 데 성공한 감동적인 다큐멘터리다. 더욱 놀라운 것은, 거기엔 카메라에 찍힌 사람의 마음뿐 아니라 카메라를 든 사람의 마음까지 고스란히 담겨 있다는 점이다.

감독은 카메라를 지탱하는 어깨로 생각하고, 세월을 버텨온 등으로 곱씹으며 끊임없이 질문한다. 그중 어떤 질문은 답을 만나고, 어떤 질문은 회의 속에서 또 다른 질문으로 이어진다. 그러나 해소된 질문 위로 증폭된 질문이 메아리쳐 울리는 복잡한 풍경 속에서도 이 작품을 대하는 감독의 기본 태도만큼은 흔들리지 않는다. 그것은 인간과 삶 자체에 대한 예의일 것이다.

「송환」은 1992년부터 12년간에 걸쳐 800여 시간 동안 비전향 장기수들의 이야기를 촬영한 끝에 세상에 나온 작품이다. 방송국 촬영 아르바이트를 하다가 상계동 빈민촌 철거 현장을 접한 뒤 충격을 받고 다큐멘터리감독이라는 삶을 선택한 김동원은 「상계동 올림픽」

「행당동 사람들」 등을 내놓으며 독립영화계를 이끌어왔다. 이 작품은 전국 예술영화관 네트워크인 아트플러스가 독립영화 배급사 인디스토리와 함께 배급하는 첫 영화이기도 하다.

「송환」은 간첩으로 남파된 뒤 체포, 투옥되어 수십 년 옥살이를 한 북한 공작원들의 삶이라는 지극히 논쟁적인 소재를 다루고 있는 작품이지만, 감독은 결국 이념이 아닌 휴머니즘에 초점을 맞춘다. 이 영화의 인본주의적인 태도는 애초 주인공으로 염두에 뒀던 엘리트 공산주의자 김석형 씨 대신, 공작원들을 실어 나르는 연락선 선원이었다가 체포된 어눌한 조창손 씨를 중심에 두고 찍게 된 데서 그대로 드러난다.

상당수의 장기수들이 끝내 '신념'을 지켜낼 수 있었던 이유엔 '이념'에 대한 확신 못지않게, 폭력적인 전향 작업에 대한 본능적인 저항감과 자존심이 있었음을 지적하는 부분은 「송환」의 시선이 가닿는 곳이 어디인지를 드러내는 부분이다. 그때 김동원은 "이념이란 인간 이성 중 한 부분일 뿐이며, 이성 또한 인간 본성 중 한 부분일 뿐이다"라고 내레이션을 통해 나직하게 말한다.

시종 '장기수 선생님'이라는 호칭을 사용하는 감독은 그들에 대한 인간적 존경의 뜻을 감추지 않는다. "이념보다 중요한 것은 휴머니즘"이라는 말이 존중되어야 하는 것과 똑같이, 어떤 사람에게는 이념이 목숨보다 중요할 수도 있다는 사실도 인정될 수밖에 없을 것이다. 어차피 불가능할 객관의 허상으로 도피하는 대신, 때에 따라 적극적으로 내레이션을 통해 자신의 정치적 견해를 밝히기를 주저치 않는다. 그는 "북한 식량난의 책임은 불가침조약 체결을 거부하고 있는 미국에 있다"라고 힘주어 주장하기도 한다. 반공주의자였던 아버지에 대한 기억을 포함, 스스로의 개인사도 적극적으로 드러낸다.

그러나 동시에 그는 찍혀진 장면들을 특정 메시지를 위해 인위적으로 재구성하지도 않는다. 북한에 우호적이었다가 7년간 북한을 드나들며 생각이 바뀐 일본의 저널리스트가 "북조선은 원래 사회주의의 목적을 잃어버린 지 오래"라며 "조선반도 문제는 남북 대립의 문제가 아니라 바로 북조선의 문제가 됐다"라고 비판하는 내용이 중요하게 삽입되어 있기도 하다.

장기수들을 영웅시하지 않는 그의 태도는 납북자 가족들과의 만남을 거부하며 "납북자가 어디 있어?"라고 짜증을 내는 그들의 모습도 빠뜨리지 않는다. 그는 스스로 "나도 북한 인권에 대해서 비판적인 입장이다. 무엇보다 독립된 영화를 만들 수 없는 북한에서 나 같은 자유주의자는 살 수 없을 것이다"라고 고백하기도 한다. 때로는 초점을 잃는 것처럼 보이기도 하는 「송환」의 흔들리는 시선은, 그러나 사실 이 영화의 정직성을 그대로 드러내는 부분이다.

이 영화는 북으로 송환된 이후 "수령님과 장군님의 충직한 전사이자 태양의 아들들"로 영웅 대접을 받는 장기수들이 어느 식당에서 옛 군가를 힘차게 부르는 장면을 마지막으로 잡는다. 그때 화면엔 "선생들은 어쩌면 앞으로 남한에서보다 더 힘들게 스스로의 길을 걸어야 할지도 모른다. 긴장감을 주던 투쟁의 대상이 눈앞에 없고, 이젠 스스로의 문제를 들여다봐야 할 시간이기 때문이다"는 감독의 말이 깔린다. 이어 노래하는 조창손 씨의 얼굴에서 화면이 멈추며 '선생님'에서 '할아버지'로 호칭을 바꾼 마지막 내레이션이 흐른다. "조 할아버지가 날 아들처럼 생각하신다는 말에 별 해드린 게 없어 부끄러웠다. 그 부끄러움이 이 작품을 마칠 수 있게 한 힘이었다. 조 할아버지가 보고 싶다." 인간을 진정 그리워하는 영화가 몇이나 되었던가.

# 빅 피쉬

**Big Fish**

감독 **팀 버튼(Tim Burton)** 국내 개봉일 **2004.03.05**

왜 판타지인가. 팀 버튼이라면 이 질문에 대답할 자격이 있다. 그는
「가위손(Edward Scissorhands)」「비틀쥬스(Beetlejuice)」「배트맨 2(Batman
Returns)」「팀 버튼의 화성침공(Mars Attacts!)」 같은 일련의 작품들을
통해 자신만의 환상적 세계를 스크린 위에 견고히 구축해온 감독이
니까. 「빅 피쉬」는 영화란 꿈이어야 한다고 믿는 자신의 창작 철학
자체에 대해 버튼이 작심하고 내놓은 변론이다.

월(빌리 크루덥)은 아버지 에드워드(앨버트 피니)가 위독하다는 소식
을 듣고 고향으로 돌아온다. 항상 허풍스럽게 자신의 삶을 과장해온
에드워드는 침대에 누워 윌에게 다시금 자신이 살아온 이야기를 들
려준다. 그 이야기 속에서 어려서부터 타고난 스포츠맨에 천재적인
발명가이자 용기와 정의감까지 갖춘 청년 에드워드(이완 맥그리거)는
마을에 나타난 거인과 함께 여행을 떠난다.

대니얼 월리스가 쓴 원작 소설을 보지 않았더라면, 「빅 피쉬」가
팀 버튼이 직접 쓴 오리지널 시나리오라는 사실을 조금도 의심하지

않았을 것이다. 독창적인 이야기와 신기한 시각 체험을 함께 선사하는 이 탁월한 작품은 사실 너무나 '팀 버튼적'이다. 특히 「가위손」을 그의 영화 중 최고작으로 꼽는 팬들에겐 최고의 선물이 될 만하다.

여기엔 하체는 하나인데 상체는 둘인 쌍둥이 가수와 거대한 몸집을 가진 거인이 기괴한 삽화처럼 등장하는가 하면, 사랑하는 여인에게 구애하기 위해서 수선화 1만 송이를 바치는 남자의 순정이 더없이 낭만적으로 그려지기도 한다. 에드워드의 여정을 삶에 대한 은유로 삼는 화술은 더없이 평범한 일상의 대사들까지도 웅숭깊은 잠언이 되도록 했다.

영화 속에서 농담처럼 시작된 판타지는 점점 리얼리티의 무게를 갖춰가다가 종국에 이르러 꿈과 현실 사이의 구분 자체가 무의미해지는 진경 속에서 감동적인 결말을 빚어낸다. 늘 의심해온 아버지를 인정하게 되는 아들의 이야기는 곧 삶과 세계에 대한 긍정에 다름 아니다.

「빅 피쉬」는 젊은 에드워드와 늙은 에드워드 역할을 나눠 맡은 이완 맥그리거와 앨버트 피니를 비롯, 빌리 크루덥과 헬레나 보넘 카터에서 제시카 랭과 스티브 부세미까지, 팀 버튼의 이름 아래 모여든 쟁쟁한 배우들의 면면만으로도 충분히 흥미롭다.

대니얼 월리스의 원작 소설에서 아버지는 아들에게 이렇게 말한다. "누군가가 했던 이야기를 기억해준다면, 그는 영원히 죽지 않는 거란다." 결국 삶은 이야기라는 것, 삶은 떠나도 이야기는 남는다는 것. 어쩌면 그것이 삶에 외경심을 가져야 할 진정한 이유일지도 모른다.

# 친구
# 품행제로
# 말죽거리 잔혹사

감독 **곽경택** | **조근식** | **유하**
국내 개봉일 **2001.03.31** | **2002.12.26** | **2004.01.16**

"그렇든 그렇지 않든, 인간이 그런 것처럼 행동하면 된다."(토마스 만)

고교 시절만큼 한국 영화에서 자주 다뤄지는 인생의 시기도 없을 것이다. 21세기에 막 들어섰던 충무로에선 더욱 그랬다. 곽경택의 「친구」(2001)는 당시 청소년 관람불가 영화로서 사상 최고의 흥행 기록을 남겼다. 조근식의 「품행제로」(2002)는 그해 가장 큰 찬사를 받은 작품들 중 하나였다. 유하의 「말죽거리 잔혹사」(2004)는 나오자마자 그의 대표작이 되었다. 다뤄지는 시기뿐만 아니라 구체적인 에피소드들까지 상당히 겹치는 이 세 편의 영화는 당시의 기성세대가 10대 시절을 떠올리는 메커니즘을 고스란히 드러낸다. (1963년생인 유하와

1966년생인 곽경택과 1968년생인 조근식은 모두 이른바 386세대로서 성장과정에서 유사한 시대적 배경을 거쳤다.)

그러나 언제나 개별적인 정체성을 만들어내는 것은 공통점이 아니라 차이점이다. 이 세 편의 영화는 과거를 강렬히 환기시키는 내용을 담고 있음에도 그 과거를 대하는 방식에서 커다란 차이를 보이기도 한다. 그리고 그 차이점은 이 영화들이 흥행이라는 형태로 대중에게 수용될 때 일정 부분 영향을 끼쳤다. (여기서 「친구」는 다른 영화와의 비교를 위해 고교 시절을 다룬 전반부 위주로 논의한다.)

## 1. 증오가 강할수록 그리움도 깊다.

1978년을 다루는 「말죽거리 잔혹사」, 1981년을 다루는 「친구」, 1986년을 다루는 「품행제로」는 모두 남자 고등학교를 무대로 펼쳐진다. 그리고 그 시대가 그러했듯, 영화 속 고등학교의 모습은 하나같이 폭력이 지배하는 정글 같다. 폭압적 권력의 축도와도 같은 극중 학교의 교사들은 학생들에게 무자비한 폭력을 행사하고, 폭력의 메커니즘을 체화한 학생들 역시 '짱'으로 불리는 하위 권력의 주위에 둘러서서 서로에게 주먹을 날린다. 사실 당시의 대한민국 성인 남자들에게 고등학교 때 맞은 이야기는 군대에서 축구를 한 이야기만큼이나 뻔하다.

그러나 「품행제로」는 일상화된 교사의 폭력에 대해 적극적으로 분노하지 않는다. 이 영화에서도 교사가 몽둥이로 체벌을 가하거나 발로 짓밟기까지 하는 장면이 나오지만 이들 장면은 맞는 아이들의 과장된 행동을 코믹하게 잡아냄으로써, 폭력에 대한 고발의 뉘앙스를 스스로 제거한다. 잠깐 등장하는 촌지 제공 장면도 그냥 '자연스럽게' 삽입되어 있다. 이 영화에서 학생들은 억압적인 교사에 저항하지 않는다. 「품행제로」에 있어서 교사의 폭력은 그저 그 시절의 일상이고 풍경일 뿐이다. 폭력적인 담임교사 역으로 박정희를 떠올리게 하는 배우를 캐스팅하고도 정치적 은유를 담기는커녕, 오히려 중필(류승범)의 어머니와 로맨스를 펼치게 함으로써 또 다른 귀여운 에피소드를 만든다.

「친구」에서는 영어교사와 담임교사의 폭력 행사 장면이 나온다. 아버지의 직업을 물으며(김광규의 그 유명한 대사 "아부지 뭐 하시노?") 때리는 담임교사의 무자비한 폭력 장면(따귀를 때리다 스스로 분을 못 이겨 팔꿈치로 내리찍기까지 한다)에서 매를 맞던 준석(유오성)은 화를 벌컥 내고 동수(장동건)와 함께 교실을 박차고 나온다. 그다음 장면에서 담임교사는 준석이 학교의 '통(짱)'이고 그의 아버지가 진짜 건달이란 말을 듣고 두려워하는 비겁함까지 보인다. 나중에 동수는 퇴학당한 뒤 학교를 찾아가 교무실의 트로피 장식장을 박살낸 뒤 놀란 담임교사에게 "길에서 나하고 만나지 마소"라고 위협적으로 내뱉는다.

교사 폭력에 대한 증오가 가장 강한 것은 「말죽거리 잔혹사」이다. 군복 입은 교련교사의 '캐비닛 폭행'을 비롯해 숱한 폭력 행사 장면이 나온다. 학생들의 반발도 세 영화 중 가장 거세다. 현수(권상우)는 자신을 때리는 교련교사의 주먹을 쥐어 제지하고, 찍새(김인권)는 아예 그에게 헤드락을 걸어 직접적 위해를 가한다.

이렇게 달리 묘사되는 것은 부분적으로 극 중 배경 학교인 상문고와 문덕고와 부산고의 차이일 수도 있다. 이들 영화 속에서 시간

못지않게 공간도 중요하다는 것을 감안하면, 서울 강남(「말죽거리 잔혹사」 - 양재동)과 강북(「품행제로」 - 종로), 그리고 지방 도시(「친구」 - 부산)의 차이일 수도 있다. 교사의 폭력 정도가 가장 강한 것으로 묘사된 「말죽거리 잔혹사」의 강남은 대한민국에서 언제나 욕망의 땅으로 상징되지 않았던가.

하지만 본질적으로 이런 차이는 만드는 이가 다루고 있는 과거와 어느 정도의 거리를 확보하고 있는가에 달려 있다. 단적으로 말하면, 과거와의 심리적 거리는 「말죽거리 잔혹사」「친구」「품행제로」의 순서로 가깝다. 「품행제로」의 시제는 이미 발생한 일회적 사건을 기술하는 '과거 시제'이다. 「품행제로」를 만든 이는 뒷짐 진 채 웃음과 관조가 반씩 섞인 시선으로 과거를 바라본다. 과거를 이미 정리해 서랍에 챙겨 넣은 사람의 여유가 엿보이는 「품행제로」는 영화의 마지막을 장난기 가득한 후일담으로 장식할 수 있을 만큼 넉넉한 거리를 확보했다.

「친구」의 시제는 '과거완료'이다. 이 영화에서 묘사되는 어린 시절과 고교 시절은 그 자체로 폐곡선과 같다. 학교 축제 무대에서 노래하는 진숙(김보경)을 보고 친구들이 동시에 반하게 되는 일로 시작해서 패싸움에 이은 퇴학과 가출 사건으로 막을 내리는 이 영화의 고교 시절 부분은 결국 '우리 모두 하나였던 그리운 과거'로 완성되어 있다. 사라진 '영웅'들 뒤로 완결된 신화가 남은 것이다.

그리고 「말죽거리 잔혹사」의 시제는 과거에 일어난 사건의 의미가 현재까지도 심리적으로 생생하게 지속되고 있는 '현재완료진행형'이다. 여기서 과거는 '현재의 악몽으로 여전히 출몰하는 과거'이다. 이미 수십 년의 세월이 지났지만 만든 이는 과거를 마치 현재인 것처럼 느끼고 있다. 그렇기에 이 영화 속 과거에 대한 감정은 세 작품 중 가장 진하고 끈끈하다. 이 작품의 폭력이 낳은 고통은 '고통에 대한 기억'이 아니라 '여지껏 환부로 남아 영원한 통증을 안기는 고통'이다. 과거에 야기된 고통이 여전히 현실적인 고통이기에 그 고통을 안겨준 대상에 대한 증오가 날것 그대로 표출되는 것이다. 여전히 강력한 악의 존재를 상정하는 순간, 과거는 현재가 된다.

## 2. 숲에서 나오지 않으면 숲을 볼 수 없다.

각 영화들이 이야기를 펼쳐나가는 방식을 살펴보면 이런 차이는 더 확실히 드러난다. 「품행제로」의 화술에서 가장 두드러지는 것은 일어난 사건에 대해 끊임없이 학생들이 뒷말을 나누는 장면들을 집어넣는다는 것이다. 이 영화는 불특정 다수의 학생들이 사건에 대해 중구난방 코멘트하는 것으로 시작하고 끝난다. 풍문으로 이야기 전체를 감싸는 방식은 이야기 자체에서 일정한 거리를 확보해내는 효과를 가져온다. 이 영화를 만든 이는 과거란 의미가 생성되는 과정에서 과장과 윤색으로 재구성된다는 사실을 소문의 메커니즘을 통해 끊임없이 환기시킴으로써 과거를 '그저' 과거로 남겨둔다. 가끔씩 그리워도, 과거란 결국 우리 삶의 흥미로운 가십일 뿐이다. 「품행제로」 화술의 특성인 풍문은 과거 사건을 다루는 '기사'의 구실을 한다.

반면 「친구」의 이야기를 이끌어가는 상택(서태화)의 내레이션은 '편집 후기'와 같다. 감독의 시선을 대신하고 있는 캐릭터 상택은 펼쳐지는 사건들을 보아내는 관찰자이다. 그때그때 자신의 마음에서 일어나는 변화와 친구들이 일으키는 사건의 추이를 함께 담아내는 이 내레이션은 모범적이고 안정된 대표 집필로 '학급 문집'의 마지막을 길게 장식하는 '편집 후기'에 해당하는 것이다. 물론 그 후기는 적당히 사적이고 주관적이며 또 적당히 공적이고 객관적이다. 이 영화의 과거는 상택의 내레이션으로 표구된 채 액자에 완결된 형태로 담겨 있다.

「말죽거리 잔혹사」 역시 「친구」처럼 내레이션을 사이사이에 곁들인다. 그러나 이 영화에서 내레이션이라는 확성기를 갖고 있는 사람은 「친구」에서처럼 관찰자가 아니다. 사건의 핵심 당사자이자 주인공인 현수다. 즉 이 영화의 내레이션은 '일기'에 해당한다. 일기는 형식상 그날 발생했던 일을 적는 과거의 기록이지만, 내용적으론 여전히 생생한 의미로 임재해 있(기에 지금 일기로 적고 있)는 현재를 다루고 있다. 그리고 당연히도 주관적이다. 펼쳐지는 순간 일기는 언제나 세월을 소거해 현재 앞에 과거를 곧바로 일으켜 세운다. 일기를 쓰는 사람이 쓰는 자신과 쓰이는 대상으로서의 자신을 구분하지 않듯, 「말죽거리 잔혹사」 역시 과거 속으로 온몸을 던진다.

## 3. 가장 강렬한 판타지는 리얼리즘의 외투를 입는다.

세 영화가 액션을 다루는 방식이 다른 것도 비슷한 맥락에 서 있다. 이 세 편의 영화는 개봉 당시 모두 '직접 치고받는 사실적 액션'을 강조했다. 그러나 「품행제로」 마지막 싸움 장면의 리얼리티와 비교한다면, 나머지 두 작품의 액션 장면들은 상대적으로 장르적인 액

선영화에 가깝게 양식화되어 있고 잘 안무되어 있다.

흥미로운 것은 가장 만화적인 액션 장면과 가장 사실적인 액션 장면이 모두 다「품행제로」에 담겨 있다는 점이다. 이 영화엔 세 개의 액션 시퀀스가 나오는데 그중에서 중필과 태권도부의 싸움, 그리고 상만(김광일)과 유도부의 싸움은 황당하기 그지없을 정도의 과장된 액션으로 펼쳐진다.「아스테릭스(Astérix & Obélix contre César)」(클로드 지디)의 액션 장면을 떠올리게 하는 전자는 추억 속의 애니메이션「로보트 태권 V」(김청기) 노래가 흘러나오는 가운데 중필이 '적진'을 향해 달려들면 태권도부원들이 한꺼번에 여러 명씩 공중으로 흩어지면서 최후를 맞는 모습을 코믹한 컴퓨터그래픽으로 그려낸다.「화산고」(김태균)의 액션 장면을 연상하게 하는 후자는 상만이 허공에 솟아올라 주위의 유도부원들을 그림 같은 발차기로 멋지게 해치우는 모습을 화려한 와이어 액션으로 표현한다.

하지만 이 영화의 클라이맥스를 이루는 싸움 장면은 말 그대로 개싸움이다. '문덕고 캡짱' 자리를 놓고 벌어지는 최후 일전을 묘사하는 이 장면에서 중필은 두 개의 봉을 이어 붙인 쌍절곤 대신 엉겁결에 두 개의 빗자루를 들고 마구 휘두르며, 상만은 대걸레 자루를 들고 중필에게 달려가다 바닥의 매트리스에 걸려 넘어진다. 중필과 민희(임은경)의 첫 키스 장면은 갖가지 앵글의 조합으로 드라마틱하게 담아냈던 카메라가 이 마지막 싸움에서만큼은 촬영감독의 흔들리는 어깨에 실려 웬만해선 컷을 나누지 않은 채 묵묵히 지켜보기만 한다. 피투성이가 되어 싸움에서 이긴 중필은「말죽거리 잔혹사」에서처럼 "대한민국 학교 다 좆 까라 그래"라고 멋지게 일갈하지 않고, 그저 "똑똑히 들어. 내가 무조건 캡짱이야"라고 동물적이고도 비명에 가까운 고함을 내지를 뿐이다.

「품행제로」의 액션은 그 과장된 톤으로 눈앞에 펼쳐지는 판타지에서 오히려 판타지의 효과를 발라낸다. 「품행제로」는 아이들의 풍문에 따라 펼쳐지는 두 개의 액션 시퀀스를 일부러 만화적으로 최대한 과장한 뒤 가장 사실적인 싸움 장면을 정점에 놓아 대조케 함으로써 판타지와 현실 사이에 명확한 금을 긋는다. 그리고 그렇게 사실적인 싸움조차 또다시 풍문에 실려 영웅담이 되는 상황을 묘사함으로써 '사실 그대로의 과거'에 회의적 시선을 보낸다.

판타지가 관객에게 가장 큰 위력을 발휘하는 순간은 역설적으로 리얼리즘의 외투를 입었을 때이다. 「말죽거리 잔혹사」의 액션 장면이 그 예가 될 것이다. 현수와 선도부장 종훈(이종혁)이 벌이는 최후 일전의 경우, 현수가 대결 장소인 옥상으로 올라가다가 계단에서 먼저 종훈의 뒤를 공격하는 반칙을 저지르는 것은 정말 사실적인 설정이다. 그러나 이후 여러 명의 선도부원들을 상대로 주먹과 발, 그리고 쌍절곤을 휘두르며 '처절하게' 싸우는 장면은 동선과 동작이 잘 짜여 있는, 멋진 액션 장면에 대한 관객의 판타지를 그대로 만족시켜주는 시퀀스이다. 다만 컷의 길이가 상대적으로 길고 카메라가 특별히 존재를 드러내지 않기에 어느 정도 사실적으로 보일 뿐이다. 리얼리즘의 그릇에 담긴 이 영화의 액션 판타지는 지켜보는 관객을 강력히 빨아들이며 대단한 쾌감을 준다. 그러나 「품행제로」는 '현재'에 이르도록 생생히 실감을 잃지 않는 액션으로 관객의 쾌감을 얻어내는 대신, '과거'에 일회적으로 발생한 '고삐리들의 개싸움'을 관객들이 묵묵히 지켜보도록 만드는 쪽을 선택했다.

「친구」에서 고교 시절의 극적인 액션 시퀀스인 극장 안 패싸움은 전형적인 액션영화적 테크닉으로 구성됐다. 유리창이나 소화기를 휘두르고 플라스틱 삼각자를 던져가며 싸우는 과정을 담은 이 장면의 넘치는 박진감은 극 중 고교 시절을 담을 때 내내 역동적이었던 카메라가 그 특성을 극대화하는 장면이다. 다른 두 영화의 액션 클라이맥스 장면들과 달리, 「친구」의 극장 패싸움 장면에서는 둘러서서 지켜보는 구경꾼들이 없다. 모두가 뒤엉켜 싸우는 싸움의 당사자이다. 그건 「친구」가 이미 구경꾼들의 시선이 필요 없는, 자기완결적 '과거 완료' 영화이기 때문이다.

## 4. 우정과 사랑과 성장을 함께 얻을 수는 없다.

이야기의 측면에서 세 영화의 두드러진 차이는 무엇보다 사랑과 우정의 관계를 어떻게 묘사하느냐에 있다. 상대적으로 비교해 본다면, 「품행제로」는 사랑에 대한 영화이고, 「친구」는 우정에 대한 영화이며, 「말죽거리 잔혹사」는 '우정'도 '사랑'도 아닌 '성장' 그 자체에 대한 영화라고 할 수 있을 것이다.

앞머리로 얼굴을 반쯤 가린 채 등장해 「연극이 끝난 후」를 부름으로써 세 친구들을 동시에 사로잡은 진숙은 「친구」에서 대상화된 캐릭터다. 네 친구 중 비중이 가장 작은 중호(정운택)까지도 자신만의 전사(前史)를 갖고 있지만, 진숙은 그저 강렬한 '싸나이들의 우정'에 소품처럼 끼어 있을 뿐이다. 그는 사랑을 중심 테마로 실현하기는커녕, 완전무결했던 친구들의 우정에 결과적으로 최초의 균열을 가져오는 뇌관의 역할을 한다. 즉, 준석이 진숙과 상태를 만나게 해 줬던 일을 놓고 동수와 준석은 훗날 처참한 비극으로 이어질 최초의 대립을 빚게 되는 것이다. 친구들 사이에서 벌어지는 참극의 순간까지도 비장미로 덧칠하는 「친구」에서 우정보다 소중한 가치는 없다. 이 영화에서 가장 중요한 대사는 "(우리는) 친구 아이가!"이다. 모든 의문을 무화시키는 그 동어반복적 대답은 결국 맹목적인 '내 편'의 갈구에 다름 아니다.

「말죽거리 잔혹사」의 은주(한가인)는 언뜻 얌전한 여고생으로 보이지만, 사실 '팜 파탈'에 가까운 캐릭터로 조각되었다. 두 남자 사이에서 이중적인 그의 처신은 결국 우식(이정진)과 현수의 우정을 망가뜨린다. 처음 버스에서 마주친 순간부터 현수의 마음을 사로잡았지만, 이야기 전체의 맥락에서 볼 때 은주는 현수의 '아픈 성장'을 이끌어내기 위해 '스쳐 지나가는 바람'의 역할을 할 뿐이다. 이 영화에서 여자들은 그저 분식점 주인(김부선)처럼 유혹하거나 은주처럼 상처를 주는 존재에 불과하다.

사랑뿐 아니라 우정도 마찬가지다. 상황에 따라 우식과 종훈 사이를 오가는 햄버거(박효준)의 행동에서 드러나듯, 「친구」에 비한다면 이 영화의 우정은 따지고 보면 사실 별게 아니다. 우연히도 함께 농구를 잘해서 친구가 됐고, 무리를 짓는 게 좀 더 유리했기 때문에 어울려 다닌 것뿐이다. 학교 짱인 우식을 바라보는 현수의 우호적 태도는 순수한 우정에서 비롯한다기보다 '나도 그런 능력을 갖고 싶다'는 수컷의 근원적 욕망에 더 가깝다. 이 영화에서 정말 중요한 것은 우식과 함께 떠나버린 우정이나 은주와 함께 사라진 사랑이 아니라, 모든 것이 사라지고 난 다음 남겨진 현수가 느끼는 절망적인 상황이며 세계와 홀로 대면하게 된 자의 실존 자체이다.

영화 속에서 아버지라는 존재는 세계를 뜻하는 경우가 많다. 「말죽거리 잔혹사」에서 현수의 어머니는 내레이션 속에서만 등장한다. 「친구」에서 동수의 어머니는 없고 준석의 어머니는 초반 식사하는 장면에만 잠깐 보일 뿐이다. 두 영화에서 강렬한 존재감을 발휘하고 있는 것은 어머니가 아닌 아버지들이다. 왜냐하면 이 두 영화는 세상과의 투쟁에 나선 남자(들)의 이야기를 비장하게 말하고 싶어 하기 때문이다. 다만 「말죽거리 잔혹사」는 짓누르는 세상의 무게에 홀로 저항하는 남자의 이야기이고, 「친구」는 비슷한 처지의 동지들과 어깨를 겯고 함께 싸우는 남자들의 이야기라는 차이점이 있을 뿐이다.

그러나 「품행제로」에는 아버지가 없고 어머니만 있다. 그 어머니는 다른 두 영화에서의 아버지들처럼 강력한 자장을 형성하지 않는다. 평범하기 짝이 없는 중필의 어머니(금보라)는 미용실을 운영하며 중필의 담임교사와 귀여운 로맨스까지 벌인다. 그건 이 영화가 세상과 맞서는 작품이 아니라 세상을 끌어안거나 세상 속으로 들어가려는 작품이기 때문이다. 세 영화 중에서 「품행제로」의 민희만이 두드러지지 않아 '평범한' 여학생이다. 그리고 민희와 중필이 펼치는 사랑 얘기는 명실공히 이 영화의 중심을 이룬다. 여자가 삼각 혹은 사각관계의 중심에 있는 「말죽거리 잔혹사」나 「친구」와 달리, 「품행제로」에선 남자가 삼각관계의 중심이 된다. 중필을 둘러싸고 나영(공효진)과 민희가 치열하게 신경전을 벌이는 이 영화의 구도가 기능적으로 말하는 것은 명백해 보인다. 남성 화자가 이끌어가는 영화에서 남자가 삼각관계의 중심이 된다는 것은 사랑 이야기가 큰 비중을 차지하고 있음을 뜻하는 것이다. 반면 나머지 두 영화의 애정 구도에서 중시되는 것은 여자를 차지하거나 빼앗김으로 인해서 남자들 가슴에 남게 되는 감정의 진한 앙금이다. 「품행제로」에서는 여자 때문에 남자들끼리 맞서게 되는 설정이 없다.

## 5. 천국의 동경은 지옥의 불길도 필요로 한다.

그런데 「말죽거리 잔혹사」는 다른 두 편의 영화와 확연히 다른 점이 있다. 그건 「친구」나 「품행제로」와 달리, 「말죽거리 잔혹사」가 이율배반적이고 자기모순이 있다는 사실이다. 어린 시절 네 명의 친구들이 늦여름 바닷가에서 헤엄치며 "조오련이 빠른지, 거북이가 빠른지" 즐겁게 논쟁하는 장면을 엔딩으로 삼을 정도로 지나가버린 과거를 완벽했던 황금시대로 여기는 「친구」는 과거를 초지일관 그리움에 가득 찬 시선으로 그리는 작품이고, 「품행제로」는 과거에 명확한 선을 그은 뒤 즐겁고 수다스러운 톤으로 느긋하게 뒷짐을 진 채 '옛날이야기'를 들려주는 영화다. 하지만 「말죽거리 잔혹사」는 과거를 거세게 부정하면서도 그 과거로부터 뛰쳐나오기를 거절하는 이상한 영화다.

이 영화 속 지옥 같은 학교생활 속에는 기이하게도 회귀 본능에 가까운 짙은 향수가 담겨 있다. 폭력에 대한 이 영화의 태도 역시 마찬가지다. 「말죽거리 잔혹사」의 머리는 폭력에 비판적이지만, 가슴은 '수컷다움'에 대해 강렬한 매혹을 느낀다. 이 작품에서 가장 중요한 대사는 현수가 절망적으로 외쳐대는 "대한민국 학교 다 좆 까라 그래"라는 고함이겠지만, 현수가 종훈과의 싸움을 앞둔 채 맹훈련에 돌입하면서 「택시 드라이버」의 트래비스(로버트 드니로)처럼 거울 속 자신의 얼굴을 보며 "너 지금 나한테 뭐라고 그랬냐? 한판 뜰까"라고 싸움 걸기를 연습하는 대사도 그 못지않게 중요하다. 세상에 대해 제대로 싸움을 걸지 못했던 '평범한' 자들의 억눌린 내면은 이 영화의 장렬한 클라이맥스 액션 장면 속에서 그 내밀한 욕망을 마음껏 발산한다.

그런데 사실 이율배반은 우리 모두의 입체적 판타지의 성립원리 중 하나이다. 우리는 천국의 나날을 끝없이 희구하면서도 불현듯 지옥의 불길도 보고 싶어 한다. 구름 위에서 세상 모두를 한 몸에 품는 영화(榮華)를 바라면서도 모두로부터 처절하게 버려지는 밑바닥 절망도 은밀하게 곁눈질한다. 판타지는 종종 피학적이다. 어떤 판타지를 완성하기 위해서는 사랑의 배반과 우정의 실종 그리고 압도적으로 어깨를 짓눌러오는 세계의 무게가 절대적으로 필요하다. 가장 참혹한 과거를 그려내고 있는 「말죽거리 잔혹사」가 과거에 대해 가장 애착을 느끼고 있다는 것은 우연이 아니다.

## 6. 어차피 과거뿐이다.

「친구」는 과거를 이상화한다. 「품행제로」는 과거를 관조한다. 그리고 「말죽거리 잔혹사」는 한 손으로는 과거를 밀쳐내면서 다른 한 손으로는 끌어당긴다. 대부분의 영화들은 관객의 판타지를 겨냥한다. 관객은 스크린에 펼쳐지는 공적 판타지 중에서 자신과 맞는 부분을 사적 판타지로 받아들인다. 「친구」는 이미 완결된 형태로 존재하는 안전한 신화적 영웅담이고,「말죽거리 잔혹사」는 카타르시스와 현재적 부담을 함께 안기는 장렬한 패배의 연대기이며,「품행제로」는 과거의 영향권에서 완전히 벗어난 추억의 소소한 에피소드 모음집이다. 세 영화의 흥행 양상 차이는 부분적으로 이와 무관하지 않을 것이다.

이 세 가지 이야기 중에서 어떤 것에 가장 끌리는지는 당신이 어떤 과거를 지나왔느냐에 달려 있지 않다. 그것은 지금 당신이 건너온 과거를 어떤 시선으로 돌아보느냐에 달려 있다. 현재는 경험하는 순간 휘발되어버리고, 미래는 아직 다가오지 않은 상황에서 우리에게 의미를 부여하는 시간은, 어차피 과거뿐이다.

# 반지의 제왕: 반지원정대
# 반지의 제왕: 두 개의 탑
# 반지의 제왕: 왕의 귀환

**The Lord of the Rings: The Fellowship of the Ring**
**The Lord of the Rings: The Two Towers**
**The Lord of the Rings: The Return of the King**

감독 **피터 잭슨**(Peter Jackson)
국내 개봉일 **2001.12.31 | 2002.12.19 | 2003.12.17**

「스타워즈(Star Wars)」(조지 루카스) 시리즈에서 「라이온 킹」을 위시한 디즈니 애니메이션들과 마블의 슈퍼히어로영화들까지, 신화의 구조와 기능을 차용하고 있는 작품들은 수없이 많다. 할리우드는 인류의 가장 오래된 이야기 형태인 신화를 수원지 삼아 끊임없이 끌어들이고 반복하거나 갱신하면서 스토리를 생산해나간다.

「반지의 제왕」은 특히나 그렇다. 피터 잭슨의 「반지의 제왕」만큼 현대의 신화로 불릴 만한 영화도 드물 것이다. 영웅신화의 틀을 그대로 따르고 있는 이 이야기의 주인공 프로도(일라이자 우드)는 선신을 대신해서 악신을 대리하는 사우론에 맞서 싸운다. 프로도가 절대

반지를 파괴하는 소명을 받을 때 너무 힘들고 버거워 처음엔 거부하는 것에서부터, 임무 수행 과정에서 초자연적인 힘을 지닌 존재의 도움을 받아 유혹을 이기고 결국 과제를 완수해내는 결말까지 영웅 신화의 구조에 그대로 일치한다.

이야기의 무대를 중간계로 명명한 것도 신화의 속성 그대로이다. 신화가 이야기하는 공간은 언제나 '세계의 중심'이기 때문이다. 선악의 기나긴 대립을 축으로 삼음으로써 조로아스터교에서 미트라교와 마니교에 이르는 고대 종교들의 신화와 흡사한 이원론적 구조를 갖췄고, 아서왕 이야기 속의 마법사 멀린을 바꾸어낸 것 같은 간달프(이언 매켈런)를 비롯해 요정과 난쟁이 등에 대한 중세 유럽의 오랜 전설들을 적극적으로 흡수했다.

『반지의 제왕』이라는 이야기가 J.R.R. 톨킨이 평생을 걸쳐 만들어낸 (3만 7,000여 년에 이르는) 거대한 서사의 끝부분에 해당하는 내용임을 감안하면 상황은 더욱 자명해진다. 『반지의 제왕』의 아득한 전사에 해당하는 『실마릴리온』에는 유일자 에루가 만물을 만드는 창조 신화까지 담겨 있다.

장대한 판타지소설 『반지의 제왕』을 써 내려갔던 11년 동안 J.R.R. 톨킨의 마음속에도 실제로 신화를 만들어내고야 말겠다는 신념이 있었다. 그는 1950년대에 쓴 한 편지에서 "나는 어린 시절부터 내 조국의 빈곤이 슬펐습니다. 그곳에는 자신만의 이야기가 없었습니다. 희랍어와 켈트어와 로망스어와 독일어로 된 이야기는 있었어도 말입니다"라고 적었다. 그의 저술 목적은 영국인을 위한 장대한 신화의 창조였다.

그러나 그가 만들어낸 신화는 곧 영국을 넘어섰다. 소설『반지의 제왕』은 50여 년에 걸쳐 수많은 열혈 독자들을 만들어냈다. 1997년 BBC의 설문 조사에서 '20세기의 가장 위대한 책'으로 꼽혔고, 1999년 아마존닷컴의 설문 조사에서 '새천년의 가장 위대한 책'에 선정됐다. 2001년 말 톨킨의 소설을 스크린에 옮긴 영화「반지의 제왕: 반지원정대」가 나오고부터 열기는 폭발적인 열광으로 변했다. 이어진「반지의 제왕: 두 개의 탑」과「반지의 제왕: 왕의 귀환」까지 합치면 이 시리즈는 무려 28억 달러에 달하는 흥행 수입을 거둬들였다.

서구 문명의 발원지로 번성하다가 몰락의 길을 걷게 된 고대 그리스는 새로 거대한 제국을 형성하게 된 로마에 고유의 신화를 넘김으로써 결과적으로 그 신화에 생명력과 영향력을 불어넣었다. 이 과정은 19세기까지의 막강한 영향력을 잃고 서서히 스러져가는 영국에서 만들어진『반지의 제왕』이란 신화가 유일 초강대국이 된 미국의 영화 속으로 옮겨감으로써 막강한 힘을 갖게 된 상황과 겹쳐 보이기도 한다.

소설과 영화에 대한 열광의 근원에는 현대의 신화에 대한 갈증도 있었다. 인류의 지혜가 담긴 오랜 신화들이 더 이상 효력을 발생시키지 못하게 된 상황에서 현대인들은 이 새로운 신화에 빠져들었다. 신화의 진정한 의미는 이야기가 창조되는 순간이 아니라 그것이 들리고 받아들여지는 순간에 있음을 상기한다면, 어쩌면 현대인들은「반지의 제왕」을 적극적으로 음송함으로써 이 이야기를 자신들의 신화로 추인했다고 할 수도 있을 것이다.

고대의 신화들과 변별되는 이 신화의 현대성은 곳곳에서 발견된다. 나무수염으로 불리는 엔트족들이 황폐화된 숲을 보고 분노해서 악의 소굴인 아이센가드로 진격해 쑥대밭을 만들어버리는 장면에선 환경 문제에 대한 자연의 경고를 들을 수 있다. 악한 종족인 오크들을 변형해 만들어낸 우르크하이의 끔찍한 파괴적 속성을 목도하면서 브레이크 없이 질주하는 생명공학의 폐해를 읽어낼 수도 있다. 선과 악 양 진영을 실질적으로 이끄는 지도자들이 마법사라는 사실은 마법이 판타지 세계에서의 핵심 지식임을 감안하면, 정보와 지식이 권력에 이르는 지름길이 되어가고 있는 현대적 상황과 맞닿아 있다고 볼 수도 있다.

　「반지의 제왕」은 신전의 성격도 바꾸었다. 현대의 신화는 더 이상 신전에서 울려 퍼지지 않는다. 현대의 신전은 극장일 것이다. 현대인들은 극장이라는 신전에서 영화라는 신화를 관람이라는 제의의 형태로 음송하는 것이다.

　현대에 강력한 발언을 할 수 있는 이 신화의 결정적인 특징은 두 가지로 요약해서 말할 수 있을 것이다. 중간계의 운명을 결정할 주인공 프로도가 가장 약한 종족인 호빗이라는 점, 그리고 이 이야기 속 기나긴 여정의 목적이 먼 곳에 있는 절대반지를 얻어내 이곳으로 가져오는 것이 아니라 가지고 있는 절대반지를 먼 곳에 가서 파괴하는 것이라는 점이다.

　가장 약한 종족인 호빗이 주인공이라는 설정에서 결정적으로 드러나는 것은 잘난 주인공들, 즉 신과 영웅과 귀족의 이야기였던 신화가 「반지의 제왕」에선 지극히 낮은 곳으로 내려선다는 사실이다.

평등에 대한 관념을 공유하고 있는 현대에도 신화가 음송될 수 있는 여지가 마련된 것이다. 게다가 프로도는 호빗족일 뿐만 아니라, 고대의 신화 주인공들과 달리 신격화되지도 않는다. 가장 미천한 자의 영웅담은 모든 이의 가슴에 강력한 전범이 될 수 있다. 제관들이 신화와 신화의 음송 절차를 독점함으로써 권력을 독점하기까지 했던 고대와 달리, 현대는 가장 낮은 자리에서 신화의 불꽃을 피운다.

이는 제1차 세계대전과 제2차 세계대전이라는 큰 전쟁에서 지구촌 곳곳의 테러전이라는 작은 전쟁으로 인류의 파괴 본능이 분화된 상황에서, 이제 경우에 따라서는 냉전시대의 미국과 소련이라는 큰 나라가 아니라 아랍이나 동남아시아의 작은 나라가 세계의 운명을 좌지우지할 수도 있게 된 사실과도 맥이 닿아 있기도 하다.

신화는 곧 세계관이다. 지금 이 세계에 존재하는 절대반지를 파괴하는 것이 영웅의 과제라고 말하는 신화에 담긴 것은 비관적인 세계관이다. 현존하는 세상 안의 무엇인가가 결정적으로 문제가 되고 있는 상황을 상정하기 때문이다. 이는 타도해야 할 적은 바깥이 아니라 바로 우리 안에 있다는 성찰적 세계 인식이기도 하다. 인류 이상의 한 대안이었던 공산주의의 초라한 종말과 9.11 테러 이후 전 세계로 확산된 전쟁의 공포가 우리 내부로 눈 돌리게 만든 상황에서 「반지의 제왕」의 맞춤한 문제의식이 그대로 현대의 과제에 적용되었던 것이다.

절대반지는 개인의 어두운 욕망에서부터 권력과 핵무기에 이르기까지 다양한 대상을 은유하는 상징으로 해석될 수 있지만, (이미 이 세계 안에 존재하는) 그 절대 악은 반드시 (이 세계 밖을 의미하는) 먼 곳으로 가져가서 없애버려야 할 성질의 것임을 이 현대의 신화는 명백히 하고 있다. 미국의 시사 주간지 『타임』이 커버스토리를 통해 절대반지를 파괴해야 할 프로도에게서 미국의 과제를 상기하고, 미국의 영화평론가들이 「반지의 제왕」 2편의 부제인 '두 개의 탑'에서 테러로 무참하게 무너진 뉴욕 맨해튼의 쌍둥이 빌딩을 떠올리는 것도 무리는 아니다. 악의 축을 제거하기만 하면 원래의 평화로 돌아갈 수 있다고 믿는 미국의 정책 역시 「반지의 제왕」 속 상황과 일맥상통하는 측면이 있다. 하지만 프로도의 딜레마는 단지 미국의 상황뿐만 아니라, 생의 갈림길에 선 개인에서부터 위기를 맞이한 그 어떤 집단까지에라도 고스란히 적용 가능한 풍부한 예화이다.

19세기와는 달리, 과학기술이 가져올 훗날에 대한 장밋빛 꿈에 더 이상 마냥 부풀 수 없는 현대는 바깥 세계나 미래 시제 속에서 희망을 찾지 않는다. 20세기 내내 SF에 꿈을 투사해온 인류가 21세기에 접어들어 SF가 아닌 판타지에 매혹되고 있는 것은 희망을 미래가 아닌 과거에서 찾고 있음을 시사해준다. 춘추전국시대의 혼란기에 요순시대에 대한 환상이 극에 달했듯, 인류는 언제나 앞이 보이지 않는 상황에서 지나간 황금시대를 꿈꾸어왔다. 중세시대를 배경으로 만들어진 듯 느껴지는 「반지의 제왕」 같은 판타지는 미래에서 시선을 거둔 인류가 꿈의 공간으로서의 과거에 눈 돌리게 되었음을 보여준다.

그렇게 본다면 시간을 되돌려 유사 과거에서 꿈을 찾으려는 「반지의 제왕」은 진정한 '현대'의 신화가 될 수 없을지도 모른다. 하지만 거기엔 개인의 실존적 고민에서부터 이제껏 접한 적 없는 전 세계적 위기에 공통적으로 처한 인류의 딜레마까지를 강력하게 환기시켜주는 풍부한 상징들이 있다. 개인이든 집단이든, 해야 할 일에 대한 야망에서 해온 일에 대한 반성으로, 바깥을 향한 욕망에서 안을 향한 성찰로 눈 돌리게 만드는 「반지의 제왕」은 결국 '현대인'의 신화인 것이다.

# 올드보이

감독 **박찬욱**  국내 개봉일 **2003.11.21**

「올드보이」는 물론 스타일이 뛰어난 영화다. 그러나 이 영화의 후반부가 정교하게 짜놓은 덫 속으로 관객을 끌어들인 뒤 충격적인 결말로 후려치고 나면 아마도 그 모든 스타일은 잊혀지고 말 것이다.

도덕적 저항감을 난폭하게 부수고 들어온 뒤, 운명을 목도한 자의 무력감에서 오는 긴 한숨으로 끝맺는 이 참혹한 이야기는 고대 그리스의 장대한 비극을 연상시킨다. 요약된 줄거리로 읽으면 무리가 많아 보이는 스토리지만 직접 보면 그런 느낌을 전혀 받지 않게 된다. 특정 장면에 이르게 되면 그때까지 밟아온 이야기의 여정을 정반대 지점에서 통째로 되짚어보도록 만드는 탁월한 시나리오는 (오대수라는 이름에서 유추할 수 있듯) 오이디푸스 콤플렉스에서 창조주와 피조물의 관계에 대한 은유까지 다양하게 읽힐 수 있는 모티브를 풍부하게 변주한다.

영문도 모른 채 사설 감옥에 갇힌 오대수(최민식)는 좁은 방에서 고통스럽게 세월을 보낸다. 15년 후 사설 감옥에서 풀려난 그는 자신을 감금한 게 누군지를 찾아내려 애쓰는 과정에서 일식집 요리사 미도(강혜정)와 사랑에 빠진다. 복수심에 불타는 대수 앞에 15년 전 그를 납치해 감금했던 우진(유지태)이 어느 날 직접 모습을 드러낸다.

「올드보이」의 스토리는 '바윗돌'이 가라앉는 이야기가 아니라 '모래알'이 가라앉는 이야기라는 점에서 그 여운이 오히려 길고 깊다. 엄청난 비극을 초래한 자의 잘못은 정작 그 자신에겐 기억해내지 못할 정도로 사소한 것이었다. 거대한 바윗돌처럼 자신의 삶을 뭉개고만 스스로의 행위가 미세한 모래알 같은 실수였다는 사실은 인과응보의 정량을 넘어선 난폭한 운명의 세계에 간신히 매달려 있는 인간의 실존을 그려낸다. 박찬욱은 인물들을 극단적 상황으로 몰아붙인 후에 생겨나는 감정을 증류해서 얻어낸 날것 그대로의 분노와 절망과 허무를 손바닥 위에 올려놓고 탄식하며 들여다본다. 이 영화 속의 그 많은 잔혹한 묘사들은 마음속에 감춰둔 어두운 감정들을 끄집어내기 위해 가슴을 절개하는 메스 같은 것일지도 모른다.

똑같이 복수라는 테마를 다뤄도 얼마나 다를 수 있는지 증명이라도 하듯, 박찬욱은 전작 「복수는 나의 것」과 판이한 방법으로 「올드보이」를 만들었다. 절제의 미학을 추구한 「복수는 나의 것」이 정교하게 대패질을 한다면, 과잉의 미학을 좇은 「올드보이」는 전방위로 도끼질을 한다. 갖가지 테크닉을 화려하게 구사하는 촬영과 종종 표현주의적인 조명에서부터 두 주인공의 파격적인 헤어스타일까지, 다양한 방식이 이야기의 충격을 배가한다. 녹색과 자주색이 주조를 이룬 화면은 종종 녹슨 세월의 이끼와 인물들 마음에 밴 피멍을 대변하고, 편곡 방식에서 음량까지 과시적으로 넘쳐나는 음악은 심장 박동 소리를 대신한다. 「올드보이」는 박찬욱의 필모그래피에서 가장 에너지가 넘치는 영화다.

자제라곤 모르는 이 매력적으로 뻔뻔한 영화는 "바깥세상 역시 좀 더 넓은 감옥"이란 비유부터 엘라 윌콕스의 시("웃어라, 세상이 너와 함께 웃을 것이요/울어라, 너 혼자만 울게 되리라")를 인용한 액자와 성경에서 따온 엘리베이터 비밀번호까지, 강조하고 싶은 부분은 두 번 이상씩 힘주어 반복하는 다변을 보인다. 수십 년 전 무심코 한 말 때문에 겪는 처절한 비극을 소재로 다루면서도 할 얘기 많고 보여주고 싶은 것 많은 이 작품은 극 중 인물 우진처럼 결코 말을 아끼지 않는 아이러니를 드러낸다.

터져 나올 것 같은 긴장감이 작품 곳곳의 잉여에 물집처럼 잡혀 있다고 할까. 이제는 한국 영화에서 대표적인 액션 연출을 생각할 때 가장 먼저 떠오르는 장면들 중 하나가 된 장도리 액션신에서 묵직하게 깔리는 보이스오버를 역설적으로 활용하는 재치 넘치는 유머까지 그 많은 요소들을 기어이 다 담고야 마는 과욕과 과잉의 수사는 이 영화에 불가사의하게 매혹적인 분위기를 부여했다.

「올드보이」는 왜 최고의 연기력을 갖춘 한국 배우들이 박찬욱과 함께 일하고 싶어 하는지를 짐작할 수 있게 해주기도 한다. 최민식은 경이로울 정도로 뜨거우면서도 화려한 연기로 펼쳐진 무대 위에서 마음껏 포효하고 신음한다. 운명과 세월이 뒤엉켜 빚어내는 기괴한 표정들을 변화무쌍하게 담아내는 그의 얼굴은 아마도 연출자에게 최상의 캔버스 같을 것이다. 유지태는 반말과 존댓말을 섞어 쓰는 말투 속에 악마적인 집념과 상처받은 소년의 내면을 함께 담아내

며 깊은 인상을 남겼다. 강혜정은 다른 인물이 비집고 들어갈 여지
가 없어 보이는 2인극 구도에서도 제 몫을 온전히 찾아냈다.

# 목격자

**People I Know**
감독 **대니얼 앨그란트**(Daniel Algrant)  국내 개봉일 **2003.10.31**

어떤 하루는 삶 전체를 대변한다. 제임스 조이스의 소설 『율리시스』와 마이클 커닝햄의 소설 『세월』에서 마틴 스콜세지의 영화 「특근(After Hours)」과 테오 앙겔로풀로스의 영화 「영원과 하루(Mia aioniotita kai mia mera)」까지, 창작자들은 종종 작품 속에서 단 하루를 통해 인생과 세계를 축약하는 마술을 부린다.

「목격자」 역시 24시간 속에 삶 전체의 피로를 그대로 담아낸 작품이다. 대니얼 앨그란트는 허위의식과 가식으로 가득 찬 세상 속에서 그 세계를 만들어오는 데 일조했던 한 남자가 하루 동안 겪는 일을 통해 그가 살아온 인생의 의미를 냉정하게 요약한다. 길고 긴 하루와 짧디짧은 삶 전체를 선명하게 대비하는 「목격자」는 회한이란 정서를 손에 잡힐 듯 그려낸다.

할리우드 톱스타들의 홍보 담당자인 일라이(알 파치노)는 30년간 함께 일해온 유명 배우 케리(라이언 오닐)의 은밀한 부탁을 받는다. 그것은 경범죄 위반으로 수감된 모델 질리(테아 레오니)를 보석으로 석방시켜달라는 것. 케리의 애인인 질리를 빼낸 일라이는 그녀와 함께 비밀 마약 파티에 들른 뒤 호텔방까지 데려다준다. 신경안정제를 과다 복용해 정신이 몽롱한 상태에서 일라이는 질리가 살해당하는 장면을 목격한다.

알 파치노는 이런 캐릭터 연기에 일가견이 있다. 최근만 하더라도 「인썸니아」와 「시몬(S1m0ne)」(앤드루 니콜) 같은 작품에서 일라이와 비슷한 인물을 맡아 인상적인 모습을 보여준 바 있는 그는 「목격자」에서도 삶의 피로를 초점 잃은 공허한 눈빛에 담아 빼어난 연기를 해냈다. 「나인하프위크(Nine 1/2 Weeks)」(에이드리언 라인) 「LA 컨피덴셜(L.A. Confidential)」(커티스 핸슨) 같은 대표작에서의 모습과 판이하게 다른 인물로 나오는 킴 베이싱어, 「러브 스토리(Love Story)」(아서 힐러)로 세기의 연인이 된 후 33년 만에 탐욕스럽고 졸렬한 할리우드 거물 배우의 모습을 연기한 라이언 오닐도 좋다.

이 영화에서 얼핏 핵심처럼 보이는 살인 사건은 사실 영화로 인생론을 쓰면서 탄력을 부여하기 위해 동원한 장치에 불과할지도 모른다. 스릴러의 외양을 한 이 진지한 드라마는 "하버드 법대를 나오고도 스타들과 노느라고 정신이 팔려 엉뚱하게 살아온" 자신의 삶을 한탄하는 한 인간의 황폐한 내면 묘사를 통해 인생의 수많은 갈랫길로 관객을 데려간다. 이 영화의 비극적인 라스트신에서 텔레비전에 나온 건축 전문가는 낡은 건물을 가리키며 마치 일라이가 축조해온 인생 전체를 진단하듯 "살펴보면 곳곳에 부식된 부분이 많습니다"라고 말한다. 살인 사건을 우연히 목격하고도 자신이 목격한 장면을 제대로 기억해내지 못하는 그의 처지는 보지 말아야 할 것에 눈 돌리는 대신 기억하고 있어야 할 것은 망각한 스스로의 삶에 대한 요약에 다름 아니다.

'내가 아는 사람'을 뜻하는 이 영화의 원제('People I Know')는 결국 '당신은 어떤 사람들을 알고 있나'라는 물음으로 '당신은 누구인가'라는 질문을 대신하는 세상에 대한 탄식을 담고 있다. 일라이의 주변엔 톱스타부터 저명한 시민운동가와 정계의 실력자들까지, 유명한 사람들밖에 없었다. 그러나 고독과 공허로 내면이 썩어 들어갈때, 그가 '아는' 사람은 주위에 아무도 없었다.

# 황산벌

감독 **이준익** 국내 개봉일 **2003.10.17**

눈물이 쏙 빠지도록 실컷 웃었다. 그러다 마지막에 가서는 코끝이
시큰해졌다. 이준익의 「황산벌」은 중반까지 확실히 웃기지만 후반
에는 마음 한구석에 기어이 멍 하나를 남긴다. 그간 충무로의 많은
코미디 히트작들이 '유머 70퍼센트, 감동 30퍼센트'의 공식을 철저
히 엄수해 대중적 성공을 거뒀다. 그러나 배합 비율은 비슷하더라도
「황산벌」의 경우는 좀 달라 보인다. 이 영화의 후반부는 관객들이
무얼 좋아할까를 염두에 두고 마련한 영리한 메뉴의 결과물이 아니
라, 하고 싶은 말을 눈치 보지 않고 우렁우렁 터뜨리고야 마는 우직
한 뚝심의 산물이다.

언뜻 드러나는 외양보다 훨씬 지적인 이 코미디는 백제가 신라에
맞서 황산벌에서 최후의 일전을 벌이는 서기 660년을 시대적 배경
으로 삼고 있다. 이 영화에는 소위 표준말이 등장하지 않는다. 신라
병사들의 경상도 사투리와 백제 병사들의 전라도 사투리가 걸쭉하
게 전편을 지배하는 가운데, 간간이 고구려의 평안도 사투리와 당나
라의 중국어 대사가 끼어든다. 서로 다른 사투리들이 섞이고 부딪치

는 풍경들은 마르지 않는 웃음의 샘물이 된다. 참모들과 작전을 짜며 "우리의 전략적인 거시기(핵심)는 머시기할(죽을) 때까지 갑옷을 거시기한다(몸에 묶어둔다)는 것"이라고 지시하는 계백(박중훈)의 말을 엿들은 신라 진영이 전라도 사투리에서 '거시기'라는 단어의 현란한 용례를 해석하지 못해 쩔쩔매는 장면은 「황산벌」이 얼마나 재미있는 기획인지를 그대로 증명한다. 이 영화 유머의 정점은 전면전 직전 서로 약을 올리는 장면에서 기상천외하게 몸으로 상대를 욕보이는 경상도 병사들과 전문 욕쟁이들이 포복절도할 리듬으로 욕의 성찬을 펼쳐내는 전라도 병사들의 대결 장면들일 것이다.

그러나 「황산벌」의 야심은 코미디에서 그치지 않는다. 말투에서 음식까지 신라와 백제를 대비시켜가며 웃음을 자아내는 이 영화는 두 나라의 서로에 대한 증오까지 그대로 터뜨려버리며 '지역감정'에 대해 도발적인 문제 제기를 한다. 1,300여 년 후의 현재를 강력하게 은유하며 환기시키는 이 작품의 전략은 다양한 이해관계로 얽힌 각국의 처지에도 그대로 관철되어 있다. 당나라가 고구려와 백제를 '악의 축'이라고 비난하고, 신라가 당과 힘을 합쳐 양국을 압박하는 상황 속에서 이준익은 "역사는 돌고 돈다"라고 말한다.

하지만 이 영화는 계백의 장렬한 허무주의와 김유신(정진영)의 냉철한 현실 인식을 배음으로 깔고서 결국 강렬한 휴머니즘을 토로한다. 가장 저릿한 순간은 클라이맥스에 삽입된 계백의 처(김선아)가 남편 손에 죽기 전 악다구니로 쏘아붙이는 장면에 담겨 있다. "호랑이는 죽으면 가죽을 남기고 사람은 죽으면 이름을 남겨야 한다"는 계백의 비장한 말에 아내는 "호랑이는 가죽 때문에 죽고 사람은 이름 때문에 죽는다"는 말을 마지막으로 남긴다. 정의롭고 아름답게 덧칠된 그 어떤 명분(이름)으로도 한 사람 한 사람의 소중한 삶을 대체할 수는 없다는 메시지는 이유가 사라진 자리에서 실존만 남아 적과 아군의 구분도 없이 진흙밭에서 처절하게 치러지는 이 영화 종반부 전투 장면의 시각적 혼돈과 정확히 조응한다. 그리고 영화는 '이름'조차 부여받지 못한 병사 '거시기'(이문식)의 생존에서 마지막 희망을 보아낸다.

「황산벌」은 박중훈과 정진영을 극의 두 무게중심으로 삼은 뒤 웃음은 이문식을 비롯한 병사들에게 전담시키는 의외의 용인술을 썼다. 하지만 코미디 연기에 뛰어난 능력을 지닌 박중훈을 기용하고도 장기를 발휘하지 못하도록 한 이 영화의 독특한 전략은 결국 성공했다. 때로 배우는 이제까지의 경력과 존재감 자체로 연기한다. 김유신 역 정진영은 이죽거리는 말투 속에 지식인의 복잡한 심경을 효과적으로 담아내며 연기했다. 그의 대사들이 지닌 깊이와 성찰은 이 영화가 지닌 문제의식 자체를 대변한다. 오지명과 이문식에서 카메오로 등장한 신현준, 김승우까지, 함께한 배우 하나하나가 맛깔스럽다.

계백이 최후를 맞을 때 지켜보던 김유신은 "와 이리 덥노"라고 딱 한마디만 한다. 목에 칼을 받는 계백은 "겁나게 덥구마잉"이라고 짧은 마지막 말을 남긴다. 그 찌는 듯한 더위로서의 부조리를 배경으로 「황산벌」은 마지막 유언을 남긴다. 그 어떤 성전도 결국엔 미친 전쟁이다.

# 바람난 가족

감독 **임상수** 국내 개봉일 **2003.08.14**

「바람난 가족」은 훈훈한 텔레비전 홈드라마의 반대말이다. 안티디즈니의 전위이며 비숍이 작곡한 「즐거운 나의 집(Home, Sweet Home)」의 대척점이다. 이 영화는 솔직하다 못해 뻔뻔한 태도로 속화된 현대인에게 마지막으로 남은 가족이란 성지의 앞마당에 흙발을 들이민다.

변호사인 아들 영작(황정민)은 사진작가 연(백정림)과 관계를 지속하고, 며느리 호정(문소리)은 옆집 열일곱 살 고교생 지운(봉태규)과 연애를 시작한다. 술로 인생을 날린 아버지(김인문)가 간암으로 죽을 날만 기다리는 동안 예순을 넘긴 어머니(윤여정)는 초등학교 시절 동창과 바람을 핀다. 혼외 관계를 다룬 적잖은 작품이 종반부에 이르러 가족 속으로 회귀하는 보수적 메시지를 강조하며 막을 내리지만, 이 영화는 아내가 남편의 애인 머리채를 휘어잡는 장면이나, 남편이 아내의 정부를 구타하는 장면 하나 없이 '쿨하게' 끝난다.

「바람난 가족」은 아마도 미혼 관객을 혼란스럽게 하고 기혼 관객을 불편하게 만들 것이다. 그러나 임상수는 극 중 종종 물구나무서기를 하던 호정과 같은 시선으로 세상을 거꾸로 바라보면서, 대부분의 사람들이 받아들이는 도덕률을 일부러 외면하고 짐짓 위악적인 태도로 한 가족의 해체를 그려낸다. 그렇게 함으로써 황량한 폐허 위에서 가족의 가치와 인간 존재 자체에 대해 진지하게 되묻고 싶어 한다. (이 영화 속 '바람'은 가족 해체의 원인이 아니라 결과에 가깝다.) 「처녀들의 저녁식사」와 「눈물」을 통해 도발적으로 문제 제기를 해온 문제적 감독 임상수는 이 비범한 작품에서 영화가 거울이 아니라 망치일 수 있음을 알려준다.

이 영화의 카메라는 근거리에서 인물 속으로 파고들기보다는 좀 떨어진 곳에서 시종 냉정하게 관찰한다. 카메라는 잠시라도 시선을 옮기면 인물의 마음을 놓칠 수도 있다는 듯이, 적잖은 장면에서 숏을 나누지 않은 채 끈질기게 지켜본다. 현란한 원색에서 두어 꺼풀 벗겨낸 것처럼 빛바랜 색조는 온갖 가치로 덧칠된 가족 이데올로기의 외겹까지 벗겨내려는 듯하다. 차갑다 못해 황당하기까지 한 상황 속으로 몰고 가는 블랙 유머가 자주 웃음을 터뜨리게 하지만, 결국 관객은 가슴 서늘한 순간을 목도하고야 만다. 그것은 영화 속 섹스가 언제나 죽음의 이미지와 엮여 있기 때문이다.

이 영화의 배우들은 쉽잖은 연기를 한결같이 잘 소화해냈다. 문소리는 「박하사탕」에서 충분히 인상적이었지만 그 배역은 정물과도 같은 구원의 여인상이었고, 「오아시스」(이창동)에서 소름 끼칠 만한 열연을 했지만 그 역할은 전무 아니면 전부를 가져갈 수밖에 없는 캐릭터였다. 이제 그는 「바람난 가족」에서 과감하고 당당하면서 입체적인 연기를 펼쳐냄으로써 그에 대한 신뢰에 깊이를 더하게 만들었다. 「와이키키 브라더스」(임순례)에서 「로드무비」(김인식)와 「YMCA야구단」(김현석)까지 다양한 모습을 보여줬던 황정민은 성실하고 단단한 연기로 제 몫을 제대로 해냈다. 베테랑 김인문과 윤여정의 파격적인 맞춤 연기와 봉태규, 백정림의 신선한 연기도 극과 잘 어울렸다. 영화의 배경이 되는 호정과 영작의 일이 극의 중심 이야기와 잘 섞이지 못하고, 절묘하게 빚어낸 영화의 분위기에 스스로 역행하는 듯한 장면이 없지 않지만, 「바람난 가족」은 분명 2003년의 충무로가 「지구를 지켜라」「살인의 추억」에 이어 거둔 빛나는 수확일 것이다.

영화 속 가장 충격적인 순간을 포함한 참극이 지난 뒤, 클라이맥스에서 호정은 다친 왼손을 깁스한 채 옆집 고교생 지운과 관계를 갖는다. 쾌락의 절정에서 교성을 지르던 그는 곧이어 눈물을 흘리며 통곡한다. 마구 떨던 몸통으로 대변되는 쾌락과 감싸 맨 왼손으로 상징되는 고통 중 어느 것이 사실이었을까. 혹시 둘 모두가 진실이었던 것은 아닐까. 왜냐면 우리가 가진 것은 쾌락과 고통 사이에서 초점 없이 방황하는, 생생해서 더욱 슬픈 육체니까. 그리고 우리가 결국 발견하는 것은 존재의 참을 수 없는 가벼움이니까.

# 브루스 올마이티

**Bruce Almighty**
감독 **톰 셰디악**(Tom Shadyac)  국내 개봉일 **2003.07.11**

뛰어난 코미디는 어떤 요건을 갖춰야 할까. 우선 흥미로운 착상에서 시작해야 할 것이고, 그 착상의 잠재력을 다양한 에피소드들로 변주할 수 있는 상상력을 갖춰야 할 것이다. 그런 유머의 이음새를 매끈하게 손보고 적재적소에 배치할 줄 아는 연출력이 꼭 필요할 것이고, 종반부쯤에 자연스레 가슴 따뜻해지는 순간을 넣을 줄 안다면 더 좋을 것이다. 그리고 하나 더. 이 모든 웃음과 눈물을 제대로 체화할 수 있는 탁월한 연기자가 있어야겠지. 「브루스 올마이티」는 이런 조건들을 두루 갖춘 누구나 좋아할 만한 코미디영화다.

 늘 투덜대며 사는 브루스(짐 캐리)는 앵커가 되길 소망하는 지방 방송국 리포터. 그는 경쟁자 에반(스티브 커렐)이 앵커 자리를 차지하자 분노로 생방송을 망친다. 브루스가 모든 것은 신의 무능함 때문이라며 하늘을 향해 온갖 독설을 퍼붓자 신(모건 프리먼)이 나타나 그에게 전지전능한 능력을 잠시 빌려준다.

 이 영화를 만든 톰 셰디악은 주류의 안정감이 어떤 건지를 잘 보여주는 코미디 감독이다. 그의 부드럽고 쉬운 코미디는 언뜻 별다른 창의성이 드러나 보이지 않고 톡톡 튀는 개성도 적지만, 아이디어 뛰어난 소재를 품위 있는 코미디로 제대로 옮겨낸다. 그의 기본기 탄탄한 연출력은 「라이어 라이어(Liar Liar)」와 「너티 프로페서(The Nutty Professor)」를 통해 한동안 슬럼프에 빠졌던 두 코미디언, 짐 캐리와 에디 머피에게 재도약의 날개를 달아준 바 있다.

「브루스 올마이티」는 「알라딘의 마술 램프」와 「도깨비 방망이」에서 「세 가지 소원」류의 우화까지, 누구나 꿈꿔본 '만일 내가 ⋯⋯할 수 있다면'이란 상상을 재료로 삼았다. 하지만 셰디악은 이야기의 덩치를 지나치게 키워 마무리를 제대로 해내지 못하는 잘못을 범하지 않고 생활에 밀착된 유머로 착실히 점수를 따냈다. 「브루스 올마이티」에서 가장 재미있는 부분은 전능의 능력을 갖춘 브루스가 좌충우돌 그 힘을 과시하는 데 있다. 홍해를 둘로 가르는 모세처럼 수프 국물을 가르고, 달을 끌어당겨 로맨틱한 데이트의 재료로 삼으며, 경쟁자 에반이 방송 도중 발음이 꼬이도록 유도하는 장면들이 시종 관객을 즐겁게 만든다.

불평투성이 남자가 갑자기 신의 능력을 갖게 된 뒤 난리 법석을 피우는 연기에 짐 캐리만큼 어울리는 배우가 또 있을까. 혼자 빠르게 떠벌이는 모습에서 순간순간 덧붙이는 작은 제스처까지, 거의 모든 '액션'에서 관객을 웃기는 그는 좋은 이야기에 잘 맞물린 탁월한 개인기를 선보인다. 브루스는 극 중 자신의 직업인 리포터에 대해 "남을 웃기느라 자신을 깎아먹는 직업"이라고 폄하하지만, 「덤 앤 더머(Dumb and Dumber)」(피터 패럴리, 보비 패럴리) 같은 영화와 달리 「브루스 올마이티」에서의 짐 캐리는 남을 웃기면서도 자신 역시 조금도 깎아 먹지 않았다.

이 영화 속 신의 등장은 자칫 독신(瀆神)의 느낌을 줄 수도 있는 설정이지만, 모건 프리먼이 연기함으로써 그 모든 우려를 없앴다. 외지에선 흑인 배우가 신을 연기했다는 점에 주목했지만, 부드러우면서도 격조 있는 프리먼은 미국 대통령 역(「딥 임팩트」)에 이어 이 영화에서의 신 역할 역시 그 어떤 연기자보다도 잘 어울리는 배우임을 증명했다. 텔레비전 시리즈 「프렌즈」로 절정의 인기를 구가한 제니퍼 애니스턴은 짐 캐리의 상대역으로 친근한 매력을 다시금 발산했다.

「브루스 올마이티」엔 이 온화하고 속 깊은 코미디의 수준을 짐작케 하는 장면이 나온다. 브루스가 처음 찾아갔을 때 작업복을 입은 신은 청소를 하고 있었다. 온갖 소동 끝에 다시 신을 찾아가는 장면에서도 브루스는 약속대로 신과 함께 나란히 서서 청소를 한다. 남에게 힘을 행사할 수 있는 자리란 사실 뭔가를 만들어내고 강제할 수 있는 앞자리가 아니라, 다른 이들을 뒤치다꺼리하고 세상의 오점을 닦아내는 뒷자리일 게다. 심지어 하나님도 대걸레를 들고 직접 바닥을 닦으신다는데.

# 밀레니엄 맘보

**千禧曼波**
감독 **허우샤오셴(侯孝賢)** 국내 개봉일 **2003.05.30**

청춘은 청춘에 대해 말하지 않는다. 어쩌면 청춘은 지나는 동안 자각하기가 불가능한 시절일지도 모른다. 예찬을 포함한 그 많은 청춘에 대한 말들 속에는 어느덧 그 시절을 떠나보내고 물끄러미 세월의 그림자를 바라볼 수밖에 없는 자의 탄식이 음각되어 있다. 이제 또 한 명의 거장이 청춘을 말한다. 혼란스런 젊음을 다룬 허우샤오셴의 「밀레니엄 맘보」다.

한 호흡으로 길게 찍힌 이 영화의 첫 장면엔 젊음을 바라보는 허우샤오셴의 마음이 그대로 요약되어 있다. 화려한 색깔의 옷을 입은 한 여자가 복도처럼 길게 뻗어 있는 터널을 걷는다. 계속 따라가며 뒷모습을 잡는 카메라를 향해 가끔씩 그녀는 뒤를 돌아본다. 그녀의 걸음걸이는 경쾌하지만, 그 장면 속 자신의 모습을 10년 뒤의 시점에서 삼인칭으로 회상하며 깔리는 그녀의 내레이션은 낮게 가라앉아 있다. 그리고 흘러나오는 테크노 음악은 반복적이고 기계적이지만 보컬의 음색은 부드럽고 감상적이다. 요컨대 이 아리고 쓰린 청춘영화에서 감독이 말하려는 것은 젊음 그 자체가 아니라 지나간 젊음인 것이다.

고교를 중퇴하고 동거에 들어간 연인들에 대한 이야기를 다룬 이 영화를 빼곡히 채우고 있는 것은 두 사람 사이의 힘겨운 나날들이다. 마약과 컴퓨터게임에 미친 하오하오(투안춘하오) 대신 비키(서기)는 집세를 벌러 술집에 나가지만, 하오하오는 그런 비키를 의심해 귀가 후 몸 구석구석을 냄새 맡는다. 집착과 의심과 무능력에 지쳐 몇 번이나 떠나려 하지만 성공하지 못하는 비키에게 하오하오는 혼돈과 괴로움 속에서도 버텨내야 하는 젊음의 무겁고 습한 속성처럼 다가온다. 새로운 밀레니엄을 맞는 흥분을 청춘의 격렬한 혼란과 겹쳐내는 듯했던 영화는 어느새 화석이 되어버린 한 시기를 묵묵히 반추한다. 허우샤오셴은 좁은 실내 장면을 주로 찍으며 그 시절을 짓누르는 어둠의 뭉개진 질감을 생생한 촉감으로 담아냈다.

「밀레니엄 맘보」의 스타일은 허우샤오셴의 작품 세계에서 이례적으로 보인다. 카메라는 마치 인물들의 동선을 전혀 몰랐다는 듯이 시종 따라 움직이며, 테크노 음악은 몇몇 장면을 뮤직비디오처럼 만들면서 시종 넘실댄다. 대만의 과거를 자주 담아왔던 이전과 달리, 현재의 청춘을 감각적으로 그렸다는 점에서도 차이가 있다. 여기서 허우샤오셴은 이야기의 진행을 내레이션에 맡기고 몇 개의 이미지와 반복적인 에피소드의 편린 속으로 뛰어들어 영화가 끝난 뒤에도 선명한 쉽게 잊혀지지 않을 잔영을 빚어낸다.

비키는 하오하오가 눈사람 같다고 생각했다. "해가 뜨고 나면 사라지겠지." 그러나, 해가 뜨고 나도 그는 사라지지 않고, 그렇게 해

가 다시 진 뒤 거듭 떠오르길 반복하고 나면 어느새 청춘은 지나가
버린다. 이 영화는 세월이 흘러 눈 덮인 일본 북부 도시 유바리로 간
비키의 모습을 후일담처럼 담아내며 끝을 맺는다. 카메라의 위치에
서 이야기의 방식까지 거리 두기를 견지했던 이전 작품들과 달리 인
물에 다가가며 거리 지우기를 모색하는 듯했던 이 영화는 그러나,
마지막 장면에서 비키를 따라가지 않고 그녀가 떠난 텅 빈 밤거리를
소슬하게 응시하면서 막을 내린다.

  그때 갑자기 떠오른 의문 하나. 왜 이 영화에서 현재는 그저 목소
리로만 남아 있을 뿐 끝까지 묘사되지 않는 것일까. 정말 비키에겐
10년 전에 그러한 일들이 일어났던 것일까. 우리에겐 청춘이 있었
던 걸까. 결국 망막과 뇌리에 남은 것은 흘러간 시간의 그림자를 바
라볼 때의 어지러운 착시 혹은 무기력한 기시감뿐이다.

# 살인의 추억

감독 **봉준호** 국내 개봉일 **2003.04.25**

봉준호는 1980년대를 뒤흔들었던 실화의 압도적 무게에 전혀 짓눌리지 않았다. 걸출하면서 곡진한 「살인의 추억」은 사실감을 극대화하는 디테일 묘사 능력에 정교한 마름질 기술로 수제 명품을 보는 듯한 느낌을 안긴다. 희생자 몸에 남은 일회용 밴드로 형사의 분노를 극명하게 드러내고, 철길에 나뒹구는 운동화로 형사의 무력감을 선명하게 요약하는 화술은 이야기에 대한 연출자의 완벽한 장악력을 그대로 보여준다.

1986년. 경기도 화성 일대에 연쇄살인 사건이 발생하자 토박이 형사 박두만(송강호)과 서울에서 파견된 형사 서태윤(김상경)은 온 힘을 다해 수사한다. 몇 번의 실패 끝에 비오는 날에 빨간 옷을 입은 여자들을 상대로 범행이 이뤄졌다는 사실을 파악한 수사 팀은 현규(박해일)를 유력한 용의자로 보지만 결정적 증거를 잡지 못해 전전긍긍한다.

도시 형사와 시골 형사가 짝을 이뤄 수사하는 과정을 다루는 기본 틀은 버디무비 수사극의 전형에 해당한다. 그러나 이미 데뷔작

「플란다스의 개」에서 서로 이질적인 요소를 맞세워 삶의 아이러니를 빚어내는 데 뛰어난 재능이 있음을 증명했던 봉준호는 이 영화에서도 장르의 규제를 가볍게 넘어선다. 대도시와 어울릴 것 같은 연쇄살인 사건은 한적한 농촌에서 펼쳐지고, 소위 과학 수사와 육감 수사로 대변되는 듯했던 두 형사의 스타일은 희생자가 늘어갈수록 차이가 없어진다.

수사가 교착 상태에 빠지면서 형사들은 무당을 찾아가 부적을 사오고, 범인이 무모증이라고 믿어 남탕을 뒤지는 촌극을 벌이기도 한다. 섬뜩한 이야기임에도 내내 반짝반짝 빛나는 유머는 등장인물에겐 진지하기 이를 데 없는 행동이 지켜보는 관객에겐 우습기 짝이 없는 코미디가 된다는 점에서 더욱 강력하다. 서정이 엽기와 어깨를 나란히 하고 폭소 끝에 분노가 터져 나오는 기이한 풍경을 보며 웃고 울다 보면 "생각하는 자에겐 모든 것이 희극이고 느끼는 자에게는 모든 것이 비극"이라고 한 로르카의 말이 저절로 떠오른다.

나쁜 감독 밑에도 좋은 배우는 있을 수 있지만, 좋은 감독 밑에 나쁜 배우는 없다. 주역에서 단역까지 잘 조율된 이 영화의 연기들은 앙상블이 어떤 것인지를 제대로 일러준다. 송강호는 이 영화에서 유쾌함과 쓸쓸함 모두를 책임진다. 말을 더듬지 않고 얼굴을 벌겋게 물들이지 않아도 강력하게 관객에게 전염되는 그의 유머는 캐릭터에 에누리 없이 숨을 붙여간다. 그와 동시에 '누런 잠바때기'가 더없이 잘 어울리는 영화 속 모습은 시체를 농수로에서 발견하고 침을 뱉는 첫 장면부터 한(恨)인지 탄(嘆)인지 알 수 없는 복잡한 얼굴로 화면을 정면 응시하는 마지막 장면까지, 삶의 처연한 성정들을 고스란히 살아냈다. 김상경은 극의 후반에 폭발적인 배역 몰입을 보여주며 성실한 연기에 대한 믿음을 안겼다.

이 탁월한 영화의 발놀림은 경쾌하고 툭툭 던지는 잽은 날카롭지만 이야기를 대하는 시선은 진지하기 이를 데 없다. 「살인의 추억」은 아직까지도 잡히지 않고 있는 냉혹한 살인범을 향한 분노의 영화고 자신을 지켜주지 못하는 사회 속에서 비참한 최후를 맞아야 했던 희생자들에 대한 슬픔의 영화지만, 동시에 삶의 무기력과 시간의 무의지에 대한 영화이기도 하다. 나름의 각오로 세월을 헤쳐왔지만 돌아보면 촌스럽고 우스꽝스러웠던 과거에 대한 안쓰럽고 스산한 감정 말이다.

라스트신에서 박 형사가 십수 년의 세월이 지나 다시 사건 현장을 찾았을 때, 지켜보던 소녀(정인선)는 며칠 전에도 어떤 사람이 그곳을 찾아왔다고 전해준다. 그 사람이 어떻게 생겼냐고 묻자 소녀는 "그냥 평범하게 생겼어요"라고 답한다. 「살인의 추억」은 평범한 삶을 살아가는 사람들 하나하나의 마음속 풀리지 않은 매듭에 주목하는 영화다. 봉준호는 연민 섞인 한숨 속에서 그 매듭들을 어루만지는 간절함으로 자신의 영화적 매듭 하나를 풀어냈다.

# 질투는 나의 힘

감독 **박찬옥** 국내 개봉일 **2003.04.18**

박찬옥의 「질투는 나의 힘」은 보이는 것보다 보이지 않는 것이 더 많이 보여주는 영화다. 그리고 말한 것보다 말하지 않은 채 삼킨 것들이 더 많이 말하는 영화다. 금방이라도 무슨 일이 터질 것만 같은 상황에도 불구하고, 작품 속 인물들은 피부호흡이라도 하는 양 태연히 삶의 뜨락을 뒷짐 지고 천천히 어슬렁거린다. 11월의 얼굴로 7월의 속내를 감춘 이 영화는 표면의 얼음과 내면의 불이 시종 이마를 맞대고서 기이한 욕망의 트라이앵글을 만든다. 가만히 들여다보면, 당신은 그 삼각형 우물 속에서 당신이 막 지나온 청춘이 천천히 익사체처럼 떠오르는 것을 발견할지도 모른다.

문학잡지 편집장인 유부남 윤식(문성근)을 사랑하게 된 애인 내경과 헤어진 뒤, 원상(박해일)은 그 잡지사에 취직한다. 원상은 새로 좋아하게 된 사진작가 성연(배종옥)마저 윤식에게 빼앗긴다. 성연과의 일로 고민하던 원상은 자신을 사랑하는 하숙집 딸 혜옥(서영희)에 대해 부담을 느낀다.

때론 직설적으로 내지르고 때로는 은유적으로 휘감아 치는 이 영화의 대사는 절묘하다. 원상은 연상인 성연에게 응석과 절망을 섞어 "누나, 편집장님이랑 자지 마요. 누군가와 꼭 해야 한다면 나랑 자요. 나도 잘해요"라고 말하고, 윤식은 자신의 바람기에 대해 "바람도 못 피고 마누라한테도 못하는 놈보다 백 번 낫다"라고 합리화한다.

이 영화의 캐릭터들은 꼭 모델이 있을 것만 같은 느낌을 줄 정도로 입체적이다. 좁은 울타리 안에서 복잡하게 얽힌 인물들이 보여주는 행태는 우리 주변의 누군가와 다들 조금씩 닮아 있다. 맑은 얼굴에 종종 그늘을 드리우며 젊은 날의 혼란을 그대로 반사해낸 박해일을 비롯해, 출연 배우들은 이 작품의 독특한 분위기에 이물감 없이 조응한다.

어떤 관객들은 「질투는 나의 힘」을 보면서 홍상수의 영화들을 연상할지도 모른다. 술집과 여관과 노래방으로 이어지는 영화 속 촬영 장소들에서, 인물들의 강박적인 행동들에서, 혹은 무심한 듯 날카로운 대사들 속에서, 박찬옥이 홍상수의 영화 「오! 수정」에서 조연출을 맡았다는 사실을 떠올릴 수도 있다. 어쩌면 그런 연상 중 일부는 사실일지도 모른다. 그러나 홍상수의 영화보다 좀 더 따뜻하고 좀 더 드라마에 충실한 박찬옥의 이 장편 데뷔작이 지닌 매력은 좀 더 개성을 확고히 드러낼 것으로 보이는 미래의 작품들에 대해 많은 기대를 하게 한다. 더구나 「질투는 나의 힘」엔 "자기 문체도 없는 게 작가인 척하는 거 정말 못 봐주겠다니까"라는 대사까지 등장하지 않는가.

「질투는 나의 힘」은 지금 젊음의 격랑 속을 표류하고 있거나, 이제 막 젊음의 그늘에서 빠져나온 사람들을 위한 영화다. 몸이 마음을 배반하고, 욕망이 당위에 삿대질하며, 미래가 현재에 덫을 놓는 그 시절의 이율배반을 박찬옥은 뛰어난 관찰력과 세심한 표현력으로 살려놓았다. 한 남자에게 두 번이나 애인을 빼앗겼음에도 불구하고 그 남자에 대해서 질투와 호감을 동시에 느끼고, 자기가 사랑하는 여자와 자신을 사랑하는 여자 사이에서 원치 않는 길을 걷는 원상은 청춘의 필연적인 불안을 그대로 체현한다.

하긴, 격랑을 거치지 않은 청년기가 어디 있으며 긴긴밤을 잠 못 이루지 않은 청춘이 어디 있으랴. 생각이 거기까지 미치고 보면, 제목뿐 아니라 이 영화의 정서와도 정확히 맞아 떨어지는 기형도의 시 「질투는 나의 힘」의 구절들을 떠올리지 않을 재간이 없다. "나 가진 것 탄식밖에 없어/저녁 거리마다 물끄러미 청춘을 세워두고/살아온 날들을 신기하게 세어보았으니/그 누구도 나를 두려워하지 않았으니/내 희망의 내용은 질투뿐이었구나/그리하여 나는 우선 여기에 짧은 글을 남겨둔다/나의 생은 미친 듯이 사랑을 찾아 헤매었으나/단 한번도 스스로를 사랑하지 않았노라"

# 지구를 지켜라

감독 **장준환** 국내 개봉일 **2003.04.04**

예술에서 상상력의 가치란 결국 개성과 추진력에 놓여 있을 것이다. 남들이 이미 했던 상상과 스스로 한계를 부여한 상상은 맥없이 널브러진다. 제대로 뻗어나간 상상력만이 하나의 새로운 세계를 온전히 만들어낸다. 장준환의 독보적인 데뷔작 「지구를 지켜라」가 그렇다.

"넌 내가 미쳤다고 생각할지도 몰라"라는 대사로 문을 여는 이 영화는 아닌 게 아니라 러닝타임 대부분에서 과대망상 코미디처럼 보인다. 하지만 어린 시절 병구의 좋았던 기억이 영상에 담긴 텔레비전 하나가 텅 빈 우주 공간을 부유하는 마지막 장면까지 다 보고 나면 그 과감한 상상력과 이어지는 긴 여운이 관객을 꼼짝없이 사로잡는다.

이쯤 되면 21세기에 들어서서 한국 영화계에 등장한 최고의 장편 데뷔작이라고 해도 되지 않을까. 장준환은 충무로의 약한 고리였던 SF 판타지 분야에서 실로 괄목할 만한 성과를 남겼다. 그러면서도 현실에 기반한 문명 비판적 메시지를 또렷하게 살려내는 데에도 실력 발휘를 했다. 개인의 삶과 인류의 역사를 빼곡하게 채우며 엄존하는 고통을 바라보는 염세적 세계관이 우화에 담겨 탄식을 내뿜는 이 작품에는 짙은 연민과 공멸의 카타르시스가 기이하게 얽혀 있다.

이병구(신하균)는 자신을 사랑하는 순이(황정민)와 함께 유제화학 사장 강만식(백윤식)을 납치한다. 그가 지구를 파멸시킬 외계인이라고 믿기 때문이다. 강 사장은 병구의 집 지하실에서 갖은 방법으로 고문을 당하다가 병구가 과거에 자신의 회사에서 일했던 사실을 기억해낸다.

「지구를 지켜라」의 핵심 테크닉은 아이러니와 능청이다. 장준환은 한 장면에서 두 가지 이상의 정서가 충돌하게 만들거나, 황당한 상황을 짐짓 심각한 태도로 헛기침 한 번 없이 밀고 나가면서 놀라운 솜씨를 보여준다. 강 사장을 고문하는 최초의 도구가 (외계인 신경계를 파괴시키는 성분이 들어 있다는) 물파스란 설정은 이 영화의 스타일을 그대로 말해준다. 때밀이 수건으로 피부를 벗겨낸 뒤 병구와 순이가 강 사장 발등에 물파스를 콕콕콕 찍듯 바르는 장면은 그 코믹한 동작과 터져 나오는 비명이 뒤얽혀 기묘한 코미디를 만들어낸다. 분노에 쓰러진 적의 가슴을 마구 짓밟을 때 심장 마사지 효과로 되살아나는 장면처럼 폭소와 당혹감을 함께 안기는 장면들이 즐비하다.

이 영화는 내용과 형식이 서로를 배반하고, 텍스트가 콘텍스트에 충돌하면서 관객을 이제껏 한국 영화에서 보지 못했던 풍경 속으로 몰고 간다. 세 주연 배우는 자신들의 숨은 자질을 정확히 지목한 캐스팅에 대해 최적으로 어울리는 연기로 화답했다. 「오즈의 마법사(The Wizard of Oz)」(빅터 플레밍) 주제곡 「Somewhere Over The Rainbow」를 극 중 상황과 충돌시켜 사용하고, 「2001 스페이스 오디세이」에서 「블레이드 러너」와 「드레스드 투 킬(Dressed to Kill)」(브라이 언 드 팔마)까지 다양한 장면들을 패러디하는 데서 오는 재미도 만만 찮다.

그런데 무거운 메시지가 발랄한 상상력을 자꾸 밀쳐내는 것은 아 닐까. 이 작품의 '외계인적 상상력'에 매혹되다가도 그런 의심이 슬 며시 피어나기도 한다. 하지만 오래도록 가슴에 남을 마지막 장면까 지 다 보아내고 나면 물기 어린 시선은 능청 떠는 화술 못지않게 장 준환적인 특징이었음을 인정할 수밖에 없게 된다.

# 태양의 눈물

**Tears of the Sun**

감독 **앙투안 퓨쿠아**(Antoine Fuqua) 국내 개봉일 **2003.04.04**

「태양의 눈물」을 보면서 이라크전을 떠올리지 않을 재간은 없다. 현실의 전쟁이 영화적 상상을 압도하는 상황에서, 영화는 무엇을 할 수 있을까. 앙투안 퓨쿠아는 휴머니즘을 원론적으로 강조하는 방법을 택했다. 신의 가호를 빌어주는 신부에게 "신은 아프리카를 버렸다"며 차갑게 내쏘던 워터스(브루스 윌리스)는 지난한 탈출 여정 동안 인류애에 눈뜨면서 점차 현지의 내전에 개입한다.

유전 소유권을 둘러싸고 나이지리아에서 쿠데타가 발생하자 워터스는 네이비 실(Navy SEAL) 대원들과 함께 긴급 투입된다. 현지인들을 상대로 의료봉사 활동을 펼치던 미국인 의사 켄드릭스(모니카 벨루치)를 구출하는 작전이다. 위험에 처한 현지인들과 함께 가겠다는 켄드릭스의 고집을 꺾지 못한 워터스는 긴 행렬을 이끌고 탈출 작전을 수행한다.

그러나 이 영화의 휴머니즘은 스스로 내세우는 것보다 화력이 약하다. 그리고 주먹을 불끈 쥔 채 토해내는 사자후는 공허하다. 선과 악을 명확히 가른 뒤 학살을 자행하는 사악한 무리에 맞선 '정의의 군대'로서의 미군 활약을 장대하게 펼쳐내는 이 영화의 개입 논리는 좋게 보면 순진하고 나쁘게 보면 오만하며 위선적이다. 이야기의 한중간에 나이지리아 대통령의 아들이 난민에 포함되어 있다는 설정이 드러나면서 참혹한 전장에서 병사의 윤리적 선택을 다루는 것처럼 보였던 주제는 미군의 개입을 통한 나이지리아 민주주의의 확립으로 그 성격이 크게 바뀌게 된다. 그 과정에서 위엄과 인간미를 함께 갖춘 미군들은 죽어갈 때도 "헛된 죽음은 아니겠죠?" 같은 말을 남기며 깊게 방점을 찍지만, 나이지리아 대통령 아들은 치열한 전투 도중에 두려움으로 벌벌 떨다가 "지도자답게 마음을 다잡고 동료들을 챙기게"라며 아랫사람에게 하듯 꾸중하며 고함치는 워터스에게 "예스, 설(Yes, sir)"이라며 곧바로 복종한다. 제목에 등장하는, 인도주의적인 눈물을 멋지게 흘릴 줄 아는 태양은 과연 누구 혹은 무엇일까.

관객보다 먼저 흥분하기 시작해서 관객 관심이 사그라든 한참 뒤에까지 질질 끌며 스스로 비장미에 젖는 단선적인 연출 때문에 액션을 즐기기도 드라마에 감동하기도 힘들다. 이 영화의 동어반복적인 카메라는 동의를 거의 강요에 가깝게 구하기도 한다. 영화 속 브루스 윌리스는 이제 액션-전쟁영화는 진력이 난다고 말하는 듯 맥 빠진 연기를 보여주고, 「라빠르망(L'appartement)」(질 미무니) 같은 영화에선 그토록 매력적이었던 모니카 벨루치는 극 중에서 운반되어야 할 짐 이상의 역할을 하지 못한다.

「태양의 눈물」은 보수주의의 근간을 세운 18세기 정치철학자 에드먼드 버크의 "선의 방관은 악의 승리를 불러온다"는 말을 인용하며 끝을 맺는다. 그렇다면 이 짧은 영화평도 이를 경계하는 인용구로 마무리하는 수밖에. "이분법 사라지는 곳에 낙원이 있다."(롤랑 바르트)

# 엠퍼러스 클럽

**The Emperor's Club**

감독 **마이클 호프먼**(Michael Hoffman)  국내 개봉일 **2003.03.07**

할리우드가 가장 잘 해내는 종목이 꼭 블록버스터인 것만은 아니다. 많은 이들이 간과하고 있지만, 이야기를 흥미진진하게 풀어내는 솜씨야말로 비교 우위를 지닌 또 하나의 장점이다. 할리우드는 오랜 세월에 걸쳐 소재와 작법의 종류에 따라 다양한 장르를 발전시키면서 자연스럽고 효과적으로 스토리를 풀어가는 방법을 터득해왔다. 「엠퍼러스 클럽」은 할리우드의 노련한 화술이 빛을 발하는 가작이다.

세인트 베네딕트 고교에서 봉직하는 교사 헌더트(케빈 클라인)는 상원의원 아들인 세지윅(에밀 허시)이 전학 와서 학습 분위기를 흐리자 속을 끓인다. 로마사에 대한 지식을 겨루는 '시저 대회'에 세지윅이 뒤늦게 열정을 쏟자 헌더트는 그를 특별 지도한다. 3위까지 결선에 올라가 겨루는 이 대회 예선 필답시험에서 세지윅이 4등을 하자, 헌더트는 고민 끝에 그의 성적을 위조해 3위로 최종 결선에 진출시킨다.

중반까지 이 영화는 「죽은 시인의 사회(Dead Poets Society)」(피터 위어) 같은 작품의 아류로 보인다. 명문 사립고가 있고, 시대가 흘러도 변하지 않는 가치를 지닌 고전으로 교육하는 진정한 스승이 있다. 하지만 이 영화는 결국 불미스런 일이 발생하는 그 시저 대회가 25년 만에 다시 열리게 되는 후반으로 치달으면서 학교를 배경으로 한 여타의 '참스승 영화'와 스스로를 차별화한다. 교육자의 무력증과 자긍심을 호소력 있는 화술에 담은 「엠퍼러스 클럽」은 결국 낮고 굵은 목소리로 삶을 살아가는 원칙에 대해 이야기한다. 맛깔스런 로맨틱 코미디 「어느 멋진 날(One Fine Day)」을 만들었던 마이클 호프먼은 로마사에 대한 퀴즈 행사라는 하품 나올 것 같은 소재를 흥미진진하게 다뤄낸 끝에 사려 깊은 결말로 만만찮은 파장을 만들어낸다.

메시지를 강조하면서도 따분하지 않은 드라마를 만나는 것은 흔한 일이 아니다. 자유방임이 지배할 것 같은 미국이란 나라에서 상류층 자녀들이 사실 얼마나 엄격하게 교육받는지를 엿보는 것은 또다른 재미를 준다. 세인트 베네딕트 고교의 풍경은 미셸 파이퍼가 주연한 「위험한 아이들(Dangerous Minds)」(존 N. 스미스) 같은 영화 속 암울한 학교 모습과 가파른 대조를 이룬다.

"나이가 드니 두 가지가 확실해진다. 하나는 품성이 곧 운명이라는 것. 그리고 또 하나는 노 저으며 시작하는 나날은 축복이란 것"이라는 내레이션으로 시작하는 「엠퍼러스 클럽」은 결국 건강한 보수주의자의 미덕이란 어떤 것인지를 보여주는 영화다. 극 중에서 누군가가 저지른 잘못은 그렇게까지 엄청난 과오는 아닐지도 모른다. 하지만 작은 일에서 원칙을 지키지 못하면 큰일에서도 그럴 수 없다. 그리고 삶을 결정하는 도덕적 전투는 매일매일 작은 일에서 비롯된다.

몸에 꼭 붙는 맞춤 양복을 입은 듯한 케빈 클라인은 확신에 가득 찬 좋은 연기로, 융통성 없고 시류에 떨어진 듯 손해 보며 살아가도 끝내 원칙을 고수하는 헌더트의 진심을 울림 깊게 전달한다. 언제나 역사에서 교훈을 찾고, 믿음을 전제로 한 자기 통제를 교육의 핵심으로 삼는 헌더트의 인간적 매력은 이 영화의 매력에 그대로 겹친다. 헌더트처럼 살기가 쉽지 않아도, 혹은 헌더트처럼 살고 싶진 않더라도, 그의 삶에서 아무런 감동을 느끼지 못하기란 쉽지 않을 일이다. 삶에서 원칙 따윈 아무래도 상관없다고 믿는 쪽이 아니라면 말이다.

# 갱스 오브 뉴욕

**Gangs of New York**
감독 **마틴 스콜세지(Martin Scorsese)**  국내 개봉일 **2003.02.28**

'갱스 오브 뉴욕(Gangs of New York)'이란 제목만 보고 호쾌한 갱스터 영화를 기대해서는 곤란하다. 마틴 스콜세지의 이 영화 속 각종 대결 장면은 신나는 액션이 아니라 소름 끼치는 살육의 몽타주에 가깝다. 어쩌면 이 작품을 보면서 가장 혹사당하는 감각은 시각이나 청각이 아니라 후각일지도 모른다. 이 영화의 압도적인 피비린내는 등장인물들이 총 대신 칼과 도끼를 휘두르며 싸우는 폭력 장면에서뿐만 아니라, 분노와 욕망으로 얽히고설킨 인물들간의 드라마에서도 풀풀 풍겨난다. 스콜세지는 언제나 과도한 듯 폭력을 다루면서도, 폭력이란 결코 스타일이 아님을 보여준다.

1840년대 뉴욕 슬럼가 파이브 포인츠에서 아일랜드 이민 세력과 원주민 세력이 정면충돌한다. 원주민 세력을 대표하는 잔혹한 빌(대니얼 데이 루이스)은 이 싸움에서 아일랜드 이민 세력의 대표인 발론 신부(리엄 니슨)를 살해해 파이브 포인츠를 평정한다. 그 비극을 생생히 목격했던 발론 신부의 아들 암스테르담(리어나도 디캐프리오)은 세월이 흐른 뒤 청년이 되어 복수를 위해 몰래 빌의 측근이 된다. 신임을 얻어가던 암스테르담은 어느덧 빌의 애인 제니(캐머런 디아즈)와 사랑에 빠진다.

「갱스 오브 뉴욕」에서 마틴 스콜세지는 장대한 미학적 비전과 내밀한 독백을 한 이야기 속에 공존하게 만들었다. 남북전쟁기 뉴욕을 무대로 정치적 갈등에서 이민자와 토착민의 대립까지를 생생히 기록하려는 그의 의도는 어찌 보면 영화감독을 넘어서 카메라를 들고 거대한 벽화를 그리려는 역사가의 야망에 닿아 있다. 다른 한편 가톨릭 신부가 되려던 인생 궤도를 수정해야 했던 이탈리아 이민자 후손 스콜세지의 개인사가 등장인물들의 갈등과 아픔 속에서 숨 쉬고 있기도 하다.

그리고 이 모든 요소들의 밑바닥에는 뉴욕에 대한 그의 사랑이 있다. 「택시 드라이버」「뉴욕, 뉴욕(New York, New York)」「특근」「성난 황소」 같은 작품들로 뉴욕 영화를 대표했던 스콜세지는 폭동으로 폐허가 된 당시 뉴욕을 비추다가 장면을 바꿔 마천루가 이어지는 현대 뉴욕의 번영을 담아내며 「갱스 오브 뉴욕」을 끝낸다. 극이 끝날 때쯤 "뉴욕은 그렇게 탄생했다"는 내레이션까지 깔리고 나면 락그룹 U2의 노래 「The Hands That Built America(아메리카를 세운 손)」이 장엄하게 흐른다. 스콜세지 필생의 테마인 '폭력과 희생 그리고 구원'은 다시 한번 이 작품을 이끌어가는 원동력이 된다.

리어나도 디캐프리오는 「캐치 미 이프 유 캔(Catch Me If You Can)」(스티븐 스필버그)과 「갱스 오브 뉴욕」을 같은 시기에 함께 내놓으며 전혀 다른 두 가지 매력을 동시에 선보임으로써 「타이타닉」 이후의 침체기를 벗어났다. 초반에 잠깐 등장하는 리엄 니슨부터 브렌던 글리슨과 존 라일리까지, 조연들의 연기 하나하나도 극에 진중하게 잘 어울린다. 그러나 이 영화에서 가장 빛나는 연기는 역시 대니얼 데이 루이스의 것이다. 분노를 칼로리로 삼는 인물인 '도살광 빌' 역을 맡은 데이 루이스는 시종 넘쳐나는 에너지로 무시무시한 캐릭터를 빚으며 영화사에 남을 만한 악역 하나를 창조했다.

# 검은 물 밑에서

**仄暗い水の底から**

감독 **나카타 히데오(中田秀夫)** 국내 개봉일 **2003.02.21**

공포영화라고 모두 다 칼과 도끼가 난무하고 온통 피가 튀는 것은 아니다. 나카타 히데오의 「검은 물 밑에서」에선 유치원 어린이의 가방 색을 제외하면 붉은색은 구경조차 힘들다. 하지만 이 작품에서 물은 피보다 진하다. 엘리베이터 바닥에 고여 있는 물웅덩이로부터 천장에서 똑똑 떨어지는 물방울까지, 솟구치지 않고 스며드는 이 영화의 불투명한 공포는 이를테면 어느새 뼛속까지 파고들어 스멀스멀 한기를 느끼게 하는 쪽이다.

어린 딸 이쿠코(간노 리오)의 양육권을 놓고 남편과 소송중인 요시미(구로키 히토미)는 이쿠코와 함께 낡은 아파트로 이사한다. 그러나 이사를 한 직후부터 요시미는 아무도 살지 않는 위층 집에서 누군가 뛰어다니는 소리를 듣고 열린 문 사이로 여자아이의 섬뜩한 환영을 보기 시작한다.

원(怨)보다는 한(恨)을 바탕에 깔고 있는 이 작품은 음산하지 않고 음울하다. 과도하게 드러냄으로써 공포를 액션으로 만들며 관객에게 외상을 가하려 드는 할리우드 슬래셔무비와 달리, 보여주지 않음으로써 관객의 내면 상상력을 자극해 내상을 입게 만든다. 수도꼭지에선 머리카락이 섞여 나오고, 욕조는 검은 물로 채워지고, 천장의 물 새는 부위는 점점 커져가며 불안을 자극한다. 처음 보면 별다른 느낌 없는 모티브들도 최면처럼 반복 사용함으로써 두려움을 점층시킨다.

「검은 물 밑에서」가 들려주는 이야기는 별다른 반전 없이 예측대로 흘러가는데도 묘하게 계속 관객을 사로잡는다. 낡은 아파트와 폐소공포증을 불러일으키는 엘리베이터가 주요 무대인 이 작품은 공포영화에서 공간이 얼마나 중요한지를 다시금 일깨워주기도 한다. 「실락원(失樂園)」(모리타 요시미쓰)에서 연약한 듯하면서도 두려움 없이 열정을 불태우는 기혼 여성 역할을 맡아 깊은 인상을 남긴 구로키 히토미는 이 영화에서도 끊임없이 불안에 시달리면서도 강한 모성애로 사투를 벌이는 어머니 역으로 열연했다.

나카타 히데오의 공포영화는 느릿느릿 심리적 공포를 정교하게 축조하다가 클라이맥스에서 결정적인 단 한 방으로 승부를 거는 스타일을 갖고 있다. 그의 대표작 「링(リング)」이 그랬듯, 「검은 물 밑에서」에도 솜털까지 전부 곤두서게 만드는 강력한 장면이 종반부에 도사리고 있다. 그리고 그런 공포의 근원에는 슬픔의 그림자가 느리게 일렁이고 있다.

# 죽어도 좋아

감독 **박진표** 국내 개봉일 **2002.12.05**

「죽어도 좋아」에 대해 당신이 들은 소문은 전부 사실이다. 박치규 할아버지와 이순예 할머니의 실화를 영화로 옮긴 이 작품에서 몸소 출연한 두 노인은 그들의 사랑을 쑥스러움 뒤로 감추지 않고 그대로 드러낸다. '실제 베드신'도 나온다. 하지만 이런 센세이셔널한 소문 너머에서 들려오는 또 다른 소문도 사실이다. 이 영화는 아름다운 생의 찬가를 부르는 작품이다.

영화가 시작되면 조그만 반원형 유리 구멍 사이로 담배를 팔면서 세상과 간신히 소통하는 할아버지가 나온다. 이어지는 장면은 내복 차림으로 그 할아버지가 틀니를 손질하는 스산한 모습이다. 그러나 공원 벤치에서 처음 할머니를 만나는 장면 바로 뒤에 「죽어도 좋아」라는 타이틀이 뜨고 나면, 그다음부터는 일사천리다. 함께 살게 된 후, 계단을 오르다가도 멈춰 서서 키스를 하고 서로 팔베개를 한 채 누워 있기를 즐기는 이들의 모습은 세상의 허다한 연인들의 설레는 마음 궤적과 정확히 일치한다.

작위적이지 않은 로맨틱 코미디이면서 야하지 않은 섹스 코미디이기도 한 이 영화에선, 소문대로 베드신이 양과 질에서 상당한 비중을 차지한다. 배경음악 하나 없이 현장음과 현장의 대사를 그대로 곁들여 사실적으로 드러낸 이 베드신들은 극 초반 잠깐의 충격과 안쓰러움을 가볍게 뛰어넘어 살아 있다는 사실의 환희를 매 장면에서 증거한다. 늘어진 살과 낡은 육체에 찾아오고야 마는 삶의 희열은, 경이로운 동시에 경외스럽다.

　박진표의 「죽어도 좋아」는 분명 완숙한 영화는 아닐 것이다. 그러나 여기엔 두 노인의 삶과 사랑을 가장 잘 드러낼 수 있는 형식이 무엇인지 알아채는 예술가의 본능이 담겼다. 다큐멘터리와 극영화의 날 선 경계선상에서도 걸음의 품위를 잃지 않은 감독은 소재주의로 비난받을 수 있는 이야기를 택했으면서도 끝내 하고 싶은 말을 제대로 해냈다. 성공한 예술에선 언제나 전체가 부분의 총합보다 크다.

# 복수는 나의 것

감독 **박찬욱**  국내 개봉일 **2002.03.28**

이곳은 아이러니로 작동되는 세계다. 벽 하나를 사이에 두고서 고통에 찬 신음은 간드러진 교성으로 받아들여지고, 과격한 무정부주의자는 고무줄놀이를 하면서 천연덕스레 반공 노래를 부른다. 그리고 아이러니는 슬며시 다가와 오직 복수만이 너의 것이라고 속삭인다.

원래 유괴하려던 아이는 다른 소녀였다. 애초엔 살의 같은 것도 없었다. 심지어 쫓는 자도 쫓기는 자도, 모두 착하게 살아왔다고 자부하던 사람들이었다. 그러나 일은 기어이 틀어져버리고 벌은 기어코 실행된다. 들어야 할 자는 듣지 못하고 듣는 자는 듣고도 오해하는 그 세계에서 말을 하지 못하는 자는 결국 말이 점점 없어져가는 자의 손에서 최후를 맞는다.

청각장애인인 류(신하균)는 신부전증을 앓고 있는 누나와 어렵게 산다. 누나(임지은)에게 신장을 이식해주기 위해 장기 밀매 조직과 접촉했다가 돈을 빼앗기고 자신의 신장마저 잃게 되자 류는 연인인 영미(배두나)의 제안으로 중소기업체 사장인 동진(송강호)의 어린 딸 유선(한보배)을 유괴한다. 그러나 류가 아이를 데리고 있던 중 유선이 사고로 익사하게 되자 동진은 복수를 다짐한다. 누나가 뒤늦게 자신 때문에 이 모든 일이 생긴 것을 알고서 자살하자 류 역시 장기 밀매 조직에 복수를 시도한다.

「복수는 나의 것」에는 모두 세 번의 복수가 담겨 있다. 류와 동진이라는 두 복수의 주체는 각각 자신의 계획을 성공시킨 후 또 다른 복수의 대상이 된다. 말미에서 마지막 복수를 결행하는 것은 실제로 존재하리라곤 미처 생각되지 못했던 자들이었다. 가슴에 심판의 칼이 박힌 채 죽어가던 동진은 최후의 순간까지도 그 칼에 꽂힌 판결문의 내용이 무엇인지 알아보려 애쓰지만 끝내 죽음의 이유를 읽어내지 못한다.

그러니까 「복수는 나의 것」을 지배하는 것은 생에 대한 무력감이고, 불가해하고 부조리한 이 세계에 대한 탄식이다. 꼬리를 무는 복수가 마침내 끝나고 뒤이어 엔딩크레디트에서의 기괴한 주제곡까지 다 흐른 후에도, 비명인 듯 하소연인 듯 알아들을 수 없게 웅얼대는 동진의 목소리로 점점 작게 배음을 남기며 이 영화가 최후의 구두점을 찍는 것이 더없이 인상적이다. 이탈리아 극작가 비토리오 알피에리의 "깊은 복수는 깊은 침묵의 딸이다"라는 말을 뒤집어서 표현해본다면, 깊은 복수는 결국 깊은 침묵으로 매몰되어간다.

「복수는 나의 것」은 전작 「공동경비구역 JSA」가 전해준 선물 같은 영화다. 유려한 만듦새와 경이로운 흥행 성적으로 거대한 성공을 거둔 「공동경비구역 JSA」를 통해 큰 힘을 얻은 박찬욱은 다음 영화 「복수는 나의 것」을 맞아 브레이크 한 번 밟지 않고서 서늘하기 이를 데 없는 파국의 걸작을 만들었다. 송강호와 신하균은 이전까지의 모습과 완전히 다른 지점에서 매 순간 선명하게 냉기를 뿜으며 잊지 못할 순간들을 빚었다.

사건의 전말을 플래시백과 대사를 통해 차근차근 설명해주는 「공동경비구역 JSA」와 「올드보이」와 달리, 박찬욱의 필모그래피에서 그 두 작품 사이에 낀 「복수는 나의 것」은 과언(寡言)의 영화다. 주인공 중 한 명을 청각장애인으로 설정하고 여타 인물들에게서도 대사를 대폭 줄여낸 대신, 공장 소음에서 여름날 매미 울음과 부검 톱질 소리까지 갖가지 사운드를 역설적으로 생생하게 살려냈다. 보이스오버 내레이션을 자막으로 처리해 심리를 시각화하기도 하고, 시점숏에서 모든 소리를 제거해 온전한 침묵의 순간을 만들어내기도 한다.

충격에 빠진 인물의 모습을 올려 찍는 로앵글은 얼굴 뒤의 허공을 함께 담아내며 홀로 감당해야 할 비극 앞에 선 자의 황망함을 담아낸다. 형식적인 제한을 오히려 창작의 원동력으로 활용하는 시조나 하이쿠 시인처럼, 이 영화는 종종 최소한의 표현으로 최대한의 효과를 얻어내고, 가장 조용한 순간에 가장 강력한 파장을 일으킨다. 시퍼런 실존이다.

# 와이키키 브라더스

감독 **임순례** 국내 개봉일 **2001.10.26**

음악 밴드 와이키키 브라더스는 한곳에 정착하지 못한 채 이곳저곳 떠돌며 연주를 한다. 이들은 밴드 리더인 성우(이얼)의 고향 수안보의 한 나이트클럽에서 새로 일을 시작하지만, 여러 이유로 멤버 교체를 겪는다. 성우는 그곳에서 소년 시절 짝사랑했던 인희(오지혜)가 남편과 사별한 뒤 억척스런 야채 장수로 변해 있는 모습을 발견한다.

「와이키키 브라더스」는 일출은 멀게만 느껴지는 새벽 2시, 고된 야근을 끝내고 빈속에 쏟아붓는 소주 같은 영화다. 끝내 보는 이의 가슴을 아프게 후벼 파고 마는 이 영화는 지방 나이트클럽을 전전하면서 퇴락해가는 밴드 멤버들의 긴 그림자를 스산하게 담아냈다.

「와이키키 브라더스」는 세월을 알고, 꿈을 알고, 무엇보다 현실을 아는 작품이다. 어린 시절 음악을 가르쳐준 학원 원장의 폐인 같은 현재 모습과, 성우 밑에서 새로 음악을 배우려는 청년 기태(류승범)의 존재는 그대로 주인공의 미래와 과거에 겹치면서 피로한 삶의 세 시제를 완성한다. 임순례는 한 무대에서 이별을 고하는 마지막 연주 장면으로부터 이 영화를 시작하고, 새로운 무대에 오르는 첫 연주

장면으로 끝맺음함으로써 영원히 뿌리를 잃은 채 떠돌아야 하는 인물들의 삶을 역설적인 순환 고리처럼 그려냈다.

조운 제트 앤드 더 블랙하츠의 「I Love Rock 'n Roll」에서 김수희의 「애모」까지, 이 영화에서 쉴 새 없이 등장하는 음악들은 그 자체로 알찬 볼거리와 들을 거리를 제공하는 동시에 인물들이 처한 상황을 암시하는 삽화처럼 활용되기도 했다. 자연스럽게 배역 속으로 녹아 들어간 배우들의 좋은 연기도 눈에 아프게 박힌다. 데뷔작 「세 친구」에서부터 주류에서 밀려난 아웃사이더들에 대한 관심을 보였던 임순례는 「와이키키 브라더스」를 음악의 들뜬 열정과 삶의 가라앉은 관조, 약간의 유머와 대중적 화술로 풀어내 재미와 감동을 함께 지닌 뛰어난 작품으로 만들어냈다.

단란 주점에서 반주하다가 술 취한 손님의 요구에 따라 알몸으로 「아파트」를 부르던 성우가 모니터 화면을 보면 거기엔 꿈 많던 고교 시절, 해변을 알몸으로 질주하던 자신의 모습이 원경으로 담겨 있다. 단란 주점의 답답한 앵글과 시원한 바닷가의 롱숏을 효과적으로 대비시킴으로써 꿈과 현실을 맞세우는 식의 이 영화 대조법이 빚어내는 정서적 파장은 강력하다. 영화를 보고 나서 정말 술이라도 한잔 걸치게 되면, 밴드나 노래방 기기가 없어도, 당신은 마지막 장면에서 처연하게 울려 퍼졌던 심수봉의 「사랑밖엔 난 몰라」를 읊조리지 않을 재간이 없을 것이다.

# 소름

감독 **윤종찬** 국내 개봉일 **2001.08.03**

윤종찬의 「소름」에는 미쳐 날뛰는 연쇄살인마가 없다. 달려들어 목덜미를 깨무는 흡혈귀도 없고, 초자연적인 힘을 소유한 악령도 없다. 하지만 여기엔 타르처럼 진득하게 스크린을 타고 흘러내리는 한 덩어리의 슬픈 공포가 있다.

이 영화를 보며 어느새 팔뚝에 돋아나는 소름은 폭압적 우연이 마구 헝클어뜨린 인연을 뒤늦게 발견했을 때의 소름이며, 운명이 목덜미를 낚아채기 직전까지 짐작도 못 하는 인간 무지에 대한 소름이다. 그리고 그 소름은 영화가 끝나면 팔뚝에서 심장으로 옮아가 오래도록 사라지지 않는다.

철거 직전의 낡은 아파트에 택시기사 용현(김명민)이 입주한다. 같은 아파트에 사는 선영(장진영)은 남편 폭력에 시달리다 우발적 살인을 저지른다. 용현이 시체 암매장을 도우면서 둘은 가까워진다. 용현은 이웃 소설가(기주봉)로부터 자신이 사는 504호에서 30년 전 살인사건이 있었음을 듣게 된다.

공포영화는 공간에 대한 장르다. 얼핏 까다롭게 보이지만 알고 나면 복잡할 것도 없는 「소름」의 이야기를 다양하게 해석할 수 있는 것은 무너지기 직전의 공간, '미금 아파트' 때문이다. 관객은 저마다의 시선으로 이곳을 올려다보며 그 누추하고 두려운 공간을 개인의 내면으로도, 2001년 한국 사회의 축도로도 읽어낼 수 있다. 그곳에는 소통 불능의 사회와 화해 불능의 운명이 피범벅 시체로 뒤엉켜 있다.

이 영화는 비밀이 숨어 있는 집, 그 비밀을 소재로 소설을 쓰는 작가, 폭력 남편에 시달리는 아내, 그녀의 범행을 도우면서 사랑하게 되는 남자 등 익숙한 공포영화적 이야기 고리들을 차용했다. 하지만 감독은 호러의 습관적인 묘사 방식을 멀리하고, 서사보다는 선연한 이미지를 중시함으로써 장르의 그물로 건져 올려지지 않는 수작 한 편을 완성해냈다.

기억에 대한 단편 3부작 「플레이백」 「메멘토」 「풍경」을 통해 장편 데뷔 전부터 큰 기대를 모아온 윤종찬은 이전 작업에서 축적한 역량을 「소름」에 쏟아부었다. 「메멘토」의 모티브를 그대로 빌려 오되 깔끔하고 서정적인 화면은 축축하고 처절한 영상으로 바꾸었다. 「풍경」에서 추억을 상기시키며 희미하게 깜빡였던 전등 불빛의 이미지를 반복하면서도 그 의미는 불길한 전조와 혼란스런 미망 속 인간의 짧은 시야를 상징하는 것으로 옮겨냈다. 그리고 "우린 결코 과거로 돌아갈 수 없다. 우리가 가끔씩 원할지라도"라는 「플레이백」의 첫 자막은 「소름」에도 그대로 유효하다. 떨어져 박살나는 음료수병, 버스가 튀기는 흙탕물 등으로 스산한 마음의 풍경을 잡아내는가 하면, 천둥소리에서 옷장 여는 소리까지 다양한 사운드로 밑그림을 그려낸다.

키우던 햄스터에 대해 용현이 "외로울 것 같아 한 놈 더 넣어주면 물어 죽인다"라고 언급했던 것처럼, 은유적 대사에 하고 싶은 말을 또렷이 새겨 넣는 방식도 탁월하다. 어둠의 다양한 농도를 현실감으로 체험하게 해주는 독특한 조명은 이 영화를 비디오가 아니라 극장에서 봐야 할 중요한 이유 중 하나가 된다. 잘 축조된 캐릭터 안에 뛰어들어 맘껏 기량을 발휘한 두 주연 배우의 연기도 깊은 인상을 남긴다.

이 영화가 강조하는 것이 공포라는 즉각적 감정이 아니라, 그 감정의 파고가 짧게 지나간 뒤 가녀린 인간 육체에 남겨놓은 소름이라는 점에 주목할 필요가 있다. 「소름」은 입주 전 아파트를 올려다보는 용현의 뒤통수에서 시작해, 당혹과 살의와 슬픔이 범벅된 채 점멸하는 불빛에 따라 어둠 속에서 나타났다 사라졌다를 반복하는 그의 앞 얼굴을 담아내며 서서히 끝을 맺는다. 그 얼굴이 거울이 되어 우리 각자의 모습을 되비쳐낼 때, 최후의 소름이 관객을 덮친다.

# 순애보

감독 **이재용** 국내 개봉일 **2000.12.09**

우인. 우인(遇人)? 어디 운명 같은 사람을 만나기가 쉬운가. 우연과 인연 사이에서 헤매는 우인은 자질구레한 일상에서 벗어나 비상을 꿈꾼다.

아야. 아야(餓夜)? 낮엔 풍요로운 듯하지만 어둠이 내리고 나면 늘 허기진 밤. 파탄에 이른 가족관계에 절망한 아야는 끊임없이 자살을 생각한다.

미아. 미아(迷兒)? 쳇바퀴 같은 삶인데도 이렇게 자주 길을 잃다니. 현실이 따분한 미아의 유일한 꿈은 빨리 늙는 것이다.

동사무소 공무원 우인(이정재)은 미아(김민희)를 좋아하지만 냉대만 받는다. 밤마다 인터넷을 뒤지던 우인은 한 사이트에서 일본 여성 아사코를 보고 빠져든다. 아사코란 가명으로 인터넷 아르바이트를 하던 아야(다치바나 미사토)는 돈을 모아 태평양을 횡단하는 비행기를 탄 뒤 날짜 변경선을 지날 때 숨을 참아 세상을 떠나려 한다.

「정사」로 데뷔한 이재용의 두 번째 작품 「순애보」는 초겨울 베란다에 놓아둔 물컵에 서린 살얼음 같다. 삶에 밴 권태와 무망, 혹은 슬품 같은 것을 일상의 표면에 슬쩍 얼려낸 이 작품은 좋은 디테일이 얼마나 큰 힘을 발휘하는지 잘 말해준다. 이야기나 메시지에 큰 욕심 부리지 않고 명징한 세부 묘사를 차곡차곡 쌓아나가는 것을 다 지켜보고 나면 이미지로 쌓아 올린 우뚝한 탑 하나를 마침내 발견하게 된다.

「순애보」는 여러 국제 영화제에서 성가를 높였던 이재용의 단편 「호모 비디오쿠스」 모티브에 「8월의 크리스마스」를 떠올리게 하는 분위기를 갖고 있다. 맥없는 현실과 선명한 유사 현실 사이에서 맴도는 남자, 어제와 오늘 사이에서 증발을 시도하는 여자를 통해 감독은 경계와 전이, 소통과 반영을 다룬다. 눈부신 설경에서 카메라가 뒤로 천천히 물러서면 그게 달력 그림이었음을 알려주는 첫 장면은 이 작품이 현실과 비현실의 국경을 계속 드나들 것임을 선언한다.

곳곳에 담긴 소소한 코드들을 찾아보는 재미는 성긴 듯 슬금슬금 웃음을 선사하는 이 영화의 엉뚱한 유머와 함께 즐거움을 준다. 「내 친구의 집은 어디인가(Khane-ye doust kodjast?)」(압바스 키아로스타미)와 「택시 드라이버」가 재치 있게 언급되는가 하면, 극 중 인물 문신에 감독 이니셜이 써 있기도 하고, 김민희가 실제 출연했던 광고 장면이 나오기도 한다. 텍스트 안팎을 넘나드는 이런 요소들은 순간적인 재치를 넘어 주제 자체와 밀접한 관련을 맺고 있다. 하지만 전편에 깔린 비주류적 감성과 대중성을 위한 주류적 포장 사이에선 가끔씩 균열이 발생한다. 특히 '멜로인 척' 유도된 라스트신은 이제까지 취한 태도와 걸어온 길을 스스로 흐리는 아쉬운 결말처럼 여겨진다.

순진한 듯 얼빠진 듯 눈꼬리를 내리고 눈동자에서 힘을 뺀 이정재의 표정 연기는 캐릭터의 요구에 부응한 호연이다. 텔레비전 드라마 「모래시계」의 재희 이래 과묵한 이미지로 과소비되고 있지만, 사실 이정재는 코미디에 꽤 재능이 있는 것 같다.

# 죽거나 혹은 나쁘거나

감독 **류승완** 국내 개봉일 **2000.07.15**

감독에겐 일평생 딱 한 번만 만들 수 있는 영화가 있다. 류승완에게 「죽거나 혹은 나쁘거나」가 그런 작품일 것이다. 그는 이 놀라운 데 뷔작에서 16밀리 필름의 거친 영상과 독립영화 제작의 열악함을 온 몸으로 돌파했다. 장선우의 「나쁜 영화」가 쓰고 남긴 자투리 필름에 자비 400만 원을 들여 1997년 단편 「패싸움」을 먼저 만든 후, 게릴 라식으로 나머지 부분들을 차례로 연출해 스물일곱 살에 이 첫 번째 장편을 완성했다.

고교생 성빈(박성빈)은 절친한 친구인 석환(류승완)이 당구장에서 시비 끝에 현수(김수현)와 싸움을 벌이게 되자, 말리려다가 우발적으 로 현수를 살해한다. 살인죄로 7년간 복역하고 출소한 성빈은 석환 을 만나보려 하지만 경찰이 된 석환은 부담스런 친구를 계속 피한 다. 주위의 냉대 속에서 어려움을 겪던 성빈은 결국 조직폭력배가 된다. 석환의 말썽꾸러기 동생 상환(류승범)은 학교에 흥미를 잃고 성빈의 폭력 조직으로 들어간다.

액션, 호러, 페이크 다큐멘터리, 누아르로 분류될 수 있는 서로 다른 장르의 4부로 구성된 이 영화는 각각의 부분이 그 자체로 완결적이면서도 전체로는 하나의 이야기를 이루도록 짜였다. 당구장 주인의 냉소적인 발언과 고교생들의 패싸움을 현란하게 갈마들면서 편집한 1부 '패싸움', 전과자에 대한 냉대와 살인에 대한 악몽을 몇 개의 선명한 이미지로 표현한 2부 '악몽', 형사와 깡패의 끈질긴 대결 사이사이에 두 사람의 인터뷰 내용을 재치 있게 녹여 넣은 3부 '현대인', 뛰어난 사실감으로 처절한 파국을 그려낸 4부 '죽거나 혹은 나쁘거나'는 서로 다른 형식으로 제각각 관객을 사로잡다가 어느 순간 구심점으로 모여들어 거대한 비극을 구성하면서 묵직한 주제의식을 표출한다.

「죽거나 혹은 나쁘거나」는 분명 '액션'영화지만, 일반적인 의미에서의 '액션영화'는 아니다. 양식적이고 스타일이 뛰어난 액션에서 개싸움 같은 난투극을 거쳐, 마침내 판타지를 제거한 뒤 핏물 뚝뚝 떨어지는 하드보일드에 이를 때, 이 영화의 난폭한 장면들은 지독한 현실감의 결과로 폭력을 경계하는 계몽성까지 드러내며 메시지를 강렬히 전달한다. 뒷골목 언어가 그대로 육화된 대사에 재기와 유머까지 갖춘 영상언어는 종국에 이르러 폭력의 악순환에 대한 탄식, 삶을 멋대로 휘저은 채 엇나가기만 하는 운명에 대한 한숨을 길게 토해낸다.

「죽거나 혹은 나쁘거나」는 작은 기적처럼 느껴지는 작품이다. 연출에서 각본, 주연, 무술 지도까지를 혼자 다 해낸 류승완의 능력과 열정에 영화와 인간에 대한 믿음으로 화답한 스태프들의 땀이 어우러져 그 기적에 이르는 단단한 계단을 만들었다.

# 여고괴담 두 번째 이야기

감독 **김태용, 민규동** 국내 개봉일 **1999.12.24**

어둠 속 그어진 성냥불이 화면을 밝힌다. "제1의 아해가 무섭다고 그리오"란 구절로 궤도에 진입하는 이상의 시 「오감도」 첫째 편의 불길함을 차용하듯, 이어지는 것은 "첫째 날 한 아이가 죽었다. 머리가 텅텅 비어진 채. 아마도 진실을 기억해냈나 보다"로 시작되는 내레이션. 독백 속 날짜가 늘어감에 따라 소녀의 내레이션 역시 화자의 수를 늘려가며 겹쳐진 채 기묘한 주술이 된다. 이어 물속에서 교복을 입은 채로 버둥대는 두 여학생의 모습. 김태용과 민규동이 함께 연출한 「여고괴담 두 번째 이야기」의 오프닝 시퀀스는 어둠과 빛, 침묵과 공명, 현실과 환상 사이에서 잠시 허우적대다가 공포영화 장르의 매력적인 불안 속으로 단숨에 관객을 빨아들인다.

민아(김규리)는 학교 수돗가에서 효신(박예진)과 시은(이영진)이 주고받으며 쓰는 교환 일기를 발견한다. 호기심으로 읽어가던 민아는 양호실에 갔다가 우연히도 둘이 재회하는 장면을 목격한다. 효신과 시은의 관계가 우정을 넘어서 사랑으로 이어져가자 급우들은 두 사람에게 야유와 조소를 보낸다.

박기형의 흥행작 「여고괴담」에 이어 나온 시리즈 속편 「여고괴담 두 번째 이야기」는 극이 막을 내린 후에도 잔상과 이명이 오래도록 지속된다. 살육으로 붉지 않고 슬픔으로 하얀 이 이상한 공포영화의 색조엔 어느 곳에도 몸 둘 곳 없었던 어느 소녀의 상실감이 온전히 배어 있다. 결국 그 아이는 원(怨)을 거두고 아득한 무(無)로 스며들었을까. 「여고괴담」 1편의 목맨 시체가 잘못된 제도에 의해 교살된 10대의 고통을 강조한다면, 2편의 투신 시체는 궤도 이탈을 용납않는 금기의 중력을 이기지 못하고 추락하는 10대의 현기증을 증거한다.

과거를 회상하는 장면들이 전체 이야기 흐름 속에서 종종 리듬을 헝클어놓고, 시점숏을 포함한 몇몇 부분들이 과시적으로 느껴지기도 하지만, 이 영화의 스타일은 신인 감독의 젊은 상상력과 섬세한 감성이 어떤 것인지를 생생히 보여준다는 점에서 무척이나 인상적이다. 핸드헬드 카메라를 활용해 즉흥적인 앵글의 동적인 에너지를 불어넣는 한편, 하늘을 캔버스 삼아 인물의 실루엣으로 정적인 그림을 그려내기도 한다. 소란과 정적을 대비시키는 능력이나 내레이션을 활용하는 방식 같은 데서 사운드를 창의적으로 다루는 솜씨도 드러낸다. 10대 영화로서 여고 교실 특유의 활력과 유머도 잊지 않았다. 「여고괴담 두 번째 이야기」는 기이하도록 아름다운 공포영화다.

# 라이브 플래쉬

**Carne trémula**
감독 **페드로 알모도바르**(Pedro Almodóvar)  국내 개봉일 **1999.10.09**

질투의 밑바닥에 사랑이 없고, 사랑 가운데 악마가 없다고 누가 말할 수 있을까. 스페인 감독 페드로 알모도바르의 「라이브 플래쉬」는 사랑이 희생자와 처형자가 필요한 범죄라는 보들레르의 말을 떠올리게 한다. 욕망과 정염, 광기와 집착, 그리고 질투와 죄책감까지. 「라이브 플래쉬」를 이루는 구성 요소들 중에서 이글거리지 않는 것은 하나도 없다. 시종 극단을 오가는 인물들의 심리는 산정에 도달한 뒤 곧장 무의식의 바다로 자맥질해 심연을 건드린다. 이 모든 혼돈은 제목의 의미 그대로, 인간이 '살아 있는 육체(Live Flesh)'를 가졌기 때문이다.

빅토르(리베르토 리발)는 하룻밤 사랑을 나눈 엘레나(프란체스카 네리)에게 전화를 걸었다가 박대를 당한다. 격분한 빅토르는 엘레나에게 따지러 집을 찾아가지만 때마침 출동한 경찰과 몸싸움을 벌이다 우발적으로 총이 발사되는 바람에 감옥에 간다. 6년 뒤에 출소한 빅토르는 그때 총상을 입은 경찰 다비드(하비에르 바르뎀)와 희생적인 결혼을 한 엘레나를 스토킹하며 다시 다가가기 시작한다.

알모도바르는 「신경쇠약 직전의 여자」 「하이힐(Tacones lejanos)」 「욕망의 낮과 밤(¡Átame!)」 같은 작품들을 통해 1980년대 이후의 스페인 영화를 대표해온 스타 감독이다. 알록달록 키치적인 영상에 브레이크를 밟지 않고 끝까지 밀고 가는 파격적 이야기로 명성과 야유를 한 몸에 받아왔다.

다섯 명의 주요 등장인물이 정욕과 질투에 따라 얽히고설키는 상황은 가히 치정의 스펙터클을 보여주는 듯하다. 여기엔 하룻밤 사랑을 잊지 못해 지독하게 매달리는 스토커의 미련이 있고, 불행을 타고난 자의 행복에 겨운 자에 대한 질투가 있으며, 몸이 먼저 일으켜 세운 정신의 사랑이 있다. 이전보다 한결 부드러워졌지만, 알모도바르는 여전히 화려한 원색의 색감에 유려한 카메라 움직임, 절절한 대사를 통해 떠나려는 자와 붙잡으려는 자의 복잡한 심리를 선명하게 담아냈다. 중간중간 삽입되는 노래 가사도 굴곡지고 왜곡된 인물의 내면을 관객에게 효과적으로 전달하도록 했다. 빅토르와 엘레나가 서로의 하반신을 어루만지며 관계를 갖는 장면은 아찔할 만큼 아름답다.

그러나 기이한 상상력의 소유자인 알모도바르의 눈에도 이젠 세상이 달리 보이기 시작하는 걸까. 이 영화 라스트신에서 희망을 이야기하는 그의 조심스런 목소리는 모성이란 주제에 깊게 파고든 차기작이자 칸영화제 감독상 수상작 「내 어머니의 모든 것」에 이르러 온기를 완연히 드러낸다. 「라이브 플래쉬」와 「내 어머니의 모든 것」 사이 어딘가에서 알모도바르는 무엇을 새롭게 생각했던 것일까. 그 모습은 알모도바르를 악동으로 기억하는 팬들에게 당혹감과 함께 신선한 충격을 준다. 충격에 이어지는 감동은 곧 세월의 힘이기도 할 것이다.

# 검은 고양이
# 흰 고양이

**Crna macka, beli macor**

감독 **에밀 쿠스투리차(Emir Kusturica)**　국내 개봉일 **1999.09.18**

이 흥겨움의 정체는 뭘까. 원치 않은 결혼식이 뜻하지 않은 장례식
과 겹치고 총소리에 수류탄 폭음까지 난무하는데도 음악과 춤이 끊
이지 않는다. 눈물과 웃음, 술과 마약, 먼지와 거위털이 범벅이 되어
날리는 난장판이 계속되지만 떠들썩한 잔치의 흥겨움이 전편을 지
배한다. 미치고 싶은, 그러나 미쳐지지 않는 삶에서 되는 것도 안 되
는 것도 없는 사건들로 줄을 이으면서 에밀 쿠스투리차는 무엇을 떠
올렸던 걸까.

　칸영화제에서 황금종려상을 받은 「언더그라운드(Underground)」가
정치적 논쟁을 불러일으킨 후 은퇴를 선언했던 쿠스투리차가 「검은
고양이 흰 고양이」로 돌아왔다. 베니스영화제에서 감독상을 수상한
이 작품은 난장판으로 뒤얽히는 결혼식을 통해 집시들의 삶을 웃음
으로 그려낸다. 「검은 고양이 흰 고양이」는 전작 「언더그라운드」에

서 환상 속 그려졌던 마지막 결혼식 장면을 따로 떼 내어 소극으로 번안한 듯한 느낌을 준다. 아닌 게 아니라 「언더그라운드」 라스트신에 쓰였던 댄스곡으로 이 영화의 첫머리를 열기도 한다.

「검은 고양이 흰 고양이」에서 시종 묻어나는 것은 집시들의 삶에 대한 애정이다. 쿠스투리차의 또 다른 대표작 「집시의 시간(Dom za vesanje)」의 연장선상에 놓여 있다고 말할 수 있는 이 작품은 한바탕 해프닝이 벌어지는 슬랩스틱 코미디 속에 아무렇지도 않은 듯한 몸짓으로 인생과 세계의 아이러니를 또렷하게 담아냈다.

전작들과 분위기가 많이 다르긴 하지만 여전히 쿠스투리차적 요소가 곳곳에 남아 있다. 이 영화는 교미하는 개들을 감시 카메라 화면으로 잡는 장면에서 고물 자동차를 음식처럼 뜯어 먹는 돼지를 무심히 비추는 장면까지, 갖가지 동물들을 강력한 이미지로 표현한다. 쿠스투리차는 이전 작품들에서 포연이 가득한 시가전을 비추다가 골목길에 우두커니 서 있는 말을 뜬금없이 잡아내는 식의 초현실적 삽화를 즐겼다. 「언더그라운드」에서 엉덩이에 꽃을 꽂았던 그는 여기선 엉덩이로 못을 뽑게 하는 기괴한 유머를 구사하기도 한다. 신데렐라 모티브를 비틀어 사용하는가 하면, 마이클 커티즈의 「카사블랑카」 마지막 장면을 텔레비전으로 반복해 보여주기도 하고, 장비고의 「품행제로(Zéro de conduite: Jeunes diables au collège)」에 나오는 베개 싸움 장면처럼 결혼식장에 거위털이 온통 휘날리게도 한다.

실수와 오해, 그리고 역설이 제멋대로 흘러가는 듯한 영화 속 사건들을 추동하는 에너지임을 짐작할 때쯤이면 이 뒤죽박죽 섞인 이야기의 끝이 어딘지 궁금해진다. 그러나 아무 규칙 없는 난수표처럼 보이기도 하는 이 영화엔 확고한 태도가 담겨 있다. 그것은 원기 왕성한 삶의 활력과 그 활력을 지배하는 즉흥성에 대한 찬양이고, 그런 난장판이 곧 삶이라는 인식이다.

쿠스투리차는 배우들에게 즉흥 연기를 허용하지 않은 채 거듭된 난장판 장면들을 철저히 통제하며 꼼꼼하게 찍었다고 한다. 그러니까 예술이란 세계에 어떤 식으로든 질서와 규칙을 부여하는 방식일 것이다. 설혹 그 세계가 무질서와 우연으로 점철된 곳이라고 작품 속에서 말하고 있는 순간까지도.

# 벨벳 골드마인

**Velvet Goldmine**

감독 **토드 헤인스**(Todd Haynes)  국내 개봉일 **1999.08.28**

영화에서 진실의 언저리를 더듬으며 근원을 찾아가는 플롯은 자주 시도되지만, 성공적인 경우는 그리 많지 않다. 토드 헤인스의 「벨벳 골드마인」에서 뿌리를 캐내 들어가는 긴 여정엔 현재와 과거가 엮이고 영광과 조락이 얽히며 주변과 중심이 어우러져 춤춘다. 그러다 마침내 가장 단순한 진실의 충격이 우리를 사로잡는다.

그렇게 찾아낸 뿌리는 오슨 웰스의 「시민 케인」처럼 어린 시절 추억이 고스란히 담긴 썰매일 수도 있고, 구로사와 아키라의 「라쇼몽(羅生門)」처럼 절대적 진실에 대한 믿음 자체가 얼마나 무의미한지에 대한 탄식일 수도 있을 것이다. 「벨벳 골드마인」에서 그것은 사람과 사람 사이에 전기처럼 옮아갔던 찰나의 황홀한 광휘, 이를테면 생명 같은 것이다.

미국 뉴욕의 신문기자 아서(크리스천 베일)는 글램락 스타 브라이언 슬레이드(조너선 리스 마이어스)가 무대에서 총격을 받은 지 10년을 맞아 취재를 시작한다. 어린 시절 브라이언의 팬이었던 그는 주변

인물을 인터뷰하며 점점 과거 속으로 빠져 들어간다. 그의 아내(토니 콜렛)를 찾아갔던 아서는 마침내 브라이언의 애인이었던 또 다른 락 스타 커트 와일드(이완 맥그리거)를 만난다.

「벨벳 골드마인」에는 지나가버린 청춘의 모든 것이 담겨 있다. 이 영화는 세월의 아픔과 환희가 줄줄이 아로새겨진 성장영화이면서 긴장을 능수능란하게 조절하는 미스터리 추리극이다. 아드레날린 이 솟구치게 하는 음악영화이면서 떠나온 길을 되밟아가는 자의 설 렘과 피로가 담긴 로드무비이기도 하다. 격정과 환멸이 갈마드는 사 랑영화이고 산정과 해저를 차례로 탐험하는 인생유전 드라마이기 도 하다. 그리고 탁월한 퀴어영화인 동시에 무엇보다 우리가 아직 살아 있음을 느끼게 해주는 생의 환희로 가득 찬 영화다.

토드 헤인스는 몸을 불사르는 자의 넘치는 에너지를 눈동자에 새 겨낸 뒤, 불길이 다 스러지고 난 후 남은 재를 허공에 날릴 때의 떨 림을 손길에 담아낸다. 강박관념이나 습관에서 벗어나 자유로운 그 의 연출 스타일은 빼어난 상상력과 조형력을 붓 삼아 스크린 화폭에 지나간 한 시대를 생생히 재현했다.

이 영화가 다루는 글램락은 1970년대 초중반을 풍미했던 음악 장르였다. 데이비드 보위나 마크 볼란, 브라이언 페리 같은 스타를 정점으로 하는 글램락은 메이크업이나 패션 같은 볼거리에 많은 비 중을 둔 비주얼락이었다. 당연히도 영화 「벨벳 골드마인」은 눈부시 다. 색색의 의상과 조명이 빚어내는 몽환적 장면들은 영화가 끝나도 오래도록 영롱한 잔상으로 망막에 남는다. 브라이언 슬레이드의 모 델이 데이비드 보위란 것을 알아챌 정도의 음악 팬에겐 더욱 흥미로울 영화다. 이를테면 영화 속에서 브라이언의 음악적 가면인 맥스웰 데몬은 데이비드 보위의 무대 위 배역이었던 지기 스타더스트와 그대로 일치하는 식이다. 커트 와일드란 이름은 아마도 너바나의 요절한 스타 커트 코베인과 19세기 동성애 스캔들로 세상을 떠들썩하게 만든 작가 오스카 와일드를 합쳐서 만들었을 것이다.

광란의 카리스마를 전신 누드로 표현해낸 이완 맥그리거는 마약에 찌든 락 스타 역할을 가장 잘 소화해낼 수 있는 배우들 중 하나일 것이다. 중성적 이미지의 조너선 리스 마이어스도 직접 노래를 소화하며 깊은 인상을 남긴다.

「벨벳 골드마인」엔 반짝이는 것이 너무나 많다. 글램락 스타들의 화려한 눈 화장에서부터 커트를 카페에서 바라볼 때 만화적으로 빛나는 브라이언의 눈동자까지. 반짝이는 모든 것이 금이 아니라는 것쯤은 물론 안다. 그러나 금이 아니라 금처럼 보이는 사금파리라도 영화 속 반짝이는 모든 것에 속고 싶어진다. "브라이언은 우아함으로 덧칠된 거짓 자체였소"라는 극 중 매니저의 증언을 곧이곧대로 믿더라도, 그 거짓은 너무나 강렬하고도 장대했으니까.

찾
아
보
기

# 영화명

## 0~9

「007 두 번 산다(You Only Live Twice)」 466

「10,000 BC」 502

「1987」 141~142

「2001 스페이스 오디세이(2001: A Space

Odyssey)」 491~492, 597, 870

「2012」 488, 500~503

「23 아이덴티티(Split)」 68, 70, 72, 79

「24 시티(二十四城記)」 593~595

「400번의 구타(Les quatre cents coups)」 315

「500일의 썸머((500) Days of Summer)」

478~480

「8과 1/2(8½)」 376

「8월의 크리스마스」 514, 678, 894

## A~Z

「LA 컨피덴셜(L.A. Confidential)」 849

「M」 675~677

「YMCA야구단」 856

## ㄱ

「가디언즈 오브 갤럭시 VOL. 2(Guardians of

the Galaxy Vol. 2)」 240~242

「가위손(Edward Scissorhands)」 821~822

「가을의 전설(Legend of the Fall)」 586

「가족의 탄생」 619, 629, 776~777

「간첩 리철진」 221, 811

「감각의 제국(愛のコリダ)」 335

「강원도의 힘」 249, 370, 420, 549, 592,

769

「강철비」 146~148

「갱스 오브 뉴욕(Gangs of New York)」

878~879

「걸어도 걸어도(歩いても 歩いても)」 319,

534~536

「검은 고양이 흰 고양이(Crna macka, beli

macor)」 904~905

「검은 물 밑에서(仄暗い水の底から)」

881~882

「게이샤의 추억(Memoirs of a Geisha)」 745

「경계도시」 460

「경계도시 2」 460~462

「고고 70」 623~626

「고교얄개」 495

「고백(告白)」 308

「고스트바스터즈(Ghostbusters)」 597

「고질라(Godzilla)」 500, 705, 726

「곡성」 173, 338, 340~341

「공기인형(空気人形)」 151, 535

「공동경비구역 JSA」 445, 553, 886~887

「관계의 종말(Pat Garrett & Billy the Kid)」 293,

639

「괴물(The Thing)」 651

「괴물」 32, 41~42, 218, 323~324, 506,

546, 771~773

「굿 셰퍼드(The Good Shepherd)」 752~754

「귀향(Volver)」 499

「그녀(Her)」 379~380

「그녀를 보기만 해도 알 수 있는 것

「(Things You Can Tell Just by Looking at Her)」 669~670

「그들이 어떻게 추락하는지 보라(Regarde les hommes tomber)」 465

「그때 그 사람들」 44

「그때 그들(Loro)」 378

「그래비티(Gravity)」 267

「그랜 토리노(Gran Torino)」 572~575

「그레이트 뷰티(La grande bellezza)」 376~378

「그렘린(Gremlins)」 726

「그린마일(The Green Mile)」 651

「그을린 사랑(Incendies)」 267

「극장전」 250, 374, 420, 549~551, 769, 808~810

「글래디에이터(Gladiator)」 815

「글래스(Glass)」 68, 70~71, 73~74, 77~79, 81~84

「기담」 701~703

「기막힌 사내들」 811

「기생충」 5, 23~26, 28~30, 33, 35, 37, 41~44

「김복남 살인사건의 전말」 428~430

「꼬마 니콜라(Le petit Nicolas)」 475~477

ㄴ

「나도 아내가 있었으면 좋겠다」 799

「나를 찾아줘(Gone Girl)」 362~364

「나무없는 산」 505, 516~518

「나쁜 녀석들(Bad Boys)」 728

「나쁜 영화」 896

「나의 판타스틱 데뷔작(Son of Rambow)」 521

「나인하프위크(Nine 1/2 Weeks)」 849

「날아라 허동구」 747~748

「낮술」 590~591

「내 남자친구의 결혼식(My Best Friend's Wedding)」 169~171

「내 머리 속의 지우개」 446

「내 심장이 건너 뛴 박동(De battre mon coeur s'est arrêté)」 465

「내 어머니의 모든 것(Todo sobre mi madre)」 499, 902

「내 친구의 집은 어디인가(Khane-ye doust kodjast?)」 894

「내일의 기억(明日の記憶)」 744~745

「너는 내 운명」 680

「너의 이름은.(君の名は。)」 277~278

「너티 프로페서(The Nutty Professor)」 858

「네루다(Neruda)」 229~231, 234

「노 디렉션 홈: 밥 딜런(No Direction Home: Bob Dylan)」 639

「노아(Noah)」 177

「노인을 위한 나라는 없다(No Country for Old Men)」 456~457, 484, 569, 630, 648~650

「노팅 힐(Notting Hill)」 620

「녹터널 애니멀스(Nocturnal Animals)」 273, 276

「논픽션 다이어리」 197

「누가 로저래빗을 모함했나(Who Framed Roger Rabbit)」 667

「누구의 딸도 아닌 해원」 249

「눈물」 855

「뉴욕, 뉴욕(New York, New York)」 879

「늑대와 춤을(Dances with Wolves)」 489

「니모를 찾아서(Finding Nemo)」 708

「닉슨(Nixon)」 618

「님은 먼 곳에」 634~637


ㄷ

「다가오는 것들(L'avenir)」 304~306

「다우트(Doubt)」 583~585

「다크 나이트(The Dark Knight)」 211,
213~214, 630~633

「닥터 스트레인지(Doctor Strange)」 297, 299

「달콤한 인생(La dolce vita)」 376

「달콤한 인생」 307, 310~311

「당신과 함께한 순간들(Marjorie Prime)」
166~167, 169~170

「당신에게 일어날 수 있는 일(It Could
Happen to You)」 744

「당신자신과 당신의 것」 288~289, 291

「대도적(Thunderbolt and Lightfoot)」 293

「대부(The Godfather)」 245, 601, 657,
752~753

「대부 2(The Godfather: Part II)」 753

「대사건(大事件)」 724

「대통령의 음모(All the President's Men)」 124,
699

「더 게임(The Game)」 587

「더 로드(The Road)」 483~485

「더 리더: 책 읽어주는 남자(The Reader)」
565~567

「더 문(Moon)」 491~492

「더 셀(The Cell)」 606

「더 울프 오브 월스트리트(The Wolf of Wall
Street)」 381~382

「더 임파서블(Lo imposible)」 185

「더 차일드(L'enfant)」 542

「더 포스트(The Post)」 122~124, 127

「더 폴: 오디어스와 환상의 문(The Fall)」
605~607

「더 플라이(The Fly)」 600

「더티 해리(Dirty Harry)」 573

「덤 앤 더머(Dumb and Dumber)」 858

「덩케르크(Dunkirk)」 209~215

「데드 걸(The Dead Girl)」 669~670

「데쓰 프루프(Death Proof)」 508, 687~690

「데어 윌 비 블러드(There Will Be Blood)」
630, 645~647

「도그빌(Dogville)」 442

「도망자(The Fugitive)」 439

「도쿄 소나타(トウキョウソナタ)」 576~579

「독 솔져(Dog Soldiers)」 719

「돈 룩 백(Dont Look Back)」 639

「동감」 277

「돼지가 우물에 빠진 날」 367, 374, 421,
769

「돼지의 왕」 384~385

「두밀리, 새로운 학교가 열린다」 460

「드라이빙 미스 데이지(Driving Miss Daisy)」
597

「드래그 미 투 헬(Drag Me to Hell)」 539~540

「드레스드 투 킬(Dressed to Kill)」 871

「디 아워스(The Hours)」 439, 566

「디센트(The Descent)」 651, 719~721

「디스 이즈 잉글랜드(This Is England)」
520~521

「디스트릭트 9(District 9)」 491

「디 워」 704~707

「딥 임팩트(Deep Impact)」 501, 859

「똥파리」 562~564

「뜨거운 녀석들(Hot Fuzz)」 727~728

ㄹ

「라디오 스타」 635, 762, 764

「라따뚜이(Ratatouille)」 708~710

「라라랜드(La La Land)」 163, 280, 286

「라빠르망(L'appartement)」 873

「라쇼몽(羅生門)」 907

「라스트 데이즈(Last Days)」 665

「라스트 사무라이(The Last Samurai)」 489,
745

「라스트 스탠드(The Last Stand)」 307

「라이드 위드 데블(Ride with the Devil)」 673

「라이브 플래쉬(Carne trémula)」 499,
901~902

「라이어 라이어(Liar Liar)」 858

「라이언 일병 구하기(Saving Private Ryan)」
445, 787

「라이온 킹(The Lion King)」 597, 837

「러브 스토리(Love Story)」 849

「러브픽션」 334

「러시 아워 2(Rush Hour 2)」 597

「레볼루셔너리 로드(Revolutionary Road)」
567, 580~582

「레오파드(Il gattopardo)」 376, 414~415

「레이더스(Raiders of the Lost Ark)」 531

「레이디 맥베스(Lady Macbeth)」 204

「레이디 채털리(Lady Chatterley)」 716~718

「레이디킬러(The Ladykillers)」 649

「렛 미 인(Låt den rätte komma in)」 615

「로나의 침묵(Le silence de Lorna)」 542~543

「로드 투 퍼디션(Road to Perdition)」 581

「로드무비」 856

「로마의 휴일(Roman Holiday)」 620

「로보트 태권 V」 829

「로스트 인 더스트(Hell or High Water)」
292~293

「로제타(Rosetta)」 542

「로큰롤 인생(Young @ Heart)」 608~610

「링(リング)」 882

ㅁ

「마더!(Mother!)」 172~173, 175, 177~178

「마더」 23, 31, 217, 545~548

「마스터(The Master)」 114

「마이 파더」 691~693

「마이 페어 레이디(My Fair Lady)」 360

「마이너리티 리포트(Minority Report)」 439

「마이클 클레이튼(Michael Clayton)」 470,
661~663

「마제스틱(The Majestic)」 651

「마지막 국화 이야기(殘菊物語)」 679

「만무방」 450

「말아톤」 692

「말죽거리 잔혹사」 800, 823~826,
828~836

「매그놀리아(Magnolia)」 646

「매트릭스(The Matrix)」 299, 439, 662, 726

「맨인블랙(Men in Black)」 726

「맨체스터 바이 더 씨(Manchester by the Sea)」

264~266

「머니볼(Moneyball)」 382

「멋진 하루」 627~629

「메리 포핀스(Mary Poppins)」 242

「메리에겐 뭔가 특별한 것이 있다(There's
Something About Mary)」 480

「메멘토(Memento)」 277, 437, 631

「메멘토」 891

「메종 드 히미코(メゾン・ド・ヒミコ)」 790,
792

「모노노케 히메(もののけ姫)」 735

「목격자(People I Know)」 848~849

「목소리의 형태(聲の形)」 235

「몬스터 콜(A Monster Calls)」 184~185, 187

「무사」 147

「문라이트(Moonlight)」 257, 260, 262

「뮌헨(Munich)」 787~788

「미세스 파커(Mrs. Parker and the Vicious
Circle)」 737

「미션 임파서블(Mission: Impossible)」 439,
570

「미션 임파서블 3(Mission: Impossible III)」
779~781

「미션(The Mission)」 489

「미션(鎗火)」 723~724

「미스터 브룩스(Mr. Brooks)」 695~697

「미스트(The Mist)」 651, 653

「미쓰 홍당무」 617~619

「미행(Following)」 437, 631

「밀드레드 피어스(Mildred Pierce)」 107

「밀러스 크로싱(Miller's Crossing)」 456

「밀레니엄 맘보(千禧曼波)」 860~861

「밀리언 달러 베이비(Million Dollar Baby)」
572

「밀양」 98, 449, 707, 740~743

「밀정」 307~311

「밀회(Brief Encounter)」 567


ㅂ

「바닷마을 다이어리(海街diary)」 151, 319

「바람」 494~496

「바람과 함께 사라지다(Gone with the Wind)」
292, 392

「바람난 가족」 854~856

「바스키아(Basquiat)」 737

「바스터즈: 거친 녀석들(Inglourious Basterds)」
507~509

「바시르와 왈츠를(Vals Im Bashir)」 611~614

「바톤 핑크(Barton Fink)」 456~457, 569

「박쥐」 333~334, 388, 552~561

「박하사탕」 291, 855

「반지의 제왕(The Lord of the Rings)」 484,
486~487, 602, 705, 815~816, 837,
839~843

「반지의 제왕: 반지원정대(The Lord of the
Rings: The Fellowship of the Ring)」 837, 839

「반지의 제왕: 두 개의 탑(The Lord of the
Rings: The Two Towers)」 837, 839

「반지의 제왕: 왕의 귀환(The Lord of the
Rings: The Return of the King)」 837, 839

「반칙왕」 307

「밤과 낮」 550

「밤섬해적단 서울불바다」 188, 192,
196~197, 199

「밤의 해변에서 혼자」 248, 250

「배트맨 2(Batman Returns)」 821

「배트맨 대 슈퍼맨: 저스티스의 시작
(Batman v Superman: Dawn of Justice)」 345

「배트맨 비긴즈(Batman Begins)」 631, 745

「밴드 비지트 - 어느 악단의 조용한 방문
(Bikur Ha-Tizmoret)」 642~644

「버닝」 85~86, 88~89, 91~93, 96, 98, 103

「벅스 라이프(A Bug's Life)」 708

「번 애프터 리딩(Burn After Reading)」
456~457, 568~570

「범죄의 재구성」 765

「베를린 리포트」 693

「베오울프(Beowulf)」 666~668

「벤자민 버튼의 시간은 거꾸로 간다
(The Curious Case of Benjamin Button)」
586~587, 589

「벨벳 골드마인(Velvet Goldmine)」 5, 640,
907~909

「변방에서 중심으로 - 독립영화에 대한 특
별한 시선」 460

「보디가드(The Bodyguard)」 696

「보이후드(Boyhood)」 257

「복수(報仇)」 775

「복수는 나의 것」 386, 845, 885~887

「본 아이덴티티(The Bourne Identity)」 684

「본 슈프리머시(The Bourne Supremacy)」
684~686

「본 얼티메이텀(The Bourne Ultimatum)」 630,
684~686

「본 투 비 블루(Born to Be Blue)」 330~331

「본명 선언」 460

「볼케이노(Volcano)」 501

「봄날은 간다」 480, 514, 679

「부기나이트(Boogie Nights)」 114, 646

「부산」 494

「부산행」 320, 322~324, 326

「부에나 비스타 소셜 클럽(Buena Vista Social
Club)」 609

「부운(浮雲)」 679

「북북서로 진로를 돌려라(North by
Northwest)」 242, 315

「북촌방향」 249, 374

「불신지옥」 523~525

「불청객」 416~418

「붉은 돼지(紅の豚)」 733

「브로크백 마운틴(Brokeback Mountain)」 257,
633, 673

「브로큰 임브레이스(Los abrazos rotos)」
497~499

「브루스 올마이티(Bruce Almighty)」
857~859

「블러디 선데이(Bloody Sunday)」 685

「블레이드 러너(Blade Runner)」 492, 871

「블록 파티(Dave Chappelle's Block Party)」 596,
598

「블루 재스민(Blue Jasmine)」 306

「비 카인드 리와인드(Be Kind Rewind)」
596~599

「비디오드롬(Videodrome)」 600

「비스티 보이즈」 334

「비틀쥬스(Beetlejuice)」 821

「비포 선셋(Before Sunset)」 514

「빅 피쉬(Big Fish)」 587, 821~822

「빅쇼트(The Big Short)」 163

「빌리 엘리어트(Billy Elliot)」 566

「빌리 진 킹: 세기의 대결(Battle of the Sexes)」
162~165

「빽 투 더 퓨쳐(Back to the Future)」 667

「뻐꾸기 둥지 위로 날아간 새(One Flew Over
the Cuckoo's Nest)」 79


ㅅ

「사과」 620~622

「사냥꾼의 밤(The Night of the Hunter)」 561

「사랑니」 802~804

「사랑도 리콜이 되나요?(High Fidelity)」 481

「사랑에 관한 짧은 필름(Krótki film o milosci)」
760

「사랑을 위하여(For Love of the Game)」 541,
696

「사랑해, 말순씨」 799~800

「사마리아」 429

「사생결단」 625, 782~783

「사선에서(In the Line of Fire)」 815

「사이비」 384~385

「사형대의 엘리베이터(Ascenseur pour
l'échafaud)」 98, 498

「살아 있는 시체들의 밤(Night of the Living
Dead)」 653

「살인의 추억」 23, 546~547, 700, 742,
773, 856, 863, 865

「삼거리극장」 563

「상계동 올림픽」 817

「새(The Birds)」 316

「새벽의 황당한 저주(Shaun of the Dead)」
727~728

「색, 계(色, 戒)」 672~674

「생활의 발견」 374, 550, 592, 809~810

「샤이닝(The Shining)」 172, 360, 390

「서바이벌 게임(Deliverance)」 720

「서편제」 758

「설국열차」 23, 29, 33, 217, 546

「설리반의 여행(Sullivan's Travels)」 477, 599

「성난 황소(Raging Bull)」 753, 879

「세 번째 살인(三度目の殺人)」 151, 153

「세계(世界)」 730

「세븐(Se7en)」 587, 699

「세 친구」 889

「셰이프 오브 워터: 사랑의 모양(The Shape of
Water)」 128~129, 131, 133

「소녀 검객 아즈미 대혈전(あずみ)」 792

「소름」 890~892

「소무(小武)」 730~731

「소셜 네트워크(The Social Network)」 245

「손님」 329

「솔라리스(Solyaris)」 439, 491

「송환」 817~819

「쇼생크 탈출(The Shawshank Redemption)」
651

「쇼아(Shoah)」 612

「수면의 과학(La science des rêves)」 596

「수색자(The Searchers)」 686

「수잔브링크의 아리랑」 693

「순류역류(順流逆流)」 775

「순애보」 301, 893~894

「쉬리」 706

「쉰들러 리스트(Schindler's List)」 221, 787

「슈렉(Shrek)」 709

「스위치(Switch)」 277

「스카페이스(Scarface)」 657

「스캔들」 301

「스타워즈(Star Wars)」 837

「스토커(Stoker)」 386~394

「스틸 라이프(三峽好人)」 594~595,
730~732

「스파이더맨(Spider-Man)」 539, 541

「스페어」 496

「시」 98, 103, 448~449

「시간을 달리는 소녀(時をかける少女)」
733~735

「시네도키, 뉴욕(Synecdoche, New York)」 347

「시네마 천국(Nuovo Cinema Paradiso)」 599

「시리아나(Syriana)」 470

「시리어스 맨(A Serious Man)」 456~459

「시몬(S1m0ne)」 849

「시민 케인(Citizen Kane)」 439, 907

「시에라 마드레의 보물(The Treasure of the
Sierra Madre)」 647

「시카리오: 암살자의 도시(Sicario)」 267

「식스 센스(The Sixth Sense)」 72, 80~81

「신경쇠약 직전의 여자(Mujeres al borde de un
ataque de "nervios")」 499, 902

「신과함께 - 죄와 벌」 144

「신세기 에반게리온(新世紀エヴァンゲリオ
ン)」 735

「실락원(失樂園)」 882

「실미도」 812

「심플 플랜(A Simple Plan)」 541

「십계(The Ten Commandments)」 201

「싸이보그지만 괜찮아」 388

「싸이코(Psycho)」 315~316, 695

「쓰리 빌보드(Three Billboards Outside Ebbing,
Missouri)」 106, 108, 112


ㅇ

「아가씨」 333~337

「아내의 애인을 만나다」 749~751

「아노말리사(Anomalisa)」 346~348

「아는 여자」 811~813

「아들(Le fils)」 542~543

「아라비아의 로렌스(Lawrence of Arabia)」 816

「아마겟돈(Armageddon)」 501

「아메리칸 갱스터(American Gangster)」
657~659

「아메리칸 뷰티(American Beauty)」 567, 581

「아메리칸 싸이코(American Psycho)」 695

「아메리칸 파이(American Pie)」 726

「아무도 모른다(誰も知らない)」 534~535,
577

「아바타(Avatar)」 437, 486~489

「아빠는 출장중(Otac na sluzbenom putu)」 800

「아사코(寝ても覚めても)」 46~48, 54, 62,
64, 67

「아스테릭스(Astérix & Obélix contre César)」
829

「아이 엠 러브(Io sono l'amore)」 406~407,
409, 411~412, 414~415

「아이스 스톰(The Ice Storm)」 673

「아이언 자이언트(The Iron Giant)」 709, 726

「아이언맨(Iron Man)」 298

「아임 낫 데어(I'm Not There)」 630, 633,

638, 640

「악마는 프라다를 입는다(The Devil Wears Prada)」 583

「악마를 보았다」 307, 431~435

「악마의 등뼈(El espinazo del diablo)」 129

「악마의 씨(Rosemary's Baby)」 172

「악의 손길(Touch of Evil)」 627

「안티크라이스트(Antichrist)」 395~396, 398~404

「애자」 494

「약속(La promesse)」 542

「어 퍼펙트 데이(A Perfect Day)」 179~180, 182

「어느 멋진 날(One Fine Day)」 876

「언더그라운드(Underground)」 904~905

「언브레이커블(Unbreakable)」 68~70, 72~73, 75~79, 81, 83~84

「업(Up)」 140, 526~528

「에이리언 3(Alien³)」 587

「엑스맨(X-Men)」 241

「엑스맨: 퍼스트 클래스(X: First Class)」 359

「엘르(Elle)」 224~225, 227~228

「엘리펀트(Elephant)」 664~665

「엠퍼러스 클럽(The Emperor's Club)」 875~876

「여고괴담」 900

「여고괴담 두 번째 이야기」 701, 899~900

「여자는 남자의 미래다」 249, 374, 420, 549~550, 809~810

「여행자」 504~505

「엽기적인 그녀」 480

「영웅(英雄)」 806

「영웅본색(英雄本色)」 731

「영원과 하루(Mia aioniotita kai mia mera)」 848

「예언자(Un prophète)」 464~465

「오! 수정」 422, 549, 867

「오션스 일레븐(Ocean's Eleven)」 439

「오아시스」 855

「오즈의 마법사(The Wizard of Oz)」 870

「오퍼나지 – 비밀의 계단(El orfanato)」 185

「옥자」 29, 31~32, 217~221

「옥희의 영화」 249, 367, 374, 419~420, 422~427

「올드보이」 333~334, 386~388, 553, 844~846, 887

「올란도(Orlando)」 299

「와이키키 브라더스」 856, 888~889

「와호장룡」 673, 806

「왕의 남자」 635, 762

「외출」 514

「욕망(Blowup)」 88

「욕망의 낮과 밤(¡Átame!)」 902

「욕망의 모호한 대상(Cet obscur objet du désir)」 639

「욕망이라는 이름의 전차(A Streetcar Named Desire)」 573

「용가리」 704

「용서받지 못한 자(Unforgiven)」 573, 686

「우리 생애 최고의 순간」 654~655

「우리 선희」 288~289, 312

「우리가 꿈꾸는 기적: 인빅터스(Invictus)」 471~473

「우리는 같은 꿈을 꾼다(Teströl és lélekröl)」 158~159

「우리들」327~329

「우리들의 행복한 시간」692

「우주전쟁(War of the Worlds)」324

「위낭소리」518

「원더풀 라이프(ワンダフルライフ)」168,
534~535

「원스(Once)」681~682

「월 스트리트(Wall Street)」658

「월·E(WALL·E)」527

「월드 워 Z(World War Z)」324

「위대한 레보스키(The Big Lebowski)」456

「위대한 유산(Great Expectations)」567

「위플래쉬(Whiplash)」280, 286

「위험한 아이들(Dangerous Minds)」876

「유스(Youth)」378

「음식남녀(飮食男女)」673

「이블 데드(The Evil Dead)」539

「이스턴 프라미스(Eastern Promises)」484,
600~602

「이오지마에서 온 편지(Letters from Iwo Jima)」
745

「이유 없는 반항(Rebel Without a Cause)」282

「이츠 머더(It's Murder!)」539

「이탈리아 여행(Viaggio in Italia)」498

「이터널 선샤인(Eternal Sunshine of the Spotless
Mind)」272, 346~347, 439, 596, 598,
796~798

「이티(E.T. the Extra-Terrestrial)」128, 221

「익사일(放·逐)」722~724

「인 디 에어(Up in the Air)」467~470

「인간 합격(ニンゲン合格)」577

「인디아나 존스(Indiana Jones)」794

「인디펜던스 데이(Independence Day)」
500~501

「인력자원부(Ressources humaines)」453

「인셉션(Inception)」211, 298, 368, 436~440

「인썸니아(Insomnia)」631, 849

「인어 공주」629, 799

「인정사정 볼 것 없다」805

「인크레더블(The Incredibles)」708~709

「임소요(任逍遙)」594, 730

「잉투기」310

ㅈ

「자연의 아이들(Börn náttúrunnar)」757

「자유의 언덕」366~371, 373~375

「자이언트(Giant)」647

「자전거 탄 소년(Le gamin au vélo)」327

「작전명 발키리(Valkyrie)」508

「잘 알지도 못하면서」420, 549~551

「장군의 아들」775

「장화, 홍련」307

「재키(Jackie)」230

「저수지의 개들(Reservoir Dogs)」727

「전우치」767

「절멸의 천사(El ángel exterminador)」172

「정사(L'Avventura)」89

「정사」301, 893

「정크 메일(Budbringeren)」760

「제7의 봉인(Det sjunde inseglet)」481

「제리(Gerry)」665

「조금만 더 가까이」313

「조디악(Zodiac)」587, 658, 698, 700

「조용한 가족」307

「조제, 호랑이 그리고 물고기들(ジョゼと虎と魚たち)」 790~791

「존 말코비치 되기(Being John Malkovich)」 347

「좋은 놈, 나쁜 놈, 이상한 놈」 147, 307, 431

「좋은 친구들(Goodfellas)」 657

「주노(Juno)」 468~469, 481

「주어러(The Juror)」 697

「죽거나 혹은 나쁘거나」 562, 783, 896~897

「죽어도 좋아」 883~884

「죽어야 사는 여자(Death Becomes Her)」 667

「죽여주는 여자」 301~302

「죽은 시인의 사회(Dead Poets Society)」 875

「쥬라기 공원(Jurassic Park)」 794

「줄 앤 짐(Jules et Jim)」 315

「즐거운 인생」 634~635

「지구를 지켜라」 141, 856, 869~870

「지금은맞고그때는틀리다」 250, 288~289

「지아이제인(G.I. Jane)」 697

「지옥의 묵시록(Apocalypse Now)」 201, 489

「진달래」 416

「진주만(Pearl Harbor)」 726

「질투는 나의 힘」 511, 866~868

「집시의 시간(Dom za vesanje)」 905

「짝패」 774~775

ㅊ

「차타레 부인의 사랑(Lady Chatterley's Lover)」 716

「참을 수 없는 사랑(Intolerable Cruelty)」 649

「천공의 성 라퓨타(天空の城ラピュタ)」 735

「천국보다 아름다운(What Dreams May Come)」 144

「천년을 흐르는 사랑(The Fountain)」 178

「천년학」 757~758

「첩혈쌍웅(牒血雙雄)」 731

「첫사랑」 676

「체이싱 에이미(Chasing Amy)」 479

「체인지」 277

「최악의 하루」 312~314

「추격자」 338

「친구」 494~495, 800, 823~828, 831~835

「친절한 금자씨」 336, 434, 553

ㅋ

「카사블랑카(Casablanca)」 169, 905

「카지노(Casino)」 383

「카포티(Capote)」 781

「카피 캣(Copycat)」 697

「캐링턴(Carrington)」 737

「캐스트 어웨이(Cast Away)」 667

「캐치 미 이프 유 캔(Catch Me If You Can)」 879

「캡틴 아메리카: 시빌 워(Captain America: Civil War)」 342, 345

「커미트먼트(The Commitments)」 623

「컨버세이션(The Conversation)」 753, 760, 788

「컨택트(Arrival)」 267~268, 270~271

「케이브(The Cave)」 719

「코코(Coco)」 136

「콘스탄틴(Constantine)」 299

「콘택트(Contact)」 439

「콩나물」 329

「콰이강의 다리(The Bridge on the River Kwai)」 201

「쿵후 선생(推手)」 673

「퀵 앤 데드(The Quick and the Dead)」 541

「큐어(Cure)」 577~578

「크래쉬(Crash)」 600

「크리스마스 캐롤(A Christmas Carol)」 487

「클래스(Entre les murs)」 453~454

「클리프 행어(Cliffhanger)」 501

「킥 애스: 영웅의 탄생(Kick-Ass)」 359

「킬러들의 수다」 811

「킹덤(The Kingdom)」 658

「킹스맨: 시크릿 에이전트(Kingsman: The Secret Service)」 359~360

「킹콩(King Kong)」(1933) 795

「킹콩(King Kong)」(2005) 128, 219, 221, 705, 793~795


ㅌ

「타이타닉(Titanic)」 486, 501, 879

「타인의 삶(Das Leben der Anderen)」 229, 663, 759~760

「타짜」 765~767

「태양의 눈물(Tears of the Sun)」 872~873

「태풍」 445

「태풍이 지나가고(海よりもまだ深く)」 151, 318~320

「택시 드라이버(Taxi Driver)」 753, 835, 879, 894

「터미네이터(The Terminator)」 726

「터미네이터 2(Terminator 2: Judgment Day)」 726

「토니 에드만(Toni Erdmann)」 251~253, 255~256

「토이 스토리(Toy Story)」 487, 708

「투 다이 포(To Die For)」 362

「투모로우(The Day After Tomorrow)」 500~502

「트랜스포머(Transformers)」 488, 531, 533, 725

「트랜스포머: 패자의 역습(Transformers: Revenge of the Fallen)」 530~533

「트로이(Troy)」 814~815

「트루먼 쇼(The Truman Show)」 492

「특근(After Hours)」 848, 879

「특전 유보트(Das Boot)」 815

「팀 버튼의 화성침공(Mars Attacks!)」 821


ㅍ

「파 앤드 어웨이(Far and Away)」 586

「파 프롬 헤븐(Far from Heaven)」 640

「파고(Fargo)」 456, 650

「파라노이드 파크(Paranoid Park)」 664~665

「파운더(The Founder)」 243, 245~247

「파이(Pi)」 178

「파이트 클럽(Fight Club)」 587, 699

「파주」 510~511

「판의 미로 - 오필리아와 세 개의 열쇠(El laberinto del fauno)」 129, 606, 615

「패닉 룸(Panic Room)」 587, 699

「패싸움」 896

「패트리어트 - 늪속의 여우(The Patriot)」

502

「팩토리 걸(Factory Girl)」 736~738

「팬텀 스레드(Phantom Thread)」 113~114

「퍼니게임(Funny Games)」 172

「퍼펙트 스톰(The Perpect Storm)」 815

「펀치 드렁크 러브(Punch-Drunk Love)」 646

「펄프 픽션(Pulp Fiction)」 727

「페르소나(Persona)」 481

「포레스트 검프(Forrest Gump)」 587

「포이즌(Poison)」 640

「포화속으로」 444~447

「폭력의 역사(A History of Violence)」 484,
600~602, 696

「폭스캐처(Foxcatcher)」 163

「폭풍속으로(Point Break)」 728

「폴라 익스프레스(The Polar Express)」 487,
667

「폴라로이드 작동법」 313

「폴락(Pollock)」 737

「품행제로(Zéro de conduite: Jeunes diables au
collège)」 905

「품행제로」 823~831, 833~836

「풍경」 891

「프레데터(Predator)」 720

「프레스티지(The Prestige)」 631

「프리잭(Freejack)」 418

「프리퀀시(Frequency)」 277

「플라이트 93(United 93)」 685

「플란다스의 개」 29~30, 32, 42, 218, 546,
772, 864

「플래닛 테러(Planet Terror)」 689

「플랫폼(站台)」 594, 730

「플레이백」 891

「플레이어(The Player)」 627

「피도 눈물도 없이」 812

「피아니스트(La pianiste)」 225

「피아니스트(The Pianist)」 430

「피아니스트를 쏴라(Tirez sur le pianiste)」 315

「피와 뼈(血と骨)」 792

「피터팬의 공식」 785~786

ㅎ

「하나(花よりもなほ)」 535

「하얀 리본(Das weiße Band-Eine deutsche
Kindergeschichte)」 441~443

「하이 눈(High Noon)」 686

「하이힐(Tacones lejanos)」 902

「하하하」 420, 422, 550

「한여름의 판타지아」 313, 350, 354,
356~358

「해변의 여인」 249, 420, 549~551,
768~770

「해양 괴물(Creature from the Black Lagoon)」
131

「해운대」 494

「해프닝(The Happening)」 80

「해피 투게더(春光乍洩)」 674

「행당동 사람들」 818

「행복」 514, 678~679

「허드서커 대리인(The Hudsucker Proxy)」 569

「헐크(Hulk)」 673

「현기증(Vertigo)」 315~316

「형사 Duelist」 675, 805~807

「호모 비디오쿠스」 894

「호우시절」 513~515

「혹성탈출(Planet of the Apes)」 201

「혹성탈출: 진화의 시작(Rise of the Planet of
the Apes)」 200

「혹성탈출: 반격의 서막(Dawn of the Planet of
the Apes)」 200

「혹성탈출: 종의 전쟁(War for the Planet of the
Apes)」 200~202

「화녀」 301

「화려한 휴가」 712~715

「화산고」 829

「화이: 괴물을 삼킨 아이」 141

「환상의 빛(幻の光)」 151, 535

「황산벌」 635, 851~853

「황해」 338

「황혼에서 새벽까지(From Dusk Till Dawn)」
508

「회로(回路)」 577

「휴먼 네이처(Human Nature)」 596, 797

「흑사회(黑社會)」 724

「흔들리는 도쿄(Skaking Tokyo)」 546

「히든(Caché)」 601

「히치콕 트뤼포(Hitchcock/Truffaut)」
315~316

# 영화인명

## A~Z

B.J. 노박(B.J. Novak) 244

D.A. 페니베이커(D.A. Pennebaker) 639

J.J. 에이브럼스(J.J. Abrams) 779

M. 나이트 샤말란(M. Night Shyamalan)
68~72, 78~80, 84

P.J. 호건(P.J. Hogan) 169

## ㄱ

가가와 데루유키(香川照之) 576~577

가네코 유우키(金子有希) 238

가라타 에리카(唐田えりか) 46

가미시라이시 모네(上白石萌音) 277

가미키 류노스케(神木隆之介) 277

가세 료(加瀬亮) 366~367

가스 제닝스(Garth Jennings) 521

가엘 가르시아 베르날(Gael García Bernal)
137, 229

가이 피어스(Guy Pearce) 485, 736

간 스온(康すおん) 351

간노 리오(菅野莉央) 881

강동원 142, 675~676, 805, 807

강민휘 799

강이관 620

강제규 706

강혜정 334, 387, 845, 847

거스 밴 샌트(Gus Van Sant) 362, 664~665

게리 올드먼(Gary Oldman) 633
게이브 네빈스(Gabe Nevins) 664
게자 모르산이(Géza Morcsányi) 158
고두심 776~777
고레에다 히로카즈(是枝裕和) 151, 155,
　168, 318~320, 534~536
고아성 218, 506, 771
고야나기 유(小柳友) 577
고원원(高圓圓) 513, 515
고이즈미 교코(小泉今日子) 576~577
고주연 701
고현정 550, 768, 770
공민정 289
공유 307, 310, 322
공효진 617, 619, 675, 678, 776~777, 833
곽경택 445, 494, 823~824
곽도원 147, 339
곽재용 480
구니무라 준(國村隼) 339
구로사와 기요시(黑沢清) 316, 576~579
구로사와 아키라(黑澤明) 907
구로키 히토미(黑木瞳) 881~882
권상우 444, 825
권오중 748
권용만 188~190, 192~196, 198
권율 312, 314
권해효 290, 384
그레고리 호블릿(Gregory Hoblit) 277
글렌 핸사드(Glen Hansard) 681~682
금보라 833
기예르모 델 토로(Guillermo del Toro)
　128~129, 135

기주봉 890
기키 기린(樹木希林) 319, 534
기타노 다케시(北野武) 723
기타무라 류헤이(北村龍平) 792
길 버밍햄(Gil Birmingham) 293
김강희 590
김광규 825
김광일 829
김규리 899
김기덕 429
김기영 301
김꽃비 562~563
김남진 384
김도윤 340
김동영 799
김동욱 145
김동원 817~818
김뢰하 30
김명민 890
김민희 248, 333~334, 893~894
김보경 512, 701, 826
김보연 523
김부선 832
김상경 250, 374, 713, 808~809, 863, 865
김상호 515, 765
김새론 504~505
김새벽 313, 350, 352
김석형 818
김선아 852
김성미 749
김성수 147
김성희 516~517

김소영 505, 516, 518
김수경 91
김수안 322
김수현 896
김승우 444, 768, 770, 853
김영재 743, 803
김영철 691, 693
김옥빈 334, 553, 556
김용화 144
김우형 511
김윤석 143, 765~766
김웅수 765
김의성 325, 366
김인권 692, 825
김인문 854, 856
김인식 856
김재록 384
김정국 496
김정권 277
김정은 654, 656, 802~803
김종관 312~313
김주혁 288~289
김준성 803
김지영 656
김지운 307~308, 310~311, 431~432
김지훈 712
김진식 416
김청기 829
김태균 829
김태리 142, 334
김태식 749, 751
김태용 619, 629, 701, 776, 899

김태우 550, 621~622, 701, 768, 770
김해숙 334, 552
김현석 856
김혜수 676, 765~766
김혜옥 776~777
김혜자 31, 545, 547, 584
김호정 785
김홍집 31
김희라 449
김희연 516~517

ㄴ

나루세 미키오(成瀬巳喜男) 537, 679
나쓰카와 유이(夏川結衣) 534
나오미 아키에(Naomi Ackie) 204
나오미 와츠(Naomi Watts) 128, 600, 794
나오미 해리스(Naomie Harris) 261
나카 리이사(仲里依紗) 733
나카시마 데쓰야(中島哲也) 308
나카타 히데오(中田秀夫) 881~882
나홍진 173, 338
남상미 523, 525
내털리 멘도사(Natalie Mendoza) 720
네이선 겜블(Nathan Gamble) 652
노영석 590~592
니노 로타(Nino Rota) 415
니컬러스 레이(Nicholas Ray) 282
니콜 키드먼(Nicole Kidman) 362, 391
니콜라스 케이지(Nicolas Cage) 744
닉 오퍼맨(Nick Offerman) 243
닉 프로스트(Nick Frost) 727~729
닐 마셜(Neil Marshall) 651, 719~720

닐 블롬캠프(Neill Blomkamp) 491

닐스 아르스트럽(Niels Arestrup) 464

ㄷ

다나카 미사코(田中美佐子) 65

다나카 민(田中泯) 790

다니엘 헤니(Daniel Henney) 691, 693

다이앤 크루거(Diane Kruger) 814

다치바나 미사토(橘實里) 893

다카하시 가즈야(高橋和也) 534

대니얼 데이 루이스(Daniel Day-Lewis) 113,
645~647, 878, 880

대니얼 앨그란트(Daniel Algrant) 848

대런 애러노프스키(Darren Aronofsky)
172~178

대럴 브릿 깁슨(Darrell Britt-Gibson) 107

대릴 해나(Daryl Hannah) 689

더멋 멀로니(Dermot Mulroney) 390

덩컨 존스(Duncan Jones) 491~493

데미 무어(Demi Moore) 697

데이미언 셔젤(Damien Chazelle) 163, 280,
286

데이브 바티스타(Dave Bautista) 241

데이비드 린(David Lean) 201, 567, 816

데이비드 매켄지(David Mackenzie) 292~293

데이비드 슐리스(David Thewlis) 347

데이비드 크로넌버그(David Cronenberg)
484, 600~602, 696

데이비드 크로스(David Kross) 565

데이비드 프랭클(David Frankel) 583

데이비드 핀처(David Fincher) 245, 316, 362,
586~588, 698~699

덴절 워싱턴(Denzel Washington) 657, 659

도널 글리슨(Domhnall Gleeson) 173

돈 시겔(Don Siegel) 573

돈 치들(Don Cheadle) 344

두기봉(杜琪峰) 722~724

듀크 존슨(Duke Johnson) 346~347

드니 빌뇌브(Denis Villeneuve) 267

딜런 프리지어(Dillon Freasier) 646

ㄹ

라나 워쇼스키(Lana Wachowski) 299

라스 폰 트리에(Lars von Trier) 395, 402,
404~405, 442, 738

라우라 후스톤(Laura Huston) 408

라이너 보크(Rainer Bock) 441

라이언 고슬링(Ryan Gosling) 280

라이언 오닐(Ryan O'Neal) 848~849

랠프 브라운(Ralph Brown) 389

러셀 크로(Russell Crowe) 658~659

레니 할린(Renny Harlin) 501

레슬리 맨빌(Lesley Manville) 114

레이 윈스턴(Ray Winstone) 666

레이철 맥애덤스(Rachel McAdams) 299~300

로나 라버(Lorna Raver) 539

로니트 엘카베츠(Ronit Elkabetz) 644

로드리고 가르시아(Rodrigo García) 669

로랑 라피트(Laurent Lafitte) 226

로랑 캉테(Laurent Cantet) 453, 455

로랑 티라르(Laurent Tirard) 475~477

로런 맥키니(Lauren McKinney) 665

로만 콜린카(Roman Kolinka) 305

로만 폴란스키(Roman Polanski) 172, 430

로버트 다우니 주니어(Robert Downey Jr.) 299, 343, 699

로버트 듀발(Robert Duvall) 485, 489

로버트 드니로(Robert De Niro) 752~753, 835

로버트 레드퍼드(Robert Redford) 663

로버트 로드리게스(Robert Rodriguez) 508, 689

로버트 뷔드로(Robert Budreau) 330~331

로버트 스티븐슨(Robert Stevenson) 242

로버트 알트먼(Robert Altman) 36, 627

로버트 저메키스(Robert Zemeckis) 439, 487, 587, 666~667

로베르토 로셀리니(Roberto Rossellini) 498

로빈 라이트(Robin Wright) 78

로빈 우드(Robin Wood) 205

로사리오 도슨(Rosario Dawson) 689

로이스 스미스(Lois Smith) 166

로저 디킨스(Roger Deakins) 649

로저 미첼(Roger Michell) 620

로저 알러스(Roger Allers) 597

로저먼드 파이크(Rosamund Pike) 362

로즈 번(Rose Byrne) 669~670

론 하워드(Ron Howard) 586

롤란트 에머리히(Roland Emmerich) 487~488, 500~502

롤랑 조페(Roland Joffé) 489

롭 마셜(Rob Marshall) 745

롭 민코프(Rob Minkoff) 597

루 로마노(Lou Romano) 709

루이 말(Louis Malle) 98, 498

루이스 그네코(Luis Gnecco) 229

루이스 길버트(Lewis Gilbert) 466

루이스 맥더겔(Lewis MacDougall) 185

루이스 부뉴엘(Luis Buñuel) 172, 438, 639

루이스 호마르(Lluís Homar) 498

루이자 리히터(Lujza Richter) 118

루카 과다니노(Luca Guadagnino) 406~407, 411, 414~415

루카스 헤지스(Lucas Hedges) 111, 264

루키노 비스콘티(Luchino Visconti) 376, 414~415

루퍼트 와이엇(Rupert Wyatt) 200

뤼리핑(呂麗萍) 594

뤽 다르덴(Luc Dardenne) 327, 542~544

류승룡 523

류승범 776, 782~783, 825, 888, 896

류승완 562, 774~775, 812, 896~897

리 언크리치(Lee Unkrich) 136

리 페이스(Lee Pace) 605

리나 레안데르손(Lina Leandersson) 615

리들리 스콧(Ridley Scott) 492, 657~659, 697, 815

리베르토 리발(Liberto Rabal) 901

리안(李安) 257, 672~674

리어나도 디캐프리오(Leonardo Dicaprio) 381~382, 436, 580~581, 745, 878~879

리엄 니슨(Liam Neeson) 185, 878

리처드 기어(Richard Gere) 639

리처드 링클레이터(Richard Linklater) 257, 314, 316, 514

리처드 젠킨스(Richard Jenkins) 129

리처드 카인드(Richard Kind) 456

린다 카델리니(Linda Cardellini) 244

릴리 워쇼스키(Lily Wachowski) 299

ㅁ

마동석 322~323
마렌 아데(Maren Ade) 251
마르케타 이르글로바(Markéta Irglová) 681
마르크 포르스터(Marc Forster) 324
마르티나 게덱(Martina Gedeck) 759
마리나 핸즈(Marina Hands) 717
마리옹 코티아르(Marion Cotillard) 437, 440
마샤 게이 하든(Marcia Gay Harden) 669~670
마이클 루커(Michael Rooker) 241
마이클 베이(Michael Bay) 487~488, 501,
　530, 533, 725~726, 728
마이클 섀넌(Michael Shannon) 129, 275, 582
마이클 스털버그(Michael Stuhlbarg) 132, 456
마이클 알메레이다(Michael Almereyda) 166,
　168, 170~171
마이클 애덤스웨이트(Michael Adamthwaite)
　203
마이클 치미노(Michael Cimino) 293
마이클 커티즈(Michael Curtiz) 107, 169, 905
마이클 케인(Michael Caine) 360, 633
마이클 키튼(Michael Keaton) 243
마이클 호프먼(Michael Hoffman) 875~876
마일스 텔러(Miles Teller) 286
마커스 칼 프랭클린(Marcus Carl Franklin)
　639
마크 라이언(Mark Ryan) 532
마크 라일런스(Mark Rylance) 210
마크 러펄로(Mark Ruffalo) 698, 700
마크 스트롱(Mark Strong) 360

마크 웨브(Marc Webb) 478, 480~481
마키 요코(真木よう子) 318
마키타 아주(蒔田彩珠) 152
마틴 로치(Martin Roach) 134
마틴 맥도나(Martin McDonagh) 106
마틴 스콜세지(Martin Scorsese) 316,
　381~383, 639, 657, 753, 783, 848,
　878~879
마틴 신(Martin Sheen) 201
막심 고다르(Maxime Godart) 475
말런 브랜도(Marlon Brando) 201, 573
매슈 구드(Matthew Goode) 387
매슈 리스(Matthew Rhys) 127
매슈 매커너헤이(Matthew McConaughey) 381
매슈 본(Matthew Vaughn) 359, 361
매즈 미켈센(Mads Mikkelsen) 299~300
맷 데이먼(Matt Damon) 471, 473, 685,
　752~753
맷 리브스(Matt Reeves) 200~201
메건 폭스(Megan Fox) 531~532
메르세데스 모란(Mercedes Morán) 229
메리 베스 허트(Mary Beth Hurt) 669~670
메리 해론(Mary Harron) 695
메리언 C. 쿠퍼(Merian C. Cooper) 795
메릴 스트리프(Meryl Streep) 122, 583~584
메이허샬라 알리(Mahershala Ali) 257
멜라니 로랑(Mélanie Laurent) 507
멜라니 티에리(Mélanie Thierry) 180
모건 프리먼(Morgan Freeman) 471, 473, 633,
　857, 859
모니카 벨루치(Monica Bellucci) 872~873
모리타 요시미쓰(森田芳光) 882

모스 데프(Mos Def) 597~598

문성근 91, 249, 422, 866

문소리 334, 366, 369, 621~622, 654, 656,
　　776~777, 799, 854~855

미미 레더(Mimi Leder) 501

미셸 공드리(Michel Gondry) 272, 596~599,
　　796~797

미셸 모너핸(Michelle Monaghan) 780

미셸 윌리엄스(Michelle Williams) 264

미셸 파이퍼(Michelle Pfeiffer) 172, 876

미아 바시코브스카(Mia Wasikowska) 387

미아 한센 뢰베(Mia Hansen-Løve) 304~306

미야자키 하야오(宮崎駿) 733, 735

미조구치 겐지(溝口健二) 679

미켈란젤로 안토니오니(Michelangelo
　　Antonioni) 88~89, 101

미하엘 하네케(Michael Haneke) 172, 225,
　　441~443, 601

믹 잭슨(Mick Jackson) 501, 696

민규동 701, 899

밀로시 포르만(Milos Forman) 79


ㅂ

박광수 693

박광정 749, 751

박규태 747

박근록 25

박기형 900

박노식 546

박도연 506

박명신 450

박명훈 24

박서준 27

박성빈 896

박소담 25

박승태 87

박예진 899

박원상 655, 714

박정근 188~192, 195, 197

박정순 562

박중훈 381, 762~763, 852~853

박지아 702

박지원 494

박진표 680, 883~884

박진희 444~445

박찬옥 510~511, 866~868

박찬욱 333~334, 336, 386, 388, 392, 394,
　　434, 445, 552~557, 844~846, 885~887

박철민 713~714

박치규 883

박해일 41, 771, 863, 866~867

박효준 832

박홍식 629, 799

박희순 310

반혜라 86

발리에리 르메르시(Valérie Lemercier)
　　475~476

밥 피터슨(Bob Peterson) 140, 526~527

배네딕트 컴버배치(Benedict Cumberbatch)
　　297~298

배두나 30, 218, 771, 885

배리 소넌펠드(Barry Sonnenfeld) 726

배리 젠킨스(Barry Jenkins) 257

배리 키오건(Barry Keoghan) 211

배종옥 866

백윤식 765, 870

백정림 854, 856

밸러리 패리스(Valerie Faris) 162~163

뱅상 카셀(Vincent Cassel) 601

버스터 키튼(Buster Keaton) 806

베넷 밀러(Bennett Miller) 163, 382, 781

베니시오 델 토로(Benicio Del Toro) 179

베라 파미가(Vera Farmiga) 467

벤 애플렉(Ben Affleck) 362

벤 위쇼(Ben Whishaw) 639

벤 포스터(Ben Foster) 293

벤자민 브랫(Benjamin Bratt) 136

변희봉 33, 217, 771

보비 패럴리(Bobby Farrelly) 480, 858

볼프강 페터젠(Wolfgang Petersen) 814~815

봉준호 23~24, 29~32, 42, 44, 217~219,
    223, 323, 545~546, 548, 700, 771~772,
    863~865

봉태규 776~777, 854, 856

부르가르트 클라우스너(Burghart Klaußner)
    443

브라이언 글리슨(Brian Gleeson) 113, 173

브라이언 깁슨(Brian Gibson) 697

브라이언 드 팔마(Brian De Palma) 439, 657,
    779, 871

브라이언 싱어(Bryan Singer) 508

브라이언 콕스(Brian Cox) 814

브래드 버드(Brad Bird) 708~709

브래드 피트(Brad Pitt) 507, 509, 568, 570,
    586, 588~589, 814, 816

브래들리 쿠퍼(Bradley Cooper) 241

브렌던 글리슨(Brendan Gleeson) 814, 880

브렛 래트너(Brett Ratner) 597

브루스 A. 에번스(Bruce A. Evans) 695

브루스 베리스퍼드(Bruce Beresford) 597

브루스 윌리스(Bruce Willis) 68, 80,
    872~873

브루스 헌트(Bruce Hunt) 719

브리트니 머피(Brittany Murphy) 669~670

블레이크 에드워즈(Blake Edwards) 277

비 방(Bee Vang) 573

비고 모텐슨(Viggo Mortensen) 483~485,
    601~602

비비언 리(Vivien Leigh) 392

비올라 데이비스(Viola Davis) 584

비키 젠슨(Vicky Jenson) 709

비키 크리프스(Vicky Krieps) 113

빅터 플레밍(Victor Fleming) 292, 870

빈 디젤(Vin Diesel) 241

빈센트 워드(Vincent Ward) 144

빌 나이(Bill Nighy) 729

빌 풀먼(Bill Pullman) 164

빌리 크루덥(Billy Crudup) 821~822

빔 벤더스(Wim Wenders) 609


ㅅ

사다모토 요시유키(貞本義行) 735

사마라 위빙(Samara Weaving) 109

사손 가바이(Sasson Gabai) 644

사이먼 페그(Simon Pegg) 727~729

산드라 휠러(Sandra Hüller) 251

새리 레닉(Sari Lennick) 456

새뮤얼 L. 잭슨(Samuel L. Jackson) 68, 361

샌드라 불럭(Sandra Bullock) 267

샌디 마틴(Sandy Martin) 108

샐리 포터(Sally Potter) 299

샐리 호킨스(Sally Hawkins) 129

샘 락웰(Sam Rockwell) 106, 491~492

샘 레이미(Sam Raimi) 539~541

샘 멘데스(Sam Mendes) 567, 580~581

샘 워싱턴(Sam Worthington) 486

샘 페킨파(Sam Peckinpah) 293, 723

샤를로트 갱스부르(Charlotte Gainsbourg) 396

샤이아 러버프(Shia LaBeouf) 530, 532, 725

샤일로 졸리 피트(Shiloh Jolie-Pitt) 589

샬레인 우다드(Charlayne Woodard) 77

샬리즈 세런(Charlize Theron) 483, 485, 670

서극(徐克) 775

서기(舒淇) 861

서영화 367

서영희 428~429, 866

서우 510, 512

서인정 87

서태화 827

석래명 495

선정엽 741

설경구 504

설혜인 328

세라 폴슨(Sarah Paulson) 71

세르게이 M. 예이젠시테인(Sergei M.
Eizenshtein) 611

세르조 레오네(Sergio Leone) 573, 723

세바스천 스탠(Sebastian Stan) 344

세실 B. 데밀(Cecil B. DeMille) 201

셰인 메도스(Shane Meadows) 520~522

셸던 터너(Sheldon Turner) 468

송강호 24, 307, 310, 547, 552, 556,
741~742, 771, 863~864, 885~886

송두율 460, 462

송선미 768, 770

송영창 805

송재하 590

송해성 692

수애 635~636

슈어나 맥도널드(Shauna MacDonald) 720

슈테피 퀴너르트(Steffi Kühnert) 443

스칼릿 조핸슨(Scarlett Johansson) 343,
379~380

스콧 데릭슨(Scott Derrickson) 297

스탠리 큐브릭(Stanley Kubrick) 172, 390,
492

스톰 아체체 살스트롬(Storm Acheche
Sahlstrøm) 400

스티브 부세미(Steve Buscemi) 822

스티브 잔(Steve Zahn) 203

스티브 커렐(Steve Carell) 162~165, 857

스티븐 개건(Stephen Gaghan) 470

스티븐 그레이엄(Stephen Graham) 520

스티븐 달드리(Stephen Daldry) 439,
565~567

스티븐 랭(Stephen Lang) 489

스티븐 소더버그(Steven Soderbergh) 439

스티븐 스필버그(Steven Spielberg) 122~123,
126~128, 221, 324, 439, 445, 531,
787~788, 794, 879

스티븐 연(Steven Yeun) 87, 221

스티븐 워커(Stephen Walker) 608

스티븐 프리어스(Stephen Frears) 481
스파이크 존즈(Spike Jonze) 347, 379
스펜서 트리트 클라크(Spencer Treat Clark) 75
시고니 위버(Sigourney Weaver) 185
시드니 루멧(Sidney Lumet) 662
시바사키 고우(柴咲コウ) 790, 792
시에나 밀러(Sienna Miller) 737
신민아 311, 624, 626
신카이 마코토(新海誠) 277~278
신하균 552, 870, 885~886
신현준 853
심은경 523
심이영 510, 512
심형래 704, 706
쓰쓰미 유키히코(堤幸彦) 744

ㅇ

아나 오펠리아 무르기아(Ana Ofelia Murguía) 138
아뉴린 바너드(Aneurin Barnard) 214
아런 울프(Aaron Wolff) 457
아르타 도브로시(Arta Dobroshi) 542~543
아르튀르 마제(Arthur Mazet) 227
아리 폴만(Ari Folman) 611~612, 614
아미아 밀러(Amiah Miller) 203
아민 뮐러 슈탈(Armin Mueller-Stahl) 601
압바스 키아로스타미(Abbas Kiarostami) 894
아베 히로시(阿部寛) 318~319, 534
아벨 페라라(Abel Ferrara) 783
아서 힐러(Arthur Hiller) 849
아이스 큐브(Ice Cube) 598
아키 카우리스마키(Aki Kaurismäki) 644

안길강 774
안노 히데아키(庵野秀明) 735
안드레이 타르코프스키(Andrei Tarkovsky) 439
안서현 31, 217~218
안성기 713, 762~763, 805
안소희 322
안아주 302
알 파치노(Al Pacino) 753, 848, 849
알렉 볼드윈(Alec Baldwin) 753
알렉상드라 보르벨리(Alexandra Borbély) 158
알렉스 히버트(Alex R. Hibbert) 257
알리스 이사즈(Alice Isaaz) 227
알바 로르바커(Alba Rohrwacher) 408
알폰소 쿠아론(Alfonso Cuarón) 267
알프레드 히치콕(Alfred Hitchcock) 242, 315~317, 546, 695
앙드레 마르콩(André Marcon) 304
앙투안 퓨쿠아(Antoine Fuqua) 872
애나 켄드릭(Anna Kendrick) 467
애니아 테일러 조이(Anya Taylor-Joy) 69
애덤 맥케이(Adam McKay) 163
애비 코니시(Abbie Cornish) 109
앤드루 니콜(Andrew Niccol) 849
앤드루 버그먼(Andrew Bergman) 744
앤드루 스탠턴(Andrew Stanton) 527, 708
앤드루 애덤슨(Andrew Adamson) 709
앤드리 홀랜드(André Holland) 258
앤디 서키스(Andy Serkis) 200
앤서니 곤잘레스(Anthony Gonzalez) 136
앤서니 루소(Anthony Russo) 342~343
앤서니 매키(Anthony Mackie) 343

앤서니 에드워즈(Anthony Edwards) 699

앤서니 홉킨스(Anthony Hopkins) 666

앤젤리나 졸리(Angelina Jolie) 589, 666~667,
752~753

앤턴 파머(Anton Palmer) 206

앨런 J. 퍼쿨라(Alan J. Pakula) 124, 662, 699

앨런 루돌프(Alan Rudolph) 737

앨런 파커(Alan Parker) 623

앨리스 버치(Alice Birch) 204

앨리스 페이(Alice Faye) 131

앨리슨 로먼(Alison Lohman) 539

앨릭스 리드(Alex Reid) 720

앨버트 피니(Albert Finney) 821~822

야기라 유야(柳楽優弥) 577

야마다 나오코(山田尚子) 235

야마모토 니조(山本二三) 735

야마시타 리오(山下リオ) 51

야쿠쇼 고지(役所広司) 152

양우석 146

양익준 384, 562~563

양조위(梁朝偉) 672, 674

어니스트 B. 쇼드색(Ernest B. Schoedsack) 795

어맨다 브룩스(Amanda Brooks) 705

어맨다 피트(Amanda Peet) 500

얼래나 우바치(Alanna Ubach) 137

엄종선 450

엄지원 808~809

엄태구 310

엄태웅 635, 656, 776~777

엄태화 310

에도아르도 가브리엘리니(Edoardo
Gabbriellini) 408

에드 우드(Ed Wood) 417

에드 해리스(Ed Harris) 172, 737

에드거 라이트(Edgar Wright) 727~728

에드워드 애스너(Edward Asner) 526

에드워드 제임스 올모스(Edward James Olmos)
138

에드워드 즈윅(Edward Zwick) 489, 586

에디 머피(Eddie Murphy) 858

에디 세즈윅(Edie Sedgwick) 736~739

에디트 스콥(Edith Scob) 304

에란 콜리린(Eran Kolirin) 642~643

에런 에크하트(Aaron Eckhart) 211, 631, 633

에리크 로메르(Éric Rohmer) 768

에릭 바나(Eric Bana) 787, 814, 816

에마 스톤(Emma Stone) 162~164, 280

에마누엘레 치토 필로마리노(Emanuele Cito
Filomarino) 408

에밀 쿠스투리차(Emir Kusturica) 800, 904

에밀 허시(Emile Hirsch) 875

에번 피터스(Evan Peters) 242

에이드리언 라인(Adrian Lyne) 849

에이드리언 브로디(Adrien Brody) 794

에이미 애덤스(Amy Adams) 267, 269,
273~274, 583~584

에니오 모리코네(Ennio Morricone) 509

엘다 레지도빅(Eldar Residovic) 180

엘든 이렌라이크(Alden Ehrenreich) 391

엘런 페이지(Ellen Page) 437

엘리 닥터(Elie Docter) 526

엘리아 카잔(Elia Kazan) 573

엘리자베스 데비키(Elizabeth Debicki) 241

연상호 320, 322~323, 384

오노 겐쇼(小野賢章) 237

오다기리 조(小田切讓) 790, 792

오슨 웰스(Orson Welles) 439, 627, 907

오시마 나기사(大島渚) 335

오우삼(吳宇森) 731~732, 779

오정세 385

오정해 757

오즈 야스지로(小津安二郎) 537

오지명 853

오지혜 888

오진우(吳鎭宇) 724

옥타비아 스펜서(Octavia Spencer) 129

온주완 785

올가 쿠릴렌코(Olga Kurylenko) 180

올랜도 블룸(Orlando Bloom) 814, 816

올리버 스톤(Oliver Stone) 618, 658, 699

올리버 플랫(Oliver Platt) 501

올리비에 아사야스(Olivier Assayas) 316

와킨 피닉스(Joaquin Phoenix) 380

와타나베 겐(渡辺謙) 437, 744~745

와타나베 다이치(渡辺大知) 65

와타나베 아야(渡辺あや) 791

왕가위(王家卫) 674

왕리홍(王力宏) 672

요시자와 다이요(吉澤太陽) 318

우니 르콩트(Ounie Lecomte) 504, 506

우디 앨런(Woody Allen) 306, 314

우디 해럴슨(Woody Harrelson) 106, 200

울리히 뮈헤(Ulrich Mühe) 759, 761

원강영 416

원빈 31, 545, 547

윌럼 더포(Willem Dafoe) 396

웨스 앤더슨(Wes Anderson) 316

웬트워스 밀러(Wentworth Miller) 386

윌리엄 올드로이드(William Oldroyd) 204

윌리엄 와일러(William Wyler) 620

윌리엄 허트(William Hurt) 696, 753

유(江原由希子) 534

유아인 85

유오성 825

유우키 아오이(悠木碧) 237

유준상 290

유지태 387, 845~846

유하 823

유해진 142, 765

윤가은 327, 329

윤계상 302

윤여정 301~302, 366, 371, 854, 856

윤정희 449~450

윤제균 494

윤제문 220

윤종빈 334

윤종찬 890~891

윤진서 388, 799

윤진호 692

이경미 617, 619

이경영 512

이기우 808

이나영 811, 813

이노와키 가이(井之脇海) 577

이누도 잇신(犬童一心) 790~791

이다윗 449

이도경 782

이동규 701

이동호 32, 773
이란희 591
이리노 미유(入野自由) 235
이명세 675~677, 805, 807
이문식 853
아이반 라이트먼(Ivan Reitman) 597
이병헌 310~311, 431~432, 434
이봉련 85
이선 코언(Ethan Coen) 456~459, 568~571, 648~650
이선 호크(Ethan Hawke) 330~331
이선균 24, 422, 510~511, 621
이성민 624
이성재 30
이성한 494, 496
이순예 883
이시다 다쿠야(石田卓也) 733
이언 매켈런(Ian McKellen) 838
이언 홈(Ian Holm) 709
이얼 888
이연희 675~676
이영진 899
이와세 료(岩瀬亮) 312~314, 350, 352
이완 맥그리거(Ewan McGregor) 821~822, 908~909
이요원 713
이용주 523, 525
이유영 288~289
이윤기 627
이웅일 416~418
이자벨 위페르(Isabelle Huppert) 224~225, 304~305

이재용 301~302, 893~894
이재응 799
이재한 444, 446
이정은 24
이정재 145, 893, 895
이정진 832
이종혁 618, 830
이준기 713
이준익 634~636, 762, 764, 851~852
이진석 277
이창동 85, 88, 92, 98, 291, 448~449, 553, 740~742, 855
이충렬 518
이타쿠라 미쓰타카(板倉光隆) 733
이태성 802
이토 사이리(伊藤沙莉) 52
이폴리트 지라르도(Hippolyte Girardot) 717
이희준 312, 314
일디코 에네디(Ildikó Enyedi) 158~160
일라이자 우드(Elijah Wood) 837
임권택 757~758, 775
임달화(任達華) 724
임상수 44, 854~855
임수정 678, 680
임순례 654~655, 856, 888~889
임은경 829
임지은 885
임진택 758
임형국 350
잉그리드 비수(Ingrid Bisu) 254
잉마르 베리만(Ingmar Bergman) 458, 481

ㅈ

자니 하이럼 재미슨(Johnny Hiram Jamison)
70

자오타오(趙濤) 594, 730

자크 오디아르(Jacques Audiard) 464~465

자크 타티(Jacques Tati) 476

잔 모로(Jeanne Moreau) 98

장 루이 콜로흐(Jean-Louis Coulloc'h) 717

장 비고(Jean Vigo) 905

장 클로드 카리에르(Jean-Claude Carrière)
406

장 피에르 다르덴(Jean-Pierre Dardenne) 327,
542~544

장가휘(張家輝) 722, 744

장건재 313, 350, 358

장길수 693

장동건 825

장선우 896

장성건 188~190, 198

장이머우(張藝謀) 730, 806

장준환 141, 869~871

장진 221, 811~812

장진영 890

장철(張徹) 775

장철수 428~429

장혜진 26

잭 니컬슨(Jack Nicholson) 753

잭 데이븐포트(Jack Davenport) 360

잭 로던(Jack Lowden) 212

잭 블랙(Jack Black) 597~598, 794

잭 스나이더(Zack Snyder) 345

잭 아널드(Jack Arnold) 131

저넬 모네이(Janelle Monáe) 257

전계수 334

전도연 628~629, 741~742

전무송 302

전종서 85

정기훈 494

정두홍 774

정범식 701

정보석 749

정식 701

정우 494, 496

정우성 147, 513, 515

정운택 831

정유미 313, 322, 629, 776~777, 802

정윤석 188~189, 191~192, 194,
196~197, 199

정윤철 692

정인선 865

정일성 758

정재영 811~812

정지소 25

정지우 802~803

정진영 635, 748, 852~853

정창옥 86

정현준 35

제니퍼 로런스(Jennifer Lawrence) 172~173,
175, 204

제니퍼 애니스턴(Jennifer Aniston) 859

제니퍼 제이슨 리(Jennifer Jason Leigh) 347

제러미 레너(Jeremy Renner) 267

제레미 레니에(Jérémie Renier) 542~543

제바스티안 코흐(Sebastian Koch) 759

제시카 랭(Jessica Lange) 822

제시카 맥너미(Jessica McNamee) 163

제시카 맥매너스(Jessica McManus) 456

제이든 파이너(Jaden Piner) 257

제이슨 라이트먼(Jason Reitman) 467~469

제이슨 베어(Jason Behr) 705

제이크 밀러(Jake Miller) 664

제이크 질런할(Jake Gyllenhaal) 273~274,
    698, 700

제임스 건(James Gunn) 240

제임스 딘(James Dean) 331

제임스 맥어보이(James McAvoy) 68

제임스 캐그니(James Cagney) 131

제임스 캐머런(James Cameron) 437,
    486~489, 726

제프 머피(Geoff Murphy) 418

제프 브리지스(Jeff Bridges) 293

조 길건(Joe Gilgun) 520

조 단테(Joe Dante) 726

조 루소(Joe Russo) 342~343

조 페시(Joe Pesci) 753

조근식 823~824

조나 힐(Jonah Hill) 382

조나스 블로켓(Jonas Bloquet) 227

조너선 데이턴(Jonathan Dayton) 162~163

조너선 리스 마이어스(Jonathan Rhys Meyers)
    907, 909

조던 나가이(Jordan Nagai) 526

조셉 고든 레빗(Joseph Gordon-Levitt) 437,
    478~479

조승우 624~625, 765~766

조시 브롤린(Josh Brolin) 648, 650

조안 첸(Joan Chen) 594, 672

조엘 슈마허(Joel Schumacher) 631

조엘 코언(Joel Coen) 456~459, 568~571,
    648~650

조여정 29

조영준 95

조운 앨런(Joan Allen) 685

조은지 656

조이 디셔넬(Zooey Deschanel) 478~479

조이 샐다나(Zoe Saldana) 241, 486~487

조재현 758

조지 로메로(George A. Romero) 653

조지 루카스(George Lucas) 837

조지 스티븐스(George Stevens) 647

조지 큐커(George Cukor) 360

조지 클루니(George Clooney) 467, 469~470,
    568, 661~663

조지 하이켄루퍼(George Hickenlooper)
    736~737

조진웅 333~334

조창손 818~819

조창호 785~786

존 N. 스미스(John N. Smith) 876

존 라일리(John C. Reilly) 880

존 래시터(John Lasseter) 487, 708

존 리 행콕(John Lee Hancock) 243

존 말코비치(John Malkovich) 347, 568, 667

존 맥티어넌(John McTiernan) 720

존 부어먼(John Boorman) 720

존 아미엘(Jon Amiel) 697

존 애덤스(John Adams) 415

존 카니(John Carney) 681~682

존 카펜터(John Carpenter) 651

존 캐럴 린치(John Carroll Lynch) 243, 700

존 쿠삭(John Cusack) 500

존 터투로(John Turturro) 532, 753

존 패브로(Jon Favreau) 298

존 패트릭 셰인리(John Patrick Shanley)
583~585

존 포드(John Ford) 439, 686

존 햄(Jon Hamm) 166

존 호키스(John Hawkes) 109

존 휴스턴(John Huston) 647

존 힐코트(John Hillcoat) 483~484

주디스 마그르(Judith Magre) 226

주세페 토르나토레(Giuseppe Tornatore) 599

주진모 765, 777

줄리아 스타일스(Julia Stiles) 685

줄리언 슈나벨(Julian Schnabel) 737

쥐스트 자캥(Just Jaeckin) 716

지나 데이비스(Geena Davis) 166

지성원 428~429

지아장커(賈樟柯) 593~595, 730~731

진구 701

질 미무니(Gilles Mimouni) 873

짐 브로드벤트(Jim Broadbent) 729

짐 캐리(Jim Carrey) 381, 598, 796~797,
857~859


ㅊ

차미경 96

차민지 656

차승우 624~625

차승원 444

찰리 코프먼(Charlie Kaufman) 346~347, 797

찰스 로턴(Charles Laughton) 561

찰스 브론슨(Charles Bronson) 509

채드윅 보즈먼(Chadwick Boseman) 343

천우희 339

천카이거(陳凱歌) 730

최귀화 325

최동훈 765~767

최민식 387, 431~432, 434, 844, 846

최수인 328

최승현 444, 447

최승호 91

최양일 792

최우식 24, 322

최우혁 747~748

최정윤 763

최현준 301

최형인 622

최호 623, 625, 782

추상미 374

치웨텔 에지오포(Chiwetel Ejiofor) 299~300


ㅋ

카 므라(Kad Merad) 475~476

카렌 몬크리프(Karen Moncrieff) 669~670

카린 코노발(Karin Konoval) 203

카먼 이조고(Carmen Ejogo) 330, 332

카밀라 러더퍼드(Camilla Rutherford) 114

카일 챈들러(Kyle Chandler) 264

카틴카 언타루(Catinca Untaru) 605, 607

캐머런 디아즈(Cameron Diaz) 171, 879

캐스린 비글로(Kathryn Bigelow) 728

커트 러셀(Kurt Russell) 241, 688

커티스 핸슨(Curtis Hanson) 849

케네스 로너건(Kenneth Lonergan) 264~265

케리 그랜트(Cary Grant) 638

케빈 스미스(Kevin Smith) 479

케빈 스페이시(Kevin Spacey) 492

케빈 코스트너(Kevin Costner) 489, 695~696

케빈 클라인(Kevin Kline) 875

케이시 애플렉(Casey Affleck) 264

케이트 블란쳇(Cate Blanchett) 306,
587~588, 639

케이트 윈즐릿(Kate Winslet) 204, 565, 567,
580~581, 796~797

케일럽 랜드리 존스(Caleb Landry Jones) 107

켄트 존스(Kent Jones) 315

코디 스밋 맥피(Kodi Smit-McPhee) 483, 485

코레 헤데브란트(Kåre Hedebrant) 615

코스모 자비스(Cosmo Jarvis) 204

콜린 퍼스(Colin Firth) 360

쿠엔틴 타란티노(Quentin Tarantino) 359,
361, 507~509, 687~690, 727

크리스 에번스(Chris Evans) 33, 343

크리스 파인(Chris Pine) 293

크리스 프랫(Chris Pratt) 241

크리스천 베일(Christian Bale) 211, 631, 633,
639, 907

크리스토퍼 놀런(Christopher Nolan)
209~211, 215, 277, 436~440, 630~631

크리스토퍼 페어뱅크(Christopher Fairbank)
206

크리스토퍼 플러머(Christopher Plummer)
140

크리스토퍼 햄프턴(Christopher Hampton)
737

크리스토프 발츠(Christoph Waltz) 507, 509

크리스티안 베르거(Christian Berger) 443

크리스핀 글로버(Crispin Glover) 666

크시슈토프 키에슬로프스키(Krzysztof
Kieslowski) 760

클라크 게이블(Clark Gable) 392, 509

클라크 피터스(Clarke Peters) 110

클로드 란즈만(Claude Lanzmann) 612

클로드 지디(Claude Zidi) 829

클로이 셰비니(Chloë Sevigny) 700

클린트 이스트우드(Clint Eastwood)
471~473, 572~573, 575, 745

킬리언 머피(Cillian Murphy) 437

킴 노박(Kim Novak) 316

킴 베이싱어(Kim Basinger) 849

**ㅌ**

타라지 헨슨(Taraji P. Henson) 587

타셈 싱(Tarsem Singh) 605~606

타하르 라힘(Tahar Rahim) 464~465

탐 누넌(Tom Noonan) 347

탕웨이(湯唯) 672, 674

태런 에저튼(Taron Egerton) 361

테아 레오니(Téa Leoni) 848

테오 앙겔로풀로스(Theodoros Angelopoulos)
848

테일러 맘슨(Taylor Momsen) 664

토니 길로이(Tony Gilroy) 470, 661~662

토니 세르빌로(Toni Servillo) 377

토니 콜렛(Toni Collette) 669~670, 908

토드 헤인스(Todd Haynes) 630, 638~641, 907~908

토마스 알프레드손(Tomas Alfredson) 615~616

토마스 티메(Thomas Thieme) 760

토머스 매카시(Thomas McCarthy) 501

토머스 제인(Thomas Jane) 652

토머스 터구스(Thomas Turgoose) 520~521

토미 리 존스(Tommy Lee Jones) 649~650

토비 케벨(Toby Kebbell) 185

톰 셰디악(Tom Shadyac) 857

톰 윌킨슨(Tom Wilkinson) 663

톰 크루즈(Tom Cruise) 780~781

톰 포드(Tom Ford) 273~274

톰 하디(Tom Hardy) 210

톰 행크스(Tom Hanks) 122

톰 홀랜드(Tom Holland) 343

투안춘하오(段钧豪) 861

트레반트 로즈(Trevante Rhodes) 258

트레이시 레츠(Tracy Letts) 125

트레이시 톰스(Tracie Thoms) 689

트리스탄 푸터(Trystan Pütter) 255

티머시 돌턴(Timothy Dalton) 729

틸다 스윈턴(Tilda Swinton) 217, 221, 297, 299, 407, 568, 570, 662

팀 로빈스(Tim Robbins) 166, 179

팀 버튼(Tim Burton) 587, 631, 821~822


**ㅍ**

파브리치오 롱지오니(Fabrizio Rongione) 543

파블로 라라인(Pablo Larrain) 229~230 234

파스칼 페랑(Pascale Ferran) 716, 718

파올로 소렌티노(Paolo Sorrentino) 376, 378

패튼 오스월트(Patton Oswalt) 708

페넬로페 크루즈(Penélope Cruz) 497, 499

페데리코 펠리니(Federico Fellini) 376

페드로 알모도바르(Pedro Almodóvar) 497~499, 901~903

페르난도 레온 데 아라노아(Fernando León de Aranoa) 179

페자 스투칸(Fedja Stukan) 179

페터 지모니셰크(Peter Simonischek) 251

펠리시티 존스(Felicity Jones) 185

폴 그린그래스(Paul Greengrass) 630, 684~685

폴 다노(Paul Dano) 220, 646

폴 러드(Paul Rudd) 343

폴 버호벤(Paul Verhoeven) 224~225

폴 슬레탄느(Pål Sletaune) 760

폴 와이츠(Paul Weitz) 726

폴 토머스 앤더슨(Paul Thomas Anderson) 113~114, 630, 645~647

폴 힐턴(Paul Hilton) 204

폼 클레멘티에프(Pom Klementieff) 241

프란체스카 네리(Francesca Neri) 901

프랑수아 베고도(François Bégaudeau) 453

프랜시스 로런스(Francis Lawrence) 299

프랜시스 맥도먼드(Frances McDormand) 106, 568, 570

프랜시스 포드 코폴라(Francis Ford Coppola) 201, 245, 662, 753, 760, 788

프랭크 대러본트(Frank Darabont) 651, 653

프랭크 캐프라(Frank Capra) 123, 570

프랭클린 J. 샤프너(Franklin J. Schaffner) 201

프레드 멜라메드(Fred Melamed) 456

프레드 진네만(Fred Zinnemann) 686

프레스턴 스터지스(Preston Sturges) 477,
570, 599

프리드릭 토르 프리드릭슨(Friðrik Þór
Friðriksson) 757

플라비오 파렌티(Flavio Parenti) 408

플로렌스 퓨(Florence Pugh) 204

플로리안 헨켈 폰 도너스마르크(Florian
Henckel von Donnersmarck) 229, 759~760

피터 버그(Peter Berg) 658

피터 오툴(Peter O'Toole) 816

피터 위어(Peter Weir) 492, 875

피터 잭슨(Peter Jackson) 128, 484, 729,
793~795, 837

피터 쿨렌(Peter Cullen) 531

피터 패럴리(Peter Farrelly) 480, 858

피트 닥터(Pete Docter) 140, 526

피포 델보노(Pippo Delbono) 407

핀 화이트헤드(Fionn Whitehead) 213

필립 글래스(Philip Glass) 390

필립 시무어 호프먼(Philip Seymour Hoffman)
583~584, 780~781

ㅎ

하라다 요시오(原田芳雄) 534

하마구치 류스케(濱口龍介) 46, 54~55

하비에르 바르뎀(Javier Bardem) 172~173,
649~650, 901

하야미 사오리(早見沙織) 235

하워드 호크스(Howard Hawks) 570

하정우 142, 145, 333~334, 628~629

하지원 805, 807

한가인 832

한보배 885

한산밍(韩三明) 730

한수영 450

한스 치머(Hans Zimmer) 630

한예리 312, 314

한지민 308, 310

할리 조엘 오스먼트(Haley Joel Osment) 72

해리 스타일스(Harry Styles) 214

해리엇 샌섬 해리스(Harriet Sansom Harris)
117

허우샤오셴(侯孝賢) 860~861

허진호 480, 513~514, 678~680

헤이든 크리스턴슨(Hayden Christensen) 737

헨리 토머스(Henry Thomas) 128

헬레나 보넘 카터(Helena Bonham Carter) 822

호세 루이스 고메스(José Luis Gómez) 497

호소다 마모루(細田守) 733~734

홀리 헌터(Holly Hunter) 697

홍상수 248, 250, 288~289, 312, 366~370,
373~375, 419~422, 424~427, 511,
549~551, 592, 749, 768~770, 808~810,
867

홍형숙 460

황동혁 691~692

황우슬혜 618~619

황정민 (남) 340, 678, 680, 782~783, 854,
856

황정민 (여) 870

황정음 494

황추생(黃秋生) 723~724

후안 안토니오 바요나(Juan Antonio Bayona)
184~185
후쿠야마 마사하루(福山雅治) 151
히가시데 마사히로(東出昌大) 48~49
히구치 가나코(樋口可南子) 744~745
히로세 스즈(広瀬すず) 152
히스 레저(Heath Ledger) 631, 633, 639

이동진 영화평론집

# 영화는 두 번 시작된다

**초판 1쇄 발행** 2019년 9월 27일 **초판 10쇄 발행** 2024년 6월 12일

**지은이** 이동진
**펴낸이** 최순영

**출판1 본부장** 한수미
**라이프 팀**

**펴낸곳** ㈜위즈덤하우스 **출판등록** 2000년 5월 23일 제13-1071호
**주소** 서울특별시 마포구 양화로 19 합정오피스빌딩 17층
**전화** 02) 2179-5600 **홈페이지** www.wisdomhouse.co.kr

ⓒ 이동진, 2019

ISBN 979-11-90305-27-3 03680

* 이 책의 전부 또는 일부 내용을 재사용하려면 반드시 사전에 저작권자와
  ㈜위즈덤하우스의 동의를 받아야 합니다.
* 인쇄·제작 및 유통상의 파본 도서는 구입하신 서점에서 바꿔드립니다.
* 책값은 뒤표지에 있습니다.